Introduction

The listing of Collector Car Values in this publication are the result of extensive research throughout the entire scope of the collector car market. The Editor has attended and monitored all of the major current collector auctions from coast to coast during the past year. Many readers of this publication report individual sales figures direct to this office for cars sold and purchased. The Editor also has hundreds of telephone conversations with individual owners and dealers expressing their experience and values as to the current classic and antique car market.

Due to this experience the Editor has an unparalleled opportunity for observation and analysis of the current market values.

In compiling auction results, we do not consider high bid "No Sale" prices in this publication. All values are based on actual sales. We use the term based on actual sales due to the fact that the sale price of a particular make and model will vary greatly from one sale location to another.

We list one value for a specific car in No. 1-2-3-4 categories of condition based on the overall average sales on that particular vehicle.

We may be 5% to 9% low or high in our overall projection of values on over 15,000 vehicles. We feel that we can assure our readers that this publication is 91% accurate in the overall listing of 15,000 vehicles. There are however, a few exceptions. We do not include the famous Harrah's auction sale figures in our computing average values. The popular credibility of the Classic Old Car Value Guide is the result of these facts and the continuous effort of the Editor to stay abreast of the collector car market.

The CLASSIC OLD CAR VALUE GUIDE is the only value guide based on actual sales to thousands of individuals in the Continental United States and Canada.

Hundreds of telephone calls come into this office every month requesting advice and value information on a particular car, both from the buyer and the seller. Your Editor has been instrumental many times in helping the insured party secure a satisfactory settlement with the insurance company while acting as an arbitrator between the insured and the insurer.

The format of CLASSIC OLD CAR VALUE GUIDE has been done in sections for each category of cars in order to assist the reader in finding his or her particular car. For example, if your car is an Authentic Classic, it will be in the Classic Car Section—only authentic classics will be found in this section. Modern collector cars, all makes 1946-1970, are listed in the Modern Car Section.

The reader will observe that there are many new listings in this issue—as has been our policy since Vol. I, No. I in 1967. Each new addition has been expanded and contains additional price information. We wish to thank the many thousands of readers and subscribers to CLASSIC OLD CAR VALUE GUIDE for your acceptance and continued support of our publications.

CLASSIC OLD CAR VALUE GUIDE
1462 Vanderbilt Drive
El Paso, Texas 79935

ISBN 0-911473-10-6

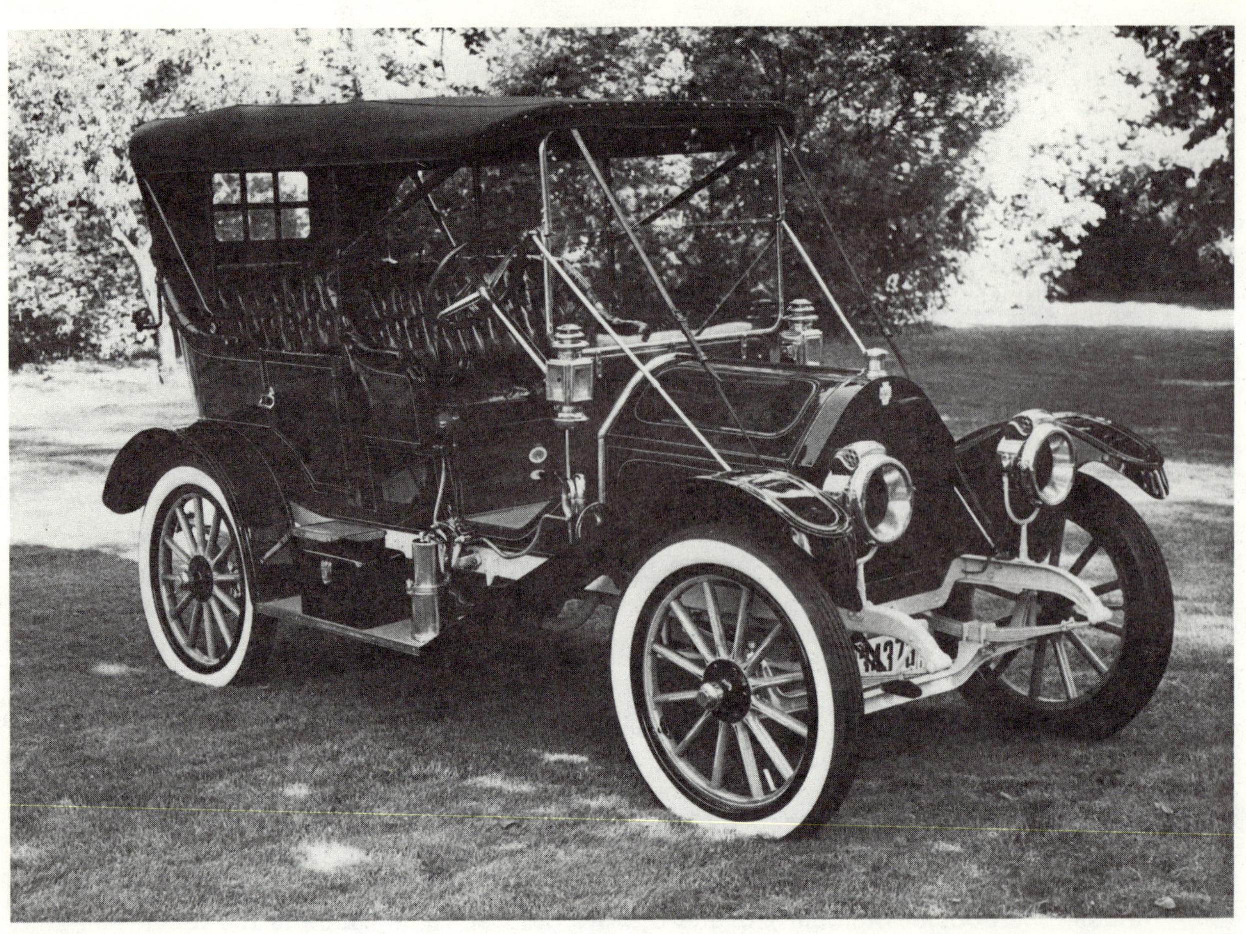

1911 Penn. Thirty, (30 hp)
The Penn Motor Car Company

The Penn Motor Car Company was organized in Pittsburgh, Pennsylvania, on November 30, 1910, and met its demise at auction on January 21, 1913 in New Castle, Pennsylvania.

Albert G. Breitweiser, a Pittsburgh lumberman, organized the Penn Motor Car Company at 7510 Thomas Blvd., in the Homewood area of Pittsburgh, on grounds now occupied by the Mine Safety Appliances Co. Pittsburgh was considered to be a logical center for automobile manufacture since it contributed an estimated 74 percent of the components of automobiles at that time. The projected quality of the Penn automobile generated a wave of local enthusiasm that prompted Andrew Carnegie, the steel industry giant, to request the first Penn Thirty to be manufactured. The car was delivered in June of 1911, and was reported to be his favorite in a stable of seven personal cars, which included a Panhard and a Mercedes. The Penn Motor Co. produced a variety of models, production numbering about 100 cars a month.

The Penn automobile also received great acclaim at the 1911 New York Automobile Show in Grand Central Palace and at the New York Exposition Show shortly thereafter.

1911 Penn Thirty, (30 hp), Some 20 makes were built in the Pittsburgh, Pennsylvania, area, including the Pullman Touring, during the early years of this century.
Information and Photo Courtesy G. Whitney Snyder, One Oliver Plaza, Pittsburgh, Pennsylvania

1922 Climber Six Cylinder Touring, Little Rock, Arkansas, 1919-1923

Article By Craig Ogilvie, Arkansas Department of Parks and Tourism
Information and Photo Courtesy Museum of Automobiles, Petit Jean Mountain, Morrilton, Arkansas

One of only two Arkansas-built Climber vehicles in existence has been donated to the Museum of Automobiles atop Petit Jean Mountain, according to museum director Buddy Hoelzeman.

The Climber, a gift from Atley Davis of Little Rock, is not only rare, but serves as the only in-state example of Arkansas' attempt to enter the auto manufacturing industry.

The brief, but interesting story of the Climber began in January, 1919, when a group of Little Rock businessmen formed the Climber Motor Corporation and purchased a factory site at 1800 East 17th Street. Plant construction was completed by early fall and Climbers were soon rolling off the assembly line at a rate of two per day.

Most of the parts used in the vehicle were manufactured in northern industrial cities and shipped to Little Rock. For example, the autos were equipped with a Herschell-Spillman engine, a Stromberg carburetor, and a Muncie transmission. Both four- and six-cylinder Climbers were produced.

Promoters of the vehicle stressed that it was designed "for the needs and uses of the people of the South." They boasted that it was built not only to run well on city streets, but also to negotiate the ruts and tree stumps of country roads. To prove their point, a Climber Four ran an endurance test over "some of the nearly impassable roads of the South." The car was driven over 20,000 miles without stopping the engine. State Highway personnel kept a 24-hour watch on the test, which concluded at the Arkansas State Capitol with a climb up the front steps.

About the Author

The Editor has been selling automobiles since 1935, and has held positions as salesman, mechanic, service manager, and sales manager. A New Car Dealer since 1939, Lincoln-Mercury dealer for 16 years.

Member Pennsylvania New Car Dealers Association, member Arizona New Car Dealers Association, past Director Arizona New Car Dealers Association, past Director Arizona Independent Dealers Association, member Lincoln-Mercury National Dealers Council, member Boy Scouts National Council, Boy Scouts Century Club Member, Antique and Classic Car Collector since 1950, Charter Member Classic Car Club of America, Life Member Antique Automobile Club of America, and member Horseless Carriage Club.

All inquiries are to be addressed to:

CLASSIC OLD CAR VALUE GUIDE
1462 Vanderbilt Drive
El Paso, Texas 79935
Telephone: (915) 592-5713

Wholesale book trade distribution by:

MOTORBOOKS INTERNATIONAL
P.O. Box 2
Osceola, Wisconsin 54020

ISBN 0-911473-10-6

Table of Contents

We wish to thank the many readers and subscribers who furnished photographs for this issue of the Classic Old Car Value Guide.

New Value Format

PLEASE NOTE: THE FOUR CATEGORIES OF VALUES

RESTORED EXCELLENT point listing applies to the restored excellent column of values only. We use a point system of 90 to 94 points as an average for excellent restored cars.

RESTORED FAIR. We list two categories of restored values due to the fact that many cars may be restored, however there can be a wide variance in the value of two exact makes and models that have been restored to varying degrees affecting the actual value of that particular make and model.

GOOD UNRESTORED. The values in this category could possibly be an older restoration, or a car that would not require a total restoration to bring the car up to the desired standards.

UNRESTORED FAIR. The values in this category indicate the car requires a complete from the ground up. If car is incomplete deduct accordingly.

NOTE: An Authentic Classic car must·have been built in the years 1925 through 1948. Authentic Classic cars are in the Classic Car listing. For 1946-47 and 48 models, see Modern Classic section.

NOTE: Classic cars built in the model years 1925 through 1948 are not listed in the Antique Car listing which lists cars built through 1942. Example: You will find a 1927 Buick in the Antique Car category, but not a 1927 Cadillac because the Cadillac is a full classic and listed in the Classic Car listing. All Buick 90 Series 1931-1942 and Studebaker President 1929-1933 are now in the classic section.

ABBREVIATIONS IN MODEL DESCRIPTION

Cyl.-No. of Cylinders
Cpe.-Coupe
S.C.-Supercharged
Spdstr.-Speedster
Rdstr.-Roadster
Tr.-Touring
Ph.-Phaeton
B.T.-Boat-tail
R.S.-Rumble Seat
Conv.-Convertible
Dr.-Doors
RHD-Right Hand Drive
LHD-Left Hand Drive
A.C.-Air Conditioned
LMi-Low Mileage
V-12-12 Cylinders
D.C.-Dual Cowl
Sdn.-Sedan
Limo.-Limousine
V-16-16 Cylinders
S.M.-Side Mounts

SPECIAL REQUEST
To all Subscribers and Readers
OF CLASSIC OLD CAR VALUE GUIDE

We will be most happy to use a photo of your car or cars (Credit to owner's name if you prefer) in the next issue of old car value guide. We can use glossy black and white or color. Also Large Professional-Type Photos (car only) for color section.
Your photo will be returned to you after reproduction.
Your help will be greatly appreciated. Send photos to:

QUENTIN CRAFT, EDITOR
CLASSIC OLD CAR VALUE GUIDE
1462 VANDERBILT DRIVE
EL PASO, TEXAS 79935

TELEPHONE
(915) 592-5713

1907 Ford Touring Photo Courtesy of Harrah's, Reno, NV
Model K, 6 cyl., bore: 4½", stroke: 4¼", 405.6 cu. in. displacement, 40 hp. Price when new — $2,800.

Authentic Antique Cars

Built from 1897-1942
Except Authentic Classic Cars, 1925-1948 which are listed in the Classic Car Section
Cars built from 1946-1970 are listed in the Modern Classic and Special Interest Section

MAKE YEAR MODEL	UNRES. FAIR-4	UNRES. GOOD-3	RES. FAIR-2	RES. EXCEL.-1	PTS.
ABBOTT DETROIT 1908-1916 - Detroit, Mich.					
1910 5-Pass. Touring 4 Cyl.	7500.	12500.	21500.	30000.	(92)
1911 5-Pass. Touring 4 Cyl.	7250.	13250.	22000.	31000.	(95)
1914 7-Pass. Touring 6 Cyl.	7600.	13600.	22750.	32000.	(92)
1915 Touring 6 Cyl.	7600.	13600.	22750.	32000.	(91)
1916 5-Pass. Touring 8 Cyl.	7800.	14250.	23750.	33500.	(91)

1914 Abbott Detroit, Courtesy Ray McCulley, Wapello, IA

MAKE YEAR MODEL	UNRES. FAIR-4	UNRES. GOOD-3	RES. FAIR-2	RES. EXCEL.-1	PTS.
ADLER - English					
1925 6-Cyl. Touring	2800.	4700.	7800.	11000.	(85)
1926 Sport Roadster	2950.	4900.	8200.	11500.	(90)
1930 Roadster	3300.	5600.	9400.	12500.	(85)
1934 Convertible Landaulette	3200.	5400.	9000.	12000.	(90)
1936 Sport Tourer	3200.	5400.	9000.	12000.	(90)
1937 4-Cyl. Convertible	3300.	5600.	9400.	12500.	(90)
1938 Cabriolet	3600.	6000.	9900.	13200.	(90)
SOME ADLER CARS (CLASSIC) ON APPLICATION ONLY					
AJAX (Nash) 1925-1926 - Racine, Wisc.					
1925 5-Pass. Touring	3050.	5050.	8400.	10500.	(85)
1925 4-Dr. Sedan	1750.	2900.	4800.	6000.	(85)

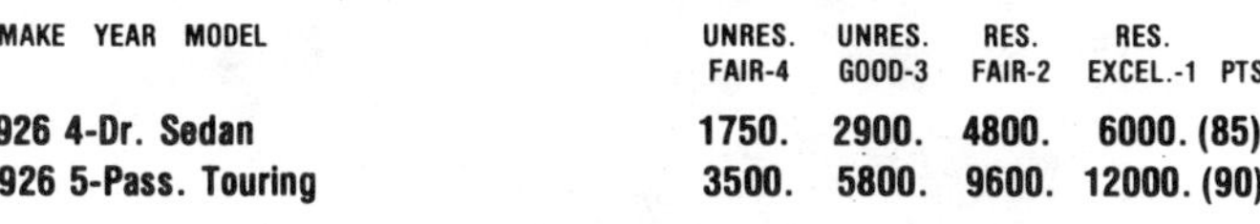

MAKE YEAR MODEL	UNRES. FAIR-4	UNRES. GOOD-3	RES. FAIR-2	RES. EXCEL.-1	PTS.
1926 4-Dr. Sedan	1750.	2900.	4800.	6000.	(85)
1926 5-Pass. Touring	3500.	5800.	9600.	12000.	(90)

Late 1912 or Early 1913 Alco Touring

MAKE YEAR MODEL	UNRES. FAIR-4	UNRES. GOOD-3	RES. FAIR-2	RES. EXCEL.-1	PTS.
ALCO 1909-1914 - Providence, Rhode Island					
1910 5-Pass. Touring	15800.	26500.	44000.	55000.	(92)
1911 5-Pass. Touring	20900.	34800.	58000.	72500.	(92)
1912 5-Pass. Touring	21600.	36000.	60000.	75000.	(92)
1913 5-Pass. Touring	21600.	36000.	60000.	75000.	(92)
ALVIS - English					
1922 4-Cyl. Touring	2700.	4500.	7400.	9250.	(90)
1930 2.4 Litre Tourier A-2	3450.	5800.	9600.	12000.	(90)
AMERICAN 1920-1924 - Plainfield, N.J.					
1921 5-Pass. Touring Car	2400.	4000.	6700.	8900.	(90)
1923 6-Cyl. Touring	2600.	4300.	7200.	9600.	(90)
1924 6-Cyl. D-66 Touring	3000.	5000.	8250.	11000.	(90)
1926 Boatail Roadster	3500.	6000.	9800.	14500.	(90)
AMERICAN UNDERSLUNG 1907-1914 - Indianapolis, IN.					
1907 Roadster	20200.	33750.	56250.	75000.	(94)

MAKE YEAR MODEL	UNRES. FAIR-4	UNRES. GOOD-3	RES. FAIR-2	RES. EXCEL.-1	PTS.
1909 4-Pass Traveler	23200.	38750.	64500.	86000.	(94)
1910 Roadster	19100.	32000.	53250.	71000.	(94)
1911 Roadster	18900.	31500.	52500.	70000.	(94)
1912 Roadster	18900.	31500.	52500.	70000.	(94)
1912 Touring	19500.	32500.	54000.	72000.	(94)
1913 Roadster	18600.	31000.	51750.	69000.	(94)
1913 Touring	18900.	31500.	52500.	70000.	(94)
1914 Type 644 5-Pass. Touring	18900.	31500.	52500.	70000.	(94)

1913 American Underslung

AMILCAR - English

MAKE YEAR MODEL	UNRES. FAIR-4	UNRES. GOOD-3	RES. FAIR-2	RES. EXCEL.-1	PTS.
1924 Coupe	2700.	4500.	7600.	10000.	(90)
1925 Roadster	3250.	5400.	9000.	12000.	(90)

ANDERSON 1916-1925 - Rockhill, S.C.

MAKE YEAR MODEL	UNRES. FAIR-4	UNRES. GOOD-3	RES. FAIR-2	RES. EXCEL.-1	PTS.
1923 Model 6-E Touring	3500.	5800.	9750.	13000.	(90)
1924 Model 50-E Touring	3600.	6100.	10000.	13500.	(90)

1912 Apperson 5-Passenger 4-Door Touring, Model '4-45' 4 cyl. Courtesy Harrah's Automobile Collection, Reno, NV

APPERSON 1904-1925 - Kokomo, IN.

MAKE YEAR MODEL	UNRES. FAIR-4	UNRES. GOOD-3	RES. FAIR-2	RES. EXCEL.-1	PTS.
1912 Apperson Touring	8800.	14600.	24500.	32500.	(94)
1914 Runabout Apperson Jckrbt.	7500.	12400.	20600.	27500.	(94)
1920 8-20 Roadster	4600.	7600.	12750.	17000.	(94)
1921 8-21 Tourster	5250.	8750.	14500.	19500.	(94)
1923 5-Pass. Touring 8-Cyl. Model NS-8	6500.	10750.	18000.	24000.	(94)
1924 8-Cyl. Phaeton (8-24)	6750.	11250.	18750.	25000.	(94)
1925 8-Cyl. Straight Away Eight Phaeton (8-25)	7300.	12100.	20200.	27000.	(94)

AUBURN 1903-1936 - Auburn, IN.

MAKE YEAR MODEL	UNRES. FAIR-4	UNRES. GOOD-3	RES. FAIR-2	RES. EXCEL.-1	PTS.
1904 Touring Car	4600.	7600.	12750.	17000.	(91)
1905 2 Cyl. Model BTRG	4750.	7900.	13100.	17500.	(91)
1906 2 Cyl. Model C Touring	4600.	7600.	12750.	17000.	(91)
1907 2 Cyl. Model D Touring	4750.	7900.	13100.	17500.	(91)
1908 2 Cyl.					
Model G Touring	4900.	8100.	13500.	18000.	(91)
Model K Roadster	5100.	8600.	14250.	19000.	(91)
Model H Touring	5250.	8800.	14600.	19500.	(91)
1909 2 Cyl. & 4 Cyl.					
Model G Touring 2 Cyl.	4900.	8100.	13500.	18000.	(91)
Model H Touring 2 Cyl.	5000.	8300.	13900.	18500.	(91)
Model K Roadster 2 Cyl.	5100.	8600.	14250.	19000.	(91)
4 Cyl. 30 HP Models					
Model B 4 Cyl. Touring	5400.	9000.	15100.	20000.	(91)
Model C 4 Cyl. Touring	5400.	9000.	15100.	20000.	(91)
Model D 4 Cyl. Roadster	5700.	9500.	15750.	21000.	(91)
1910 4 Cyl. Models 40 HP					
Model B Touring	5700.	9500.	15750.	21000.	(91)
Model C Touring	5500.	9250.	15400.	20500.	(91)
Model D Roadster	5700.	9500.	15750.	21000.	(91)
Model X 4 Cyl. 40 HP TRG	5800.	9700.	16100.	21500.	(91)
Model R Touring	5800.	9700.	16100.	21500.	(91)
Model S Roadster	5700.	9500.	15750.	21000.	(91)
Model R Touring	5700.	9500.	15750.	21000.	(91)
1910 2 Cyl. 24 HP					
Model G Touring	5100.	8600.	14250.	19000.	(91)
Model K 2 Cyl. Roadster	5100.	8600.	14250.	19000.	(91)
1911 4 Cyl.					
Model F 4 Cyl. TRG	5250.	8800.	14600.	19500.	(91)
Model N 4 Cyl. TRG	5400.	9000.	15100.	20000.	(91)
Model T 4 Cyl. TRG	5400.	9000.	15100.	20000.	(91)
Model M 4 Cyl. Roadster	5500.	9250.	15400.	20500.	(91)
1911 2 Cyl.					
Model G 2 Cyl. TRG	5000.	8300.	13900.	18500.	(91)
Model K 2 Cyl. Roadster	4900.	8100.	13500.	18000.	(91)
1912 4 & 6 Cyl.					
Model 35 L. Touring	5250.	8800.	14600.	19500.	(91)
Model 35 L. Roadster	5100.	8600.	14250.	19000.	(91)
Model 40 N Touring	5400.	9000.	15100.	20000.	(91)
Model 40 M Roadster	5400.	9000.	15100.	20000.	(91)
Model 40 H Touring	5500.	9250.	15400.	20500.	(91)
Model 6-50 6 Cyl. Touring	5700.	9500.	15750.	21000.	(91)
1913 4 & 6 Cyl.					
Model 45 6 Cyl. Touring	5800.	9700.	16100.	21500.	(91)
Model 50 6 Cyl. Touring	6100.	10100.	16900.	22500.	(91)
Model 45 6 Cyl. Touring	5400.	9000.	15100.	20000.	(91)
Model 45 B 6 Cyl. Coupe	5000.	8300.	13900.	18500.	(91)
Model 45 B Roadster	5700.	9500.	15750.	21000.	(91)
Model 45 B Town Sedan	5400.	9000.	15100.	20000.	(91)
Model 40 L 4 Cyl. TRG					
Model 40 A 4 Cyl. Roadster	5400.	9000.	15100.	20000.	(91)
Model 33 L 4 Cyl. TRG	5100.	8600.	14250.	19000.	(91)
Model 33 M 4 Cyl. Roadster	5100.	8600.	14250.	19000.	(91)
1914 4 & 6 Cyl.					
Model 6-45 Touring	4900.	8100.	13500.	18000.	(91)
Model 6-45 Roadster	5000.	8300.	13900.	18500.	(91)
Model 6-46 Touring	5800.	9700.	16100.	21500.	(91)
Model 4-41 4 Cyl. Touring	5000.	8300.	13900.	18500.	(91)
Model 4-40 4 Cyl. TRG	4900.	8100.	13500.	18000.	(91)
Model 4-40 4 Cyl. Roadster	4750.	7900.	13100.	17500.	(91)
1915 4 & 6 Cyl.					
Model 6-47 6 Cyl. Touring	5100.	8600.	14250.	19000.	(91)
Model 6-47 Roadster	5250.	8800.	14600.	19500.	(91)
Model 6-40 Coupe	4600.	7600.	12750.	17000.	(91)
Model 6-40 Roadster	5100.	8600.	14250.	19000.	(91)
Model 6-40 Touring	5250.	8800.	14600.	19500.	(91)
Model 4-43 Touring	5000.	8300.	13900.	18500.	(91)
Model 4-43 Roadster	4900.	8100.	13500.	18000.	(91)
Model 4-46 Touring	4750.	7900.	13100.	17500.	(91)
1916 4 & 6 Cyl.					
Model 4-36 4 Cyl. Touring	4900.	8100.	13500.	18000.	(91)
Model 6-40 Roadster	5000.	8300.	13900.	18500.	(91)
Model 6-40 Touring 6 Cyl.	5000.	8300.	13900.	18500.	(91)
Model 6-38 Touring 4 Cyl.	4750.	7900.	13100.	17500.	(91)

1912 Alco Seven-Passenger Touring Photo Courtesy of Harrah's, Reno, NV
Model 9-60, 6 cyl., 70 hp

MAKE YEAR MODEL	UNRES. FAIR-4	UNRES. GOOD-3	RES. FAIR-2	RES. EXCEL.-1	PTS.
Model 6-38 Roadster 4 Cyl.	4750.	7900.	13100.	17500.	(91)
Model 4-38 Touring 4 Cyl.	4600.	7600.	12750.	17000.	(91)
Model 4-38 Roadster	5000.	8400.	13900.	18500.	(91)
1917 4 & 6 Cyl.					
Model 4-36 Roadster	4600.	7600.	12750.	17000.	(91)
Model 4-36 Spt. TRG.	5000.	8300.	13900.	18500.	(91)
Model 6-44 6 Cyl. Roadster.	5250.	8800.	14600.	19500.	(91)
Model 6-39 6 Cyl. TRG.	5250.	8800.	14600.	19500.	(91)
Model 6-39 Roadster	4800.	7600.	14100.	19000.	(91)
1918 6 Cyl.					
Model 6-44 Spt. Touring	5250.	8800.	14600.	19500.	(91)
Model 6-44 Roadster	5250.	8800.	14600.	19500.	(91)
Model 6-44 Sedan	3800.	6300.	10500.	14000.	(91)
Model 6-39 Touring	5100.	8600.	14250.	19000.	(91)
Model 6-39 Roadster	5100.	8600.	14250.	19000.	(91)
1919 6 Cyl.					
Model 6-39 Roadster	5250.	8800.	14600.	19500.	(91)
Model 6-39 Touring	5250.	8800.	14600.	19500.	(91)
Model 6-39 Coupe	3800.	6300.	10500.	14000.	(91)
Model 6-39 Sedan	3500.	5850.	9750.	13000.	(91)
1920 6-39					
Roadster	5100.	8600.	14250.	19000.	(91)
Touring	5200.	8650.	14400.	19200.	(91)
Coupe	3650.	6100.	10100.	13500.	(91)
Sedan	3500.	5850.	9750.	13000.	(91)
1921 6-39					
Coupe	3800.	6300.	10500.	14000.	(91)
Roadster Spt	5800.	9700.	16100.	21500.	(91)
Cabriolet	5250.	8800.	14600.	19500.	(91)
Touring Spt.	5700.	9580.	15750.	21000.	(91)
Sedan	3650.	6100.	10100.	13500.	(91)
1922 6-51					
Coupe	3900.	6500.	10900.	14500.	(91)
Sedan	3650.	6100.	10100.	13500.	(91)

MAKE YEAR MODEL	UNRES. FAIR-4	UNRES. GOOD-3	RES. FAIR-2	RES. EXCEL.-1	PTS.
Touring Spt.	6100.	10100.	16900.	22500.	(91)
Roadster Spt.	5700.	9500.	15750.	21000.	(91)

1917 Auburn Chummy Roadster, Model 6-39, 6 cyl., 43 hp
Courtesy Harrah's, Reno, NV

MAKE YEAR MODEL	UNRES. FAIR-4	UNRES. GOOD-3	RES. FAIR-2	RES. EXCEL.-1	PTS.
1923					
Model 6-51 Brougham	3650.	6100.	10100.	13500.	(91)
Model 6-51 Touring	5400.	9000.	15100.	20000.	(91)
Model 6-51 Sport Touring	6100.	10100.	16900.	22500.	(91)
Model 6-51 Sedan	3650.	6100.	10100.	13500.	(91)
Model 6-63 Brougham	3500.	5850.	9750.	13000.	(91)
Model 6-63 Sedan	3500.	5850.	9750.	13000.	(91)
Model 6-63 Touring	6100.	10200.	17000.	22700.	(91)
Model 6-43 Sedan	3400.	5600.	9400.	12500.	(91)
Model 6-43 Touring	5250.	8800.	14600.	19500.	(91)
1924 6 Cyl.					
Model 6-63 Brougham	3650.	6100.	10100.	13500.	(91)
Model 6-63 Touring	5700.	9500.	15750.	21000.	(91)
Model 6-63 Sedan	3500.	5850.	9750.	13000.	(91)
Model 6-43 Coupe	3900.	6500.	10900.	14500.	(91)
Model 6-43 2D. Sedan	3400.	5600.	9400.	12500.	(91)
Model 6-43 4D. Sedan	3500.	5850.	9750.	13000.	(91)
Model 6-43 Spt. Touring	5700.	9500.	15750.	21000.	(91)
Model 6-43 Spt. Touring 5-Pass.	5700.	9450.	15750.	21000.	(91)
Model 6-43 Coach 5-Pass.	3500.	5850.	9750.	13000.	(91)
Model 6-43 Sedan 5-Pass.	3650.	6100.	10100.	13500.	(91)

MAKE YEAR MODEL	UNRES. FAIR-4	UNRES. GOOD-3	RES. FAIR-2	RES. EXCEL.-1	PTS.
1925 6 Cyl.					
Model 6-66 Roadster RS	6500.	10800.	18000.	24000.	(91)
Model 6-66 Touring 5-Pass.	6500.	10800.	18000.	24000.	(91)
Model 6-66 Brougham 5-Pass.	6100.	10100.	16900.	22500.	(91)
Model 6-66 Wan. Phaeton 5-Pass.	6600.	11000.	18400.	24500.	(91)
Model 6-66 Sedan 5-Pass.	3650.	6100.	10100.	13500.	(91)
1926					
Model 6-66 Roadster RS	6600.	11000.	18400.	24500.	(91)
Model 6-66 Touring 5-Pass.	6500.	10800.	18000.	24000.	(91)
Model 6-66 Coupe 5-Pass.	3650.	6100.	10100.	13500.	(91)
Model 6-66 Brougham 5-Pass.	3650.	6100.	10100.	13500.	(91)
Model 6-66 Wnd. Sedan	4300.	7200.	12000.	16000.	(91)
Model 6-66 Sedan 5-Pass.	3500.	5850.	9750.	13000.	(91)
1927					
Model 6-66A Roadster RS	6100.	10100.	16900.	22500.	(91)
Model 6-66A Cab. RS	5700.	9450.	15750.	21000.	(91)
Model 6-66A Spt. Sedan 5-Pass.	3500.	5850.	9750.	13000.	(91)
Model 6-66A Wan. Sedan 5-Pass.	4300.	7200.	12000.	16000.	(91)
Model 6-66A Sedan 5-Pass.	3400.	5600.	9400.	12500.	(91)
1928					
Model 76 Roadster RS	6600.	11000.	18400.	24500.	(91)
Model 76 Cab. RS	6100.	10100.	16900.	22500.	(91)
Model 76 Sedan 5-Pass.	3500.	5850.	9750.	13000.	(91)
Model 76 Spt. Sedan 5-Pass.	3650.	6100.	10100.	13500.	(91)
1929					
Model 6-80 Ca . 2-4	6600.	11000.	18400.	24500.	(91)
Model 6-80 Vic. 3-4	3700.	6150.	10300.	13700.	(91)
Model 6-80 Sedan 5-Pass.	3500.	5850.	9750.	13000.	(91)
Model 6-80 Spt. Sed. 5-Pass.	3800.	6300.	10500.	14000.	(91)
1930					
Model 6-85 Cab. 2-4	6750.	11250.	18750.	25000.	(91)
Model 6-85 Sedan 5-Pass.	3650.	6100.	10100.	13500.	(91)
Model 6-85 Spt. Sed. 5-Pass.	3900.	6500.	10900.	14500.	(91)

1921 Auburn Roadster, Courtesy Harrah's, Reno, NV

MAKE YEAR MODEL	UNRES. FAIR-4	UNRES. GOOD-3	RES. FAIR-2	RES. EXCEL.-1	PTS.
1934 6 Cyl. 652 X-Standard Cabriolet RS	9400.	15650.	26050.	34750.	(91)
2D. Brougham 5-Pass.	3800.	6300.	10500.	14000.	(91)
Sedan 5-Pass.	3500.	5850.	9750.	13000.	(91)
1934 6 Cyl. 652 Y-Custom Cabriolet RS	9450.	15750.	26250.	35000.	(91)
2D. Brougham 5-Pass.	3650.	6100.	10100.	13500.	(91)
Sedan 5-Pass.	3650.	6100.	10100.	13500.	(91)
Phaeton Sedan Conv.	10650.	17800.	29600.	39500.	(91)
1935 6 Cyl. 653 Coupe 2-Pass.	3400.	5600.	9400.	12500.	(91)
Cabriolet RS	9700.	16200.	27000.	36000.	(91)
2D. Brougham 5-Pass.	3900.	6500.	10900.	14500.	(91)
Sedan 5-Pass.	3650.	6100.	10100.	13500.	(91)
Phaeton Sedan Conv.	11050.	18450.	30750.	41000.	(91)
1936 6-654					
Coupe RS	3700.	6100.	10100.	13500.	(91)
Cabriolet	9800.	16500.	27400.	36500.	(91)
2D Brougham	3900.	6600.	11000.	14700.	(91)
Sedan 5-Pass.	3500.	5900.	9750.	13000.	(91)
Phaeton Sedan Conv.	11000.	19000.	31800.	42500.	(91)
1936 654 Coupe 2	3800.	6300.	10500.	14000.	(91)
Cabriolet 2-4 RS	10500.	17500.	29250.	39000.	(91)
Brougham 2D. 5-Pass.	4200.	7000.	11600.	15500.	(91)
Sedan 4D. 5-Pass.	3800.	6300.	10500.	14000.	(91)

MAKE YEAR MODEL	UNRES. FAIR-4	UNRES. GOOD-3	RES. FAIR-2	RES. EXCEL.-1	PTS.
Sedan Phaeton Conv.	12400.	20700.	34500.	46000.	(91)

AUBURN CLASSIC 8 CYL. 1925-1936 SEE PAGE 94

1933 Austin (American), Courtesy Harrah's, Reno, NV

AUSTIN-American 1930-1941 Butler, PA.

MAKE YEAR MODEL	UNRES. FAIR-4	UNRES. GOOD-3	RES. FAIR-2	RES. EXCEL.-1	PTS.
1930 Roadster	2650.	4400.	7350.	10500.	(90)
1930 Bantam 2-Dr. Coupe	2150.	3550.	5950.	8500.	(90)
1931 Bantam Roadster	2750.	4600.	7700.	11000.	(90)
1931 Bantam Coupe	2250.	3750.	6200.	8900.	(90)
1932 Roadster	3000.	5050.	8400.	12000.	(90)
1932 Coupe	2250.	3800.	6300.	9000.	(90)
1933 Roadster	3000.	5050.	8400.	12000.	(90)
1934 Coupe	2250.	3800.	6300.	9000.	(90)
1935 Roadster	3100.	5100.	8550.	12200.	(90)
1935 Coupe	2300.	3850.	6450.	9200.	(90)
1937 Roadster	2900.	4800.	8050.	11500.	(90)
1937 Deluxe Coupe	2300.	3800.	6450.	9200.	(90)
1938 Deluxe Roadster	3000.	5050.	8400.	12000.	(90)
1938 Deluxe Coupe	2500.	4200.	7000.	10000.	(90)
1939 Roadster Standard	2650.	4400.	7350.	10500.	(90)
1939 Coupe Special	2500.	4200.	7000.	10000.	(90)
1939 Deluxe Roadster	2900.	4800.	8050.	11500.	(90)
1939 Speedster	3300.	5450.	9100.	13000.	(90)
1939 Phaeton Convertible	3150.	5250.	8750.	12500.	(90)
1939 Station Wagon	3000.	5050.	8400.	12000.	(90)
1940 Bantam Convertible Coupe	3000.	5050.	8400.	12000.	(90)
1940 Master Coupe	2500.	4200.	7000.	10000.	(90)
1940 Phaeton Conv. 4 Pass.	3150.	5250.	8750.	12500.	(90)
1941 4 Pass. Conv.	3300.	5450.	9100.	13000.	(90)
1941 Station Wagon	3150.	5250.	8750.	12500.	(90)

AUTO CAR 1897-1910 Pittsburgh, PA.

MAKE YEAR MODEL	UNRES. FAIR-4	UNRES. GOOD-3	RES. FAIR-2	RES. EXCEL.-1	PTS.
1902 Runabout	2650.	4400.	7350.	10500.	(90)
1904 2-Cyl. Model K	3100.	5100.	8550.	12200.	(90)
1906 Touring Car	5050.	8400.	14000.	20000.	(90)
1906 2-Cyl. Roadster	4000.	6700.	11200.	16000.	(90)

BAKER ELECTRIC 1899-1916 Cleveland, OH.

MAKE YEAR MODEL	UNRES. FAIR-4	UNRES. GOOD-3	RES. FAIR-2	RES. EXCEL.-1	PTS.
1903 Runabout	2000.	3350.	5600.	8000.	(90)
1913 Coupe	3300.	5450.	9100.	13000.	(90)

BALDWIN 1899-1903 Providence, R.I.

MAKE YEAR MODEL	UNRES. FAIR-4	UNRES. GOOD-3	RES. FAIR-2	RES. EXCEL.-1	PTS.
1899 Steam Car	2400.	4000.	6650.	9500.	(90)

BARLEY 1922-1923 Kalamazoo, MICH.

MAKE YEAR MODEL	UNRES. FAIR-4	UNRES. GOOD-3	RES. FAIR-2	RES. EXCEL.-1	PTS.
1923 Sedan 6-Cyl. Sedan	1750.	2950.	4900.	7000.	(90)
1923 6-Cyl. Touring	3000.	5050.	8400.	12000.	(90)

BAY STATE 1923-1926 Framingham, MASS.

MAKE YEAR MODEL	UNRES. FAIR-4	UNRES. GOOD-3	RES. FAIR-2	RES. EXCEL.-1	PTS.
1924 6-Cyl. Touring	3150.	5250.	8750.	12500.	(90)
1926 6-Cyl. Touring	3800.	6300.	10500.	15000.	(90)
1925 8-Cyl. Touring	6050.	10100.	16800.	24000.	(90)

1898 Daimler-Benz Photo Courtesy of Giuseppe M. Greco, Italian Trade Commissioner, Houston, TX

MAKE YEAR MODEL	UNRES. POOR-5	UNRES. FAIR-4	UNRES. GOOD-3	RES. FAIR-2	RES. EXCEL.-1	PTS.
1926 8-Cyl. Sedan		3250.	5400.	9000.	12900.	(90)
1926 8-Cyl. Phaeton		6300.	10500.	17500.	25000.	(90)

BENZ German

MAKE YEAR MODEL	UNRES. POOR-5	UNRES. FAIR-4	UNRES. GOOD-3	RES. FAIR-2	RES. EXCEL.-1	PTS.
1906 Daimier Benz. Touring Car		31500.	52500.	87500.	125000.	(90)
1908 12-Litre Race Car		27700	46200	77000.	110000.	(90)
1912 Touring Car		24700.	41150.	68600.	98000.	(90)
1914 4-Cyl. Touring Car		12600.	21000.	35000.	50000.	(90)

BIDDLE 1914-1922 Philadelphia, PA.

1910 Brush Model E

MAKE YEAR MODEL	UNRES. POOR-5	UNRES. FAIR-4	UNRES. GOOD-3	RES. FAIR-2	RES. EXCEL.-1	PTS.
1920 Touring Car		6200.	10700.	17200.	21000.	(90)

BINFORD 1905 Binghamton, MASS.

MAKE YEAR MODEL	UNRES. POOR-5	UNRES. FAIR-4	UNRES. GOOD-3	RES. FAIR-2	RES. EXCEL.-1	PTS.
1905 2-Cyl. Roadster		2650.	4400.	7350.	10500.	(90)

BREWSTER 1914-1924 Long Island City, N.Y.

MAKE YEAR MODEL	UNRES. POOR-5	UNRES. FAIR-4	UNRES. GOOD-3	RES. FAIR-2	RES. EXCEL.-1	PTS.
1914 Town Car		6900.	11550.	19250.	27500.	(90)
1914 Conv. Limo.		10100.	16800.	28000.	40000.	(94)
1914 Laundaulet		11600.	19300.	32200.	46000.	(94)
1917 Country Club Roadster		5300.	8800.	14700.	21000.	(90)
1919 Limo.		6050.	10100.	16800.	24000.	(90)

BREWSTER-KNIGHT 1914-1924 Long Island City, N.Y.

MAKE YEAR MODEL	UNRES. POOR-5	UNRES. FAIR-4	UNRES. GOOD-3	RES. FAIR-2	RES. EXCEL.-1	PTS.
1914 Roadster		5300.	8800.	14700.	21000.	(90)
1917 Country Club Roadster		5050.	8400.	14000.	20000.	(90)

1915 Briscoe Clover Leaf 3-Passenger Roadster
Photo Courtesy of Harrah's, Reno, NV

BRISCO 1914-1921 Jackson, MICH.

MAKE YEAR MODEL	UNRES. POOR-5	UNRES. FAIR-4	UNRES. GOOD-3	RES. FAIR-2	RES. EXCEL.-1	PTS.
1912 Touring		3800.	6300.	10500.	15000.	(90)
1915 Roadster		3400.	5650.	9450.	13500.	(90)
1917 Touring Car		3000.	5050.	8400.	12000.	(90)
1918 Touring Car		3000.	5050.	8400.	12000.	(90)
1920 Roadster		3200.	5300.	9000.	12500.	(90)
1921 Touring		3400.	5650.	9450.	13500.	(90)

BRIGGS AND STRATTON 1920-1922 Milwaukee, WISC.

MAKE YEAR MODEL	UNRES. POOR-5	UNRES. FAIR-4	UNRES. GOOD-3	RES. FAIR-2	RES. EXCEL.-1	PTS.
1920 Buckboard Flyer		1500.	2000.	2800.	3500.	(90)

BROOKS-STEAM CAR 1922-1925 Buffalo, N.Y.

MAKE YEAR MODEL	UNRES. POOR-5	UNRES. FAIR-4	UNRES. GOOD-3	RES. FAIR-2	RES. EXCEL.-1	PTS.
1924 5-Pass. Sedan		8500.	12000.	11000.	15000.	(90)

BRUSH 1906-1915

MAKE YEAR MODEL	UNRES. POOR-5	UNRES. FAIR-4	UNRES. GOOD-3	RES. FAIR-2	RES. EXCEL.-1	PTS.
1907 1-Cyl. Roadster		2650.	4400.	7350.	10500.	(92)
1906 Runabout		2650.	4400.	7350.	10500.	(90)
1908 Gentleman's Roadster		3000.	5050.	8400.	12000.	(90)
1909 Gentleman's Roadster		3000.	5050.	8400.	12000.	(90)
1910 Roadster		3650.	6100.	10150.	14500.	(90)
1911 2-Cyl. Runabout		3650.	6100.	10150.	14500.	(90)

MAKE YEAR MODEL	UNRES. FAIR-4	UNRES. GOOD-3	RES. FAIR-2	RES. EXCEL.-1	PTS.
1912 Roadster 2-Cyl.	3800.	6300.	10500.	15000.	(90)
1912 2-Cyl. Runabout	3800.	6300.	10500.	15000.	(90)

BUFFOM 1900-1907 Abington, Mass.

MAKE YEAR MODEL	UNRES. FAIR-4	UNRES. GOOD-3	RES. FAIR-2	RES. EXCEL.-1	PTS.
1901 4-Cyl. Runabout	4000.	6700.	11200.	16000.	(90)
1906 8-Cyl. Touring Car (First 8-Cyl. Car)	6550.	10900.	18200.	26000.	(90)

1908 Brush Runabout, Single Cylinder Model, 1 cyl. Courtesy Harrah's, Reno, NV

BUGATTI German

MAKE YEAR MODEL	UNRES. FAIR-4	UNRES. GOOD-3	RES. FAIR-2	RES. EXCEL.-1	PTS.
1923 8-Cyl. Touring	12600.	21000.	35000.	50000.	(90)
1924 4-Place Tourer	16150.	23100.	38500.	55000.	(90)

SEE CLASSIC CAR SECTION 1925 UP - PAGE 97

BUICK 1903-Present Flint, Mich.

MAKE YEAR MODEL	UNRES. FAIR-4	UNRES. GOOD-3	RES. FAIR-2	RES. EXCEL.-1	PTS.
1905 Model C 2-Cyl. Touring	5300.	8800.	14700.	21000.	(90)
1906 Model F 2-Cyl. Touring	4800.	8000.	13300.	19000.	(90)
1906 Model G 2-Cyl. Touring	4800.	8000.	13300.	19000.	(90)
1907 Model F Touring Runabout 2 Cyl.	7200.	12000.	16800.	21000.	(90)
1907 Model D Touring 4 Cyl.	5400.	9000.	15050.	21500.	(90)
1908 Model 10 Roadster	5050.	8400.	14000.	20000.	(90)
1908 Model D-5 Touring 4 Cyl.	5050.	8400.	14000.	20000.	(90)
1908 Model F 2-Cyl Touring	5300.	8800.	14700.	21000.	(90)
1908 Model F Runabout	4800.	8000.	13300.	19000.	(90)
1908 Model 10 Surrey	5050.	8400.	14000.	20000.	(90)
1909 Model G Roadster 4 Cyl.	5300.	8800.	14700.	21000.	(90)
1909 Model 10 4-Cyl. Touring	6300.	10500.	17500.	25000.	(90)
1909 Model 10 Roadster	5550.	9250.	15400.	22000.	(90)
1910 Model 10 Roadster	5550.	9250.	15400.	22000.	(90)
1910 Model F 2-Cyl Roadster	4000.	6700.	11200.	16000.	(90)
1910 Model 10 Surrey	5300.	8800.	14700.	21000.	(90)
1910 Model 10 Touring	6300.	10500.	17500.	25000.	(90)

1909 Buick, Model 10, 4 cyl., Courtesy Quentin Craft, El Paso, TX

MAKE YEAR MODEL	UNRES. FAIR-4	UNRES. GOOD-3	RES. FAIR-2	RES. EXCEL.-1	PTS.
1910 Model 14-B Chain Drive 2 Cyl. Raceabout	3650.	6100.	10150.	14500.	(90)
1910 Model 17 Runabout 4 Cyl.	5400.	9000.	15050.	21500.	(90)
1911 Model 33 Touring	3650.	6100.	10150.	14500.	(90)
1911 Model 33 Roadster	3500.	5900.	9800.	14000.	(90)
1911 Model 21 Touring	4500.	7560.	12600.	18000.	(90)
1912 Model 35 Touring Car	4000.	6700.	11200.	16000.	(90)
1912 Model 35 Roadster	4000.	6700.	11200.	16000.	(90)
1912 Model 43 Touring Car	4650.	7800.	12950.	18500.	(90)
1913 Model 40 7-Pass. Touring	4800.	8000.	13300.	19000.	(90)
1913 Model 25 Roadster	4650.	7800.	12950.	18500.	(90)
1913 McLhgln. Touring	4300.	7200.	12000.	16000.	(90)
1914 Model B-37 Touring Car	4550.	7550.	12600.	18000.	(90)
1914 Roadster	4550.	7550.	12600.	18000.	(90)
1915 Model 55 6-Cyl. 7-Pass. Touring	4500.	7500.	12450.	17800.	(90)
1915 C-54 Roadster	4300.	7150.	11900.	17000.	(90)
1915 Model C-25 4-Cyl. Touring	3900.	6500.	10850.	15500.	(90)
1916 Model D-45 6-Cyl. Touring	4300.	7150.	11900.	17000.	(90)
1917 Model D-45 6-Cyl. Touring	4300.	7150.	11900.	17000.	(90)
1917 6-Cyl. Roadster	4000.	6700.	11200.	16000.	(90)
1917 6-Cyl. Touring 49 7-Pass.	4300.	7150.	11900.	17000.	(90)
1917 4-Cyl. Roadster	3150.	5250.	8750.	12500.	(90)
1918 6-Cyl. Roadster	3300.	5450.	9100.	13000.	(90)
1918 6-Cyl. Sedan	3000.	5050.	8400.	12000.	(90)
1918 Conv. Coupe	3800.	6300.	10500.	15000.	(90)
1918 E-35 4 Cyl. Touring	3000.	5050.	8400.	12000.	(90)
1918 6-Cyl. 7-Pass. Touring	3800.	6300.	10500.	15000.	(90)
1919 Model 6-45 Touring	3800.	6300.	10500.	15000.	(90)
1919 Model K-46 6-Cyl. Coupe	2900.	4800.	8050.	11500.	(90)
1919 Model 44 6-Cyl. Roadster	3650.	6100.	10150.	14500.	(90)
1920 Model K-45 6-Cyl. Touring	3900.	6500.	10850.	15500.	(90)
1920 6-Cyl. Sedan K-47	2250.	3800.	6300.	9000.	(90)
1921 6-Cyl. Touring 21-45	4300.	7150.	11900.	17000.	(90)
1921 6-55 Roadster 21-44	4150.	6900.	11550.	16500.	(90)
1922 4-Pass. Coupe 22-36 4-Cyl.	2150.	3550.	5950.	8500.	(90)
1922 6-Cyl. Sport Roadster 22-54	4300.	7150.	11900.	17000.	(90)
1922 6-Cyl. Touring	4300.	7150.	11900.	17000.	(90)
1923 2-Dr. Victoria Coupe 22-46	2150.	3550.	5950.	8500.	(90)
1923 4-Cyl. Roadster 22-34	3150.	5250.	8750.	12500.	(90)
1923 Roadster 23-40	4000.	6700.	11200.	16000.	(90)
1923 34-39 Sedan 4 Cyl.	1900.	3150.	5250.	7500.	(90)
1923 6-Cyl. Sport Phaeton S.M. 23-45	4300.	7150.	11900.	17000.	(90)
1923 6-Cyl. Sport Roadster 23-54	4150.	6900.	11550.	16500.	(90)
1923 49 4-Pass. 6-Cyl. Sport Touring	4400.	7350.	12250.	17500.	(90)
1923 4-Cyl. Touring 23-35	3150.	5250.	8750.	12500.	(90)
1924 Opera Coupe 24-54C	2250.	3800.	6300.	9000.	(90)
1924 Master 6-Cyl. Touring Car 22-49	5650.	9450.	15750.	22500.	(94)

1916 Buick, Courtesy Rippey's Veteran Car Museum, Denver, CO

First Year Buick 4 Wheel Brakes

MAKE YEAR MODEL	UNRES. FAIR-4	UNRES. GOOD-3	RES. FAIR-2	RES. EXCEL.-1	PTS.
1924 4-Cyl. Touring 24-35	2900.	4800.	8050.	11500.	(90)
1924 4-Cyl. Roadster	2900.	4800.	8050.	11500.	(90)
1924 6-Cyl. Pass. Coupe 24-33	2150.	3550.	5950.	8500.	(90)
1924 6-Cyl. Touring 24-45	4400.	7350.	12250.	17500.	(90)
1924 6-Cyl. 2-Dr. Sedan 24-51	1900.	3150.	5250.	7500.	(90)
1924 6-Cyl. Brougham 24-51	2150.	3550.	5950.	8500.	(90)
1925 6-Cyl. Model 50 Sport Roadster	4000.	6700.	11200.	16000.	(91)
1925 Model 20 Sport Roadster	4400.	7350.	12250.	17500.	(90)

1927 Buick Model 27-27 Photo Courtesy of Don Bartlett, Waterloo, IA

MAKE YEAR MODEL	UNRES. FAIR-4	UNRES. GOOD-3	RES. FAIR-2	RES. EXCEL.-1	PTS.
1925 6-Cyl. Touring 25-25	4150.	6900.	11550.	16500.	(90)
1925 6-Cyl. 45 Series Sport Touring	4300.	7150.	11900.	17000.	(91)
1925 6-Cyl. 2-Pass. Coupe 25-28	2150.	3550.	5950.	8500.	(90)
1925 Model 50 Brougham	2400.	4000.	6650.	9500.	(90)
1925 Model 50 Sport Touring	4400.	7350.	12250.	17500.	(90)
1925 25 Model 50 Cabriolet	4150.	6900.	11550.	16500.	(90)
1926 Model Coach 25-40	1950.	3300.	5450.	7800.	(90)
1926 Brougham 26-51	2400.	4000.	6650.	9500.	(90)
1926 Sedan 26-50 7-Pass.	2250.	3800.	6300.	9000.	(90)
1926 4-Dr. Sedan 26-47	2250.	3800.	6300.	9000.	(90)
1926 2-Dr. Sedan 26-20	1950.	3300.	5450.	7800.	(90)
1926 Roadster R.S. 26-54	4400.	7350.	12250.	17500.	(91)

1929 Buick Sport Roadster, Model 44, Courtesy Harrah's, Reno, NV

MAKE YEAR MODEL	UNRES. FAIR-4	UNRES. GOOD-3	RES. FAIR-2	RES. EXCEL.-1	PTS.
1926 6-Cyl. Sport Roadster R.S. 26-44	4550.	7550.	12600.	18000.	(91)
1926 2-Pass. Coupe 26-26	2150.	3550.	5950.	8500.	(90)
1926 5-Pass. Touring 26-55	4150.	6900.	11550.	16500.	(91)
1927 Model 27 6-Cyl. 4-Dr. Sedan	2100.	3500.	5800.	9000.	(90)
1927 Master 6 Roadster R.S. 27-54	4550.	7550.	12600.	18000.	(91)
1927 Master 6 Brougham 51	2000.	3350.	5600.	8000.	(90)
1927 Master 6 Touring 28-55	4150.	6900.	11550.	16500.	(91)
1927 128 Cabriolet	3500.	5900.	9800.	14000.	(91)
1928 Standard Six Roadster 115-24	4000.	6700.	11200.	16000.	(91)
1928 Master 6 Roadster 128-54 9M	4800.	8000.	13300.	19000.	(91)
1928 Opera Coupe 128-58	2400.	4000.	6650.	9500.	(90)
1928 Country Club Coupe R.S. 128-54C	2900.	4800.	8050.	11500.	(90)

MAKE YEAR MODEL	UNRES. FAIR-4	UNRES. GOOD-3	RES. FAIR-2	RES. EXCEL.-1	PTS.
1928 Club Sedan 128-51	2150.	3550.	5950.	8500.	(90)
1928 2-Pass Coupe 28-56	2400.	4000.	6650.	9500.	(90)
1928 Master 6 Sport Touring 128-55 S.M.	5650.	9450.	15750.	22500.	(92)
1929 6-121 Roadster S.M.-44	9450.	15750.	26250.	37500.	(92)
1929 6 5-Pass. Touring 1-29	6700.	11100.	18550.	26500.	(92)
1929 6-129 Cabriolet S.M. 54CC	6800.	11350.	18900.	27000.	(92)
1929 6-116 Coupe 26S R.S.	2650.	4400.	7350.	10500.	(90)
1929 6-116 2-Dr. Sedan 20	1900.	3100.	5300.	7600.	(90)
1929 6-129 7-Pass. Sedan S.M. 50	2300.	3900.	6500.	9250.	(90)
1929 1-129 Phaeton S.M. 55	6800.	11350.	18900.	27000.	(94)
1929 7-Pass. Touring	6200.	10300.	17150.	24500.	(92)
1930 Model 64 Roadster R.S.S.M.	7800.	12900.	18000.	25000.	(94)

1931 Buick Phaeton, 2-Door, Courtesy Frank Valle

MAKE YEAR MODEL	UNRES. FAIR-4	UNRES. GOOD-3	RES. FAIR-2	RES. EXCEL.-1	PTS.
1930 Model 6-40 Phaeton 30-45 S.M.	6300.	10500.	17500.	25000.	(92)
1930 Model 40 2-Dr. Sedan 30-40	2200.	3700.	6100.	8750.	(90)
1930 6-Cyl. Sedan 6-50 S.M.	2300.	3800.	6400.	9100.	(90)
1930 6-Cyl. R.S. Coupe 6-40	2700.	4500.	7500.	10750.	(90)
1930 6-Cyl. Roadster 6-44 S.M.	6100.	10200.	17000.	24250.	(90)
1930 6-Cyl. Club Coupe 30-68 S.M.	2650.	4400.	7350.	10500.	(90)
1930 Model 6-60 7-Pass. Sedan S.M. 30-60	2250.	3800.	6300.	9000.	(90)
1930 7-Pass. Phaeton 30-69	5800.	9650.	16100.	23000.	(92)
1930 30-69 R.S. Roadster	6700.	11100.	18550.	26500.	(94)
ALL EIGHT-CYLINDER 1931 — UP					
ALL 90 SERIES 1931-1942 IN CLASSIC CAR SECTION - PAGE 97					
1931 Model 8-50 4-Dr. Sedan S.M.	2550.	4300.	7150.	10200.	(90)
1931 8-56 Sport R.S. Coupe	3000.	5050.	8400.	12000.	(90)

MAKE YEAR MODEL	UNRES. FAIR-4	UNRES. GOOD-3	RES. FAIR-2	RES. EXCEL.-1	PTS.
1931 8-Cyl. 4-Dr. Sedan 8-80 S.M.	3200.	5350.	8900.	12750.	(90)
1931 8-54 Roadster	6900.	11550.	19250.	27500.	(92)
1931 8-Cyl. R.S. Coupe 8-66S	3400.	5700.	9500.	13600.	(90)
1931 Model 8-56S R.S. Coupe S.M.	3500.	5900.	9800.	14000.	(90)
1931 8-67 Sedan S.M.	2400.	4000.	6650.	9500.	(90)
1931 8-Cyl. 2-Dr. Sedan 8-50	2050.	3400.	5650.	8100.	(90)
1931 8-86 Coupe S.M.	4150.	6900.	11550.	16500.	(92)
1931 8-Cyl. Cabriolet 56C S.M.	5800.	9650.	16100.	23000.	(92)
1931 8-64 Roadster	7450.	12400.	20650.	29500.	(92)
1931 8-Cyl. 80 4-Dr. Sedan	2700.	4500.	7500.	10700.	(90)
1932 8-Cyl. 55 Sport Phaeton S.M.	7800.	13000.	21700.	31000.	(92)
1932 66-S R.S. Coupe S.M.	3150.	5250.	8750.	12500.	(90)
1932 68C Convertible Phaeton	7550.	12600.	21000.	30000.	(92)
1932 Model 56C Convertible Coupe	7800.	13000.	21700.	31000.	(92)
1932 8-80 Victoria S.M.	3650.	6100.	10150.	14500.	(90)
1932 Model 57 4-Dr. Sedan	2750.	4600.	7700.	11000.	(90)
1932 Cabriolet 66C S.M.	7800.	13000.	21700.	31000.	(94)
1932 Model 67 Sport Sedan S.M.	3500.	5800.	9650.	13800.	(90)
1932 58C 2-Dr. Phaeton	8800.	14700.	24500.	35000.	(92)
1932 8-87 Sedan S.M.	3700.	6200.	10300.	14750.	(90)

1935 Buick, Series 40, Courtesy Robert Blatchley, Cortland, NY

MAKE YEAR MODEL	UNRES. FAIR-4	UNRES. GOOD-3	RES. FAIR-2	RES. EXCEL.-1	PTS.
1933 Model 68C Victoria Coupe S.M.	3500.	5900.	9800.	14000.	(90)
1933 56C Convertible Coupe	6200.	10300.	17150.	24500.	(90)
1933 Model 50 4-Dr. Sedan S.M.	3150.	5250.	8750.	12500.	(90)
1933 Model 33-50 2-Dr. Victoria S.M.	3400.	5650.	9450.	13500.	(90)
1933 Model 88C Phaeton S.M.	9700.	16150.	26950.	38500.	(94)
1933 Model 68C Convertible Phaeton S.M.	7800.	13000.	21700.	31000.	(91)
1933 Model 67 4-Dr. Sedan S.M.	3500.	5900.	9800.	14000.	(90)
1933 Model 66C Cabriolet	7550.	12600.	21000.	30000.	(92)
1933 86C Convertible Coupe S.M.	8800.	14700.	24500.	35000.	(94)
1933 66S Coupe R.S.S.M.	3500.	5900.	9800.	14000.	(90)
1933 86S R.S. Coupe	3700.	6200.	10300.	14750.	(90)
1934 2-Dr. Sedan 8-40	2400.	4000.	6650.	9500.	(90)
1934 Model 57 4-Dr. Sedan	2450.	4100.	68000	9700.	(90)
1934 Model 57 4-Dr. Sedan S.M.	2500.	4200.	7000.	10000.	(90)
1934 Model 40 Coupe 45S R.S.	2750.	4600.	7700.	11000.	(90)
1934 Model 56C Cabriolet R.S.S.M.	6550.	10900.	18200.	26000.	(92)
1934 Model 50 R.S. Coupe 56S	3300.	5450.	9100.	13000.	(90)
1934 Model 50 Victoria Coupe 58	3150.	5250.	8750.	12500.	(90)
1934 68C Convertible Phaeton	7050.	11750.	19600.	28000.	(92)
1934 34-60 Conv. Coupe	6550.	10900.	18200.	26000.	(91)
1934 67 Sedan S.M.	3000.	5050.	8400.	12000.	(90)
1934 1960 Coupe	3150.	5250.	8750.	12500.	(90)
1935 46C Convertible Coupe	5050.	8400.	14000.	20000.	(90)
1935 Model 68C Convertible Sedan S.M.	6550.	10900.	18200.	26000.	(92)
1935 8-50 56S R.S. Sport Coupe S.M.	3500.	5900.	9800.	14000.	(90)
1935 8-50 Convertible Coupe 56C	6200.	10300.	17150.	24500.	(92)
1935 Model 46 2-Pass. R.S. Coupe S.M.	3150.	5250.	8750.	12500.	(90)
1935 66S R.S. Coupe S.M.	3500.	5900.	9800.	14000.	(90)
1935 Model 8-40-42 4-Dr. Sedan S.M.	2700.	4550.	7550.	10800.	(90)
1935 61 Club Sedan S.M.	2900.	4800.	8050.	11500.	(90)
1935 Model 60 Cabriolet S.M. 66C	5650.	9450.	15750.	22500.	(91)
1935 Model 40 2-Dr. Sedan 48	2300.	3900.	6500.	9250.	(90)

1936 Buick Special 2-Door Sedan

MAKE YEAR MODEL	UNRES. FAIR-4	UNRES. GOOD-3	RES. FAIR-2	RES. EXCEL.-1	PTS.
1936 Roadmaster Convertible Sedan 80C	6200.	10300.	17150.	24500.	(92)
1936 Special Series Sport Coupe 46S S.M.	2750.	4600.	7700.	11000.	(90)
1936 Special 4-Dr. Sedan	2450.	4100.	6850.	9800.	(90)
1936 Century Opera Coupe 8-68	2500.	4200.	7000.	10000.	(90)
1936 Century Convertible Coupe 8-66C S.M.	5400.	9000.	15050.	21500.	(94)
1936 Special Cabriolet 46C	4900.	8200.	13650.	19500.	(94)
1936 Century 4-Dr. Sedan S.M. 61	2650.	4400.	7350.	10500.	(90)
1936 81 4-Dr. Sedan	2700.	4500.	7550.	10800.	(90)
1936 Model 40 Special 4-Dr. S.M.	2600.	4300.	7200.	10250.	(90)
1937 Special 2-Dr. Sedan 44	2400.	4000.	6650.	9500.	(90)
1937 Special 2-Dr. Sedan 48	2250.	3800.	6300.	9000.	(90)
1937 Special 4-Dr. Sedan S.M.	2400.	4000.	6650.	9500.	(90)
1937 Century 4-Dr. Sedan S.M.	2650.	4400.	7350.	10500.	(90)
1937 Special Sport Coupe	2700.	4500.	7500.	10700.	(90)

1938 Buick Special 2-Door Sedan

MAKE YEAR MODEL	UNRES. FAIR-4	UNRES. GOOD-3	RES. FAIR-2	RES. EXCEL.-1	PTS.
1937 Special Convertible Sedan S.M. 40C	6700.	11100.	18550.	26500.	(94)
1937 Special Convertible Coupe S.M.	6200.	10300.	17150.	24500.	(94)
1937 Roadmaster Convertible Sedan S.M.80C	7800.	13000.	21700.	31000.	(94)
1937 Formal Sedan 81F S.M.	3000.	5050.	8400.	12000.	(90)
1937 Roadmaster Sedan S.M. 81	2750.	4600.	7700.	11000.	(90)
1937 Century Convertible Coupe 66C	5650.	9450.	15750.	22500.	(94)
1937 Century Convertible Sedan 60C	6050.	10100.	16800.	24000.	(94)
1938 Roadmaster Sedan 81F	2750°	4600.	7700.	11000.	(90)
1938 Roadmaster Convertible Sedan 80C	8800.	14700.	24500.	35000.	(94)
1938 Special 4-Dr. Sedan 47	2450.	4100.	6800.	9750.	(90)
1938 Special Convertible Sedan 40C	6900.	11550.	19250.	27500.	(94)
1938 Century Convertible Sedan 60C S.M.	7050.	11750.	19600.	28000.	(94)
1938 Special Convertible Coupe 46C	6300.	10500.	17500.	25000.	(94)
1938 66C Convertible Coupe S.M.	6700.	11200.	18700.	26700.	(94)
1938 Century 4-Dr. Sedan S.M. 61	2750.	4600.	7700.	11000.	(90)
1938 Special 2-Pass. Coupe 46	2500.	4200.	7000.	10000.	(90)
1938 Special 2-Dr. Sedan 44	2300.	3900.	6500.	9250.	(90)
1939 Special Convertible Coupe 46C SM	6300.	10500.	17500.	25000.	(94)
1939 Special 2D. Sedan	2250.	3800.	6300.	9000.	(91)
1939 Model 41 4-Dr. Sedan	2400.	4000.	6650.	9500.	(90)

1942 Buick, The Eisenhower Car Photo Courtesy of Tony Mitchell, Santa Ana, CA

MAKE YEAR MODEL	UNRES. FAIR-4	UNRES. GOOD-3	RES. FAIR-2	RES. EXCEL.-1	PTS.
1939 41C Sport Convertible Phaeton S.M.	6550.	10900.	18200.	26000.	(94)

1937 Buick, Series 40, Convertible Sedan Courtesy Henry Rehm, Gurnee, IL

MAKE YEAR MODEL	UNRES. FAIR-4	UNRES. GOOD-3	RES. FAIR-2	RES. EXCEL.-1	PTS.
1939 Model 61 Century 4-Dr. Sedan S.M.	2650.	4400.	7350.	10500.	(90)
1939 81C Convertible Phaeton	8800.	14700.	24500.	35000.	(94)
1939 Century Convertible Coupe 66C	6300.	10500.	17500.	25000.	(94)
1939 81 4-Dr. Sedan S.M.	2800.	4700.	7850.	11200.	(90)
1939 Century Club Coupe 66S	2900.	4800.	8050.	11500.	(90)
1940 Model 41C 4-Dr. Convertible	6200.	10300.	17150.	24500.	(94)
1940 Model 50 Sport Coupe 56S	2500.	4200.	7000.	10000.	(90)
1940 Super Convertible Coupe 56C	5400.	9000.	15050.	21500.	(94)
1940 Station Wagon 59	4400.	7300.	12250.	17500.	(90)
1940 Model 61 4-Dr. Sedan	2300.	3850.	6450.	9200.	(90)
1940 Model 50 4-Dr. Sedan	2200.	3700.	6100.	8750.	(90)
1940 Model 40 2-Pass. Coupe	2150.	3600.	6000.	8600.	(90)
1940 Century Cabriolet 66C S.M.	6050.	10100.	16800.	24000.	(94)
1940 Model 60 4-Dr. Convertible S.M.	7800.	13000.	21700.	31000.	(94)
1940 4-Dr. Special Sedan S.M.	2000.	3350.	5600.	8000.	(90)
1940 Roadmaster Convertible Sedan 80C	8800.	14700.	24500.	35000.	(94)
1941 Series 40 Coupe	2000.	3350.	5600.	8000.	(90)
1941 40 B Torpedo Sedan	2250.	3800.	6300.	9000.	(90)
1941 Roadmaster Convertible Sedan 71-C	7800.	13000.	21700.	31000.	(90)
1941 Super Convertible Sedan 51C	6050.	10100.	16800.	24000.	(90)
1941 Super Convertible Coupe 56C	5800.	9650.	16100.	23000.	(90)
1941 Special Convertible Coupe 44-C	4900.	8200.	13650.	19500.	(90)
1941 Special 2-Dr. Sedanet 46S	2500.	4200.	7000.	10000.	(90)

MAKE YEAR MODEL	UNRES. FAIR-4	UNRES. GOOD-3	RES. FAIR-2	RES. EXCEL.-1	PTS.

1939 Buick, Courtesy Albert E. Bucklew, Pittsburgh, PA

MAKE YEAR MODEL	UNRES. FAIR-4	UNRES. GOOD-3	RES. FAIR-2	RES. EXCEL.-1	PTS.
1941 Super 4-Dr. Sedan	1950.	3300.	5450.	7800.	(90)
1941 Model 56S Coupe	2150.	3550.	5950.	8500.	(90)
1941 Roadmaster 4-Dr. Sedan 71	2250.	3800.	6300.	9000.	(90)
1941 8-60 Sedanet 66S	2900.	4800.	8050.	11500.	(90)

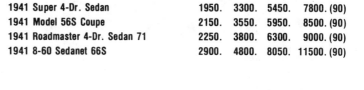

1941 Buick Super Convertible Coupe

MAKE YEAR MODEL	UNRES. FAIR-4	UNRES. GOOD-3	RES. FAIR-2	RES. EXCEL.-1	PTS.
1942 Roadmaster 2-Dr. Fastback 76S	2300.	3900.	6500.	9250.	(90)
1942 8-50 Sedanet 56S	2250.	3800.	6300.	9000.	(90)
1942 Special 4-Dr. Sedan 41SE	1600.	2600.	4400.	6250.	(90)
1942 Special Convertible Coupe 44C	3000.	5050.	8400.	12000.	(90)
1942 Roadmaster Convertible Coupe 76C	4000.	6700.	11200.	16000.	(90)

BUICK CLASSIC 8 CYL. 1925-1936 - SEE PAGE

ALL BUICK CLASSIC 90 SERIES. SEE CLASSIC CARS - PAGE 97

1903 Cadillac, Courtesy Museum of Automobiles, Moriliton, AR

CADILLAC 1903-Present Detroit, MICH.

MAKE YEAR MODEL	UNRES. FAIR-4	UNRES. GOOD-3	RES. FAIR-2	RES. EXCEL.-1	PTS.
1903 Chain Drive Roadster	5400.	9000.	15050.	21500.	(90)
1903 Rear Entrance Tourer	6300.	10500.	17500.	25000.	(90)
1904 Touring Model B	5300.	8800.	14700.	21000.	(90)
1904 Roadster	5300.	8800.	14700.	21000.	(90)
1905 Roadster 4-Cyl.	6300.	10500.	17500.	25000.	(92)
1905 Tonneau Touring 4-Cyl. Model D	6550.	10900.	18200.	26000.	(92)
1906 Model K Runabout 1-Cyl.	4800.	8000.	13300.	19000.	(92)
1906 Model H 4-Cyl. Touring	6300.	10500.	17500.	25000.	(92)
1906 Model H Runabout	6300.	10500.	17500.	25000.	(92)
1907 1-Cyl. Roadster Model M	4800.	8000.	13300.	19000.	(92)
1907 Roadster Model G 4-Cyl.	6550.	10900.	18200.	26000.	(92)
1908 1-Cyl. Runabout Model T	4900.	8200.	13650.	19500.	(92)
1908 Runabout Model H 4-Cyl.	5650.	9450.	15750.	22500.	(92)
1908 Model G Touring 4-Cyl.	6200.	10300.	17150.	24500.	(92)
1909 4-Cyl. Touring Car Model 30	6300.	10500.	17500.	25000.	(94)
1909 4-Cyl. Roadster	5650.	9450.	15750.	22500.	(92)
1910 Town Car	5550.	9250.	15400.	22000.	(94)

1912 Cadillac Coupe, Model 1912, 4 cyl., 40 hp

MAKE YEAR MODEL	UNRES. FAIR-4	UNRES. GOOD-3	RES. FAIR-2	RES. EXCEL.-1	PTS.
1910 Roadster	6300.	10500.	17500.	25000.	(91)
1910 4-Cyl. Touring Car	6550.	10900.	18200.	26000.	(94)
1910 Toy Tonneau	6300.	10500.	17500.	25000.	(92)
1911 Model 50 Touring	6550.	10900.	18200.	26000.	(94)
1911 4-Cyl. Roadster Model 30	5050.	8400.	14000.	20000.	(90)
1911 Model 30 4-Cyl Touring	5400.	9000.	15050.	21500.	(94)
1912 Touring Car	6200.	10300.	17150.	24500.	(94)
1912 Coupe	4300.	7150.	11900.	17000.	(91)
1912 Model 30 Roadster	5400.	9000.	15050.	21500.	(92)
1912 Sedan Limo.	4500.	7550.	12600.	18000.	(91)
1913 Torpedo Touring 4-Pass.	4900.	8200.	13650.	19500.	(92)
1913 Touring Car 5-Pass.	4900.	8200.	13650.	19500.	(92)
1913 Roadster	4850.	8050.	13450.	19200.	(92)
1913 7-Pass Touring	5300.	8800.	14700.	21000.	(92)
1913 Coupe	3900.	6300.	10500.	15000.	(91)
1913 Sedan Limo.	4150.	6900.	11550.	16500.	(92)
1914 5-Pass. Touring	5050.	8400.	14000.	20000.	(95)
1914 Roadster	4500.	7550.	12600.	18000.	(92)
1914 7-Pass. Touring Car	4800.	8000.	13300.	19000.	(9)2
1914 Landau Coupe	4000.	6700.	11200.	16000.	(91)
1915 3-Door V-8 Sedan	4300.	7150.	11900.	17000.	(92)

1915 FIRST CADILLAC V-8

MAKE YEAR MODEL	UNRES. FAIR-4	UNRES. GOOD-3	RES. FAIR-2	RES. EXCEL.-1	PTS.
1915 V8 Coupe	4400.	7350.	12250.	17500.	(90)
1915 Touring Car V-8 7-Pass.	5150.	8600.	14350.	20500.	(90)
1915 7-Pass. Laundalette	5050.	8400.	14000.	20000.	(90)
1915 Brougham Sedan	4300.	7150.	11900.	17000.	(90)
1915 V-8 Sport Phaeton	5550.	9250.	15400.	22000.	(90)
1915 2-Dr. Touring	5050.	8400.	14000.	20000.	(90)
1916 5-Pass. Phaeton	5650.	9450.	15750.	22500.	(90)
1916 Coupe	4150.	6900.	11550.	16500..	(90)
1916 V-8 Touring 7-Pass. 53	5300.	8800.	14700.	21000.	(90)
1916 Roadster	5050.	8400.	14000.	20000.	(90)
1916 Sedan Brougham	4500.	7550.	12600.	18000.	(90)
1917 Opera Coupe	3900.	6300.	10500.	15000.	(90)
1917 Roadster	4300.	7150.	11900.	17000.	(90)
1917 Town Car	4650.	7800.	12950.	18500.	(90)
1917 7-Pass. Limo.	4400.	7350.	12250.	17500.	(90)
1917 5-Pass. Touring Model 55	4650.	7800.	12950.	18500.	(90)
1918 Roadster Model 57	4500.	7550.	12600.	18000.	(90)
1918 7-Pass. Touring	4400.	7350.	12250.	17500.	(90)
1918 7-Pass. Limo.	3650.	6100.	10150.	14500.	(90)
1918 Coupe	4000.	6700.	11200.	16000.	(90)
1918 5-Pass. V-8 Touring	5050.	8400.	14000.	20000.	(90)
1919 57 Sport Phaeton	5300.	8800.	14700.	21000.	(90)
1919 Coupe	4150.	6900.	11550.	16500.	(90)
1919 5-Pass. Touring	4800.	8000.	13300.	19000.	(90)
1919 Limo.	4400.	7350.	12250.	17500.	(90)
1919 2-Pass. Roadster	4800.	8000.	13300.	19000.	(90)
1920 7-Pass. Touring Model 59	4900.	8200.	13650.	19500.	(90)
1920 5-Pass. Phaeton Model 59	4900.	8200.	13650.	19500.	(90)
1920 V-8 Roadster Model 59	4600.	7650.	12750.	18200.	(90)
1920 5-Pass. Touring	4650.	7750.	12950.	18500.	(90)
1920 Model 59 Victoria	3300.	5450.	9100.	13000.	(90)
1920 Coupe	4000.	6700.	11200.	16000.	(90)
1920 Town Brougham	4500.	7550.	12600.	18000.	(90)
1921 7-Pass. Touring	4400.	7400.	12300.	17600.	(90)
1921 Type 59 Phaeton	4650.	7750.	12950.	18500.	(90)

1918 Cadillac Phaeton, Body by Fisher, Model Type 57, V-8 cyl., 78 hp
Courtesy Harrah's Automobile Collection, Reno, NV

MAKE YEAR MODEL	UNRES. FAIR-4	UNRES. GOOD-3	RES. FAIR-2	RES. EXCEL.-1	PTS.
1921 Coupe	4000.	6700.	11200.	16000.	(90)
1921 Victoria	4000.	6700.	11200.	16000.	(90)
1921 Roadster	5050.	8400.	14000.	20000.	(90)
1922 5-Pass. Phaeton Model 61	4900.	8200.	13650.	19500.	(90)
1922 7-Pass. Limo.	3300.	5450.	9100.	13000.	(90)
1922 7-Pass. Touring	4500.	7550.	12600.	18000.	(90)
1922 5-Pass. Club Sedan	3900.	6300.	10500.	15000.	(90)

1911 Cadillac Photo Courtesy of Dr. Stucky, Thomasville, GA

MAKE YEAR MODEL	UNRES. FAIR-4	UNRES. GOOD-3	RES. FAIR-2	RES. EXCEL.-1	PTS.
1922 2-Pass. Roadster	4500.	7550.	12600.	18000.	(90)
1922 Club Victoria Coupe	3500.	5900.	9800.	14000.	(90)
1923 7-Pass. Limo. Model 61	3900.	6300.	10500.	15000.	(90)
1923 Victoria Coupe	4000.	6700.	11200.	16000.	(90)
1923 V-8 Phaeton	4950.	8300.	13800.	19700.	(90)
1923 Sport Roadster	4800.	8000.	13300.	19000.	(90)
1923 Coupe	4150.	6900.	11550.	16500.	(90)
1923 4-Dr. Sedan	2750.	4600.	7700.	11000.	(90)
1924 V-63 Sport Phaeton	7560.	12600.	21000.	30000.	(92)
1924 5-Pass. Touring	6550.	10900.	18200.	26000.	(92)
1924 7-Pass. Limo.	3400.	5650.	9450.	13500.	(92)
1924 Sport Roadster RS	7050.	11750.	19600.	28000.	(94)
1924 Sport Phaeton	7560.	12600.	21000.	30000.	(94)

1923 Cadillac Type 61 Roadster
Courtesy R. L. Eggleston, Ridgecrest, CA

SEE CLASSIC SECTION 1925-1948 PAGE 99

CADILLAC NON-CLASSIC

MAKE YEAR MODEL	UNRES. FAIR-4	UNRES. GOOD-3	RES. FAIR-2	RES. EXCEL.-1	PTS.
1936 Series 60 4-Dr. Sedan 19	2270.	3800.	6300.	9000.	(90)
1936 60 Conv. Coupe 67	6200.	10300.	17150.	24500.	(92)
1936 60 Club Coupe 77	2750.	4600.	7700.	11000.	(90)
1937 60 R.S. Coupe S.M.	3400.	5650.	9450.	13500.	(90)
1937 60 4-Dr. Sedan S.M.	3000.	5050.	8400.	12000.	(90)
1937 60 Convertible Coupe R.S.S.M.	7550.	12600.	21000.	30000.	(92)
1937 65 4D. Sedan	3900.	6500.	10850.	15500.	(92)
1937 60 Convertible Sedan S.M.	7550.	12600.	21000.	30000.	(92)
1938 8-65 Convertible Sedan S.M.	8800.	14700.	24500.	35000.	(92)
1938 Series 61 2-Pass. Coupe	3650.	6100.	10150.	14500.	(90)

1942 Cadillac Convertible, 62 Series
Courtesy Farrell C. Gay, Springfield, IL

MAKE YEAR MODEL	UNRES. FAIR-4	UNRES. GOOD-3	RES. FAIR-2	RES. EXCEL.-1	PTS.
1938 65 TR. Sedan	3500.	5900.	9800.	14000.	(90)
1938 Series 61 Convertible Coupe R.S.S.M.	8200.	13650.	22750.	32500.	(90)
1938 Series 61 Sedan S.M.	3000.	5050.	8400.	12000.	(90)
1939 Series 61 Convertible Sedan S.M.	8800.	14700.	24500.	35000.	(92)
1939 61 Coupe S.M.	2950.	4950.	8200.	11750.	(90)
1939 Series 61 Convertible Coupe	8200.	13650.	22750.	32500.	(90)
1939 61 5-Pass. Sedan S.M.	3150.	5250.	8750.	12500.	(90)
1940 Model 62 Sport Coupe	3150.	5250.	8750.	12500.	(90)
1940 Model 62 Sedan	2750.	4600.	7700.	11000.	(90)
1940 Model 62 Convertible Sedan	8700.	14500.	24150.	34500.	(92)
1940 Model 62 Club Coupe	26500.	4400.	7350.	10500.	(90)
1940 Model 6267 Convertible Coupe	7450.	12400.	20650.	29500.	(90)
1941 Model 62 4-Dr. Sedan	2600.	4300.	7200.	10250.	(90)
1941 Model 62 Convertible Coupe	8800.	14700.	24500.	35000.	(90)
1941 Model 61 Club Coupe	2950.	4950.	8200.	11750.	(90)
1941 4-Dr. Convertible 62	6850.	11400.	19000.	32500.	(92)
1941 Model 61 4-Dr. Sedan	2450.	4100.	6850.	9800.	(90)
1941 Model 63 4-Dr. Sedan	3800.	6300.	10500.	15000.	(92)
1941 2-Dr. Fastback 61	3650.	6100.	10150.	14500.	(92)
1942 Model 61 4-Dr. Sedan	1550.	2550.	4300.	6100.	(90)
1942 Model Sedan 6269	1650.	2700.	4550.	6500.	(90)

MAKE YEAR MODEL	UNRES. FAIR-4	UNRES. GOOD-3	RES. FAIR-2	RES. EXCEL.-1	PTS.
1942 Model 61 4-Dr. Fastback 6109	1700.	2800.	4700.	6700.	(90)
1942 Model 62 Club Coupe 6207	1650.	2700.	4550.	6500.	(90)
1942 Model 62 Convertible Coupe 6267D	5050.	8400.	14000.	20000.	(90)
1942 Model 6719 Sedan	2250.	3800.	6300.	9000.	(90)
1942 Model 60 S 5-Pass. Sedan (Fleetwood)	1900.	3200.	5300.	7600.	(90)

CADILLAC CLASSIC 1925-1948 SEE PAGE 99

CAMERON 1903-1920 New London, CT.

MAKE YEAR MODEL	UNRES. FAIR-4	UNRES. GOOD-3	RES. FAIR-2	RES. EXCEL.-1	PTS.
1908 6-Cyl. A.C. Tour	6050.	10100.	16800.	24000.	(90)
1915 6-Cyl. 7-Pass. Touring	3800.	6300.	10500.	15000.	(90)
1916 7-Pass. Touring	3800.	6300.	10500.	15000.	(90)
1919 7-Pass. Touring	4300.	7150.	11900.	17000.	(90)

CARROLL 1920-1921 Lorraine, OH.

MAKE YEAR MODEL	UNRES. FAIR-4	UNRES. GOOD-3	RES. FAIR-2	RES. EXCEL.-1	PTS.
1920 5-Pass. Touring	2750.	4600.	7700.	11000.	(90)

CARTER CAR 1907-1917

MAKE YEAR MODEL	UNRES. FAIR-4	UNRES. GOOD-3	RES. FAIR-2	RES. EXCEL.-1	PTS.
1907 Model D 2-Cyl. Roadster	4400.	7350.	12250.	17500.	(90)
1907 Touring Car	4650.	7750.	12950.	18500.	(90)
1908 4-Cyl. Roadster	4300.	7150.	11900.	17000.	(90)
1911 4-Cyl. Touring	4500.	7550.	12600.	18000.	(90)
1912 Model R Roadster	3500.	5900.	9800.	14000.	(90)
1912 Model 5-A Touring	3650.	6100.	10150.	14500.	(90)
1915 Touring Car	3000.	5050.	8400.	12000.	(90)

1924 Case Roadster, Body by Racine, Model X, 6 cyl., 55 hp
Courtesy Harrah's, Reno, NV

CASE 1910-1927 Racine, WI.

MAKE YEAR MODEL	UNRES. FAIR-4	UNRES. GOOD-3	RES. FAIR-2	RES. EXCEL.-1	PTS.
1913 Touring	3800.	6300.	10500.	15000.	(90)
1917 7-Pass. Touring	3650.	6100.	10150.	14500.	(90)
1921 6-Cyl. Sport Phaeton	4500.	7550.	12600.	18000.	(90)
1922 7-Pass. Touring	4400.	7350.	12250.	17500.	(90)
1923 4-Pass. Sport Phaeton	4650.	7750.	12950.	18500.	(90)
1923 6-Cyl. Roadster	4000.	6700.	11200.	16000.	(90)
1924 Roadster	4000.	6700.	11200.	16000.	(90)
1924 6-Cyl. Sport Phaeton	5050.	8400.	14000.	20000.	(90)
1925 4-Dr. Brougham	3400.	5650.	9450.	13500.	(90)
1925 7-Pass. Sedan	3500.	5800.	9650.	13800.	(94)
1926 6-Cyl. Touring	5300.	8800.	14700.	21000.	(90)

Chandler 1928 Dual Cowl Phaeton

CHALMERS 1909-1923 Detroit, MI.

MAKE YEAR MODEL	UNRES. FAIR-4	UNRES. GOOD-3	RES. FAIR-2	RES. EXCEL.-1	PTS.
1909 Touring Car	5300.	8800.	14700.	21000.	(90)
1910 Roadster	4550.	7550.	12600.	18000.	(90)
1911 Model 30 Spdstr.	5550.	9250.	15400.	22000.	(90)
1911 Model 30 Touring 4-Cyl.	5650.	9450.	15750.	22500.	(92)
1911 Model 30 Roadster	5300.	8800.	14700.	21000.	(92)
1912 Touring Car	4550.	7550.	12600.	18000.	(90)
1913 Model 17 5-Pass. Touring	3800.	6300.	10500.	15000.	(90)
1913 5-Pass. Touring	4550.	7550.	12600.	18000.	(90)
1913 Torpedo Roadster	3150.	5250.	8750.	12500.	(90)
1914 Touring Car	3500.	5900.	9800.	14000.	(90)
1915 Model 26-B Touring	3650.	6100.	10150.	14500.	(90)
1917 Touring Car	2800.	4600.	7700.	11000.	(90)
1918 5-Pass. Touring	2800.	4600.	7700.	11000.	(90)
1921 Model 35C Touring Car	3000.	5050.	8400.	12000.	(90)
1922 6-Cyl. Roadster	3300.	5450.	9100.	13000.	(90)
1922 6-Cyl. Touring	3150.	5250.	8750.	12500.	(90)
1923 6-Cyl. Sport Touring	3650.	6100.	10150.	14500.	(90)

CHALMERS-DETROIT 1908-1911 Detroit, MI.

MAKE YEAR MODEL	UNRES. FAIR-4	UNRES. GOOD-3	RES. FAIR-2	RES. EXCEL.-1	PTS.
1909 5-Pass. Touring	4800.	8000.	13300.	19000.	(90)
1909 Model 30 Touring	5300.	8800.	14700.	21000.	(90)
1910 Touring	4550.	7550.	12600.	18000.	(90)
1912 Touring	4400.	7350.	12250.	17500.	(90)

1929 Chandler 65, Courtesy Jack Markitan, Fairborn, SD

CHANDLER 1913-1929 Cleveland, OH.

MAKE YEAR MODEL	UNRES. FAIR-4	UNRES. GOOD-3	RES. FAIR-2	RES. EXCEL.-1	PTS.
1914 6-Cyl. Touring	3150.	5250.	8750.	12500.	(90)
1915 6-Cyl. Roadster	3000.	5050.	8400.	12000.	(90)
1916 6-Cyl. 7-Pass. Touring	3300.	5450.	9100.	13000.	(90)
1918 Roadster	3300.	5450.	9100.	13000.	(90)
1921 Sport Touring Model 20	3650.	6100.	10150.	14500.	(90)
1922 6-Cyl. Sport Phaeton	4650.	7800.	12950.	18500.	(90)
1922 7-Pass. Touring	4000.	6700.	11200.	16000.	(90)
1923 Chummy Roadster 32A	4300.	7150.	11900.	17000.	(90)
1924 6-Cyl. Touring Car	4300.	7150.	11900.	17000.	(90)
1924 6-Cyl. Royal Dispatch	4550.	7550.	12600.	18000.	(90)
1925 Model 33 Sport Touring	4800.	8000.	13300.	19000.	(90)
1926 2-Dr. Sedan Model 35	1900.	3150.	5250.	7500.	(90)
1926 6-35 Roadster	4300.	7150.	11900.	17000.	(90)
1927 5-Pass. Sedan 6-43	2250.	3800.	6300.	9000.	(90)
1928 Royal 8 Roadster	7050.	11750.	19600.	28000.	(92)
1928 8-37A D.C. Phaeton	7800.	13000.	21700.	31000.	(92)
1928 6-75 D.C. Phaeton	7550.	12600.	21000.	30000.	(92)
1929 Big Six Cabriolet	7300.	12200.	20300.	29000.	(92)
1929 Model 85 8-Cyl. 5-Pass. Sedan	2650.	4400.	7350.	10500.	(90)
1929 7-Pass. Phaeton S.M. 8-Cyl.	7050.	11750.	19600.	28000.	(92)
1929 6-75 Brougham	2650.	4400.	7350.	10500.	(90)

CHARRON-LAYCOCK

MAKE YEAR MODEL	UNRES. FAIR-4	UNRES. GOOD-3	RES. FAIR-2	RES. EXCEL.-1	PTS.
1909 Roadster	5100.	8400.	14000.	19500.	(90)
1921 Roadster	3400.	5600.	9400.	13000.	(90)

1914 Chevrolet Royal Mail Roadster Photo Courtesy of General Motors Family Album

MAKE YEAR MODEL	UNRES. FAIR-4	UNRES. GOOD-3	RES. FAIR-2	RES. EXCEL.-1	PTS.
CHASE 1907-1912 Syracuse, N.Y.					
1910 Touring	5000.	8200.	13600.	19500.	(90)

1915 Chevrolet Baby Grand Touring, 4 cyl., 24 hp
Courtesy Harrah's, Reno, NV

MAKE YEAR MODEL	UNRES. FAIR-4	UNRES. GOOD-3	RES. FAIR-2	RES. EXCEL.-1	PTS.
CHEVROLET 1912-Present Detroit, MI.					
1912 Open Touring Car Classic Six	6800.	11350.	18900.	27000.	(95)
1913 Royal Mail Roadster	4300.	7150.	11900.	17000.	(95)
1913 6-Cyl. Touring	6050.	10100.	16800.	24000.	(95)
1913 Roadster Model H 4-Cyl.	3500.	5900.	9800.	14000.	(95)
1913 Roadster Model L 6-Cyl.	5800.	9650.	16100.	23000.	(95)
1913 Touring Car Model H 4-Cyl.	3400.	5650.	9450.	13500.	(95)
1914 Touring 4-Cyl. Model H	3400.	5650.	9450.	13500.	(92)
1914 Royal Mail Roadster	4400.	7350.	12250.	17500.	(95)
1915 Amesbury Roadster	4550.	7550.	12600.	18000.	(95)
1915 4-Cyl. (Baby Grand) Touring	3500.	5900.	9800.	14000.	(92)
1915 3-Dr. Touring 4-Cyl.	4400.	7350.	12250.	17500.	(90)
1915 Royal Mail Roadster	4550.	7550.	12600.	18000.	(90)
1915 Touring Model 490	3150.	5250.	8750.	12500.	(90)
1915 Roadster 490	3000.	5050.	8400.	12000.	(90)
1916 Roadster 490	3000.	5050.	8400.	12000.	(90)
1916 Touring Car 490	3150.	5250.	8750.	12500.	(90)
1916 Touring (Baby Grand)	3300.	5450.	9100.	13000.	(90)
1917 Royal Mail Roadster	4400.	7350.	12250.	17500.	(90)
1917 Roadster 490	4000.	6700.	11200.	16000.	(90)
1917 Baby Grand Touring	3150.	5250.	8750.	12500.	(90)
1917 490 Touring	2500.	4200.	7000.	10000.	(90)
1917 V-8 Touring D-5	4500.	7550.	12500.	18000.	(90)
1918 490 Touring	2500.	4200.	7000.	10000.	(90)

MAKE YEAR MODEL	UNRES. FAIR-4	UNRES. GOOD-3	RES. FAIR-2	RES. EXCEL.-1	PTS.
1918 490 Roadster	2400.	4000.	6650.	9500.	(90)
1919 490 Touring	2550.	4300.	7150.	10200.	(90)
1919 Touring (Baby Grand) FB	3200.	5350.	8900.	12750.	(90)
1919 490 Roadster	2450.	4100.	6850.	9800.	(90)
1920 Touring 490	2500.	4200.	7000.	10000.	(90)
1920 4-Cyl. (Baby Grand)FB Touring	3200.	5400.	8950.	12800.	(90)
1921 4-Dr. Sedan Model FB	2250.	3800.	6300.	9000.	(90)
1921 490 Touring	2500.	4200.	7000.	10000.	(90)
1921 490 Sedan	2300.	3800.	6350.	9100.	(90)
1921 490 Roadster	2700.	4500.	7550.	10800.	(90)

1916 Chevrolet Model 490

Photo Courtesy of General Motors Family Album

MAKE YEAR MODEL	UNRES. FAIR-4	UNRES. GOOD-3	RES. FAIR-2	RES. EXCEL.-1	PTS.
1921 Baby Grand Roadster Model FB	3800.	6300.	10500.	15000.	(90)
1921 Baby Grand Touring Model FB	3900.	6500.	10850.	15500.	(92)
1922 4-Dr. Sedan Model FB	2450.	4100.	6850.	9800.	(90)
1922 Coupe Model FB	3300.	5450.	9100.	13000.	(90)
1922 490 Roadster	2800.	4600.	7700.	11500.	(90)
1922 490 Touring	3000.	5050.	8400.	12000.	(90)
1922 Touring Model FB	3800.	6300.	10500.	15000.	(92)
1922 2-Pass. Coupe FB	3000.	5050.	8400.	12000.	(92)
1922 490 Sedan	2300.	3800.	6300.	9000.	(90)
1922 490 Coupe	2150.	3550.	5950.	8500.	(90)
1923 Sport Touring Superior Model B	3000.	5050.	8400.	12000.	(90)
1923 4-Dr. Sedan	1950.	3300.	5450.	7800.	(90)
1923 Coupe	2000.	3350.	5600.	8000.	(90)

MAKE YEAR MODEL	UNRES. FAIR-4	UNRES. GOOD-3	RES. FAIR-2	RES. EXCEL.-1	PTS.
1923 Touring Standard	2800.	4600.	7700.	11000.	(90)
1924 Model F Roadster	2650.	4400.	7350.	10500.	(90)
1924 Coupe	2000.	3350.	5600.	8000.	(90)
1924 Touring Car	3000.	5050.	8400.	12000.	(90)
1924 Deluxe Superior Touring	3150.	5250.	8750.	12500.	(90)
1924 4-Dr. Sedan	2150.	3550.	5950.	8500.	(90)
1925 2-Dr. Sedan Superior Model K	1900.	3150.	5250.	7500.	(90)
1925 Roadster	2700.	4500.	7500.	10700.	(90)
1925 Model K Touring	2600.	4500.	7350.	10500.	(90)
1925 4-Dr. Sedan	2000.	3350.	5600.	8000.	(90)
1926 Model V Touring	3000.	5050.	8400.	12000.	(90)
1926 Roadster	3000.	5050.	8400.	12000.	(90)
1926 2-Pass. Coupe	2150.	3550.	5950.	8500.	(90)
1927 2-Dr. Sedan Model AA	2150.	3550.	5950.	8500.	(90)
1927 Touring Car	3150.	5250.	8750.	12500.	(90)
1927 Landau Sedan	2500.	4200.	7000.	10000.	(90)
1927 4-Dr. Sedan	2150.	3550.	5950.	8500.	(90)
1927 Roadster	2800.	4600.	7700.	11000.	(90)
1927 Sport Coupe R.S.	2150.	3550.	5950.	8500.	(90)
1927 Cabriolet R.S.	2800.	4600.	7700.	11000.	(90)

1925 Chevrolet Touring

MAKE YEAR MODEL	UNRES. FAIR-4	UNRES. GOOD-3	RES. FAIR-2	RES. EXCEL.-1	PTS.
1928 Roadster Model AB	3150.	5250.	8750.	12500.	(92)
1928 National 4-Dr. Sedan	2400.	4000.	6650.	9500.	(90)
1928 Landau Sedan	2500.	4200.	7000.	10000.	(90)
1928 Cabriolet	3150.	5250.	8750.	12500.	(92)
1928 2-Dr. Sedan	2000.	3350.	5600.	8000.	(90)
1928 Touring Car (Phaeton)	3400.	5650.	9450.	13500.	(92)
1928 Landau Sport Coupe 4-Cyl.	2450.	4100.	6850.	9800.	(90)
1929 Imperial Sedan 6-Cyl. Model AC	3200.	5300.	8900.	12700.	(90)
1929 6-Cyl. Touring	3300.	5550.	9250.	13200.	(92)
1929 2-Dr. Sedan	2150.	3550.	5950.	8500.	(90)
1929 Convertible Sedan (Landau) S.M.	5300.	8800.	14700.	21000.	(94)
1929 Roadster	3300.	5450.	9100.	13000.	(92)

1940 Chevrolet Coupe

MAKE YEAR MODEL	UNRES. FAIR-4	UNRES. GOOD-3	RES. FAIR-2	RES. EXCEL.-1	PTS.
1929 Coupe	2250.	3800.	6300.	9000.	(90)
1929 4-Dr. Sedan	2200.	3700.	6100.	8750.	(90)
1929 6-Cyl. Cabriolet	3650.	6100.	10150.	14500.	(92)
1929 Roadster Pickup	2800.	4600.	7700.	11000.	(90)
1929 Sport Roadster S.M.	3800.	6300.	10500.	15000.	(92)
1930 Sport Phaeton S.M. Model AD	4400.	7350.	12250.	17500.	(94)
1930 5-Pass. 2-Dr. Sedan	2250.	3800.	6300.	9000.	(90)
1930 Roadster R.S.	3750.	6300.	10500.	15000.	(92)
1930 Roadster Pickup	2800.	4700.	7900.	11250.	(91)
1930 Coupe	2250.	3800.	6300.	9000.	(90)
1930 Touring Car	3800.	6300.	10500.	15000.	(92)
1930 Deluxe Sedan S.M.	2500.	4100.	6800.	9800.	(90)
1930 Sport Coupe R.S.	2500.	4200.	7000.	10000.	(90)
1931 Roadster	5800.	9650.	16100.	23000.	(95)
1931 Sport Phaeton S.M. Model AE	5900.	10000.	16500.	23500.	(95)
1931 Sport Sedan S.M.	3800.	6300.	10500.	15000.	(90)
1931 Sport Roadster S.M.	6050.	10100.	16800.	24000.	(95)
1931 Cabriolet R.S.S.M.	6300.	10500.	17500.	25000.	(95)
1931 Victoria Coupe	3400.	5650.	9450.	13500.	(90)
1931 Deluxe 2-Dr. Landau Phaeton	6200.	10300.	17150.	24500.	(90)
1931 3-Window Coupe S.M.	3200.	5400.	8950.	12800.	(90)
1931 2-Dr. Sedan S.M.	2500.	4200.	7000.	10000.	(90)
1931 R.S. Coupe S.M.	3500.	5900.	9800.	14000.	(90)
1932 Deluxe Coupe S.M. Model B.A.	3800.	6350.	10550.	15100.	(90)
1932 Sport Sedan S.M.	3150.	5250.	8750.	12500.	(90)
1932 Sport Roadster S.M. Model B.A.	6300.	10500.	17500.	25000.	(95)
1932 Cabriolet R.S. Model B.A.	6550.	10900.	18200.	26000.	(95)
1932 Sport Coupe R.S.S.M. B.A.	3650.	6100.	10150.	14500.	(90)
1932 Standard Coupe AE Model	3000.	5050.	8400.	12000.	(90)
1932 2-Dr. Sedan AE Model	2800.	4600.	7700.	11000.	(90)
1932 Sport Phaeton S.M. Model B.A.	6500.	10700.	17900.	25500.	(95)
1932 Landau 2-Dr. Phaeton S.M.B.A.	6500.	10800.	18000.	25700.	(95)
1932 Victoria Coupe S.M.	3500.	5900.	9800.	14000.	(90)
1933 Sport Roadster Master S.M.C.A.	6400.	10700.	17850.	25500.	(95)
1933 Standard 4D. Sedan	2100.	3500.	6300.	9000.	(91)

1931 Chevy Victoria

MAKE YEAR MODEL	UNRES. FAIR-4	UNRES. GOOD-3	RES. FAIR-2	RES. EXCEL.-1	PTS.
1933 Sport Sedan S.M. (Town Sedan) Model C.A.	2650.	4400.	7350.	10500.	(90)
1933 2-Dr. Sedan Model CC	2450.	4100.	6850.	9800.	(90)
1933 4-Dr. Sedan Master C.A.	2450.	4100.	6850.	9800.	(90)
1933 CC 2-Pass. Coupe	2200.	3700.	6100.	8750.	(90)
1933 Master 2-Dr. Club Sedan C.A.	2400.	4000.	6650.	9500.	(90)
1933 Master Cabriolet S.M. C.A.	5650.	9450.	15750.	22500.	(95)
1933 Master R.S. Coupe S.M. C.A.	3800.	6300.	10500.	15000.	(90)
1933 C.A. Phaeton S.M.	7800.	13000.	21700.	31000.	(94)
1933 R.S. Coupe Model CC	3000.	5050.	8400.	12000.	(90)
1934 Cabriolet Model DA Master	5400.	9000.	15000.	21500.	(90)
1934 Model 6-DA Master Roadster S.M.	5650.	9450.	15750.	22500.	(90)
1934 Standard 3-Window Coupe D.C.	2250.	3800.	6300.	9000.	(90)
1934 Standard Touring D.C.	5700.	9600.	16000.	23500.	(95)
1934 D.C. Roadster	5400.	9000.	15000.	21500.	(90)
1934 Master 2-Dr. Sedan	2150.	3550.	5950.	8500.	(90)
1934 Master Sedan 4-Dr. S.M.	2250.	3800.	6300.	9000.	(90)
1934 Master R.S. Coupe	2650.	4400.	7350.	10500.	(90)
1935 Standard Roadster Model E.C.	5550.	9250.	15400.	22000.	(92)
1935 Standard Coupe 2-Pass.	2450.	4100.	6800.	9700.	(90)

1930 Chevrolet Special Sedan

1933 Chevrolet Cabriolet

MAKE YEAR MODEL	UNRES. FAIR-4	UNRES. GOOD-3	RES. FAIR-2	RES. EXCEL.-1	PTS.
1935 Master 2-Dr. Sedan	2150.	3600.	6000.	8600.	(90)
1935 Standard Phaeton	6300.	10500.	17500.	25000.	(94)
1935 Master 4-Dr. Sedan EA	2100.	3450.	5800.	8250.	(90)
1935 Standard 2-Dr. Sedan	2250.	3800.	6300.	9000.	(90)
1935 Standard 4-Dr. Sedan	2400.	3900.	6600.	9500.	(90)
1935 Master Coupe R.S. Model EA	2000.	3200.	5300.	7600.	(90)
1936 Standard 2-Dr. FC	2000.	3200.	5300.	17600.	(90)
1936 Standard Cabriolet	3650.	6100.	10150.	14500.	(90)
1936 5-Window Coupe Master R.S.	2200.	3700.	6100.	8750.	(90)
1936 Standard Coupe 3-Window R.S.	2300.	3850.	6450.	9200.	(90)
1936 Master 4-Dr. Sedan S.M.	2100.	3450.	5800.	8250.	(90)
1936 Standard 4-Dr. Sedan	1750.	2950.	4900.	7000.	(90)
1936 5-Window Coupe Master R.S.	2150.	3600.	5950.	8500.	(90)
1936 Standard Coupe 3-Window R.S.	2300.	3850.	6450.	9200.	(90)
1936 Master 4-Dr. Sedan S.M.	2000.	3350.	5600.	8000.	(90)
1936 Standard 4-Dr. Sedan	1890.	3150.	5250.	7500.	(90)
1936 Master 4-Dr. Phaeton	7450.	12400.	20650.	29500.	(94)
1937 Master 2-Dr. Sedan GB	1650.	2700.	4550.	6500.	(90)
1937 Standard Coupe R.S.	1750.	2950.	4900.	7000.	(90)
1937 Master Cabriolet Model GB	4300.	7150.	11900.	17000.	(90)
1937 Master Sport Coupe R.S.	2050.	3450.	5750.	8200.	(90)
1937 GA Master Sport Sedan	1900.	3200.	5300.	7600.	(90)
1938 Master 4-Dr. Sedan	1890.	3150.	5250.	7500.	(90)
1938 Standard Coupe	1750.	2950.	4900.	7000.	(90)

1942 Chevrolet Aerosedan, Body by Fisher, Model Fleetline Spec. De Luxe, 6 cyl., 90 hp, Courtesy Harrah's, Reno, NV

MAKE YEAR MODEL	UNRES. FAIR-4	UNRES. GOOD-3	RES. FAIR-2	RES. EXCEL.-1	PTS.
1938 Del R.S. Coupe	2150.	3600.	5950.	8500.	(90)
1938 Master Del Sedan S.M.	1890.	3150.	5250.	7500.	(90)
1938 Master 2-Dr. Sedan	1750.	2950.	4900.	7000.	(90)
1938 Cabriolet	4300.	7200.	12050.	17200.	(90)
1939 Master Deluxe 4-Dr. Sedan JA	1300.	2200.	3650.	5200.	(90)
1939 Sport Coupe Master Deluxe	1750.	2950.	4900.	7000.	(90)
1939 JB Sport Sedan	1750.	2950.	4900.	7000.	(90)
1939 Business Coupe JB	1600.	2600.	4400.	6250.	(90)
1939 JA 2-Dr. Town Sedan	1800.	3000.	5050.	7200.	(90)
1940 Convertible Cabriolet KA	3900.	6500.	10850.	15500.	(90)
1940 Deluxe Coupe KH	1500.	2500.	4200.	6000.	(90)
1940 Deluxe 2-Dr. Sedan	1300.	2200.	3650.	5200.	(90)
1940 Deluxe 4-Dr. Sedan	1500.	2500.	4200.	6000.	(90)
1940 Special Deluxe Club Coupe	1750.	2950.	4900.	7000.	(90)
1941 Club Coupe AG	1500.	2500.	4200.	6000.	(90)
1941 Cabriolet AH	4900.	8200.	13650.	19500.	(90)
1941 4-Dr. Sport Sedan AH	1650.	2700.	4550.	6500.	(90)
1941 Special Deluxe Club Coupe AH	2000.	3350.	5600.	8000.	(90)
1941 Deluxe 2-Pass. Coupe AG	1500.	2500.	4200.	6000.	(90)
1941 Deluxe 2-Dr. Sedan	1400.	2300.	3850.	5500.	(90)
1941 Special Deluxe Station Wagon	3000.	5050.	8400.	12000.	(90)
1941 4-Dr. Fleetline	1650.	2700.	4550.	6500.	(90)
1942 Fleetmaster Cabriolet	4500.	7550.	12600.	18000.	(90)
1942 2-Dr. Sedanette Fleetmaster	1890.	3150.	5250.	7500.	(90)
1942 Coupe Fleetmaster	1400.	2300.	3850.	5500.	(90)

MAKE YEAR MODEL	UNRES. FAIR-4	UNRES. GOOD-3	RES. FAIR-2	RES. EXCEL.-1	PTS.
1942 Deluxe Sedan	1300.	2200.	3650.	5200.	(90)
1942 Standard 2-Dr. Sedan	1250.	2100.	3500.	5000.	(90)
1942 Special Deluxe Club Coupe	1700.	2850.	4750.	6800.	(90)
1942 Business 2-Pass. Coupe	1400.	2300.	3850.	5500.	(90)

1924 Chrysler Roadster, 6 cyl.

CHRYSLER 1924-Present

MAKE YEAR MODEL	UNRES. FAIR-4	UNRES. GOOD-3	RES. FAIR-2	RES. EXCEL.-1	PTS.
1924 R.S. Roadster 70	4700.	7800.	13000.	18600.	(97)
1924 6-Cyl. Touring 70	4600.	7650.	12740.	18200.	(97)
1924 70 2-Dr. Brougham	2300.	3800.	6300.	9000.	(90)
1924 6-Cyl. Sport Phaeton 70	4500.	7550.	12600.	18000.	(90)
1924 70 Town Sedan	2200.	3700.	6150.	8800.	(90)
1925 50 Coupe 4-Cyl.	1900.	3200.	5300.	7600.	(90)
1925 50 2-Dr. Sedan	1750.	2950.	4900.	7000.	(90)
1925 4-Cyl. 58 Touring	3000.	5050.	8400.	12000.	(90)
1925 4-Cyl. Sedan Model 58	1750.	2950.	4900.	7000.	(90)
1925 6-Cyl. 70 Sedan	2300.	3800.	6300.	9000.	(90)
1925 6-Cyl. 70 Royal Coupe	2650.	4400.	7350.	10500.	(90)
1925 6-Cyl. R.S. Roadster 70	4700.	7900.	13100.	18750.	(90)
1925 6-Cyl. 70 Phaeton	4800.	8000.	13300.	19000.	(90)
1926 6-Cyl. Model 70 Phaeton	4900.	8200.	13650.	19500.	(90)
1926 Model 70 Roadster	4500.	7550.	12600.	18000.	(90)
1926 Model 70 Royal Coupe	2300.	3800.	6300.	9000.	(90)
1926 60 Touring	4100.	6800.	11350.	16200.	(90)
1926 60 Roadster	4000.	6700.	11200.	16000.	(90)
1926 4-Cyl. 4-Dr. Sedan 58	1750.	2950.	4900.	7000.	(90)
1926 4-Cyl. Touring 58	3300.	5550.	9250.	13200.	(90)
1926 4-Cyl. Roadster 58	3850.	6400.	10700.	15250.	(90)
1926 Model 60 Coupe Royal	2300.	3850.	6450.	9200.	(90)
1926 6-Cyl. Royal Sedan 60	2100.	3450.	5800.	8250.	(90)
1926 Model 60 Landau Sedan	2300.	3800.	6300.	9000.	(90)
1926 6-Cyl. Sedan 70	2300.	3800.	6300.	9000.	(90)
1926 6-Cyl. 70 R.S. Coupe	2300.	3850.	6450.	9200.	(90)
1927 Model 60 R.S. Roadster	4150.	6900.	11500.	16000.	(90)
1927 6-Cyl. Phaeton Model 60	4200.	7000.	11600.	16600.	(90)
1927 Model 60 R.S. Coupe	2150.	3600.	6000.	8600.	(90)
1927 Model 60 Sedan 4-Dr.	1950.	3300.	5450.	7800.	(90)
1927 Model 50 Roadster R.S. 4-Cyl.	3800.	6300.	10500.	15000.	(90)
1927 Model 50 Phaeton	3900.	6500.	10850.	15500.	(90)
1927 2-Dr. Sedan 50	1800.	3000.	5050.	7200.	(90)
1927 70 Sport Phaeton	4650.	7800.	12950.	18500.	(90)
1927 70 Cabriolet	4500.	7500.	12450.	17800.	(94)
1927 6-Cyl. Roadster R.S. Model 70	4650.	7750.	12950.	18500.	(94)
1927 70 Landau Sedan	2250.	3800.	6300.	9000.	(90)
1928 62 Cabriolet (Fisher Body)	3800.	6300.	10500.	15000.	(92)
1928 Model 62 Touring	4000.	6700.	11200.	16000.	(92)
1928 6-Cyl. 62 R.S. Coupe	2250.	3800.	6300.	9000.	(90)
1928 Model 62 Landau Sedan	2150.	3550.	5950.	8500.	(90)
1928 72 Landau Sedan S.M.	2400.	4000.	6650.	9500.	(90)
1928 72 Cabriolet	4550.	7550.	12600.	19000.	(90)
1928 2-Dr. Sedan Model 62	2050.	3400.	5650.	8100.	(90)
1928 Model 72 Coupe R.S.	3900.	6500.	8400.	12000.	(90)

1928 Chrysler Model 62 Convertible, Body by Fisher

MAKE YEAR MODEL	UNRES. FAIR-4	UNRES. GOOD-3	RES. FAIR-2	RES. EXCEL.-1	PTS.
1928 Model 72 Roadster R.S.S.M.	5400.	9050.	15050.	21500.	(90)
1928 Model 52 Phaeton 4-Cyl.	3400.	5650.	9450.	13500.	(90)
1928 Model 52 4-Cyl. Roadster	3200.	5650.	9450.	13500.	(90)
1929 Model 65 Roadster	4000.	6700.	11200.	16000.	(90)
1929 Sport Phaeton (75) S.M. (Hayes)	8550.	14300.	23800.	34000.	(92)
1929 (75) R.S. Coupe	3150.	5250.	8750.	12500.	(90)
1929 Model 75 Roadster S.M.	7300.	12200.	20000.	29000.	(92)
1929 Model 75 D.C. Phaeton S.M.	9600.	15950.	26600.	38000.	(94)
1929 (65) Phaeton	4000.	6700.	11200.	16000.	(90)
1929 Model 75 Sedan S.M.	2250.	3800.	6300.	9000.	(90)
1929 R.S. Coupe 65	2650.	4400.	7350.	10500.	(90)
1929 Model 75 Club Sedan S.M.	2400.	4050.	6700.	9600.	(90)
1929 Model 75 Cabriolet S.M.	5300.	8800.	14700.	21000.	(92)
1929 Model 65 4-Dr. Sedan S.M.	2000.	3350.	5600.	8000.	(90)
1929 Model 65 2-Dr. Sedan	1900.	3150.	5250.	7500.	(90)
1930 77 Coupe R.S.	3550.	5900.	9800.	14000.	(90)

1931 Chrysler CD 8, Touring Sedan

MAKE YEAR MODEL	UNRES. FAIR-4	UNRES. GOOD-3	RES. FAIR-2	RES. EXCEL.-1	PTS.
1930 Model 6-66 Sport Phaeton	6550.	10900.	18200.	26000.	(92)
1930 Model 6-66 Sport Roadster	6050.	10100.	16800.	24000.	(92)
1930 Model 77 Sport Phaeton S.M.	9950.	16590.	27650.	39500.	(94)
1930 R.S. Coupe Model 66	2650.	4400.	7350.	10500.	(90)
1930 Model 66 Sedan	2150.	3550.	5950.	8500.	(90)
1930 Model 77 Sedan S.M.	3150.	5250.	8750.	12500.	(90)
1930 Model 77 Roadster S.M.	10080.	16800.	28000.	40000.	(95)
1930 Model 77 Convertible Coupe	7800.	13000.	21700.	31000.	(94)
1930 Model 6-73 Phaeton S.M.	7300.	12200.	20300.	29000.	(94)
1931 6-Cyl. Cabriolet S.M. 6-70	7200.	12000.	18900.	27000.	(90)
1931 CD8 Convertible Coupe	8200.	13650.	22750.	32500.	(92)
1931 CM6 6-Cyl. Roadster S.M.	7200.	12000.	20000.	35000.	(92)
SEE CLASSIC CAR SECTION - PAGE 103 FOR ALL IMPERIAL, CG, AND CL SERIES					
1931 CM 6-Cyl. Sedan	2900.	4850.	8050.	11500.	(90)
1931 Model 70 Sedan	2650.	4400.	7350.	10500.	(90)
1931 CD 8-Cyl. Roadster	7600.	12800.	21300.	36000.	(94)
1931 CD 8-Cyl. R.S. Coupe	3650.	6100.	10150.	14500.	(94)
1931 8-Cyl. Sport Sedan S.M. CD8	3450.	5800.	9600.	13750.	(90)
1931 Deluxe 8 R.S. Coupe S.M.	3400.	5650.	9450.	13500.	(90)

1934 Chrysler Airflow Crown Imperial Limousine
Photo Courtesy of Paul Stern, Manheim, PA

MAKE YEAR MODEL	UNRES. FAIR-4	UNRES. GOOD-3	RES. FAIR-2	RES. EXCEL.-1	PTS.
1931 Deluxe 8 Phaeton	8800.	14700.	24500.	35000.	(94)
1931 CD 8 DC Phaeton S.M.	10700.	17850.	29750.	42500.	(94)

1931 Chrysler CD 8 Roadster, Courtesy Paul Stern, Manheim, PA

MAKE YEAR MODEL	UNRES. FAIR-4	UNRES. GOOD-3	RES. FAIR-2	RES. EXCEL.-1	PTS.
1931 CM 6-Cyl. Bus. Coupe	2250.	3800.	6300.	9000.	(90)
1931 6-Cyl. R.S. Coupe S.M.	2750.	4600.	7700.	11000.	(90)
1931 8-Cyl. Cabriolet Deluxe 8	6950.	11550.	19250.	27500.	(94)
1931 C1 6-Cyl. Sedan	2400.	4000.	6650.	9500.	(90)
1932 Del 8 Phaeton (D.C.)S.M.	10100.	16800.	28000.	40000.	(95)
1932 CI Touring	9000.	15000.	25000.	34000.	(95)
1932 CP 8 Convertible Sedan	8800.	14700.	24500.	35000.	(94)
1932 Deluxe 8 Conv. R.S.(C.P.)S.M.	7450.	12400.	20650.	29500.	(94)
1932 CM 6 Conv. C.P.	6950.	11550.	19250.	27500.	(94)
1932 CP 8 4-Dr. Sedan S.M.	3600.	6000.	10000.	12700.	(90)
1932 6-Cyl. R.S. Coupe	2900.	4850.	8050.	11500.	(90)
1932 6-Cyl. Roadster	8800.	14700.	24500.	35000.	(94)
1932 6 C1 2-Dr. Phaeton	8800.	14700.	24500.	35000.	(94)
1933 CO 6-Cyl. Convertible Sedan	4650.	7750.	12950.	18500.	(94)
1933 Model CQ 8-Cyl. Sedan S.M.	6300.	10500.	17500.	25000.	(90)
1933 CO 6-Cyl. R.S. Coupe S.M.	2750.	4600.	7700.	11000.	(90)
1933 6-Cyl. Cabriolet R.S.S.M.	4950.	8250.	13700.	19600.	(94)
1933 CQ Imperial 8-Cyl. Conv. Sedan S.M.	9050.	15100.	25200.	36000.	(94)
1933 Royal 8 Conv.	7050.	11750.	19600.	28000.	(94)
1933 Royal 8-Cyl. Sedan S.M.	2650.	4400.	7350.	10500.	(90)
1933 CT Royal 8 R.S. Coupe S.M.	3200.	5350.	8900.	12700.	(90)

MAKE YEAR MODEL	UNRES. FAIR-4	UNRES. GOOD-3	RES. FAIR-2	RES. EXCEL.-1	PTS.

1933 Chrysler Deluxe 8 Sedan

MAKE YEAR MODEL	UNRES. FAIR-4	UNRES. GOOD-3	RES. FAIR-2	RES. EXCEL.-1	PTS.
1933 Royal 8 2-Dr. Phaeton S.M.	6950.	11550.	19250.	27500.	(94)
1933 CQ Convertible Coupe 8-Cyl. R.S.S.M.	9150.	15200.	25400.	36250.	(94)

ALL 1933 CL SERIES IN CLASSIC CAR SECTION - SEE PAGE

1933 Chrysler Imperial CQ Coupe

MAKE YEAR MODEL	UNRES. FAIR-4	UNRES. GOOD-3	RES. FAIR-2	RES. EXCEL.-1	PTS.
1934 8 CV Airflow Imperial 4-Dr.	3800.	6300.	10500.	15000.	(90)
1934 6-Cyl. CA Convertible Coupe	6050.	10100.	16800.	24000.	(94)
1934 Model CA 6-Cyl. Sedan	2250.	3800.	6300.	9000.	(90)
1934 6-Cyl. Convertible Sedan S.M.C.B.	6950.	11550.	19250.	27500.	(94)
1934 8-Cyl. CV 2-Dr. Coupe AF	3650.	6100.	10150.	14500.	(94)
1934 6-Cyl. Coupe R.S.S.M. CA-6	3000.	5050.	8400.	12000.	(90)

MAKE YEAR MODEL	UNRES. FAIR-4	UNRES. GOOD-3	RES. FAIR-2	RES. EXCEL.-1	PTS.
1934 CU 8 5-Pass. Sedan Airflow	3550.	5900.	9800.	14000.	(90)
1934 6-Cyl. Sedan 6-CA S.M.	2500.	4200.	7000.	10000.	(90)
SEE CLASSIC CAR SECTION FOR IMPERIAL CW SERIES - PAGE 104					
1935 C6 4-Dr. Sedan	1750.	2950.	4900.	7000.	(90)
1935 6-C6 Convertible Coupe	3800.	6300.	10500.	15000.	(90)
1935 6-Cyl. Coupe 6-C6 R.S.	2200.	3650.	6100.	8700.	(90)
1935 8-Cyl. CZ Convertible Coupe S.M.	4400.	7350.	12250.	17500.	(90)
1935 8-Cyl. CZ R.S. Coupe	2900.	4850.	8050.	11500.	(90)
1935 8-Cyl. Sedan CZ 8	2100.	3550.	5950.	8500.	(90)
1935 Airflow C1 Sedan	3000.	5050.	8400.	12000.	(90)
1935 Airflow Coupe C2	2700.	4500.	7500.	13500.	(90)
1935 8-Cyl. Airflow 4-Dr. C2 Imperial	3300.	5450.	9100.	13000.	(90)
1935 8-Cyl. Airflow C3 Custom Imperial Sedan	6200.	10300.	17150.	24500.	(94)
C.W. SERIES SEE CLASSIC					
1936 Model C7 Cabriolet S.M. 6-Cyl.	4000.	6700.	11200.	16000.	(90)
1936 C7 Convertible Sedan	3600.	6000.	12250.	17500.	(94)
1936 6-Cyl. Sedan	1950.	3300.	5450.	7800.	(90)
1936 6-Cyl. Coupe R.S.	2250.	3800.	6300.	9000.	(90)
1936 8-C8 4-Dr. Sedan	2150.	3550.	5950.	8500.	(90)
1936 8-C8 4-Dr. Convertible Sedan S.M.	4550.	7550.	12600.	18000.	(94)
1936 8-C8 Cabriolet R.S.	4300.	7150.	11900.	17000.	(94)
1936 Imperial Airflow Sedan 8-C10	3950.	6600.	11000.	14500.	(90)

1933 Chrysler CQ 4-Door Sedan, Courtesy Willard F. Long, Flint, MI

MAKE YEAR MODEL	UNRES. FAIR-4	UNRES. GOOD-3	RES. FAIR-2	RES. EXCEL.-1	PTS.
1936 C11 Custom Imperial Airflow	4800.	8000.	13300.	19000.	(94)
1937 C14 Imperial Sedan	1900.	3150.	5250.	7500.	(90)
1937 Royal 6-Cyl. 4-Dr. Sedan 6-C18	1650.	2750.	4550.	6500.	(94)
1937 Air Flow Sedan	3550.	5900.	9800.	14000.	(94)
1937 C16 6-Cyl. Convertible Coupe	4000.	6700.	11200.	16000.	(94)
1937 C14 Imperial Convertible C.P.	5050.	8400.	14000.	20000.	(90)
1937 C16 Royal Coupe	1900.	3200.	5300.	7600.	(90)
1937 Imperial Coupe 8-Cyl. C14	2500.	4200.	7000.	10000.	(90)
1937 6-Cyl. Convertible Sedan	5400.	9050.	15050.	21500.	(94)
1937 6-Cyl. Sedan C16	1400.	2300.	3850.	5500.	(90)
1938 Imperial 2-Pass. Coupe	2250.	3800.	6300.	9000.	(90)
1938 Imperial Convertible Sedan S.M. C19	5650.	9450.	15750.	22500.	(94)
1938 Imperial Sedan S.M. 7-Pass.	2550.	4250.	7100.	7800.	(90)
1938 6-Cyl. Royal Convertible Coupe	3650.	6100.	10150.	14500.	(90)
1938 8-Cyl. C19 Convertible Coupe	5050.	8400.	14000.	20000.	(94)
1938 6-Cyl. Royal Convertible Sedan	5050.	8400.	14000.	20000.	(94)
1939 Imperial Opera Coupe	2150.	3600.	6000.	8100.	(90)
1939 Custom Imperial 5-Pass. SED. C24 S.M.	2250.	3800.	6300.	9000.	(90)
1939 New Yorker 4-Dr.	1550.	2600.	4340.	6200.	(90)
1939 6-Cyl. Victoria Coupe	1800.	3000.	5050.	7200.	(90)
1939 Imperial Limo. S.M. C23	2650.	4400.	7350.	10500.	(90)
1939 8-Cyl. New Yorker Coupe	1750.	2950.	4900.	7000.	(90)
1939 Royal 4-Dr. Sedan 6-Cyl. C22	1200.	2000.	3350.	4800.	(90)
1940 Windsor Coupe	1400.	2300.	3850.	5500.	(90)
1940 6-Cyl. C25 Convertible Coupe	3200.	5400.	8950.	12800.	(90)
1940 Imperial Formal Sedan	2050.	3400.	5650.	8100.	(90)
1940 2-Dr. Sedan C25	1400.	2300.	3850.	5500.	(90)

MAKE YEAR MODEL	UNRES. FAIR-4	UNRES. GOOD-3	RES. FAIR-2	RES. EXCEL.-1	PTS.
1940 6-Cyl. Sedan C25	1500.	2500.	4200.	6000.	(90)
1940 New Yorker Sedan 8-Cyl.	1650.	2700.	4550.	6500.	(90)
1940 New Yorker Convertible	3650.	6100.	10150.	14500.	(90)

1939 Chrysler Imperial Phaeon

MAKE YEAR MODEL	UNRES. FAIR-4	UNRES. GOOD-3	RES. FAIR-2	RES. EXCEL.-1	PTS.
1941 Windsor 6-Cyl. Convertible Coupe	2750.	4600.	7700.	11000.	(90)
1941 Windsor Sedan	1150.	1950.	3200.	4600.	(90)
1941 Highlander Sedan Windsor	1500.	2500.	4200.	6000.	(90)
1941 Royal 4-Dr. Sedan	1050.	1750.	2950.	4200.	(90)
1941 Royal Club Coupe	1050.	1750.	2950.	4200.	(90)
1941 New Yorker Convertible Coupe	3500.	5900.	9800.	14000.	(90)
1941 Imperial Sedan	1450.	2400.	4000.	5750.	(90)
1941 New Yorker Club Coupe	1400.	2300.	3850.	5500.	(90)
1941 Saratoga Sedan 8-Cyl.	1400.	2350.	3900.	5600.	(90)
1941 6-Cyl. Coupe 2-Pass.	1400.	2300.	3850.	5500.	(90)
1941 Crown Imperial Sedan	1900.	3150.	5250.	7500.	(90)
1941 Town & Country Sedan	5050.	8400.	14000.	20000.	(90)
1942 Royal 4-Dr. Sedan	1150.	1950.	3200.	4600.	(90)
1942 8-Cyl. Saratoga Sedan	1250.	2100.	3500.	5000.	(90)
1942 8-Cyl. Saratoga Coupe 2-Pass.	1750.	2950.	4900.	7000.	(90)
1942 Imperial 7-Pass. Limo.	1900.	3200.	5300.	7600.	(90)
1942 New Yorker Convertible	4300.	7150.	11900.	17000.	(90)
1942 Windsor Sedan	1250.	2100.	3500.	5000.	(90)
1942 Highlander Conv. Win.	3800.	6300.	10500.	15000.	(90)
1942 New Yorker Sedan	1500.	2500.	4200.	6000.	(90)
1942 Town & C. S.W. Woody	4900.	8200.	13650.	19500.	(90)

1919 Cole V-8 Touring Car, Courtesy Fritz Potter

CLIMBER 1918-1924 Little Rock, ARK.

MAKE YEAR MODEL	UNRES. FAIR-4	UNRES. GOOD-3	RES. FAIR-2	RES. EXCEL.-1	PTS.
1920 6-Cyl. 5-Pass. Touring	3800.	6300.	10500.	15000.	(90)

CLEVELAND 1919-1926 Cleveland, OH.

MAKE YEAR MODEL	UNRES. FAIR-4	UNRES. GOOD-3	RES. FAIR-2	RES. EXCEL.-1	PTS.
1920 Roadster	2400.	4000.	6650.	9500.	(90)
1921 Touring	2650.	4400.	7350.	10500.	(90)
1921 Model 40 Touring	2650.	4400.	7350.	10500.	(90)
1922 Touring Car 6-Cyl. Model 41	2650.	4450.	7400.	10600.	(90)
1923 Model 42 Roadster	2700.	4550.	7550.	10800.	(90)

1913 Coey Flyer 6 cyl. Touring Photo Courtesy of Harrah's, Reno, NV

MAKE YEAR MODEL	UNRES. FAIR-4	UNRES. GOOD-3	RES. FAIR-2	RES. EXCEL.-1	PTS.
1923 5-Pass. Sedan	1500.	2500.	4200.	6000.	(90)
1924 Opera Coupe	1500.	2500.	4200.	6000.	(90)
1924 Touring Car 6-Cyl. 42	2900.	4850.	8050.	11500.	(90)
1925 Touring Car Model 43 6-Cyl.	3000.	5050.	8400.	12000.	(90)
1925 6-Cyl. Sport Roadster	2650.	4400.	7350.	10500.	(90)
1925 5-Pass. Sedan	1500.	2500.	4200.	6000.	(90)
1926 5-Pass. Sedan	1650.	2700.	4550.	6500.	(90)
1926 2-Pass. Coupe	1750.	2950.	4900.	7000.	(90)
1926 Model 43 Sport Phaeton	3500.	5900.	9800.	14000.	(90)

COEY FLYER 1912-1915 Chicago, IL.

MAKE YEAR MODEL	UNRES. FAIR-4	UNRES. GOOD-3	RES. FAIR-2	RES. EXCEL.-1	PTS.
1913 Touring	13000.	21000.	35000.	50000.	(95)

COLE V8 1912-1925 Indianapolis, IND.

MAKE YEAR MODEL	UNRES. FAIR-4	UNRES. GOOD-3	RES. FAIR-2	RES. EXCEL.-1	PTS.
1916 V-8 5-Pass. Touring	4300.	7150.	11900.	17000.	(90)
1917 V-8 5-Pass. Touring	4300.	7150.	11900.	17000.	(90)
1917 V-8 5-Pass. Sedan	2650.	4400.	7350.	10500.	(90)
1917 V-8 Cloverleaf Roadster	4400.	7350.	12250.	17500.	(90)
1917 V-8 7-Pass. Touring	4300.	7150.	11900.	17000.	(90)
1919 V-8 Touring	4550.	7550.	12600.	18000.	(90)
1920 V-8 Touring	4650.	7800.	12950.	18500.	(90)
1921 4-Dr. Sedan	2650.	4450.	7400.	10600.	(90)
1921 V-8 5-Pass. Touring 870A	5050.	8400.	14000.	20000.	(90)
1922 V-8 Touring	5050.	8400.	14000.	20000.	(90)
1922 V-8 Sportster 890.	5150.	8600.	14350.	20500.	(90)
1924 V-8 Phaeton	5300.	8800.	14700.	21000.	(90)
1925 V-8 Touring 4-Pass. Sport	5400.	9050.	15050.	21500.	(90)

COLONIAL 1921-1923 Boston, MASS.

MAKE YEAR MODEL	UNRES. FAIR-4	UNRES. GOOD-3	RES. FAIR-2	RES. EXCEL.-1	PTS.
1921 Touring	6050.	10100.	16800.	24000.	(90)

COLUMBIA 1910-1925 Detroit, MICH.

MAKE YEAR MODEL	UNRES. FAIR-4	UNRES. GOOD-3	RES. FAIR-2	RES. EXCEL.-1	PTS.
1910 2-Cyl. Roadster	2650.	4400.	7350.	10500.	(90)
1911 4-Pass. Touring	3000.	5050.	8400.	12000.	(90)
1911 Touring Car	3000.	5050.	8400.	12000.	(90)
1912 Roadster	2900.	4850.	8050.	11500.	(90)
1921 Touring Car	3000.	5050.	8400.	12000.	(90)
1923 5-Pass. Sedan	1900.	3150.	5250.	7500.	(90)

1922 Crane-Simplex 5-Passenger Touring, 6 cyl., 564 cu. in., $10,000 new. Courtesy Museum of Automobiles, Morilton, AR

MAKE YEAR MODEL	UNRES. FAIR-4	UNRES. GOOD-3	RES. FAIR-2	RES. EXCEL.-1	PTS.
1924 Elite Sport Phaeton	4800.	8000.	13300.	19000.	(95)
1925 5-Pass. Sedan	2000.	3350.	5600.	8000.	(90)

COLUMBIA-Electric 1898-1912 Hartford, CT.

MAKE YEAR MODEL	UNRES. FAIR-4	UNRES. GOOD-3	RES. FAIR-2	RES. EXCEL.-1	PTS.
1895 Runabout	2000.	3350.	5600.	8000.	(90)
1904 Victoria	2900.	4850.	8050.	11500.	(90)
1905 Roadster	2500.	4200.	7000.	10000.	(90)
1907 Victoria	2650.	4400.	7350.	10500.	(90)

CONTINENTAL - (Not Lincoln) 1933-1934 Grand Rapids, MICH.

MAKE YEAR MODEL	UNRES. FAIR-4	UNRES. GOOD-3	RES. FAIR-2	RES. EXCEL.-1	PTS.
1933 Roadster 6-Cyl.	1900.	3150.	5250.	7500.	(90)
1933 4-C400 2-Pass. Coupe	1500.	2500.	4200.	6000.	(90)
1933 6-C600 4-Dr. Sedan	1900.	3150.	5250.	7500.	(90)
1934 4-41 4-Dr. Sedan	1750.	2950.	4900.	7000.	(90)

COURIER 1908-1912 Dayton, OH.

MAKE YEAR MODEL	UNRES. FAIR-4	UNRES. GOOD-3	RES. FAIR-2	RES. EXCEL.-1	PTS.
1910 Touring	2500.	4200.	7000.	10000.	(90)

COURIER 1903-1905 Sandusky, OH.

MAKE YEAR MODEL	UNRES. FAIR-4	UNRES. GOOD-3	RES. FAIR-2	RES. EXCEL.-1	PTS.
1904 1-Cyl. Roadster	1750.	2950.	4900.	7000.	(90)

CRANE-SIMPLEX 1912-1918 New Brunswick, N.J.

MAKE YEAR MODEL	UNRES. FAIR-4	UNRES. GOOD-3	RES. FAIR-2	RES. EXCEL.-1	PTS.
1912 Touring Car	11350.	18900.	31500.	45000.	(95)
1915 Sport Touring	10350.	17200.	28700.	41000.	(95)

MAKE YEAR MODEL	UNRES. FAIR-4	UNRES. GOOD-3	RES. FAIR-2	RES. EXCEL.-1	PTS.
1915 Touring Car	9600.	15950.	26600.	38000.	(95)
1916 Town Car	6550.	10900.	18200.	26000.	(95)

CREST 1901-1905 Cambridge, MASS.

MAKE YEAR MODEL	UNRES. FAIR-4	UNRES. GOOD-3	RES. FAIR-2	RES. EXCEL.-1	PTS.
1901 Runabout	1750.	2950.	4900.	7000.	(90)

CROW-ELKHART 1911-1924 Elkhart, IN.

MAKE YEAR MODEL	UNRES. FAIR-4	UNRES. GOOD-3	RES. FAIR-2	RES. EXCEL.-1	PTS.
1912 Touring Car	4300.	7150.	11900.	17000.	(90)
1913 Roadster	3650.	6100.	10150.	14500.	(90)
1913 7-Pass. Touring	3800.	6300.	10500.	15000.	(90)
1918 6-Cyl. 5-Pass. Touring	3900.	6500.	10850.	15500.	(90)
1919 6-Cyl. 5-Pass. Touring	4050.	6700.	11200.	16000.	(90)

CUNNINGHAM 1911-1930 Rochester, N.Y.

MAKE YEAR MODEL	UNRES. FAIR-4	UNRES. GOOD-3	RES. FAIR-2	RES. EXCEL.-1	PTS.
1914 6-Cyl. Touring	7050.	11750.	19600.	28000.	(95)
1920 Sport Roadster	6300.	10500.	17500.	25000.	(95)
1923 8-Cyl. Sport Phaeton	10100.	16800.	28000.	40000.	(95)
1924 R.S. Roadster	9600.	15950.	26600.	38000.	(95)
1924 8-Cyl. Cabriolet	9300.	15550.	25900.	37000.	(95)

1925 UP SEE CLASSIC CARS

1922 Dagmar Petite Sedan, Model 6T, 6 cyl., 70 hp
Courtesy Harrah's, Reno, NV

CUTTING 1909-1911 Jackson, MICH.

MAKE YEAR MODEL	UNRES. FAIR-4	UNRES. GOOD-3	RES. FAIR-2	RES. EXCEL.-1	PTS.
1910 Touring Car	2400.	4000.	6650.	9500.	(90)

DAGMAR 1923-1927 Hagerstown, MD.

MAKE YEAR MODEL	UNRES. FAIR-4	UNRES. GOOD-3	RES. FAIR-2	RES. EXCEL.-1	PTS.
1922 Sedan	5300.	8800.	14700.	21000.	(90)
1924 6-Cyl. Touring 24-70	6300.	10500.	17500.	25000.	(90)
1925 25-60 5-Pass. Sedan	3800.	6300.	10500.	15000.	(90)
1926 6-Cyl. Model 26-70 Victoria	5050.	8500.	14000.	20000.	(90)
1927 6-70 Sedan	3800.	6300.	10500.	15000.	(90)

25-70 MODELS SEE CLASSIC CARS

DAIMLER (German)

MAKE YEAR MODEL	UNRES. FAIR-4	UNRES. GOOD-3	RES. FAIR-2	RES. EXCEL.-1	PTS.
1920 7-Pass. Touring	7550.	12600.	21000.	30000.	(90)
1921 Touring Car	7550.	12600.	21000.	30000.	(90)

DANIELS 1915-1923 Reading, PA.

MAKE YEAR MODEL	UNRES. FAIR-4	UNRES. GOOD-3	RES. FAIR-2	RES. EXCEL.-1	PTS.
1917 5-Pass. Sedan	4050.	6700.	11200.	16000.	(90)
1921 8-Cyl. Touring	6550.	10900.	18200.	26000.	(90)
1922 V-8 23-38 4-Pass. Touring	7800.	13000.	21700.	31000.	(90)
1923 23-38 Town Car	5050.	8400.	14000.	20000.	(90)
1923 V-8 23-32 2-Pass. Sportster	9050.	15100.	25200.	36000.	(95)
1923 D-19 4-Pass. Phaeton	8800.	14700.	24500.	35000.	(95)

DAVIS 1910-1931 Richmond, IN.

MAKE YEAR MODEL	UNRES. FAIR-4	UNRES. GOOD-3	RES. FAIR-2	RES. EXCEL.-1	PTS.
1918 6-Cyl. Touring Car	2600.	4300.	7200.	10250.	(90)
1920 6-Cyl. Touring Car	2600.	4300.	7200.	10250.	(90)
1923 6-Cyl. Touring	2900.	4850.	8050.	11500.	(90)
1924 6-Cyl. 80 Touring	3300.	5450.	9100.	13000.	(90)
1925 6-Cyl. 91 Roadster	4550.	7550.	12600.	18000.	(90)

MAKE YEAR MODEL	UNRES. FAIR-4	UNRES. GOOD-3	RES. FAIR-2	RES. EXCEL.-1	PTS.
1926 Touring	4650.	7800.	12950.	18500.	(90)
1926 6-Cyl. Coupe	2650.	4400.	7350.	10500.	(90)
1927 Model 98 8-Cyl. Roadster R.S.	5050.	8400.	14000.	20000.	(90)
1928 Model 99 8-Cyl. Touring	6300.	10500.	17500.	25000.	(90)
1928 Model 99 8-Cyl. Roadster	6300.	10500.	17500.	25000.	(90)

DEDION BOUTON (France)

MAKE YEAR MODEL	UNRES. FAIR-4	UNRES. GOOD-3	RES. FAIR-2	RES. EXCEL.-1	PTS.
1913 7 Litre V8 Touring	14000.	23000.	39000.	55000.	(87)

DE DOIN 1900-1904 Brooklyn, N.Y.

MAKE YEAR MODEL	UNRES. FAIR-4	UNRES. GOOD-3	RES. FAIR-2	RES. EXCEL.-1	PTS.
1899 1-Cyl. 2-Pass.	2500.	4200.	7000.	10000.	(90)
1901 3¾ H.P. Roadster	2550.	4300.	7150.	10200.	(90)
1901 1-Cyl. Tourer	2650.	4400.	7350.	10500.	(90)
1903 8 H.P. Touring	2750.	4600.	7700.	11000.	(90)

DELAUNAY-BELLEVILLE (English)

MAKE YEAR MODEL	UNRES. FAIR-4	UNRES. GOOD-3	RES. FAIR-2	RES. EXCEL.-1	PTS.
1923 4-Cyl. Cabriolet	3150.	5250.	8750.	12500.	(90)
1924 6-Cyl. Touring	3550.	5900.	9800.	14000.	(90)

1929 Desoto Roadster, Courtesy Ronald E. Bird, Hixson, TN

DESOTO-August 1928-1961 Detroit, MICH.

MAKE YEAR MODEL	UNRES. FAIR-4	UNRES. GOOD-3	RES. FAIR-2	RES. EXCEL.-1	PTS.
1929 2-Dr. Sedan 6-K	2100.	3450.	5800.	8250.	(90)
1929 Phaeton 6-K S.M.	5050.	8400.	14000.	20000.	(94)
1929 4-Dr. Sedan	2150.	3550.	5950.	8500.	(90)
1929 R.S. Coupe 6-K	2400.	4050.	6700.	9600.	(90)
1929 Sport Roadster 6-K S.M.	5050.	8400.	14000.	20000.	(94)
1930 6-K R.S. Roadster	4900.	8200.	13650.	19500.	(94)
1930 8-Cyl. Touring S.M.	5900.	9850.	16450.	23500.	(94)
1930 8-Cyl. Sport Roadster S.M.	5300.	8800.	14700.	21000.	(94)
1930 8-Cyl. R.S. Coupe	2150.	3600.	6000.	13000.	(90)
1930 6-Cyl. Sedan	2050.	3400.	5650.	8100.	(90)
1931 6-CK 2-Pass. Coupe R.S.	2400.	4050.	6700.	9600.	(90)
1931 8-Cyl. Sport Roadster S.M.	5300.	8800.	14700.	21000.	(94)
1931 6-Cyl. Phaeton	6150.	10300.	17150.	24500.	(95)
1931 8-CF R.S. Coupe S.M.	3000.	5050.	8400.	12000.	(90)
1931 Sedan 6-Cyl.	2050.	3400.	5650.	8100.	(90)
1931 Sport Roadster 6-CK S.M.	5400.	9050.	15050.	21500.	(94)
1931 6-Cyl. Town Sedan 6-S.C.	2250.	3800.	6300.	9000.	(90)
1932 S.C. Conv. Coupe	5650.	9450.	15750.	22500.	(94)
1932 R.S. Coupe S.M.	3000.	5050.	8400.	12000.	(90)
1932 Roadster 6-S.C.S.M.	6150.	10300.	17150.	24500.	(94)
1932 Sedan S.M. Model S.C.	3000.	5050.	8400.	12000.	(90)
1932 Convertible Phaeton 2-Dr. S.M.	6050.	10100.	16800.	24000.	(94)
1932 5-Pass. Phaeton S.C.	6300.	10500.	17500.	25000.	(94)
1933 6-Cyl. Sport Coupe S.M.S.D.	2650.	4400.	7350.	10500.	(90)
1933 6-Cyl. Sedan Model S.D.S.M.	2100.	3450.	5800.	8250.	(90)
1933 6-Cyl. Cabriolet Custom S.M.	5050.	8400.	14000.	20000.	(94)
1934 Airflow Sedan 6-SE	2750.	4600.	7700.	11000.	(90)
1934 2-Dr. Sedan Airflow	2650.	4400.	7350.	10500.	(90)
1934 Airflow Town Sedan	3150.	5250.	8750.	12500.	(90)
1934 Airflow Coupe 6-SE	3400.	5650.	9450.	13500.	(90)

1915 Detroit Electric Photo Courtesy of the Museum of Automobiles, Morilton, ARK. Six speeds, 23 mph., W.B. 100''. Steam and electric powered vehicles out-numbered gasoline powered vehicles three to one at the turn of the century. Batteries alone weighed 1000 pounds and had to be recharged every 40 to 75 miles. During the popularity of the electrics there were many different makes. Production of the Detroit Electric (the lone survivor) was halted in 1938.

MAKE YEAR MODEL	UNRES. FAIR-4	UNRES. GOOD-3	RES. FAIR-2	RES. EXCEL.-1	PTS.
1935 6-SF Convertible Coupe	3550.	5900.	9800.	14000.	(90)
1935 6-SG Airflow Sedan	2750.	4600.	7700.	11000.	(90)

1934 DeSota Airflow

MAKE YEAR MODEL	UNRES. FAIR-4	UNRES. GOOD-3	RES. FAIR-2	RES. EXCEL.-1	PTS.
1935 6-SF 4-Dr. Sedan	1550.	2600.	4350.	6200.	(90)
1936 6-Cyl. Sedan S1	1500.	2500.	4200.	6000.	(90)
1936 6-Cyl. Convertible Sedan	4800.	8000.	13300.	19000.	(94)
1936 Airflow Sedan	2800.	4600.	6500.	9800.	(90)
1937 6-S3 R.S. Coupe	1200.	2000.	3350.	4800.	(90)
1937 6-S3 Convertible Sedan	4550.	7550.	12600.	18000.	(90)
1938 6-S5 Convertible Coupe	3400.	5650.	9450.	13500.	(90)
1938 S-5 7-Pass. Limo.	1900.	3150.	5250.	7500.	(85)
1938 Convertible Sedan	4900.	8200.	13650.	19500.	(90)
1939 6-S6 Custom 4-Dr. Sedan	1250.	2100.	3500.	5000.	(80)
1939 Custom Coupe	1300.	2150.	3550.	5100.	(80)
1940 2-Pass. Coupe	1200.	2000.	3350.	4800.	(80)
1940 Custom Convertible	3300.	5450.	9100.	13000.	(90)
1940 4-Dr. Sedan	1150.	1950.	3200.	4600.	(80)
1941 2-Pass. Coupe	1400.	2300.	3850.	5500.	(80)
1941 Sedan	1200.	2000.	3350.	4800.	(80)
1941 Club Coupe	1250.	2100.	3500.	5000.	(80)
1941 Convertible Coupe	3400.	5650.	9450.	13500.	(90)
1942 2-Dr. Sedan	1200.	2000.	3350.	4800.	(80)
1942 2-Pass. Coupe	1400.	2300.	3850.	5500.	(80)
1942 Club Coupe S-10	1250.	2100.	3500.	5000.	(80)
1942 Convertible Coupe S-10	3550.	5900.	9800.	14000.	(90)

DE TAMBLE 1909-1914 Anderson, IN.

MAKE YEAR MODEL	UNRES. FAIR-4	UNRES. GOOD-3	RES. FAIR-2	RES. EXCEL.-1	PTS.
1909 2-Cyl. Runabout	2650.	4400.	7350.	10500.	(90)
1911 Touring Car	2750.	4600.	7700.	11000.	(90)

DETROIT-Electric 1907-1924 Detroit, MICH.

MAKE YEAR MODEL	UNRES. FAIR-4	UNRES. GOOD-3	RES. FAIR-2	RES. EXCEL.-1	PTS.
1915 Brougham	3000.	5050.	8400.	12000.	(90)
1916 Brougham 5-Pass. 57	3000.	5050.	8400.	12000.	(90)
1920 Coupe	3150.	5250.	8750.	12500.	(90)
1923 Brougham	3450.	5750.	9600.	13700.	(90)

DETROITER 1912-1915 Detroit, MICH.

MAKE YEAR MODEL	UNRES. FAIR-4	UNRES. GOOD-3	RES. FAIR-2	RES. EXCEL.-1	PTS.
1913 3-Dr. Touring	3800.	6300.	10500.	15000.	(90)

DE VAUX 1931-1932 Oakland, CA.

MAKE YEAR MODEL	UNRES. FAIR-4	UNRES. GOOD-3	RES. FAIR-2	RES. EXCEL.-1	PTS.
1931 Cabriolet 6-75	2800.	4700.	7850.	11200.	(85)
1931 4-Dr. Sedan 6-75	1250.	2050.	3450.	4900.	(85)
1931 Coupe R.S.	1400.	2300.	3850.	5500.	(85)
1932 4-Dr. Sedan 6-80	1300.	2200.	3650.	5200.	(85)

1928 Diana Royal Roadster, The Light Straight 8, 8 cyl., 73 hp

DIANA (MOON) 1926-1928 St. Louis, MO.

MAKE YEAR MODEL	UNRES. FAIR-4	UNRES. GOOD-3	RES. FAIR-2	RES. EXCEL.-1	PTS.
1927 8-Cyl. Roadster	4650.	7750.	12950.	18500.	(90)
1927 8-Cyl. R.S. Coupe	2250.	3800.	6300.	9000.	(90)

MAKE YEAR MODEL	UNRES. FAIR-4	UNRES. GOOD-3	RES. FAIR-2	RES. EXCEL.-1	PTS.
1927 4-Dr. Sedan	1900.	3200.	5300.	7600.	(90)
1927 2-Dr. Deluxe Brougham	2050.	3400.	5650.	8100.	(90)

DOBLE-Steam 1922-1929 Detroit, MICH.

MAKE YEAR MODEL	UNRES. FAIR-4	UNRES. GOOD-3	RES. FAIR-2	RES. EXCEL.-1	PTS.
1923 Roadster	X	X	X	140000.	(85)
1924 Coupe	X	X	X	125000.	(85)
1924 Touring	X	X	X	150000.	(85)
1924 Convertible Coupe	X	X	X	160000.	(85)

DODGE 1914-Present Detroit, MICH.

MAKE YEAR MODEL	UNRES. FAIR-4	UNRES. GOOD-3	RES. FAIR-2	RES. EXCEL.-1	PTS.
1914 Touring Car	2150.	3600.	6000.	8600.	(90)
1915 Touring	2150.	3550.	5950.	8500.	(90)
1915 Roadster	2150.	3550.	5950.	8500.	(90)
1916 Touring	2050.	3400.	5650.	8100.	(90)
1916 Roadster	2000.	3350.	5600.	8000.	(90)
1917 Touring	2050.	3400.	5650.	8100.	(90)
1917 Roadster	2150.	3550.	5950.	8500.	(90)
1918 Roadster	2050.	3400.	5650.	8100.	(90)
1918 Touring	2000.	3350.	5600.	8000.	(90)
1919 4-Dr. Sedan	1700.	2850.	4750.	6800.	(90)
1919 Depot Hack	2650.	4400.	7350.	10500.	(90)
1919 Touring	2000.	3350.	5600.	8000.	(90)
1919 Roadster	2050.	3450.	5750.	8200.	(90)
1920 Touring Car	2050.	3450.	5750.	8200.	(90)
1920 Coupe	1600.	2600.	4400.	6250.	(90)
1920 Roadster	2150.	3550.	5950.	8500.	(90)
1921 Sedan	1300.	2200.	3650.	5200.	(90)
1921 Touring Car	2150.	3550.	5950.	8500.	(90)
1921 Coupe	1400.	2300.	3850.	5500.	(90)
1921 Roadster	2150.	3550.	5950.	8500.	(90)
1922 Roadster	2150.	3550.	5950.	8500.	(90)
1922 Coupe	1400.	2300.	3850.	5500.	(90)
1922 Touring Car	2150.	3600.	6000.	8600.	(90)

1929 Dodge Roadster
Photo Courtesy Harrah's, Reno, NV

MAKE YEAR MODEL	UNRES. FAIR-4	UNRES. GOOD-3	RES. FAIR-2	RES. EXCEL.-1	PTS.
1923 Touring (High Hood)	2250.	3800.	6300.	9000.	(90)
1923 Business Coupe	1450.	2450.	4050.	5800.	(90)
1923 Roadster	2200.	3700.	6150.	8800.	(90)
1924 Screen Side Delivery	2650.	4400.	7350.	10500.	(90)
1924 2-Pass. Coupe	1500.	2500.	4200.	6000.	(90)
1924 Touring	2400.	4000.	6650.	9500.	(90)
1924 Sport Touring	2450.	4100.	6850.	9800.	(90)
1925 2-Dr. Coach	1400.	2300.	3850.	5500.	(90)
1925 Sport Roadster	2500.	4200.	7000.	10000.	(90)
1925 Sport Touring	2400.	4000.	6650.	9500.	(90)
1925 4-Dr. Sedan	1550.	2550.	4250.		(90)
1926 2-Dr. Sedan	1550.	2550.	4250.	6100.	(90)
1926 4-Dr. Sedan	1450.	2400.	4000.	5700.	(90)
1926 Sport Touring	2550.	4250.	7050.	10100.	(90)
1926 Touring	2300.	3850.	6450.	9200.	(90)
1926 Coupe	1700.	2850.	4750.	6800.	(90)

MAKE YEAR MODEL	UNRES. FAIR-4	UNRES. GOOD-3	RES. FAIR-2	RES. EXCEL.-1	PTS.
1926 Depot Hack	2500.	4200.	7000.	10000.	(90)
1927 2-Pass. Roadster	2750.	4600.	7700.	11000.	(90)
1927 5-Pass. Touring	2500.	4200.	7000.	10000.	(90)
1927 Business Coupe	1600.	2600.	4400.	6250.	(90)
1927 Sport Phaeton	2950.	4900.	8200.	11700.	(90)
1927 Sport Roadster R.S.	2800.	4700.	7850.	11200.	(90)
1927 4-Dr. Sedan	1650.	2750.	4550.	6500.	(90)
1928 4-Cyl. R.S. Cabriolet (Fast Four)	3000.	5050.	8400.	12000.	(90)
1928 4-Dr. Sedan (Fast Four)	1650.	2750.	4550.	6500.	(90)
1928 Standard Six Cabriolet	2900.	4850.	8050.	11500.	(90)
1928 Standard Six 4-Dr. Sedan	1450.	2450.	4050.	5800.	(90)
1928 Victory 6-Cyl. Sedan MI	1800.	3000.	5050.	7200.	(90)
1928 Victory 6-Cyl. R.S. Coupe	1900.	3150.	5250.	7500.	(90)
1928 Victory 6-Cyl. D.C. Phaeton S.M. (Custom Body)	5650.	9450.	15750.	22500.	(95)
1928 Victory 6-Cyl. 5-Pass. Touring	4450.	7450.	12400.	17750.	(95)
1928 Victory 6 Roadster S.M.R.S.	4550.	7550.	12600.	18000.	(95)
1928 Senior Six Sedan S-6	1750.	2950.	4900.	7000.	(90)

1932 Dodge Cabriolet, Courtesy John Mahowald, Broomfield, CO

MAKE YEAR MODEL	UNRES. FAIR-4	UNRES. GOOD-3	RES. FAIR-2	RES. EXCEL.-1	PTS.
1928 Senior Six Cabriolet R.S.S.M.	4800.	8000.	13300.	19000.	(95)
1928 Senior Six Coupe	2000.	3350.	5600.	8000.	(90)
1929 DA-1 Six Coupe R.S.	1900.	3150.	5250.	7500.	(90)
1929 DA-1 Roadster	3650.	6100.	10150.	14500.	(90)
1929 Victory Six R.S. Roadster	3800.	6300.	10500.	15000.	(94)
1929 DA-1 Six Sedan	1550.	2550.	4250.	6100.	(90)
1929 Victory Six Coupe R.S.	1900.	3150.	5250.	7500.	(90)
1929 Senior Six Roadster R.S.S.M.	5650.	9450.	15750.	22500.	(95)
1929 Senior Six S.M. Victoria	2450.	4100.	6850.	9800.	(90)
1929 Senior Six R.S. Coupe S.M.	2750.	4600.	7700.	11000.	(90)
1930 8-DC R.S. Coupe	2300.	3850.	6450.	9200.	(90)
1930 8-DC Roadster S.M.	5650.	9450.	15750.	22500.	(94)
1930 8-DC Sport Phaeton S.M.	6550.	10900.	18200.	26000.	(94)
1930 6-Cyl. 4-Dr. Sedan 6-DA	1900.	3150.	5250.	7500.	(90)
1930 Senior Sport Coupe R.S.S.M.	2450.	4100.	6800.	9750.	(90)
1930 Sport Roadster 6-Senior S.M.	5400.	9050.	15050.	21500.	(94)
1930 DA-6 Roadster S.M.	4650.	7750.	12950.	18500.	(94)
1930 DD-6 Phaeton S.M.	4950.	8250.	13700.	19600.	(94)
1930 4-Dr. Sedan 6-Senior S.M.	2150.	3550.	5950.	8500.	(90)
1930 DA 6 R.S. Coupe S.M.	2150.	3550.	5950.	8500.	(90)
1931 8-DC Sport Phaeton S.M.	6300.	10500.	17500.	25000.	(94)
1931 8-DG 4-Dr. Sedan S.M.	1900.	3150.	5250.	7500.	(90)
1931 Sport Roadster 8-DC S.M.	5800.	9650.	16100.	23000.	(94)
1931 R.S. Coupe 8-DG S.M.	2400.	4050.	6700.	9600.	(90)
1931 6-Cyl. Sedan 6-DH	1750.	2950.	4900.	7000.	(90)
1932 8-Cyl. 4-Dr. Sedan 8-DK	2000.	3350.	5600.	8000.	(90)
1932 6-Cyl. 4-Dr. Sedan DL	1800.	3050.	5100.	7250.	(90)
1932 6-DL R.S. Coupe	2150.	3600.	6000.	8600.	(90)

1915 Dodge Brothers Touring Photo and other information Courtesy of Harrah's Automobile Collection, Reno, NV Model 110" W.B. (car no. 306), 4 cyl., bore: 3 7/8", stroke: 4½", 212.3 cu. in. displacement, 30-35 hp. Price when new—$785.

MAKE YEAR MODEL	UNRES. FAIR-4	UNRES. GOOD-3	RES. FAIR-2	RES. EXCEL.-1	PTS.

1930 Dodge Sport Phaeton
Photo Courtesy of Paul Stern, Manheim, PA

MAKE YEAR MODEL	UNRES. FAIR-4	UNRES. GOOD-3	RES. FAIR-2	RES. EXCEL.-1	PTS.
1932 6-Cyl. DL Cabriolet	4900.	8200.	13650.	19500.	(94)
1932 8-DK Phaeton S.M. (Convertible Sedan)	5850.	9750.	16300.	23250.	(94)
1932 R.S. Coupe 8-DK	2500.	4200.	7000.	10000.	(90)
1932 Cabriolet 8-DK R.S.S.M.	5400.	9050.	15050.	21500.	(95)
'1932 8-DK Convertible Sedan	5800.	9650.	16100.	23000.	(94)
1933 8-DO Convertible Coupe R.S.S.M.	5400.	9050.	15050.	21500.	(94)
1933 6-DP Deluxe Sedan	1500.	2500.	4200.	6000.	(90)
1933 Deluxe Brougham Salon	1900.	3200.	5300.	7600.	(90)
1933 Sport Coupe R.S. 6-DP S.M.	2050.	3400.	5650.	8100.	(90)
1933 6-DP Cabriolet	4550.	7550.	12600.	18000.	(90)
1933 4-Dr. Sedan 8-DO S.M.	2000.	3400.	5800.	8100.	(90)
1933 4-Dr. Sedan 8-DO S.M.	2100.	3450.	5800.	8250.	(90)
1933 8-DO Phaeton (Custom Body)	7550.	12600.	21000.	30000.	(94)
1933 8-DO Convertible Sedan	6050.	10100.	16800.	24000.	(94)
1934 Cabriolet 6-DR	3400.	5650.	9450.	13500.	(90)
1934 Coupe R.S.S.M.	1750.	2950.	4900.	7000.	(90)
1934 4-Dr. Sedan 6-DS S.M.	1400.	2300.	3850.	5500.	(90)
1934 Convertible Sedan S.M.D.S.	4900.	8200.	13650.	19500.	(94)
1935 4-Dr. Sedan S.M.D.U.	1450.	2450.	4050.	5800.	(85)
1935 2-Dr. Sedan 6-DU	1300.	2200.	3650.	5200.	(85)
1935 2-Pass. Roadster	3650.	6100.	10150.	14500.	(94)
1935 Cabriolet 6-DU	3900.	6500.	10850.	15500.	(90)

MAKE YEAR MODEL	UNRES. FAIR-4	UNRES. GOOD-3	RES. FAIR-2	RES. EXCEL.-1	PTS.
1935 Coupe R.S.	1550.	2600.	4350.	6200.	(85)
1936 Coupe	1400.	2300.	3850.	5500.	(85)
1936 7-Pass. Sedan	1300.	2200.	3650.	5200.	(85)
1936 Convertible Sedan S.M.	4550.	7550.	12600.	18000.	(94)
1936 4-Dr. Sedan S.M.	1300.	2200.	3700.	5250.	(85)
1936 2-Dr. Sedan	1250.	2100.	3500.	5000.	(85)
1936 Sedan Delivery	1900.	3150.	5250.	7500.	(94)
1937 4-Dr. Sedan	1200.	2000.	3350.	4800.	(85)
1937 Convertible Coupe	3650.	6100.	10150.	14500.	(90)
1937 Coupe R.S.	1300.	2150.	3550.	5100.	(85)

1932 Dodge DL Sedan
Photo Courtesy of Fred Palmer, Brockway, PA

MAKE YEAR MODEL	UNRES. FAIR-4	UNRES. GOOD-3	RES. FAIR-2	RES. EXCEL.-1	PTS.
1937 Coupe 2-Pass.	1050.	1800.	3000.	4250.	(85)
1937 Convertible Sedan	4300.	7150.	11900.	17000.	(90)
1938 4-Dr. Sedan	1250.	2050.	3450.	4900.	(85)
1938 Convertible Coupe	3650.	6100.	10150.	14500.	(90)
1938 Convertible Sedan	4350.	7200.	12050.	17200.	(90)
1939 Victoria Coupe D-13	1750.	2950.	4900.	7000.	(85)
1939 2-Pass. Coupe D-13	1400.	2300.	3850.	5500.	(85)
1939 Sedan D-11	1150.	1900.	3150.	4500.	(85)
1940 Deluxe Coupe	1250.	2100.	3500.	5000.	(85)
1940 4-Dr. Sedan Deluxe	1250.	2100.	3500.	5000.	(85)
1940 Cabriolet	3550.	5900.	9800.	14000.	(90)
1941 Sedan D-19	1050.	1800.	3000.	4250.	(85)
1941 2-Dr. Sedan D-19	1000.	1700.	2800.	4000.	(85)

MAKE YEAR MODEL	UNRES. FAIR-4	UNRES. GOOD-3	RES. FAIR-2	RES. EXCEL.-1	PTS.
1941 Convertible Coupe	3750.	6200.	10350.	14800.	(90)
1941 Town Sedan	1550.	2600.	4350.	6200.	(85)
1942 D-22 Club Coupe	1150.	1900.	3150.	4500.	(85)
1942 2-Dr. Sedan	1050.	1700.	2850.	4100.	(85)
1942 Town Sedan D-22	1550.	2600.	4350.	6200.	(85)
1942 Convertible Coupe	3350.	5550.	9250.	13200.	(90)
1942 2-Dr. Brougham D-22	1400.	2350.	3900.	5600.	(85)

DORRIS 1905-1925 St. Louis, MO.

1923 6-Cyl. Sport Touring Model 6-80	4900.	8200.	13650.	19500.	(90)

DORT 1915-1924 Flint, MICH.

1915 Touring Car	1800.	3000.	5050.	7200.	(90)
1917 Touring Car	1900.	3150.	5250.	7500.	(90)
1919 Touring Car	2000.	3350.	5600.	8000.	(90)
1919 Roadster	2050.	3450.	5750.	8200.	(90)
1922 Coupe 6-Cyl.	1750.	2950.	4900.	7000.	(90)
1924 6-Cyl. Touring Car	2900.	4850.	8050.	11500.	(90)

1923 Duesenberg Touring, Model A, 8 cyl., bore: 2 7/8", stroke: 5", 259.7 cu. in. displacement, 88 hp, Body by Rubay. New, $5,750

DUSENBERG 1920-1937 Indianapolis, IN.

1921 D.C. Phaeton	23000.	38500.	64500.	92000.	(94)
1922 Model A Phaeton	23300.	38850.	64750.	92500.	(94)
1923 Roadster	23200.	38650.	64500.	92000.	(94)
1923 D.C. Phaeton	27700.	46200.	77000.	110000.	(94)
1924 Phaeton 7-Pass.	25200.	42000.	70000.	100000.	(94)

DURANT 1921-1932 Flint, MICH.

1921 4-Cyl. Sport Touring	1450.	2450.	4050.	5800.	(90)
1922 6-Cyl. B-22 Touring	2050.	3400.	5650.	8100.	(90)
1922 4-Cyl. Touring	1500.	2500.	4200.	6000.	(90)
1923 4-Cyl. Sport Roadster	1950.	3300.	5450.	7800.	(90)
1923 6-Cyl. Touring B-22	3000.	5050.	8400.	12000.	(90)
1924 Sport Roadster A-22 4-Cyl.	2650.	4400.	7350.	10500.	(90)
1924 4-Cyl. Touring Sedan A-22	1540.	2550.	4250.	6100.	(90)
1925 Sport Touring A-22	2700.	4550.	7550.	10800.	(90)
1926 4-Cyl. Sport Touring	2550.	4300.	7150.	10200.	(90)
1926 Sport Roadster A-22	2700.	4550.	7550.	10800.	(90)
1928 4-Cyl. 2-Dr. Sedan	1700.	2850.	4750.	6800.	(90)
1928 4-Cyl. Sedan	1750.	2950.	4900.	7000.	(90)
1928 4-Cyl. Coupe	2100.	3450.	5800.	8250.	(90)
1928 4-Cyl. Touring	2700.	4550.	7550.	10800.	(90)
1928 6-Cyl. 65 Touring	3150.	5250.	8750.	12500.	(90)
1929 4-Cyl. R.S. Roadster M-4	3000.	5050.	8400.	12000.	(90)
1929 4-Cyl. Cabriolet	2750.	4600.	7700.	11000.	(90)
1929 6-Cyl. Sedan S.M.	2150.	3550.	5950.	8500.	(90)
1929 6-Cyl. Roadster S.M.	3800.	6300.	10500.	15000.	(90)
1929 6-Cyl. R.S. Coupe S.M.	2650.	4400.	7350.	10500.	(90)
1929 6-Cyl. Sport Phaeton S.M.	4300.	7150.	11900.	17000.	(94)
1930 6-Cyl. Sport Phaeton S.M. 6-70	4550.	7550.	12600.	18000.	(94)
1930 4-Cyl. Sedan	1900.	3150.	5250.	7500.	(90)

MAKE YEAR MODEL	UNRES. FAIR-4	UNRES. GOOD-3	RES. FAIR-2	RES. EXCEL.-1	PTS.

1930 Durant, Courtesy Raymond G. Zenz, Toledo, OH

1930 6-Cyl. Coupe R.S.	2650.	4400.	7350.	10500.	(90)
1930 6-Cyl. Sedan 6-617 S.M.	2150.	3550.	5950.	8500.	(90)
1930 6-Cyl. Sport Roadster S.M.	4900.	8200.	13650.	19500.	(94)
1930 6-Cyl. R.S. Coupe S.M.	2750.	4600.	7650.	10900.	(90)

NOTE: A FEW 1931 DURANT MODELS WERE BUILT IN CANADA

DUROCAR 1907-1912 Los Angeles, CA.

1908 2-Cyl. Touring	2750.	4600.	7700.	11000.	(90)
1910 Roadster	2750.	4600.	7700.	11000.	(90)

1929 Elcar Roadster
Photo Courtesy Harrah's, Reno, NV

ELCAR 1914-1931 Elkhart, IN.

1919 Touring Car 4-Cyl.	2250.	3800.	6300.	9000.	(90)
1922 6-Cyl. Sport Roadster H-6	3150.	5250.	8750.	12500.	(90)
1923 4-Cyl. 4-40 Phaeton	2650.	4400.	7350.	10500.	(90)
1923 6-Cyl. Sport Phaeton	3550.	5900.	9800.	14000.	(90)
1924 4-Cyl. 3-Dr. Sport 4-40B	2950.	4950.	8250.	11800.	(90)
1924 6-Cyl. 6-61D Touring	3550.	5900.	9800.	14000.	(90)
1926 8-Cyl. Sedan 8-81	2650.	4400.	7350.	10500.	(90)
1926 6-Cyl. 6-65 Roadster	3650.	6100.	10150.	14500.	(90)
1926 8-81 Phaeton	4550.	7550.	12600.	18000.	(94)
1927 6-70 Touring	3800.	6300.	10500.	15000.	(94)
1927 Sedan 8-90	2500.	4200.	7000.	10000.	(90)
1928 8-78 5-Pass. Touring	5300.	8800.	14700.	21000.	(94)
1928 8-120 Touring 134" W.B.	6300.	10500.	17500.	25000.	(94)
1929 4-Dr. Sedan 6-75	2650.	4400.	7350.	10500.	(90)
1929 8-92 R.S. Roadster	2250.	3800.	17500.	25000.	(94)
1929 8-Cyl. Model 75 5-Pass.Sedan	2900.	4850.	8050.	11500.	(90)
1930 8-95 Cabriolet	6550.	10900.	18200.	26000.	(94)
1931 8-100 Roadster	6800.	11350.	18900.	27000.	(94)

ELDRIDGE 1903-1905 Belvedere, IL.

1904 Roadster	2150.	3550.	5950.	8500.	(90)

ELGIN 1916-1924 Chicago, IL.

1919 Touring Car 6-40	2150.	3550.	5950.	8500.	(90)
1921 6-Cyl. Roadster K-1	2500.	4200.	7000.	10000.	(90)
1922 6-Cyl. Touring K-1	2650.	4400.	7350.	10500.	(90)

1928 Essex Boatail Speedster Photo Courtesy of Quentin Craft

MAKE YEAR MODEL	UNRES. FAIR-4	UNRES. GOOD-3	RES. FAIR-2	RES. EXCEL.-1	PTS.
1924 6-Cyl. 25-1 Sport Roadster	3150.	5250.	8750.	12500.	(90)

ELMORE 1901-1912 Clyde, OH.

MAKE YEAR MODEL	UNRES. FAIR-4	UNRES. GOOD-3	RES. FAIR-2	RES. EXCEL.-1	PTS.
1911 Touring	2250.	3800.	17500.	25000.	(90)

EMPIRE 1910-1918 Indianapolis, IN.

MAKE YEAR MODEL	UNRES. FAIR-4	UNRES. GOOD-3	RES. FAIR-2	RES. EXCEL.-1	PTS.
1913 Touring Car 4-Cyl.	3150.	5250.	8750.	12500.	(90)

E.M.F. 1908-1912 Detroit, MICH. (ACQUIRED BY STUDEBAKER 1913)

MAKE YEAR MODEL	UNRES. FAIR-4	UNRES. GOOD-3	RES. FAIR-2	RES. EXCEL.-1	PTS.
1909 Model 30 Touring	5650.	9450.	15750.	22500.	(94)
1910 Touring	5800.	9650.	16100.	23000.	(94)
1911 Touring	5800.	9650.	16100.	23000.	(94)
1912 Model 30 Touring	5050.	8400.	14000.	20000.	(94)
1913 Touring	5050.	8400.	14000.	20000.	(94)

1928 Erskine Roadster, Model 50, 6 cyl., 40 hp
Courtesy Harrah's, Reno, NV

ERSKINE 1926-1930 (BUILT BY STUDEBAKER) South Bend, IN.

MAKE YEAR MODEL	UNRES. FAIR-4	UNRES. GOOD-3	RES. FAIR-2	RES. EXCEL.-1	PTS.
1927 6-Cyl. Roadster Model 5V	3000.	5050.	8400.	12000.	(90)
1927 4-Dr. Touring Car 6-Cyl.	3150.	5250.	8750.	12500.	(90)
1927 6-Cyl. 5-Pass. Sedan	1750.	2950.	4900.	7000.	(90)
1928 2-Dr. Sedan 6-Cyl.	1800.	3000.	4950.	7100.	(90)
1928 Sport Roadster	3550.	5900.	9800.	14000.	(90)
1928 R.S. Coupe	2470.	4100.	6850.	9800.	(90)
1929 Cabriolet R.S.	3550.	5900.	9800.	14000.	(90)
1929 Sedan	2050.	3450.	5750.	8200.	(90)
1930 6-52 Cabriolet	3650.	6100.	10150.	14500.	(90)
1930 6-Cyl. 4-Dr. Sedan Model 6-53	2300.	3850.	6450.	9200.	(90)
1930 2-Dr. Sedan	2100.	3450.	5800.	8250.	(90)
1930 R.S. Coupe	2400.	4000.	6650.	9500.	(90)
1930 Regal Touring	3700.	6200.	10300.	14700.	(90)

ESSEX 1917-1932 Detroit, MICH.

MAKE YEAR MODEL	UNRES. FAIR-4	UNRES. GOOD-3	RES. FAIR-2	RES. EXCEL.-1	PTS.
1919 4-Cyl. Touring	2500.	4200.	7000.	10000.	(90)
1920 4-Cyl. Touring 5-A	2550.	4300.	7150.	10200.	(90)
1920 Roadster	2500.	4200.	7000.	10000.	(90)
1921 2-Dr. Coach	1400.	2300.	3850.	5500.	(90)
1921 Touring	2650.	4400.	7350.	10500.	(90)
1922 2-Dr. Coach	1400.	2350.	3900.	5600.	(90)
1922 Roadster	2650.	4400.	7350.	10500.	(90)
1922 4-Cyl. Touring	2950.	4900.	8200.	11700.	(90)
1923 4-Cyl. Touring	2950.	4900.	8200.	11700.	(90)

1911 Elmore Touring, Model 25, 4 cyl., 30 hp
Courtesy Harrah's, Reno, NV

MAKE YEAR MODEL	UNRES. FAIR-4	UNRES. GOOD-3	RES. FAIR-2	RES. EXCEL.-1	PTS.
1923 4-Cyl. Roadster	2700.	4550.	7550.	10800.	(90)
4-CYL. DISCONTINUED					
1924 6-Cyl. Roadster	3200.	5300.	8800.	12600.	(90)
1924 Victoria Coupe	1650.	2750.	4550.	6500.	(90)
1924 6-Cyl. Touring	3200.	5400.	8950.	12800.	(90)
1925 6-Cyl. 2-Dr. Coach	1500.	2500.	4200.	6000.	(90)
1925 6-Cyl. Touring	3550.	5900.	9800.	14000.	(90)

MAKE YEAR MODEL	UNRES. FAIR-4	UNRES. GOOD-3	RES. FAIR-2	RES. EXCEL.-1	PTS.
1926 Phaeton	3550.	5900.	9800.	14000.	(90)
1926 6-Cyl. 2-Dr. Coach	1650.	2750.	4550.	6500.	(90)
1927 4-Dr. Sedan	1500.	2500.	4200.	6000.	(90)
1927 2-Dr. Sedan	1650.	2750.	4550.	6500.	(90)
1927 Boattail Speedster	3800.	6300.	10500.	15000.	(90)
1928 2-Dr. Sedan	1750.	2950.	4900.	7000.	(90)
1928 R.S. Coupe	2000.	3350.	5600.	8000.	(90)
1928 Sport Roadster	3600.	5950.	9950.	14200.	(90)
1928 4-Dr. Sedan	1800.	3000.	5050.	7200.	(90)
1928 Speedabout (Boattail) Murray	3650.	6100.	10150.	14500.	(90)
1929 R.S. Coupe	2450.	4100.	6800.	9750.	(90)
1929 Boattail Speedster	4650.	7800.	12950.	18500.	(94)
1929 Touring Car	4300.	7150.	11900.	17000.	(90)

1924 Essex Touring

MAKE YEAR MODEL	UNRES. FAIR-4	UNRES. GOOD-3	RES. FAIR-2	RES. EXCEL.-1	PTS.
1929 Roadster R.S.	3950.	6600.	11000.	15700.	(90)
1929 Cabriolet (Custom Body) Briggs	4400.	7350.	12250.	17500.	(90)
1929 2-Dr. Sedan	2100.	3450.	5800.	8250.	(90)
1929 4-Dr. Sedan	2200.	3700.	6150.	8800.	(90)
1929 Town Sedan	2450.	4100.	6800.	9750.	(90)
1930 Phaeton	4050.	6700.	11200.	16000.	(90)
1930 Coupe	2150.	3600.	6000.	8600.	(90)
1930 R.S. Coupe	2350.	3900.	6500.	9250.	(90)
1930 Sport Roadster R.S.	4050.	6700.	11200.	16000.	(90)
1930 2-Dr. Sedan	1900.	3150.	5250.	7500.	(90)
1930 4-Dr. Sedan	1950.	3300.	5450.	7800.	(90)
1931 Sport Roadster	4050.	6700.	11200.	16000.	(90)
1931 R.S. Coupe	2500.	4200.	7000.	28000.	(90)
1931 Boattail Speedster	6550.	10900.	18200.	26000.	(94)

1925 Flint
Photo Courtesy Harrah's, Reno, NV

MAKE YEAR MODEL	UNRES. FAIR-4	UNRES. GOOD-3	RES. FAIR-2	RES. EXCEL.-1	PTS.
1931 Town Sedan	2300.	3800.	6350.	9100.	(90)
1931 2-Dr. Sedan	2050.	3450.	5750.	8200.	(90)
1932 2-Dr. Sedan	2150.	3550.	5950.	8500.	(90)
1932 Cabriolet	3400.	5650.	9450.	13500.	(90)
1932 4-Dr. Sedan	2300.	3800.	6350.	9100.	(90)
1932 R.S. Coupe	3300.	5450.	9100.	13000.	(90)

CONTINUED AS TERRAPLANE, SEE TERRAPLANE

EVERITT 1909-1913 Detroit, MICH.

MAKE YEAR MODEL	UNRES. FAIR-4	UNRES. GOOD-3	RES. FAIR-2	RES. EXCEL.-1	PTS.
1909 Touring Car	3050.	5100.	8550.	12200.	(90)
1911 Touring Car	2950.	4950.	8250.	11800.	(90)

FALCON-KNIGHT 1927-1929 Detroit, MICH.

MAKE YEAR MODEL	UNRES. FAIR-4	UNRES. GOOD-3	RES. FAIR-2	RES. EXCEL.-1	PTS.
1927 Roadster 6-Cyl. R.S.	2700.	4550.	7550.	10800.	(90)
1927 6-Cyl. 2-Dr. Sedan	1300.	2200.	3650.	5200.	(90)
1928 Roadster	2900.	4800.	8050.	11500.	(90)
1928 Coupe	1700.	2850.	4750.	6800.	(90)
1928 6-12 4-Dr. Sedan	1700.	2850.	4750.	6800.	(90)
1929 Roadster	3150.	5250.	8750.	12500.	(90)
1929 4-Dr. Sedan	1900.	3200.	5300.	7600.	(90)

FIAT Italy

MAKE YEAR MODEL	UNRES. FAIR-4	UNRES. GOOD-3	RES. FAIR-2	RES. EXCEL.-1	PTS.
1909 4-Cyl. Touring	8050.	13450.	22400.	32000.	(94)
1912 80 H.P. Phaeton 6-Cyl.	8550.	14300.	23800.	34000.	(94)
1913 6-Cyl. 7-Pass. Touring	9200.	15350.	25550.	36500.	(94)
1914 Type 56 7-Pass. Touring	8200.	13650.	22750.	32500.	(94)
1923 Sport Roadster	3650.	6100.	10150.	14500.	(90)
1923 Town Car	4900.	8200.	13650.	19500.	(90)
1932 Balilla Tourer	2750.	4600.	7700.	11000.	(90)

FLANDERS 1909-1914 Detroit, MICH.

MAKE YEAR MODEL	UNRES. FAIR-4	UNRES. GOOD-3	RES. FAIR-2	RES. EXCEL.-1	PTS.
1910 Roadster	2750.	4600.	7700.	11000.	(90)
1910 Model 20 4-Cyl. Touring	3300.	5450.	9100.	13000.	(90)
1911 Touring	3150.	5250.	8750.	12500.	(90)
1912 Roadster Model 20	3400.	5650.	9450.	13500.	(90)
1912 Touring	3800.	6300.	10500.	15000.	(90)
1913 Roadster	2800.	4600.	8400.	12000.	(90)

FLINT 1922-1927 Flint, MICH.

MAKE YEAR MODEL	UNRES. FAIR-4	UNRES. GOOD-3	RES. FAIR-2	RES. EXCEL.-1	PTS.
1923 6-Cyl. Touring	2550.	4300.	7150.	10200.	(90)
1924 6-Cyl. Touring	2700.	4550.	7550.	10800.	(90)
1925 Model 55 Roadster	2750.	4600.	7700.	11000.	(90)
1925 6-Cyl. Touring	3000.	5050.	8500.	12000.	(90)
1925 6-Cyl. Sedan	2650.	4400.	7350.	10500.	(90)
1926 6-Cyl. Touring	3150.	5250.	8750.	12500.	(90)
1926 Z-18 Junior Coach 4-Cyl.	1450.	2450.	4050.	5800.	(90)
1926 Model 80 Brougham	2500.	4200.	7000.	10000.	(90)
1927 Model 80 6-Cyl. Touring	3300.	5450.	9100.	13000.	(90)

FORD 1903-1942

MAKE YEAR MODEL	UNRES. FAIR-4	UNRES. GOOD-3	RES. FAIR-2	RES. EXCEL.-1	PTS.
1903 Rear Entrance Tonneau M.A.	6950.	12600.	21000.	30000.	(94)
1904 Runabout	6000.	10900.	18200.	26000.	(94)
1905 Model F Touring	5550.	10100.	16800.	24000.	(94)
1905 Model F 2-Cyl. Roadster	4500.	8200.	13650.	19500.	(94)
1905 Model C 2-Cyl. Roadster	4400.	8000.	13300.	19000.	(94)
1906 Model N Runabout	3000.	5450.	9100.	13000.	(94)
1907 Model S Roadster M.L. Seat	3700.	6700.	11200.	16000.	(94)
1907 Model R Roadster	3700.	6700.	11200.	16000.	(94)
1907 Model K 6-Cyl. Touring	14450.	26250.	43750.	62500.	(94)
1908 Model N 4-Cyl. Roadster	3700.	6700.	11200.	16000.	(94)
1908 Model S Roadster	3450.	6300.	10500.	15000.	(94)
FIRST YEAR FOR MODEL T					
1909 Runabout M.L. Seat	4600.	8400.	14000.	20000.	(94)
1909 4-Cyl. Roadster	4850.	8800.	14700.	21000.	(94)
1909 4-Cyl. Touring Car	4850.	8800.	14700.	21000.	(94)
1910 Touring Car	4600.	8400.	14000.	20000.	(94)
1910 Roadster	4600.	8400.	14000.	20000.	(94)
1910 Torpedo Roadster	4850.	8800.	14700.	21000.	(94)
1911 Roadster	4150.	7550.	12600.	18000.	(94)
1911 Torpedo Roadster	4400.	8000.	13300.	19000.	(94)
1911 Touring	4400.	8000.	13300.	19000.	(94)
1912 Speedster	3700.	6700.	11200.	16000.	(94)

1922 Ford Depot Hack Photo Courtesy Brian Wallace, Altamont, N.Y.

MAKE YEAR MODEL	UNRES. FAIR-4	UNRES. GOOD-3	RES. FAIR-2	RES. EXCEL.-1	PTS.
1912 Roadster	3450.	6300.	10500.	15000.	(94)
1912 Depot Hack	3450.	6300.	10500.	15000.	(94)
1912 Touring	3700.	6700.	11200.	16000.	(94)
1912 4-Pass. Runabout	4150.	7550.	12600.	18000.	(94)
1912 Torpedo Roadster	4150.	7550.	12600.	18000.	(94)
1913 Touring Car	3450.	6300.	10500.	15000.	(94)
1913 Roadster	3350.	6100.	10150.	14500.	(94)
1913 Depot Hack	2900.	5250.	8750.	12500.	(94)
1914 Depot Hack	2900.	5250.	8750.	12500.	(94)
1914 Roadster Pickup	3000.	5450.	9100.	13000.	(90)
1914 Touring Car	3250.	5900.	9800.	14000.	(90)
1914 Station Wagon	3450.	6300.	10500.	15000.	(90)
1914 Speedster	3450.	6300.	10500.	15000.	(90)
1914 Roadster	3350.	6100.	10150.	14500.	(90)
1915 Coupelet	4950.	9050.	15050.	21500.	(90)
1915 Center Door Sedan	3350.	6100.	10150.	14500.	(90)
1915 Roadster Pickup	3000.	5450.	9100.	13000.	(90)
1915 Roadster	3100.	5650.	9450.	13500.	(90)
1915 Touring Car	3100.	5650.	9450.	13500.	(90)
1915 Jitney Wagon	2900.	5250.	8750.	12500.	(90)
1915 Speedster	2750.	5050.	8400.	12000.	(90)
1914 Express Wagon	3000.	5450.	9100.	13000.	(90)
1914 Convertible Town Car Landaulette	6450.	11750.	19600.	28000.	(90)
1916 Roadster	2650.	4850.	8050.	11500.	(90)
1916 Touring Car	2650.	4850.	8050.	11500.	(90)
1917 Depot Hack	3000.	5450.	9100.	13000.	(90)
1917 Touring	2750.	5050.	8400.	12000.	(90)
1917 Roadster	2650.	4850.	8050.	11500.	(90)
1917 Speedster	2750.	5050.	8400.	12000.	(90)
1918 Center Door Sedan	2750.	5050.	8400.	12000.	(90)
1918 Touring Car	2550.	4600.	7700.	11000.	(90)
1918 Roadster	2550.	4600.	7700.	11000.	(90)
1919 Roadster	2300.	4200.	7000.	10000.	(90)
1919 T Coupe	2100.	3800.	6300.	9000.	(90)
1919 Express Wagon	2400.	4400.	7350.	10500.	(90)
1919 Touring Car	2550.	4600.	7700.	11000.	(90)
1919 Depot Hack	2400.	4400.	7350.	10500.	(90)
1920 Roadster	2400.	4400.	7350.	10500.	(90)
1920 Center Door Sedan	2750.	5050.	8400.	12000.	(90)
1920 Touring Car	2400.	4400.	7350.	10500.	(90)
1921 Coupe	2100.	3800.	6300.	9000.	(90)
1921 Touring Car	2450.	4500.	7500.	10700.	(90)
1921 Center Door Sedan	2300.	4200.	7000.	10000.	(90)
1921 Roadster	2350.	4300.	7150.	10200.	(90)
1921 Station Wagon	2400.	4400.	7350.	10500.	(90)
1921 Grocery Delivery Wagon	2750.	5050.	8400.	12000.	(90)
1922 Center Door Sedan	2300.	4200.	7000.	10000.	(90)
1922 Ford Coupe	2100.	3800.	6300.	9000.	(90)
1922 Model T Race Car	2750.	5050.	8400.	12000.	(90)
1922 Touring Car	2450.	4500.	7500.	10700.	(90)
1922 Depot Hack	2750.	5050.	8400.	12000.	(90)
1922 2-Dr. Sedan	1850.	3350.	5600.	8000.	(90)
1922 Roadster	2300.	4200.	7000.	10000.	(90)
1923 4-Dr. Sedan	2550.	4600.	7700.	11000.	(90)
1923 Roadster	2300.	4200.	7000.	10000.	(90)
1923 Coupe	2100.	3800.	6300.	9000.	(90)
1923 Touring Car	2500.	4550.	7550.	10800.	(90)
1924 Roadster Pickup	2250.	4100.	6800.	9750.	(90)
1924 Depot Hack	2550.	4600.	7700.	11000.	(90)
1924 2-Dr. Sedan	1850.	3350.	5600.	8000.	(90)
1924 Coupe	1900.	3450.	5750.	8200.	(90)
1924 Roadster	2300.	4200.	7000.	10000.	(90)
1924 Touring Car	2400.	4400.	7350.	10500.	(90)
1925 Coupe	1900.	3450.	5750.	8200.	(90)
1925 Roadster	2300.	4200.	7000.	10000.	(90)
1925 Touring	2350.	4300.	7150.	10200.	(90)
1925 4-Dr. Sedan	2300.	4200.	7000.	10000.	(90)
1926 Roadster Pickup	2400.	4400.	7350.	10500.	(90)
1926 2-Dr. Sedan	1800.	3300.	5450.	7800.	(90)
1926 Touring Car	2650.	4850.	8050.	11500.	(90)
1926 Sport Touring	2750.	5050.	8400.	12000.	(90)
1926 Coupe	2100.	3800.	6300.	9000.	(90)
1926 4-Dr. Sedan	1850.	3350.	5600.	8000.	(90)
1926 Roadster	2750.	5050.	8400.	12000.	(90)
1927 Roadster Pickup	2900.	5250.	8750.	12500.	(90)

1929 Ford Cabriolet (Briggs Body) Price New $670. 15,548 built. Photo Courtesy of Harrah's, Reno, Nevada

MAKE YEAR MODEL	UNRES. FAIR-4	UNRES. GOOD-3	RES. FAIR-2	RES. EXCEL.-1	PTS.
1927 Sport Roadster	2750.	5050.	8400.	12000.	(90)
1927 Coupe	1950.	3550.	5950.	8500.	(90)
1927 Touring Car	2900.	5250.	8750.	12500.	(90)
1927 4-Dr. Sedan	2750.	5050.	8400.	12000.	(90)
1927 2-Dr. Sedan	2100.	3800.	6300.	9000.	(90)

MODEL "A" FORD

MAKE YEAR MODEL	UNRES. FAIR-4	UNRES. GOOD-3	RES. FAIR-2	RES. EXCEL.-1	PTS.
1928 6 WW Deluxe Phaeton S.M.	5300.	9650.	16100.	23000.	(90)
1928 4-Dr. Sedan (Briggs Body) S.M.	2750.	5050.	8400.	12000.	(90)
1928 Standard Roadster	3950.	7150.	11900.	17000.	(90)
1928 Deluxe Roadster R.S.S.M.	5550.	10100.	16800.	24000.	(94)
1928 Roadster Pickup	3000.	5450.	9100.	13000.	(90)
1928 Sedan Coupe R.S. (Soft Top)	3100.	5650.	9450.	13500.	(90)
1928 Business Coupe	2500.	4550.	7550.	10800.	(90)
Coupe R.S.	2750.	5050.	8400.	12000.	(90)
1928 2-Dr. Sedan	2100.	3800.	6300.	9000.	(90)
1928 4-Dr. Town Sedan S.M. (Briggs)	2250.	4100.	6850.	9800.	(90)
1928 Roadster Pickup S.M.	4400.	8000.	13300.	19000.	(90)
1929 Open Front Town Car	6250.	11350.	18900.	27000.	(94)
1929 Closed Cab Pickup	2100.	3800.	6300.	9000.	(90)
1929 Murray Town Sedan	2550.	4600.	7700.	11000.	(90)
1929 Standard Coupe	2100.	3800.	6300.	9000.	(90)
1929 Standard Roadster	3950.	7150.	11900.	17000.	(90)
1929 Deluxe Roadster R.S.S.M.	5300.	9650.	16100.	23000.	(94)
1929 Sport Coupe R.S.	2550.	4600.	7700.	11000.	(90)
1929 Cabriolet R.S.S.M.	5550.	10100.	16800.	24000.	(94)
1929 2-Dr. Sedan	2250.	4050.	6800.	9700.	(90)
1929 2-Window 4-Dr. Sedan S.M.	2600.	4700.	7850.	11200.	(90)
1929 Roadster Pickup	2750.	5050.	8400.	12000.	(90)
1929 Phaeton	5200.	9450.	15750.	22500.	(94)
1929 Station Wagon	3350.	6100.	10150.	14500.	(90)
1929 Huckster Wagon	2750.	5050.	8400.	12000.	(90)
1929 Canopy Top Express	3450.	6300.	10500.	15000.	(90)
1929 Sport Phaeton S.M.	5300.	9650.	16100.	23000.	(94)
1930 6 WW Deluxe Roadster	5300.	9650.	16100.	23000.	(94)
1930 Deluxe 2-Dr. Phaeton S.M.	5800.	10500.	17500.	25000.	(94)
1930 Standard Roadster S.M.	4600.	8400.	14000.	20000.	(94)
1930 Deluxe Roadster R.S.S.M.	5550.	10100.	16800.	24000.	(94)
1930 Deluxe 2-Dr. Sedan	2250.	4100.	6850.	9800.	(90)
1930 Sport Coupe R.S.S.M.	2700.	4950.	8200.	11750.	(90)
1930 Cabriolet R.S.S.M.	5200.	9450.	15750.	22500.	(94)
1930 Coupe R.S.	2600.	4700.	7850.	11200.	(90)
1930 Deluxe 4-Dr. Sedan S.M.	2750.	4950.	8250.	11800.	(90)
1930 Station Wagon	3250.	5900.	9800.	14000.	(94)
1930 Closed Cab Pickup	2200.	4000.	6650.	9500.	(90)
1930 Phaeton S.M.	5100.	9250.	15400.	22000.	(94)
1930 Victoria Coupe	3350.	6100.	10150.	14500.	(90)
1930 Convertible Sedan	5800.	10500.	17500.	25000.	(94)
1930 Town Car	6350.	11550.	19250.	27500.	(94)
1930 Town Sedan	2650.	4850.	8050.	11500.	(90)
1931 Sport Coupe R.S.S.M.	2900.	5250.	8750.	12500.	(90)
1931 Deluxe 2-Dr. Sedan S.M.	2300.	4200.	7000.	10000.	(90)
1931 Deluxe Town Sedan S.M.	2750.	5050.	8400.	12000.	(90)
1931 Deluxe Coupe R.S.	2750.	5050.	8400.	12000.	(90)
1931 Standard Roadster	3950.	7150.	11900.	17000.	(94)
1931 Deluxe Roadster S.M.	4850.	8800.	14700.	21000.	(94)
1931 Deluxe Cabriolet S.M.	4850.	8800.	14700.	21000.	(94)
1931 Coupe R.S.S.M.	2750.	5050.	8400.	12000.	(90)
1931 Cabriolet R.S.S.M.	5450.	9850.	16450.	23500.	(94)
1931 Standard 2-Pass. Coupe	2300.	4200.	7000.	10000.	(90)
1931 2-Dr. Sedan	2250.	4100.	6850.	9800.	(90)

1933 Ford Rumble Seat Coupe Photo Courtesy Pat Cummings

MAKE YEAR MODEL	UNRES. FAIR-4	UNRES. GOOD-3	RES. FAIR-2	RES. EXCEL.-1	PTS.
1931 Closed Cab Pickup	2200.	4000.	6650.	9500.	(90)
1931 4-Dr. Phaeton S.M.	5650.	10300.	17150.	24500.	(94)
1931 Standard Phaeton	4600.	8400.	14000.	20000.	(94)
1931 Station Wagon	3450.	6300.	10500.	15000.	(94)
1931 Victoria Coupe S.M.	3350.	6100.	10150.	14500.	(90)
1931 Deluxe 2-Dr. Phaeton	6000.	10900.	18200.	26000.	(94)
1931 Convertible Victoria Sedan	5550.	10100.	16800.	24000.	(94)
1931 Delivery Sedan	2650.	4850.	8050.	11500.	(90)

MODEL "B" FORD 4-Cyl. & V-8

MAKE YEAR MODEL	UNRES. FAIR-4	UNRES. GOOD-3	RES. FAIR-2	RES. EXCEL.-1	PTS.
1932 5 W 4-Cyl. Coupe R.S.	3800.	6950.	11550.	16500.	(90)
1932 4-Cyl. 2-Dr. Victoria Coupe	4050.	7350.	12250.	17500.	(94)
1932 4-Cyl. Phaeton S.M.	7500.	13650.	22750.	32500.	(94)
1932 3-Window 4-Cyl. Coupe R.S.S.M.	3950.	7150.	11900.	17000.	(90)
1932 3-Window V-8 Deluxe Coupe R.S.S.M.	3950.	7150.	11900.	17000.	(90)
1932 V-8 Convertible Coupe	6700.	12200.	20300.	29000.	(94)
1932 4-Cyl. Standard Roadster	5200.	9450.	15750.	22500.	(94)
1932 4-Cyl. Deluxe Roadster R.S.S.M.	6250.	11350.	18900.	27000.	(94)
1932 V-8 Sport Roadster S.M.	6950.	12600.	21000.	30000.	(94)
1932 V-8 Coupe R.S.	4150.	7550.	12600.	18000.	(90)
1932 Model B Pickup V-8	2400.	4400.	7350.	10500.	(90)
1932 V-8 2-Dr. Deluxe Sedan	3250.	5900.	9800.	14000.	(90)
1932 4-Cyl. 2-Dr. Sedan	2750.	5050.	8400.	12000.	(90)
1932 V-8 Town Sedan	3700.	6700.	11200.	16000.	(90)
1932 V-8 Sport Phaeton S.M.	8300.	15100.	25200.	36000.	(94)
1932 4-Cyl. Pickup	2200.	4000.	6650.	9500.	(90)
1932 4-Cyl. 4-Dr. Sedan	3000.	5450.	9100.	13000.	(90)
1932 V-8 Delivery Sedan	2900.	5250.	8750.	12500.	(90)
1932 4-Cyl. Station Wagon	4150.	7550.	12600.	18000.	(94)
1932 V-8 Station Wagon	4600.	8400.	14000.	20000.	(94)
1933 Model 40-33 V-8 Victoria Coupe	4150.	7550.	12600.	18000.	(94)
1933 V-8 Deluxe Roadster	7500.	13650.	22750.	32500.	(94)
1933 V-8 Cabriolet	6450.	11750.	19600.	28000.	(94)
1933 4-Cyl. Standard Coupe	2750.	5050.	8400.	12000.	(90)
1933 V-8 4-Dr. Deluxe Sedan	3700.	6700.	11200.	16000.	(90)
1933 V-8 2-Dr. Deluxe Sedan	3100.	5650.	9450.	13500.	(90)
1933 V-8 Deluxe Phaeton	7150.	13000.	21700.	31000.	(94)
1933 V-8 Coupe R.S.	4150.	7550.	12600.	18000.	(90)
1933 Model 4-40 3-Window Coupe	3000.	5450.	9100.	13000.	(90)
1933 5-Window 4-Cyl. Coupe R.S.	3000.	5450.	9100.	13000.	(90)
1933 V-8 Station Wagon	4250.	7750.	12950.	18500.	(90)
1933 V-8 Delivery Sedan	3350.	6100.	10150.	14500.	(90)

1934 ALL V-8 THROUGH 1940

MAKE YEAR MODEL	UNRES. FAIR-4	UNRES. GOOD-3	RES. FAIR-2	RES. EXCEL.-1	PTS.
1934 Model 8-40 34 Victoria Coupe	3800.	6950.	11550.	16500.	(94)
1934 Roadster	7300.	13250.	22000.	31500.	(94)
1934 Standard Coupe	3100.	5650.	9450.	13500.	(90)
1934 3-Window Coupe R.S.	3700.	6700.	11200.	16000.	(90)
1934 Deluxe Coupe R.S.	3800.	6950.	11550.	16500.	(90)
1934 Cabriolet	5700.	10350.	17200.	24600.	(94)
1934 2-Dr. Sedan	2750.	5050.	8400.	12000.	(90)
1934 2-Dr. Deluxe Sedan	3100.	5650.	9450.	13500.	(90)
1934 4-Dr. Deluxe Sedan	3450.	6300.	10500.	15000.	(90)
1934 Phaeton S.M.	8300.	15100.	25200.	36000.	(94)
1934 Station Wagon	3700.	6700.	11200.	16000.	(94)
1934 Delivery Sedan	2750.	5050.	8400.	12000.	(90)
1934 V-8 Pickup	2650.	4850.	8050.	11500.	(90)
1935 Model 8-48 4-Dr. Deluxe Touring Sedan	2200.	4000.	6650.	9500.	(90)
1935 Sport Roadster	5800.	10500.	17500.	25000.	(94)

1937 Ford V-8 Station Wagon
Photo Courtesy of Farrell C. Gay, Springfield, IL

MAKE YEAR MODEL	UNRES. FAIR-4	UNRES. GOOD-3	RES. FAIR-2	RES. EXCEL.-1	PTS.
1935 Cabriolet	6000.	10900.	18200.	26000.	(94)
1935 Standard Coupe	1950.	3550.	5950.	8500.	(90)
1935 Deluxe Coupe R.S.	2300.	4200.	7000.	10000.	(90)
1935 3-Window Coupe R.S.	2550.	4600.	7700.	11000.	(90)
1935 2-Dr. Deluxe Sedan	2100.	3800.	6300.	9000.	(90)
1935 4-Dr. Sedan	2250.	4100.	6800.	9750.	(90)
1935 Convertible Sedan	5550.	10100.	16800.	24000.	(94)
1935 Sport Phaeton	6250.	11350.	18900.	27000.	(94)
1935 Pickup	2400.	4400.	7350.	10500.	(90)
1935 Station Wagon	3450.	6300.	10500.	15000.	(90)
1935 Town Car (Brewster)	6000.	10900.	18200.	26000.	(94)
1936 Model 6-68 3-Window Deluxe Coupe R.S.	4050.	7350.	12250.	17500.	(90)
1936 Deluxe Club Cabriolet	6000.	10900.	18200.	26000.	(94)
1936 Deluxe Phaeton	6700.	12200.	20300.	29000.	(94)
1936 Roadster	6600.	12000.	19950.	28500.	(94)
1936 Cunningham Town Car	7500.	13650.	22750.	32500.	(94)
1936 Delivery Sedan	4150.	7550.	12600.	18000.	(90)
1936 Cabriolet R.S.	6100.	11150.	18550.	26500.	(94)
1936 4-Dr. Deluxe Convertible	6250.	11350.	18900.	27000.	(94)
1936 Standard Coupe	2400.	4400.	7350.	10500.	(90)
1936 5-Window Coupe R.S.	2550.	4600.	7700:	11000.	(90)
1936 3-Window Coupe R.S.	2650.	4850.	8050.	11500.	(90)
1936 2-Dr. Deluxe Sedan	2750.	5050.	8400.	12000.	(90)
1936 4-Dr. Deluxe Sedan	2900.	5250.	8750.	12500.	(90)
1936 Station Wagon	3800.	6950.	11550.	16500.	(94)
1936 Pickup	2200.	4000.	6650.	9500.	(90)
1936 Trunk Model Convertible Sedan	6600.	12000.	19950.	28500.	(90)
1936 Fast Back Convertible Sedan	6250.	11350.	18900.	27000.	(90)
1937 Model 78 5-Pass. Club Cabriolet	4500.	8200.	13650.	19500.	(94)
1937 Model 60 2-Dr. Sedan	1750.	3150.	5250.	7500.	(90)
1937 Model 85 2-Dr. Sedan	1950.	3550.	5950.	8500.	(90)
1937 Model 85 4-Dr. Sedan	2100.	3800.	6300.	9000.	(90)
1937 Phaeton	4850.	8800.	14700.	21000.	(94)

MAKE YEAR MODEL	UNRES. FAIR-4	UNRES. GOOD-3	RES. FAIR-2	RES. EXCEL.-1	PTS.
1937 Roadster R.S.	4600.	8400.	14000.	20000.	(94)
1937 4-Dr. Convertible Sedan	4400.	8000.	13300.	19000.	(94)
1937 Convertible Victoria	4500.	8200.	13650.	19500.	(94)
1937 2-Dr. Cabriolet R.S.	4150.	7550.	12600.	18000.	(94)
1937 Victoria Coupe	2750.	5050.	8400.	12000.	(90)
1937 Business Coupe	2100.	3800.	6300.	9000.	(90)
1937 5-Window Coupe	2250.	4100.	6850.	9800.	(90)
1937 Station Wagon	3800.	6950.	11550.	16500.	(90)
1938 Convertible Sedan	4250.	7750.	12950.	18500.	(94)
1938 V-8-85 4-Pass. Club Convertible Coupe	4150.	7550.	12600.	18000.	(94)
1938 Cabriolet R.S.	4250.	7750.	12950.	18500.	(94)
1938 4-Dr. Deluxe Sedan	1900.	3450.	5750.	8200.	(90)
1938 Deluxe Phaeton	4100.	7500.	12450.	17800.	(94)
1938 Club Coupe Victoria	2150.	3900.	6500.	9250.	(90)
1938 2-Pass. Coupe	2100.	3800.	6300.	9000.	(90)
1938 2-Dr. Sedan	1850.	3350.	5600.	8000.	(90)
1938 Station Wagon	3250.	5900.	9800.	14000.	(90)
1938 Pickup	1500.	2750.	4550.	6500.	(90)
1939 Deluxe Coupe	2550.	4600.	7700.	11000.	(90)
1939 Convertible Sedan	5550.	10100.	16800.	24000.	(94)
1939 Convertible Coupe R.S.	5300.	9650.	16100.	23000.	(94)
1939 Station Wagon	3000.	5450.	9100.	13000.	(90)
1939 Sedan Deluxe	1850.	3350.	5600.	8000.	(90)
1939 2-Dr. Sedan	1750.	3150.	5250.	7500.	(90)
1939 Club Coupe	2100.	3800.	6300.	9000.	(90)
1940 Deluxe Convertible Coupe R.S.	6000.	10900.	18200.	26000.	(94)
1940 4-Dr. Deluxe Sedan	2800.	5100.	8550.	12200.	(90)
1940 Deluxe Coupe	2900.	5250.	8750.	12500.	(90)
1940 Victoria Coupe	2950.	5400.	8950.	12800.	(90)
1940 Standard Business Coupe	1850.	3350.	5600.	8000.	(90)
1940 Station Wagon	4300.	7800.	13000.	18600.	(90)
1940 2-Dr. Deluxe Sedan	2300.	4200.	7000.	10000.	(90)
1940 Delivery Sedan	3700.	6700.	11200.	16000.	(90)
1941 2-Dr. Super Deluxe Sedan	1850.	3350.	5600.	8000.	(90)
1941 Club Coupe	1900.	3450.	5750.	8200.	(90)
1941 V-8 4-Dr. Sedan	2100.	3800.	6300.	9000.	(90)

MAKE YEAR MODEL	UNRES. FAIR-4	UNRES. GOOD-3	RES. FAIR-2	RES. EXCEL.-1	PTS.
1941 6-Cyl. Station Wagon	3950.	7150.	11900.	17000.	(90)
1941 6-Cyl. Business Coupe	1600.	2950.	4900.	7000.	(90)
1941 V-8 Convertible Coupe	4850.	8800.	14700.	21000.	(90)
1941 V-8 Station Wagon	4150.	7550.	12600.	18000.	(90)
1941 V-8 Delivery Sedan	3250.	5900.	9800.	14000.	(90)
1942 Convertible Coupe	4600.	8400.	14000.	20000.	(90)
1942 6-Cyl. Business Coupe	1600.	2950.	4900.	7000.	(90)
1942 V-8 Club Coupe	1800.	3300.	5450.	7800.	(90)
1942 2-Dr. Sedan	1400.	2500.	4200.	6000.	(90)
1942 4-Dr. Super Deluxe Sedan	1750.	3150.	5250.	7500.	(90)
1942 V-8 Station Wagon	3250.	5900.	9800.	14000.	(90)
1942 Pickup	1750.	3150.	5250.	7500.	(90)

SEE MODERN CLASSIC SECTION FOR FORD CARS FOR 1946-UP

FRANKLIN 1902-1934 Syracuse, N.Y.

MAKE YEAR MODEL	UNRES. FAIR-4	UNRES. GOOD-3	RES. FAIR-2	RES. EXCEL.-1	PTS.
1905 Runabout	4300.	7150.	11900.	17000.	(94)
1906 Model G 4-Cyl. Touring	7550.	12600.	21000.	30000.	(94)
1907 Model G Runabout	7300.	12200.	20300.	29000.	(94)
1907 4-Cyl. Touring	7200.	11950.	19950.	28500.	(94)
1910 Roadster	6300.	10500.	17500.	25000.	(94)
1910 Model G Touring	7300.	12200.	20300.	29000.	(94)
1911 Limousine	16400.	27300.	45500.	65000.	(94)
1911 Model G.B.T. Roadster	7300.	12200.	20300.	29000.	(94)
1913 Model G 4-Cyl. Touring	5050.	8400.	14000.	20000.	(90)
1913 Model M 6-Cyl. Touring	4650.	7750.	12950.	18500.	(90)
1915 6-Cyl. Roadster	4550.	7550.	12600.	18000.	(90)
1916 Model 9-A Phaeton	4300.	7150.	11900.	17000.	(90)
1917 Touring 9-A 6-Cyl.	4050.	6700.	11200.	16000.	(90)
1918 9-B 6-Cyl. Touring	3550.	5900.	9800.	14000.	(90)
1919 Sport Touring	3400.	5650.	9450.	13500.	(90)
1919 Brougham	4050.	6700.	11200.	16000.	(90)
1920 6-Cyl. 9-B Touring	3400.	5650.	9450.	13500.	(90)
1921 Model 9-B Touring	3400.	5650.	9450.	13500.	(90)
1921 9-B Runabout	3200.	5350.	8900.	12700.	(90)
1922 Model 10-A Touring	3450.	5750.	9600.	13700.	(90)
1922 10-A Roadster	3500.	5800.	9650.	13800.	(90)
1923 Sedan	1950.	3300.	5450.	7800.	(90)
1923 Touring Car	3200.	5400.	8950.	12800.	(90)
1924 4-Dr. Demisedan	3300.	5450.	9100.	13000.	(90)
1924 Touring Car 10-C 6-Cyl.	3300.	5450.	9100.	13000.	(90)

FRANKLIN 1925-1934

SEE CLASSIC CAR SECTION PAGE 107

FRANKLIN-OLYMPIC (Non Classic) Syracuse, N.Y.

MAKE YEAR MODEL	UNRES. FAIR-4	UNRES. GOOD-3	RES. FAIR-2	RES. EXCEL.-1	PTS.
1933 R.S. Coupe S.M. 18-A	3400.	5650.	9450.	13500.	(90)
1933 4-Dr. Sedan 18-A S.M.	2350.	3900.	6500.	9250.	(90)
1933 Cabriolet 18-A R.S.S.M.	5300.	8800.	14700.	21000.	(94)
1934 Convertible Coupe 18-C R.S.	6550.	10900.	18200.	26000.	(94)
1934 2-Pass. Coupe 18-C R.S.	4300.	7150.	11900.	17000.	(90)
1934 4-Dr. Sedan	4300.	7150.	11900.	17000.	(90)

GALE 1904-1909 Galesburg, IL.

MAKE YEAR MODEL	UNRES. FAIR-4	UNRES. GOOD-3	RES. FAIR-2	RES. EXCEL.-1	PTS.
1904 1-Cyl. Roadster	2150.	3550.	5950.	8500.	(90)
1905 Roadster	2150.	3550.	5950.	8500.	(90)

GARDNER 1919-1931 St. Louis, MO.

MAKE YEAR MODEL	UNRES. FAIR-4	UNRES. GOOD-3	RES. FAIR-2	RES. EXCEL.-1	PTS.
1921 G-3 4-Cyl. Roadster	2100.	3450.	5800.	8250.	(90)
1922 4-Cyl. Touring Car	2250.	3900.	6300.	9000.	(90)
1923 4-Cyl. Touring	2550.	4300.	7150.	10200.	(90)
1924 4-Cyl. 5-C Touring	2650.	4450.	7400.	10600.	(90)
1925 6-Cyl. 6-A Touring	4900.	7150.	11900.	17000.	(90)
1925 8-Cyl. 8-A Cabriolet	5300.	8800.	14700.	21000.	(94)
1926 8-Cyl. Cabriolet 8-A	5400.	9050.	15050.	21500.	(94)
1926 8-Cyl. Roadster	6300.	10500.	17500.	25000.	(94)
1926 8-Cyl. Sedan	2150.	3600.	6000.	8600.	(90)
1927 8-Cyl. Series 90 Roadster	6300.	10500.	17500.	25000.	(94)

1912 Franklin Two-Passenger Runabout, Courtesy Harrah's, Reno, NV

MAKE YEAR MODEL	UNRES. FAIR-4	UNRES. GOOD-3	RES. FAIR-2	RES. EXCEL.-1	PTS.
1927 8-Cyl. Model 90 Sedan	2250.	3900.	6300.	9000.	(90)
1927 6-Cyl. 6-A Sport Touring	4900.	8200.	13650.	19500.	(94)
1927 8-Cyl. Model 90 Cabriolet	6050.	10100.	16800.	24000.	(94)
1928 8-Cyl. Sedan Model 95 S.M.	2500.	4200.	7000.	10000.	(90)
1928 8-Cyl. Sport Roadster S.M.	6300.	10500.	17500.	25000.	(94)
1929 8-Cyl. Cabriolet Model 90 S.M.	5400.	9050.	15050.	21500.	(94)
1929 Model 90 Sedan S.M.	2650.	4400.	7350.	10500.	(90)
1929 Sport Phaeton	10100.	16800.	28000.	40000.	(90)
1929 Sport Roadster 8-Cyl. S.M. Model 130	7550.	12600.	21000.	30000.	(94)
1929 8-Cyl. 8-125 4-Dr. Sedan S.M.	2700.	4550.	7550.	10800.	(90)
1930 Model 140 8-Cyl. Roadster S.M.	8800.	14700.	24500.	35000.	(94)
1930 Model 8-150 Sedan S.M. 130'' W.B.	3150.	5250.	8750.	12500.	(90)

1927 Gardener Roadster, Courtesy Harrah's, Reno, NV

MAKE YEAR MODEL	UNRES. FAIR-4	UNRES. GOOD-3	RES. FAIR-2	RES. EXCEL.-1	PTS.
1930 Model 8-150 Sport Phaeton	10100.	16800.	28000.	40000.	(94)
1931 Model 8-150 Sedan S.M.	3200.	5400.	8950.	12800.	(90)
1931 8-Cyl. Roadster S.M. Model 8-150	9300.	15550.	25900.	37000.	(94)

GLIDE 1903-1918 Peoria, IL.

MAKE YEAR MODEL	UNRES. FAIR-4	UNRES. GOOD-3	RES. FAIR-2	RES. EXCEL.-1	PTS.
1908 4-Pass. Touring	3650.	6100.	10150.	14500.	(90)
1915 5-Pass. Touring	2500.	4200.	7000.	10000.	(90)
1916 6-Cyl. Touring Car	2650.	4400.	7350.	10500.	(90)
1918 6-Cyl. Touring	2650.	4400.	7350.	10500.	(90)

GRAHAM-PAIGE 1928-1930 Detroit, MICH.

MAKE YEAR MODEL	UNRES. FAIR-4	UNRES. GOOD-3	RES. FAIR-2	RES. EXCEL.-1	PTS.
1928 8-35 Cabriolet	5650.	9450.	15750.	22500.	(95)
1928 614 R.S. Coupe	2400.	4050.	6700.	9600.	(90)
1928 6-Cyl. Model 629 Sedan S.M.	2150.	3550.	5950.	8500.	(90)
1928 Cabriolet 629	5050.	8500.	14000.	20000.	(92)
1929 612 Phaeton	5300.	8800.	14700.	21000.	(90)
1929 6-Cyl. Coupe (612) R.S.	2400.	4050.	6700.	9600.	(90)
1929 612 2-Dr. Sedan	1950.	3300.	5450.	7800.	(90)

1936 Graham Model 90 Coupe Photo Courtesy of Michael Szalajko, Kirkland Lake, Ontario, Canada

MAKE YEAR MODEL	UNRES. FAIR-4	UNRES. GOOD-3	RES. FAIR-2	RES. EXCEL.-1	PTS.
1929 Model 612 4-Dr. Sedan	2000.	3350.	5600.	8000.	(90)
1929 Model 6-12 Cabriolet	5050.	8500.	14000.	20000.	(90)
1929 6-Cyl. Sedan 6-21 S.M.	2150.	3550.	5950.	8500.	(90)
1929 6-Cyl. 615 Sport Roadster S.M.	5800.	9650.	16100.	23000.	(94)
1929 8-37 8-Cyl.7-Pass. Sedan S.M.	2650.	4400.	7350.	10500.	(90)
1929 8-Cyl. Sedan S.M. (8-27)	2450.	4050.	6800.	9700.	(90)

1929 Graham

MAKE YEAR MODEL	UNRES. FAIR-4	UNRES. GOOD-3	RES. FAIR-2	RES. EXCEL.-1	PTS.
1929 7-Pass. Phaeton (837) 8-Cyl. S.M.	11350.	18900.	31500.	45000.	(94)
1929 827 Cabriolet 8-Cyl. R.S.S.M.	8800.	14700.	24500.	35000.	(94)
1929 8-Cyl. Custom D.C. Phaeton	12100.	20150.	33600.	48000.	(94)
1929 619 6-Cyl. Custom 2-Dr. Phaeton	5650.	9450.	15750.	22500.	(94)
1929 8-37 7-Pass. Limo S.M.	2750.	4600.	7700.	11000.	(90)
1929 8-34 Coupe S.M.	2650.	4400.	7350.	10500.	(90)

GRAHAM 1930-1941 Detroit, MICH.

MAKE YEAR MODEL	UNRES. FAIR-4	UNRES. GOOD-3	RES. FAIR-2	RES. EXCEL.-1	PTS.
1930 8-22 Conv. Phaeton	7550.	12600.	21000.	30000.	(94)
1930 Custom 8. Limo. S.M.	4800.	8000.	13300.	19000.	(94)
1930 8-137 Town Sedan S.M.	3000.	5050.	8400.	12000.	(94)
1930 8-127 Roadster S.M.	9300.	15550.	25900.	37000.	(94)
1930 6-Cyl. Model 620 Roadster S.M.	5650.	9450.	15750.	22500.	(94)
1930 8-127 Convertible Phaeton	8200.	13650.	22750.	32500.	(95)
1930 6-15 Cabriolet	5400.	9050.	15050.	21500.	(95)
1930 6-15 Sedan	2000.	3300.	5550.	7900.	(91)
1930 6-Cyl. R.S. Coupe	2250.	3800.	6300.	9000.	(90)
1930 6-15 Roadster	6050.	10100.	16800.	24000.	(90)
1930 8-Cyl. Sedan S.M. 8-22	2250.	3800.	6300.	9000.	(90)

1934 Graham Cabriolet

MAKE YEAR MODEL	UNRES. FAIR-4	UNRES. GOOD-3	RES. FAIR-2	RES. EXCEL.-1	PTS.
1930 8-Cyl. 7-Pass. Phaeton 8-127	8800.	14700.	24500.	35000.	(95)
1931 6-115 Roadster	6950.	11550.	19250.	27500.	(95)
1931 6-121 Coupe	2150.	3550.	5950.	8500.	(92)
1931 8-Cyl. Cabriolet 8-127	7050.	11750.	19600.	28000.	(94)
1931 8-137 Sedan	2650.	4400.	7350.	10500.	(90)
1931 6-Cyl. Sedan (621)	2250.	3800.	6300.	9000.	(90)
1932 6-15 Roadster	6550.	10900.	18200.	26000.	(90)
1932 8-Cyl. R.S. Coupe S.M.	2750.	4600.	7700.	11000.	(90)
1932 8-Cyl. Sedan Blue Streak S.M.	2500.	4200.	7000.	10000.	(90)
1932 8-Cyl. Cabriolet 8-57 R.S.S.M.	7300.	12200.	20300.	29000.	(90)
1932 6-Cyl. Sedan 6-15	2050.	3400.	5650.	8100.	(90)
1932 6-15 R.S. Coupe	2250.	3750.	6250.	8900.	(90)
1932 4-Dr. Sedan 8-34	2400.	4000.	6650.	9500.	(90)
1932 8-22 Conv. Sedan	7300.	12200.	20300.	29000.	(90)
1932 8-34 Sedan	2500.	4200.	7000.	10000.	(90)
1933 8-64 Conv. Coupe	5800.	9700.	16100.	23000.	(90)
1933 Custom 8-Cyl. Sedan 57-A	2500.	4200.	7000.	10000.	(90)
1933 8-57A R.S. Coupe	2700.	4500.	7500.	10600.	(90)
1933 6-65 R.S. Coupe	2500.	4200.	7000.	10000.	(90)

MAKE YEAR MODEL	UNRES. FAIR-4	UNRES. GOOD-3	RES. FAIR-2	RES. EXCEL.-1	PTS.
1933 8-Cyl. Sedan 8-64	2300.	3900.	6500.	9200.	(90)
1933 Great 8 Convertible Coupe	6000.	9800.	16500.	23500.	(94)
1933 6-Cyl. Sedan	2000.	3360.	5600.	8000.	(90)
1934 6-Cyl. Sedan 6-65	2100.	3450.	5750.	8200.	(90)
1934 6-68 Cabriolet	5800.	10000.	16000.	23000.	(90)
1934 Custom 4-Dr. Sedan 8-69 S.M.	2700.	4500.	7500.	10500.	(90)
1934 8-69 Custom Convertible Coupe	7000.	11750.	19600.	28000.	(95)
1934 6-64 R.S. Coupe	2500.	4200.	7000.	9800.	(90)
1934 8-69 R.S. Coupe	2700.	4500.	7500.	10500.	(90)

1938 Graham 4-Door, Courtesy Harrah's, Reno, NV

MAKE YEAR MODEL	UNRES. FAIR-4	UNRES. GOOD-3	RES. FAIR-2	RES. EXCEL.-1	PTS.
1935 8-Cyl. Supercharged Sedan 8-75	2400.	4000.	6700.	9500.	(90)
1935 6-Cyl. Sedan 6-73	1900.	3200.	5325.	7600.	(90)
1935 2-Dr. 6-Cyl. Business Coupe 6-73	1800.	3100.	5300.	7500.	(90)
1936 6-Cyl. Crusader Sedan	1500.	2450.	4100.	5800.	(90)
1936 Model 90 Sedan	2000.	3360.	5600.	8000.	(90)
1936 Model 110 Sedan S.C.	2150.	3600.	5950.	8500.	(90)
1936 S.C. Coupe 110 R.S.	2700.	4500.	7500.	10500.	(90)
1937 6-Cyl. Supercharged Sedan S.M.	2700.	4500.	7500.	10500.	(90)
1937 Supercharged Cabriolet	4700.	7800.	13000.	18500.	(90)
1938 Supercharged Sedan	2700.	4500.	7500.	10500.	(90)
1939 Supercharged Sedan	2700.	4500.	7500.	10500.	(90)
1939 Supercharged 2-Dr. Victoria Hardtop Coupe	3000.	5000.	8400.	12000.	(90)
1940 Supercharged Sedan	2800.	4600.	7700.	11000.	(90)
1941 Hollywood Supercharged Sedan	2900.	4900.	8100.	11600.	(90)
1941 Hollywood Sedan	2700.	4500.	7500.	10500.	(90)
1941 Hollywood Convertible Coupe (only 5 built)	6600.	11000.	18200.	26000.	(95)

1923 Grant Touring

GRANT 1913-1922 Cleveland, OH.

MAKE YEAR MODEL	UNRES. FAIR-4	UNRES. GOOD-3	RES. FAIR-2	RES. EXCEL.-1	PTS.
1917 Touring Car	1900.	3300.	5500.	7900.	(85)
1921 Touring	2400.	4000.	6700.	9500.	(85)
1921 Sedan	1450.	2450.	4100.	5800.	(85)

GRAY 1923-1926 Detroit, MICH.

MAKE YEAR MODEL	UNRES. FAIR-4	UNRES. GOOD-3	RES. FAIR-2	RES. EXCEL.-1	PTS.
1922 4-Cyl. Roadster	1450.	2450.	4100.	5800.	(85)
1922 4-Cyl. Touring	1650.	2750.	4550.	6500.	(85)
1923 4-Cyl. 2-Dr. Sedan	1450.	2450.	4100.	5800.	(85)
1923 Touring	2500.	4200.	7000.	10000.	(85)
1924 Model Touring Car	2500.	4200.	7000.	10000.	(85)
1926 Model W 5-Pass. Phaeton	2500.	4200.	7000.	10000.	(85)

GROUT 1899-1914 Orange, MASS.

MAKE YEAR MODEL	UNRES. FAIR-4	UNRES. GOOD-3	RES. FAIR-2	RES. EXCEL.-1	PTS.
1904 Touring (Steam)	3000.	5000.	8400.	12000.	(85)

HANOVER 1921-1923 Kokomo, IN.

MAKE YEAR MODEL	UNRES. FAIR-4	UNRES. GOOD-3	RES. FAIR-2	RES. EXCEL.-1	PTS.
1921 Roadster	2400.	4000.	6700.	9500.	(85)

HAYNES 1895-1924 Kokomo, IN.

MAKE YEAR MODEL	UNRES. FAIR-4	UNRES. GOOD-3	RES. FAIR-2	RES. EXCEL.-1	PTS.
1912 Roadster	5000.	8400.	14000.	20000.	(94)
1918 7-Pass. Touring	3000.	5000.	8400.	12000.	(90)
1921 Model 6-Cyl. 55 Touring Car S.M.	3500.	5900.	9800.	14000.	(90)
1922 Model 75 Speedster	4300.	7150.	11900.	17000.	(94)
1923 Model 77 Touring Car	4600.	7650.	12750.	18200.	(94)
1923 Sport Roadster (57)	4700.	7900.	13300.	19000.	(94)
1923 Sport Touring (57)	5000.	8400.	14000.	20000.	(94)

1923 Gray, 4 Cyl., Touring
Photo Courtesy Harrah's, Reno, NV

HENDERSON 1912-1914 Indianapolis, IN.

MAKE YEAR MODEL	UNRES. FAIR-4	UNRES. GOOD-3	RES. FAIR-2	RES. EXCEL.-1	PTS.
1913 Roadster	2800.	4600.	7700.	11000.	(90)
1914 Roadster	2800.	4600.	7700.	11000.	(90)

HISPANÓ SUIZA

MAKE YEAR MODEL	UNRES. FAIR-4	UNRES. GOOD-3	RES. FAIR-2	RES. EXCEL.-1	PTS.
1910 Touring Car	24000.	40000.	66500.	95000.	(94)
1920 4-Pass. Touring	23000.	37800.	63000.	90000.	(94)
1924 8-Litre Town Car	20000.	32750.	54600.	78000.	(94)
1924 Town Coupe S.M.	25000.	42000.	70000.	100000.	(94)

1925 UP SEE CLASSIC SECTION PAGE

HOLSMAN 1903-1911 Chicago, IL.

MAKE YEAR MODEL	UNRES. FAIR-4	UNRES. GOOD-3	RES. FAIR-2	RES. EXCEL.-1	PTS.
1902 Autobuggy	2450.	4100.	6850.	9800.	(85)
1903 Autobuggy	2450.	4100.	6850.	9800.	(85)
1905 2-Cyl. High Wheel	3500.	5900.	9800.	14000.	(85)
1907 Roadster	3800.	6300.	10500.	15000.	(85)
1909 4-Cyl. Touring	4400.	7350.	12250.	17500.	(85)
1911 Highwheeler Tourer	5000.	8400.	14000.	20000.	(85)

HUDSON 1909-1957 Detroit, MICH.

MAKE YEAR MODEL	UNRES. FAIR-4	UNRES. GOOD-3	RES. FAIR-2	RES. EXCEL.-1	PTS.
1909 Touring	4600.	7600.	12600.	18000.	(94)
1909 Roadster	4000.	6700.	11200.	16000.	(94)
1910 Roadster	4500.	7600.	12600.	18000.	(94)
1910 Touring	4700.	7800.	13000.	18500.	(94)
1911 Touring	4400.	7350.	12250.	17000.	(94)
1912 Model 33 Touring	4500.	7600.	12600.	18000.	(94)
1912 Roadster	3800.	6300.	10500.	15000.	(94)

1931 Hudson Boatail Speedster
Photo Courtesy of Quentin Craft

MAKE YEAR MODEL	UNRES. FAIR-4	UNRES. GOOD-3	RES. FAIR-2	RES. EXCEL.-1	PTS.
1913 Model 37 5-Pass. Touring	4400.	7350.	12250.	17500.	(94)
1913 Model 32 Touring	4400.	7350.	12250.	17500.	(94)
1913 Model 54 6-Cyl. Touring	4500.	7600.	12600.	18000.	(94)
1914 Cabriolet	4000.	6700.	11200.	16000.	(94)

1910 Hudson Roadster
Photo Courtesy Harrah's, Reno, NV

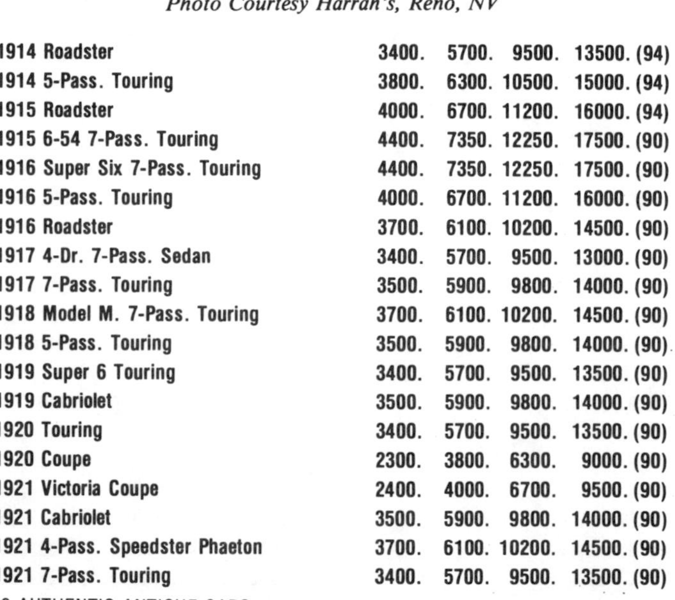

MAKE YEAR MODEL	UNRES. FAIR-4	UNRES. GOOD-3	RES. FAIR-2	RES. EXCEL.-1	PTS.
1914 Roadster	3400.	5700.	9500.	13500.	(94)
1914 5-Pass. Touring	3800.	6300.	10500.	15000.	(94)
1915 Roadster	4000.	6700.	11200.	16000.	(94)
1915 6-54 7-Pass. Touring	4400.	7350.	12250.	17500.	(90)
1916 Super Six 7-Pass. Touring	4400.	7350.	12250.	17500.	(90)
1916 5-Pass. Touring	4000.	6700.	11200.	16000.	(90)
1916 Roadster	3700.	6100.	10200.	14500.	(90)
1917 4-Dr. 7-Pass. Sedan	3400.	5700.	9500.	13000.	(90)
1917 7-Pass. Touring	3500.	5900.	9800.	14000.	(90)
1918 Model M. 7-Pass. Touring	3700.	6100.	10200.	14500.	(90)
1918 5-Pass. Touring	3500.	5900.	9800.	14000.	(90)
1919 Super 6 Touring	3400.	5700.	9500.	13500.	(90)
1919 Cabriolet	3500.	5900.	9800.	14000.	(90)
1920 Touring	3400.	5700.	9500.	13500.	(90)
1920 Coupe	2300.	3800.	6300.	9000.	(90)
1921 Victoria Coupe	2400.	4000.	6700.	9500.	(90)
1921 Cabriolet	3500.	5900.	9800.	14000.	(90)
1921 4-Pass. Speedster Phaeton	3700.	6100.	10200.	14500.	(90)
1921 7-Pass. Touring	3400.	5700.	9500.	13500.	(90)

MAKE YEAR MODEL	UNRES. FAIR-4	UNRES. GOOD-3	RES. FAIR-2	RES. EXCEL.-1	PTS.
1922 4-Pass. Speedster Phaeton	3500.	5900.	9800.	14500.	(90)
1922 Sedan	2000.	3360.	5600.	8000.	(90)

1924 Hudson Speedster, Courtesy Rambler Family Album

MAKE YEAR MODEL	UNRES. FAIR-4	UNRES. GOOD-3	RES. FAIR-2	RES. EXCEL.-1	PTS.
1922 Cabriolet	3800.	6300.	10500.	15000.	(90)
1923 2-Dr. Coach	2100.	3450.	5750.	8200.	(90)
1923 Super 6 7-Pass. Touring	4400.	7350.	12250.	17500.	(90)
1923 7-Pass. Sedan	2300.	3800.	6300.	9000.	(90)
1923 4-Dr. Touring Speedster	4400.	7350.	12250.	17000.	(90)
1924 2-Dr. Victoria Coach	2000.	3360.	5600.	8000.	(90)
1924 Speedster	3700.	6100.	10200.	14500.	(90)
1925 Phaeton 7-Pass.	3500.	5900.	9800.	14000.	(90)
1925 2-Dr. Sedan Coach	2150.	3600.	5950.	8500.	(90)
1925 Super 6 4-Dr. Brougham	3000.	5000.	8400.	12000.	(90)
1926 5-Pass. Phaeton	4500.	7600.	12600.	18000.	(90)
1926 7-Pass. Sedan	2300.	3800.	6300.	9000.	(90)
1926 Super 6 Coupe (Custom)	3000.	5000.	8400.	12000.	(90)
1926 Custom Brougham B. Smart	4700.	7900.	13300.	19000.	(90)
1927 7-Pass. Phaeton	5000.	8200.	13600.	19500.	(90)
1927 4-Dr. Sedan	2300.	3800.	6300.	9000.	(90)
1927 Custom Body R.S. Coupe	4500.	7600.	12600.	18000.	(90)
1927 5-Pass. Brougham	4400.	7350.	12250.	17500.	(90)
1927 Roadster	7000.	11750.	19600.	28000.	(94)
1928 Super 6 5-Pass. Sedan S.M.	3500.	5900.	9800.	14000.	(90)
1928 R.S. Coupe S.M.	3400.	5700.	9500.	13500.	(90)

MAKE YEAR MODEL	UNRES. FAIR-4	UNRES. GOOD-3	RES. FAIR-2	RES. EXCEL.-1	PTS.
1928 Sport Roadster	6800.	11300.	18900.	27000.	(95)
1928 Brougham (Murphy) 128'' W.B.	4400.	7300.	12200.	16000.	(90)
1929 Greater Super 6 Custom Brougham (Biddle & Smart)	5300.	8800.	14700.	21000.	(90)

1929 Hudson Greater Super Six Sport Roadster, Body by Briggs

SEE CLASSIC CAR SECTION FOR CUSTOM MODELS 1929-1931 PAGE 109

MAKE YEAR MODEL	UNRES. FAIR-4	UNRES. GOOD-3	RES. FAIR-2	RES. EXCEL.-1	PTS.
1929 Roadster R.S.S.M. Custom	7000.	11750.	19600.	28000.	(94)
1929 Cabriolet S.M.	6600.	11000.	18200.	26000.	(94)
1929 Town Sedan S.M.	3500.	5900.	9800.	14000.	(90)
1929 7-Pass. Custom Formal Sedan	3800.	6300.	10500.	15000.	(94)
1929 R.S. Coupe S.M.	3400.	5700.	9500.	13000.	(90)
1929 2-Dr. Phaeton	7300.	12200.	20300.	29000.	(94)
1929 139'' W.B. Phaeton S.M.	8000.	13500.	22500.	32000.	(94)
1930 8-Cyl. Roadster S.M.	8800.	14700.	24500.	35000.	(94)
1930 R.S. Coupe S.M.	3500.	5900.	9800.	14000.	(90)
1930 8-Cyl. 4-Dr. Sedan S.M.	2700.	4500.	7500.	10500.	(90)
1930 5-Pass. Phaeton	12600.	21000.	35000.	50000.	(94)

1930 Hudson Roadster

MAKE YEAR MODEL	UNRES. FAIR-4	UNRES. GOOD-3	RES. FAIR-2	RES. EXCEL.-1	PTS.
1931 Greater 8 Murry Body R.S. S.M. Boattail Speedster Custom	15000.	25200.	42000.	60000.	(94)
1931 Greater 8 Club Sedan S.M.	2700.	4500.	7500.	10500.	(90)
1931 R.S. Coupe 8-Cyl. S.M.	3500.	5900.	9800.	14000.	(90)
1931 Sedan 8-Cyl. 7-Pass.	2900.	4800.	8000.	11500.	(90)
1931 Phaeton 8-Cyl. 126'' W.B.	12600.	21000.	35000.	50000.	(94)
1932 8-Cyl. Greater 8 Sedan 119'' W.B.	2700.	4500.	7500.	10500.	(90)
1932 Special R.S. Coupe	3150.	5250.	8750.	12500.	(90)
1932 4-Dr. Brougham 132'' W.B.	3400.	5700.	9500.	13000.	(90)
1933 Super Six Sedan	2400.	4000.	6700.	9500.	(90)
1933 Pacemaker 8 4-Dr. Sedan	2500.	4200.	7000.	10000.	(90)
1933 6-Cyl. Custom Convertible Coupe	4700.	7800.	13000.	18500.	(94)
1933 8-L Convertible	5000.	8400.	14000.	20000.	(94)
1934 8-Cyl. Sedan (8LL)	2300.	3800.	6300.	9000.	(90)

MAKE YEAR MODEL	UNRES. FAIR-4	UNRES. GOOD-3	RES. FAIR-2	RES. EXCEL.-1	PTS.
1934 8 Lts. Challenger Conv.	3800.	6300.	10500.	15000.	(94)

1936 Hudson Straight Eight, Custom Body by Coach Craft, London, England, Especially Built for the Governor of Hong Kong Courtesy Robert Shillman, Vernon BC, Victoria, Canada

MAKE YEAR MODEL	UNRES. FAIR-4	UNRES. GOOD-3	RES. FAIR-2	RES. EXCEL.-1	PTS.
1934 Cabriolet 8-Cyl. R.S. 8-Lt.	3800.	6300.	10500.	15000.	(94)
1934 Coupe R.S. 8-LU	2400.	4000.	6700.	9500.	(90)
1935 6-GH 2-Dr. Brougham	1800.	3100.	5300.	7500.	(90)
1935 8-Cyl. Sedan 117'' W.B.	2000.	3360.	5600.	8000.	(90)
1935 8-Cyl. Cabriolet R.S.	3900.	6500.	11000.	15500.	(94)
1935 6-GH R.S. Coupe	2700.	4500.	7500.	10500.	(90)
1936 8-Cyl. Sedan Deluxe	2000.	3150.	5400.	7600.	(90)
1936 6-63 R.S. Coupe	2500.	4200.	7000.	10000.	(90)
1936 6-63 Convertible Coupe	3500.	5900.	9800.	14000.	(94)
1936 8-65 Convertible Coupe	4400.	7350.	12250.	17500.	(94)
1937 8-Cyl. Sedan 8-75	2100.	3400.	5700.	8250.	(90)
1937 6-73 Conv. Brougham	4000.	6700.	11200.	16000.	(90)
1937 6-73 Coupe	1700.	2800.	4700.	6700.	(90)
1937 6-73 Touring Sedan	1600.	2700.	46700.	6500.	(90)
1937 8-Cyl. Conv. 8-75	4700.	7900.	13300.	19000.	(94)
1937 8-74 Convertible Coupe	4500.	7500.	12500.	17800.	(94)
1937 8-75 Brougham	2300.	3800.	6300.	9000.	(90)
1938 84 Victoria Coupe	2200.	3700.	6100.	8700.	(90)
1938 84 Convertible Coupe	4400.	7400.	12300.	17600.	(94)
1938 8-Cyl. Sedan (85)	2000.	3360.	5600.	8000.	(90)
1938 6-Cyl. Convertible	3800.	6300.	10500.	15000.	(94)
1938 8-85 Convertible	4400.	7350.	12250.	17000.	(94)
1939 8-Cyl. Sedan 8-95	1750.	2850.	4750.	6800.	(90)
1939 6-Cyl. 112 Sedan	1600.	2600.	4300.	6100.	(90)
1939 112 Victoria Coupe	1700.	2750.	4550.	6500.	(90)
1939 8-95 Convertible Brougham	3700.	6100.	10200.	14600.	(94)
1940 8-47 Touring Sedan	2000.	3350.	5600.	8000.	(90)
1940 6-Cyl. 2-Dr. Sedan (41)	1500.	2500.	4200.	6000.	(90)
1941 6-Cyl. Sedan Series 11	1500.	2500.	4200.	6000.	(90)
1941 Super Six Convertible	3700.	6100.	10100.	14500.	(90)
1941 8-Cyl. Commodore Sedan	2100.	3600.	6000.	8500.	(90)
1941 6-Cyl. Station Wagon	2700.	4500.	7500.	10500.	(94)
1941 8-Cyl Commodore Station Wagon 8-Pass.	3000.	5000.	8400.	12000.	(94)
1941 8-Cyl. Coupe	2100.	3600.	6000.	8500.	(90)
1942 Commodore 8 Sedan	2000.	3150.	5400.	7600.	(90)
1942 Commodore 6 Sedan	1750.	2900.	4900.	7000.	(90)
1942 6-Cyl. Coupe	1700.	2750.	4550.	6500.	(90)
1942 8-Cyl. Convertible	3900.	6500.	10900.	15500.	(94)

HUMBER England

MAKE YEAR MODEL	UNRES. FAIR-4	UNRES. GOOD-3	RES. FAIR-2	RES. EXCEL.-1	PTS.
1928 Sport Touring	2700.	4500.	7500.	10500.	(90)

HUPMOBILE 1906-1941 Detroit, MICH.

MAKE YEAR MODEL	UNRES. FAIR-4	UNRES. GOOD-3	RES. FAIR-2	RES. EXCEL.-1	PTS.
1906 Model S. Runabout	3400.	5700.	9500.	13000.	(90)
1909 Runabout	2900.	4800.	8000.	11500.	(90)
1910 Model B 4-Cyl. Runabout	3100.	5250.	8750.	12500.	(90)

1929 Hupmobile Century Series Sport Roadster
Photo Courtesy of Quentin Craft

MAKE YEAR MODEL	UNRES. FAIR-4	UNRES. GOOD-3	RES. FAIR-2	RES. EXCEL.-1	PTS.
1910 Coupe	2500.	4200.	7000.	10000.	(90)
1910 4-Cyl. Roadster	3400.	5700.	9500.	13000.	(90)
1911 Touring Car Model 20	2800.	4700.	7800.	11200.	(90)
1911 Model 20 Roadster	2900.	4800.	8000.	11500.	(90)
1911 Gentlemans Roadster	3100.	5300.	8800.	12600.	(90)
1911 Model H Touring	2900.	4800.	8000.	11500.	(90)
1912 4-Cyl. Touring	3400.	5400.	9500.	13000.	(90)
1913 Model 32 Touring	3100.	5200.	8700.	12500.	(90)
1913 Roadster	3100.	5200.	8700.	12500.	(90)
1914 Model 32-H Touring	3800.	6300.	10500.	15000.	(90)
1915 Touring	2500.	4200.	7000.	10000.	(90)
1916 Model N Touring	2500.	4200.	7000.	10000.	(90)
1917 5-Pass. Touring	2400.	4100.	7100.	10200.	(90)
1918 4-Cyl. Roadster	2300.	3800.	6400.	9200.	(90)
1920 4-Cyl. Roadster	2300.	3800.	6400.	9200.	(90)
1921 Model R Touring	2500.	4200.	7200.	10250.	(90)

1927 Hupmobile 8, E-3 Victoria Coupe
Courtesy Brian C. Wallace, Altamont, NY 12009

MAKE YEAR MODEL	UNRES. FAIR-4	UNRES. GOOD-3	RES. FAIR-2	RES. EXCEL.-1	PTS.
1921 4-Cyl. Roadster	2700.	4500.	7500.	10500.	(90)
1922 Touring	2700.	4500.	7500.	10500.	(90)
1922 4-Cyl. Roadster	2500.	4200.	7200.	10250.	(90)
1923 Model R.S. Special Roadster	3500.	5200.	9800.	14000.	(90)
1923 3-Dr. Sedan	2000.	3100.	5400.	7600.	(90)
1924 Coupe	2500.	4200.	7000.	10000.	(90)
1924 4-Cyl. Touring	2500.	4200.	7000.	10500.	(90)
1925 8-Cyl. Touring Model E	5000.	8250.	13600.	19500.	(94)
1925 6-Cyl. Touring	4400.	7300.	12250.	17500.	(90)
1925 Model E Sedan	2000.	3350.	5600.	8000.	(90)
1925 8-Cyl. Model E-1 Roadster	5000.	8250.	13600.	19500.	(94)
1926 6-Cyl. 4-Dr. Sedan Model A	2000.	3100.	5400.	7600.	(90)
1926 6-Cyl. Touring	3800.	6300.	10500.	15000.	(90)
1926 Model E-1 8-Cyl. Touring	5000.	8250.	13600.	19500.	(94)
1926 8-Cyl. Model E-1 Roadster	5000.	8250.	13600.	19500.	(94)
1926 8-Cyl. Sedan	2200.	3600.	6000.	8600.	(90)
1927 8-Cyl. Sedan	2300.	3800.	6300.	9000.	(90)
1927 8-Cyl. Touring	5000.	8400.	14000.	20000.	(94)
1927 8-Cyl. R.S. Roadster	5000.	8400.	14000.	20000.	(94)
1927 8-Cyl. Victoria E-2	2500.	4200.	7000.	10000.	(90
1927 6-Cyl. Sedan	2000.	3100.	5300.	7500.	(90)
1927 Model A 2-Dr. Sedan	1900.	3000.	5100.	7250.	(90)
1927 6-Cyl. Roadster R.S.	4000.	6700.	11200.	16000.	(90)
1928 6-Cyl. R.S. Coupe	3000.	5000.	8400.	12000.	(90)
1928 6-Cyl. Roadster R.S.S.M.	5700.	9500.	15750.	22500.	(90)
1928 6-Cyl. Sedan	2100.	3600.	6000.	8500.	(90)
1928 Model M-8 Roadster S.M.	6300.	10500.	17500.	25000.	(94)
1928 8-Cyl. R.S. Coupe M-8	3000.	5000.	8400.	12000.	(90)
1928 8-Cyl. Sedan S.M.	2200.	3700.	6100.	8750.	(90)
1929 Century 6 W.W. Roadster S.M.	5700.	9500.	15750.	22500.	(94)
1929 8-Cyl. 7-Pass. Sedan S.M.	2800.	4700.	7850.	11250.	(90)
1929 8-Cyl. Roadster Century 8 S.M.	7300.	12200.	20300.	29000.	(94)
1929 8-Cyl. Cabriolet 8-M8 R.S.S.M.	6300.	10500.	17500.	25000.	(94)
1929 6-Cyl. Sedan A-6	2300.	3800.	6300.	9000.	(90)
1929 Century 8 Phaeton S.M.	7600.	12600.	21000.	30000.	(94)
1930 8-Cyl. Century Touring S.M.	7000.	11750.	19600.	28000.	(94)
1930 8-Cyl. Sedan S.M.	2700.	4500.	7500.	10700.	(90)
1930 Model S 8-Cyl. Roadster	7400.	12400.	20600.	29500.	(94)
1930 6-Cyl. Sedan S.M.	2300.	3800.	6300.	9000.	(90)
1930 8-Cyl. Cabriolet S.M.	6600.	11000.	18200.	26000.	(94)
1930 8-Cyl. R.S. Coupe	3100.	5200.	8700.	12500.	(90)
1930 6-WH Roadster 6-Cyl. S.M.	5700.	9500.	15750.	22500.	(94)
1931 8-Cyl. 5-Pass. Touring Sedan S.M.	2500.	4200.	7000.	10000.	(90)

MAKE YEAR MODEL	UNRES. FAIR-4	UNRES. GOOD-3	RES. FAIR-2	RES. EXCEL.-1	PTS.

1924 Hupmobile, 4 cyl. Touring

MAKE YEAR MODEL	UNRES. FAIR-4	UNRES. GOOD-3	RES. FAIR-2	RES. EXCEL.-1	PTS.
1931 8-Cyl. Roadster Century R.S.S.M.	7800.	13000.	21700.	31000.	(94)
1931 6-Cyl. Sedan S.M.	2400.	4000.	6700.	9500.	(90)
1931 6-Cyl. R.S. Coupe	2500.	4200.	7000.	10500.	(90)
1932 Model U Six Sedan	2800.	4600.	7700.	11000.	(90)
1932 Custom 8-Cyl. 4-Dr. Sedan	3100.	5200.	8700.	12500.	(95)
1932 8-Cyl. Sedan 8-F S.M.	3150.	5250.	8800.	12600.	(90)
1932 8-Cyl. Cabriolet Model 8 222 R.S.S.M.	6900.	11500.	19250.	27500.	(94)
1932 8-Cyl. Sport Roadster Convertible Model 226	7300.	12200.	20300.	29000.	(94)
1933 6-Cyl. Model K RDS Cabriolet	4000.	6700.	11200.	16000.	(90)

1941 Hupmobile Skylark, Body Supplied by Graham Hollywood, Last Year of Production, Courtesy Harrah's, Reno, NV

MAKE YEAR MODEL	UNRES. FAIR-4	UNRES. GOOD-3	RES. FAIR-2	RES. EXCEL.-1	PTS.
1933 Roadster Convertible 8-326 R.S.	5000.	8400.	14000.	20000.	(94)
1933 6-Cyl. Model K Custom Sedan	2000.	3100.	5400.	7600.	(90)
1934 8-Cyl. Sedan 8-326	2200.	3650.	6100.	8700.	(90)
1934 8-Cyl. RDS Cabriolet	5000.	8400.	14000.	20000.	(94)
1934 Custom 8 Sedan	2100.	3600.	6000.	8500.	(90)
1934 Model 417 6-Cyl. Sedan	2000.	3100.	5250.	7500.	(90)
1934 8-Cyl. Model F, RDS Cabriolet	4900.	8200.	13650.	19500.	(94)
1935 8-Cyl. Sedan Model 5210	2000.	3100.	5250.	7500.	(90)
1936 2-Pass. Coupe 9-621N	2050.	3275.	5450.	7800.	(90)
1938 8-Cyl. Sedan Model 825H	2050.	3275.	5450.	7800.	(90)
1939 8-925 H Touring Sedan	2000.	3100.	5250.	7500.	(90)
1941 6-Cyl. Skylark Sedan	2700.	4500.	7500.	10500.	(90)

H.C.S. (by Stutz) 1921-1925 Indianapolis, IN.

MAKE YEAR MODEL	UNRES. FAIR-4	UNRES. GOOD-3	RES. FAIR-2	RES. EXCEL.-1	PTS.
1920 4-Cyl. Touring	4700.	7800.	13000.	18500.	(94)
1921 4-Cyl. RDS	4500.	7600.	12600.	18000.	(94)
1921 Sport Touring	5000.	8250.	13600.	19500.	(94)
1923 Roadster	4700.	7800.	13000.	18500.	(94)
1925 6-Cyl. Sport Touring	6000.	10100.	16800.	24000.	(94)

IMPERIAL 1907-1916 Jackson, MICH.

MAKE YEAR MODEL	UNRES. FAIR-4	UNRES. GOOD-3	RES. FAIR-2	RES. EXCEL.-1	PTS.
1909 Touring Car	4700.	7900.	13300.	19000.	(90)

MAKE YEAR MODEL UNRES. FAIR-4 UNRES. GOOD-3 RES. FAIR-2 RES. EXCEL.-1 PTS.

1913 International Motor Truck, 2 cyl., Chain Drive Courtesy The Early American Museum, Silver Springs, FL

INTERNATIONAL 1906-1912 Chicago, IL.

CONTINUED INTERNATIONAL TRUCKS TO PRESENT TIME

MAKE YEAR MODEL	UNRES. FAIR-4	UNRES. GOOD-3	RES. FAIR-2	RES. EXCEL.-1	PTS.
1907 Auto Buggy	2700.	4500.	7500.	10500.	(90)
1908 High Wheel Auto Buggy	2700.	4500.	7500.	10500.	(90)
1910 High Wheel Auto Buggy	2800.	4600.	7700.	11000.	(90)
1911 High Wheel Auto Buggy	2800.	4600.	7700.	11000.	(90)
1912 High Wheel Auto Buggy	3000.	5000.	8400.	12000.	(90)

INTER-STATE 1908-1917 Muncie, IN.

MAKE YEAR MODEL	UNRES. FAIR-4	UNRES. GOOD-3	RES. FAIR-2	RES. EXCEL.-1	PTS.
1912 Touring	4500.	7600.	12600.	18000.	(94)
1913 7-Pass. Touring	4700.	7800.	13000.	18500.	(94)
1915 7-Pass. Touring	4400.	7350.	12250.	17000.	(94)
1917 5-Pass. Touring	4400.	7350.	12250.	17000.	(94)

ISOTTA-FRANSCHINI

MAKE YEAR MODEL	UNRES. FAIR-4	UNRES. GOOD-3	RES. FAIR-2	RES. EXCEL.-1	PTS.
1910 4-Cyl. Roadster	22500.	38000.	62500.	89000.	(94)
1914 Tourer	23000.	38000.	63000.	90000.	(94)
1923 8-Cyl. Touring Car	24000.	40000.	67000.	95000.	(94)

JACKSON 1902-1923 Jackson, MICH.

MAKE YEAR MODEL	UNRES. FAIR-4	UNRES. GOOD-3	RES. FAIR-2	RES. EXCEL.-1	PTS.
1908 2-Cyl. Runabout	3400.	5700.	9500.	13000.	(94)
1910 3-D. Touring	4000.	6500.	10850.	15500.	(94)
1911 Touring Car	4000.	6700.	11200.	16000.	(94)
1912 4-Cyl. Touring	4000.	6700.	11200.	16000.	(94)
1916 V-8 7-Pass. Touring	5400.	9000.	15000.	21500.	(94)

JAXON STEAM 1901-1903 Jackson, MICH.

MAKE YEAR MODEL	UNRES. FAIR-4	UNRES. GOOD-3	RES. FAIR-2	RES. EXCEL.-1	PTS.
1903 Steam Car	2550.	4600.	7700.	11000.	(90)

JEFFREY 1913-1917 Kenosha, WI.

MAKE YEAR MODEL	UNRES. FAIR-4	UNRES. GOOD-3	RES. FAIR-2	RES. EXCEL.-1	PTS.
1914 4-Cyl. Limo.	3400.	6300.	10500.	15000.	(90)
1914 Touring Car	3200.	5900.	9800.	14000.	(90)
1917 Roadster	2800.	5000.	8400.	12000.	(90)

JENNIS 1904-1909 Philadelphia, PA.

MAKE YEAR MODEL	UNRES. FAIR-4	UNRES. GOOD-3	RES. FAIR-2	RES. EXCEL.-1	PTS.
1906 4-Cyl. Touring	2800.	5000.	8400.	12000.	(90)

JEWEL 1906-1909 Massillion, OH.

MAKE YEAR MODEL	UNRES. FAIR-4	UNRES. GOOD-3	RES. FAIR-2	RES. EXCEL.-1	PTS.
1906 Touring	2800.	5000.	8400.	12000.	(90)

JEWETT 1922-1927 Detroit, MICH.

MAKE YEAR MODEL	UNRES. FAIR-4	UNRES. GOOD-3	RES. FAIR-2	RES. EXCEL.-1	PTS.
1923 Roadster	3250.	5700.	9500.	13000.	(90)
1923 Sport Touring	2900.	5250.	8750.	12500.	(90)
1924 Touring	3000.	5700.	9450.	13500.	(90)
1926 2-Dr. Sedan	1550.	2850.	4750.	6800.	(90)
1926 Sport Touring	4000.	7800.	13000.	18500.	(94)

JORDAN 1916-1932 Cleveland, OH.

Famous Advertising Slogan (SOMEWHERE WEST OF LARAMIE)

MAKE YEAR MODEL	UNRES. FAIR-4	UNRES. GOOD-3	RES. FAIR-2	RES. EXCEL.-1	PTS.
1918 Sport Phaeton	3400.	6700.	11200.	16000.	(90)
1919 6-Cyl. Touring	3200.	5700.	9500.	13000.	(90)

MAKE YEAR MODEL	UNRES. FAIR-4	UNRES. GOOD-3	RES. FAIR-2	RES. EXCEL.-1 PTS.
1919 6-Cyl. 7-Pass. Touring	3300.	6300.	10500.	15000. (90)
1920 Playboy Roadster	4000.	7900.	13300.	19000. (94)
1922 6-Cyl. MX Phaeton	3900.	7400.	12400.	17500. (90)
1923 Playboy Roadster	4500.	8400.	14000.	20000. (94)
1923 4-Dr. Sedan	1500.	2750.	4550.	6500. (90)
1924 Blue Boy Sport Touring	4500.	8400.	14000.	20000. (94)
1925 Playboy Roadster 8-Cyl.	4600.	8800.	14700.	21000. (94)
1926 8-Cyl. Playboy Roadster	4600.	8800.	14700.	21000. (94)
1926 8-Cyl. Sedan	1875.	3400.	5700.	8100. (90)
1927 8-Cyl. Sedan S.M.	1875.	3400.	5700.	8100. (90)
1927 8-Cyl. Playboy Roadster	4000.	7900.	13300.	19000. (94)

1920 Kissel Speedster, Model 6-45 (Goldbug), 6 cyl., 61 hp Courtesy Harrah's, Reno, NV

MAKE YEAR MODEL	UNRES. FAIR-4	UNRES. GOOD-3	RES. FAIR-2	RES. EXCEL.-1 PTS.
1928 8-Cyl. Cabriolet Airline Series	4600.	8400.	14000.	20000. (94)
1928 6-Cyl. Blue Boy Phaeton	5000.	9250.	15400.	22000. (94)
1928 Playboy Roadster	5400.	9800.	16450.	23500. (94)
1928 6-Cyl. Tom Boy Cabriolet	4100.	7350.	12250.	17000. (94)
1929 4-Dr. Sedan S.M.	2200.	4000.	6650.	9500. (90)
1929 8-Cyl. Playboy Roadster 8-G S.M.	6000.	10500.	17500.	25000. (94)
1930 Series 90 8-Cyl. 4-Dr. Sedan S.M.	2200.	4000.	6700.	9600. (90)
1930 8-Cyl. Roadster S.M.R.S. Model 90	6800.	12600.	21000.	30000. (94)
1930 8-Cyl. Cabriolet	5100.	9450.	15750.	22500. (94)
1931 8-Cyl. Dual Cowl Phaeton	9000.	17600.	29400.	42000. (94)
1931 8-Cyl. 4-Dr. Sedan S.M.	2100.	4000.	6700.	9500. (90)
1931 8-Cyl. Model 8-80 4-Dr. Sedan	2400.	4500.	7500.	10500. (90)
1932 8-90 4-Dr. Sedan	2400.	4500.	7500.	10500. (90)

KEARNS 1907-1914 Beavertown, PA.

1913 4-Cyl. Roadster	2000.	3100.	5250.	7500. (90)

KENWORTHY 1920-1923 Mishawaka, IN.

1920 7-Pass. Touring	10000.	17000.	28000.	40000. (94)

1920 Kenworthy 7-Passenger Touring Courtesy Harrah's, Reno, NV

MAKE YEAR MODEL	UNRES. FAIR-4	UNRES. GOOD-3	RES. FAIR-2	RES. EXCEL.-1 PTS.

KING 1912-1924 Detroit, MICH.

1919 V-8 Touring	4500.	8200.	13600.	19500. (94)
1920 V-8 Touring	4700.	8800.	14700.	21000. (94)

KISSEL 1906-1931 Hartford, WI.

1909 6-Cyl. Roadster	5400.	11750.	19600.	28000. (94)
1911 Roadster	6000.	11000.	18900.	27000. (94)
1912 Roadster	6200.	11750.	19600.	28000. (94)
1912 Touring Car	4000.	7000.	11750.	26000. (94)
1915 Touring Car	6000.	10500.	17500.	25000. (94)
1920 Speedster (Goldbug)	8700.	16000.	26600.	38000. (94)
1922 4-Dr. Sedan	2000.	3800.	6300.	9000. (90)
1922 Speedster	9000.	16800.	28000.	40000. (94)
1923 Boattail Speedster Model 55	9100.	17000.	28800.	41000. (94)
1923 Deluxe Phaeton	4000.	7000.	11750.	26000. (94)
1923 6-Cyl. 4-Dr. Sedan	2000.	4000.	6700.	9500. (90)
1924 Speedster 6-55	9000.	16800.	28000.	40000. (94)
1925 Model L 6-Cyl. Sport Roadster	7000.	12600.	21000.	30000. (94)
1927 6-Cyl. Coupe Roadster	8000.	14700.	24500.	35000. (94)

(SEE CLASSIC CAR SECTION KISSEL 8-Cyl. 1925-1931)

1925 Kleiber 2-Door Coach, Courtesy Harrah's, Reno, NV

KLEIBER 1926-1928 San Francisco, CA.

1925 2D. Sedan	6200.	11000.	18900.	27000. (90)
1926 6-Cyl. Touring	6000.	10500.	17500.	25000. (90)
1927 6-Cyl. 7-Pass. Touring Cal. Top	7000.	17000.	26250.	30000. (90)
1928 5-Pass. Touring	8000.	14700.	24500.	32000. (90)

KLINE 1909-1924 York, PA.

1924 6-Cyl. Model 60-L Touring	4200.	7750.	13000.	18500. (90)

KNOX 1897-1913 Springfield, MASS.

1900 1-Cyl. Runabout	3200.	5800.	9800.	14000. (90)
1903 1-Cyl. Runabout	3400.	6300.	10500.	15000. (90)
1904 Model F-1 Runabout	4600.	8400.	14000.	20000. (90)
1906 2-Pass. Tourer	6700.	12200.	20300.	29000. (90)
1910 7-Pass. Touring	10300.	18900.	31500.	45000. (94)
1910 4-Cyl. Raceabout	8200.	15100.	25200.	36000. (94)
1911 4-Cyl. Runabout	8200.	15100.	25200.	36000. (94)

KOEHLER 1911-1913 Newark, N.J.

1913 Touring Car	2600.	4800.	8000.	11500. (90)

KRIT 1909-1915 Detroit, MICH.

1910 Roadster	2100.	3800.	6300.	9000. (90)
1911 Touring	2300.	4000.	6700.	9500. (90)
1912 Roadster	2100.	3800.	6300.	9000. (90)
1912 4-Cyl. Touring Car	2300.	4000.	6700.	9500. (90)

LAFAYETTE 1920-1924 (Not Nash) Indianapolis, IN.

1921 V-8 Roadster	5700.	10500.	17500.	25000. (94)

MAKE YEAR MODEL	UNRES. FAIR-4	UNRES. GOOD-3	RES. FAIR-2	RES. EXCEL.-1	PTS.
1922 V-8 Roadster	4000.	7000.	11750.	26000.	(94)
1923 Touring Car 8-Cyl.	8000.	14700.	24500.	35000.	(94)
1924 4-Dr. 4-Pass. Coupe	4100.	7600.	12600.	18000.	(94)

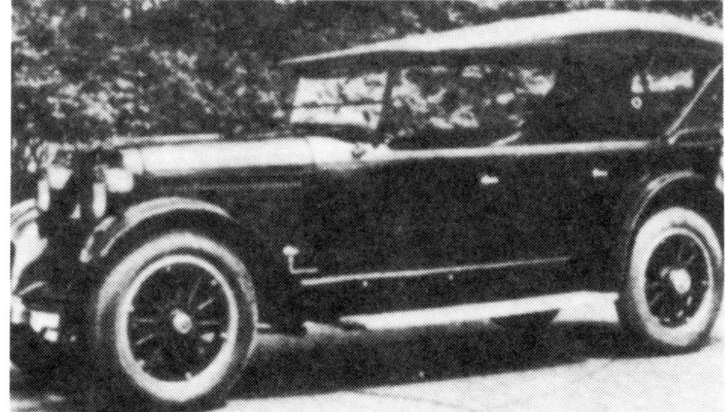

1923 La Fayette, Model 134

LAFAYETTE-NASH 1934-1938 Kenosha, WI.

MAKE YEAR MODEL	UNRES. FAIR-4	UNRES. GOOD-3	RES. FAIR-2	RES. EXCEL.-1	PTS.
1934 6-Cyl. 4-Dr. Brougham	1700.	3200.	5300.	7600.	(90)
1935 6-Cyl. R.S. Coupe	2000.	3600.	6100.	8700.	(90)
1936 2-Dr. Sedan	1700.	2900.	4900.	7000.	(90)
1936 4-Dr. Sedan	1800.	3000.	5100.	7200.	(90)
1936 Coupe R.S.	1900.	3500.	5900.	8500.	(90)

SEE NASH LAFAYETTE

LAGONDA England

MAKE YEAR MODEL	UNRES. FAIR-4	UNRES. GOOD-3	RES. FAIR-2	RES. EXCEL.-1	PTS.
1919 2-Pass. Convertible Coupe	3500.	6700.	11200.	16000.	(90)
1936 Rapier Special	2400.	4000.	7700.	11000.	(90)

LAGONDA CLASSIC SEE PAGE PAGE 110

LAMBERT 1904-1918 Anderson, IN.

MAKE YEAR MODEL	UNRES. FAIR-4	UNRES. GOOD-3	RES. FAIR-2	RES. EXCEL.-1	PTS.
1909 Roadster	4200.	7600.	12600.	18000.	(90)
1913 Touring	4500.	7900.	13300.	19000.	(90)

LANCIA Italy

MAKE YEAR MODEL	UNRES. FAIR-4	UNRES. GOOD-3	RES. FAIR-2	RES. EXCEL.-1	PTS.
1920 Touring Car	3400.	6300.	10500.	15000.	(90)
1920 4-Cyl. Roadster	3400.	6300.	10500.	15000.	(90)
1932 2-Litre Tourer	3000.	5800.	9800.	14000.	(90)

LANCIA 8 Cyl. SEE CLASSIC PAGE 110

LANCIA-DELAMBDA Italy

MAKE YEAR MODEL	UNRES. FAIR-4	UNRES. GOOD-3	RES. FAIR-2	RES. EXCEL.-1	PTS.
1911 Tourer	4500.	7900.	13300.	19000.	(90)
1914 Touring	3400.	6300.	10500.	15000.	(90)
1924 Tourer	3800.	6700.	11200.	16000.	(90)
1927 Roadster	3400.	6300.	10500.	15000.	(90)

1937 La Salle Sedan

LA SALLE 1927-1940 Detroit, MICH.

ALL 1927-1933 SEE CLASSIC CAR SECTION PAGE 110

MAKE YEAR MODEL	UNRES. FAIR-4	UNRES. GOOD-3	RES. FAIR-2	RES. EXCEL.-1	PTS.
1934 8 In Line (Non Classic) 4-Dr.	2600.	4200.	7000.	10000.	(90)
1934 Convertible Coupe S.M.	3200.	9700.	16100.	23000.	(94)
1934 8-Cyl. Coupe R.S.S.M.	2800.	5600.	9500.	13500.	(90)
1935 Convertible Coupe 8-Cyl. In Line R.S.S.M.	5700.	10500.	17500.	25000.	(94)
1935 Coupe R.S.S.M.	3000.	5800.	9800.	14000.	(90)
1935 Sedan S.M.	2100.	4200.	7000.	10000.	(90)
1936 R.S. Coupe S.M.	3000.	5800.	9800.	14000.	(90)
1936 Convertible Coupe S.M.	4000.	7000.	11750.	26000.	(94)
1936 Sedan 8 In Line	2500.	4500.	7500.	10500.	(90)

ALL V-8 1937-1940

MAKE YEAR MODEL	UNRES. FAIR-4	UNRES. GOOD-3	RES. FAIR-2	RES. EXCEL.-1	PTS.
1937 Club Coupe V-8 S.M.	2600.	5000.	8400.	12000.	(90)
1937 Sedan S.M.	2100.	4200.	7000.	10000.	(90)
1937 Convertible Sedan S.M.	6700.	12200.	20300.	29000.	(94)
1937 Convertible Coupe R.S.S.M.	6000.	11000.	18100.	27000.	(94)
1938 V-8 Coupe S.M.	2900.	5200.	8700.	12500.	(90)
1938 4-Dr. Sedan S.M.	2000.	3800.	6300.	9000.	(90)
1938 Convertible Coupe S.M.	6000.	12000.	20000.	28500.	(94)
1938 Convertible Sedan S.M.	6600.	12300.	22000.	29000.	(94)
1939 Coupe	2500.	5000.	8400.	12000.	(90)
1939 4-Dr. Sedan	2000.	3800.	6300.	9000.	(90)
1939 Convertible Coupe S.M.	5400.	11750.	19600.	28000.	(94)
1939 Convertible Sedan S.M.	6900.	13200.	22000.	29000.	(94)
1940 Convertible Sedan 50 Series	6000.	11000.	18900.	27000.	(90)
1940 Special Sedan 50	2000.	3400.	5600.	8000.	(90)
1940 4-Dr. Sedan 52	2100.	4200.	7000.	10000.	(90)
1940 Model 52 V-8 Convertible Coupe	7000.	13800.	23000.	29500.	(94)
1940 Model 52 V-8 Convertible Sedan	6000.	11000.	18900.	27000.	(94)
1940 Model 52 Club Coupe	2400.	4500.	7500.	10500.	(90)
1940 Model 50 Convertible Coupe S.M.	6000.	11000.	18900.	27000.	(94)

LEA FRANCIS France

MAKE YEAR MODEL	UNRES. FAIR-4	UNRES. GOOD-3	RES. FAIR-2	RES. EXCEL.-1	PTS.
1927 2-Litro Touring	2500.	4800.	8400.	12000.	(90)
1928 1½-Litre Roadster	3000.	5200.	9500.	13500.	(90)
1933 Phaeton S.M.	3100.	6300.	10500.	15000.	(90)

LENOX 1911-1917 Hyde Park, MASS.

MAKE YEAR MODEL	UNRES. FAIR-4	UNRES. GOOD-3	RES. FAIR-2	RES. EXCEL.-1	PTS.
1915 4-Cyl. Speedster	2500.	4600.	7700.	11000.	(90)

LEWIS 1912-1915 Racine, WI.

MAKE YEAR MODEL	UNRES. FAIR-4	UNRES. GOOD-3	RES. FAIR-2	RES. EXCEL.-1	PTS.
1914 6-Cyl. Touring	5500.	10000.	16800.	24000.	(94)

1914 Lewis 6-Passenger Torpedo, Courtesy Harrah's, Reno, NV

LEXINGTON 1909-1927 Connersville, IN.

MAKE YEAR MODEL	UNRES. FAIR-4	UNRES. GOOD-3	RES. FAIR-2	RES. EXCEL.-1	PTS.
1915 Minute Man Roadster	4000.	7400.	12250.	17500.	(90)
1916 Touring Car	4000.	7400.	12250.	17500.	(90)
1917 Roadster	3900.	7100.	10000.	17000.	(90)

1937 Lincoln Zephyr

MAKE YEAR MODEL	UNRES. FAIR-4	UNRES. GOOD-3	RES. FAIR-2	RES. EXCEL.-1	PTS.
1920 Touring Car	4000.	7400.	12250.	17500.	(90)
1920 Lark 6-Cyl. Speedster Touring	3900.	7100.	10000.	17000.	(90)
1923 Lark Touring	3700.	7750.	13000.	18500.	(90)
1924 Skylark Roadster	3700.	7750.	13000.	18500.	(90)
1925 California Touring	4000.	7900.	13300.	19000.	(90)
1926 6-50 Sport Phaeton	4500.	8200.	13600.	19500.	(94)

LA ZEBRE France

MAKE YEAR MODEL	UNRES. FAIR-4	UNRES. GOOD-3	RES. FAIR-2	RES. EXCEL.-1	PTS.
1911 5-H.P. Roadster	1800.	2900.	5300.	7500.	(85)
1915 2-Dr. Convertible	2100.	3300.	6000.	8500.	(85)

1920 Lexington Mile-A-Minute Six Touring

LIBERTY 1916-1925 Detroit, MICH.

MAKE YEAR MODEL	UNRES. FAIR-4	UNRES. GOOD-3	RES. FAIR-2	RES. EXCEL.-1	PTS.
1917 Touring	3400.	6300.	10500.	15000.	(90)
1919 6-Cyl. Touring	3900.	7100.	10000.	17000.	(90)
1920 Touring	3700.	7750.	13000.	18500.	(90)
1921 Touring	3700.	7750.	13000.	18500.	(90)
1922 Touring	5000.	9250.	15400.	22000.	(90)

LINCOLN V-8 1921-Present Detroit, MICH.

BUILT BY LELAND THROUGH 1922, ALL V-8 TO 1932
PURCHASED BY HENRY FORD

MAKE YEAR MODEL	UNRES. FAIR-4	UNRES. GOOD-3	RES. FAIR-2	RES. EXCEL.-1	PTS.
1921 7-Pass. V-8 Touring	6700.	12200.	20300.	29000.	(94)
1921 Town Car	4600.	8800.	14700.	21000.	(94)
1922 LeLand Touring	7000.	13000.	21700.	31000.	(94)
1922 Roadster	7200.	17000.	26250.	30000.	(94)
1923 Coupe Model L-110(Judkins)	6000.	10500.	17500.	25000.	(94)
1923 4-Pass. Phaeton	8000.	14700.	24500.	35000.	(94)
1923 7-Pass. V-8 Touring	7000.	13000.	21700.	31000.	(94)
1923 7-Pass. Limo.	4000.	7400.	12250.	17500.	(90)
1924 Roadster	6700.	12200.	20300.	29000.	(94)
1924 Judkins Coupe	6000.	11000.	18900.	27000.	(94)
1924 Brunn Town Car	5100.	9450.	15750.	22500.	(94)
1924 Limousine	4000.	7900.	13300.	19000.	(94)
1924 Judkins Berline	6000.	11000.	18900.	27000.	(94)
1924 4-Pass. Phaeton	8000.	14700.	24500.	35000.	(94)
1924 Boattail Roadster (Brunn)	11000.	21000.	35000.	50000.	(99)

LINCOLN 1925-1942 SEE CLASSIC CARS SECTION PAGE 111

1924 Lincoln

LINCOLN ZEPHYR ALL V-12 1936-1942 Detroit, MICH.

MAKE YEAR MODEL	UNRES. FAIR-4	UNRES. GOOD-3	RES. FAIR-2	RES. EXCEL.-1	PTS.
1936 V-12 2-Dr. Brougham	2900.	5200.	8700.	12500.	(90)
1936 V-12 Sedan	2700.	5000.	8500.	12200.	(90)
1937 4-Dr. Sedan	2400.	4600.	7600.	10700.	(90)
1937 2-Dr. Sedan	2700.	4800.	8100.	11600.	(90)
1937 2-Pass. Coupe	3250.	6000.	9900.	14200.	(90)
1937 Convertible Sedan	6500.	12500.	21000.	29500.	(94)
1938 4-Dr. Sedan	2500.	4600.	7700.	11000.	(90)
1938 Convertible Sedan	7200.	17000.	26250.	30000.	(94)
1938 Convertible Coupe	5400.	10500.	18400.	25900.	(94)

MAKE YEAR MODEL	UNRES. FAIR-4	UNRES. GOOD-3	RES. FAIR-2	RES. EXCEL.-1	PTS.
1938 2-Pass. Coupe	4500.	8000.	13400.	19200.	(90)
1939 Convertible Sedan	6200.	11750.	19600.	28000.	(94)
1939 Convertible Coupe	6000.	11000.	18900.	27600.	(94)
1939 2-Pass. Coupe	4200.	7750.	13000.	18500.	(94)
1939 4-Dr. Sedan	2000.	3800.	6300.	9000.	(90)
1940 Convertible Coupe	7000.	10500.	17500.	25000.	(94)
1940 2-Pass. Coupe	4250.	7900.	13300.	19000.	(94)
1940 Club Coupe	2700.	5000.	8400.	12000.	(90)
1940 Sedan	2400.	4000.	7400.	10500.	(90)
1941 Convertible Coupe	6000.	10500.	17500.	25000.	(94)
1941 Sedan	2500.	4600.	7700.	11000.	(90)
1941 2-Pass. Coupe	4250.	7900.	13300.	19000.	(90)
1941 Club Coupe	3000.	5200.	9500.	13500.	(90)
1942 Club Coupe	3100.	5800.	9800.	14000.	(90)
1942 2-Pass. Coupe	4500.	8400.	14000.	20000.	(90)
1942 4-Dr. Sedan	3200.	5800.	9800.	14000.	(90)
1942 Convertible Coupe	7000.	10500.	17500.	25000.	(94)

1912 Little Forerunner of Chevrolet
Photo Courtesy of Harrah's, Reno, NV

LINDSLEY 1905-1908 Chicago, IL.

MAKE YEAR MODEL	UNRES. FAIR-4	UNRES. GOOD-3	RES. FAIR-2	RES. EXCEL.-1	PTS.
1908 High Wheel Auto Buggy	2100.	4200.	7000.	10000.	(90)

LITTLE 1912-1915 Flint, MICH.

FORERUNNER OF CHEVROLET

MAKE YEAR MODEL	UNRES. FAIR-4	UNRES. GOOD-3	RES. FAIR-2	RES. EXCEL.-1	PTS.
1912 4-Cyl. Touring	4200.	7750.	13000.	18500.	(90)
1912 4-Cyl. Roadster	4100.	7600.	12600.	18000.	(90)

LOCOMOBILE 1899-1929 Bridgeport, CT.

MAKE YEAR MODEL	UNRES. FAIR-4	UNRES. GOOD-3	RES. FAIR-2	RES. EXCEL.-1	PTS.
1899 Steam Auto Buggy	4100.	7600.	12600.	18000.	(94)
1902 Steam Auto Buggy	4100.	7600.	12600.	18000.	(94)
1906 Model H 7-Pass. Touring	9500.	17000.	28000.	40000.	(94)
1907 Model H 4-Cyl. Touring	8500.	15500.	26000.	37000.	(94)
1909 4-Cyl. Sportiff Touring	9200.	17250.	28500.	41000.	(94)
1910 Roadster	8000.	14700.	24500.	35000.	(94)
1911 Tonne All Touring	9500.	17000.	28000.	40000.	(94)
1912 Limousine	7300.	13500.	22500.	32000.	(94)
1913 Sportiff 6-Cyl. Touring Car	8000.	14700.	24500.	35000.	(94)
1913 Model 48 Touring	7000.	12600.	21000.	30000.	(94)
1915 Model 48 5-Pass. Touring	7000.	12600.	21000.	30000.	(94)
1915 Landaulette Coupe	6000.	11000.	18900.	27000.	(94)
1916 Model 48 6-Cyl. Touring	6700.	12200.	20300.	29000.	(94)
1916 Model 48 7-Pass. Touring	6200.	11750.	19600.	28000.	(94)
1917 Model 48 Roadster	7000.	12600.	21000.	30000.	(94)
1917 Cabriolet	7400.	13400.	22400.	32000.	(94)
1917 Open Dr. Limo. Town Car	7000.	10500.	17500.	25000.	(94)
1919 Model 48 Custom Limo.	4500.	8400.	14000.	20000.	(94)
1919 Model 48 D.C. Phaeton	10400.	18900.	31500.	45000.	(94)
1919 Model 48 Roadster	7000.	12600.	21000.	30000.	(94)
1922 Sportiff	8200.	15100.	25200.	36000.	(94)
1922 Sport Touring	8000.	14700.	24500.	35000.	(94)
1923 Sport Touring	8000.	14700.	24500.	35000.	(94)
1924 Sedan	3300.	6100.	10200.	14500.	(94)
1924 Touring Car Sportiff	8800.	16000.	26600.	38000.	(94)

1928 Locomobile Phaeton

MAKE YEAR MODEL	UNRES. FAIR-4	UNRES. GOOD-3	RES. FAIR-2	RES. EXCEL.-1	PTS.
1924 4-Dr. Sedan Model 48 Brougham	3900.	7100.	11900.	17000.	(94)

1925-1929 SEE CLASSIC CARS PAGE 112

LORRAINE Chicago, IL.

MAKE YEAR MODEL	UNRES. FAIR-4	UNRES. GOOD-3	RES. FAIR-2	RES. EXCEL.-1	PTS.
1908 Chain Drive Touring	7500.	13600.	22750.	32500.	(94)

LOZIER 1905-1916 Plattsburg, N.Y.

MAKE YEAR MODEL	UNRES. FAIR-4	UNRES. GOOD-3	RES. FAIR-2	RES. EXCEL.-1	PTS.
1906 4-Cyl. Touring Car	11000.	21000.	35000.	50000.	(94)
1909 6-Cyl. Touring Car	10600.	19300.	32200.	46000.	(94)
1910 6-Cyl. Touring	10600.	19300.	32200.	46000.	(94)
1913 6-Cyl. Touring	9000.	16400.	27300.	39000.	(94)
1914 6-Cyl. Roadster	7000.	10500.	17500.	25000.	(94)

1910 Marion Roadster, Model 10, 4 cyl., 40 hp
Courtesy Harrah's, Reno, NV

MARION 1904-1913 Indianapolis, IN.

MAKE YEAR MODEL	UNRES. FAIR-4	UNRES. GOOD-3	RES. FAIR-2	RES. EXCEL.-1	PTS.
1909 Model 9 Touring	4500.	8400.	14000.	20000.	(94)
1910 Runabout	7000.	10500.	17500.	25000.	(94)
1911 Bobcat Raceabout	4500.	8400.	14000.	20000.	(94)
1912 Model 36 Roadster	4500.	8400.	14000.	20000.	(94)

MARION HANDLEY 1915-1919 Jackson, MICH.

MAKE YEAR MODEL	UNRES. FAIR-4	UNRES. GOOD-3	RES. FAIR-2	RES. EXCEL.-1	PTS.
1915 7-Pass. Touring	2300.	3800.	6300.	9000.	(90)

MARMON 1903-1931 Indianapolis, IN.

MAKE YEAR MODEL	UNRES. FAIR-4	UNRES. GOOD-3	RES. FAIR-2	RES. EXCEL.-1	PTS.
1911 Speedster	7000.	13000.	23000.	29500.	(94)
1911 Model 32 Roadster	5400.	11750.	19600.	28000.	(94)
1912 Model 21 Touring Car	6000.	10500.	17500.	25000.	(94)
1913 5-Pass. Touring	5000.	9250.	15400.	22000.	(94)
1916 Cloverleaf Roadster	4100.	7600.	12600.	18000.	(94)
1916 5-Pass. Touring	3900.	7100.	10000.	17000.	(94)
1917 Model 34 Touring	4700.	8800.	14700.	21000.	(94)
1917 34A Club Roadster	4500.	8400.	14000.	20000.	(94)
1919 Model 34 Roadster	4250.	7900.	13300.	19000.	(94)

1906 Lozier 7-Passenger Touring
Photo Courtesy of Harrah's, Reno, NV

MAKE YEAR MODEL	UNRES. FAIR-4	UNRES. GOOD-3	RES. FAIR-2	RES. EXCEL.-1	PTS.
1919 7-Pass. Touring	4200.	7750.	17100.	24500.	(94)
1920 6-Cyl. Speedster	5600.	10250.	17100.	24500.	(94)
1921 Model 34 Custom Coupe	3800.	6700.	11200.	16000.	(94)
1921 Speedster	5600.	10250.	17100.	24500.	(94)
1921 Roadster	4700.	8800.	14700.	21000.	(94)
1922 Model 34 B.T. Speedster	7000.	12600.	21000.	30000.	(94)
1922 Model 34 4-Pass. Speedster	6100.	11300.	18900.	27000.	(94)
1922 Victoria Coupe	3000.	5400.	9100.	13000.	(90)
1922 Model 34 4-Pass. Touring	6000.	11000.	18900.	27000.	(94)
1923 Model 34 2-Pass. Speedster	7400.	13400.	22400.	32000.	(94)
1924 Model B-34 Touring 5-Pass.	6000.	11000.	18900.	27000.	(94)
1924 Model 34 Touring 7-Pass.	6000.	10500.	17500.	25000.	(94)
1924 Boattail Speedster 2-Pass.	7000.	12600.	21000.	30000.	(94)
1924 Model 34 Roadster 4-Pass.	6500.	12000.	19900.	28500.	(94)

(1925 AND UP SEE CLASSIC CAR SECTION
MARMON PAGE PAGE 112

1913 Marmon Touring
Courtesy Harrah's, Reno, NV

MAKE YEAR MODEL	UNRES. FAIR-4	UNRES. GOOD-3	RES. FAIR-2	RES. EXCEL.-1	PTS.
1927 Light 8 Sedan S.M.	2000.	3700.	6200.	8900.	(90)
1927 Light 8 Cabriolet	5500.	10000.	16800.	24000.	(94)
1927 Light 8 Roadster	7000.	12600.	21000.	30000.	(94)
1927 Light 8 4-Pass. Phaeton	7400.	13400.	22400.	32000.	(94)
1928 8-68 Light 8 Cabriolet	5400.	9800.	16500.	23500.	(94)
1928 Model E 78 8-Cyl. Roadster R.S.S.M.	7500.	13600.	22750.	32500.	(94)
1928 Model 78 Cabriolet S.M.	6700.	12200.	20300.	29000.	(94)
1929 68 6-Pass. Phaeton	6000.	10500.	17500.	25000.	(94)
1929 Model E 8-78 4-Dr. Sedan S.M.	2500.	4600.	7700.	11000.	(94)
1929 R.S. Roadster S.M. 78	7600.	14000.	23500.	33500.	(94)
1929 Light 8 Sedan S.M.	2200.	4000.	6700.	9600.	(90)
1929 8-78 R.S. Coupe S.M.	3200.	5400.	9800.	14000.	(90)

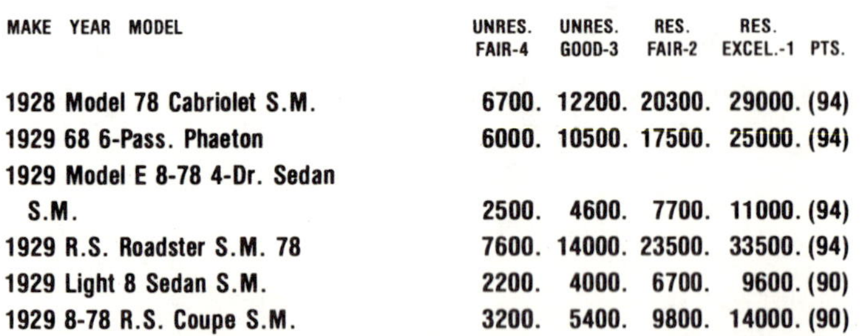

1928 Marmon Model 78 Cabriolet
Photo by Quentin Craft

MAKE YEAR MODEL	UNRES. FAIR-4	UNRES. GOOD-3	RES. FAIR-2	RES. EXCEL.-1	PTS.
1930 8-78 Phaeton S.M. Speedster 4-Pass.	8000.	14700.	24500.	35000.	(94)
1930 8-69 Cabriolet R.S.S.M.	6000.	11000.	18200.	26000.	(94)
1930 8-69 Sedan S.M.	2200.	4000.	6700.	9600.	(90)
1931 8-70 4-Dr. Brougham S.M.	3200.	5800.	9800.	14000.	(90
1931 8-70 Cabriolet S.M.	7800.	14250.	23800.	34000.	(94)
1931 8-70 Victoria Coupe	3000.	5400.	9100.	13000.	(90)
1931 8-70 Coupe R.S.S.M.	3300.	6100.	10100.	14500.	(90)
1931 8-70 4-Dr. Sedan S.M.	2500.	5000.	8400.	12000.	(90)

MARQUETTE 1929-1930 (General Motors) Detroit, MICH.

MAKE YEAR MODEL	UNRES. FAIR-4	UNRES. GOOD-3	RES. FAIR-2	RES. EXCEL.-1	PTS.
1930 6-Cyl. 4-Dr. Sedan	2100.	4000.	6650.	9500.	(90)
1930 6-Cyl. Phaeton S.M.	5100.	9500.	15750.	22500.	(90)
1930 Sport Roadster R.S.S.M.	5200.	9800.	16500.	23500.	(90)
1930 Sport Coupe R.S.S.M.	2500.	4800.	8100.	11600.	(90)

MAXWELL 1905-1925 Detroit, MICH.

MAKE YEAR MODEL	UNRES. FAIR-4	UNRES. GOOD-3	RES. FAIR-2	RES. EXCEL.-1	PTS.
1902 2-Cyl. Roadster	2500.	4600.	7700.	11000.	(90)
1903 2-Cyl. Roadster	2500.	4600.	7700.	11000.	(90)
1904 Touring	2500.	4700.	8000.	11500.	(90)
1904 Roadster	2500.	4700.	8000.	11500.	(90)
1906 Model H.A. Touring	3000.	5400.	9100.	13000.	(90)
1907 Runabout	3900.	7100.	11900.	17000.	(90)
1908 Roadster	3800.	6700.	11200.	16000.	(90)
1909 2-Cyl. Roadster	2500.	5000.	8400.	12000.	(90)

1907 Maxwell, Courtesy Rippey's Veteran Car Museum 2030 South Cherokee, Denver, CO

MAKE YEAR MODEL	UNRES. FAIR-4	UNRES. GOOD-3	RES. FAIR-2	RES. EXCEL.-1	PTS.
1909 4-Cyl. Roadster	4100.	7600.	12600.	18000.	(90)
1910 2-Cyl. Runabout	3200.	5800.	9800.	14000.	(90)
1910 4-Cyl. Runabout	4100.	7600.	12600.	18000.	(90)
1910 Surrey	4000.	7900.	13300.	19000.	(90)
1911 2-Cyl. Runabout	3200.	5800.	9800.	14000.	(90)
1911 T-Head Touring	3900.	7100.	11900.	17000.	(90)
1911 Model AB Touring	3900.	7100.	11900.	17000.	(90)
1912 Roadster	3400.	6300.	10500.	15000.	(90)
1913 Model 35 Touring	3400.	6300.	10500.	15000.	(90)
1913 4-Cyl. Roadster	3900.	7100.	11900.	17000.	(90)
1914 7-Pass. Touring	4100.	7600.	12600.	18000.	(90)
1915 Touring Car	2900.	5250.	8750.	12500.	(90)
1916 Touring	2900.	5250.	8750.	12500.	(90)
1917 4-Cyl. Roadster	2500.	4800.	8400.	12000.	(90)
1918 4-Cyl. Touring	2500.	4800.	8400.	12000.	(90)
1920 Touring Car	2500.	4800.	8400.	12000.	(90)
1921 4-Cyl. Roadster	2900.	5250.	8750.	12500.	(90)
1922 Sport Touring Car	3400.	6300.	10500.	15000.	(90)
1922 4-Cyl. Coupe	2300.	4000.	6700.	9500.	(90)
1923 Touring S.M.	3200.	5800.	9800.	14000.	(90)
1924 Touring Car S.M.	3400.	6300.	10500.	15000.	(90)
1924 Sport Touring S.M.	3400.	6300.	10500.	15000.	(90)
1924 Roadster	3200.	5800.	9800.	14000.	(90)
1924 Coupe	1900.	3600.	6000.	8600.	(90)
1924 Sedan	1800.	3400.	5600.	8000.	(90)

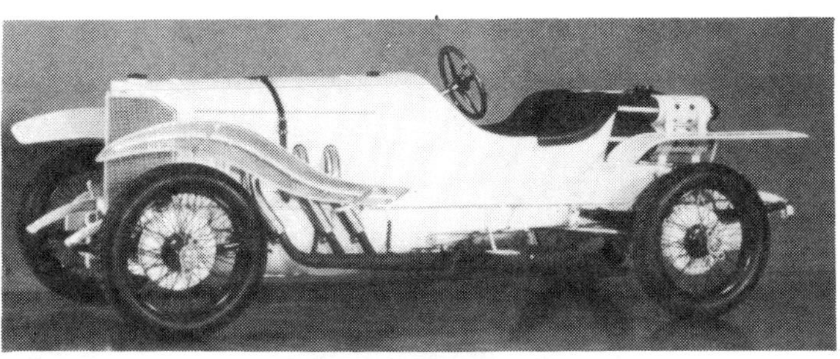

1922 Mercedes Targa Florio Racer, Model 28/95, 6 cyl., 140 hp Courtesy Harrah's, Reno, NV

THE GOOD MAXWELL, BY CHRYSLER

MAKE YEAR MODEL	UNRES. FAIR-4	UNRES. GOOD-3	RES. FAIR-2	RES. EXCEL.-1	PTS.
1925 4-Cyl. Roadster	3700.	6700.	11200.	16000.	(90)
1925 4-Dr. Sedan	2300.	4000.	6700.	9500.	(90)
1925 4-Cyl. Touring	3750.	6800.	11300.	16200.	(90)
1925 Club Coupe	2100.	4200.	7000.	10000.	(90)
1925 2-Dr. Club Sedan	2500.	4500.	7500.	10500.	(90)

MC GLAUGHLIN (BUICK) Oshawa, Ontario, CANADA

MAKE YEAR MODEL	UNRES. FAIR-4	UNRES. GOOD-3	RES. FAIR-2	RES. EXCEL.-1	PTS.
1923 Roadster	4100.	7600.	12600.	18000.	(90)

MC FARLAN 1908-1928 Connersville, IN.

MAKE YEAR MODEL	UNRES. FAIR-4	UNRES. GOOD-3	RES. FAIR-2	RES. EXCEL.-1	PTS.
1922 Sport Touring	9600.	17600.	29400.	42000.	(94)
1923 Roadster	9800.	17800.	29750.	42500.	(94)
1923 Sport Phaeton	11500.	21400.	35700.	51000.	(94)
1924 Twin Valve 6 Touring	11500.	21400.	35700.	51000.	(94)
1924 Sport Roadster	12500.	23000.	38500.	55000.	(94)
1924 Town Car	9500.	17000.	28000.	40000.	(94)

MCFARLAN CLASSIC CARS PAGE 113

1919 McFarlan 4-Passenger Sport, Model 125, 6 cyl., 90 hp Courtesy Harrah's, Reno, NV

MC INTYRE 1908-1914 Toledo, OH.

MAKE YEAR MODEL	UNRES. FAIR-4	UNRES. GOOD-3	RES. FAIR-2	RES. EXCEL.-1	PTS.
1908 2-Cyl. High Wheel	2100.	4200.	7000.	10000.	(90)
1909 2-Cyl. Auto Buggy	2100.	4200.	7000.	10000.	(90)

MELBOURNE 1905 Pottstowne, PA.

MAKE YEAR MODEL	UNRES. FAIR-4	UNRES. GOOD-3	RES. FAIR-2	RES. EXCEL.-1	PTS.
1905 Touring	2500.	4600.	7700.	11000.	(90)

MERCEDES 1906-Present Germany

MAKE YEAR MODEL	UNRES. FAIR-4	UNRES. GOOD-3	RES. FAIR-2	RES. EXCEL.-1	PTS.
1906 Double Chain Drive 7-Pass. Touring	X	X	70000.	100000.	(90)
1908 2-Pass. Racer 6-Cyl. Blitzen Benz	X	X	140000.	200000.	(90)
1912 Touring Car	X	X	49000.	70000.	(90)
1912 Town Car (Custom Brewster)	X	X	38500.	55000.	(90)
1923 6-Cyl. Touring	X	X	35000.	50000.	(90)
1924 6-Cyl. 25-40 Touring	X	X	35000.	50000.	(94)
1924 4-Pass. Tourer S.C.	X	X	56000.	80000.	(94)

1925 UP SEE CLASSIC CAR SECTION PAGE 113

MERCER 1909-1925 Trenton, N.J.

MAKE YEAR MODEL	UNRES. FAIR-4	UNRES. GOOD-3	RES. FAIR-2	RES. EXCEL.-1	PTS.
1910 Speedster	X	X	84000.	120000.	(94)
1913 Raceabout	X	X	87500.	125000.	(94)
1913 Series H Touring	X	X	28000.	40000.	(94)
1914 Raceabout	X	X	101000.	145000.	(94)
1915 Sporting (Phaeton)	X	X	29000.	41000.	(94)
1915 Raceabout	16400.	29800.	49700.	71000.	(94)
1916 Phaeton	8800.	15950.	26600.	38000.	(94)
1917 Raceabout	16150.	29400.	49000.	70000.	(94)
1921 Raceabout	13850.	25200.	42000.	60000.	(94)

1917 Mercer Photo Courtesy Harrah's, Reno, NV
Series 22-73, 4 cyl., bore: 3¾", stroke: 6¾", 298.2 cu. in. displacement, 73 horsepower. Price when new — $3,500.

1913 Metz Roadster

MAKE YEAR MODEL	UNRES. FAIR-4	UNRES. GOOD-3	RES. FAIR-2	RES. EXCEL.-1	PTS.
1921 D.C. Phaeton	11550.	21000.	35000.	50000.	(94)
1922 Sport Touring	11550.	21000.	35000.	50000.	(94)
1922 Raceabout	12000.	21850.	36400.	52000.	(94)
1922 4-Cyl. Speedster	11550.	21000.	35000.	50000.	(94)
1922 Phaeton Sporting	9250.	16800.	28000.	40000.	(94)
1923 6-Cyl. Phaeton	9000.	16400.	27300.	39000.	(94)

MERCURY 1939-Present Detroit, MICH.

MAKE YEAR MODEL	UNRES. FAIR-4	UNRES. GOOD-3	RES. FAIR-2	RES. EXCEL.-1	PTS.
1939 4-Dr. Sedan	1800.	3300.	5450.	7800.	(90)
1939 Coupe	2300.	4200.	7000.	10000.	(90)
1939 Convertible Coupe	3600.	6500.	10850.	15000.	(90)
1940 4-Dr. Sedan	1800.	3300.	5450.	7800.	(90)
1940 2-Dr. Victoria Coupe	2200.	4000.	6650.	9500.	(90)
1940 Coupe	2100.	3800.	6300.	9000.	(90)
1940 Convertible Sedan	4450.	8050.	13450.	19200.	(94)
1940 Convertible Coupe	4400.	8000.	13300.	19000.	(94)
1941 Station Wagon	3600.	6500.	10850.	15500.	(90)
1941 2-Pass. Coupe	1800.	3300.	5450.	7800.	(90)
1941 Club Coupe	1800.	3300.	5450.	7800.	(90)
1941 4-Dr. Sedan	1750.	3200.	5300.	7600.	(90)
1941 Coupe	1800.	3250.	5400.	7750.	(90)
1941 Convertible Coupe	4150.	7550.	12600.	18000.	(94)
1942 4-Dr. Sedan	1750.	3150.	5250.	7500.	(90)
1942 Club Coupe	1750.	3150.	5250.	7500.	(90)
1942 Convertible Coupe	4050.	7350.	12250.	17500.	(90)
1942 Station Wagon	3250.	5900.	9800.	14000.	(90)

METZ 1908-1922 Waltham, MASS.

MAKE YEAR MODEL	UNRES. FAIR-4	UNRES. GOOD-3	RES. FAIR-2	RES. EXCEL.-1	PTS.
1908 Roadster	2650.	4850.	8050.	11500.	(90)
1909 Roadster	2750.	5050.	8400.	12000.	(90)
1910 Roadster	3000.	5450.	9100.	13000.	(90)
1911 Touring Car	2750.	5050.	8400.	12000.	(90)
1912 Roadster	2650.	4850.	8050.	11500.	(90)
1912 Touring	2750.	5050.	8400.	12000.	(90)
1913 Roadster	2750.	5050.	8400.	12000.	(90)
1914 Touring Car	2350.	4300.	7150.	10200.	(90)
1914 Speedster	2400.	4400.	7350.	10500.	(90)
1914 4-Cyl. Roadster	2550.	4600.	7700.	11000.	(90)
1915 Roadster	2550.	4600.	7700.	11000.	(90)
1915 Touring	2400.	4400.	7350.	10500.	(90)
1916 Touring	2550.	4600.	7700.	11000.	(90)
1916 Pickup	1950.	3550.	5950.	8500.	(90)

M.G. 1927-1980 England

MAKE YEAR MODEL	UNRES. FAIR-4	UNRES. GOOD-3	RES. FAIR-2	RES. EXCEL.-1	PTS.
1929 4-Cyl. Convertible	4400.	8000.	13300.	19000.	(90)
1930 4-Pass. Tourer	4500.	8200.	13650.	19500.	(94)
1930 M Type Roadster	4250.	7750.	12950.	18500.	(90)
1930 Midget Roadster	2100.	3800.	6300.	9000.	(90)
1931 6-Cyl. Tourer	4500.	8200.	13650.	19500.	(94)
1931 Model M Convertible	3800.	6950.	11550.	16500.	(90)
1931 J-2 Roadster	2400.	4400.	7350.	10500.	(90)
1932 F-1 Tourer	3950.	7150.	11900.	17000.	(90)
1932 J-2 Midget Roadster	2200.	4000.	6650.	9500.	(90)
1932 Type F Tourer	3800.	6950.	11550.	16500.	(90)
1933 Model M Roadster	2890.	5250.	8750.	12500.	(90)
1934 PA/PB LeMans Roadster	4050.	7350.	12250.	17500.	(90)
1934 PA Roadster	3600.	6500.	10850.	15500.	(90)
1934 K Type Tourer	3700.	6700.	11200.	16000.	(90)
1934 Model TA Tickford D.H. Coupe	5200.	9450.	15750.	22500.	(94)
1935 6-Cyl. NA Roadster	3950.	7150.	11900.	17000.	(94)

MAKE YEAR MODEL	UNRES. FAIR-4	UNRES. GOOD-3	RES. FAIR-2	RES. EXCEL.-1	PTS.
1935 PB Roadster	4100.	7500.	12500.	16000.	(94)
1935 PA Roadster	3700.	6700.	11200.	16000.	(90)
1936 6-Cyl. Tourer	3950.	7150.	11900.	17000.	(94)
1937 VA Tourer	3700.	6700.	11200.	16000.	(94)
1937 TA Roadster	3600.	6500.	10850.	15500.	(90)
1938 TA Roadster	3600.	6500.	10850.	15500.	(90)
1938 Tickford Drophead Coupe 123" W.B. (Classic)	6700.	12200.	20300.	29000.	(94)
1938 4-Pass. Tourer	3700.	6700.	11200.	16000.	(94)
1938 TA Tourer	3800.	6950.	11550.	16500.	(94)
1939 TA D.H. Coupe	3700.	6700.	11200.	16000.	(90)
1939 Model WA Convertible Coupe	4150.	7550.	12600.	18000.	(90)

SEE MODERN CARS 1946-UP

1936 MG TA, Courtesy David C. Campbell, N. Weymouth, MA

MICHIGAN 1908-1917 Kalamazoo, MICH.

MAKE YEAR MODEL	UNRES. FAIR-4	UNRES. GOOD-3	RES. FAIR-2	RES. EXCEL.-1	PTS.
1911 Model 40 Touring Car	6950.	12600.	21000.	30000.	(94)
1913 Mighty Michigan 7-Pass. Touring	7400.	13450.	22400.	32000.	(94)
1917 7-Pass. Touring	4600.	8400.	14000.	20000.	(90)

1909 Mitchell Runabout

MINERVA

MAKE YEAR MODEL	UNRES. FAIR-4	UNRES. GOOD-3	RES. FAIR-2	RES. EXCEL.-1	PTS.
1913 Open Drive Limo.	6700.	12200.	20300.	29000.	(94)
1913 Touring Car	7400.	13450.	22400.	32000.	(94)
1913 Open Front Brougham	6950.	12600.	21000.	30000.	(94)
1920 Town Car	6700.	12200.	20300.	29000.	(94)

MITCHELL 1903-1922 Racine, WI.

MAKE YEAR MODEL	UNRES. FAIR-4	UNRES. GOOD-3	RES. FAIR-2	RES. EXCEL.-1	PTS.
1905 4-Cyl. Runabout	6950.	12600.	21000.	30000.	(94)
1906 Runabout 4-Cyl.	6950.	12600.	21000.	30000.	(94)
1907 Touring Car	8100.	14700.	24500.	35000.	(94)
1908 4-Cyl. Touring	8100.	14700.	24500.	35000.	(94)
1909 Touring	8550.	15550.	25900.	37000.	(94)
1910 6-Cyl. Touring 7-Pass.	12000.	21850.	36400.	52000	(100)
1911 6-Cyl. Touring	12000.	21850.	36400.	52000	(100)
1911 Raceabout	8100.	14700.	24500.	35000.	(94)
1912 Speedster	7400.	13450.	22400.	32000.	(90)
1914 7-Pass. Touring Car	6950.	12600.	21000.	30000.	(90)
1914 Touring 6-Cyl. 5-Pass.	6950.	12600.	21000.	30000.	(94)
1917 Model D Touring	4850.	8800.	14700.	21000.	(94)
1921 5-Pass. Touring	4600.	8400.	14000.	20000.	(94)

MILBURN ELECTRIC 1914-1922 Toledo, OH.

MAKE YEAR MODEL	UNRES. FAIR-4	UNRES. GOOD-3	RES. FAIR-2	RES. EXCEL.-1	PTS.
1918 Electric Brougham	4850.	8800.	14700.	21000.	(94)

MOLINE-KNIGHT 1913-1918 East Moline, IL.

MAKE YEAR MODEL	UNRES. FAIR-4	UNRES. GOOD-3	RES. FAIR-2	RES. EXCEL.-1	PTS.
1914 7-Pass. Touring Car	4850.	8800.	14700.	21000.	(94)
1914 Sedan	2750.	5050.	8400.	12000.	(90)
1915 7-Pass. Touring	4850.	8800.	14700.	21000.	(94)
1916 4-Cyl. Touring Car	3800.	6950.	11550.	16500.	(94)

1918 Milburn Brougham, Model 27, 76 Volt Electric
Courtesy Harrah's, Reno, NV

MOON 1905-1929 St. Louis, MO.

MAKE YEAR MODEL	UNRES. FAIR-4	UNRES. GOOD-3	RES. FAIR-2	RES. EXCEL.-1	PTS.
1912 4-Cyl. Raceabout Roadster	4850.	8800.	14700.	21000.	(90)
1915 7-Pass. Touring	4050.	7350.	12250.	17500.	(90)
1917 5-Pass. Phaeton	3800.	6950.	11550.	16500.	(90)
1917 Cloverleaf Roadster	4150.	7550.	12600.	18000.	(90)
1921 6-Cyl. Touring	4250.	7750.	12950.	18500.	(90)
1922 Touring Car	3700.	6700.	11200.	16000.	(90)
1923 640 Touring	3700.	6700.	11200.	16000.	(90)
1923 Opera Coupe	2100.	3800.	6300.	9000.	(90)
1924 Roadster R.S.S.M.	4050.	7350.	12250.	17500.	(90)
1924 Sport Phaeton	4050.	7350.	12250.	17500.	(90)
1924 Opera Coupe	2100.	3800.	6300.	9000.	(90)
1925 Roadster R.S.	4150.	7550.	12600.	18000.	(90)
1926 5-Pass. Touring S.M.	4250.	7750.	12950.	18500.	(90)
1927 Roadster R.S.S.M.	4400.	8000.	13300.	19000.	(90)
1928 4-Dr. Sedan 6-60	2250.	4100.	6800.	9750.	(90)

MORRIS England

MAKE YEAR MODEL	UNRES. FAIR-4	UNRES. GOOD-3	RES. FAIR-2	RES. EXCEL.-1	PTS.
1936 Morris D.H. Coupe	2650.	4850.	8050.	11500.	(90)

MORRIS-OXFORD England

MAKE YEAR MODEL	UNRES. FAIR-4	UNRES. GOOD-3	RES. FAIR-2	RES. EXCEL.-1	PTS.
1914 Runabout	2200.	4000.	6650.	9500.	(90)

1924 Moon 6 Cyl. Touring

1910 Napier 7-Passenger Tourer Model T24, 6 cyl., 65 hp
Photo Courtesy of Harrah's, Reno, NV

MAKE YEAR MODEL	UNRES. FAIR-4	UNRES. GOOD-3	RES. FAIR-2	RES. EXCEL.-1	PTS.
NAPIER England					
1907 60 Speedster	10400.	18900.	31500.	45000.	(94)
1909 6-Cyl. Tourer	17300.	31500.	52500.	75000.	(94)
1910 Touring Car 7-Pass.	34650.	63000.	105000.	150000.	(94)
1912 K-4 Speedster	13850.	25200.	42000.	60000.	(94)
1913 30-35 Laundaulette	10400.	18900.	31500.	45000.	(94)
NASH 1917-1957 (American Motors) Kenosha, WI.					
1918 7-Pass. Touring 6-Cyl.	3450.	6300.	10500.	15000.	(90)
1918 Roadster 6-Cyl.	3700.	6700.	11200.	16000.	(90)
1919 Touring	3450.	6300.	10500.	15000.	(90)
1919 Roadster	3700.	6700.	11200.	16000.	(90)
1920 Model 681 6-Cyl. Touring	3450.	6300.	10500.	15000.	(90)
1921 Touring Car 6-Cyl.	3000.	5450.	9100.	13000.	(90)
1921 4-Cyl. Roadster	2650.	4850.	8050.	11500.	(90)
1921 Roadster 6-Cyl.	2890.	5250.	8750.	12500.	(90)
1922 6-Cyl. Model 697 4-Pass. Phaeton	3450.	6300.	10500.	15000.	(90)
1923 6-Cyl. Sport Touring S.M. 127'' W.B.	3950.	7150.	11900.	17000.	(90)
1923 6-Cyl. Roadster 121'' WB	4050.	7350.	12250.	17500.	(90)
1923 4-Cyl. Touring	2600.	4700.	7850.	11200.	(90)
1924 6-Cyl. Roadster 121'' WB	3700.	6700.	11200.	16000.	(90)
1924 4-Cyl. Touring	2600.	4700.	7850.	11200.	(90)
1924 6-Cyl. Sport Touring S.M. 127'' WB	4050.	7350.	12250.	17500.	(90)
1925 Advanced Six Roadster	4150.	7550.	12600.	18000.	(90)
1925 Special 6 5-Pass. Touring	3700.	6700.	11200.	16000.	(90)
1925 Advanced 6 Sedan	1800.	3300.	5450.	7800.	(90)
1925 Advanced 6 7-Pass. Phaeton	4050.	7350.	12250.	17500.	(90)
1926 Advanced 6 Roadster	4150.	7550.	12600.	18000.	(94)
1926 Special 6 Sedan	1800.	3300.	5450.	7800.	(90)
1927 Special 6 Roadster	4150.	7550.	12600.	18000.	(90)
1927 Special 6 Cabriolet	3250.	5900.	9800.	14000.	(90)
1927 Advanced 6 Roadster	4250.	7750.	12950.	18500.	(94)
1927 Advanced 6 Phaeton	4250.	7750.	12950.	18500.	(94)
1927 R.S. Coupe	2650.	4850.	8050.	11500.	(90)
1928 Standard Six Phaeton	3400.	6300.	10500.	15000.	(90)

MAKE YEAR MODEL	UNRES. FAIR-4	UNRES. GOOD-3	RES. FAIR-2	RES. EXCEL.-1	PTS.
1928 Model 333 2-Dr. Sedan	1950.	3550.	5950.	8500.	(90)
1928 Advanced 6 Roadster S.M.	4500.	8200.	13650.	19500.	(94)
1928 Advanced 6 Phaeton S.M.	4500.	8200.	13650.	19500.	(94)
1928 Special 6 Cabriolet	3700.	6700.	11200.	16000.	(94)
1929 2-Dr. Sedan Standard 6	1750.	3150.	5250.	7500.	(90)
1929 4 41 Cabriolet Advanced 6	4600.	8400.	14000.	20000.	(94)
1929 Advanced 6 Cabriolet S.M.	4600.	8400.	14000.	20000.	(94)

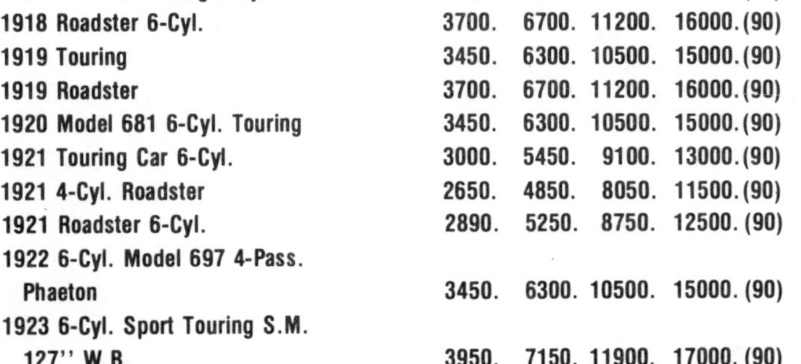

1929 Nash Twin Ignition Roadster

MAKE YEAR MODEL	UNRES. FAIR-4	UNRES. GOOD-3	RES. FAIR-2	RES. EXCEL.-1	PTS.
1929 Advanced 6 Phaeton S.M. 7-Pass.	5300.	9650.	16100.	23000.	(94)
1929 436 Sport Roadster S.M.	4400.	8000.	13300.	19000.	(94)
1929 4-20 Sedan S.M.	1800.	3300.	5450.	7800.	(90)
1929 4-20 Twin, Ign. Roadster S.M.	4400.	8000.	13300.	19000.	(94)
1930 6 452 R.S. Coupe	2200.	4000.	6650.	9500.	(90)
1930 8-498 7-Pass. Touring S.M.	5550.	10100.	16800.	24000.	(94)
1930 6-450 Touring	4050.	7350.	12250.	17500.	(94)
1930 6-458 4-Dr. Sedan	1750.	3150.	5250.	7500.	(90)
1930 8-490 Cabriolet R.S.S.M.	4500.	8200.	13650.	19500.	(94)
1930 6-400 Roadster R.S.S.M.	4600.	8400.	14000.	20000.	(94)
1931 6-Cyl. 4-Dr. Sedan 6-60	1750.	3150.	5250.	7500.	(90)
1931 8-870 2-Dr. Convertible Sedan	4850.	8800.	14700.	21000.	(94)
1931 8-870 4-Dr. Sedan S.M.	2100.	3800.	6300.	9000.	(90)

MAKE YEAR MODEL	UNRES. FAIR-4	UNRES. GOOD-3	RES. FAIR-2	RES. EXCEL.-1	PTS.
1931 8-90 2-Dr. Brougham 8-Cyl. S.M.	3000.	5450.	9100.	13000.	(90)
1931 8-90 4-Dr. Sedan S.M.	2550.	4600.	7700.	11000.	(90)
1931 7-Pass. Touring S.M. 8-90	5800.	10500.	17500.	25000.	(94)
1932 1060 4-Dr. Sedan	2100.	3800.	6300.	9000.	(90)
1932 8-1080 Coupe R.S.S.M.	2400.	4400.	7350.	10500.	(90)
1932 8-Cyl. Sedan 8-970 S.M.	2100.	3800.	6300.	9000.	(90)
1932 8-990 Cabriolet R.S.S.M.	6450.	11750.	19600.	28000.	(94)
1932 Custom 8-990 4-Dr. Club Sedan S.M.	3000.	5450.	9100.	13000.	(90)
1932 8-1093 Convertible Sedan	6700.	12200.	20300.	29000.	(94)
1933 6-1120 R.S. Convertible Coupe	4050.	7350.	12250.	17500.	(94)
1933 6-1120 Convertible Sedan	4600.	8400.	14000.	20000.	(94)
1933 1199 5-Pass. Victoria Brgm	4250.	7750.	12950.	18500.	(90)
1933 6-1120 5-Pass. Sedan	2200.	4000.	6650.	9500.	(90)
1933 8-1130 Sedan	2300.	4200.	7000.	10000.	(90)
1933 8-1130 Convertible Coupe	4600.	8400.	14000.	20000.	(94)
1933 8-1183 Convertible Sedan	5550.	10100.	16800.	24000.	(94)
1933 8-1190 142'' W.B. Sedan 4-Dr. Brougham S.M.	3450.	6300.	10500.	15000.	(90)
1934 6-1220 4-Dr. Sedan S.M.	1750.	3150.	5250.	7500.	(90)
1934 Model 1223 6-Cyl. 4-Dr. Brougham	1850.	3350.	5600.	8000.	(90)
1934 8-1290 Sedan	1950.	3550.	5950.	8500.	(90)
1934 8-1280 R.S. Coupe	2200.	4000.	6650.	9500.	(90)
1934 8-1290 7-Pass. Limo.	2300.	4200.	7000.	10000.	(90)
1934 6-1220 Coupe R.S.	2200.	4000.	6650.	9500.	(90)
1934 8-1280 R.S. Coupe	2250.	4100.	6850.	9800.	(90)
1935 6-3520 2-Dr. Victoria	1750.	3150.	5250.	7500.	(90)
1935 8-3580 4-Dr. Sedan	1750.	3150.	5250.	7500.	(90)
1935 6 Cyl. 4-Dr. Sedan	1500.	2750.	4550.	6500.	(90)

1932 Nash Ambassador Club Sedan

MAKE YEAR MODEL	UNRES. FAIR-4	UNRES. GOOD-3	RES. FAIR-2	RES. EXCEL.-1	PTS.
1935 8-3580 Amb. Vicky Coupe	1850.	3350.	5600.	8000.	(90)
1936 6-3640A Cabriolet	3000.	5450.	9100.	13000.	(90)
1936 8-Cyl. 3680 Sedan	1600.	2950.	4900.	7000.	(90)
1936 6-3640 R.S. Coupe	1750.	3150.	5250.	7500.	(90)
1937 6-3720 4-Dr. Sedan	1500.	2750.	4550.	6500.	(90)
1937 6-3720 Convertible Coupe	3250.	5900.	9800.	14000.	(90)
1937 8-3780 R.S. Coupe	2200.	4000.	6650.	9500.	(90)
1937 8-3780 Cabriolet	3350.	6100.	10150.	14500.	(90)
1938 6-3820 Convertible	3100.	5650.	9450.	13500.	(90)
1938 6-3810 4-Dr. Sedan	1300.	2350.	3900.	5600.	(90)
1938 8-3880 Convertible	3100.	5650.	9450.	13500.	(90)
1938 8-3880 4-Dr. Sedan	1300.	2350.	3900.	5600.	(90)
1939 6-Cyl. 2-Pass. Coupe	1400.	2500.	4200.	6000.	(90)
1939 8-3980 Convertible Coupe	1250.	2300.	3850.	5500.	(90)
1939 8-Cyl. Sedan	1400.	2500.	4200.	6000.	(90)
1940 6-Cyl. Sedan	1250.	2300.	3850.	5500.	(90)
1940 6-Cyl. Coupe	1400.	2500.	4200.	6000.	(90)
1940 8-Cyl. Cabriolet	3450.	6300.	10500.	15000.	(90)
1940 8-Cyl. Coupe	1500.	2750.	4550.	6500.	(90)
1941 6-4160 Convertible	2750.	5050.	8400.	12000.	(90)
1941 Ambassador Sedan	1400.	2500.	4200.	6000.	(90)
1941 8-4180 Convertible	3350.	6100.	10150.	14500.	(90)
1941 Ambassador Club Coupe	1300.	2350.	3900.	5600.	(90)
1942 6-4260 Ambassador Coupe	1300.	2350.	3900.	5600.	(90)
1942 8-4280 SS 4-Dr. Sedan	1250.	2300.	3850.	5500.	(90)

1914 National Roadster, Model Series 6 W. 6 cyl., 58 hp
Courtesy Harrah's, Reno, NV

NATIONAL 1903-1923 Indianapolis, IN.

MAKE YEAR MODEL	UNRES. FAIR-4	UNRES. GOOD-3	RES. FAIR-2	RES. EXCEL.-1	PTS.
1912 4-Cyl. Roadster	6350.	11550.	19250.	27500.	(94)
1914 4-Cyl. Touring Car	4600.	8400.	14000.	20000.	(94)
1921 6-Cyl. Roadster	4850.	8800.	14700.	21000.	(94)
1923 4-Pass. Phaeton	5200.	9450.	15750.	22500.	(94)

NEW ERA 1916-1917 Joliet, IL.

MAKE YEAR MODEL	UNRES. FAIR-4	UNRES. GOOD-3	RES. FAIR-2	RES. EXCEL.-1	PTS.
1916 Touring Car	2400.	4400.	7350.	10500.	(90)

NORTHERN 1902-1910 Detroit, MICH.

MAKE YEAR MODEL	UNRES. FAIR-4	UNRES. GOOD-3	RES. FAIR-2	RES. EXCEL.-1	PTS.
1903 Runabout	3700.	6700.	11200.	16000.	(90)
1904 Touring	3700.	6700.	11200.	16000.	(90)

1928 Oakland, Courtesy Harrah's, Reno, NV

OAKLAND 1907-1931 Pontiac, MICH.

MAKE YEAR MODEL	UNRES. FAIR-4	UNRES. GOOD-3	RES. FAIR-2	RES. EXCEL.-1	PTS.
1908 Roadster	4600.	8400.	14000.	20000.	(94)
1909 Model 40 Touring	4400.	8000.	13300.	19000.	(94)
1910 Model 25 Touring	4250.	7750.	12950.	18500.	(94)
1910 Model 40 Touring	4850.	8800.	14700.	21000.	(94)
1911 Model 25 Touring	3950.	7150.	11900.	17000.	(94)
1912 7-Pass. 6-Cyl. Touring 45	4850.	8800.	14700.	21000.	(94)
1913 Speedster	4500.	8200.	13650.	19500.	(94)
1913 6-Cyl.Touring Model 60 7-Pass.	4600.	8400.	14000.	20000.	(94)
1914 Model 40 5-Pass. Touring	3700.	6700.	11200.	16000.	(90)
1914 Roadster	3450.	6300.	10500.	15000.	(90)
1915 6-Cyl. Touring	3000.	5450.	9100.	13000.	(90)
1915 4-Cyl. Touring	2300.	4200.	7000.	10000.	(90)

1910 Oldsmobile Model Limited 60 HP, 505 Cu. In. Displacement Photo Courtesy of Harrahs, Reno, NV

MAKE YEAR MODEL	UNRES. FAIR-4	UNRES. GOOD-3	RES. FAIR-2	RES. EXCEL.-1	PTS.
1916 6-Cyl. Touring	2890.	5250.	8750.	12500.	(90)
1916 6-Cyl. Roadster	2890.	5250.	8750.	12500.	(90)
1917 6-Cyl. Touring	2750.	5050.	8400.	12000.	(90)
1917 Roadster 6-Cyl.	2890.	5250.	8750.	12500.	(90)
1918 Touring 6-Cyl.	2650.	4850.	8050.	11500.	(90)
1919 6-Cyl. Roadster	2750.	5050.	8400.	12000.	(90)
1920 7-Pass. Limo.	2890.	5250.	8750.	12500.	(90)
1920 Roadster	2650.	4850.	8050.	11500.	(90)
1920 Model 69 Touring	2750.	5050.	8400.	12000.	(90)
1921 Roadster	2650.	4850.	8050.	11500.	(90)
1922 6-Cyl. Touring	2750.	5050.	8400.	12000.	(90)
1923 4-Pass. Phaeton	3250.	5900.	9800.	14000.	(90)
1923 Roadster	3250.	5900.	9800.	14000.	(90)
1924 Sport Roadster	3350.	6100.	10150.	14500.	(90)
1924 4-Dr. Sedan	1400.	2500.	4200.	6000.	(90)
1924 Sport Touring	3450.	6300.	10500.	15000.	(90)
1925 4-Dr. Sedan	1400.	2500.	4200.	6000.	(90)
1925 Model 91 Touring	3600.	6500.	10850.	15500.	(90)
1925 Sport Roadster	3700.	6700.	11200.	16000.	(90)
1926 4-Dr. Sedan Landau	1600.	2950.	4900.	7000.	(90)
1926 Sport Roadster R.S.S.M.	3700.	6700.	11200.	16000.	(90)
1927 Sport Phaeton S.M.	3950.	7150.	11900.	17000.	(94)
1927 Sport Roadster R.S.	4050.	7350.	12250.	17500.	(94)
1927 4-Dr. Sedan	1500.	2750.	4550.	6500.	(90)
1927 R.S. Coupe Landau	1950.	3550.	5950.	8500.	(90)
1928 R.S. Coupe	2200.	4000.	6650.	9500.	(90)
1928 Landau Coupe R.S.	3350.	6100.	10150.	14500.	(90)
1928 Roadster R.S.S.M.	4600.	8400.	14000.	20000.	(94)
1928 Phaeton S.M.	4850.	8800.	14700.	21000.	(94)
1928 Landau Sedan	1950.	3550.	5950.	8500.	(90)
1929 Sport Roadster R.S.S.M.	4600.	8400.	14000.	20000.	(94)
1929 Phaeton S.M.	4850.	8800.	14700.	21000.	(94)
1929 Sport Coupe R.S.	2550.	4600.	7700.	11000.	(90)
1929 2-Dr. Sedan	1400.	2500.	4200.	6000.	(90)
1929 4-Dr. Sedan S.M.	1750.	3150.	5250.	7500.	(90)
1929 4-Dr. Landaulette	2400.	4400.	7350.	10500.	(90)

1931 Oakland V-8 Sport Coupe

OAKLAND 1930-1931 V-8 Pontiac, MICH.

MAKE YEAR MODEL	UNRES. FAIR-4	UNRES. GOOD-3	RES. FAIR-2	RES. EXCEL.-1	PTS.
1930 8-101 Roadster S.M.	5800.	10500.	17500.	25000.	(94)
1930 8-101 Coupe R.S.S.M.	3250.	5900.	9800.	14000.	(90)
1930 8-101 Sedan S.M.	2100.	3800.	6300.	9000.	(90)
1930 8-101 2-Dr. Sedan	1850.	3350.	5600.	8000.	(90)
1931 8-301 R.S. Coupe S.M.	3350.	6100.	10150.	14500.	(90)
1931 8-301 Convertible Coupe S.M.	5800.	10500.	17500.	25000.	(94)
1931 8-301 4-Dr. Sedan S.M.	2400.	4400.	7350.	10500.	(90)

OLDSMOBILE 1897-Present Lansing, MICH.

MAKE YEAR MODEL	UNRES. FAIR-4	UNRES. GOOD-3	RES. FAIR-2	RES. EXCEL.-1	PTS.
1901 Roadster	3700.	6700.	11200.	16000.	(90)
1902 Curved Dash Runabout	3700.	6700.	11200.	16000.	(90)
1903 Roadster	4400.	8000.	13300.	19000.	(90)
1904 Runabout	4600.	8400.	14000.	20000.	(90)
1905 Runabout	4600.	8400.	14000.	20000.	(90)
1906 2-Cyl. Touring	5800.	10500.	17500.	25000.	(94)
1906 2-Cyl. Runabout	5100.	9250.	15400.	22000.	(94)
1907 Touring	5550.	10100.	16800.	24000.	(94)
1909 4-Cyl. Touring	5800.	10500.	17500.	25000.	(94)
1909 4-Cyl. Roadster	4600.	8400.	14000.	20000.	(94)
1910 6-Cyl. Model Limited 7-Pass. Touring	17300.	31500.	52500.	75000.	(94)
1911 Model 90 Touring	16200.	29400.	49000.	70000.	(94)

MAKE YEAR MODEL	UNRES. FAIR-4	UNRES. GOOD-3	RES. FAIR-2	RES. EXCEL.-1	PTS.

1937 Oldsmobile 4-Door Touring Sedan, Body by Fisher Courtesy Harrah's, Reno, NV

MAKE YEAR MODEL	UNRES. FAIR-4	UNRES. GOOD-3	RES. FAIR-2	RES. EXCEL.-1	PTS.
1912 6-Cyl. Roadster	9250.	16800.	28000.	40000.	(94)
1912 4-Cyl. Touring	5800.	10500.	17500.	25000.	(94)
1912 Autocrat Speedster	17300.	31500.	52500.	75000.	(94)
1913 Speedster	6450.	11750.	19600.	28000.	(94)
1913 Model 90 7-Pass. Touring	16200.	29400.	49000.	70000.	(94)
1914 7-Pass. 6-Cyl. Touring	9250.	16800.	28000.	40000.	(94)
1914 4-Cyl. Touring	4160.	7550.	12600.	18000.	(94)
1915 6-Cyl. Touring	4400.	8000.	13300.	19000.	(94)
1915 4-Cyl. Roadster	3000.	5450.	9100.	13000.	(90)
1916 Model 43 Touring 4-Cyl.	2550.	4600.	7700.	11000.	(90)
1916 V-8 Touring	4150.	7550.	12600.	18000.	(90)
1916 V-8 Roadster	4150.	7550.	12600.	18000.	(90)
1917 V-8 Touring	4250.	7750.	12950.	18500.	(94)
1917 6-Cyl. Roadster	3000.	5450.	9100.	13000.	(90)
1917 3-Dr. Touring Model 37 6-Cyl.	3250.	5900.	9800.	14000.	(90)
1918 Model 45 V-8 Roadster	4150.	7550.	12600.	18000.	(94)
1918 Touring Model 37 6-Cyl. TR.	3250.	5900.	9800.	14000.	(90)
1918 V-8 7-pass. Touring	4150.	7550.	12600.	18000.	(94)
1919 Roadster Model 37 6-Cyl. TR.	3250.	5900.	9800.	14000.	(90)
1919 V-8 7-Pass. Touring	3950.	7150.	11900.	17000.	(90)
1920 V-8 Touring 4-Pass.	4050.	7350.	12250.	17500.	(90)
1920 6-Cyl. Roadster	3000.	5450.	9100.	13000.	(90)
1921 Roadster (43A) 4-Cyl.	2100.	3800.	6300.	9000.	(90)
1921 Model 47 V-8 Roadster	3450.	6300.	10500.	15000.	(90)
1921 4-Cyl. Opera Coupe	1800.	3300.	5450.	7800.	(90)
1921 Model 43A 4-Dr. Sedan	1750.	3150.	5250.	7500.	(90)
1921 V-8 Touring (47)	3700.	6700.	11200.	16000.	(90)
1922 4-Cyl. Roadster	2750.	5050.	8400.	12000.	(90)
1922 V-8 7-Pass. Touring	4050.	7350.	12250.	17500.	(90)
1922 V-8 Roadster	3700.	6700.	11200.	16000.	(90)
1922 4-Cyl. Touring	3450.	6300.	10500.	15000.	(90)
1923 4-Cyl. Touring	3450.	6300.	10500.	15000.	(90)
1923 V-8 Roadster Model 47	3700.	6700.	11200.	16000.	(90)
1923 V-8 Sport Touring	3950.	7150.	11900.	17000.	(90)
1924 4-Cyl. Touring	3450.	6300.	10500.	15000.	(90)
1924 6-Cyl. Touring	3350.	6100.	10150.	14500.	(90)
1924 6-Cyl. Sport Roadster	3350.	6100.	10150.	14500.	(90)
1924 6-Cyl. Sedan	1750.	3150.	5250.	7500.	(90)
1925 6-Cyl. Sedan	1850.	3350.	5600.	8000.	(90)
1926 6-Cyl. Phaeton	3700.	6700.	11200.	16000.	(90)
1926 6-Cyl. Sport Roadster	3700.	6700.	11200.	16000.	(90)
1926 Sedan	2300.	4200.	7000.	10000.	(90)
1927 6-Cyl. Roadster	3450.	6300.	10500.	15000.	(90)
1927 4-Dr. Sedan	2300.	4200.	7000.	10000.	(90)
1927 6-Cyl. Deluxe Touring	3700.	6700.	11200.	16000.	(90)
1928 R.S. Coupe	2200.	4000.	6650.	9500.	(90)
1928 Sport Roadster	3800.	6950.	11550.	16500.	(90)
1928 4-Dr. Sedan	2400.	4400.	7350.	10500.	(90)
1928 Landau Sedan S.M.	2550.	4600.	7700.	11000.	(90)
1929 4-Dr. Sedan S.M.	2300.	4200.	7000.	10000.	(90)
1929 Roadster S.M.	4600.	8400.	13000.	18000.	(94)
1929 R.S. Coupe	2650.	4850.	8050.	11500.	(90)
1929 Cabriolet S.M.	4250.	7750.	12950.	17500.	(94)
1930 R.S. Sport Coupe 6-Cyl. S.M.	2750.	5050.	8400.	12000.	(90)
1930 Sedan 6-Cyl. F-30	2300.	4200.	7000.	10000.	(90)
1930 6-Cyl. Sport Roadster	4600.	8400.	14000.	20000.	(90)

1934 Oldsmobile 6-cyl. Coupe

MAKE YEAR MODEL	UNRES. FAIR-4	UNRES. GOOD-3	RES. FAIR-2	RES. EXCEL.-1	PTS.
1931 Sport Coupe R.S.S.M F-31 Deluxe	2750.	5050.	8400.	12000.	(90)
1931 Cabriolet 6-Cyl. R.S.S.M.	4850.	8800.	14700.	21000.	(94)
1931 4-Dr. Sedan S.M.	2400.	4400.	7350.	10500.	(90)
1932 8-Cyl. Cabriolet L-32 R.S.S.M	6350.	11550.	19250.	27500.	(94)
1932 6-Cyl. Coupe R.S.S.M.	2900.	5250.	8750.	12500.	(90)
1932 8-Cyl. Sedan S.M.	2400.	4400.	7350.	10500.	(90)
1932 6-Cyl. Cabriolet	4850.	8800.	14700.	21000.	(94)
1933 6-Cyl. R.S. Coupe	2100.	3800.	6300.	9000.	(90)
1933 Sedan 8-L 33 S.M.	1950.	3550.	5950.	8500.	(90)
1933 6-Cyl. Cabriolet	3950.	7150.	11900.	17000.	(94)
1933 8-Cyl. Convertible Coupe	4400.	8000.	13300.	19000.	(94)
1934 8-Cyl. Sedan S.M.	1950.	3550.	5950.	8500.	(90)
1934 6-Cyl. Convertible	3700.	6700.	11200.	16000.	(94)
1934 6-Cyl. Coupe	2200.	4000.	6650.	9500.	(90)
1935 6-Cyl. 2-Pass. Coupe	1900.	3450.	5750.	8200.	(90)
1935 6-Cyl. 2-Dr. Sedan	1750.	3200.	5300.	7600.	(90)
1935 6-Cyl. 4-Dr. Sedan	1750.	3200.	5300.	7600.	(90)
1935 8-Cyl. Sedan S.M.	1800.	3300.	5450.	7800.	(90)
1936 4-Dr. Sedan 6-Cyl.	1500.	2750.	4550.	6500.	(90)
1936 2-Pass. Coupe 6-Cyl.	1600.	2950.	4900.	7000.	(90)
1936 6-Cyl. Convertible	3100.	5650.	9450.	13500.	(90)
1936 8-Cyl. Convertible Coupe	3600.	6500.	10850.	15500.	(94)
1936 8-Cyl. Coupe	2300.	4200.	7000.	10000.	(90)
1936 8-Cyl. Sedan	1500.	2750.	4550.	6500.	(90)
1937 6-Cyl. 4-Dr. Sedan	1600.	2950.	4900.	7000.	(90)
1937 6-Cyl. Club Coupe	1750.	3150.	5250.	7500.	(90)
1937 8-Cyl. 2-Pass. Coupe	2400.	4400.	7350.	10500.	(90)
1937 6-Cyl. Cabriolet	3450.	6300.	10500.	15000.	(94)
1937 8-Cyl. 4-Dr. Sedan S.M.	1750.	3150.	5250.	7500.	(90)
1937 8-Cyl. Convertible Coupe S.M.	3950.	7150.	11900.	17000.	(94)
1938 8-Cyl. Convertible Coupe S.M.	5800.	10500.	17500.	25000.	(94)
1938 8-Cyl. Business Coupe	2650.	4850.	8050.	11500.	(90)
1938 8-Cyl. Sedan S.M.	1950.	3550.	5950.	8500.	(90)
1938 6-Cyl. Convertible	4850.	8800.	14700.	21000.	(94)
1938 6-Cyl. Coupe	1950.	3550.	5950.	8500.	(90)
1938 6-Cyl. 4-Dr. Sedan	17300.	31500.	52500.	75000.	(90)
1938 6-Cyl. 2-Dr. Sedan	1600.	2950.	4900.	7000.	(90)
1939 8-Cyl. Convertible Coupe	3450.	56300.	10500.	15000.	(90)
1939 6-Cyl. Convertible Coupe	3250.	5900.	9800.	14000.	(90)
1939 6-Cyl. Club Coupe	1500.	2750.	4550.	6500.	(90)
1939 6-Cyl. 4-Dr. Sedan	1500.	2750.	4550.	6500.	(90)

1923 Oldsmobile V-8 Sport Phaeton

MAKE YEAR MODEL	UNRES. FAIR-4	UNRES. GOOD-3	RES. FAIR-2	RES. EXCEL.-1	PTS.
1939 8-Cyl. 4-Dr. Sedan	1650.	3000.	5050.	7200.	(90)
1940 6-Cyl. Convertible Coupe 60 Series	3000.	5450.	9100.	13000.	(90)
1940 6-Cyl. Business Coupe	1200.	2200.	3650.	5200.	(90)
1940 6-Cyl. 4-Dr. Sedan	1100.	2000.	3350.	4800.	(90)
1940 6-Cyl. Club Coupe	1150.	2100.	3500.	5000.	(90)
1940 8-Cyl. Convertible Sedan	5550.	10100.	16800.	24000.	(94)
1940 8-Cyl. Sedan	1400.	2500.	4200.	6000.	(90)
1941 98 4-Dr. Sedan	1550.	2850.	4750.	6800.	(90)
1941 Club Coupe 6-Cyl. (66)	1150.	2100.	3500.	5000.	(90)
1941 Model 66 4-Dr. Sedan	1050.	1900.	3150.	4500.	(90)
1941 4-Dr. Convertible Sedan Model 98	5550.	10100.	16800.	24000.	(94)
1941 98 Convertible Coupe	4600.	8400.	14000.	20000.	(94)
1941 98 2-Dr. Fastback Coupe	2200.	4000.	6650.	9500.	(90)
1942 98 Convertible Coupe	3350.	6100.	10150.	14500.	(90)
1942 98 Club Sedan	1250.	2300.	3850.	5500.	(90)
1942 68 Convertible	2900.	5250.	8750.	12500.	(90)
1942 68 Sedan	1050.	1900.	3150.	4500.	(90)

OLYMPIAN 1917-1921 Pontiac, MICH.

MAKE YEAR MODEL	UNRES. FAIR-4	UNRES. GOOD-3	RES. FAIR-2	RES. EXCEL.-1	PTS.
1920 Touring Car	2100.	3800.	6300.	9000.	(90)

OPEL Germany

MAKE YEAR MODEL	UNRES. FAIR-4	UNRES. GOOD-3	RES. FAIR-2	RES. EXCEL.-1	PTS.
1938 2-Dr. Sedan	1150.	2100.	3500.	5000.	(90)

ORIENT 1899-1906 Waltham, MASS.

MAKE YEAR MODEL	UNRES. FAIR-4	UNRES. GOOD-3	RES. FAIR-2	RES. EXCEL.-1	PTS.
1903 Buckboard Roadster	1750.	3150.	5250.	7500.	(90)
1905 1-Cyl. Roadster	1850.	3350.	5600.	8000.	(90)
1906 Buckboard Roadster	1950.	3550.	5950.	8500.	(90)
1906 Model 43 Touring	2300.	4200.	7000.	10000.	(90)

OVERLAND 1904-1926 Indianapolis, IN.

1917 Overland Chummy Roadster

MAKE YEAR MODEL	UNRES. FAIR-4	UNRES. GOOD-3	RES. FAIR-2	RES. EXCEL.-1	PTS.
1909 Roadster 4-Cyl.	3450.	6300.	10500.	15000.	(90)
1910 Roadster	3450.	6300.	10500.	15000.	(90)
1910 Model 42 Touring	3950.	7150.	11900.	17000.	(94)
1911 Roadster	3100.	5650.	9450.	13500.	(90)
1911 Torpedo Speedster	4050.	7350.	12250.	17500.	(90)
1911 Model 42 Touring	3700.	6700.	11200.	16000.	(94)
1912 Model 69 Touring	3700.	6700.	11200.	16000.	(94)
1913 Model 79 Touring	3000.	5450.	9100.	13000.	(90)
1913 Model 69-R Roadster	3000.	5450.	9100.	13000.	(90)
1914 Model 80 Touring	3100.	5650.	9450.	13500.	(90)
1914 2-Pass. Speedster	4400.	8000.	13300.	19000.	(94)
1915 Model 61 Runabout	2650.	4850.	8050.	11500.	(90)
1915 Model 82 Touring	2750.	5050.	8400.	12000.	(90)
1916 Model 75 Touring	2750.	5050.	8400.	12000.	(90)
1916 Model 83B Touring	2650.	4850.	8050.	11500.	(90)
1916 Model 90 Touring	2900.	5250.	8750.	12500.	(90)
1917 Roadster	2550.	4600.	7700.	11000.	(90)
1917 5-Pass. Chummy Roadster	3350.	6150.	10150.	14500.	(90)
1917 3-Dr. Touring	3100.	5650.	9450.	13500.	(90)
1917 Model 85 Touring	3000.	5450.	9100.	13000.	(90)
1918 4-Cyl. Touring	2100.	3800.	6300.	9000.	(90)
1918 Model 90 Touring	2900.	5250.	8750.	12500.	(90)
1919 Cloverleaf Roadster	3100.	5650.	9450.	13500.	(90)
1920 4-Cyl. Touring	1950.	3550.	5950.	8500.	(90)
1921 4-Cyl. Touring	1950.	3550.	5950.	8500.	(90)
1921 4-Cyl. Roadster	2100.	3800.	6300.	9000.	(90)
1921 4-Cyl. Touring	2100.	3800.	6300.	9000.	(90)

MAKE YEAR MODEL	UNRES. FAIR-4	UNRES. GOOD-3	RES. FAIR-2	RES. EXCEL.-1	PTS.
1922 4-Cyl. Touring	2300.	4200.	7000.	10000.	(90)
1922 4-Cyl. Roadster	2200.	4000.	6650.	9500.	(90)
1923 4-Cyl. Roadster	2200.	4000.	6650.	9500.	(90)
1923 4-Cyl. Sport Touring	2300.	4200.	7000.	10000.	(90)
1923 4-Cyl. Sedan	1500.	2750.	4550.	6500.	(90)
1924 Red Bird Touring Model 92	2500.	4500.	7500.	10750.	(90)
1924 4-Cyl. Sport Roadster	2300.	4200.	7000.	10000.	(90)
1924 4-Cyl. Sedan	1500.	2750.	4550.	6500.	(90)
1925 4-Cyl. Touring Model 91	2200.	4000.	6650.	9500.	(90)
1925 6-Cyl. 2-Dr. Sedan	1600.	2950.	4900.	7000.	(90)
1925 6-Cyl. Sedan	1600.	2950.	4900.	7000.	(90)
1926 4-Cyl. Touring 91	2250.	4100.	6800.	9750.	(90)
1926 6-Cyl. Touring 93	2400.	4400.	7350.	10500.	(90)

OWEN MAGNETIC 1914-1920 Cleveland, OH.

MAKE YEAR MODEL	UNRES. FAIR-4	UNRES. GOOD-3	RES. FAIR-2	RES. EXCEL.-1	PTS.
1917 6-Cyl. Touring Car	6950.	12600.	21000.	30000.	(90)
1921 Phaeton	8100.	14700.	24500.	35000.	(90)

1917 Packard Twin Six

PACKARD 1899-1958 FIRST CARS Warren, OH., LATER Detroit, MICH.

MAKE YEAR MODEL	UNRES. FAIR-4	UNRES. GOOD-3	RES. FAIR-2	RES. EXCEL.-1	PTS.
1902 1-Cyl. Rear-Entrance Tonneau	12700.	23100.	38500.	55000.	(90)
1903 1-Cyl. Touring	10400.	18900.	31500.	45000.	(90)
1904 4-Cyl. Touring	11550.	21000.	35000.	50000.	(90)
1906 4-Cyl. Touring	13850.	25200.	42000.	60000.	(90)
1907 4-Cyl. 7-Pass. Touring	11550.	21000.	35000.	50000.	(90)
1909 4-Cyl. Roadster	10400.	18900.	31500.	45000.	(90)
1909 4-Cyl. Model 18 7-Pass. Town Car	9700.	17650.	29400.	42000.	(90)
1909 Model 30 Touring 4-Cyl.	16150.	29400.	49000.	70000.	(90)
1910 4-Cyl. Touring	15000.	27300.	45500.	65000.	(90)
1911 Model 30 4-Cyl. Roadster	10400.	18900.	31500.	45000.	(90)
1911 Model 18 4-Cyl. Touring	104000.	18900.	31500.	45000.	(90)
1912 Limousine 6-Cyl.	8100.	14700.	24500.	35000.	(90)
1912 Model 30 4-Cyl. Runabout	12700.	23100.	38500.	55000.	(90)
1912 6-Cyl. Sedan	8300.	15100.	25200.	36000.	(90)
1912 Touring Car 4-Cyl. Model 30	12700.	23100.	38500.	55000.	(90)
1913 6-Cyl. Touring Model 48	12700.	23100.	38500.	55000.	(90)
1914 Model 48 4-Pass. Phaeton	9250.	16800.	28000.	40000.	(90)
1915 Twin-Six 7-Pass. Touring	9700.	17650.	29500.	42000.	(90)
1915 Twin-Six Roadster	9250.	16800.	28000.	40000.	(90)
1915 3-38 6-Cyl. Touring	9250.	16800.	28000.	40000.	(90)
1915 Model 3-38 7-Pass. Sedan	5800.	10500.	17500.	25000.	(94)
1916 Twin-Six Sedan	6700.	12200.	20300.	29000.	(94)
1917 6-Cyl. Touring	9250.	16800.	28000.	40000.	(91)
1917 Twin-Six Phaeton	10400.	18900.	31500.	45000.	(90)
1917 6-Cyl. Touring	9250.	16800.	28000.	40000.	(91)
1917 Twin-Six Roadster	9700.	17650.	29500.	42000.	(94)
1918 6-Cyl. Roadster	9000.	16400.	27300.	39000.	(91)
1918 Twin-Six Roadster	9700.	17650.	29500.	42000.	(94)
1918 Twin-Six 7-Pass. Touring	10400.	18900.	31500.	45000.	(94)
1919 Twin-Six Roadster	9250.	16800.	28000.	40000.	(90)
1919 6-Cyl. Touring	7400.	13450.	22400.	32000.	(91)
1920 Twin-Six Roadster	10400.	16800.	28000.	40000.	(94)
1920 6-Cyl. Touring 1-16	6450.	11750.	19600.	28000.	(94)
1920 Model 1-16 6-Cyl. Roadster	6250.	11350.	18900.	27000.	(94)

MAKE YEAR MODEL	UNRES. FAIR-4	UNRES. GOOD-3	RES. FAIR-2	RES. EXCEL.-1	PTS.
1920 Twin-Six M3-35 Roadster	9000.	16400.	27300.	39000.	(90)
1920 Brougham Landaulet	6000.	10900.	18200.	26000.	(94)
1921 6-Cyl. 5-Pass. Sedan	2550.	4600.	7700.	11000.	(94)
1921 6-Cyl. Touring	4600.	8400.	14000.	20000.	(94)
1921 6-Cyl. Roadster	4400.	8000.	13300.	19000.	(94)
1921 Twin-Six 4-Pass. Phaeton	9250.	16800.	28000.	40000.	(94)
1922 7-Pass. Limo. 126'' W.B.	6700.	12100.	20000.	29000.	(94)
1922 6-Cyl. Roadster 126'' W.B.	5800.	10500.	17500.	25000.	(94)
1922 6-Cyl. Touring	5800.	10500.	17500.	25000.	(94)
1922 Twin-Six Touring	9700.	17650.	29500.	42000.	(94)
1923 7-Pass. Sedan 6-Cyl.	2750.	5050.	8400.	12000.	(94)
1923 6-Cyl. Sedan 5-Pass.	2650.	4850.	8050.	11500.	(94)
1923 6-Cyl. Touring	4850.	8800.	14700.	21000.	(94)
1923 Sport Phaeton S.M. 6-Cyl. 1-26	5550.	10100.	16800.	24000.	(94)
1924 Model 1-36 8-Cyl. 7-Pass. Limo.	4600.	8400.	14000.	20000.	(94)
1924 6-Cyl. Touring	4850.	8800.	14700.	21000.	(94)
1924 6-Cyl. Opera Coupe	3350.	6100.	10150.	14500.	(90)
1924 7-Pass. Sedan Model 143 8-Cyl.	4850.	8800.	14700.	21000.	(94)
1924 8-Cyl. R.S. Roadster	7500.	13650.	22750.	32500.	(94)
1924 8-Cyl. Model 2000 4-Pass. Sport Phaeton	8800.	15950.	26600.	38000.	(94)

ALL 1925 THROUGH 1934 SEE CLASSIC CAR SECTION PAGE

1924 Packard 8-cyl. Roadster

MAKE YEAR MODEL	UNRES. FAIR-4	UNRES. GOOD-3	RES. FAIR-2	RES. EXCEL.-1	PTS.
1935 120 R.S. Convertible	6450.	11750.	19600.	28000.	(94)
1935 120 R.S. Coupe	2650.	4850.	8050.	11500.	(90)
1935 120 Club Sedan	2400.	4400.	7350.	10500.	(90)
1936 8-Cyl. 120 Sedan	2400.	4400.	7350.	10500.	(90)
1936 120B Convertible Coupe	7150.	13000.	21700.	31000.	(94)

1941 Packard Model 120, Convertible Coupe

MAKE YEAR MODEL	UNRES. FAIR-4	UNRES. GOOD-3	RES. FAIR-2	RES. EXCEL.-1	PTS.
1936 120B Convertible Sedan	6700.	12200.	20300.	29000.	(94)
1936 120 Coupe R.S.S.M.	2750.	5050.	8400.	12000.	(90)
1937 120C Convertible Sedan S.M.	6700.	12200.	20300.	29000.	(94)
1937 120 4-Dr. Sedan	2550.	4600.	7700.	11000.	(90)
1937 120C Convertible Coupe S.M.	6450.	11750.	19600.	28000.	(94)
1937 6-Cyl. 115 Coupe R.S.	2550.	4600.	7700.	11000.	(90)
1937 6-Cyl. 115 R.S. Convertible Coupe	5800.	10500.	17500.	25000.	(90)

1912 Packard Photo Courtesy Harrah's Automobile Collection, Reno, NV
Model "30", 4 cyl., bore: 5", stroke: 5½" 432.0 cu. in. displacement, 50 hp. Price when new — $4,200.

MAKE YEAR MODEL	UNRES. FAIR-4	UNRES. GOOD-3	RES. FAIR-2	RES. EXCEL.-1	PTS.
1937 6-Cyl. Sedan 115C	2400.	4400.	7350.	10500.	(90)
1938 6-Cyl. 1600 Sedan	1850.	3350.	5600.	8000.	(90)
1938 6-Cyl. 1600 Convertible Coupe R.S.	5100.	9250.	15400.	22000.	(94)
1938 8-Cyl. 120 Sedan S.M.	2750.	5050.	8400.	12000.	(90)
1938 8-Cyl. 1602 7-Pass. Sedan	1850.	3350.	5600.	8000.	(90)
1938 6-Cyl. 2-Dr. Sedan 6-1600	1800.	3300.	5450.	7800.	(90)
1938 8-Cyl. 120 Conv. Coupe 1601 S.M.	6450.	11750.	19600.	28000.	(94)
1938 8-Cyl. Conv. Sedan 1601	6800.	12400.	20650.	29500.	(94)
1938 8-Cyl. Club Coupe 1601	2400.	4400.	7350.	10500.	(90)
1938 6-Cyl. Opera Coupe 1600	2100.	3800.	6300.	9000.	(90)
1939 8-Cyl. 120 Conv. Sedan S.M 1701	6950.	12600.	21000.	30000.	(94)
1939 120 8-Cyl. Club Coupe	2200.	4000.	6650.	9500.	(90)
1939 6-Cyl. 2-Pass. Coupe 1700.	2100.	3800.	6300.	9000.	(90)
1939 6-Cyl. Sedan 1700	2100.	3800.	6300.	9000.	(90)

1924 Paige Touring Sedan, Body by Griswold, Model 6-70, 6 cyl., 70 hp
Courtesy Harrah's, Reno, NV

MAKE YEAR MODEL	UNRES. FAIR-4	UNRES. GOOD-3	RES. FAIR-2	RES. EXCEL.-1	PTS.
1939 8-Cyl. 120 Conv. Coupe 1701	6700.	12200.	20300.	29000.	(94)
SEE CLASSIC CARS FOR CUSTOM DARRIN MODELS					
1940 8-Cyl. 120 Sedan 1801	2200.	4000.	6650.	9500.	(90)
1940 120 8-Cyl. Station Wagon	4250.	7750.	12950.	18500.	(90)
1940 6-Cyl. Conv. Coupe 1800	5550.	10100.	16800.	24000.	(94)
1940 6-Cyl. 2-Pass. Coupe 110.	2250.	4100.	6850.	9800.	(90)
1940 8-Cyl. 120 Opera Coupe	2300.	4200.	7000.	10000.	(90)
1940 6-Cyl. Sedan 110-1800	2100.	3850.	6450.	9200.	(90)
1940 8-Cyl. 120 Conv. Coupe 1801 S.M.	6800.	12400.	20650.	29500.	(94)
1940 8-Cyl. 4-Dr. Sedan 1801	2400.	4400.	7350.	10500.	(90)
1940 120 8-Cyl. Convertible Sedan S.M.	7150.	13000.	21700.	31000.	(94)
1940 110 Station Wagon 6-Cyl.	3900.	7150.	11900.	17000.	(90)
1941 8-Cyl. Business Coupe 120	2750.	5050.	8400.	12000.	(90)
1941 8-Cyl. 120 4-Dr. Sedan 126'' W.B.S.M.	2550.	4600.	7700.	11000.	(90)
1941 110 6-Cyl. Coupe	2300.	4200.	7000.	10000.	(90)
1941 120 Conv. Coupe 1901 S.M.	6700.	12200.	20300.	29000.	(94)
1941 120 Conv. Sedan	7150.	13000.	21700.	31000.	(90)
1941 110 6-Cyl. Convertible Coupe	5800.	10500.	17500.	25000.	(90)
1941 6-Cyl. Sedan 1900	2400.	4400.	7350.	10500.	(94)
1941 8-Cyl. 120 Limo. 1901 S.M.	2550.	4600.	7700.	11000.	(90)
1941 120 Station Wagon S.M.	4400.	8000.	13300.	19000.	(94)
1941 110 Station Wagon 1900	4050.	7350.	12250.	17500.	(94)
1942 6-Cyl. Conv. 2020	4950.	9050.	15050.	21500.	(94)
1942 6-Cyl. Clipper 2010 2-Dr. Sedan	1750.	3200.	5300.	7600.	(90)
1942 8-Cyl. Convertible Coupe 2021	6000.	10900.	18200.	26000.	(94)
1942 8-Cyl. Clipper 2-Dr. 2001	2300.	4200.	7000.	10000.	(90)
1942 8-Cyl. Clipper 4-Dr. Sedan 180 (Classic)	7150.	13000.	21700.	31000.	(95)

SEE PACKARD CARS, CLASSIC SECTION 1925-1948
(ALL 160 AND 1932 900 SERIES NOW FULL CLASSIC)

PAIGE 1912-1927 Detroit, MICH.

MAKE YEAR MODEL	UNRES. FAIR-4	UNRES. GOOD-3	RES. FAIR-2	RES. EXCEL.-1	PTS.
1915 Model 46 Roadster	2550.	4600.	7700.	11000.	(90)
1915 5-Pass. Touring	2550.	4600.	7700.	11000.	(90)
1916 7-Pass. Touring	2750.	5050.	8400.	12000.	(90)
1917 6-Cyl. 6-39 Touring	2550.	4600.	7700.	11000.	(90)
1918 7-Pass. Touring	2650.	4850.	8050.	11500.	(90)
1920 4-Pass. Sport Touring	4400.	8000.	13300.	19000.	(94)
1921 Sport Phaeton 6-Cyl.	4600.	8400.	14000.	20000.	(94)
1922 Sport Roadster	4150.	7550.	12600.	18000.	(94)
1924 Sport Phaeton 6-Cyl.	5300.	9650.	16100.	23000.	(94)
1925 4-Pass. Phaeton	5550.	10100.	16800.	24000.	(94)
1925 Cabriolet	4850.	8800.	14700.	21000.	(94)
1925 4-Dr. Sedan	1850.	3350.	5600.	8000.	(90)
1926 Cabriolet	4950.	9050.	15050.	21500.	(94)
1926 2-Pass. Coupe	1900.	3450.	5750.	8200.	(90)
1926 5-Pass. Brougham	2100.	3800.	6300.	9000.	(90)
1927 Model 8-85 Cabriolet	5650.	10300.	17150.	24500.	(94)

PAIGE-DETROIT 1909-1917 Detroit, MICH.

MAKE YEAR MODEL	UNRES. FAIR-4	UNRES. GOOD-3	RES. FAIR-2	RES. EXCEL.-1	PTS.
1909 Touring	4600.	8400.	14000.	20000.	(94)

MAKE YEAR MODEL	UNRES. FAIR-4	UNRES. GOOD-3	RES. FAIR-2	RES. EXCEL.-1	PTS.
1910 Roadster	4150.	7550.	12600.	18000.	(90)
1915 Touring	3450.	6300.	10500.	15000.	(90)
1917 R.S. Roadster 6-Cyl.	4050.	7350.	12250.	17500.	(94)

PANHARD England

MAKE YEAR MODEL	UNRES. FAIR-4	UNRES. GOOD-3	RES. FAIR-2	RES. EXCEL.-1	PTS.
1901 Panhard & Levassor Tonneau	8100.	14700.	24500.	35000.	(94)
1905 Tourer	5550.	10100.	16800.	24000.	(94)
1906 Touring Car	5100.	9250.	15400.	22000.	(94)
1912 5-Pass. Touring	4150.	7550.	12600.	18000.	(94)

PATTERSON 1915-1916 Greenfield, OH.

MAKE YEAR MODEL	UNRES. FAIR-4	UNRES. GOOD-3	RES. FAIR-2	RES. EXCEL.-1	PTS.
1915 6-Cyl. Touring	3250.	5900.	9800.	14000.	(90)
1916 Touring Car	3250.	5900.	9800.	14000.	(90)

PATHFINDER 1910-1917 Indianapolis, IN.

MAKE YEAR MODEL	UNRES. FAIR-4	UNRES. GOOD-3	RES. FAIR-2	RES. EXCEL.-1	PTS.
1915 Touring	3250.	5900.	9800.	14000.	(90)

PEERLESS 1900-1932 Cleveland, OH.

MAKE YEAR MODEL	UNRES. FAIR-4	UNRES. GOOD-3	RES. FAIR-2	RES. EXCEL.-1	PTS.
1903 F.C. Touring 1-Cyl.	4850.	8800.	14700.	21000.	(94)
1907 6-Cyl. Touring	5800.	10500.	17500.	25000.	(94)
1909 6-Cyl. Touring	6000.	10900.	18200.	26000.	(94)
1915 6-Cyl. Touring	4400.	8000.	13300.	19000.	(94)
1917 V-8 Opera Coupe	3700.	6700.	11200.	16000.	(94)
1917 V-8 7-Pass. Touring	5550.	10100.	16800.	24000.	(94)
1918 7-Pass. Touring	5550.	10100.	16800.	24000.	(94)
1920 V-8 4-Pass. Roadster	4600.	8400.	14000.	20000.	(94)
1920 V-8 Touring	5450.	9850.	16450.	23500.	(94)
1921 V-8 7-Pass. Touring	5550.	10100.	16800.	24000.	(94)
1922 V-8 4-Pass. Coupe	4600.	8400.	14000.	20000.	(94)
1923 Model 66 Phaeton 8-Cyl.	5800.	10500.	17500.	25000.	(94)
1924 V-8 4-Pass. Phaeton	6250.	11350.	18900.	27000.	(94)
1925 Model 67 8-Cyl. Touring	6250.	11350.	18900.	27000.	(94)
1925 Model 70 6-Cyl. Roadster	4150.	7550.	12600.	18000.	(94)
1926 6-Cyl. Roadster	4150.	7550.	12600.	18000.	(94)
1926 8-Cyl. Model 69 Roadster	5550.	10100.	16800.	24000.	(94)
1926 6-Cyl. Boattail Coupe	2400.	4400.	7350.	10500.	(90)
1927 6-Cyl. Boattail Roadster	3700.	6700.	11200.	16000.	(90)
1927 V-8 Model 8-69 Roadster	2400.	4400.	7350.	10500.	(94)

1926 Peerless Model Six 80, Boat-Tail Roadster

MAKE YEAR MODEL	UNRES. FAIR-4	UNRES. GOOD-3	RES. FAIR-2	RES. EXCEL.-1	PTS.
1927 Boattail Coupe Model 6-72 6-Cyl.	2300.	4200.	7000.	10000.	(90)
1927 6-Cyl. 2-Dr. Sedan	1950.	3550.	5950.	8500.	(90)
1927 6-80 Boattail Coupe	2300.	4200.	7000.	10000.	(90)
1928 6-Cyl. Roadster	4150.	7550.	12600.	18000.	(94)
1928 Straight 8 Roadster S.M.	5800.	10500.	17500.	25000.	(94)
1929 6-Cyl. Sedan S.M.	1950.	3550.	5950.	8500.	(90)
1929 Model 81 4-Dr. Sedan 6-Cyl.	2100.	3800.	6300.	9000.	(90)
1929 8-125 4-Dr. Sedan 7-Pass.	2650.	4850.	8050.	11500.	(90)
1930 6-60 4-Dr. Sedan	1850.	3350.	5600.	8000.	(90)
1930 Master Straight 8 Cabriolet S.M.	6250.	11350.	18900.	27000.	(94)
1931 8-Cyl. Master 8 Sedan S.M.	2900.	5250.	8750.	12500.	(90)
1932 Master 8 4-Dr. Sedan S.M.	3250.	5900.	9800.	14000.	(90)

ALSO SEE CLASSIC CAR SECTION FOR CLASSIC PEERLESS PAGE 119

1914 Pierce Arrow Touring, 7-Passenger, Model 48-B-2, 6 cyl, 48 hp
Courtesy Harrah's, Reno, NV

PIERCE 1899-1903 Buffalo, N.Y.

MAKE YEAR MODEL	UNRES. FAIR-4	UNRES. GOOD-3	RES. FAIR-2	RES. EXCEL.-1	PTS.
1902 Motorette	3250.	5900.	9800.	14000.	(90)
1903 Pierce Motorette	4150.	7550.	12600.	18000.	(94)

1922 Pierce-Arrow Four Passenger Touring
Photo Courtesy of Harrah's, Reno, NV

PIERCE-ARROW 1901-1938 Buffalo, N.Y.

MAKE YEAR MODEL	UNRES. FAIR-4	UNRES. GOOD-3	RES. FAIR-2	RES. EXCEL.-1	PTS.
1906 Great Arrow	16150.	29400.	49000.	70000.	(94)
1907 Great Arrow	16150.	29400.	49000.	70000.	(94)
1909 Model 36 Roadster 4-Cyl.	15000.	27300.	45500.	65000.	(94)
1910 Touring 6-Cyl.	12700.	23100.	38500.	55000.	(94)
1912 36 H.P. Touring Car	11550.	21000.	35000.	50000.	(94)
1912 7-Pass. Model 38 Limo.	6950.	12600.	21000.	30000.	(94)
1913 5-Pass. Touring Model 38	12700.	23100.	38500.	55000.	(94)
1913 7-Pass. Touring	11550.	21000.	35000.	50000.	(94)
1914 Model 48 Touring	13850.	25200.	42000.	60000.	(94)
1915 Model 38 Touring	11550.	21000.	35000.	50000.	(94)
1916 Touring Car	10400.	18900.	31500.	45000.	(94)
1916 Town Car	8800.	15960.	26600.	38000.	(94)
1917 Model 66 Town Car	8800.	15960.	26600.	38000.	(94)
1917 Model 48 7-Pass. Touring	15000.	27300.	45500.	65000.	(94)
1918 7-Pass. Touring 48	12700.	23100.	38500.	55000.	(94)
1918 6-Cyl. Limo.	5550.	10100.	16800.	24000.	(94)
1918 Model 48 Touring 5-Pass.	10400.	18900.	31500.	45000.	(94)
1919 Model 38 Brougham Limo.	6450.	11750.	19600.	28000.	(94)
1919 6-Pass. Touring	9250.	16800.	28000.	40000.	(94)
1920 7-Pass. Touring	9250.	16800.	28000.	40000.	(94)
1920 Model 38 4-Dr. Sedan	4400.	8000.	13300.	19000.	(94)
1921 2-Pass. Runabout	9000.	16400.	27300.	39000.	(94)
1922 7-Pass. Touring	8100.	14700.	24500.	35000.	(94)
1922 4-Pass. Phaeton	9250.	16800.	28000.	40000.	(94)
1922 4-Dr. Sedan	3700.	6700.	11200.	16000.	(94)
1922 2-Pass. Runabout	8100.	14700.	24500.	35000.	(94)
1923 Model 33 Sedan	3700.	6700.	11200.	16000.	(94)
1923 2-Pass. Runabout	8100.	14700.	24500.	35000.	(94)

1938 Plymouth Station Wagon

MAKE YEAR MODEL	UNRES. FAIR-4	UNRES. GOOD-3	RES. FAIR-2	RES. EXCEL.-1	PTS.
1923 Model 33 7-Pass. Sedan	3950.	7150.	11900.	17000.	(94)
1923 7-Pass. Touring	6450.	11750.	19600.	28000.	(94)
1923 Opera Coupe	3700.	6700.	11200.	16000.	(94)
1924 7-Pass. Landau	4400.	8000.	13300.	19000.	(94)
1924 4-Pass. Phaeton	8800.	15960.	26600.	38000.	(94)

ALL 1925 UP IN CLASSIC CAR SECTION PAGE 118

PILOT 1911-1920 Richmond, IN.

MAKE YEAR MODEL	UNRES. FAIR-4	UNRES. GOOD-3	RES. FAIR-2	RES. EXCEL.-1	PTS.
1916 5-Pass. Touring	2750.	5050.	8400.	12000.	(90)

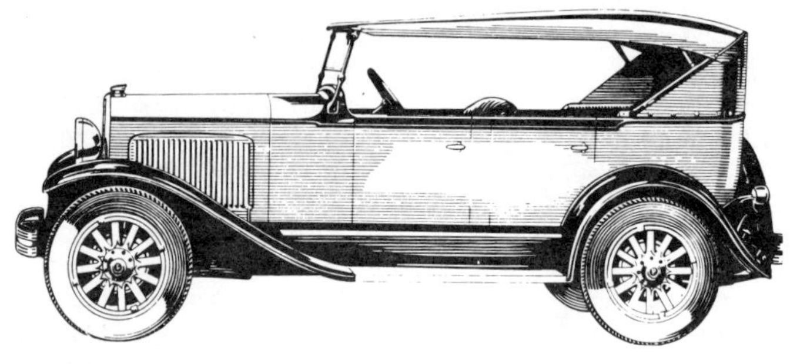

1928 Plymouth Touring

PLYMOUTH, Began July, 1928

MAKE YEAR MODEL	UNRES. FAIR-4	UNRES. GOOD-3	RES. FAIR-2	RES. EXCEL.-1	PTS.
1928 4-Cyl. R.S. Roadster	3450.	6300.	10500.	15000.	(90)
1928 R.S. Coupe	1950.	3550.	5950.	8500.	(90)
1928 4-Cyl. 2-Dr. Sedan	1850.	3350.	5600.	8000.	(90)
1928 4-Cyl. Touring	4150.	7550.	12600.	18000.	(94)
1928 4-Dr. Sedan Deluxe	2100.	3800.	6300.	9000.	(90)
1929 4-Dr. Sedan	2100.	3800.	6300.	9000.	(90)
1929 2-Dr. Sedan	1950.	3550.	5950.	8500.	(90)
1929 2-Pass. Coupe	2100.	3800.	6300.	9000.	(90)
1929 R.S. Coupe	2100.	3850.	6450.	9200.	(90)
1929 Sport Roadster S.M.	3450.	6300.	10500.	15000.	(94)
1929 5-Pass. Touring	4150.	7550.	12600.	18000.	(94)
1929 4-Dr. Sedan Deluxe S.M.	2300.	4200.	7000.	10000.	(94)
1930 4-Dr. Sedan	1950.	3550.	5950.	8500.	(90)
1930 Coupe	2000.	3650.	6100.	8700.	(90)
1930 Deluxe R.S. Coupe	2100.	3800.	6300.	9000.	(90)

MAKE YEAR MODEL	UNRES. FAIR-4	UNRES. GOOD-3	RES. FAIR-2	RES. EXCEL.-1	PTS.
1930 Deluxe Cabriolet R.S.	3350.	6100.	10150.	14500.	(90)
1930 Model U Roadster	3700.	6700.	11200.	16000.	(90)
1931 Model P.A. Touring S.M.	4850.	8800.	14700.	21000.	(94)
1931 Deluxe Roadster R.S. P.A. Series	4400.	8000.	13300.	19000.	(94)
1931 4-Dr. Sedan	2100.	3800.	6300.	9000.	(90)
1931 R.S. Coupe	2300.	4200.	7000.	10000.	(90)
1932 P.A. Coupe R.S.	2300.	4200.	7000.	10000.	(90)
1932 P.A. Roadster R.S.S.M.	4600.	8400.	14000.	20000.	(94)
1932 P.A. 4-Dr. Sedan	2100.	3800.	6300.	9000.	(90)
1932 Cabriolet P.A.	4050.	7350.	12250.	17500.	(94)
1932 Phaeton P.A. S.M.	4600.	8400.	14000.	20000.	(94)
1932 P.A. 2-Dr. Sedan	1850.	3350.	5600.	8000.	(90)
1932 R.S. Coupe P.B. S.M.	2400.	4400.	7350.	10500.	(90)
1932 P.B. 2-Dr. Sedan	1950.	3550.	5950.	8500.	(90)
1932 4-Dr. Sedan P.B. S.M.	2400.	4400.	7350.	10500.	(90)
1932 P.B. 4-Dr. Touring	5200.	9450.	15750.	22500.	(94)
1932 2-Dr. Phaeton S.M.	5550.	10100.	16800.	24000.	(94)
1932 P.B. R.S. Roadster S.M.	4850.	8800.	14700.	21000.	(94)
1932 P.B. Convertible Coupe R.S.S.M.	4400.	8000.	13300.	19000.	(94)
1933 6-Cyl. Convertible Coupe S.M.	4250.	7750.	12950.	18500.	(94)
1933 2-Dr. Sedan P.C.	1850.	3350.	5600.	8000.	(90)
1933 6-Cyl. Sedan S.M. P.D.	2300.	4200.	7000.	10000.	(90)

1932 PA Series Cabriolet

MAKE YEAR MODEL	UNRES. FAIR-4	UNRES. GOOD-3	RES. FAIR-2	RES. EXCEL.-1	PTS.
1933 PCX 4-Dr. Sedan Standard 6-Cyl.	1750.	3150.	5250.	7500.	(90)
1933 Coupe P.C. R.S.	2250.	4050.	6800.	9700.	(90)
1934 Convertible Coupe	3450.	6300.	10500.	15000.	(90)

MAKE YEAR MODEL	UNRES. FAIR-4	UNRES. GOOD-3	RES. FAIR-2	RES. EXCEL.-1	PTS.
1934 Deluxe Coupe R.S.	2100.	3800.	6300.	9000.	(90)
1934 Standard Coupe	1750.	3150.	5250.	7500.	(90)
1934 4-Dr. Sedan P.E. S.M.	1950.	3550.	5950.	8500.	(90)
1935 4-Dr. Sedan	1400.	2500.	4200.	6000.	(90)
1935 Deluxe 4-Dr. Sedan P.J. Series	1950.	3550.	5950.	8500.	(90)
1935 R.S. Convertible Coupe	3250.	5900.	9800.	14000.	(90)
1935 Coupe	1500.	2750.	4550.	6500.	(90)
1935 R.S. Coupe S.M. P.J. Series	1950.	3550.	5950.	8500.	(90)
1935 2-Dr. Sedan Deluxe	1550.	2850.	4750.	6800.	(90)
1936 Pickup	1550.	2850.	4750.	6800.	(90)
1936 Business Coupe	1500.	2750.	4550.	6500.	(90)
1936 4-Dr. Deluxe Touring Sedan	2100.	3800.	6300.	9000.	(90)
1936 2-Dr. Sedan Deluxe	1800.	3300.	5450.	7800.	(90)
1936 Deluxe Coupe R.S.	2100.	3850.	6450.	9200.	(90)
1936 Convertible Coupe	3350.	6100.	10150.	14500.	(90)
1937 2-Dr. Sedan	900.	1700.	2800.	4000.	(90)
1937 2-Dr. Sedan Deluxe	1105.	2100.	3500.	5000.	(90)
1937 Coupe Deluxe P4 R.S.	1500.	2750.	4550.	6500.	(90)
1937 Sedan Deluxe	1050.	1900.	3150.	4500.	(90)
1937 Convertible Coupe P4	2750.	5050.	8400.	12000.	(90)

1935 Plymouth Deluxe Sedan

MAKE YEAR MODEL	UNRES. FAIR-4	UNRES. GOOD-3	RES. FAIR-2	RES. EXCEL.-1	PTS.
1937 Station Wagon (Woody) Custom Body	2550.	4600.	7700.	11000.	(90)
1938 4-Dr. Sedan P6	1205.	2300.	3850.	5500.	(90)
1938 Deluxe Coupe P6 R.S.	1600,	2950.	4900	7000.	(90)
1938 Convertible Coupe R.S.	3100.	5650.	9450.	13500.	(90)
1938 2-Dr. Sedan Deluxe	1250.	2300.	3850.	5500.	(90)
1938 Station Wagon Custom Body	3000.	5460.	9100.	13000.	(90)
1939 Convertible Sedan	4500.	8200.	13650.	18500.	(94)
1939 Convertible Coupe	3450.	6300.	10500.	15000.	(90)
1939 Pickup	1500.	2750.	4550.	6500.	(90)
1939 Sedan Road King 4-Dr.	1050.	1900.	3150.	4500.	(90)
1939 Deluxe 4-Dr. Sedan	1250.	2300.	3850.	5500.	(90)
1939 Road King 2-Dr. Sedan	1050.	1900.	3150.	4500.	(90)
1940 Convertible Coupe	3250.	5900.	9800.	14000.	(90)
1940 Station Wagon (Woody)	2300.	4200.	7000.	10000.	(90)
1940 Sedan Delivery	1300.	2350.	3900.	5600.	(90)
1940 Sedan P10	1000.	1800.	3000.	4250.	(90)
1940 Coupe P9	1100.	2000.	3350.	4800.	(90)
1941 Station Wagon	2200.	4000.	6650.	9500.	(90)
1941 Special Deluxe Club Coupe	1400.	2500.	4200.	6000.	(90)
1941 2-Dr. Sedan P11	1050.	1900.	3150.	4500.	(90)
1941 Special Deluxe Sedan P12	1250.	2300.	3850.	5500.	(90)
1941 Cabriolet	3600.	6500.	10850.	15500.	(90)
1941 Coupe 2-Pass. P11	1050.	1950.	3200.	4600.	(90)
1942 4-Dr. Sedan P12	1050.	1950.	3200.	4600.	(90)
1942 Club Coupe P14C	1250.	2300.	3850.	5500.	(90)
1942 Business Coupe	1150.	2100.	3500.	5000.	(90)
1942 Convertible Coupe P14C	3250.	5900.	9800.	14000.	(90)
1942 P14C Station Wagon	2300.	4200.	7000.	10000.	(90)

PONTIAC 1926-Present Pontiac, MICH.

MAKE YEAR MODEL	UNRES. FAIR-4	UNRES. GOOD-3	RES. FAIR-2	RES. EXCEL.-1	PTS.
1926 Landau Coupe 6-Cyl.	2400.	4400.	7350.	10500.	(90)
1926 2-Dr. Sedan	1800.	3300.	5450.	7800.	(90)
1927 R.S. Cabriolet	3350.	6100.	10150.	14500.	(90)
1927 Sport Roadster	3650.	6650.	11050.	15800.	(90)
1927 2-Dr. Sedan	1750.	3150.	5250.	7500.	(90)
1927 4-Dr. Sedan Landau	2100.	3800.	6300.	9000.	(90)
1927 R.S. Coupe	2200.	4000.	6650.	9500.	(90)
1928 4-Dr. Sedan	1750.	3150.	5250.	7500.	(90)
1928 Phaeton S.M.	4150.	7550.	12600.	18000.	(94)
1928 4-Dr. Landau Sedan	2100.	3800.	6300.	9000.	(90)
1928 Sport Roadster R.S.S.M.	3350.	6100.	10150.	14500.	(90)
1928 Coupe R.S.S.M.	2250.	4100.	6850.	9800.	(90)
1929 Sport Roadster S.M.	3800.	6950.	11550.	16500.	(94)
1929 Phaeton S.M.	4400.	8000.	13300.	19000.	(94)
1929 Cabriolet	3800.	6950.	11550.	16500.	(94)
1929 Coupe R.S.S.M.	2300.	4200.	7000.	10000.	(90)
1929 4-Dr. Sedan S.M.	1950.	3550.	5950.	8500.	(90)
1929 4-Dr. Sedan Landau	2650.	4850.	8050.	11500.	(90)
1930 6-30B Roadster R.S.S.M.	4050.	7350.	12250.	17500.	(94)
1930 Sedan 6-30B S.M.	1900.	3450.	5800.	8250.	(90)
1930 2-Dr. Sedan	1750.	3150.	5250.	7500.	(90)
1930 Coupe R.S.S.M.	2300.	4200.	7000.	10000.	(90)
1931 6-Cyl. 4-Dr. Sedan S.M.	2100.	3800.	6300.	9000.	(90)
1931 2-Dr. Sedan	1750.	3150.	5250.	7500.	(90)
1931 Sport Coupe R.S.S.M.	2500.	4500.	7500.	10750.	(90)
1931 6-Cyl. Cabriolet 6-402 S.M.	4250.	7750.	12950.	18500.	(94)
1932 Coupe V-8 302 R.S.S.M.	3450.	6300.	10500.	15000.	(90)
1932 Sedan S.M. V-8	2650.	4850.	8050.	11500.	(90)
1932 6-Cyl. Sedan 6-402	2200.	4000.	6650.	9500.	(90)
1932 6-Cyl. 2-Dr. Sedan	1900.	3450.	5750.	8200.	(90)
1932 6-Cyl. Cabriolet	4600.	8400.	14000.	20000.	(94)
1932 6-Cyl. Coupe R.S.S.M.	2750.	5050.	8400.	12000.	(90)
1932 V-8 Cabriolet S.M.	5800.	10600.	17650.	25200.	(94)

1929 Pontiac Cabriolet

ALL 1933-1934 PONTIAC ARE STRAIGHT 8

MAKE YEAR MODEL	UNRES. FAIR-4	UNRES. GOOD-3	RES. FAIR-2	RES. EXCEL.-1	PTS.
1933 8-in Line 601 4-Dr. Sedan S.M.	2300.	4200.	7000.	10000.	(90)
1933 8-Cyl. 2-Dr. Sedan 601	2200.	4000.	6650.	9500.	(90)
1933 8-Cyl. Coupe R.S.	2750.	5050.	8400.	12000.	(90)
1933 8-Cyl. Cabriolet S.M.	4250.	7750.	12950.	18500.	(94)
11934 8-Cyl. Convertible Coupe S.M.	4850.	8800.	14700.	21000.	(94)
1934 8-Cyl. Sedan 603	2300.	4200.	7000.	10000.	(90)
1934 2-Dr. Sedan	2100.	3800.	6300.	9000.	(90)
1934 Business Coupe	1850.	3350.	5600.	8000.	(90)

PONTIAC 1935-1954 BOTH 6-CYL. & STRAIGHT 8

MAKE YEAR MODEL	UNRES. FAIR-4	UNRES. GOOD-3	RES. FAIR-2	RES. EXCEL.-1	PTS.
1935 6-Cyl. Convertible Coupe	3350.	6150.	10200.	14600.	(90)
1935 6-Cyl. 2-Dr. Sedan	1400.	2500.	4200.	6000.	(90)
1935 8-Cyl. R.S. Coupe	2400.	4400.	7350.	10500.	(90)
1935 6-Cyl. Business Coupe	1750.	3150.	5250.	7500.	(90)
1935 8-Cyl. Convertible Coupe	3950.	7150.	11900.	17000.	(90)
1935 8-Cyl. 4-Dr. Sedan	1900.	3450.	5750.	8200.	(90)
1935 6-Cyl. 4-Dr. Sedan	1500.	2750.	4550.	6500.	(90)
1936 8-Cyl. 4-Dr. Sedan	1900.	3450.	5750.	8200.	(90)

MAKE YEAR MODEL	UNRES. FAIR-4	UNRES. GOOD-3	RES. FAIR-2	RES. EXCEL.-1	PTS.

1933 Pontiac 8 cyl., Sport Coupe

1936 6-Cyl. 4-Dr. Sedan	1500.	2750.	4550.	6500.	(90)
1936 6-Cyl. 3-Window Coupe	1650.	3000.	5050.	7200.	(90)
1936 8-Cyl. R.S. Coupe	2400.	4400.	7350.	10500.	(90)
1936 8-Cyl. Cabriolet	4150.	7550.	12600.	18000.	(94)
1937 6-Cyl. 4-Dr. Sedan	1250.	2300.	3800.	5500.	(90)
1937 6-Cyl. Coupe R.S.	1850.	3350.	5600.	8000.	(90)
1937 8-Cyl. 4-Dr. Convertible Sedan	5550.	10100.	16800.	24000.	(94)
1937 6-Cyl. 4-Dr. Convertible Sedan	4850.	8800.	14700.	21000.	(94)
1937 6-Cyl. Cabriolet	3800.	6950.	11550.	16500.	(90)
1937 8-Cyl. Cabriolet S.M.R.S.	4150.	7550.	12600.	18000.	(94)
1937 8-Cyl. Sedan S.M.	1500.	2750.	4550.	6500.	(90)
1937 6-Cyl. 2-Dr. Fastback Sedan	1400.	2500.	4200.	6000.	(90)
1938 8-Cyl. Convertible Coupe R.S.S.M.	4150.	7550.	12600.	18000.	(94)
1938 6-Cyl. Convertible Coupe	3800.	6950.	11550.	16500.	(90)
1938 6-Cyl. 4-Dr. Sedan	1350.	2450.	4050.	5800.	(90)
1938 6-Cyl. Sport Coupe	1600.	2950.	4900.	7000.	(90)
1938 8-Cyl. 4-Dr. Sedan	1500.	2750.	4550.	6500.	(90)
1938 8-Cyl. 4-Dr. Convertible Sedan	5550.	10100.	16800.	24000.	(94)
1939 6-Cyl. 4-Dr. Sedan	1150.	2100.	3500.	5000.	(90)
1939 6-Cyl. Station Wagon	1750.	3200.	5300.	7600.	(90)
1939 8-Cyl. Club Coupe	1650.	3000.	5050.	7200.	(90)
1939 8-Cyl. 4-Dr. Sedan	1250.	2300.	3850.	5500.	(90)
1939 Deluxe 8 4-Dr. Sedan	1300.	2400.	4000.	5700.	(90)
1939 Deluxe 8 Cabriolet	3800.	6950.	11550.	16500.	(90)
1940 6-Cyl. Station Wagon	1750.	3150.	5250.	7500.	(90)
1940 6-Cyl. Sport Coupe H.B.	1350.	2450.	4050.	5800.	(90)
1940 6-Cyl. H.B. Sedan	1150.	2100.	3500.	5000.	(90)
1940 8-Cyl. Sport Coupe	1560.	2850.	4700.	6750.	(90)
1940 8-Cyl. 4-Dr. Sedan	1250.	2300.	3850.	5500.	(90)
1940 8-Cyl. Convertible	3900.	7050.	11750.	16800.	(94)
1940 6-Cyl. H.B. Convertible	3700.	6700.	11200.	16000.	(94)
1940 8-Cyl. Torpedo Coupe	1550.	2850.	4750.	6800.	(90)
1941 6-Cyl. 4-Dr. Sedan	1100.	2000.	3350.	4800.	(90)
1941 6-25 Convertible	3600.	6550.	10900.	15600.	(90)
1941 6-25 Sedanet	1550.	2850.	4750.	6800.	(90)
1941 6-Cyl. Deluxe 2-Dr. Sedan	1100.	2000.	3350.	4800.	(90)
1941 8-27 Convertible	3950.	7150.	11900.	17000.	(94)
1941 8-Cyl. Sedanet 2-Dr.	1650.	3000.	5050.	7200.	(90)
1941 8-27 4-Dr. Super Sedan	1450.	2600.	4350.	6200.	(90)
1941 8-28 Coupe Sedanet	1650.	3000.	5050.	7200.	(90)
1942 8-Cyl. Convertible Coupe	3450.	6300.	10500.	15000.	(90)
1942 6-KA Convertible	3250.	5900.	9800.	14000.	(90)
1942 6-KA Torpedo Coupe	1400.	2500.	4200.	6000.	(90)
1942 8-Cyl. 4-Dr. Sedan	1300.	2350.	3900.	5600.	(90)
1942 8-KB Chieftain Sedan Coupe	1400.	2500.	4200.	6000.	(90)
1942 8-KB Station Wagon	1850.	3350.	5600.	8000.	(90)

POPE-HARTFORD 1902-1914 Hartford, CT.

1911 7-Pass. Touring	17300.	31500.	52500.	75000.	(98)
1912 Model 27 4-Cyl. Touring	11550.	21000.	35000.	50000.	(94)
1913 Model 31 4-Cyl. Roadster	10400.	18900.	31500.	45000.	(94)
1913 Model 31 Touring	11550.	21000.	35000.	50000.	(94)
1914 4-Cyl. Roadster	10400.	18900.	31500.	45000.	(94)

MAKE YEAR MODEL	UNRES. FAIR-4	UNRES. GOOD-3	RES. FAIR-2	RES. EXCEL.-1	PTS.

1914 Pope-Hartford Roadster, Model 35, 4 cyl., 40 hp
Courtesy Harrah's, Reno, NV

POPE-TRIBUNE 1904-1909 Hagerstown, MD.

1909 Roadster	5800.	10500.	17500.	25000.	(94)

POPE-WAVERLY 1902-1908 Indianapolis, IN.

1903 Runabout	2300.	4200.	7000.	10000.	(90)
1906 Electric Runabout	3450.	6300.	10500.	15000.	(90)
1908 Electric Runabout	3250.	5900.	9800.	14000.	(90)

PRATT 1911-1915 Elkhart, IN.

1912 Touring Car	4600.	8400.	14000.	20000.	(94)

PRATT-ELKHART 1910-1912 Elkhart, IN.

1912 Touring Car 6-Cyl.	5550.	10100.	16800.	24000.	(94)

1906 Pope-Waverly Speed Road Wagon, Model 36B, 60 Volt Electric
Courtesy Harrah's, Reno, NV

PREMIER 1903-1924

1907 6-Cyl. Touring	6000.	10900.	18200.	26000.	(94)
1910 4-40 Toy Tonneau	7400.	13450.	22400.	32000.	(94)
1911 Model 440 5-Pass. Touring 6-Cyl.	6700.	12200.	20300.	29000.	(94)
1914 7-Pass. Touring 6-Cyl.	5800.	10500.	17500.	25000.	(94)
1915 7-Pass. Touring	5550.	10100.	16800.	24000.	(94)
1920 7-Pass. Touring	5800.	10500.	17500.	25000.	(94)
1923 6-Cyl. Sport Touring	5550.	10100.	16800.	24000.	(94)
1924 7-Pass. Sedan 6-Cyl.	3250.	5900.	9800.	14000.	(90)

PULLMAN 1907-1920 York, PA.

1909 6-Cyl. Touring	6000.	10900.	18200.	26000.	(94)
1910 Model K Touring	6000.	10900.	18200.	26000.	(94)
1915 Roadster	3450.	6300.	10500.	15000.	(90)
1916 4-Cyl. Touring	3450.	6300.	10500.	15000.	(90)

RAMBLER 1902-1914 Kenosha, WISC.
Continued as AMERICAN MOTORS 1950-1969

1902 Runabout	3250.	5900.	9800.	14000.	(94)
1903 Runabout	3250.	5900.	9800.	14000.	(94)
1904 Rear Entrance Tonneau	4850.	8800.	14700.	21000.	(94)
1905 2-Cyl. Surrey	4400.	8000.	13300.	19000.	(90)
1906 Touring Car	4600.	8400.	14000.	20000.	(94)
1908 5-Pass. Touring	5800.	10500.	17500.	25000.	(94)
1910 7-Pass. Touring	6000.	10900.	18200.	26000.	(94)
1910 Roadster	4050.	7350.	12250.	17500.	(94)

MAKE YEAR MODEL	UNRES. FAIR-4	UNRES. GOOD-3	RES. FAIR-2	RES. EXCEL.-1	PTS.
1912 4-Cyl. Cross Country Touring	6350.	11550.	19250.	27500.	(94)
1913 7-Pass. Touring	6000.	10900.	18200.	26000.	(94)
1913 Cross Country Model Touring	6250.	11350.	18900.	27000.	(94)

RAUCH-LANG 1905-1920 Cleveland, OH.

MAKE YEAR MODEL	UNRES. FAIR-4	UNRES. GOOD-3	RES. FAIR-2	RES. EXCEL.-1	PTS.
1905 Gas-Electric	2300.	4200.	7000.	10000.	(90)
1909 2-Dr. Brougham	3700.	6700.	11200.	16000.	(90)
1911 Electric Dowagers Coach	3700.	6700.	11200.	16000.	(90)
1919 Electric Coach	3450.	6300.	10500.	15000.	(90)

R-C-H 1912-1915 Detroit, MICH.

MAKE YEAR MODEL	UNRES. FAIR-4	UNRES. GOOD-3	RES. FAIR-2	RES. EXCEL.-1	PTS.
1912 4-Cyl. Roadster	3250.	5900.	9800.	14000.	(90)
1913 4-Cyl. Touring	3350.	6100.	10200.	14500.	(90)

1919 Rauch & Lang Coach, Model C-35, 80 Volt Electric
Courtesy, Harrah's, Reno, NV

REGAL, REGAL UNDERSLUNG 1907-1917 Detroit, MICH.

MAKE YEAR MODEL	UNRES. FAIR-4	UNRES. GOOD-3	RES. FAIR-2	RES. EXCEL.-1	PTS.
1909 Model 30 Touring	7400.	13450.	22400.	32000.	(94)
1913 Underslung Coupe	4850.	8800.	14700.	21000.	(94)
1915 4-Cyl. Model D Touring	3700.	6700.	11200.	16000.	(94)

RELIABLE-DAYTON 1909 Chicago, IL.

MAKE YEAR MODEL	UNRES. FAIR-4	UNRES. GOOD-3	RES. FAIR-2	RES. EXCEL.-1	PTS.
1909 Reliable High Wheel Surrey	X	X	10500.	15000.	(94)

RENAULT-France

MAKE YEAR MODEL	UNRES. FAIR-4	UNRES. GOOD-3	RES. FAIR-2	RES. EXCEL.-1	PTS.
1902 Runabout	4600.	8400.	14000.	20000.	(90)
1906 Landaulette Town Car	11100.	20150.	33600.	48000.	(94)
1907 2-Cyl. Runabout	5550.	10100.	16800.	24000.	(90)
1907 4-Cyl. Raceabout	8100.	14700.	24500.	35000.	(90)
1909 2-Cyl. Roadster	3550.	10100.	16800.	24000.	(90)
1910 Town Car	11550.	21000.	35000.	50000.	(94)
1910 7-Pass. Limousine	6450.	11750.	19600.	28000.	(94)
1911 Limousine	6700.	12200.	20300.	29000.	(94)
1911 Roadster	8100.	14700.	24500.	35000.	(94)
1913 Roadster	8100.	14700.	24500.	35000.	(94)
1913 Touring Car	8100.	14700.	24500.	35000.	(94)
1914 Landaulette	8100.	14700.	24500.	35000.	(94)
1922 Town Car	6950.	12600.	21000.	30000.	(94)
1924 Model 45 Sport Touring	6950.	12600.	21000.	30000.	(94)

REO 1904-1939 (Named for Mr. R.E. Olds) Lansing, MICH. Continued REO Trucks

MAKE YEAR MODEL	UNRES. FAIR-4	UNRES. GOOD-3	RES. FAIR-2	RES. EXCEL.-1	PTS.
1904 1-Cyl. Runabout	2200.	4000.	6650.	9500.	(90)
1905 2-Cyl. Touring	2550.	4600.	7700.	11000.	(90)
1905 1-Cyl. Roadster	2200.	4000.	6650.	9500.	(90)
1906 1-Cyl. Roadster	2200.	4000.	6650.	9500.	(90)
1907 2-Cyl. Touring	3250.	5900.	9800.	14000.	(90)
1907 Model A 2-Cyl. Roadster	2750.	5050.	8400.	12000.	(90)
1908 Roadster	2750.	5050.	8400.	12000.	(90)
1909 2-Cyl. Runabout	3450.	6300.	10500.	15000.	(90)
1910 4-Cyl. Touring	3800.	6950.	11550.	16500.	(90)
1910 4-Cyl. Roadster	3700.	6700.	11200.	16000.	(90)
1912 4-Cyl. Roadster	3700.	6700.	11200.	16000.	(90)
1912 Reo the 5th Touring	4150.	7550.	12600.	18000.	(90)
1912 5-Pass. Touring	3450.	6300.	10500.	15000.	(90)
1913 4-Cyl. Roadster	3250.	5900.	9800.	14000.	(90)
1913 4-Cyl. Touring	3250.	5900.	9800.	14000.	(90)
1915 5-Pass. Touring	3350.	6100.	10150.	14500.	(90)
1917 6-Cyl. 7-Pass. Touring	3100.	5650.	9450.	13500.	(90)
1918 3-Pass. Roadster	3250.	5900.	9800.	14000.	(90)
1919 Roadster	2750.	5050.	8400.	12000.	(90)
1920 6-Cyl. Roadster	3100.	5650.	9450.	13500.	(90)
1920 6-Cyl. 5-Pass. Touring	3000.	5450.	9100.	13000.	(90)
1922 7-Pass. Touring	3450.	6300.	10500.	15000.	(90)
1923 Sport Touring	3950.	7150.	11900.	17000.	(94)
1924 7-Pass. Touring	4050.	7350.	12250.	17500.	(94)
1924 6-Cyl. 5-Pass. Sport Touring	4400.	8000.	13300.	19000.	(94)
1924 6-Cyl. Brougham	2100.	3800.	6300.	9000.	(90)
1925 6-Cyl. Sport Roadster	3450.	6300.	10500.	15000.	(90)
1925 6-Cyl. Touring	3450.	6300.	10500.	15000.	(94)
1925 4-Dr. Sedan	1750.	3150.	5250.	7500.	(90)
1926 R.S. Roadster	3600.	6500.	10850.	15500.	(90)
1925 R.S. Coupe	2400.	4400.	7350.	10500.	(90)
1926 5-Pass. Touring	3450.	6300.	10500.	15000.	(90)

1917 Reo Roadster, Courtesy Arthur Rippey, Denver, CO

MAKE YEAR MODEL	UNRES. FAIR-4	UNRES. GOOD-3	RES. FAIR-2	RES. EXCEL.-1	PTS.
1926 Sport Sedan	2400.	4400.	7350.	10500.	(90)
1927 Sport Roadster	3450.	6300.	10500.	15000.	(94)
1927 Wolverine 2-Dr. Sedan	1850.	3350.	5600.	8000.	(90)
1927 Flying Cloud Sedan	1850.	3350.	5600.	8000.	(90)
1927 Flying Cloud Coupe R.S.	2400.	4400.	7350.	10500.	(90)
1928 Opera Coupe	2200.	3700.	6700.	9500.	(90)
1928 Flying Cloud Sedan	2100.	3800.	6300.	9000.	(90)
1928 Wolverine Cabriolet	3250.	5900.	9800.	14000.	(90)
1928 Cabriolet S.M. Model B	3950.	7150.	11900.	17000.	(94)
1928 R.S. Roadster Model A	3800.	6950.	11550.	16500.	(94)
1928 R.S.S.M. Coupe	2550.	4600.	7700.	11000.	(90)
1929 Sport Phaeton S.M.	6000.	10900.	18200.	26000.	(94)
1929 R.S. Coupe	2750.	5050.	8400.	12000.	(90)
1929 R.S. Roadster	4600.	8400.	14000.	20000.	(94)
1929 Flying Cloud Sedan S.M.	2400.	4400.	7350.	10500.	(90)
1930 6-Cyl. B-2 Coupe R.S.S.M.	2900.	5250.	8750.	12500.	(90)
1930 6-Cyl. Model 6C 2-Dr Brougham	2300.	4200.	7000.	10000.	(90)
1930 6-Cyl. Model 15 Sedan	2200.	4000.	6650.	9500.	(90)
1930 6-Cyl. Model 25 Sedan S.M.	2300.	4200.	7000.	10000.	(90)
1930 6-Cyl. Model 6-C Roadster S.M.	4950.	9050.	15050.	21500.	(94)
1930 6-Cyl. Model 15 Sport Phaeton S.M.	6250.	11350.	18900.	27000.	(94)
1931 8-21 4-Dr. Sedan S.M.	2400.	4400.	7350.	10500.	(90)
1931 6-Cyl. Model 21 Sedan	2300.	4200.	7000.	10000.	(90)
1931 6-Cyl. Model 25 Sport Coupe R.S.S.M.	2750.	5050.	8400.	12000.	(90)
1931 8-25 Victoria Coupe	2900.	5250.	8750.	12500.	(90)
1932 8-Cyl. 8-21 Victoria Coupe S.M.	2750.	5050.	8400.	12000.	(90)
1932 8-Cyl. Sedan 8-25 S.M.	2750.	5050.	8400.	12000.	(90)
1932 6-S Convertible	3800.	6950.	11550.	16500.	(94)
1933 6-Cyl. Convertible Coupe	3800.	6950.	11550.	16500.	(94)

MAKE YEAR MODEL	UNRES. FAIR-4	UNRES. GOOD-3	RES. FAIR-2	RES. EXCEL.-1	PTS.

1929 Reo Flying Cloud,
Photo Courtesy of Joseph Larointe, Schenectady, NY

MAKE YEAR MODEL	UNRES. FAIR-4	UNRES. GOOD-3	RES. FAIR-2	RES. EXCEL.-1	PTS.
1933 6-Cyl. Sedan	2300.	4200.	7000.	10000.	(90)
1933 R.S.S.M. Coupe 6-S-2	2750.	5050.	8400.	12000.	(90)
1934 6-Cyl. Convertible Coupe	3600.	6500.	10850.	15500.	(90)
1934 8-Royale, 5-Pass. Sedan S.M. 8-31	2550.	4600.	7700.	11000.	(90)
1934 8-Cyl. R.S. Coupe	2650.	4850.	8050.	11500.	(90)

SEE CLASSIC CAR SECTION 1931-1933 CLASSIC MODELS PAGE PAGE 120

REVERE 1917-1927

MAKE YEAR MODEL	UNRES. FAIR-4	UNRES. GOOD-3	RES. FAIR-2	RES. EXCEL.-1	PTS.
1920 2-Pass. Speedster	4400.	8000.	13300.	19000.	(94)
1920 4-Pass. Touring	5550.	10100.	16800.	24000.	(94)
1923 Model M Touring	5300.	9650.	16100.	23000.	(94)

RICHMOND 1908-1910 Richmond, IN.

MAKE YEAR MODEL	UNRES. FAIR-4	UNRES. GOOD-3	RES. FAIR-2	RES. EXCEL.-1	PTS.
1909 Roadster	2550.	4600.	7700.	11000.	(90)

1926 Rickenbacker Sport Phaeton, 6 cyl.

RICKENBACKER 1921-1927 Detroit, MICH.
(Eddie Rickenbacker Family)

MAKE YEAR MODEL	UNRES. FAIR-4	UNRES. GOOD-3	RES. FAIR-2	RES. EXCEL.-1	PTS.
1922 Opera Coupe	2300.	4200.	7000.	10000.	(90)
1922 5-Pass. Touring	2900.	5250.	8750.	12500.	(90)
1923 Roadster	3000.	5450.	9100.	13000.	(90)
1924 5-Pass. Sedan	2100.	3800.	6300.	9000.	(90)
1925 8-Cyl. Model A 5-Pass. Phaeton	4850.	8800.	14700.	21000.	(94)
1925 8-Cyl. Model A Roadster	4600.	8400.	14000.	20000.	(94)
1926 Phaeton	4950.	9050.	15050.	21500.	(94)
1926 4-Dr. Brougham 8-Cyl.	2300.	4200.	7000.	10000.	(90)
1926 6-E 5-Pass. Sedan	2100.	3800.	6300.	9000.	(90)
1926 Model 6-E 6-Cyl. Convertible	4850.	8800.	14700.	21000.	(94)
1926 8-Cyl. Coupe	4600.	8400.	14000.	20000.	(94)
1926 8-8-B Roadster	5100.	9250.	15400.	22000.	(94)
1927 8-80 Sport Roadster R.S.S.M.	5200.	9450.	15750.	22500.	(94)
1927 8-80 Phaeton	5300.	9650.	16100.	23000.	(94)

RILEY England

MAKE YEAR MODEL	UNRES. FAIR-4	UNRES. GOOD-3	RES. FAIR-2	RES. EXCEL.-1	PTS.
1934 Convertible	2750.	5050.	8400.	12000.	(90)
1936 4-Pass. Tourer	3950.	7150.	11900.	17000.	(90)
1936 2-Pass. Roadster	3950.	7150.	11900.	17000.	(90)
1936 Saloon	2750.	5050.	8400.	12000.	(90)

ROAMER 1916-1929 New York, N.Y.

MAKE YEAR MODEL	UNRES. FAIR-4	UNRES. GOOD-3	RES. FAIR-2	RES. EXCEL.-1	PTS.
1921 4-Pass. Sport Phaeton	4400.	8000.	13300.	19000.	(94)
1922 6-Cyl. R.S. Roadster	4250.	7750.	12950.	18500.	(94)
1923 4-Cyl. Model 75-E Touring	4150.	7550.	12600.	18000.	(94)
1924 Model 6-54-E Roadster	4150.	7550.	12600.	18000.	(94)
1924 6-Cyl. Model 54-E Touring	4600.	8400.	14000.	20000.	(94)

(SEE CLASSIC CAR SECTION ROAMER 1925-1929)

1928 Rolland Pilain Tourer, Body by Kelsch, Model Type D-26, 4 cyl., 30 hp
Courtesy Harrah's, Reno, NV

ROCKNE 1932-1933 South Bend, IN. (Studebaker)
(Car named for great football star)

MAKE YEAR MODEL	UNRES. FAIR-4	UNRES. GOOD-3	RES. FAIR-2	RES. EXCEL.-1	PTS.
1932 Model 65 Conv. Coupe	4400.	8000.	13300.	19000.	(94)
1932 6-65 5-Pass. Conv. Sedan	4850.	8800.	14700.	21000.	(94)
1932 6-65 4-Dr. Sedan S.M.	2300.	4200.	7000.	10000.	(90)
1932 6-75 4-Dr. Sedan	2550.	4600.	7700.	11000.	(90)
1932 6-75 Coupe R.S.S.M.	2750.	5050.	8400.	12000.	(90)
1933 Convertible Coupe R.S.S.M.	3700.	6700.	11200.	16000.	(90)
1933 Sedan 6-10	2100.	3800.	6300.	9000.	(90)
1933 Convertible Sedan Deluxe S.M.	4500.	8200.	13650.	19500.	(94)
1933 6-10 Coupe R.S.S.M.	2650.	4800.	8050.	11500.	(90)

ROCKWELL 1906-1910

MAKE YEAR MODEL	UNRES. FAIR-4	UNRES. GOOD-3	RES. FAIR-2	RES. EXCEL.-1	PTS.
1908 4-Cyl. 7-Pass. Touring Car	4600.	8400.	14000.	20000.	(94)

ROLLIN 1924-1928 Cleveland, OH.

MAKE YEAR MODEL	UNRES. FAIR-4	UNRES. GOOD-3	RES. FAIR-2	RES. EXCEL.-1	PTS.
1924 4-Cyl. Touring Car	2200.	4000.	6650.	9500.	(90)
1924 Model G Roadster	2400.	4400.	7350.	10500.	(90)
1925 Model G 4-Cyl. Touring	2750.	5050.	8400.	12000.	(90)

1922 Rolls-Royce (Springfield) Pickwick Sedan, Body by Rolls-Royce Custom, Model Silver Ghost, 6 cyl., 40/50 hp

ROLLS-ROYCE-ENGLISH 1906
Springfield, Massachusetts 1921-1932

MAKE YEAR MODEL	UNRES. FAIR-4	UNRES. GOOD-3	RES. FAIR-2	RES. EXCEL.-1	PTS.
1907 Silver Ghost Phaeton	57750.	105000.	175000.	250000.	(94)
1910 Silver Ghost Roadster	40400.	73500.	122500.	175000.	(94)
1910 Silver Ghost 7-Pass. Touring	46200.	84000.	140000.	200000.	(94)
1912 Alpine Eagle Tourer	23100.	42000.	70000.	100000.	(94)
1913 Silver Ghost Roadster	34650.	63000.	105000.	150000.	(94)
1914 Landaulet	20800.	37800.	63000.	90000.	(94)
1914 Silver Ghost Roadster	34650.	63000.	105000.	150000.	(94)
1915 Silver Ghost Touring	28900.	52500.	87500.	125000.	(94)

MAKE YEAR MODEL	UNRES. FAIR-4	UNRES. GOOD-3	RES. FAIR-2	RES. EXCEL.-1	PTS.
1920 R.E. Series Limousine	12700.	23100.	38500.	55000.	(94)
1920 A.E. Series 7-Pass. Limousine	12700.	23100.	38500.	55000.	(94)
1920 Silver Ghost Enclosed Cabriolet	18500.	33600.	56000.	80000.	(94)
1920 Tourer	17300.	31500.	52500.	75000.	(94)
1921 Silver Ghost Tourer	17300.	31500.	52500.	75000.	(94)
1921 Silver Ghost 2-Dr. Convertible	11550.	21000.	35000.	50000.	(94)
1921 Silver Ghost Town Car	10400.	18900.	31500.	45000.	(94)
1921 40/50 Limousine (Barker)	10400.	18900.	31500.	45000.	(94)
1922 Model 20 Estate Wagon	8100.	14700.	24500.	35000.	(94)
1922 Silver Ghost Roadster (Springfield)	34650.	63000.	105000.	150000.	(94)

1923 Rolls-Royce

MAKE YEAR MODEL	UNRES. FAIR-4	UNRES. GOOD-3	RES. FAIR-2	RES. EXCEL.-1	PTS.
1923 Silver Ghost Picadilly Roadster	39250.	71400.	119000.	170000.	(94)
1923 Model 20 Touring	8800.	15950.	26600.	38000.	(94)
1923 Silver Ghost Pall Mall Phaeton	28900.	52500.	87500.	112500.	(94)
1923 Silver Ghost 5-Pass. Saloon	7400.	13450.	22400.	32000.	(94)
1924 Roadster Brewster	34650.	63000.	105000.	150000.	(94)
1924 Silver Ghost Touring	22650.	41150.	68600.	98000.	(94)

ALL 1925-UP IN CLASSIC CATEGORY

1929 Roosevelt Standard Coupe, Body by Hayes, Model Type 71, 8 cyl, 70 hp
Courtesy Harrah's, Reno, NV

ROOSEVELT 1929-1930 (Marmon) Indianapolis, IN.

MAKE YEAR MODEL	UNRES. FAIR-4	UNRES. GOOD-3	RES. FAIR-2	RES. EXCEL.-1	PTS.
1929 8-Cyl. Cabriolet R.S.S.M.	4850.	8800.	14700.	21000.	(94)
1929 8-Cyl. Sedan S.M.	2300.	4200.	7000.	10000.	(90)
1929 5-Pass. Victoria	2300.	4200.	7000.	10000.	(90)
1929 Coupe R.S.S.M.	3950.	7150.	11900.	17000.	(90)

ROVER English

MAKE YEAR MODEL	UNRES. FAIR-4	UNRES. GOOD-3	RES. FAIR-2	RES. EXCEL.-1	PTS.
1921 Roadster	2300.	4200.	7000.	10000.	(90)

RUSSELL-KNIGHT 1908-1914 Toronto, Ontario, CANADA

MAKE YEAR MODEL	UNRES. FAIR-4	UNRES. GOOD-3	RES. FAIR-2	RES. EXCEL.-1	PTS.
1912 Touring Car	5800.	10500.	17500.	25000.	(94)

SAXON 1914-1922 Detroit, MICH.

MAKE YEAR MODEL	UNRES. FAIR-4	UNRES. GOOD-3	RES. FAIR-2	RES. EXCEL.-1	PTS.
1914 Roadster	3450.	6300.	10500.	15000.	(90)
1915 6-Cyl. Touring Car	3350.	6100.	10150.	14500.	(90)
1917 6-Cyl. Roadster	3450.	6300.	10500.	15000.	(90)
1918 Roadster	3450.	6300.	10500.	15000.	(90)
1919 6-Cyl. Touring	4050.	7350.	12250.	17500.	(90)
1919 4-Cyl. Touring	4600.	8400.	14000.	20000.	(90)

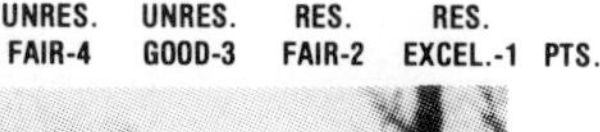

1917 Scripps-Booth Roadster Touring Car

S.C.A.T. Italian

MAKE YEAR MODEL	UNRES. FAIR-4	UNRES. GOOD-3	RES. FAIR-2	RES. EXCEL.-1	PTS.
1903 Touring Car	2750.	5050.	8400.	12000.	(90)
1910 Touring	4600.	8400.	14000.	20000.	(90)

SCHACHT 1904-1910 Cincinnati, OH.

MAKE YEAR MODEL	UNRES. FAIR-4	UNRES. GOOD-3	RES. FAIR-2	RES. EXCEL.-1	PTS.
1905 2-Cyl. Highwheel	2300.	4200.	7000.	10000.	(90)
1907 2-Cyl. Friction Drive	2400.	4400.	7350.	10500.	(90)

SCRIPPS-BOOTH 1914-1921 Detroit, MICH.

MAKE YEAR MODEL	UNRES. FAIR-4	UNRES. GOOD-3	RES. FAIR-2	RES. EXCEL.-1	PTS.
1915 V-8 2-Dr. 4-Pass. Phaeton	4150.	7550.	12600.	18000.	(94)
1916 4-Cyl. Roadster	3450.	6300.	10500.	15000.	(90)
1917 Touring Car V-8	4500.	8200.	13650.	19500.	(94)
1917 V-8 4-Pass. Roadster	4500.	8200.	13650.	19500.	(94)
1918 Touring Car	3450.	6300.	10500.	15000.	(90)
1921 Touring Car	3700.	6700.	11200.	16000.	(90)

SEARS 1907-1910 Chicago, IL.

MAKE YEAR MODEL	UNRES. FAIR-4	UNRES. GOOD-3	RES. FAIR-2	RES. EXCEL.-1	PTS.
1907 Motor Buggy	2550.	4600.	7700.	11000.	(90)
1908 High Wheel Auto Buggy	2900.	5250.	8750.	12500.	(90)
1909 Surrey Top Touring	2750.	5050.	8400.	12000.	(90)
1910 High Wheeler	2650.	4800.	8050.	11500.	(90)
1911 High Wheeler	3250.	5900.	9800.	14000.	(90)

SELDEN 1908-1912 Rochester, N.Y.

MAKE YEAR MODEL	UNRES. FAIR-4	UNRES. GOOD-3	RES. FAIR-2	RES. EXCEL.-1	PTS.
1910 Roadster	8300.	15100.	25200.	36000.	(94)

1913 Stanley

SENECA 1917-1922 Fustoria, OH.

MAKE YEAR MODEL	UNRES. FAIR-4	UNRES. GOOD-3	RES. FAIR-2	RES. EXCEL.-1	PTS.
1917 Touring Car	2400.	4400.	7350.	10500.	(90)

SHERIDAN 1920-1922 Muncie, IN.

MAKE YEAR MODEL	UNRES. FAIR-4	UNRES. GOOD-3	RES. FAIR-2	RES. EXCEL.-1	PTS.
1921 4-Cyl. Touring Car	2900.	5250.	8750.	12500.	(90)

SIMPLEX 1905-1918 New Brunswick, N.J.

MAKE YEAR MODEL	UNRES. FAIR-4	UNRES. GOOD-3	RES. FAIR-2	RES. EXCEL.-1	PTS.
1911 4-Cyl. 4-Pass. Phaeton	17300.	31500.	52500.	75000.	(94)
1911 4-Cyl. Speedster	11550.	21000.	35000.	50000.	(94)
1913 Phaeton	16150.	29400.	49000.	70000.	(94)
1915 Close Cpl. Touring	16150.	29400.	49000.	70000.	(94)
1922 5-Pass. Touring	11550.	21000.	35000.	50000.	(94)

1910 Stearns 7-Passenger Touring

SMITH 1899-1906 Topeka, KS.

MAKE YEAR MODEL	UNRES. FAIR-4	UNRES. GOOD-3	RES. FAIR-2	RES. EXCEL.-1	PTS.
1906 Surrey	3450.	6300.	10500.	15000.	(94)

SINGER-ENGLISH England

MAKE YEAR MODEL	UNRES. FAIR-4	UNRES. GOOD-3	RES. FAIR-2	RES. EXCEL.-1	PTS.
1931 Roadster	2300.	4200.	7000.	10000.	(90)
1932 LeMans Roadster	2900.	5250.	8750.	12500.	(90)
1933 LeMans Roadster	2900.	5250.	8750.	12500.	(90)
1934 Roadster	2750.	5050.	8400.	12000.	(90)
1935 Phaeton	2550.	4600.	7700.	11000.	(90)

STANHOPE 1904-1906 Brookville, PA.

MAKE YEAR MODEL	UNRES. FAIR-4	UNRES. GOOD-3	RES. FAIR-2	RES. EXCEL.-1	PTS.
1906 Tyford Touring	3450.	6300.	10500.	15000.	(90)

1918 Stanley (Steam), 7-Passenger

STANLEY-STEAMER 1896-1928 Newton, MASS.

MAKE YEAR MODEL	UNRES. FAIR-4	UNRES. GOOD-3	RES. FAIR-2	RES. EXCEL.-1	PTS.
1899 Runabout	4600.	8400.	14000.	20000.	(94)
1904 Runabout	6450.	11750.	19600.	28000.	(94)
1905 Roadster	6950.	12500.	21000.	30000.	(94)
1906 Touring Car 10 H.P.	12000.	21850.	36400.	52000.	(94)
1907 Roadster Model K	13850.	25200.	42000.	60000.	(94)
1908 Touring Car	12700.	23100.	38500.	55000.	(94)
1908 Model M Touring	12700.	23100.	38500.	55000.	(94)
1910 30 H.P. Roadster	10400.	18900.	31500.	45000.	(94)
1911 30 H.P. Roadster	10600.	19300.	32200.	46000.	(94)
1911 Touring 30 H.P.	10400.	18900.	31500.	45000.	(94)

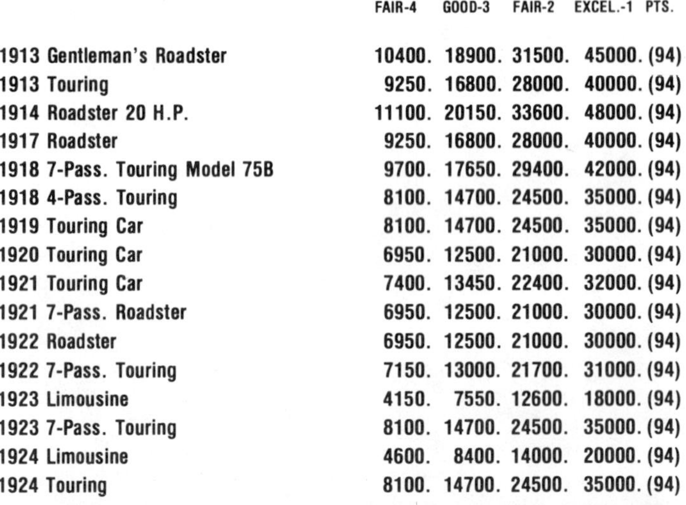

MAKE YEAR MODEL	UNRES. FAIR-4	UNRES. GOOD-3	RES. FAIR-2	RES. EXCEL.-1	PTS.
1913 Gentleman's Roadster	10400.	18900.	31500.	45000.	(94)
1913 Touring	9250.	16800.	28000.	40000.	(94)
1914 Roadster 20 H.P.	11100.	20150.	33600.	48000.	(94)
1917 Roadster	9250.	16800.	28000.	40000.	(94)
1918 7-Pass. Touring Model 75B	9700.	17650.	29400.	42000.	(94)
1918 4-Pass. Touring	8100.	14700.	24500.	35000.	(94)
1919 Touring Car	8100.	14700.	24500.	35000.	(94)
1920 Touring Car	6950.	12500.	21000.	30000.	(94)
1921 Touring Car	7400.	13450.	22400.	32000.	(94)
1921 7-Pass. Roadster	6950.	12500.	21000.	30000.	(94)
1922 Roadster	6950.	12500.	21000.	30000.	(94)
1922 7-Pass. Touring	7150.	13000.	21700.	31000.	(94)
1923 Limousine	4150.	7550.	12600.	18000.	(94)
1923 7-Pass. Touring	8100.	14700.	24500.	35000.	(94)
1924 Limousine	4600.	8400.	14000.	20000.	(94)
1924 Touring	8100.	14700.	24500.	35000.	(94)

1925 Star Sport Phaeton

STAR 1922-1927 Elizabeth, N.J.

MAKE YEAR MODEL	UNRES. FAIR-4	UNRES. GOOD-3	RES. FAIR-2	RES. EXCEL.-1	PTS.
1922 4-Cyl. Touring	1400.	2500.	4200.	6000.	(85)
1923 4-Cyl. Touring Car	1400.	2500.	4200.	6000.	(85)
1924 4-Cyl. Coupster	1800.	3300.	5450.	7800.	(85)
1924 Sport Roadster	1850.	3350.	5600.	8000.	(85)
1924 Touring Car	1850.	3350.	5600.	8000.	(85)
1925 4-Dr. Sedan	1350.	2450.	4050.	5800.	(85)
1925 4-Cyl. Roadster	1750.	3150.	5250.	7500.	(85)

MAKE YEAR MODEL	UNRES. FAIR-4	UNRES. GOOD-3	RES. FAIR-2	RES. EXCEL.-1	PTS.
1925 4-Cyl. Touring Car	1750.	3150.	5250.	7500.	(85)
1925 4-Cyl. Depot Hack	1900.	3450.	5750.	8200.	(85)
1925 4-Cyl. Sport Touring	1850.	3350.	5600.	8000.	(90)
1925 6-Cyl. Coupe	1800.	3300.	5450.	7800.	(90)
1926 6-Cyl. 4-Dr. Sedan Landau	1800.	3300.	5450.	7800.	(90)
1926 4-Cyl. 2-Dr. Sedan	1500.	2750.	4550.	6500.	(90)
1926 4-Cyl. Touring	1850.	3350.	5600.	8000.	(90)
1926 6-Cyl. Sport Roadster	3000.	5450.	9100.	13000.	(90)
1926 6-Cyl. Touring	2400.	4400.	7350.	10500.	(90)
1927 6-Cyl. Sedan Landau	1850.	3350.	5600.	8000.	(90)
1927 6-Cyl. Sport Roadster R.S.	3250.	5900.	9800.	14000.	(90)
1927 6-Cyl. Sport Touring	3350.	6100.	10150.	14500.	(90)

STEARNS 1896-1913 Syracuse, N.Y.

MAKE YEAR MODEL	UNRES. FAIR-4	UNRES. GOOD-3	RES. FAIR-2	RES. EXCEL.-1	PTS.
1907 4-Cyl. 7-Pass. Touring	15000.	27300.	45500.	65000.	(94)
1908 6-Cyl. Touring	15000.	27300.	45500.	65000.	(94)
1909 4-Cyl. Toy Tonneau	15000.	27300.	45500.	65000.	(94)
1910 4-Cyl. Touring	16150.	29400.	49000.	70000.	(94)
1911 4-Cyl. Touring	15000.	27300.	45500.	65000.	(94)

1923 Sterns-Knight, Courtesy Arthur Rippey, Denver, CO

STEARNS-KNIGHT 1910-1929 Cleveland, OH.

MAKE YEAR MODEL	UNRES. FAIR-4	UNRES. GOOD-3	RES. FAIR-2	RES. EXCEL.-1	PTS.
1911 4-Cyl. Touring	7400.	13450.	22400.	32000.	(94)
1913 7-Pass. Touring 6-Cyl.	9250.	16800.	28000.	40000.	(94)
1917 Touring Car 6-Cyl.	8100.	14700.	24500.	35000.	(94)
1921 4-Cyl. Touring	4150.	7550.	12600.	18000.	(94)
1922 4-Cyl. Touring	4150.	7550.	12600.	18000.	(94)
1923 5-Pass. Touring	4400.	8000.	13300.	19000.	(94)
1924 4-Cyl. Roadster	4250.	7750.	12950.	18500.	(94)
1924 6-Cyl. Touring	4850.	8800.	14700.	21000.	(94)

ALL 1925-UP IN CLASSIC CAR SECTION SEE PAGE 122

STEPHENS 1916-1924 Freeport, IL.

MAKE YEAR MODEL	UNRES. FAIR-4	UNRES. GOOD-3	RES. FAIR-2	RES. EXCEL.-1	PTS.
1918 Touring Car	2900.	5250.	8750.	12500.	(90)
1921 Roadster 6-Cyl.	3100.	5650.	9450.	13500.	(90)
1921 7-Pass. Sedan	2200.	4000.	6650.	9500.	(90)
1922 Sport Roadster	3250.	5900.	9800.	14000.	(90)
1923 Sport Touring 6-Cyl.	3450.	6300.	10500.	15000.	(90)
1924 6-Cyl. Touring Car	4050.	7350.	12250.	17500.	(94)

STERLING KNIGHT 1923-1925 Cleveland, OH.

MAKE YEAR MODEL	UNRES. FAIR-4	UNRES. GOOD-3	RES. FAIR-2	RES. EXCEL.-1	PTS.
1923 4-Pass. Sport Phaeton	4850.	8800.	14700.	21000.	(94)
1925 6-Cyl. Sedan	2200.	4000.	6650.	9500.	(94)

STEVENS-DURYEA 1895-1926 Cleveland, OH.

MAKE YEAR MODEL	UNRES. FAIR-4	UNRES. GOOD-3	RES. FAIR-2	RES. EXCEL.-1	PTS.
1906 6-Cyl. Touring	11550.	21000.	35000.	50000.	(94)
1906 R-4-Cyl. Touring	9250.	16800.	28000.	40000.	(94)
1907 6-Cyl. Model U Touring Car	12700.	23100.	38500.	55000.	(94)
1909 Roadster	10400.	18900.	31500.	45000.	(94)
1913 Touring Car	9250.	16800.	28000.	40000.	(94)
1915 6-Cyl. Touring	9250.	16800.	28000.	40000.	(94)

ALL 1925-UP IN CLASSIC CATEGORY

STODDARD-DAYTON 1904-1914 Dayton, OH.

MAKE YEAR MODEL	UNRES. FAIR-4	UNRES. GOOD-3	RES. FAIR-2	RES. EXCEL.-1	PTS.
1910 Touring Car	6950.	12500.	21000.	30000.	(94)

1911 Stoddard-Dayton Racer

MAKE YEAR MODEL	UNRES. FAIR-4	UNRES. GOOD-3	RES. FAIR-2	RES. EXCEL.-1	PTS.
1910 Raceabout	6950.	12500.	21000.	30000.	(94)
1910 Speedster	8100.	14700.	24500.	35000.	(94)
1911 Speedster	8100.	14700.	24500.	35000.	(94)

STUDEBAKER 1907-1966 South Bend, IN.

MAKE YEAR MODEL	UNRES. FAIR-4	UNRES. GOOD-3	RES. FAIR-2	RES. EXCEL.-1	PTS.
1910 Roadster	2750.	5050.	8400.	12000.	(90)
1911 Roadster	3000.	5450.	9100.	13000.	(90)
1913 7-Pass. Convertible Phaeton	3100.	5650.	9450.	13500.	(90)
1913 Model 25 Touring	3000.	5450.	9100.	13000.	(90)
1914 6-Cyl. 7-Pass. Touring	3100.	5650.	9450.	13500.	(90)
1915 4-Cyl. SD 40 Touring Car	2750.	5050.	8400.	12000.	(90)
1915 6-Cyl. 7-Pass. Touring	3350.	6100.	10150.	14500.	(90)
1915 4-Cyl. Roadster	2750.	5050.	8400.	12000.	(90)
1916 7-Pass. Limousine	2300.	4200.	7000.	10000.	(90)
1917 7-Pass. Touring	3450.	6300.	10500.	15000.	(90)
1917 Big Six Roadster	3350.	6100.	10150.	14500.	(90)
1918 Big Six Roadster	3450.	6100.	10150.	14500.	(90)
1919 Big Six Touring	3250.	5900.	9800.	14000.	(90)
1919 7-Pass. Sedan	2100.	3800.	6300.	9000.	(90)
1920 Special Six 4-Pass. Touring	2750.	5050.	8400.	12000.	(90)
1920 Big Six 7-Pass. Touring	3350.	6100.	10150.	14500.	(90)
1921 Light Six Touring	2550.	4600.	7700.	11000.	(90)
1921 Light Six Coupe	2050.	3700.	6150.	8800.	(90)
1922 Special Six Touring	2650.	4850.	8050.	11500.	(90)
1922 Special Six Roadster	3000.	5450.	9100.	13000.	(90)

1923 Studebaker Roadster

MAKE YEAR MODEL	UNRES. FAIR-4	UNRES. GOOD-3	RES. FAIR-2	RES. EXCEL.-1	PTS.
1922 Big Six Touring	3100.	5650.	9450.	13500.	(90)
1923 Big Six 4-Pass. Speedster	3450.	6300.	10500.	15000.	(90)
1923 Light Six Roadster	2550.	4600.	7700.	11000.	(90)
1923 Special Six Sedan	1850.	3350.	5600.	8000.	(90)
1923 Special Six Sport Roadster	3250.	5900.	9800.	14000.	(90)
1923 Touring (Special Six)	3100.	5650.	9450.	13500.	(90)
1923 Big Six 7-Pass. Touring	3700.	6700.	11200.	16000.	(90)
1924 Big Six 7-Pass. Touring	3950.	7150.	11900.	17000.	(90)
1924 Doctor's Coupe	1950.	3550.	5950.	8500.	(90)
1924 7-Pass. Landau Phaeton	4050.	7350.	12250.	17500.	(94)
1924 4-Pass. Speedster	4150.	7550.	12600.	18000.	(94)
1924 Light Six Sedan	1550.	2850.	4750.	6800.	(90)
1925 Big Six Phaeton	4500.	8200.	13650.	19500.	(94)

MAKE YEAR MODEL	UNRES. FAIR-4	UNRES. GOOD-3	RES. FAIR-2	RES. EXCEL.-1	PTS.
1925 Light Six Touring	2950.	5350.	8900.	12700.	(90)
1925 Duplex Phaeton	3450.	6300.	10500.	15000.	(90)
1926 Big Six Brougham Sedan	2100.	3850.	6450.	9200.	(90)
1926 Big Six Roadster	4150.	7550.	12600.	18000.	(90)
1926 2-Dr. Brougham	1750.	3150.	5250.	7500.	(90)
1926 Landau Coupe	1950.	3550.	5950.	8500.	(90)
1927 Dictator Sport Roadster	4400.	8000.	13300.	19000.	(94)
1927 President Duplex Roadster	4950.	9050.	15050.	21500.	(94)
1927 President 7-Pass. Touring	4850.	14700.	21000.		(94)

1930 Studebaker 8 Cylinder Commander Roadster

MAKE YEAR MODEL	UNRES. FAIR-4	UNRES. GOOD-3	RES. FAIR-2	RES. EXCEL.-1	PTS.
1928 President 5-Pass. Sedan 8-Cyl. S.M.	2100.	3800.	6300.	9000.	(90)
1928 Dictator 2-Dr. Brougham	1750.	3150.	5250.	7500.	(90)
1928 President R.S. Coupe	2900.	5250.	8750.	12500.	(90)
1928 President 8 Sedan S.M. 7-Pass.	3250.	5900.	9800.	14000.	(90)
1928 President 8 2-Dr. Victoria S.M.	2400.	4400.	7350.	10500.	(90)
1928 President 8 7-Pass. Touring S.M.	5800.	10500.	17500.	25000.	(94)
1928 President 8 Cabriolet R.S.S.M.	5450.	9850.	16450.	23500.	(94)
1928 President 8 Roadster	5800.	10500.	17500.	25000.	(94)
1928 Commander Sedan 6-Cyl. S.M.	1950.	3550.	5950.	8500.	(90)
1928 Commander 6-Cyl. Roadster	4500.	8200.	13650.	19500.	(94)
1929 Commander 6-Cyl. Sedan	1400.	2500.	4200.	6000.	(90)
1929 Commander 8-Cyl. Coupe R.S.S.M.	2400.	4400.	7350.	10500.	(90)
1929 Commander RD 8-Cyl. RD	5550.	10100.	16800.	24000.	(94)
STUDEBAKER PRESIDENT SERIES 1929-1933 NOW CLASSIC STATUS					
1929 8-Cyl. President Sedan S.M.	4150.	7550.	12600.	18000.	(90)
1929 President Roadster R.S.S.M.	8100.	14700.	24500.	35000.	(94)
1929 President Cabriolet R.S.S.M.	6950.	12500.	21000.	30000.	(94)
1929 President Limo.	4850.	8800.	14700.	21000.	(94)

1934 Studebaker Convertible

MAKE YEAR MODEL	UNRES. FAIR-4	UNRES. GOOD-3	RES. FAIR-2	RES. EXCEL.-1	PTS.
1929 Commander Roadster 8-Cyl. S.M.	5550.	10100.	16800.	24000.	(94)
1929 Commander Cabriolet 8-Cyl.	5300.	9650.	16100.	23000.	(94)
1929 Dictator Club Sedan 6-Cyl. S.M.	1950.	3550.	5950.	8500.	(90)
1930 8-Cyl. F.C. Dictator S.M. Touring	4950.	9050.	15050.	21500.	(94)
1930 Dictator 8 Sedan S.M.	1950.	3550.	5950.	8500.	(90)
1930 6-Cyl. Commander Roadster	5550.	10100.	16800.	24000.	(94)
1930 8-Cyl. Commander Sedan	2100.	3800.	6300.	9000.	(90)
1930 8-Cyl. Commander Roadster S.M.	5800.	10500.	17500.	25000.	(94)
1930 8-Cyl. President Sedan S.M.	4150.	7550.	12600.	18000.	(94)

MAKE YEAR MODEL	UNRES. FAIR-4	UNRES. GOOD-3	RES. FAIR-2	RES. EXCEL.-1	PTS.
1930 8-Cyl. President Coupe R.S.S.M.	4250.	7750.	12950.	18500.	(94)

1932 Studebaker 4-Door Convertible

MAKE YEAR MODEL	UNRES. FAIR-4	UNRES. GOOD-3	RES. FAIR-2	RES. EXCEL.-1	PTS.
1930 8-Cyl. President Roadster S.M.	8300.	15100.	25200.	36000.	(94)
1930 President 8 Touring S.M.	8100.	14700.	24500.	35000.	(94)
1931 President 8 Roadster S.M.	8800.	15950.	26600.	38000.	(94)
1931 8-Cyl. Model 70 Sedan S.M.	2300.	4200.	7000.	10000.	(90)
1931 6-Cyl. Roadster 6-54 R.S.	4850.	8800.	14700.	21000.	(94)
1931 6-Cyl. Commander S.M.	1850.	3350.	5600.	8000.	(90)
1931 6-Cyl. Coupe 6-54	1850.	3350.	5600.	8000.	(90)
1931 8-Cyl. Commander Sedan	2100.	3800.	6300.	9000.	(90)
1931 President Sedan S.M.	4400.	8000.	13300.	19000.	(94)
1931 Dictator Coupe 8-FC R.S.S.M.	2400.	4400.	7350.	10500.	(90)
1931 8-Cyl. President 90 7-Pass. Touring	8450.	15350.	25550.	36500.	(94)
1932 8-Cyl. Commander 4-Dr. Sedan S.M.	2550.	4600.	7700.	11000.	(90)
1932 President 91 Sedan S.M.	4600.	8400.	14000.	20000.	(94)
1932 St. Regis Brougham Model 71	5200.	9450.	15750.	22500.	(94)
1932 8-Cyl. Dictator Roadster	5800.	10500.	17500.	25000.	(94)
1932 President Roadster R.S.S.M.	8550.	15550.	25900.	37000.	(94)
1932 8-Cyl. Conv. Sedan S.M. 8-91 Pres.	8800.	15950.	26600.	38000.	(94)
1932 6-Cyl. Coupe Series 55	1950.	3550.	5950.	8500.	(90)
1932 6-Cyl. Model 55 Roadster	4600.	8400.	14000.	20000.	(94)
1933 President Convertible R.S.S.M.	8100.	14700.	24500.	35000.	(94)
1933 Pres. Speedway Roadster Conv. 8-92	8900.	16150.	26950.	38500.	(94)

1937 Studebaker Convertible Sedan

MAKE YEAR MODEL	UNRES. FAIR-4	UNRES. GOOD-3	RES. FAIR-2	RES. EXCEL.-1	PTS.
1933 President St. Regis Brougham	5200.	9450.	15750.	22500.	(94)
1933 Commander 8 Victoria	2750.	5050.	8400.	12000.	(90)
1933 8-Cyl. President Conv. Sedan S.M.	8100.	14700.	24500.	35000.	(94)
1934 8-Cyl. Comm. Model B Conv. Rdstr.	4400.	8000.	13300.	19000.	(94)
1934 President Convertible Coupe	4500.	8200.	13650.	19500.	(94)
1934 President Regal Sedan	2300.	4200.	7000.	10000.	(90)
1934 Commander Model B Coupe R.S.	2300.	4200.	7000.	10000.	(90)
1934 Dictator Sedan 6-Cyl.	1800.	3300.	5450.	7800.	(90)
1935 Commander 8-Cyl. Conv. Roadster	3950.	7150.	11900.	17000.	(90)
1935 Commander Sedan 8-Cyl.	1800.	3300.	5450.	7800.	(90)
1935 President Regal Conv. Roadster	4500.	8200.	13650.	19500.	(94)
1936 6-Cyl. Dictator R.S. Coupe	1950.	3550.	5950.	8500.	(90)
1936 8-Cyl. President 4-Dr. Sedan S.M.	2750.	5050.	8400.	12000.	(90)
1936 8-Cyl. President Coupe	2900.	5250.	8750.	12500.	(90)

1912 Stutz Bearcat Photo Courtesy Harrah's, Reno, NV
Series A, 4 cyl., bore: 4¾", stroke: 5½", 389.9 cu. in. displacement, 60 hp. Price when new — $2,000.

MAKE YEAR MODEL	UNRES. FAIR-4	UNRES. GOOD-3	RES. FAIR-2	RES. EXCEL.-1	PTS.
1937 Pickup 6-Cyl.	2100.	3800.	6300.	9000.	(90)
1937 8-Cyl. President Sedan S.M.	1950.	3550.	5950.	8500.	(90)
1937 6-Cyl. Dictator 4-Dr. Sedan	1350.	2450.	4050.	5800.	(90)
1937 6-Cyl. Dictator 3-Wind. Coupe	1850.	3350.	5600.	8000.	(90)
1938 6-Cyl. 2-Dr. Phaeton	4600.	8400.	14000.	20000.	(90)
1938 6-Cyl. 2-Pass. Coupe	1650.	3000.	5050.	7200.	(90)
1938 President Convertible Sedan	5800.	10500.	17500.	25000.	(94)
1939 6-Cyl. Commander 2-Pass. Coupe	1600.	2950.	4900.	7000.	(90)
1939 Commander Sedan 6-Cyl.	1400.	2500.	4200.	6000.	(90)
1939 6-Cyl. Champion 3-Pass. Coupe	1250.	2300.	3850.	5500.	(90)
1939 8-Cyl. President Sedan	1500.	2750.	4550.	6500.	(90)
1940 Champion Sedan 4-Dr. O.D.	1350.	2450.	4050.	5800.	(90)
1940 Champion Coupe O.D.	1300.	2350.	3900.	5600.	(90)
1940 8-Cyl. President Sedan S.M.	1600.	2950.	4900.	7000.	(90)
1940 Commander 2-Dr. Sedan	1500.	2750.	4550.	6500.	(90)

1941 Studebaker President Skyway Sedan

MAKE YEAR MODEL	UNRES. FAIR-4	UNRES. GOOD-3	RES. FAIR-2	RES. EXCEL.-1	PTS.
1941 Skyway Landcruiser 4-Dr. 6-Cyl.	1600.	2950.	4900.	7000.	(90)
1941 8-Cyl. President Sedan	1850.	3350.	5600.	8000.	(90)
1941 8-Cyl. President Skyway Sedan	1950.	3550.	5950.	8500.	(90)
1941 President Skyway Coupe	2000.	3600.	6000.	8600.	(90)
1941 Champion 2-Dr. Sedan	1100.	2050.	3450.	4900.	(90)
1942 President 8-Cyl. Landcruiser	1800.	3300.	5450.	7800.	(90)
1942 President Sedan 8-Cyl.	1850.	3350.	5600.	8000.	(90)
1942 6-Cyl. Commander Skyway Sedan	1650.	3000.	5050.	7200.	(90)
1942 6-Cyl. Skyway Commander Coupe	1700.	3100.	5200.	7400.	(90)
1942 6-Cyl. Champion Dbl. Dater Cpe.	1150.	2100.	3500.	5000.	(90)
1942 Champion Cruiser Sedan	1150.	2100.	3500.	5000.	(90)

STUTZ 1912-1934 Indianapolis, IN.

MAKE YEAR MODEL	UNRES. FAIR-4	UNRES. GOOD-3	RES. FAIR-2	RES. EXCEL.-1	PTS.
1914 Bearcat Roadster	23100.	42000.	70000.	100000.	(94)
1915 Bearcat Roadster	20800.	37800.	63000.	90000.	(94)
1917 Bull Dog Touring	6450.	11750.	19600.	28000.	(94)
1918 Bearcat Speedster	14800.	26900.	44800.	64000.	(94)
1919 Bearcat Speedster	14300.	26050.	43400.	62000.	(94)
1919 2-Pass. Roadster	6450.	11750.	19600.	28000.	(94)
1920 Chummy Roadster	5800.	10500.	17500.	25000.	(94)

1931 Studebaker Dictator, 8 cyl., Courtesy Studebaker Car Club, W. Krueger, 366 Graceland Ave., Des Plains, IL 60016

MAKE YEAR MODEL	UNRES. FAIR-4	UNRES. GOOD-3	RES. FAIR-2	RES. EXCEL.-1	PTS.
1920 Bearcat Speedster	11550.	21000.	35000.	50000.	(94)
1920 4-Cyl. Roadster Model K	8100.	14700.	24500.	35000.	(94)
1921 4-Cyl. Bearcat Spdr.	10400.	18900.	31500.	45000.	(94)
1921 Roadster Model K	8100.	14700.	24500.	35000.	(94)
1921 Model K Sport Touring	7400.	13450.	22400.	32000.	(94)
1922 Roadster	6450.	11750.	19600.	28000.	(94)
1922 4-Cyl. Touring	6950.	12600.	21000.	30000.	(94)
1923 Sport Roadster 690 Series	8100.	14700.	24500.	35000.	(94)
1923 6-Cyl. Touring Speedway Phaeton	8800.	15950.	26600.	38000.	(94)
1923 Roadster 4-Cyl. Speedway	8100.	14700.	24500.	35000.	(94)
1924 Speedway Phaeton	8300.	15100.	25200.	36000.	(94)
1924 6-Cyl. Touring	7150.	13000.	21700.	31000.	(94)

SUNBEAM-ENGLISH

MAKE YEAR MODEL	UNRES. FAIR-4	UNRES. GOOD-3	RES. FAIR-2	RES. EXCEL.-1	PTS.
1919 6-HP Tourer	1950.	3550.	5950.	8500.	(90)
1924 24-70 Sport Touring	2900.	5250.	8750.	12500.	(90)

SWIFT

MAKE YEAR MODEL	UNRES. FAIR-4	UNRES. GOOD-3	RES. FAIR-2	RES. EXCEL.-1	PTS.
1922 10-HP Roadster	1750.	3150.	5250.	7500.	(90)

TALBOT England

MAKE YEAR MODEL	UNRES. FAIR-4	UNRES. GOOD-3	RES. FAIR-2	RES. EXCEL.-1	PTS.
1924 23-HP Touring	2750.	5050.	8400.	12000.	(90)

TEMPLAR 1918-1924 Cleveland, OH.

MAKE YEAR MODEL	UNRES. FAIR-4	UNRES. GOOD-3	RES. FAIR-2	RES. EXCEL.-1	PTS.
1922 4-Cyl. Roadster	3100.	5650.	9450.	13500.	(90)
1923 4-Cyl. Touring	3250.	5900.	9800.	14000.	(90)
1924 6-Cyl. Phaeton	3450.	6300.	10500.	15000.	(94)

TERRAPLANE 1933-1938 Detroit, MICH.

MAKE YEAR MODEL	UNRES. FAIR-4	UNRES. GOOD-3	RES. FAIR-2	RES. EXCEL.-1	PTS.
1933 6-Cyl. Sedan	1950.	3550.	5950.	8500.	(90)
1933 8-Cyl. Sedan	2100.	3850.	6450.	9200.	(90)
1933 8-Cyl. Cabriolet	4250.	7750.	12950.	18500.	(94)
1933 8-Cyl. R.S. Coupe	2900.	5250.	8750.	12500.	(90)
1934 6-Cyl. R.S. Coupe	1950.	3550.	5950.	8500.	(90)
1934 Cabriolet 6 KU	2900.	5250.	8750.	12500.	(90)
1934 Sedan 6 KU	1600.	2950.	4900.	7000.	(90)
1935 Convertible Roadster GU	3350.	6100.	10150.	14500.	(90)
1935 R.S. Coupe GU	1850.	3350.	5600.	8000.	(90)

1937 Terraplane Station Wagon

MAKE YEAR MODEL	UNRES. FAIR-4	UNRES. GOOD-3	RES. FAIR-2	RES. EXCEL.-1	PTS.
1935 2-Dr. Sedan Brougham	1550.	2850.	4750.	6800.	(90)
1936 2-Dr. Sedan	1400.	2500.	4200.	6000.	(90)
1936 62 Custom Sedan	1450.	2600.	4350.	6200.	(90)
1936 Custom Convertible Coupe	3350.	6100.	10150.	14500.	(90)
1937 2-Dr. Sedan	1400.	2500.	4200.	6000.	(90)
1937 Convertible Brougham	3250.	5900.	9800.	14000.	(90)
1937 4-Dr. Sedan	1750.	3150.	5250.	7500.	(90)
1937 Coupe	1750.	3150.	5250.	7500.	(90)
1938 Convertible Brougham	3600.	6500.	10850.	15500.	(90)
1938 Super Convertible Coupe	3600.	6500.	10850.	15500.	(90)
1938 Sedan	1400.	2500.	4200.	6000.	(90)

1910 Thomas 6 Cylinder Touring

THOMAS 1902-1912 Buffalo, N.Y.

MAKE YEAR MODEL	UNRES. FAIR-4	UNRES. GOOD-3	RES. FAIR-2	RES. EXCEL.-1	PTS.
1907 4-Cyl. Touring	20800.	37800.	63000.	90000.	(94)
1907 Speedster	17300.	31500.	52500.	75000.	(94)
1909 6-Cyl. Touring	21950.	39900.	66500.	95000.	(94)
1910 Touring 6-Cyl.	25400.	46200.	77000.	110000.	(94)
1911 6-Cyl. 2-Pass. Roadster	18500.	33600.	56000.	80000.	(94)

THOMAS DETROIT 1908-1909 Detroit, MICH.

MAKE YEAR MODEL	UNRES. FAIR-4	UNRES. GOOD-3	RES. FAIR-2	RES. EXCEL.-1	PTS.
1908 Touring Car	9000.	16400.	27300.	39000.	(90)

TOURIST 1903-1909 Los Angeles, CA.

MAKE YEAR MODEL	UNRES. FAIR-4	UNRES. GOOD-3	RES. FAIR-2	RES. EXCEL.-1	PTS.
1907 2-Cyl. Touring	2750.	5050.	8400.	12000.	(90)
1909 4-Cyl. Touring	3700.	6700.	11200.	16000.	(94)

TRIUMPH England

MAKE YEAR MODEL	UNRES. FAIR-4	UNRES. GOOD-3	RES. FAIR-2	RES. EXCEL.-1	PTS.
1934 4-Pass. Tourer	2650.	4850.	8050.	11500.	(90)
1938 Dolomite 6 Sedan	3450.	6300.	10500.	15000.	(90)

VALE England

MAKE YEAR MODEL	UNRES. FAIR-4	UNRES. GOOD-3	RES. FAIR-2	RES. EXCEL.-1	PTS.
1933 Roadster	1850.	3350.	5600.	8000.	(90)

VAUXHALL-ENGLISH

MAKE YEAR MODEL	UNRES. FAIR-4	UNRES. GOOD-3	RES. FAIR-2	RES. EXCEL.-1	PTS.
1923 Touring Car	4850.	8800.	14700.	21000.	(90)
1925 Phaeton	5550.	10100.	16800.	24000.	(90)

VELIE 1900-1928 Moline, IL.

MAKE YEAR MODEL	UNRES. FAIR-4	UNRES. GOOD-3	RES. FAIR-2	RES. EXCEL.-1	PTS.
1909 Touring Car	4600.	8500.	14000.	20000.	(90)
1912 Torpedo Touring	3950.	7150.	11900.	17000.	(90)
1916 Touring Car	2650.	4850.	8050.	11500.	(90)
1917 Model 38 Touring	2650.	4850.	8050.	11500.	(90)
1918 Touring Car	2750.	5050.	8400.	12000.	(90)
1919 Touring	2900.	5250.	8750.	12500.	(90)
1920 Model 48 Sport Touring	3700.	6700.	11200.	16000.	(90)
1921 4-Dr. Sedan	2100.	3800.	6300.	9000.	(90)
1922 Roadster	3350.	6100.	10150.	14500.	(90)
1923 Model 58 Touring	3700.	6700.	11200.	16000.	(90)
1925 Model 60 Touring S.M.	3950.	7150.	11900.	17000.	(94)
1925 6-60 Coupe	2400.	4400.	7350.	10500.	(90)
1926 4-Dr. Sedan	3250.	5900.	9800.	14000.	(90)
1926 Club Phaeton	4500.	8200.	13650.	19500.	(94)
1927 6-60 4-Dr. Sedan	3250.	5900.	9800.	14000.	(90)
1928 6-77 Royal Sedan	3700.	6700.	11200.	16000.	(90)

1926 Velie Royal Sedan, Body by Wilson, Model 60, 6 cyl., 50 hp
Courtesy Harrah's, Reno, NV

VIKING 1929-1930 Lansing, MICH.

OLDSMOBILE-VIKING DEALERS

MAKE YEAR MODEL	UNRES. FAIR-4	UNRES. GOOD-3	RES. FAIR-2	RES. EXCEL.-1	PTS.
1929 Cabriolet V-8 Deluxe R.S.S.M.	5800.	10500.	17500.	25000.	(94)
1929 Sedan V-8 S.M.	2650.	4850.	8050.	11500.	(90)
1930 V-8 Cabriolet Deluxe	6450.	11750.	19600.	28000.	(94)
1930 V-8 Sedan Deluxe S.M.	2900.	5250.	8750.	12500.	(90)

WALTON 1900-1901 Bantry, N.D.

MAKE YEAR MODEL	UNRES. FAIR-4	UNRES. GOOD-3	RES. FAIR-2	RES. EXCEL.-1	PTS.
1900 Auto Buggy	2100.	3800.	6300.	9000.	(90)

WANDERER 1924 England

MAKE YEAR MODEL	UNRES. FAIR-4	UNRES. GOOD-3	RES. FAIR-2	RES. EXCEL.-1	PTS.
1924 Tourer	2900.	5250.	8750.	12500.	(90)

WAVERLY 1899-1904 Indianapolis, IN.

MAKE YEAR MODEL	UNRES. FAIR-4	UNRES. GOOD-3	RES. FAIR-2	RES. EXCEL.-1	PTS.
1904 Electric Coach	2550.	4600.	7700.	11000.	(90)

WESCOTT 1910-1925 Richmond, IN.

MAKE YEAR MODEL	UNRES. FAIR-4	UNRES. GOOD-3	RES. FAIR-2	RES. EXCEL.-1	PTS.
1918 Touring	4050.	7350.	12250.	17500.	(94)
1921 7-Pass. Touring D-48	4500.	8200.	13650.	19500.	(94)
1922 5-Pass. Sport Touring A44	4600.	8500.	14000.	20000.	(94)
1923 6-Cyl. Touring Car B44	4850.	8800.	14700.	21000.	(94)
1924 C44 Touring	4850.	8800.	14700.	21000.	(94)
1925 Model 660 Touring Car	4950.	9050.	15050.	21500.	(94)

1927 Whippet 2 Door Coach

WHIPPET 1926-1931 Toledo, OH.

MAKE YEAR MODEL	UNRES. FAIR-4	UNRES. GOOD-3	RES. FAIR-2	RES. EXCEL.-1	PTS.
1927 4-Cyl. 2-Dr. Coach	1950.	3550.	5950.	8500.	(90)
1927 4-Cyl. Sport Roadster R.S.	3350.	6100.	9800.	14000.	(90)
1927 4-Cyl. Coupe	1950.	3550.	5950.	8500.	(90)
1927 Roadster 6-Cyl. R.S. 93A	3350.	6100.	10150.	14500.	(90)
1928 4-Cyl. R.S. Roadster 96A	3250.	5900.	9800.	14000.	(90)
1928 6-Cyl. Roadster	3350.	6100.	10150.	14500.	(90)
1928 6-Cyl. Sedan	1850.	3350.	5600.	8000.	(90)
1928 4-Cyl. Sedan 2-Dr.	1850.	3350.	5600.	8000.	(90)
1928 Touring 4-Cyl.	3250.	5900.	9800.	14000.	(90)
1929 4-Cyl. Roadster	3100.	5650.	9450.	13500.	(90)
1929 4-Cyl. 4-Dr. Sedan	1950.	3550.	5950.	8500.	(90)
1929 6-Cyl. Cabriolet	3700.	6700.	11200.	16000.	(90)
1929 6-Cyl. 4-Dr. Sedan	1950.	3550.	5950.	8500.	(90)
1929 6-Cyl. Roadster	3800.	6950.	11550.	16500.	(90)
1929 6-Cyl. Touring	3800.	6950.	11550.	16500.	(90)
1930 4-Cyl. 4-Dr. Sedan	2100.	3800.	6300.	9000.	(90)
1930 4-96A Roadster	3950.	7150.	11900.	17000.	(90)
1930 4-96A Phaeton	4050.	7350.	12250.	17500.	(90)
1930 4-Cyl. Coupe	2000.	3650.	6100.	8700.	(90)
1930 6-Cyl. Cabriolet	3700.	6700.	11200.	16000.	(90)
1931 4-Cyl. Coupe	2050.	3700.	6150.	8800.	(90)
1931 6-Cyl. Sedan	2100.	3800.	6300.	9000.	(90)

WHITE 1909-1915 to Date (White Truck) Cleveland, OH.

MAKE YEAR MODEL	UNRES. FAIR-4	UNRES. GOOD-3	RES. FAIR-2	RES. EXCEL.-1	PTS.
1909 Touring Car	5200.	9250.	15750.	22500.	(94)
1910 Model G.A. Touring	5200.	9450.	15750.	22500.	(94)
1911 4-Cyl. Touring	5800.	10500.	17500.	25000.	(94)
1913 Touring	4600.	8500.	14000.	20000.	(94)
1914 Model 30 Roadster	4600.	8500.	14000.	20000.	(94)
1916 Touring Car	4150.	7550.	12600.	18000.	(94)

1914 White Touring, Model 30, 4 cyl.
Courtesy Emmet Carreher, Santa Barbara, CA

WHITE-STEAM 1901-1910 Cleveland, OH.

MAKE YEAR MODEL	UNRES. FAIR-4	UNRES. GOOD-3	RES. FAIR-2	RES. EXCEL.-1	PTS.
1907 Touring	24250.	44100.	73500.	105000.	(94)
1909 Touring Model M	26550.	48300.	80500.	115000.	(94)
1910 Touring	25400.	46200.	77000.	110000.	(94)

WILCOX 1907-1910 Minneapolis, MN.

MAKE YEAR MODEL	UNRES. FAIR-4	UNRES. GOOD-3	RES. FAIR-2	RES. EXCEL.-1	PTS.
1909 4-Cyl. Touring	3250.	5900.	9800.	14000.	(90)

WILLS-ST. CLAIRE 1921-1926 Maryville, MICH.

MAKE YEAR MODEL	UNRES. FAIR-4	UNRES. GOOD-3	RES. FAIR-2	RES. EXCEL.-1	PTS.
1921 V-8 Roadster	4600.	8500.	14000.	20000.	(94)
1922 V-8 Roadster	5200.	9450.	15750.	22500.	(94)
1923 8-Cyl. Gray Goose Roadster	6450.	11750.	19600.	28000.	(94)
1923 Brougham V-8 2-Dr.	3450.	6300.	10500.	15000.	(90)
1924 V-8 Roadster	6450.	11750.	19600.	28000.	(94)

1925-1926 SEE CLASSIC CARS PAGE 124

WILLYS 1910-1942 Toledo, OH.

1924 Wills St. Claire V-8 Roadster
Courtesy Harrah's, Reno, NV

MAKE YEAR MODEL	UNRES. FAIR-4	UNRES. GOOD-3	RES. FAIR-2	RES. EXCEL.-1	PTS.
1930 6-Cyl. 2-Dr. Sedan 98B	1950.	3550.	5950.	8500.	(90)
1930 6-Cyl. Roadster R.S. 98B	3950.	7150.	11900.	17000.	(94)
1930 6-Cyl. Sedan	2200.	4000.	6650.	9500.	(90)
1931 6-97 Sedan	2200.	4000.	6650.	9500.	(90)
1931 6-98B Touring Car S.M.	3950.	7150.	11900.	17000.	(94)
1931 6-97 Roadster R.S.S.M.	4400.	8000.	13300.	19000.	(94)
1931 8-80 Coupe R.S.	2750.	5050.	8400.	12000.	(90)
1932 6-97 2-Dr. Sedan	2100.	3800.	6300.	9000.	(90)

1931 Willys Sport Roadster
Photo Courtesy of Harrah's, Reno, NV

MAKE YEAR MODEL	UNRES. FAIR-4	UNRES. GOOD-3	RES. FAIR-2	RES. EXCEL.-1	PTS.
1932 6-97 Phaeton S.M.	4600.	8500.	14000.	20000.	(94)
1932 6-97 Coupe R.S.	2750.	5050.	8400.	12000.	(90)
1932 8-88 Roadster S.M.	4600.	8500.	14000.	20000.	(94)
1932 8-88 Sedan S.M.	2650.	4850.	8050.	11500.	(90)
1932 8-88 Roadster R.S.	4850.	8800.	14700.	21000.	(94)
1933 8-88A Sedan S.M.	2750.	5050.	8400.	12000.	(90)
1933 6-6-90A Roadster	3950.	7150.	11900.	17000.	(90)
1933 8-88A Coupe R.S.	2750.	5050.	8400.	12000.	(90)
1933 6-6-90A Roadster	4050.	7350.	12250.	17500.	(90)
1933 Streamline 8 Sedan	3000.	5450.	9100.	13000.	(90)
1933 4-77 2-Pass. Coupe	1650.	3000.	5050.	7200.	(90)
1933 2-Dr. Sedan	1800.	3300.	5450.	7800.	(90)
1934 4-77 Coupe	1750.	3200.	5300.	7600.	(90)
1936 4-77 4-Dr. Sedan	1400.	2500.	4200.	6000.	(90)
1937 4-37 Deluxe Coupe	1500.	2750.	4550.	6500.	(90)
1938 2-Dr. Clipper Sedan	1750.	3150.	5250.	7500.	(90)
1939 4-Dr. Deluxe Sedan	1750.	3150.	5250.	7500.	(90)
1940 4-Cyl. Coupe	1500.	2750.	4550.	6500.	(90)
1941 4-Cyl. Americar	1800.	3300.	5450.	7800.	(90)
1941 4-Cyl. Pickup	1250.	2300.	3850.	5500.	(90)
1942 4-Cyl. Americar Coupe	1800.	3300.	5450.	7800.	(90)
1942 4-Cyl. Americar Sedan	2100.	3800.	6300.	9000.	(90)

WILLYS-KNIGHT 1913-1933 Toledo, OH.

MAKE YEAR MODEL	UNRES. FAIR-4	UNRES. GOOD-3	RES. FAIR-2	RES. EXCEL.-1	PTS.
1915 5-Pass. Touring 4-Cyl.	2750.	5050.	8400.	12000.	(90)
1917 4-Cyl. 7-Pass. Touring	3450.	6300.	10500.	15000.	(90)
1918 3-Dr. Touring	3350.	6100.	10150.	14500.	(90)
1919 4-Cyl. Touring	2550.	4600.	7700.	11000.	(90)
1921 4-Cyl. Touring	2650.	4850.	8050.	11500.	(90)
1922 Roadster	2750.	5050.	8400.	12000.	(90)

MAKE YEAR MODEL	UNRES. FAIR-4	UNRES. GOOD-3	RES. FAIR-2	RES. EXCEL.-1	PTS.

1926 Willys Knight Roadster

MAKE YEAR MODEL	UNRES. FAIR-4	UNRES. GOOD-3	RES. FAIR-2	RES. EXCEL.-1	PTS.
1923 4-Cyl. Touring	2750.	5050.	8400.	12000.	(90)
1924 4-Cyl. Touring 7-Pass.	3350.	6100.	10150.	14500.	(90)
1924 4-Cyl. 4-Dr. Sedan	1750.	3150.	5250.	7500.	(90)
1925 4-Cyl. 7-Pass. Touring	3350.	6100.	10150.	14500.	(90)
1925 6-Cyl. Touring Car 66	2300.	4200.	7000.	10000.	(90)
1925 3-Dr. Sedan 4-Cyl.	3450.	6300.	10500.	15000.	(90)
1926 Model 66 Big Six Touring Car	4250.	7750.	12950.	18500.	(94)
1926 Model 66 2-Dr. Sedan	1850.	3350.	5600.	8000.	(90)
1926 4-Dr. 6-Cyl. 6-66	1950.	3550.	5950.	8500.	(90)
1927 5-Pass. Touring Car 6-70	3800.	6950.	11550.	16500.	(90)
1927 4-Dr. Sedan 66-A	2000.	3600.	6000.	8600.	(90)
1927 Model 6-Cyl. Roadster 70A R.S.S.M.	4050.	7350.	12250.	17500.	(94)
1927 Model 70 Cabriolet	3700.	6700.	11200.	16000.	(90)
1927 Model 66A Roadster R.S.S.M.	4250.	7750.	12950.	18500.	(94)
1928 66A 7-Pass. Touring	4850.	8800.	14700.	21000.	(94)
1928 Standard Six Roadster (56)	3700.	6700.	11200.	16000.	(90)
1928 70A Roadster R.S.S.M.	3950.	7150.	11900.	17000.	(94)
1928 70A 6-Cyl. Sedan	2100.	3800.	6300.	9000.	(90)
1928 66A Great Six Roadster	5200.	9450.	15750.	22500.	(94)
1928 66A Sedan 5-Pass.	2100.	3800.	6300.	9000.	(90)
1928 70A Touring	4150.	7550.	12600.	18000.	(94)

1930 Willys Knight Sport Phaeton

MAKE YEAR MODEL	UNRES. FAIR-4	UNRES. GOOD-3	RES. FAIR-2	RES. EXCEL.-1	PTS.
1929 66A Gr at Six Roadster R.S.S.M.	5200.	9450.	15750.	22500.	(94)
1929 70A Roadster	4500.	8200.	13650.	19500.	(94)
1929 66A Great Six Phaeton 7-Pass.	5800.	10500.	17500.	25000.	(94)
1929 Model 70-B 4-Dr. Sedan	2100.	3850.	6450.	9200.	(90)
1930 6-66B Coupe R.S.S.M.	2650.	4850.	8050.	11500.	(90)
1930 6-87 Phaeton S.M.	5300.	9650.	16100.	23000.	(94)
1930 6-87 Roadster R.S.S.M.	5100.	9250.	15400.	22000.	(94)
1930 6-66B Sedan S.M.	2300.	4200.	7000.	10000.	(90)
1930 Model 70B Roadster	4850.	8800.	14700.	21000.	(94)
1930 Model 87 Sedan	2300.	4200.	7000.	10000.	(90)
1930 6-66B Roadster S.M.	6700.	12180.	20300.	29000.	(94)
1930 66B VARSITY ROADSTER (NOW CLASSIC STATUS BY C.C. C.A.)	10400.	18900.	31500.	45000.	
1930 70B Phaeton S.M.	5800.	10500.	17500.	25000.	(94)
1931 66D Sedan S.M.	2300.	4200.	7000.	10000.	(90)
1931 6-66B 2-Dr. Victoria S.M.	2900.	5250.	8750.	12500.	(90)

MAKE YEAR MODEL	UNRES. FAIR-4	UNRES. GOOD-3	RES. FAIR-2	RES. EXCEL.-1	PTS.
1931 Model 87 Coupe R.S.S.M.	2550.	4600.	7700.	11000.	(90)
1931 6-66B Sedan S.M.	2550.	4600.	7700.	11000.	(90)
1931 6-66B Roadster S.M.	6950.	12600.	21000.	30000.	(94)
1932 Model 95 4-Dr. Sedan S.M.	2750.	5050.	8400.	12000.	(90)
1932 66-D Custom Sedan S.M.	2950.	5400.	8950.	12800.	(90)
1932 6-66D Victoria S.M.	2750.	5050.	8400.	12000.	(90)
1933 6-66E Custom Sedan S.M.	3000.	5450.	9100.	13000.	(90)

1930 Windsor Roadster

WINDSOR 1927-1929 St. Louis, MO.

MAKE YEAR MODEL	UNRES. FAIR-4	UNRES. GOOD-3	RES. FAIR-2	RES. EXCEL.-1	PTS.
1929 White Prince Roadster	6950.	12600.	21000.	30000.	(94)
1930 6-69 Roadster	6950.	12600.	21000.	30000.	(94)

1923 Winton 7-Passenger Touring

WINTON 1897-1923 Cleveland, OH.

THE FIRST AUTOMOBILE SOLD IN THE U.S. MAY 5, 1898

MAKE YEAR MODEL	UNRES. FAIR-4	UNRES. GOOD-3	RES. FAIR-2	RES. EXCEL.-1	PTS.
1907 Touring	8100.	14700.	24500.	35000.	(94)
1911 4-Pass. Roadster A	7850.	14300.	23800.	34000.	(94)
1911 7-Pass. Touring	8300.	15100.	25200.	36000.	(94)
1917 Touring Car 4-Pass.	8100.	14700.	24500.	35000.	(94)
1917 7-Pass. Touring	7600.	13850.	23100.	33000.	(94)
1918 Model 22-A 3-Dr. Sedan	4850.	8800.	14700.	21000.	(94)
1919 Touring Car	7150.	13000.	21700.	31000.	(94)
1921 4-Pass. Touring S.M.	8100.	14700.	24500.	35000.	(94)
1922 4-Pass. Touring	8100.	14700.	24500.	35000.	(94)
1922 7-Pass. Touring	9250.	16800.	28000.	40000.	(94)
1923 7-Pass. Touring S.M.	9250.	16800.	28000.	40000.	(94)

WOLESLEY England

MAKE YEAR MODEL	UNRES. FAIR-4	UNRES. GOOD-3	RES. FAIR-2	RES. EXCEL.-1	PTS.
1912 2-Pass. Cabriolet	2900.	5250.	8750.	12500.	(90)
1912 4-Cyl. 5-Pass. Touring	3000.	5450.	9100.	13000.	(90)
1914 6-Cyl. Touring	3450.	6300.	10500.	15000.	(90)
1931 Hornet Special	3000.	5450.	9100.	13000.	(90)
1932 6-Cyl. 4-Pass. Tourer	4150.	7550.	12600.	18000.	(90)
1936 Sedan	1600.	2950.	4900.	7000.	(90)

WOLVERINE (REO) 1927-1929 Lansing, MICH.

MAKE YEAR MODEL	UNRES. FAIR-4	UNRES. GOOD-3	RES. FAIR-2	RES. EXCEL.-1	PTS.
1927 6-Cyl. 2-Dr. Sedan	2750.	5050.	8400.	12000.	(90)
1928 6-Cyl. 2-Dr. Sedan	2750.	5050.	8400.	12000.	(90)

Cont. on Page 89

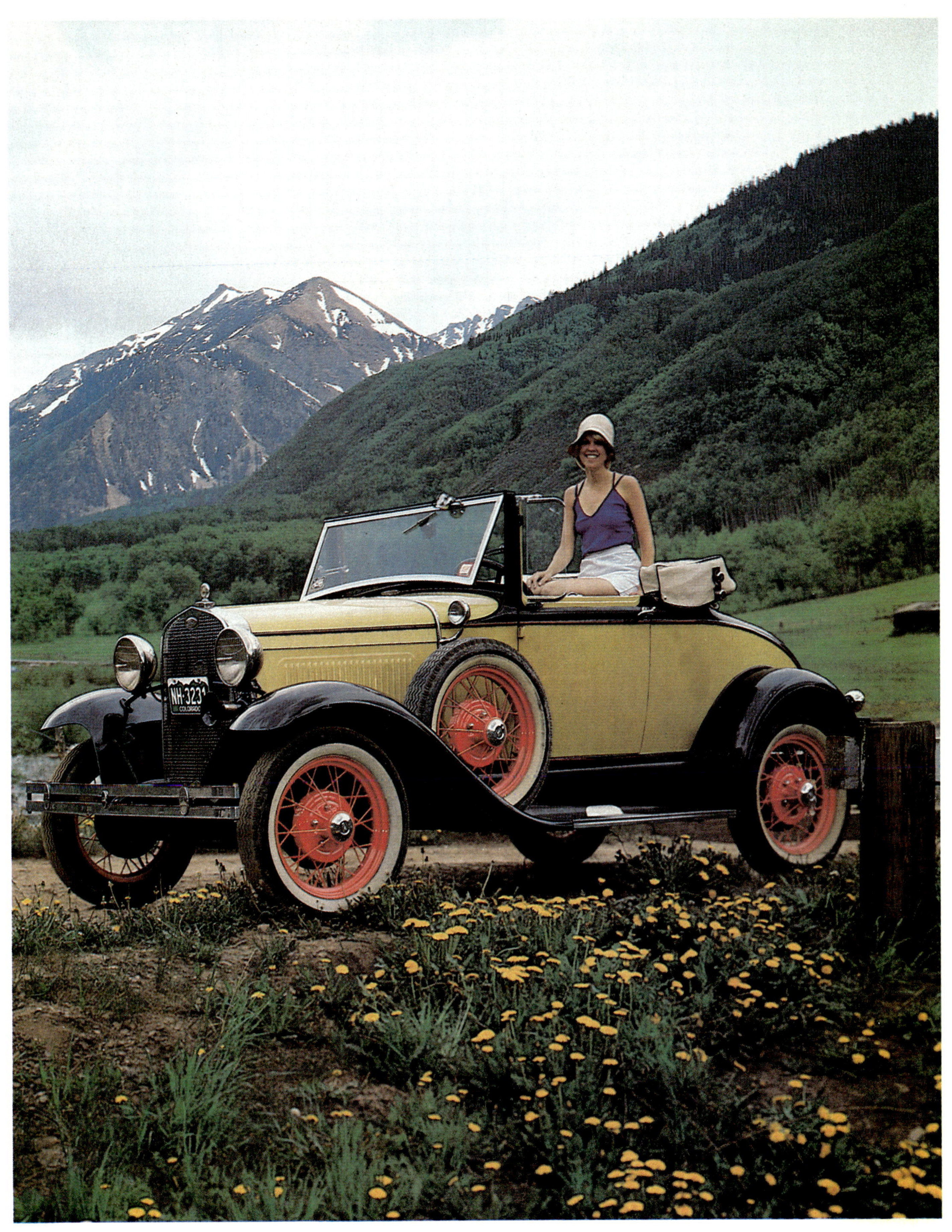

1931 Ford Cabriolet Photo Courtesy Rod Trimble, Grand Junction, Colorado

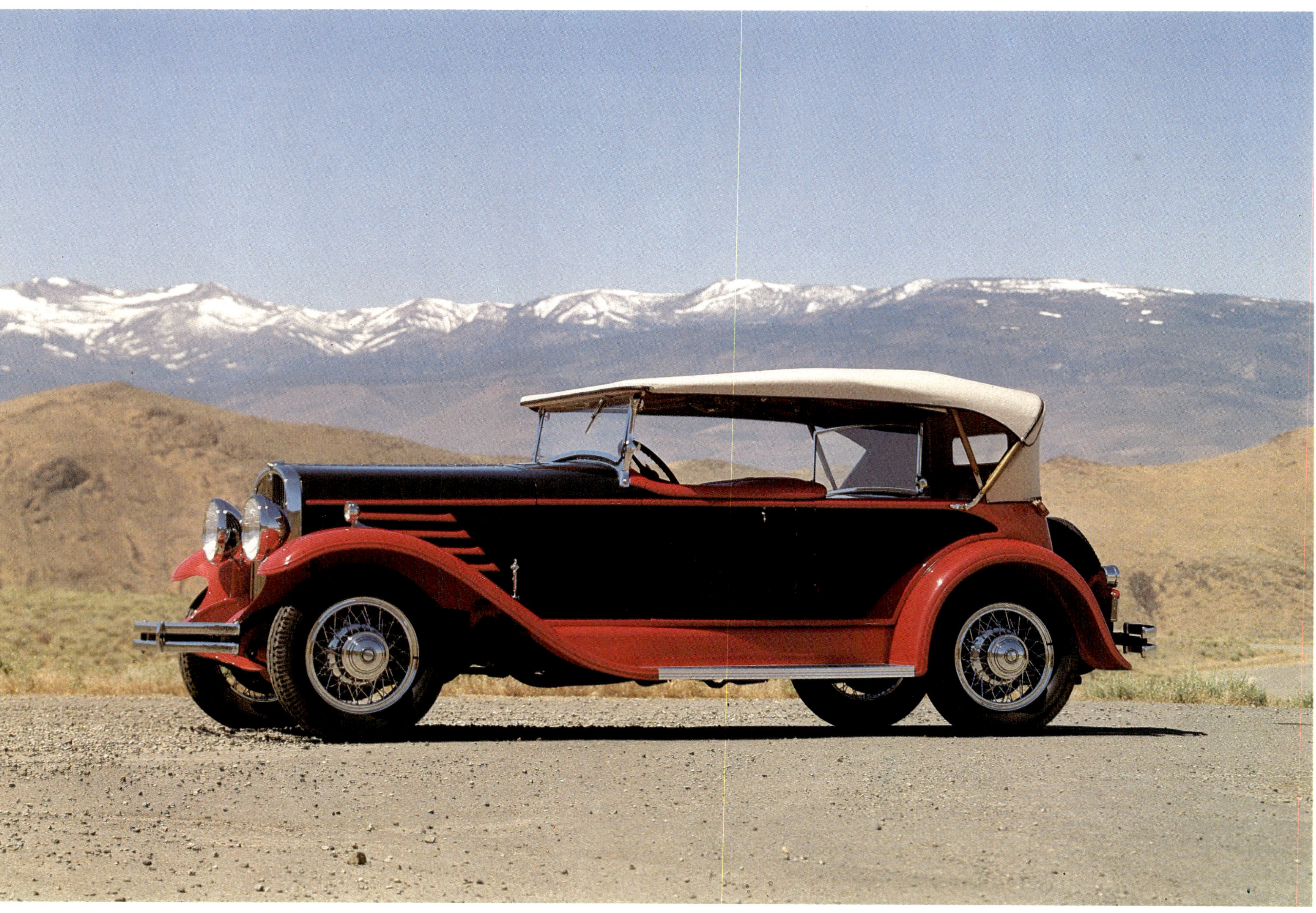

1930 Franklin Series 145 Pursuit Phaeton   Photo Courtesy Harrah's Automobile Collection, Reno, Nevada

1914 Overland Speedster, Silver Springs, Florida Photo credit R. Query, Photos, and Automobile Quarterly

1914 Pierce Arrow Model 66-A-1 6 Cylinder 7 Passenger Touring
Photo Courtesy Harrah's Automobile Collection, Reno, Nevada

1937 Mercedes-Benz 540-K, 8 cyl., Supercharged, 4-Passenger with Rumble Seat. Originally Owned by His Highness, the King of Afganistan. Body by Sindelfinger, Chassis by Daimler-Benz of Stuttgart, Germany.
Photo Courtesy Leisure Attractions, Silver Springs, Florida

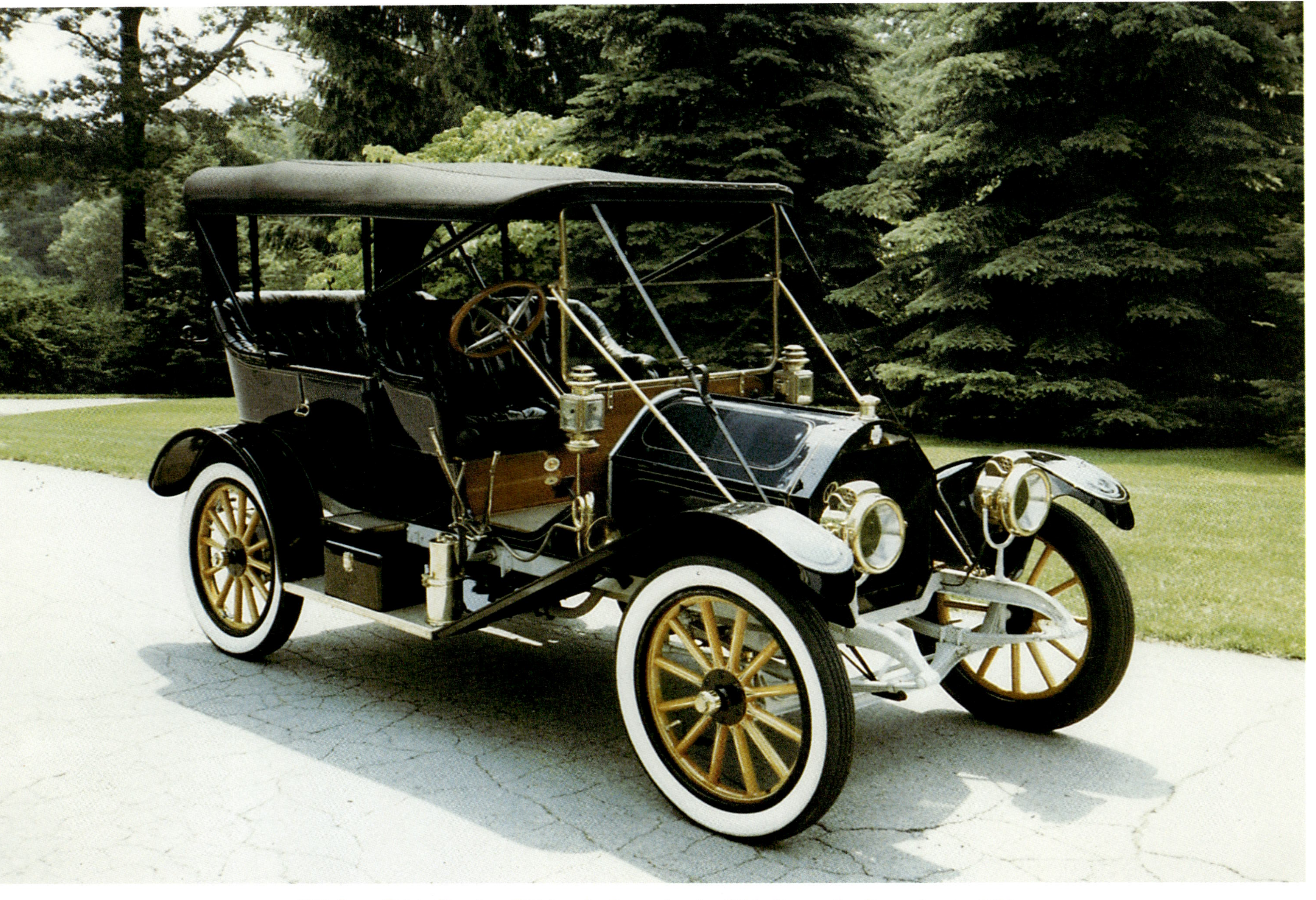

1911 Penn Thirty Touring, Pittsburgh, Pennsylvania, 1911; Newcastle, Pennsylvania, 1912
Photo Courtesy G. Whitney Snyder, One Oliver Plaza, Pittsburgh, Pennsylvania

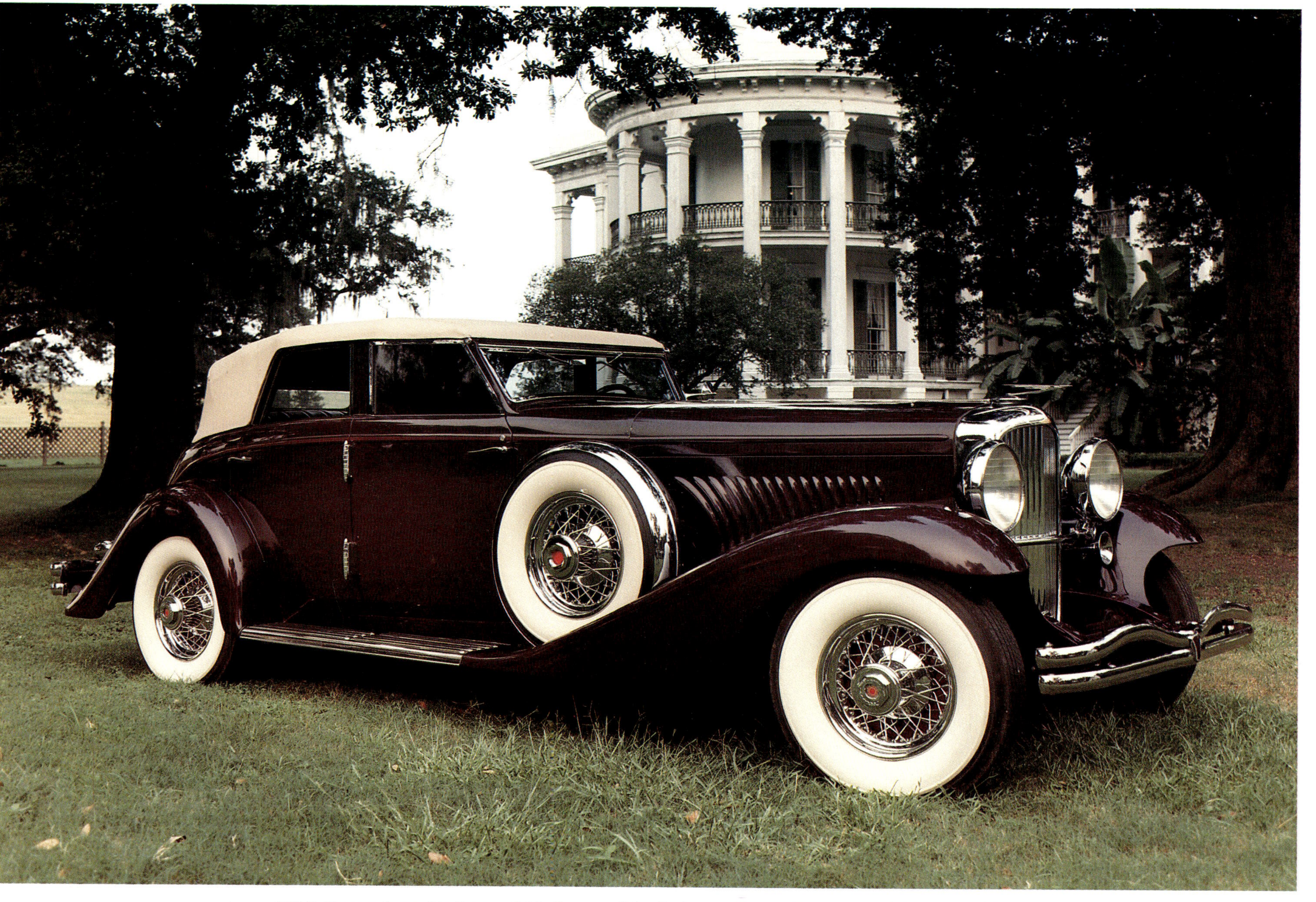

1937 Duesenberg Rollston J N Convertible Sedan   Photo Courtesy of Mr. and Mrs. Bobbie B. Crump, Sr., Baton Rouge, Louisiana

Gaylord Roadster, only one built, on display at Leisure Attractions, Silver Springs, Florida
Photo by Richard M. Langworth, Automobile Quarterly

1927 Rolls Royce Derby Phaeton *Photo Courtesy of Wm. Adamson*

For those who appreciate supreme achievement

THE ULTIMATE along a given line of endeavor is immediately appreciated by the connoisseur. Into the keeping of such discriminating individuals the art treasures of the world eventually find their way.

Only that which is superior—which is the result of true inspiration and persevering effort can win the recognition of this group. Their books are first editions, their paintings originals. In the stables are thoroughbreds—and in the garages—invariably a Knight-motored car—and usually a Stearns-Knight.

Knight motors, both in Europe and America, have set a pace in performance and in quiet, easy operation that far outdistances any other type of motor. Stearns was the American pioneer of this famous sleeve-valve engine, and now offers the exclusive combination of the Knight Motor and the Worm Drive Rear Axle.

Likewise, Stearns body design has set a standard of luxury, has attained an ideal of beauty that proclaims the craftsmanship by which the distinctive models were created and executed.

In this age of keen competition, it remained for Stearns to combine, with a master touch, the greatest of all motors and the most artistic and individual of all coachwork. The result may rightfully be called supreme achievement and deemed worthy to rank high among one's most treasured possessions.

STEARNS-KNIGHT SALES CORPORATION, CLEVELAND

JOHN N. WILLYS, *Chairman of the Board* H. J. LEONARD, *President*

Stearns-Knight

Motor Cars of Quality

CHRYSLER

with patented *FLOATING POWER*

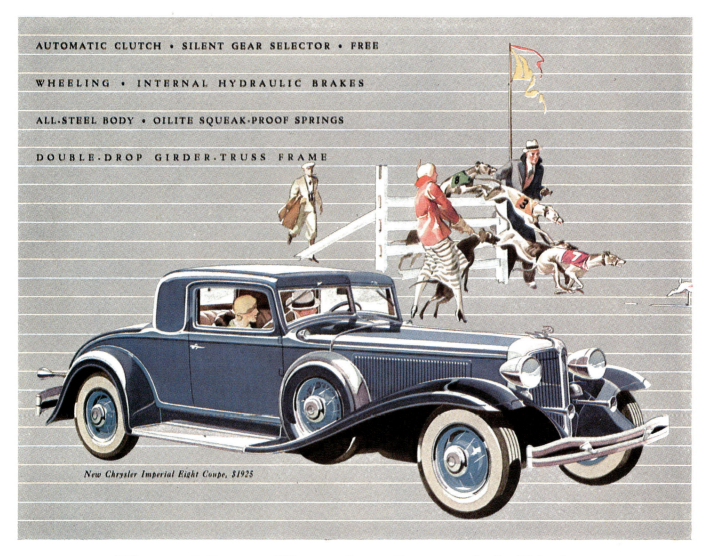

AUTOMATIC CLUTCH • SILENT GEAR SELECTOR • FREE WHEELING • INTERNAL HYDRAULIC BRAKES ALL-STEEL BODY • OILITE SQUEAK-PROOF SPRINGS DOUBLE-DROP GIRDER-TRUSS FRAME

New Chrysler Imperial Eight Coupe, $1925

Two New Chrysler Imperial Eights

TODAY is Chrysler Day in the Field of the Finest Motor Cars

1932 brings four lines of new Chrysler cars, *all with Floating Power,* including two new Chrysler Imperial Eights—magnificent cars with incredibly smooth, soft, silent performance . . . with low, smart, fleet appearance . . . with outstanding luxury.

There is a standard Chrysler Imperial Eight with a wheelbase of 135 inches and a 125-horsepower engine—and a Chrysler Imperial Custom Eight with a wheelbase of 146 inches.

Besides FLOATING POWER, the greatest engineering development of modern times—there is a new Chrysler Automatic Clutch, a Silent Gear Selector and an entirely separate Free Wheeling unit. You don't have to touch the clutch pedal when starting from a standstill, or changing gears, or even when using reverse. You move the lever freely into place in any direction, at any car speed, with *no more effort than moving a lead pencil.*

Chrysler's self-equalizing Hydraulic Brakes now have new Centrifuse brake drums. Steel drums with cast-iron linings—the steel and iron permanently fused together—giving multiplied efficiency, safety and long life.

A new Double-Drop Girder-Truss Frame of tremendous strength forms a rigid distortion-proof foundation for the car body.

New patented Oilite Squeak-Proof Springs give a softer, more restful ride—and what's more, have the great advantages of *never* squeaking and *never* needing lubrication.

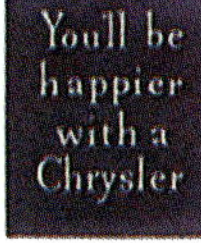

You'll be happier with a Chrysler

Great engineering—*great* results—*great* cars. Breath-taking performance!

We invite every motorist who wants the utmost in luxurious travel to drive one of these new Chrysler Imperial Eights and learn the remarkable results of all these new engineering developments.

•

A new Chrysler Six, five body models, $885 to $935 (Automatic Clutch and Oilite Squeak-Proof Springs on all Sixes at slight extra cost); a new Chrysler Eight, four body models, $1435 to $1535; a new Chrysler Imperial Eight, two body models, $1925 to $1945; a new Chrysler Imperial Custom Eight, six body models, $2895 to $3595. F. O. B. Factory. Duplate Safety Plate Glass obtainable on all models at slight extra cost.

PIERCE-ARROW

The instinct for Pierce-Arrow ownership goes deeper than pride or social preference

IT is bred of a deep-rooted, almost unconscious, conviction that Pierce-Arrow has always been built to standards singularly fine.

Many of the artisans whose skill is so brilliantly expressed in today's Pierce-Arrow Twelves and Eights came to Pierce-Arrow early in its career. They helped establish practices of precision manufacture which endure to this day. Such men, whose pride is in the deftness of their hands, work with gauges that measure four-millionths of an inch—with scales that register milligrams.

In an era when speed has become a fetish in manufacturing, the Pierce-Arrow plant at Buffalo remains the distinguished exemplar of painstaking hand-work . . . and the current Pierce-Arrow Twelves and Eights present Pierce-Arrow precision at its finest.

From a Pierce-Arrow advertisement published in 1910 comes this picture of what was then "America's Finest Car." Throughout the intervening 22 years, there has never been a rival for this Pierce-Arrow distinction.

TWO NEW TWELVES
142-inch to 147-inch wheelbase
150 horsepower
137-inch to 142-inch wheelbase
140 horsepower

Priced at Buffalo from . $3650

THE NEW EIGHTS
137-inch to 142-inch wheelbase
125 horsepower

Priced at Buffalo from . $2850

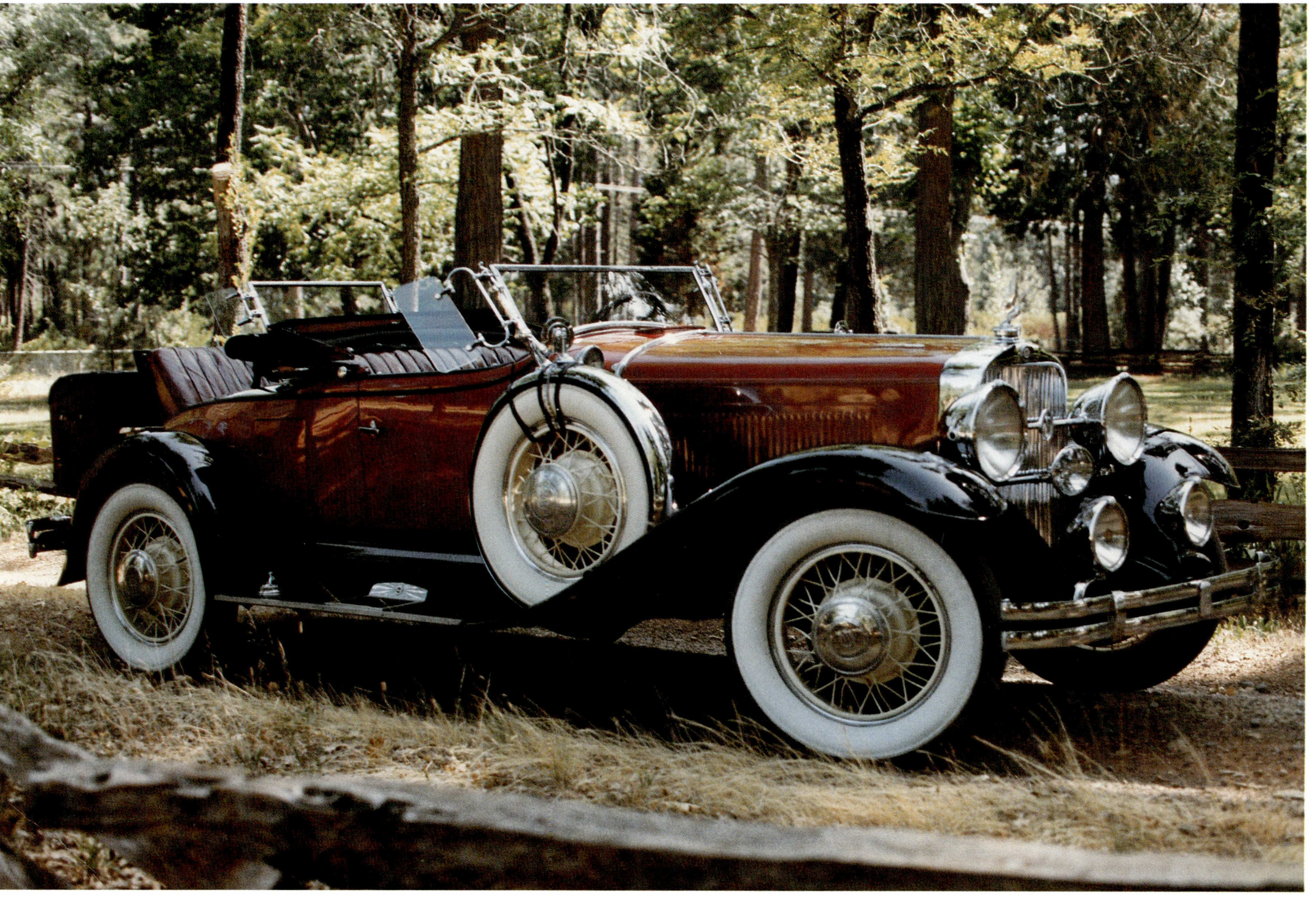

1930 Studebaker Eight Cylinder President, Sport Roadster. A Full CCCA Classic.
Owned by C. David Hemp, D.D.S., Inc., Redding, California

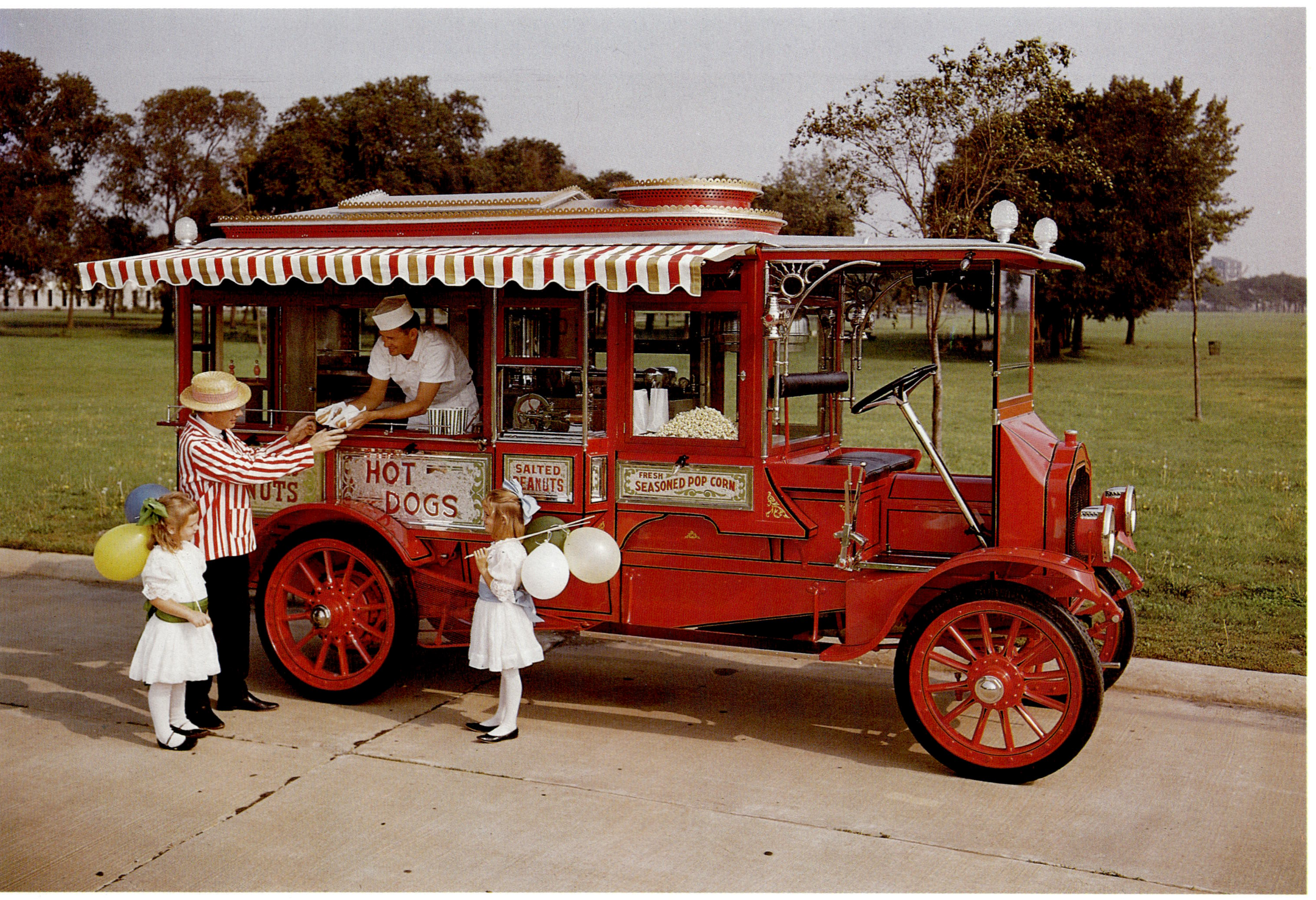

Early Cretor Popcorn Wagon
Photo Courtesy The Museum of Automobiles, Petit Jean Mountain, Morrilton, Arkansas 72110

MAKE YEAR MODEL	UNRES. FAIR-4	UNRES. GOOD-3	RES. FAIR-2	RES. EXCEL.-1	PTS.
1928 Cabriolet R.S.	4050.	7350.	12250.	17500.	(90)
1928 Coupe R.S.	3250.	5900.	9800.	14000.	(90)
1928 4-Dr. Sedan	2900.	5250.	8750.	12500.	(90)
WOODS 1900-1918 Chicago, IL.					
1913 Roadster (Electric)	2750.	5050.	8400.	12000.	(90)
1914 Roadster (Electric)	2750.	5050.	8400.	12000.	(90)
YALE 1903-1907 Toledo, OH.					
1905 2-Cyl. Touring	2300.	4200.	7000.	10000.	(90)
ZEDAL 1908-1909 France					
1909 4-Cyl. Roadster	2550.	4600.	7700.	11000.	(90)
ZIMMERMAN 1908-1912 Auburn, IN.					
1909 Roadster	2750.	5050.	8400.	12000.	(90)

Museum of Automobiles Petit Jean Mountain, Morrilton, ARK

Cont. on Page 89

Insure your antique auto through J. C. Taylor. You'll have lots of company.

More owners of antique cars, more antique auto museums, shops and dealers are insured through J. C. Taylor than any other organization.

The reason? We provide extensive liability, medical payments and loss or damage coverage.

Equally important, we are known for our excellent service because we give prompt, fair claim settlements.

Doesn't it make good sense to insure with the experienced underwriter of antique cars? And the one with excellent claim record? You'll enjoy your antique car a lot more knowing it's protected by the best.

- **NEARLY 40,000 POLICY HOLDERS**
- **OVER $1 MILLION IN CLAIMS PAID IN 1979 TO OUR POLICY HOLDERS.**

COVERAGES AND LIMITS AVAILABLE IN MOST STATES. RATES DO NOT APPLY TO ALL STATES. ASK FOR A COMPETITIVE QUOTE.

LIABILITY, MEDICAL, PAYMENTS OR BASIC NO-FAULT

($100,000 single limit) Bodily Injury and Property Damage. Annual Rates: 1st Car $15, 2nd $10, 3rd $5.

($300,000 single limit) Bodily Injury and Property Damage. Annual Rates: 1st Car $18, 2nd $12, 3rd $6.

All units in excess of three — NO CHARGE

Medical Payments of $1,000 or Basic No-Fault Annual Rate: 1st Car $3.50, 2nd Car $2.50, 3rd Car $1.50

LOSS OR DAMAGE TO YOUR AUTO — **EXCLUDING COLLISION**

(Comprehensive) Annual rate $0.35 Per $100 **NO DEDUCTIBLE**

LOSS OR DAMAGE TO YOUR AUTO — **INCLUDING COLLISION**

(Comprehensive) Annual rate $0.70 per $100 Present Valuation **NO DEDUCTIBLE**

Uninsured and underinsured motorist coverage available.

Rates for Loss or Damage to Your Auto and Collision on 1956 and newer model cars: (Per $100 present valuation).

Rates 70¢ loss or damage to your auto 70¢ collision or $1.40 for both

J. C. TAYLOR
ANTIQUE AUTO INSURANCE AGENCY, INC.

320 SOUTH 69th ST., UPPER DARBY, PENNSYLVANIA 19082

Pennsylvania residents call (215) 853-1300 **(800) 552-3535**

All other states call TOLL FREE 1-800-345-8290

Member National Association of Insurance Agents

"No Fault" coverage provided in states where mandatory

Complete Information Sheet on Reverse Side

J. C. TAYLOR ANTIQUE AUTO INSURANCE INFORMATION SHEET

PA. 1 (800) 552-3535 • OTHER STATES 1 (800) 345-8290 • (215) 748-0567 • (215) 853-1300

Underwritten by Zurich Insurance Co., with offices and claim facilities in principal U. S. cities.

Applicant ______________________________ Date of Birth __________ Occupation __________

Address ______________________________ Zip Code __________

1. List all losses in past three years and moving violations — antique and modern cars. (Date — Cause — Payment. Include drivers under 25 years of age.)

____

______________________________ Operator License Number __________

2. Total Annual Mileage: Club Functions __________ Other Purposes __________
3. Name of antique or car club to which you belong __________
4. List modern cars used for daily transportation (owned ______ or company cars ______)? __________
5. Where are cars garaged? Construction of garage — brick — frame — fire resistive

____

6. Has rated horsepower or other specifications been changed? Yes __________ No __________

____

7. The following coverages are available. Indicate those desired by placing "X" in proper boxes.

☐ Liability ($100,000 single limit) Bodily Injury and Property Damage. Annual Rates: 1st Car $15.00, 2nd $10.00, 3rd $5.00

☐ Uninsured/Underinsured Motorist—Rates as required by your State. $______Car 1 $______Car 2 $______Car 3

☐ Liability ($300,000 single limit) Bodily Injury and Property Damage. Annual Rates: 1st Car $18.00, 2nd $12.00, 3rd $6.00

☐ Medical Payments of $1,000: 1st Car $3.50, second Car $2.50, third Car $1.50. All units in exces of three — NO CHARGE

☐ Physical Damage (Comprehensive Includes Fire and Theft) — Annual Rate $0.35 per hundred of insurance for each vehicle. NO DEDUCTIBLE. 25 yrs. or older

☐ Physical Damage (Collision) — Annual Rate — $0.35 per $100 of amount of insurance for each vehicle. NO DEDUCTIBLE. 25 yrs. or older

(Note — Collision is not written as a singular coverage but is available with Comprehensive.)

☐ Physical Damage (Comprehensive Includes Fire and Theft) — $0.70 per $100 of amount of insurance for each vehicle. less than 25 yrs.

☐ Physical Damage (Collision $0.70 per $100 of amount of insurance for each vehicle. less than 25 yrs.

8. Date this coverage is to be effective __________ Policy Minimum Premium $15.00

ANTIQUE AUTOS TO BE INSURED

(Include Picture of car if possible)

	YEAR	MAKE	BODY TYPE SERIES OR MODEL	SERIAL OR MOTOR NUMBER	PRESENT VALUATION (AMOUNT OF INSURANCE)
1.					
2.					
3.					
4.					
5.					
6.					

Use separate sheet for additional cars to be insured.

An application may be forwarded to you for additional information.

My vehicle(s) will be used mainly in exhibitions, club activities, parades and other functions of public interest and will not be used primarily for the transportation of passengers or goods.

Signature: ______________________________ Date: __________

Note: Your insurance becomes effective upon payment of the premium and acceptance of the risk.

Please sign and forward with your remittance, payable to

J. C. TAYLOR ANTIQUE AUTO INSURANCE AGENCY, INC.

320 SOUTH 69th STREET
UPPER DARBY, PENNSYLVANIA 19082

CONDON & SKELLY

Antique, Classic, Special Interest Motor Vehicle Insurance
for Vehicles 15 Years Old and Older

Available in Most States

APPLICATION FOR INSURANCE

Only completed applications will be accepted

☐ NEW ☐ RENEWAL ☐ CHANGE

—— ***ATTACH ONE SIDE VIEW PHOTOGRAPH OF EACH VEHICLE*** ——

Underwritten by St. Paul Mercury Insurance Company, St. Paul, Minn.

Last Name ______________ First Name ______________ Middle Initial ______
(Please Print)

Home Address ______________

City ______________ State ______ Zip Code ______

Home Telephone No. (Area Code) ______

Total number of cars owned ______

VEHICLES MUST BE GARAGED

Garage Location ______

Construction: ☐ Fire Resistive ☐ Frame ☐ Brick

PART I - List vehicles to be Insured. *(Use separate sheet if necessary)*

Veh. No.	Year of Model	Make/Model/Body Type	Serial/Motor No.	Has Mfg. H.P. Rating been increased	Old H.P.	New H.P.	No. of Cyl.	Present Value	% of Restoration
1				☐ Yes ☐ No					
2				☐ Yes ☐ No					
3				☐ Yes ☐ No					

PART II - Annual Rates and Premiums. (Higher A&C Limit Available)

A. Liability for Bodily Injury & Property Damage.

LIMITS	1	2	3*
$100,000	15	25	30
$300,000	18	30	36

$ ______

Basic No-Fault provided where mandatory for $5 per car. A Supplemental Application will be sent.

B. Medical Protection

$1,000	3.50	6.00	7.50*
$5,000	7.00	13.00	17.00

$ ______

Underinsured Motorists provided where mandatory and available in other states for add'l premium

C. Uninsured Motorist

$ 50,000	3.00	6.00	9.00*

$ ______

Other limits available subject to State Law
* No charge for additional vehicles

$250 Spare Parts Cov. provided at No Charge

D. Physical Damage Comprehensive Including Fire & Theft

☐ Including Collision-Rate Per $100 Values
1895 to 1945 Mdl. Yrs. $ .55
1946 - 25 Yrs. Old $ .70
24 Yrs. Old and Newer $1.40

$ ______

The Company reserves the right to adjust rates and premiums without notice.

☐ Excluding Collision - Rate per $100 Value
$.35 each vehicle
($.70 for vehicles 24 yrs. old or newer)

$ ______

Rates will vary with certain Vehicles. 5% Deductible applies to 15 years old and newer

E.☐ **Additional Spare Parts.** Submit for Rates. (Amount $ ______) $ ______

Minimum Premium:
1 Veh. $40 — 2 Veh. $50 — 3 Veh. $60

Annual Premium
Total of Items A thru E $ ______

PART III Vehicle Data

(Use separate sheet if necessary for each vehicle)

Total Annual Mileage driven for all Antique Classics for:

A. Club Purposes ______

B. Other Purposes *(Explain)* ______

C. Daily Transportation Cars: (Owned ______ or Co. Car ______)

D. Describe changes in horsepower and original appearance
Veh # 1 ______
Veh # 2 ______

E. What clubs do you belong to? ______

F. No. of Years as Licensed Driver ______

G. Occupation: ______

H. Present Odometer Reading(s) ______

PART IV Driver Information						List Accidents and Traffic Violations Past 3 Years			
Driver's Name	Driver's Lic. Number	Sex M/F	Date of Birth Mo. Day Yr.	Married or Single M S	% of Use by Each Driver Veh 1 Veh 2 Veh 3	Date of Accident or Violation Mo. Day Yr.	Describe the accident or violation	Your Co. Paid Claim Yes	No

PART V - Limitations of Use: The covered auto must be an antique vehicle(s) 25 years of age or older, a classic vehicle or a special interest vehicle(s). It must be used mainly for car club activities, exhibits, parades or a private collection. Occasional use of the auto for other reasons is permitted. However, those reasons **do not** include the following: (1) - **REGULAR DRIVING** - If the use of the vehicle is on a regular basis such as driving to or from work or school (2) - **RACING - TIMED EVENTS** - If the vehicle is used in rallies, racing, gymkanas or other timed events. (3) - **ALTERED VEHICLE** - If the vehicle is altered in any way from its original condition, such as to a Street Rod, Hot Rod or Customized Show Car. A vehicle is considered altered if it is not constructed or restored with original type parts. (4) - **ANNUAL MILEAGE** - Your annual mileage cannot exceed 2,500 miles unless prior authorization is obtained from the company.

Applicant's Statement: I agree that all the information on this application is true, correct and complete and that I have read **PART V — LIMITATION OF USE.** I authorize you to check my driving record and other information on this application. I understand you may use a consumer report to verify the information with me or through my neighbors, friends or anyone acquainted with me. I know that you may ask questions about my character, general reputation and driving record. I also understand an outside investigative source may keep and otherwise use the information they gather.

After properly identifying myself, you will inform me about any written, personal information you have collected. If I find you're in error, I can have the inaccuracies corrected.

Request effective date of coverage ______

Insurance becomes effective upon payment of premium and acceptance of risk.

Please complete and sign this application and send it with premium payment to:

Antique Motorcar Insurance
c/o Condon & Skelly
Beverly-Rancocas Rd.
P.O. Drawer "A"
Willingboro, NJ 08046
1-[800] 257-9496
or 1-(800) 624-4688 (NJ)

______ **Date** ______
Applicant's Signature

PRODUCING AGENT: St. Paul Agent ☐ No. ☐ Agency No. ______
Name and Address of Agency (Include City, State, Zip and Tel. No.)

______

______

31514 REV 11/85 Printed in U.S.A.

1931 Pierce-Arrow Club Sedan
Model 41 Custom, 8 cyl., bore: 3½", stroke: 5", 384.8 cu. in displacement, 132 hp, body by Le Baron. Price when new — $5,375.

Authentic Classic Cars

1925 Through 1948

MAKE YEAR MODEL	UNRES. FAIR-4	UNRES. GOOD-3	RES. FAIR-2	RES. EXCEL.-1	PTS.
A.C.					
1936 Sports Roadster	4850.	8800.	14700.	21000.	(94)
1936 Drop Head Coupe	4850.	8800.	14700.	21000.	(94)
1937 Model 1680 Tourer	5100.	9250.	15400.	22000.	(94)
1937 A.C. Saloon	3100.	5650.	9450.	13500.	(94)
1938 Cabriolet	5200.	9450.	15750.	22500.	(94)
ADLER					
1930 Sport Roadster	4400.	8000.	13300.	19000.	(94)
1934 Convertible Landaulette	4600.	8500.	14000.	20000.	(94)
1936 Sport Tourer	4500.	8200.	13650.	19500.	(94)
1936 4-Dr. Phaeton	4850.	8800.	14700.	21000.	(94)
ALFA ROMEO France					
1926 6C Roadster	9250.	16800.	28000.	40000.	(94)
1926 6C Tourer	8100.	14700.	24500.	35000.	(94)
1930 Gran Sport	9250.	16800.	28000.	40000.	(94)
1931 1750 S.C. Tourer	9700.	17650.	29400.	42000.	(94)
1932 Type 1750 Roadster	9250.	16800.	28000.	40000.	(94)
1932 Graber Cabriolet	9450.	17200.	28700.	41000.	(94)
1932 Roadster	9000.	16400.	27300.	39000.	(94)
1933 Sagatto Roadster	11100.	20150.	33600.	48000.	(94)
1933 8C 2300 Tourer	11100.	20150.	33600.	48000.	(94)
1934 1750 Sagatto Roadster	10400.	18900.	31500.	45000.	(94)
1937 6C Tourer	9250.	16800.	28000.	40000.	(94)
1938 8C 2900B Roadster	9450.	17200.	28700.	41000.	(94)
1939 Cabriolet 6-Cyl.	8100.	14700.	24500.	35000.	(94)
ALVIS					
1932 Speed 20 Tourer	6450.	11750.	19600.	28000.	(94)
1933 Speed 20 Convertible Coupe	6250.	11350.	18900.	27000.	(94)
1934 Speed 20 Drop Head Coupe	5800.	10500.	17500.	25000.	(94)
1935 4-Dr. Saloon	3250.	5900.	9800.	14000.	(90)
1936 Speed 20 Coupe	3700.	6700.	11200.	16000.	(94)
1936 Speed 25 Tourer	8100.	14700.	24500.	35000.	(94)
1936 Speed 25 Charlesworth Cabriolet	6950.	12600.	21000.	30000.	(94)
1937 SP-25 Drop Head Coupe	6250.	11350.	18900.	27000.	(94)
1937 4.3 Litre Saloon S.M.	3950.	7150.	11900.	17000.	(90)
1938 Drop Head Coupe S.M.	6450.	11750.	19600.	28000.	(94)
1938 4.3 Tourer	7400.	13450.	22400.	32000.	(94)
1938 4-Pass. Tourer	6450.	11750.	19600.	28000.	(94)
1939 Speed 25 4-Pass. Tourer	6700.	12200.	20300.	29000.	(94)
1939 Convertible 4-Dr. Phaeton	6950.	12600.	21000.	30000.	(94)
1941 Roadster	6250.	11350.	18900.	27000.	(94)
AMIL CAR					
1926 C-6 Racer S.C.	4250.	7750.	12950.	18500.	(94)
1927 Sport Roadster	4050.	7350.	12250.	17500.	(94)
1928 CGS Speedster	4150.	7550.	12600.	18000.	(94)
ARMSTRONG SIDDLELY					
1929 Cabriolet	4850.	8800.	14700.	21000.	(94)
1939 7-Pass. Limousine	2900.	5250.	8750.	12500.	(90)
1948 Conv. Coupe	6000.	10900.	18200.	26000.	(90)
ASTON MARTIN					
1931 LeMans Tourer	5800.	10500.	17500.	25000.	(94)
1932 LeMans Roadster	6950.	12600.	21000.	30000.	(94)
1935 MK II Tourer	6950.	12600.	21000.	30000.	(94)
1935 MK II Boattail Roadster	6700.	12200.	20300.	29000.	(94)
1936 Roadster	6800.	12400.	20650.	29500.	(94)
1936 Sport Tourer	7150.	13000.	21700.	31000.	(94)
1938 LeMans Roadster	6450.	11750.	19600.	28000.	(94)
1939 Sport Roadster	6950.	12600.	21000.	30000.	(94)

1930 Cadillac

1926 Auburn 8 cyl Roadster

AUBURN-All 8 and 12 Cylinder Models

MAKE YEAR MODEL	UNRES. FAIR-4	UNRES. GOOD-3	RES. FAIR-2	RES. EXCEL.-1	PTS.
1926 8-88 Sport Roadster	5800.	10500.	17500.	25000.	(94)
1927 Model 8-88 Sport Touring	5550.	10100.	16800.	24000.	(94)
1927 Model 8-88 Cabriolet	5800.	10500.	17500.	25000.	(94)
1927 Model 8-88 Roadster	6000.	10900.	18200.	26000.	(94)
1927 Model 8-77 Sedan	3700.	6700.	11200.	16000.	(94)
1928 8-115 Sedan	3600.	6500.	10850.	15500.	(94)
1928 Model 8-115 Boattail Speedster	15000.	27300.	45500.	65000.	(94)
1928 Model 88 Cabriolet S.M.	6950.	12600.	21000.	30000.	(94)
1928 Model 88 Convertible Phaeton	6800.	12400.	20650.	29500.	(94)
1928 Model 115 Convertible Phaeton S.M.	7150.	13000.	21700.	31000.	(94)
1929 120 Boattail Speedster S.M.	15250.	27700.	46200.	66000.	(94)
1929 8-8-90 Boattail Speedster S.M.	18950.	34450.	57400.	82000.	(94)
1929 Model 8-90 Cabriolet S.M.	9800.	17850.	29750.	42500.	(94)
1929 8-120 Sedan S.M.	4250.	7750.	12950.	18500.	(94)
1929 8-90 Phaeton S.M.	11100.	20150.	33600.	48000.	(94)
1929 8-90 Sedan S.M.	4150.	7550.	12600.	18000.	(94)
1930 Model 8-125 Conv. Phaeton S.M.	11800.	21400.	35700.	51000.	(94)
1930 8-95F Cabriolet S.M.	10400.	18900.	31500.	45000.	(94)
1930 8-125 Cabriolet S.M.	10950.	19950.	33250.	47500.	(94)
1930 Model 8-8-95 Sedan S.M.	4150.	7550.	12600.	18000.	(94)
1930 8-125 Sedan S.M.	4400.	8000.	13300.	19000.	(94)
1931 Model 8-98 Coupe R.S.S.M.	4500.	8200.	13650.	19500.	(94)
1931 8-98A Cabriolet S.M.	10400.	18900.	31500.	45000.	(94)
1931 8-98 Cabriolet Standard	9000.	16400.	27300.	39000.	(94)

MAKE YEAR MODEL	UNRES. FAIR-4	UNRES. GOOD-3	RES. FAIR-2	RES. EXCEL.-1	PTS.
1931 8-98A Phaeton S.M.	12700.	23100.	38500.	55000.	(94)
1931 8-98A 2-Dr. Brougham S.M.	5200.	9450.	15750.	22500.	(94)
1931 8-98A Sedan S.M.	4950.	9050.	15050.	21500.	(94)
1931 8-98 Business Coupe	4400.	8000.	13300.	19000.	(94)
1931 8-98A Boattail Speedster	19850.	36100.	60200.	86000.	(94)
1932 8-100 Boattail Speedster S.M.	20100.	36550.	60900.	87000.	(94)
1932 Model 8-100A Cabriolet S.M.	11100.	20150.	33600.	48000.	(94)
1932 Model 8-100A Phaeton	12000.	21850.	36400.	52000.	(94)
1932 8-100A Phaeton S.M.	12000.	21850.	36400.	52000.	(94)

1933 Auburn V-12 Speedster, Courtesy Harrah's, Reno, NV

MAKE YEAR MODEL	UNRES. FAIR-4	UNRES. GOOD-3	RES. FAIR-2	RES. EXCEL.-1	PTS.
1932 Model 8-100A 2-Dr. Brougham S.M.	5550.	10100.	16800.	24000.	(94)
1932 Model 8-100 Business Coupe	4500.	8200.	13650.	19500.	(94)
1932 160A V-12 Custom Phaeton S.M.	17300.	31500.	52500.	75000.	(94)
1932 101A Sedan S.M.	5200.	9450.	15750.	22500.	(94)
1932 Mod. 160A V-12 Boattail Spdstr. S.M.	26550.	48300.	80500.	115000.	(94)
1932 Model 160A V-12 Cabriolet S.M.	19650.	35700.	59500.	85000.	(94)
1932 160 V-12 Brougham S.M.	7400.	13450.	22400.	32000.	(94)
1932 Model 160A V-12 Sedan S.M.	7300.	13250.	22050.	31500.	(94)
1932 Model 160 V-12 Coupe R.S.S.M.	8100.	14700.	24500.	35000.	(94)
1933 Model 8-101A Phaeton S.M.	15000.	27300.	45500.	65000.	(94)
1933 Model 8-105A Cabriolet S.M.	11550.	21000.	35000.	50000.	(94)
1933 8-101A Sedan S.M.	5300.	9650.	16100.	23000.	(94)
1933 8-101 Brougham S.M.	5800.	10500.	17500.	25000.	(94)
1933 8-101 Coupe R.S.S.M.	5200.	9450.	15750.	22500.	(94)

1931 Auburn Cabriolet Convertible

1935 Auburn Boat-Tail Speedster

MAKE YEAR MODEL	UNRES. FAIR-4	UNRES. GOOD-3	RES. FAIR-2	RES. EXCEL.-1	PTS.
1933 12-161 V-12 Boattail Speedster S.M.	26550.	48300.	80500.	115000.	(94)
1933 12-161 V-12 Phaeton S.M.	24250.	44100.	73500.	105000.	(94)
1933 12-161A V-12 Sedan S.M.	6950.	12600.	21000.	30000.	(94)
1933 12-165A Brougham	7400.	13450.	22400.	32000.	(94)
1934 12-50 V-12 Convertible Sedan	19650.	35700.	59500.	85000.	(94)
1934 Model 12-50 V-12 Convertible Coupe	15000.	27300.	45500.	65000.	(94)
1934 Model 12-50 V-12 Sedan	6450.	11750.	19600.	28000.	(94)
1934 Model 8-50X Cabriolet	11550.	21000.	35000.	50000.	(94)
1934 Model 8-850Y Auburn Phaeton	13850.	25200.	42000.	60000.	(94)
1934 Model 8-850 Sedan S.M.	4400.	8000.	13300.	19000.	(94)
1935 Model 851 2-Pass. Coupe	4500.	8200.	13650.	19500.	(94)
1935 8-851 Boattail Speedster S.C.	21950.	40000.	66500.	95000.	(94)
1935 8-851 Cabriolet S.M.	11300.	20600.	34300.	49000.	(94)
1935 8-851 Phaeton	13850.	25200.	42000.	60000.	(94)
1935 8-51 Phaeton S.M.	14300.	26050.	43400.	62000.	(94)
1935 8-851 Sedan	4150.	7550.	12600.	18000.	(94)
1935 8-852 Boattail Speedster S.C.	21950.	40000.	66500.	95000.	(94)
1936 8-852 Cabriolet S.C.	13400.	24350.	40600.	58000.	(94)
1936 8-852 Phaeton S.C.	15000.	27300.	45500.	65000.	(94)
1936 8-852 Sedan	4400.	8000.	13300.	19000.	(94)
1936 8-852 Sedan S.M. S.C.	4600.	8400.	14000.	20000.	(94)
1936 8-852 Coupe	5100.	9250.	15400.	22000.	(94)

BENTLEY

1931 Bentley 8 Litre Saloon

MAKE YEAR MODEL	UNRES. FAIR-4	UNRES. GOOD-3	RES. FAIR-2	RES. EXCEL.-1	PTS.
1925 3-Litre Roadster	15000.	27300.	45500.	65000.	(94)
1925 Red Label Roadster	17300.	31500.	52500.	75000.	(94)
1925 Sport Tourer	13850.	25200.	42000.	60000.	(94)
1925 3-Litre Tourer	13850.	25200.	42000.	60000.	(94)
1926 3-Litre Convertible Coupe	12700.	23100.	38500.	55000.	(94)
1926 2-Pass. Coupe	6950.	12600.	21000.	30000.	(94)
1927 Green Label Tourer	17300.	31500.	52500.	75000.	(94)
1927 6½-Litre Speedster	20800.	37800.	63000.	90000.	(94)
1928 4-Pass. Tourer	16150.	29400.	49000.	70000.	(94)
1928 4½-Litre Speedster	17300.	31500.	52500.	75000.	(94)
1929 4½-Litre Tourer	15000.	27300.	45500.	65000.	(94)
1929 Speed Six Roadster	3000.	5400.	9050.	12900.	(94)
1929 5-Pass. Saloon	6700.	12200.	20300.	29000.	(94)
1930 Speed Six Tourer	29000.	52500.	87500.	125000.	(94)
1930 5-Pass. Saloon	6700.	12200.	20300.	29000.	(94)
1931 4½-Litre Saloon LHD	8100.	14700.	24500.	35000.	(94)
1931 8-Litre Cabriolet	37800.	63000.	105000.	150000.	(94)
1931 8-Litre Saloon	23100.	42000.	70000.	100000.	(94)
1931 4½-Litre Tourer	15000.	27300.	45500.	65000.	(94)
1934 4.5-Litre Tourer	17300.	31500.	52500.	75000.	(94)
1934 D.C. Phaeton	18000.	32750.	54600.	78000.	(94)
1934 3½-Litre Roadster	13850.	25200.	42000.	60000.	(94)
1934 3½-Litre Conv. Sedan	13850.	25200.	42000.	60000.	(94)
1934 Convertible Coupe 3.5-Litre	10400.	18900.	31500.	45000.	(94)
1934 Saloon	4600.	8400.	14000.	20000.	(94)
1934 5-Pass. Saloon	4600.	8400.	14000.	20000.	(94)

1948 Bentley MK VI 5-Pass. Dropheead Convertible

MAKE YEAR MODEL	UNRES. FAIR-4	UNRES. GOOD-3	RES. FAIR-2	RES. EXCEL.-1	PTS.
1934 3½-Litre D.C. Phaeton	18000.	32750.	54600.	78000.	(94)
1935 3½-Litre Tourer	15000.	27300.	45500.	65000.	(94)
1935 4½-Litre Cabriolet (Park Ward)	11550.	21000.	35000.	50000.	(94)
1935 Speed 6 Tourer	18000.	32750.	54600.	78000.	(94)
1935 3½-Litre Roadster	11550.	21000.	35000.	50000.	(94)
1935 3½-Litre D.H. Coupe	10400.	18900.	31500.	45000.	(94)
1935 Sport Saloon	4600.	8400.	14000.	20000.	(94)
1936 Sport Saloon	4600.	8400.	14000.	20000.	(94)
1936 4½-Litre Cabriolet	12700.	23100.	38500.	55000.	(94)
1936 Convertible Victoria	12700.	23100.	38500.	55000.	(94)
1937 5-Pass. Saloon	4600.	8400.	14000.	20000.	(94)
1937 4½-Litre Cabriolet (Mulliner)	13850.	25200.	42000.	60000.	(94)
1937 Continental Cabriolet	12700.	23100.	38500.	55000.	(94)
1937 Sports Saloon	4600.	8400.	14000.	20000.	(94)
1937 4½-Litre Coupe	6450.	11750.	19600.	28000.	(94)
1938 Sedanca DeVille	10400.	18900.	31500.	45000.	(94)
1938 Saloon	4500.	8200.	13650.	19500.	(94)
1938 Drop Head Coupe	9700.	17650.	29400.	42000.	(94)
1939 5-Pass. Coupe	6700.	12200.	20300.	29000.	(94)
1939 4-Dr. Saloon (Park Ward)	4850.	8800.	14700.	21000.	(94)
1939 5-Pass. Cabriolet	9800.	17850.	29750.	42500.	(94)
1948 MK VI Conv. Victoria (H.J. Mulliner)	8100.	14700.	24500.	35000.	(94)

1931 Bentley 8-Litre Saloon

1939 BMW Type 327 Sports Roadster

MAKE YEAR MODEL	UNRES. FAIR-4	UNRES. GOOD-3	RES. FAIR-2	RES. EXCEL.-1	PTS.
BLACKHAWK (BY STUTZ)					
1927 8-Cyl. 4-Pass. Speedster	13850.	25200.	42000.	60000.	(94)
1929 Model L 8-Cyl. Speedster	18000.	32750.	54600.	78000.	(94)
1929 Convertible 6-Cyl. R.S.	11550.	21000.	35000.	50000.	(94)
1929 Model 8-L 8-Cyl. Sports Rdstr.S.M.	13850.	25200.	42000.	60000.	(94)
1929 8-L 5-Pass. Sedan S.M.	5550.	10100.	16800.	24000.	(94)
1930 6-Cyl. 4-Pass. D.C. Phaeton	18000.	32750.	54600.	78000.	(94)
1930 6-L Cabriolet	8800.	15950.	26600.	38000.	(94)
1930 8-L Sports Roadster S.M.	13850.	25200.	42000.	60000.	(94)
1930 5-Pass. Sedan	4850.	8800.	14700.	21000.	(94)
B.M.W.					
1936 Cabriolet	4850.	8800.	14700.	21000.	(94)
1936 327 Roadster	6000.	10900.	18200.	26000.	(94)
1938 Convertible Coupe	5550.	10100.	16800.	24000.	(94)
1938 328 Roadster	6000.	10900.	18200.	26000.	(94)
1939 327 Convertible Coupe	6950.	12600.	21000.	30000.	(94)
1939 327 Coupe	4600.	8400.	14000.	20000.	(94)
BREWSTER (Ford)					
1935 Open Front Town Car	8100.	14700.	24500.	35000.	(94)
1935 V-8 Cabriolet	10400.	18900.	31500.	45000.	(94)
1935 7-Pass. Phaeton	11550.	21000.	35000.	50000.	(94)
1935 5-Pass. Sedan	7855.	14300.	23800.	34000.	(94)

1927 Bugatti Grand Prix Photo Courtesy Harrah's, Reno, NV
Type 35B, 8 cyl., (single overhead camshaft, supercharged), bore: 2 3/8", stroke : 3 15/16", 138.0 cu. in displacement, 135 hp. Price when new — $6,075.

Brewster Buick

BREWSTER BUICK

MAKE YEAR MODEL	UNRES. FAIR-4	UNRES. GOOD-3	RES. FAIR-2	RES. EXCEL.-1	PTS.
1940 Series 90 Open Front Town Car	21950.	39900.	66500.	95000.	(100)

1925 Bentley, 4 cyl., Race Car

BUGATTI

MAKE YEAR MODEL	UNRES. FAIR-4	UNRES. GOOD-3	RES. FAIR-2	RES. EXCEL.-1	PTS.
1925 Type 30 8-Cyl. Saloon	11550.	21000.	35000.	50000.	(94)
1926 Type 30 Tourer	17300.	31500.	52500.	75000.	(94)
1927 4-Pass. Tourer	16150.	29400.	49000.	70000.	(94)
1927 D.C. Phaeton	20800.	37800.	63000.	90000.	(94)
1928 4-Cyl. Racer	6950.	12600.	21000.	30000.	(94)
1928 Sport Touring S.C.	21950.	39900.	66500.	95000.	(94)
1930 4-Pass. Tourer	20800.	37800.	63000.	90000.	(94)
1931 8-Cyl. Saloon	13850.	25200.	42000.	60000.	(94)
1932 Type 45 Sport Saloon	11550.	21000.	35000.	50000.	(94)
1932 Type 50 8-Cyl. Coupe	23100.	42000.	70000.	100000.	(94)
1934 Type 57 Roadster	20800.	37800.	63000.	90000.	(94)
1934 8-Cyl. Convertible Cabriolet	20800.	37800.	63000.	90000.	(94)
1934 Type 57 Sport Saloon	9250.	16800.	28000.	40000.	(94)
1935 Type 57 Roadster	21950.	39900.	66500.	95000.	(94)
1935 Type 57 Cabriolet	20800.	37800.	63000.	90000.	(94)
1935 Type 57 Ventoux Coupe	19650.	35700.	59500.	85000.	(94)
1936 Type 57 8-Cyl. Roadster	19650.	35700.	59500.	85000.	(94)
1937 Type 57 Drop Head Coupe 8-Cyl.	21950.	39900.	66500.	95000.	(94)
1937 8-Cyl. Cabriolet Grauber	25400.	46200.	77000.	110000.	(94)
1937 Type 57 Coupe	22400.	40750.	67900.	97000.	(94)
1937 Type 57 2-Pass. Speedster	12700.	23100.	38500.	55000.	(94)
1937 Type 44 Speedster	12700.	23100.	38500.	55000.	(94)
1947 Electron Coupe (Custom)	21950.	39900.	66500.	95000.	(94)
1939 Type 57 Coupe	21950.	39900.	66500.	95000.	(94)
1939 Type 57C Drop Head Coupe	25400.	46200.	77000.	110000.	(94)
1939 5-Pass. Saloon	10400.	18900.	31500.	45000.	(94)

1932 Bugatti Coupe, Type 50T, 8 cyl. (supercharged), bore: 3 3/8" stroke: 4¼", 304.2 cu. in. displacement, 200 hp. Price when new, $14,000.

BUICK 90 Series 1931-1940

MAKE YEAR MODEL	UNRES. FAIR-4	UNRES. GOOD-3	RES. FAIR-2	RES. EXCEL.-1	PTS.
1931 Model 8-94 Sport Roadster	11100.	20150.	33600.	48000.	(94)
1931 Model 8-95 7-Pass. Touring	12700.	23100.	38500.	55000.	(94)
1931 Model 8-96S Sport Coupe R.S.S.M.	5550.	10100.	16800.	24000.	(94)
1931 Model 8-96C Convertible Coupe	9250.	16800.	28000.	40000.	(94)

1940 Buick 90 Series Limited Photo Courtesy of Arthur Rippey, Denver, Co

MAKE YEAR MODEL	UNRES. FAIR-4	UNRES. GOOD-3	RES. FAIR-2	RES. EXCEL.-1	PTS.
1931 Model 8-91 5-Pass. Brougham	5100.	9250.	15400.	22000.	(94)
1931 Model 8-90 7-Pass. Sedan	4400.	8000.	13300.	19000.	(94)
1931 Model 8-90L 7-Pass. Limo. Sedan	5300.	9650.	16100.	23000.	(94)
1932 Model 96C Conv. Coupe R.S.	10400.	18900.	31500.	45000.	(94)
1932 Model 95 7-Pass. Sport Phaeton	11550.	21000.	35000.	50000.	(94)
1932 Model 98 5-Pass. Conv. Phaeton	12700.	23100.	38500.	55000.	(94)
1932 Model 96S Country Club Cpe.	5800.	10500.	17500.	25000.	(94)

Buick 90 Series Cabriolet

MAKE YEAR MODEL	UNRES. FAIR-4	UNRES. GOOD-3	RES. FAIR-2	RES. EXCEL.-1	PTS.
1932 Model 96 5-Pass. Victoria Coupe	5300.	9650.	16100.	23000.	(94)
1932 Model 97 5-Pass. Sedan	5200.	9450.	15750.	22500.	(94)
1932 Model 91 5-Pass. Club Sedan	5300.	9650.	16100.	23000.	(94)
1932 Model 90 7-Pass. Sedan	4600.	8400.	14000.	20000.	(94)
1932 Model 90L 7-Pass. Limousine	5100.	9250.	15400.	22000.	(94)
1933 Model 96 5-Pass. Victoria Coupe	5550.	10100.	16800.	24000.	(94)
1933 Model 91 5-Pass. Club Sedan	4400.	8000.	13300.	19000.	(94)
1933 Model 97 5-Pass. Sedan	4150.	7550.	12600.	18000.	(94)
1933 Model 90 7-Pass. Sedan	4400.	8000.	13300.	19000.	(94)
1933 Model 90L 7-Pass. Limousine	4850.	8800.	14700.	21000.	(94)
1934 Model 98C Conv. Phaeton	10400.	18900.	31500.	45000.	(94)
1934 Model 96C Conv. Coupe R.S.	8800.	15950.	26600.	38000.	(94)
1934 Model 96S Sport Coupe R.S.	4850.	8800.	14700.	21000.	(94)
1934 Model 98 5-Pass. Victoria Cpe.	4600.	8400.	14000.	20000.	(94)
1934 Model 91 5-Pass. Club Sedan	4500.	8200.	13650.	19500.	(94)
1934 Model 97 5-Pass. 4-Dr. Sedan	4400.	8000.	13300.	19000.	(94)
1934 Model 90 7-Pass. Sedan	4500.	8200.	13650.	19500.	(94)

MAKE YEAR MODEL	UNRES. FAIR-4	UNRES. GOOD-3	RES. FAIR-2	RES. EXCEL.-1	PTS.

1930 Buick 2-Door Phaeton

MAKE YEAR MODEL	UNRES. FAIR-4	UNRES. GOOD-3	RES. FAIR-2	RES. EXCEL.-1	PTS.
1934 Model 90L 7-Pass. Limo. Sedan	4600.	8400.	14000.	20000.	(94)
1935 Model 96S Sport Coupe R.S.	4850.	8800.	14700.	21000.	(94)
1935 Model 96C Conv. Coupe R.S.	8650.	15750.	26250.	37500.	(94)
1935 Model 98 5-Pass. Victoria Cpe.	4600.	8400.	14000.	20000.	(94)
1935 Model 97 5-Pass. Sedan	4400.	8000.	13300.	19000.	(94)
1935 Model 91 5-Pass. 4-Dr. Club Sedan	4500.	8200.	13650.	19500.	(94)
1935 Model 90 7-Pass. Sedan	4400.	8000.	13300.	19000.	(94)
1935 Model 90 7-Pass. Limo. Sedan	4850.	8800.	14700.	21000.	(94)
1935 Model 98C 5-Pass. Conv. Phaeton	9950.	18050.	30100.	43000.	(94)
1936 Model 91 5-Pass. 4-Dr. Sedan	3950.	7150.	11900.	17000.	(90)
1936 Model 90 8-Pass. Sedan	4050.	7350.	12250.	17500.	(90)
1936 Model 90L 8-Pass. Limousine	4050.	7350.	12250.	17500.	(90)
1937 Model 91 6-Pass. 4-Dr. Sedan	4150.	7550.	12600.	18000.	(90)
1937 Model 90 8-Pass. 4-Dr. Sedan	4250.	7750.	12950.	18500.	(90)
1937 Model 91F 6-Pass. 4-Dr. Sedan	3950.	7150.	11900.	17000.	(94)
1937 Model 90L 8-Pass. 4-Dr. Limo.	3950.	7150.	11900.	17000.	(90)
1938 Model 91 6-Pass. 4-Dr. Sedan Touring	4150.	7550.	12600.	18000.	(94)
1938 Model 90 8-Pass. 4-Dr. Sedan Touring	4050.	7350.	12250.	17500.	(90)
1938 Model 90L 8-Pass. 4-Dr. Limo.	4050.	7350.	12250.	17500.	(90)
1939 Model 91 6-Pass. 4-Dr. Sedan Touring	3700.	6700.	11200.	16000.	(90)
1939 Model 90 8-Pass. 4-Dr Sedan Touring	3600.	6500.	10850.	15500.	(90)
1939 Model 90L 8-Pass. Limousine	3800.	6950.	11550.	16500.	(90)
1940 Model 91 6-Pass. 4-Dr. Sedan Touring	4750.	8600.	14350.	20500.	(90)
1940 Model 190A/S 8-Pass. 4-Dr. Sed. Touring	3700.	6700.	11200.	16000.	(90)

1928 Cadillac

1929 Cadillac Dual Convertible Phaeton

MAKE YEAR MODEL	UNRES. FAIR-4	UNRES. GOOD-3	RES. FAIR-2	RES. EXCEL.-1	PTS.
1940 Limited Convertible Sedan 80C	9800.	17850.	29750.	42500.	(94)
1940 Model 90L A/S 8-Pass. Limo.	4600.	8400.	14000.	20000.	(90)
1941 Model 91 6-Pass. 4-Dr. Sedan Touring	3700.	6700.	11200.	16000.	(90)
1941 Model 90 A/S 8-Pass. 4D. Sedan Touring	3700.	6700.	11200.	16000.	(90)
1941 Model 91F 6-Pass. Formal Sedan	4250.	7750.	12950.	18500.	(90)
1941 Model 90L A/S M 8-Pass. Limo.	4600.	8400.	14000.	20000.	(90)
1942 Model 91 6-Pass. 4-Dr. Sedan Touring	2900.	5250.	8750.	12500.	(90)
1942 Model 90 A/S 8-Pass. 4D. Sedan Touring	2900.	5250.	•8750.	12500.	(90)
1942 Model 91F 6-Pass. Formal Sedan	4050.	7350.	12250.	17500.	(90)
1942 Model 90L A/S 8-Pass. Limo.	3450.	6300.	10500.	15000.	(90)

1927 Cadillac Dual Cowl Phaeton

MAKE YEAR MODEL	UNRES. FAIR-4	UNRES. GOOD-3	RES. FAIR-2	RES. EXCEL.-1	PTS.
CADILLAC					
1925 2-Dr. Victoria	5100.	9250.	15400.	22000.	(90)
1925 7-Pass. Limousine	5550.	10100.	16800.	24000.	(94)
1925 7-Pass. Touring Car	8100.	14700.	24500.	35000.	(94)
1925 D.C. Phaeton S.M.	9250.	16800.	28000.	40000.	(94)
1925 Sport Touring	8650.	15750.	26250.	37500.	(94)
1925 Roadster	7500.	13650.	22750.	32500.	(94)
1925 2-Pass. Coupe	4600.	8400.	14000.	20000.	(90)
1925 5-Pass. Sedan	4600.	8400.	14000.	20000.	(90)
1926 7-Pass. Touring	9450.	17200.	28700.	41000.	(94)
1926 D.C. Phaeton S.M.	10850.	19750.	32900.	47000.	(94)
1926 7-Pass. Limousine	5550.	10100.	16800.	24000.	(94)
1926 5-Pass. Sedan	5450.	9900.	16500.	21500.	(94)
1926 2-Dr. Sedan	4400.	8000.	13300.	19000.	(90)
1926 2-Pass. Coupe	5800.	10500.	17500.	25000.	(94)
1926 2-Pass. Roadster R.S.	10950.	19950.	33250.	47500.	(94)
1927 4-Pass. Sport Phaeton	12700.	23100.	38500.	55000.	(94)
1927 D.C. Phaeton S.M.	13150.	23950.	39900.	57000.	(94)
1927 Roadster R.S.	10950.	19950.	33250.	47500.	(94)
1927 7-Pass. Touring 138'' W.B.	11100.	20150.	33600.	48000.	(94)
1927 Convertible Coupe 138'' W.B.	11550.	21000.	35000.	50000.	(94)
1927 Victoria Coupe S.M.	6000.	10900.	18200.	26000.	(94)
1927 Coupe R.S.	8100.	14700.	24500.	35000.	(94)
1927 5-Pass. Sedan	5200.	9450.	15750.	22500.	(94)
1927 Town Sedan S.M.	6000.	10900.	18200.	26000.	(94)
1928 Cabriolet S.M.	11100.	20200.	33700.	50000.	(94)
1928 R.S. Coupe	8300.	15100.	25200.	36000.	(94)
1928 D.C. Phaeton S.M.	13850.	25200.	42000.	60000.	(94)
1928 Sport Roadster S.M.	12950.	23500.	39200.	56000.	(94)
1928 Model 341 7-Pass. Touring	11550.	21000.	35000.	50000.	(94)
1928 5-Pass. Sedan S.M.	5550.	10100.	16800.	24000.	(94)
1928 7-Pass. Limousine S.M.	6250.	11350.	18900.	27000.	(94)
1928 341 Town Sedan S.M.	6450.	11750.	19600.	28000.	(94)
1928 5-Pass. Imperial Cabriolet	12950.	23500.	39200.	56000.	(94)
1929 341B Sport Roadster S.M.	13400.	24350.	40600.	58000.	(94)
1929 Cabriolet S.M.	11550.	21000.	35000.	50000.	(94)
1929 341B Conv. Sedan S.M. (Fleetwood)	16750.	30450.	50750.	72500.	(94)

MAKE YEAR MODEL	UNRES. FAIR-4	UNRES. GOOD-3	RES. FAIR-2	RES. EXCEL.-1	PTS.
1929 D.C. Phaeton S.M.	17300.	31500.	52500.	75000.	(94)
1929 Coupe R.S.S.M.	8100.	14700.	24500.	35000.	(94)
1929 7-Pass. Sedan	5800.	10500.	17500.	25000.	(94)
1929 5-Pass. Victoria S.M.	5800.	10500.	17500.	25000.	(94)
1929 5-Pass. Sedan	5550.	10100.	16800.	24000.	(94)
1929 6-Pass. Phaeton	12150.	22050.	36750.	52500.	(94)
1929 7-Pass. Touring S.M.	11800.	21400.	35700.	51000.	(94)
1929 Town Sedan	5550.	10100.	16800.	24000.	(94)
1929 341B Town Sedan S.M.	6950.	12600.	21000.	30000.	(94)
1930 Model 353 7-Pass. Sedan	5550.	10100.	16800.	24000.	(94)
1930 353 Coupe R.S.S.M.	6950.	12600.	21000.	30000.	(94)
1930 5-Pass. Sedan S.M.	6000.	10900.	18200.	26000.	(94)
1930 D.C. Phaeton	17300.	31500.	52500.	75000.	(94)
1930 4-Pass. All Weather Phaeton S.M. Fleetwood	16750.	30450.	50750.	72500.	(94)
1930 Cabriolet S.M.	13400.	24350.	40600.	58000.	(94)

1931 Cadillac Sport Phaeton V-8

MAKE YEAR MODEL	UNRES. FAIR-4	UNRES. GOOD-3	RES. FAIR-2	RES. EXCEL.-1	PTS.
1930 Sport Roadster S.M. Fleetwood	16650.	30250.	50400.	72000.	(94)
1930 353 7-Pass. Sedan S.M.	6950.	12600.	21000.	30000.	(94)
1931 355 Convertible Sedan S.M.	16150.	29400.	49000.	70000.	(94)
1931 355 Convertible Coupe S.M.	13850.	25200.	42000.	60000.	(94)
1931 355 Roadster S.M.	17300.	31500.	52500.	75000.	(94)
1931 D.C. Phaeton S.M. 355 V-8	18500.	33600.	56000.	80000.	(94)
1931 355 Phaeton	19650.	35700.	59500.	85000.	(94)
1931 355 Town Sedan	7500.	13650.	22750.	32500.	(94)
1931 355A Imperial Limo.	8300.	15100.	25200.	36000.	(94)
1931 355 Coupe R.S.	7500.	13650.	22750.	32500.	(94)
1931 Club Sedan S.M.	8100.	14700.	24500.	35000.	(94)
1932 355B 7-Pass. Sedan S.M.	7500.	13650.	22750.	32500.	(94)
1932 355B Sport Phaeton S.M. 140'' W.B.	19650.	35700.	59500.	85000.	(94)
1932 Town Cabriolet Fleetwood 140'' W.B.	19050.	34650.	57750.	82500.	(94)
1932 Town Sedan S.M. 140'' W.B.	8800.	15950.	26600.	38000.	(94)
1932 355B Cabriolet S.M.	15000.	27300.	45500.	65000.	(94)
1932 355B Roadster S.M.	17300.	31500.	52500.	75000.	(94)
1932 D.C. Phaeton S.M. (Fisher)	21350.	38850.	64750.	92500.	(94)
1932 A.W. Phaeton (Fisher)	16400.	29800.	49700.	71000.	(94)
1932 355B 5-Pass. Sedan	7400.	13450.	22400.	32000.	(94)
1932 355B Coupe R.S.	10400.	18900.	31500.	45000.	(94)
1932 Town Coupe (Fleetwood)	11300.	20600.	34300.	49000.	(94)
1933 D.C. Phaeton 140'' W.B. 355C	21950.	39900.	66500.	95000.	(94)
1933 All Weather Phaeton 140'' W.B. (Fleetwood)	17300.	31500.	52500.	75000.	(94)
1933 355C Phaeton (Fisher)	16150.	29400.	49000.	70000.	(94)
1933 355C Coupe 134'' W.B. R.S.	8800.	15950.	26600.	38000.	(94)
1933 Opera Coupe 355C	8100.	14700.	24500.	35000.	(94)
1933 5-Pass. Sedan 140'' W.B. S.M. 355C	6950.	12600.	21000.	30000.	(94)
1933 Town Cabriolet Fleetwood 140'' W.B.	16150.	29400.	49000.	70000.	(94)
1933 Roadster (Fisher) 355C	15500.	28150.	46900.	67000.	(94)
1933 Convertible Coupe S.M. 355C	13400.	24350.	40600.	58000.	(94)
1933 7-Pass. Sedan (Fleetwood)	6250.	11350.	18900.	27000.	(94)

1935 Cadillac V-8 Convertible Sedan
Courtesy Rippey's Veteran Car Museum

MAKE YEAR MODEL	UNRES. FAIR-4	UNRES. GOOD-3	RES. FAIR-2	RES. EXCEL.-1	PTS.
1934 Fleetwood Aero-Dynamic 5-Pass. Coupe	17300.	31500.	52500.	75000.	(94)
1934 Series 20 Conv. Sedan S.M. 136'' W.B.	13150.	23950.	39900.	57000.	(94)
1934 Series 10 Conv. Sedan S.M. 128'' W.B.	12000.	21850.	36400.	52000.	(94)
1934 Series 30 7-Pass. Limo. 146'' W.B. S.M.	6350.	11550.	19250.	27500.	(94)
1934 Series 20 Cabriolet	12000.	21850.	36400.	52000.	(94)
1934 Series 10 Coupe R.S.	7500.	13650.	22750.	32500.	(94)
1934 Series 20 Town Coupe	9000.	16400.	27300.	39000.	(94)
1934 Series 20 5-Pass. Sedan	5200.	9450.	15750.	22500.	(94)
1934 Series 20 Short Cpld Sedan S.M.	5800.	10500.	17500.	25000.	(94)
1935 Model 10 Conv. Sedan S.M. 335E	11550.	21000.	35000.	50000.	(94)
1935 Series 20 Town Sedan	4850.	8800.	14700.	21000.	(94)
1935 Town Coupe 128'' W.B.	9700.	17650.	29400.	42000.	(94)
1935 Series 30 Town Sedan S.M.	5300.	9650.	16100.	23000.	(94)
1935 Series 20 Cabriolet S.M.	11100.	20150.	33600.	48000.	(94)
1935 Series 10 Coupe R.S.	8900.	16150.	26950.	38500.	(94)
1935 Series 30 146'' W.B. Imperial Cabriolet	12700.	23100.	38500.	55000.	(94)
1935 Model 20 All Weather Phaeton S.M.	12700.	23100.	38500.	55000.	(94)
1936 Model 70 Conv. Coupe S.M.	8100.	14700.	24500.	35000.	(94)
1936 Series 70 2-Pass. Coupe R.S.S.M.	5100.	9250.	15400.	22000.	(94)
1936 Series 75 5-Pass. Sedan S.M.	6600.	11950.	19950.	28500.	(94)
1936 Series 70 Conv. Sedan S.M.	10850.	19750.	32900.	47000.	(94)
1936 Series 75 Conv. Sedan S.M.	11300.	20600.	34300.	48000.	(94)
1936 Fleetwood Town Car	6950.	12600.	21000.	30000.	(94)

1937 Cadillac V-8

MAKE YEAR MODEL	UNRES. FAIR-4	UNRES. GOOD-3	RES. FAIR-2	RES. EXCEL.-1	PTS.
1937 Model 70 Conv. Coupe R.S.S.M.	9800.	17850.	29750.	42500.	(94)
1937 Model 75 Conv. Sedan S.M.	11800.	21400.	35700.	51000.	(94)
1937 Model 75 Sedan S.M.	6250.	11350.	18900.	27000.	(94)
1937 Model 75 Conv. Coupe	11550.	21000.	35000.	50000.	(94)
1937 Model 7509 7-Pass. For Limo.	6700.	12200.	20300.	29000.	(94)
1937 Model 70 Conv. Sedan S.M.	10850.	19750.	32900.	47000.	(94)
1937 Model 70 5-Pass. Sedan S.M.	5200.	9450.	15750.	22500.	(94)
1937 Town Cabriolet Fleetwood	11300.	20600.	34300.	49000.	(94)

1932 Cadillac V-12 Cabriolet

MAKE YEAR MODEL	UNRES. FAIR-4	UNRES. GOOD-3	RES. FAIR-2	RES. EXCEL.-1	PTS.
1937 Model 70 Coupe R.S.S.M.	5450.	9850.	16450.	23500.	(94)
1937 Model 75 Town Car	6250.	11350.	18900.	27000.	(94)
1938 60S S.M.	6000.	10900.	18200.	26000.	(90)
1938 Model 75 Formal Sedan	7300.	13250.	22050.	31500.	(90)
1938 Model 75 4-Dr. 7-Pass. Sedan S.M.	6250.	11350.	18900.	27000.	(94)
1938 Model 75 Coupe S.M.	8800.	15950.	26600.	38000.	(94)
1938 Model 75 Conv. Coupe S.M.	12000.	21850.	36400.	52000.	(94)
1938 Model 75 Conv. Sedan S.M.	12000.	21850.	36400.	52000.	(94)
1938 Model 75 5-Pass. Sedan	6450.	11750.	19600.	28000.	(94)
1938 Model 75 Conv. Victoria S.M.	10400.	18900.	31500.	45000.	(94)
1939 Model 75 Conv. Coupe S.M.	10400.	18900.	31500.	45000.	(94)
1939 Model 75 Conv. Sedan S.M.	11100.	20150.	33600.	48000.	(92)
1939 4-Pass. Coupe Model 75	8100.	14700.	24500.	35000.	(90)
1939 Model 75 Fleetwood Town Car	7300.	13250.	22050.	31500.	(94)
1939 60S S.M.	5550.	10100.	16800.	24000.	(94)
1939 Model 75 Formal Sed. S.M. Fleetwood	7150.	13000.	21700.	31000.	(94)
1939 Model 75 5-Pass. Sedan Fleetwood	6700.	12200.	20300.	29000.	(90)
1939 Model 75 7-Pass. Limousine	6350.	11550.	19250.	27500.	(90)
1940 Model 72 Sedan	5200.	9450.	15750.	22500.	(90)
1940 Model 75 Touring Sedan	4400.	8000.	13300.	19000.	(90)
1940 75 Coupe S.M.	6450.	11750.	19600.	28000.	(94)

1931 Cadillac 7-Passenger Limousine
Courtesy Nick Romanick, Windsor, Ontario, Canada

MAKE YEAR MODEL	UNRES. FAIR-4	UNRES. GOOD-3	RES. FAIR-2	RES. EXCEL.-1	PTS.
1940 7-Pass. Conv. Sedan S.M.	11550.	21000.	35000.	50000.	(94)
1940 Model 75 Conv. Coupe S.M.	11300.	20600.	34300.	49000.	(94)

MAKE YEAR MODEL	UNRES. FAIR-4	UNRES. GOOD-3	RES. FAIR-2	RES. EXCEL.-1	PTS.
1940 Formal Sedan 72	6450.	11750.	19600.	28000.	(94)
1940 7-Pass. Limousine	4850.	8800.	14700.	21000.	(94)
1940 7519F 5-Pass. Limousine	4600.	8400.	14000.	20000.	(94)
1940 60S Sedan	5300.	9650.	16100.	23000.	(90)
1941 7-Pass. Sedan	2900.	5250.	8750.	12500.	(90)
1941 Fleetwood Limousine	3500.	6300.	10500.	15000.	(90)
1941 5-Pass. Fleetwood Sedan	3500.	6300.	10500.	15000.	(90)
1941 Formal Sedan	3600.	6500.	10850.	15500.	(90)
1941 60S Sedan	5550.	10100.	16800.	24000.	(90)
1941 Model 67 Sedan	4950.	9050.	15050.	21500.	(90)
1942 Formal Sedan	3600.	6500.	10850.	15500.	(90)
1942 7-Pass. Sedan	3250.	5900.	9800.	14000.	(90)
1942 Model 75 Fleetwood Limousine	3250.	5900.	9800.	14000.	(90)
1946 Model 75 Fleetwood Limousine	2750.	5050.	8400.	12000.	(90)
1946 Custom Derham Limo.	4600.	8400.	14000.	20000.	(90)
1947 Imperial 7-Pass. SED.	2750.	5050.	8400.	12000.	(90)
1948 Model 75 5-Pass. SED.	2650.	4850.	8050.	11500.	(90)
1948 7-Pass. Imperial SED.	2750.	5050.	8400.	12000.	(90)

END V-8 CADILLAC CLASSIC CARS.
CADILLAC V-12 FOLLOWS.

1932 Cadillac V-12 Touring Sedan

CADILLAC V-12

MAKE YEAR MODEL	UNRES. FAIR-4	UNRES. GOOD-3	RES. FAIR-2	RES. EXCEL.-1	PTS.
1931 370A Sport Phaeton	28900.	52500.	87500.	12000.	(94)
1931 All Weather Phaeton S.M. 370	20650.	37600.	62650.	89500.	(94)

MAKE YEAR MODEL	UNRES. FAIR-4	UNRES. GOOD-3	RES. FAIR-2	RES. EXCEL.-1	PTS.
1931 Formal Sedan S.M.	9450.	17200.	28700.	41000.	(94)
1931 Model 370A Roadster	24250.	44100.	73500.	105000.	(94)
1931 7-Pass. Touring Car	19650.	35700.	59500.	85000.	(94)
1931 Model 370A D.C. Phaeton S.M.	28900.	52500.	87500.	125000.	(94)
1931 Cabriolet S.M.	21250.	38650.	64400.	92000.	(94)
1931 5-Pass. Phaeton	21950.	39900.	66500.	95000.	(94)
1931 5-Pass. Sedan S.M.	9100.	16600.	27650.	39500.	(94)
1931 Coupe R.S.S.M.	12150.	22050.	36750.	52500.	(94)
1931 7-Pass. Sedan	8800.	15950.	26600.	38000.	(94)
1931 7-Pass. Limousine	9250.	16800.	28000.	40000.	(94)
1931 Short Cpld. Sedan S.M.	10400.	18900.	31500.	45000.	(94)
1932 Town Sedan S.M.	9250.	16800.	28000.	40000.	(94)
1932 Coupe R.S.S.M.	12700.	23100.	38500.	55500.	(94)
1932 D.C. Phaeton	28900.	52500.	87500.	125000.	(94)
1932 Roadster S.M.	24250.	44100.	73500.	105000.	(94)
1932 Sport Phaeton S.M.	26550.	48300.	80500.	115000.	(94)
1932 All Weather Phaeton	25400.	46200.	77000.	110000.	(94)
1932 5-Pass. Fleetwood Sedan S.M.	9250.	16800.	28000.	40000.	(94)
1932 Fleetwood Cabriolet	21950.	39900.	66500.	95000.	(94)
1932 2-Dr. Town Coupe	11550.	21000.	35000.	50000.	(94)
1932 Fleetwood Town Cabriolet (5)	16150.	29400.	49000.	70000.	(94)
1933 Coupe R.S.S.M.	12150.	22050.	36750.	52500.	(94)
1933 Srs. 370C Town Car S.M.	9800.	17850.	29750.	42500.	(94)

1932 Cadillac V-12

MAKE YEAR MODEL	UNRES. FAIR-4	UNRES. GOOD-3	RES. FAIR-2	RES. EXCEL.-1	PTS.
1933 Convertible Cabriolet (Fisher)	18250.	33200.	55300.	79000.	(94)
1933 Convertible Sedan (Fisher)	19050.	34650.	57750.	82500.	(94)
1933 5-Pass. Fleetwood Sedan	10650.	19300.	32200.	46000.	(94)
1933 370C Roadster R.S.S.M.	21350.	38850.	64750.	92500.	(94)
1933 7-Pass. Limousine	9800.	17850.	29750.	42500.	(94)
1934 Aero Dynamic Coupe	16150.	29400.	49000.	70000.	(94)
1934 Srs. 370D Fleetwood Conv. Sedan	21950.	39900.	66500.	95000.	(94)
1934 V. Windshield Conv. Coupe	17300.	31500.	52500.	75000.	(94)
1934 7-Pass. Fleetwood Imp. Conv. Sedan	19850.	36100.	60200.	86000.	(94)
1934 5-Pass. Sedan S.M.	8100.	14700.	24500.	35000.	(94)

1930 Cadillac V-16 Convertible Sedan

MAKE YEAR MODEL	UNRES. FAIR-4	UNRES. GOOD-3	RES. FAIR-2	RES. EXCEL.-1	PTS.
1935 V. Windshield Conv. Coupe	18000.	32750.	54600.	78000.	(94)

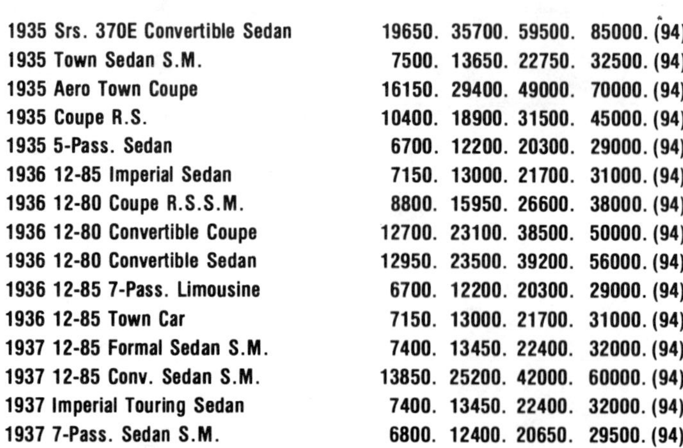

MAKE YEAR MODEL	UNRES. FAIR-4	UNRES. GOOD-3	RES. FAIR-2	RES. EXCEL.-1	PTS.
1935 Srs. 370E Convertible Sedan	19650.	35700.	59500.	85000.	(94)
1935 Town Sedan S.M.	7500.	13650.	22750.	32500.	(94)
1935 Aero Town Coupe	16150.	29400.	49000.	70000.	(94)
1935 Coupe R.S.	10400.	18900.	31500.	45000.	(94)
1935 5-Pass. Sedan	6700.	12200.	20300.	29000.	(94)
1936 12-85 Imperial Sedan	7150.	13000.	21700.	31000.	(94)
1936 12-80 Coupe R.S.S.M.	8800.	15950.	26600.	38000.	(94)
1936 12-80 Convertible Coupe	12700.	23100.	38500.	50000.	(94)
1936 12-80 Convertible Sedan	12950.	23500.	39200.	56000.	(94)
1936 12-85 7-Pass. Limousine	6700.	12200.	20300.	29000.	(94)
1936 12-85 Town Car	7150.	13000.	21700.	31000.	(94)
1937 12-85 Formal Sedan S.M.	7400.	13450.	22400.	32000.	(94)
1937 12-85 Conv. Sedan S.M.	13850.	25200.	42000.	60000.	(94)
1937 Imperial Touring Sedan	7400.	13450.	22400.	32000.	(94)
1937 7-Pass. Sedan S.M.	6800.	12400.	20650.	29500.	(94)

1930 Cadillac V-16 Sedan

CADILLAC V-16

MAKE YEAR MODEL	UNRES. FAIR-4	UNRES. GOOD-3	RES. FAIR-2	RES. EXCEL.-1	PTS.
1930 MX Sedan	18000.	32750.	54600.	78000.	(95)
1930 5-Pass. Sedan	15700.	28550.	47600.	68000.	(95)
1930 Club Sedan	16400.	29800.	49700.	71000.	(95)
1930 Coupe R.S.S.M.	19650.	35700.	59500.	85000.	(95)
1930 Convertible Sedan	40400.	73500.	122500.	175000.	(95)
1930 Sport Roadster S.M.	42750.	77700.	129500.	185000.	(95)
1930 7-Pass. Sedan	15000.	27300.	45500.	65000.	(95)
1930 Cabriolet	36950.	67200.	112000.	160000.	(95)
1930 Phaeton	43900.	79800.	133000.	190000.	(95)
1931 D.C. Phaeton	55450.	100800.	168000.	240000.	(95)
1931 Sport Phaeton	43900.	79800.	133000.	190000.	(95)
1931 Coupe R.S.S.M. MX	21950.	39900.	66500.	95000.	(95)
1931 Roadster S.M.	45050.	81900.	136500.	195000.	(95)
1931 Convertible Sedan S.M.	40400.	73500.	122500.	175000.	(95)
1931 Convertible Coupe S.M.	40400.	73500.	122500.	175000.	(95)

1931 Cadillac V-16 Roadster

MAKE YEAR MODEL	UNRES. FAIR-4	UNRES. GOOD-3	RES. FAIR-2	RES. EXCEL.-1	PTS.
1931 Imperial Sedan	16650.	30250.	50400.	72000.	(95)
1931 7-Pass. Sedan	16150.	29400.	49000.	70000.	(95)
1931 5-Pass. Club Sedan S.M.	16650.	30250.	50400.	72000.	(95)
1931 Fleetwood Coupe R.S.S.M.	19850.	36100.	60200.	86000.	(95)
1932 452B D.C. Phaeton S.M.	45050.	81900.	136500.	195000.	(95)
1932 Cabriolet	40400.	73500.	122500.	175000.	(95)
1932 Convertible Sedan	40400.	73500.	122500.	175000.	(95)
1932 Roadster	45750.	83150.	138600.	198000.	(95)
1932 7-Pass. Sedan	14300.	26050.	43400.	62000.	(95)
1932 Coupe R.S.S.M.	19650.	35700.	59500.	85000.	(95)
1932 452B Town Coupe	18500.	33600.	56000.	80000.	(95)
1933 452C Conv. Coupe 143'' W.B.	25400.	46200.	77000.	110000.	(95)
1933 Formal Limousine 149'' W.B.	15000.	27300.	45500.	65000.	(95)
1933 Model 452C 5-Pass. Town Coupe	17300.	31500.	52500.	75000.	(95)
1933 7-Pass. Town Cabriolet S.M.	18500.	33600.	56000.	80000.	(95)

1935 Cadillac V-16 Sedan
Courtesy William E. Stever, Bishop, CA

MAKE YEAR MODEL	UNRES. FAIR-4	UNRES. GOOD-3	RES. FAIR-2	RES. EXCEL.-1	PTS.
1933 5-Pass. Imperial Cabriolet 149'' W.B. S.M.	25400.	46200.	77000.	110000.	(95)
1934 Aero-Dynamic Coupe	19650.	35700.	59500.	85000.	(94)
1934 Special Imperial Cabriolet 7-Pass.	22650.	41150.	68600.	98000.	(94)
1934 R.S. Coupe	19650.	35700.	59500.	85000.	(94)
1934 Fleetwood Imperial Limo.	17300.	31500.	52500.	75000.	(94)
1934 Conv. Sedan Series 60	25400.	46200.	77000.	110000.	(94)
1934 Model 452D Convertible Coupe Aux. Seats 154'' W.B.	23100.	42000.	70000.	100000.	(94)
1934 Imperial Cabriolet	23100.	42000.	70000.	100000.	(94)
1934 Fleetwood Conv. Sedan	26550.	48300.	80500.	115000.	(94)
1934 Series 16-60 Town Sedan 154'' W.B.S.M.	15700.	28550.	47600.	68000.	(94)
1935 Coupe Aux. Seats	20800.	37800.	63000.	90000.	(94)
1935 Town Sedan	15000.	27300.	45500.	65000.	(94)
1935 5-Pass. Convertible Cabriolet	23100.	42000.	70000.	100000.	(94)
1935 Town Cabriolet S.M.	21950.	39900.	66500.	95000.	(94)
1935 Conv. Sedan	30050.	54600.	91000.	130000.	(94)
1935 Conv. Coupe Aux. Seats	23100.	42000.	70000.	100000.	(94)
1936 5-Pass. Conv. Sedan	21950.	39900.	66500.	95000.	(94)

1933 Cadillac V-16 Convertible Sedan
Courtesy Rippey's Veteran Car Museum

MAKE YEAR MODEL	UNRES. FAIR-4	UNRES. GOOD-3	RES. FAIR-2	RES. EXCEL.-1	PTS.
1936 7-Pass. Town Cabriolet 154'' W.B.	19650.	35700.	59500.	85000.	(94)
1936 5-Pass. Town Sedan S.M.	12000.	21850.	36400.	52000.	(94)
1936 7-Pass. Limousine	10400.	18900.	31500.	45000.	(94)
1936 7-Pass. Town Cabriolet 154'' W.B.	27700.	50400.	84000.	120000.	(94)
1937 Model 90 Imperial Limo.	11550.	21000.	35000.	50000.	(94)
1937 7-Pass. Imperial Conv. Sedan S.M.	25400.	46200.	77000.	110000.	(94)
1937 Model 90 Conv. Sedan 5	22200.	40300.	67200.	96000.	(94)
1937 Conv. Coupe Aux. Seats S.M.	21950.	39900.	66500.	95000.	(94)
1938 Convertible Coupe S.M.	17300.	31500.	52500.	75000.	(94)
1938 7-Pass. Sedan	10400.	18900.	31500.	45000.	(94)
1938 Formal Sedan	11550.	21000.	35000.	50000.	(94)
1938 Convertible Sedan	20800.	37800.	63000.	90000.	(94)
1939 Convertible Sedan	20800.	37800.	63000.	90000.	(94)
1939 Formal Sedan	10400.	18900.	31500.	45000.	(94)
1939 5-Pass. Sedan	9250.	16800.	28000.	40000.	(94)
1939 Limousine Fleetwood	7300.	13250.	22050.	31500.	(94)
1939 2-Pass. Coupe S.M.	10400.	18900.	31500.	45000.	(94)
1940 2-Pass. Coupe S.M.	10400.	18900.	31500.	45000.	(94)
1940 7-Pass. Limousine	9250.	16800.	28000.	40000.	(94)
1940 16-90 Convertible Sedan S.M.	19650.	35700.	59500.	85000.	(94)

CHRYSLER IMPERIAL 80
(All 6-Cylinders)

MAKE YEAR MODEL	UNRES. FAIR-4	UNRES. GOOD-3	RES. FAIR-2	RES. EXCEL.-1	PTS.
1926 Model 80 Coupe Fisher Body	3250.	5900.	9800.	14000.	(94)
1926 Model 80 Victoria Coupe	3250.	5900.	9800.	14000.	(94)
1926 5-Pass. Sedan	3350.	6100.	10150.	14500.	(94)
1926 Sport Roadster R.S. (Locke)	5550.	10100.	16800.	24000.	(94)
1927 7-Pass. Touring	6950.	12600.	21000.	30000.	(94)
1927 Sport Roadster R.S. (Locke)	6250.	11350.	18900.	27000.	(94)
1927 Victoria Coupe	3350.	6100.	10150.	14500.	(94)
1928 5-Pass. Touring Sedan	6950.	12600.	21000.	30000.	(94)
1928 LeBaron Convertible Sedan	13850.	25200.	42000.	60000.	(94)
1928 4-Pass. Dietrich Travalette	14450.	26250.	43750.	62500.	(94)
1928 Sport Roadster (Locke)	7500.	13650.	22750.	32500.	(94)
1928 LeBaron Convertible Coupe	12700.	23100.	38500.	55000.	(94)

1926 Chrysler Imperial Roadster

MAKE YEAR MODEL	UNRES. FAIR-4	UNRES. GOOD-3	RES. FAIR-2	RES. EXCEL.-1	PTS.
1928 Club Sedan	4150.	7550.	12600.	18000.	(94)
1928 7-Pass. Limousine	4850.	8800.	14700.	21000.	(94)
1928 5-Pass. Coupe (LeBaron)	7150.	13000.	21700.	31000.	(94)
1928 Coupe R.S.	5300.	9650.	16100.	23000.	(94)
1928 LeBaron D.C. Phaeton	16150.	29400.	49000.	70000.	(94)
1929 Model L 7-Pass. Touring	11550.	21000.	35000.	50000.	(94)
1929 5-Pass. Sedan S.M.	4400.	8000.	13300.	19000.	(94)
1929 Cabriolet R.S. (Locke)	13400.	24350.	40600.	58000.	(94)
1929 Sport Roadster S.M.	13850.	25200.	42000.	60000.	(94)
1929 D.C. Phaeton (Locke)	16150.	29400.	49000.	70000.	(94)
1930 5-Pass. Sedan S.M.	4600.	8400.	14000.	20000.	(94)
1930 5-Pass. Phaeton	15000.	27300.	45500.	65000.	(94)
1930 Sport Roadster S.M.	15000.	27300.	45500.	65000.	(94)
1930 R.S. Conv. S.M.	13850.	25200.	42000.	60000.	(94)

MAKE YEAR MODEL	UNRES. FAIR-4	UNRES. GOOD-3	RES. FAIR-2	RES. EXCEL.-1	PTS.
1930 Conv. Sedan S.M.	16150.	29400.	49000.	70000.	(94)

1941 Chrysler Thunderbolt, 5 Built
Courtesy Harrah's, Reno, NV

CHRYSLER IMPERIAL C.G. & C.L. ALL 8-CYLINDER

MAKE YEAR MODEL	UNRES. FAIR-4	UNRES. GOOD-3	RES. FAIR-2	RES. EXCEL.-1	PTS.
1931 5-Pass. Town Cabriolet S.M.	19650.	35700.	59500.	85000.	(94)
1931 Model C.G. Short Coupled Sedan	7500.	13650.	22750.	32500.	(94)
1931 Limousine S.M.	8100.	14700.	24500.	35000.	(94)
1931 C.G. 5-Pass. Sedan S.M.	7150.	13000.	21700.	31000.	(94)
1931 Sport Roadster S.M. (LeBaron)	31200.	56700.	94500.	135000.	(94)
1931 Conv. Victoria (Waterhouse)	30050.	54600.	91000.	130000.	(94)
1931 D.C. Phaeton S.M. (LeBaron)	34650.	63000.	105000.	150000.	(94)
1931 Cabriolet R.S.S.M. (LeBaron)	25400.	46200.	77000.	110000.	(94)
1931 Convertible Sedan S.M. (LeBaron)	26350.	47900.	79800.	114000.	(94)
1931 C.G. Coupe R.S.S.M. (LeBaron)	12700.	23100.	38500.	55000.	(94)
1932 CH Conv. Sedan	15000.	27300.	45500.	65000.	(94)
1932 CL Custom Conv. Sedan (LeBaron)	29900.	52500.	87500.	125000.	(94)
1932 CH 5-Pass. Sedan	5800.	10500.	17500.	25000.	(94)

1932 Chrysler Imperial C.L.

MAKE YEAR MODEL	UNRES. FAIR-4	UNRES. GOOD-3	RES. FAIR-2	RES. EXCEL.-1	PTS.
1932 Convertible Coupe S.M. (LeBaron)	29550.	53750.	89600.	128000.	(94)
1932 CH R.S. Coupe	9250.	16800.	28000.	40000.	(94)
1932 7-Pass. Sedan S.M.	8100.	14700.	24500.	35000.	(94)
1932 5-Pass. Club Sedan S.M.	8300.	15100.	25200.	36000.	(94)
1932 D.C. Phaeton S.M. (LeBaron)	36950.	67200.	112000.	160000.	(94)

1931 Chrysler Imperial C.G., Rumble Seat Coupe

MAKE YEAR MODEL	UNRES. FAIR-4	UNRES. GOOD-3	RES. FAIR-2	RES. EXCEL.-1	PTS.
1933 Cabriolet S.M.	24250.	44100.	73500.	105000.	(94)
1933 Convertible Sedan S.M.	24250.	44100.	73500.	105000.	(94)
1933 Sedan S.M.	8100.	14700.	24500.	35000.	(94)
1933 Custom C.L. Phaeton S.M. (LeBaron - Total of 36 Built)	36950.	67200.	112000.	160000.	(94)
1934 C.W. Town Sedan (Airflow)	10400.	18900.	31500.	45000.	(94)
1934 C.W. Club Sedan	10400.	18900.	31500.	45000.	(94)
1935 C.W. SED Limo.	11550.	21000.	35000.	50000.	(94)
1941 2-Pass. Thunderbilt Coupe (5 Cars Built)	27700.	50400.	84000.	120000.	(94)
1941 Newport Phaeton	30050.	54600.	91000.	130000.	(94)

CONTINENTAL V-12 ONLY (LINCOLN)

MAKE YEAR MODEL	UNRES. FAIR-4	UNRES. GOOD-3	RES. FAIR-2	RES. EXCEL.-1	PTS.
1940 Coupe	6000.	10900.	18200.	26000.	(94)
1940 Convertible Coupe	6800.	12400.	20650.	29500.	(94)
1941 Coupe	5800.	10500.	17500.	25000.	(94)
1941 Convertible Coupe	6450.	11750.	19600.	28000.	(94)
1942 Convertible Coupe	6700.	12200.	20300.	29000.	(94)
1942 Coupe	7150.	13000.	21700.	31000.	(94)
1946 Convertible Coupe	6000.	10900.	18200.	26000.	(94)
1946 Coupe	4250.	7800.	12950.	18500.	(94)
1947 Convertible Coupe	6950.	12600.	21000.	30000.	(94)
1947 Coupe	4250.	7800.	12950.	18500.	(94)
1948 Convertible Coupe	7150.	13000.	21700.	31000.	(94)
1948 Coupe	4500.	8200.	13650.	19500.	(94)

CORD L-29 Began August, 1929
Front Wheel Drive Lycoming Straight 8 Engine

MAKE YEAR MODEL	UNRES. FAIR-4	UNRES. GOOD-3	RES. FAIR-2	RES. EXCEL.-1	PTS.
1929 Cabriolet C.M.	23100.	42000.	70000.	100000.	(94)
1929 5-Pass. Sedan S.M.	12950.	23500.	39200.	56000.	(94)
1929 Convertible Phaeton S.M.	25400.	46200.	77000.	110000.	(94)
1930 Brougham S.M.	15000.	27300.	45500.	65000.	(94)
1930 Custom Coupe	16650.	30250.	50400.	72000.	(94)
1930 Club Sedan	12700.	23100.	38500.	55000.	(94)
1930 Cabriolet S.M.	25400.	46200.	77000.	110000.	(94)
1930 Convertible Sedan S.M.	25850.	47050.	78400.	112000.	(94)
1930 Sedan Brougham S.M.	15700.	28550.	47600.	68000.	(94)
1931 Cabriolet S.M.	26550.	48300.	80500.	115000.	(94)
1931 Convertible Sedan S.M.	27250.	49550.	82600.	118000.	(94)
1931 Sedan Brougham S.M.	15000.	27300.	45500.	65000.	(94)
1931 Club Sedan	14300.	26050.	43400.	62000.	(94)

1948 Continental MKI Convertible

CORD 810

MAKE YEAR MODEL	UNRES. FAIR-4	UNRES. GOOD-3	RES. FAIR-2	RES. EXCEL.-1	PTS.
1936 Beverly Sedan	6450.	11750.	19600.	28000.	(94)
1936 Phaeton	17300.	31500.	52500.	75000.	(94)
1936 Sportsman	21950.	39900.	66500.	95000.	(94)
1936 Westchester Sedan	6000.	10900.	18200.	26000.	(94)
1937 S.C. Westchester Sedan	7400.	13450.	22400.	32000.	(94)
1937 S.C. Phaeton	17300.	31500.	52500.	75000.	(94)
1937 Beverly Sedan S.C.	8100.	14700.	24500.	35000.	(94)
1937 Model 812 Sportsman S.C.	22200.	40300.	67200.	96000.	(94)

1929 Cord L-29 Cabriolet

MAKE YEAR MODEL	UNRES. FAIR-4	UNRES. GOOD-3	RES. FAIR-2	RES. EXCEL.-1	PTS.
CUNNINGHAM					
1925 V8 Sport Touring	15000.	27300.	45500.	65000.	(94)
1926 Model V-8 8-Cyl. 4-Pass. Touring	15000.	27300.	45500.	65000.	(94)
1927 Model V-8 7-Pass. Sedan	8800.	15950.	26600.	38000.	(94)
1927 7-Pass. Limousine	8800.	14700.	24500.	35000.	(94)
1928 V-8 Roadster	17300.	31500.	52500.	75000.	(94)
1928 Model V-8 Sport Touring	18500.	33600.	56000.	80000.	(94)
1928 Sedan	8100.	14700.	24500.	35000.	(94)
1929 Roadster	18700.	34000.	56700.	81000.	(94)
1929 Sport Sedan	8650.	15750.	26250.	37500.	(94)
1930 Model V-8 132'' W.B. Roadster	20800.	37800.	63000.	90000.	(94)
1931 Model 142'' W.B. 4-Pass. Touring	20800.	37800.	63000.	90000.	(94)
DAGMAR 25-70 Models Only					
1925 25-70 5-Pass. Sedan	4400.	8000.	13300.	19000.	(94)
1927 7-Pass. Limousine	4500.	8200.	13650.	19500.	(94)
DAIMLER					
1925 7-Pass. Limousine	6450.	11750.	19600.	28000.	(94)
1926 Phaeton	17300.	31500.	52500.	75000.	(94)
1936 Limousine	6700.	12200.	20300.	29000.	(94)
1938 7-Pass. Limousine	6450.	11750.	19600.	28000.	(94)
1939 7-Pass. Saloon	6250.	11350.	18900.	27000.	(94)
1939 8-Cyl. 7-Pass. Sedan	6250.	11350.	18900.	27000.	(94)
DARRACQ 8-CYLINDER and 4-LITRE 6-Cylinder Cars Only					
1927 Darracq 6-Cyl. Touring	4500.	8200.	13650.	19500.	(94)
DELAGE Germany					
1932 Convertible Coupe	9000.	16400.	27300.	39000.	(94)
1933 Drop Head Coupe	9250.	16800.	28000.	40000.	(94)
1935 Convertible Coupe	10400.	18900.	31500.	45000.	(94)
1936 Town Car	7400.	13450.	22400.	32000.	(94)
1936 Cabriolet	10400.	18900.	31500.	45000.	(94)
1937 Model D8-120 Cabriolet	12700.	23100.	38500.	55000.	(94)
1938 8-Cyl. Cabriolet	12700.	23100.	38500.	55000.	(94)
1939 D-8 Cabriolet	13400.	24350.	40600.	58000.	(94)
1939 Aero Coupe	15700.	28550.	47600.	68000.	(94)

1936 Cord Front Wheel Drive Beverley

MAKE YEAR MODEL	UNRES. FAIR-4	UNRES. GOOD-3	RES. FAIR-2	RES. EXCEL.-1	PTS.
DELAUNAY BELLEVILLE ALL 6-CYLINDER CARS No Sales Records Available					
DELAHAYE					
1935 Cabriolet	8650.	15750.	26250.	37500.	(94)
1937 V-12 Roadster	19650.	35700.	59500.	85000.	(94)
1937 Cabriolet	9700.	17650.	29400.	42000.	(94)
1938 Cabriolet	9700.	17650.	29400.	42000.	(94)
1939 135 MS Coupe	7500.	13650.	22750.	32500.	(94)
1939 V-12 Roadster	20800.	37800.	63000.	90000.	(94)
1939 Convertible Victoria	12700.	23100.	38500.	55000.	(94)
1939 M.S. Cabriolet	13150.	23950.	39900.	57000.	(94)
DOBLE (Steam) 1920-1931 Waltham, MASS.					
1925 Roadster	39250.	71400.	119000.	170000.	(94)
1930 Cabriolet	50800.	92400.	154000.	220000.	(94)

1935 Duesenberg SSJ Photo Courtesy of Briggs Cunningham Auto Museum, Costa Mesa, CA

DUESENBERG

MAKE YEAR MODEL	UNRES. FAIR-4	UNRES. GOOD-3	RES. FAIR-2	RES. EXCEL.-1	PTS
1925 5-Pass. Sedan	13850.	25200.	42000.	60000.	(94)
1925 Phaeton	27700.	50400.	84000.	120000.	(94)
1925 Roadster	32350.	58800.	98000.	140000.	(94)
1926 D.C. Phaeton	34650.	63000.	105000.	150000.	(94)
1926 5-Pass. Coupe	18500.	33600.	56000.	80000.	(94)

1929 Duesenberg

MAKE YEAR MODEL	UNRES. FAIR-4	UNRES. GOOD-3	RES. FAIR-2	RES. EXCEL.-1	PTS
1927 D.C. Phaeton	38100.	69300.	115500.	165000.	(94)
1929 Model J Conv. Coupe (Rollston)	52000.	94500.	157500.	225000.	(94)
1929 Model J Sport Coupe	43900.	79800.	133000.	190000.	(94)
1929 Model J Phaeton	67000.	121800.	203000.	290000.	(94)
1929 Convertible Sedan S.M.	62350.	113400.	189000.	270000.	(94)
1929 Model J Roadster	67000.	121800.	203000.	290000.	(94)
1929 Town Limo.	52000.	94500.	157500.	225000.	(94)
1929 Model J Convertible SED.	67000.	121800.	203000.	290000.	(94)
1930 Club Sedan (Murray)	43900.	79800.	133000.	190000.	(94)
1930 Beverly Sedan	40450.	73500.	122500.	175000.	(94)
1930 J Roadster	69300.	126000.	210000.	300000.	(94)
1931 Model J Phaeton S.C.	80850.	147000.	245000.	350000.	(94)
1931 Durham Tourister	75100.	136500.	227500.	325000.	(94)
1931 J Roadster (Murphy)	80850.	147000.	245000.	350000.	(94)
1931 D.C. Phaeton	90100.	163800.	273000.	390000.	(94)
1931 Convertible Sedan	73900.	134400.	224000.	320000.	(94)
1932 Coupe (Judkins)	46200.	84000.	140000.	200000.	(94)
1932 Model J D.C. Phaeton S.M. (LeBaron)	91250.	165900.	276500.	395000.	(94)
1932 J Roadster S.M. (LeBaron)	83150.	151200.	252000.	360 000.	(94)
1932 8 Model J Convertible Sedan	75100.	136500.	227500.	325000.	(94)
1932 Phaeton	87800.	159600.	266000.	380000.	(94)
1933 J Conv. Coupe R.S.S.M.	69300.	126000.	210000.	300000.	(94)
1933 Model J Conv. Victoria	68150.	123900.	206500.	295000.	(94)
1933 S.J. Boattail Speedster	103950.	189000.	315000.	450000.	(94)
1933 Formal Sedan	52000.	94500.	157500.	225000.	(94)
1934 D.C. Phaeton S.J. (LeBaron)	109700.	199500.	332500.	475000.	(94)
1934 S.J. Speedster	98200.	178500.	297500.	425000.	(94)
1934 S.J. Convertible Victoria (Rollston)	85450.	155400.	259000.	370000.	(94)

MAKE YEAR MODEL	UNRES. FAIR-4	UNRES. GOOD-3	RES. FAIR-2	RES. EXCEL.-1	PTS.
1934 Model J Roadster	92400.	168000.	280000.	400000.	(94)
1935 S.J. Beverly Sedan	52000.	94500.	157500.	225000.	(94)
1935 2-Pass. Roadster LaGrande	94700.	172200.	287000.	410000.	(94)
1936 Model S.J. Phaeton LaGrande	103950.	189000.	315000.	450000.	(94)

1934 Duesenberg SJ Convertible Victoria
Photo Courtesy of Early American Museum, Silver Springs, FL

MAKE YEAR MODEL	UNRES. FAIR-4	UNRES. GOOD-3	RES. FAIR-2	RES. EXCEL.-1	PTS.
1936 S.J. Sedan	63500.	115500.	192500.	275000.	(94)
1936 Model J Convertible Sedan	82000.	149100.	248500.	355000.	(94)
1936 S.J. Conv. Sedan Bohman & Schwartz	67000.	121800.	203000.	290000.	(94)

1936 Duesenberg Convertible Coupe
Model SJN, 8 cyl. (supercharged), bore: 3¾", stroke: 4¾", 420.0 cu. in. displacement, 320 hp, Body by Rollston
Price when new — $17,500

SOLD AT THE FAMOUS HARRAH'S SALE FOR 800,000.
A SALE OTHER THAN THE AVERAGE MARKET

MAKE YEAR MODEL	UNRES. FAIR-4	UNRES. GOOD-3	RES. FAIR-2	RES. EXCEL.-1	PTS.
1936 Model S.J.N. Conv. Coupe R.S.S.M. (Rollston)	103950.	189000.	315000.	450000.	(94)
1936 S.J. D.C. Phaeton S.M. LaGrande	109700.	199500.	332500.	475000.	(94)
1937 S.J. D.C. Phaeton S.M. LaGrande	109700.	199500.	332500.	475000.	(94)
1937 Rollston J.N. Convertible Sedan	92400.	168000.	280000.	400000.	(94)
1937 S.J. Derham Tourister S.M.	103950.	189000.	315000.	450000.	(94)
1937 Model J 5-Pass. Sedan	57750.	105000.	175000.	250000.	(94)

1933 Franklin 7-Passenger Sedan Photo Courtesy of Harrah's, Reno, NV Series 17-B, 12 cyl., bore: 3¼", stroke: 4", 398.2 cu. in displacement, 150 hp. Price when new — $2,985.

1929 DuPont Convertible Sedan, Courtesy Harrah's, Reno, NV

MAKE YEAR MODEL	UNRES. FAIR-4	UNRES. GOOD-3	RES. FAIR-2	RES. EXCEL.-1	PTS.
DuPONT - All Models Classic 1925-1933 Wilmington, DEL.					
1928 Model E D.C. Phaeton S.M.	28900.	52500.	87500.	125000.	(94)
1929 Model G Sport Phaeton	27700.	50400.	84000.	120000.	(94)
1929 Conv. Sedan	25400.	46200.	77000.	110000.	(94)
1930 Cabriolet	23100.	42000.	70000.	100000.	(94)
1939 Royal Town Car	23100.	42000.	70000.	100000.	(94)

1927 Franklin Phaeton

FARMAN-Custom Models Only
No Record Of Sales For This Classic

MAKE YEAR MODEL	UNRES. FAIR-4	UNRES. GOOD-3	RES. FAIR-2	RES. EXCEL.-1	PTS.
FRANKLIN					
1925 Model II Roadster	3250.	5900.	9800.	14000.	(94)
1925 Model 10-C Sedan	4400.	8000.	13300.	19000.	(90)
1925 Model 10-C Touring	4600.	8400.	14000.	20000.	(90)
1925 Model II Sedan	4150.	7550.	12600.	18000.	(90)
1925 Model II Boattail Roadster	6000.	10900.	18200.	26000.	(94)
1925 Model II Phaeton	4400.	8000.	13300.	19000.	(94)
1925 Coupe	4600.	8400.	14000.	20000.	(90)
1926 Coupe	4600.	8400.	14000.	20000.	(90)
1926 Boattail Speedster	5800.	10500.	17500.	25000.	(94)
1926 4-Dr. Sedan	4150.	7550.	12600.	18000.	(90)
1926 11A Victoria Brougham	4850.	8800.	14700.	21000.	(90)
1926 Touring Car	4600.	8400.	14000.	20000.	(94)
1927 Sedan	4400.	10500.	17500.	25000.	(90)
1927 Boattail Roadster	5800.	10500.	17500.	25000.	(94)
1927 5-Pass. Touring	4600.	8400.	14000.	20000.	(94)
1927 Cabriolet	4500.	8200.	13650.	19500.	(94)

1930 Franklin, 2-Door Brougham Coupe

MAKE YEAR MODEL	UNRES. FAIR-4	UNRES. GOOD-3	RES. FAIR-2	RES. EXCEL.-1	PTS.
1928 12A Sedan	3000.	5000.	8400.	12000.	(90)
1928 Landaulet	4150.	7550.	12600.	18000.	(90)
1928 2-Dr. Brougham	5200.	9450.	15750.	22500.	(94)
1928 2-Pass. Coupe R.S.S.M.	4400.	8000.	13300.	19000.	(90)
1928 5-Pass. Phaeton	4850.	8800.	14700.	21000.	(94)
1929 Model B 7-Pass. Sedan S.M.	3600.	6500.	10850.	15500.	(90)

MAKE YEAR MODEL	UNRES. FAIR-4	UNRES. GOOD-3	RES. FAIR-2	RES. EXCEL.-1	PTS.
1929 Roadster R.S.S.M.	6950.	12600.	21000.	30000.	(94)
1929 Convertible Victoria S.M.	6450.	11750.	19600.	28000.	(94)
1929 D.C. Phaeton S.M.	8300.	15100.	25200.	36000.	(94)
1929 12-B 7-Pass. Touring	5200.	9450.	15750.	22500.	(94)
1929 4-Dr. Sedan S.M.	4150.	7550.	12600.	18000.	(90)
1929 Sport Coupe R.S.S.M.	4600.	8400.	14000.	20000.	(94)
1929 Brougham Coupe	5800.	10500.	17500.	25000.	(94)
1930 D.C. Phaeton S.M.	8800.	15950.	26600.	38000.	(94)
1930 4-Dr. Convertible Speedster	8100.	14700.	24500.	35000.	(94)
1930 Coupe R.S.S.M.	4600.	8400.	14000.	20000.	(94)
1930 5-Pass. Sedan S.M.	4150.	7550.	12600.	18000.	(90)
1930 Convertible Sedan	7500.	13650.	22750.	32500.	(94)
1930 7-Pass. Sedan	4050.	7350.	12250.	17500.	(90)
1930 2-Dr. Brougham Coupe	6000.	10900.	18200.	26000.	(94)
1931 4-Dr. Sedan (Walker)	9000.	16400.	27300.	39000.	(90)
1931 Victoria Brougham	6800.	12400.	20650.	29500.	(94)
1931 Coupe R.S.S.M.	4600.	8400.	14000.	20000.	(94)
1931 Pirate Phaeton S.M.	11100.	20150.	33600.	48000.	(94)
1931 Pursuit Phaeton	11100.	20150.	33600.	48000.	(94)
1931 Cabriolet R.S.S.M.	8800.	15950.	26600.	38000.	(94)
1931 Convertible Victoria	8300.	15100.	25200.	36000.	(94)
1932 5-Pass. Sedan S.M. (Walker)	8800.	15950.	26600.	38000.	(94)
1932 Cabriolet S.M.	9450.	17200.	28700.	41000.	(94)
1932 V-12 2-Dr. Club Brougham	11300.	20600.	34300.	49000.	(94)
1933 6-16B 5-Pass. Sedan	6700.	12200.	20300.	29000.	(94)
1933 12-71B V-12 S.C. Brougham	11550.	21000.	35000.	50000.	(94)
1933 V-12 4-Dr. Sedan	9450.	17200.	28700.	41000.	(94)
1933 V-12 S.C. 5-Pass. Sedan	9250.	16800.	28000.	40000.	(94)
1933 12-17B V-12 Brougham	12150.	22050.	36750.	52500.	(94)
1934 6-Cyl. 5-Pass. Sedan	9000.	16400.	27300.	39000.	(94)

1935 Frazer Nash, Courtesy Harrah's, Reno, NV

FRAZIER-NASH

MAKE YEAR MODEL	UNRES. FAIR-4	UNRES. GOOD-3	RES. FAIR-2	RES. EXCEL.-1	PTS.
1927 Cabriolet	6700.	12200.	20300.	29000.	(94)
1932 Roadster	9000.	16400.	27300.	39000.	(94)
1935 6-Cyl. Roadster	9250.	16800.	28000.	40000.	(94)

1936 Hispano Suiza, Model K-6

HISPANO SUIZA

MAKE YEAR MODEL	UNRES. FAIR-4	UNRES. GOOD-3	RES. FAIR-2	RES. EXCEL.-1	PTS.
1925 KB 6 Phaeton	20800.	37800.	63000.	90000.	(94)
1925 Sedan	9250.	16800.	28000.	40000.	(94)
1925 Town Coupe S.M.	19650.	35700.	59500.	85000.	(94)
1925 K-6 Formal Sedan	11550.	21000.	35000.	50000.	(94)
1926 KB 6 Convertible Victoria	28900.	52500.	87500.	125000.	(94)
1926 H-6 D.C. Phaeton	46200.	84000.	140000.	200000.	(94)
1926 KB 6 Convertible Sedan	36950.	67200.	112000.	160000.	(94)
1927 Convertible Victoria	36950.	67200.	112000.	160000.	(94)
1927 Cabriolet	38100.	69300.	115500.	165000.	(94)
1927 H-6 B Cabriolet	39250.	71400.	119000.	170000.	(94)
1928 Town Car (Binder)	20800.	37800.	63000.	90000.	(94)
1929 H-6B Phaeton	38100.	69300.	115500.	165000.	(94)
1930 H-6B Convertible Sedan	34650.	63000.	105000.	150000.	(94)
1931 V-12 Brougham	36950.	67200.	112000.	160000.	(94)
1934 V-12 Saloon	30050.	545000.	91000.	130000.	(94)
1934 V-12 Cabriolet J 12	69300.	126000.	210000.	300000.	(94)
1935 V-12 Sedan	28900.	52500.	87500.	125000.	(94)
1935 V-12 Convertible 9.4 Litre	75100.	136500.	227500.	325000.	(94)
1935 V-12 Limousine	34650.	63000.	105000.	150000.	(94)
1936 V-12 Pillarless Limo. 150'' W.B.	46200.	84000.	140000.	200000.	(94)
1936 K-6 Limousine	13850.	25200.	42000.	60000.	(94)
1936 K-6 5-Pass. Sedan	12700.	23100.	38500.	55000.	(94)
1937 12-Cyl. Limousine	28900.	52500.	87500.	125000.	(94)

1926 Hispano Suiza H-6B Convertible Victoria

HORSCH Germany

MAKE YEAR MODEL	UNRES. FAIR-4	UNRES. GOOD-3	RES. FAIR-2	RES. EXCEL.-1	PTS.
1931 V-12 Cabriolet	39250.	71400.	119000.	145000.	(94)
1932 V-12 Cabriolet	40400.	73500.	122500.	175000.	(94)
1932 8-Cyl. Convertible	18500.	33600.	56000.	80000.	(94)
1936 7-Pass. Limo.	27700.	50400.	84000.	120000.	(94)
1937 6-Cyl. Cabriolet	11100.	20150.	33600.	48000.	(94)
1937 8-Cyl. Convertible Sedan	17300.	31500.	52500.	75000.	(94)
1938 6-Cyl. Cabriolet	11100.	20150.	33600.	48000.	(94)
1938 8-Cyl. Cabriolet S.M.	15000.	27300.	45500.	65000.	(94)
1939 6-Cyl. Cabriolet	11100.	20150.	33600.	48000.	(94)
1939 Model 853 Cabriolet S.M.	15700.	28550.	47600.	68000.	(94)
1939 8-Cyl. Phaeton	18500.	33600.	56000.	80000.	(94)

1939 Horch, 853 Cabriolet

1928 Isotta Fraschini Cabriolet

MAKE YEAR MODEL	UNRES. FAIR-4	UNRES. GOOD-3	RES. FAIR-2	RES. EXCEL.-1	PTS.

HOTCHKISS-Custom Models Only Classic

1937 Invicta

HUDSON

MAKE YEAR MODEL	UNRES. FAIR-4	UNRES. GOOD-3	RES. FAIR-2	RES. EXCEL.-1	PTS.
1929 D.C. Phaeton S.M. (Biddle & Smart)	10400.	18900.	31500.	45000.	(94)
1931 8-Cyl. Boattail Speedster (Murray)	13850.	25200.	42000.	60000.	(94)

INVICTA England

MAKE YEAR MODEL	UNRES. FAIR-4	UNRES. GOOD-3	RES. FAIR-2	RES. EXCEL.-1	PTS.
1930 Roadster	17300.	31500.	52500.	75000.	(94)
1930 Phaeton	17300.	31500.	52500.	75000.	(94)
1931 4-Pass. Tourer	18950.	34450.	57400.	82000.	(94)
1933 4-Pass. Tourer	18950.	34450.	57400.	82000.	(94)
1934 Coupe	11550.	21000.	35000.	50000.	(94)
1934 Drop Head Coupe	18500.	33600.	56000.	80000.	(94)

ISOTTA-FRASCHINI

MAKE YEAR MODEL	UNRES. FAIR-4	UNRES. GOOD-3	RES. FAIR-2	RES. EXCEL.-1	PTS.
1925 Touring Car 8A	34650.	63000.	105000.	150000.	(94)
1926 Model 8A Roadster	27700.	50400.	84000.	120000.	(94)
1926 Model 8A Cabriolet	39250.	71400.	119000.	170000.	(94)
1926 Model D.C. Phaeton	40400.	73500.	122500.	175000.	(94)
1927 Model 8A Roadster	40400.	73500.	122500.	175000.	(94)
1927 Convertible Coupe	32350.	58800.	98000.	140000.	(94)
1928 Town Car	20800.	37800.	63000.	90000.	(94)
1928 8-Cyl. Convertible Coupe R.S.	41600.	75600.	126000.	180000.	(94)
1928 Model 8A 4-Place Convertible	40400.	73500.	122500.	175000.	(94)
1928 6-Cyl. Convertible	20800.	37800.	63000.	90000.	(94)
1930 Model 8A Convertible	40400.	73500.	122500.	175000.	(94)
1930 8A Landaulet	32350.	58800.	98000.	140000.	(94)
1931 D.C. 2-Dr. Phaeton	43900.	79800.	133000.	190000.	(94)

ITALA Italy

MAKE YEAR MODEL	UNRES. FAIR-4	UNRES. GOOD-3	RES. FAIR-2	RES. EXCEL.-1	PTS.
1929 Roadster	5800.	10500.	17500.	25000.	(94)
1939 4-Dr. Saloon	3700.	6700.	11200.	16000.	(90)

1939 SS100 Jaguar

JAGUAR England

MAKE YEAR MODEL	UNRES. FAIR-4	UNRES. GOOD-3	RES. FAIR-2	RES. EXCEL.-1	PTS.
1932 SS-100 Roadster	10650.	19300.	32200.	46000.	(94)
1933 2½ Litre Convertible	8300.	15100.	25200.	36000.	(94)
1934 SS-1 2-Dr. Saloon	8100.	14700.	24500.	35000.	(94)
1934 SS-1 Roadster	11100.	20150.	33600.	48000.	(94)
1934 SS-1 Tourer	11100.	20150.	33600.	48000.	(94)
1934 SS-1 Phaeton	10400.	18900.	31500.	45000.	(94)
1935 SS-100 Roadster	12700.	23100.	38500.	55000.	(94)
1935 SS-1 Tourer	11550.	21000.	35000.	50000.	(94)
1936 SS-1 Roadster	12000.	21850.	36400.	52000.	(94)
1936 SS-100 Tourer	11550.	21000.	35000.	50000.	(94)
1936 SS-100 Cabriolet	11100.	20150.	33600.	48000.	(94)
1937 SS-1 Tourer	11550.	21000.	35000.	50000.	(94)

MAKE YEAR MODEL	UNRES. FAIR-4	UNRES. GOOD-3	RES. FAIR-2	RES. EXCEL.-1	PTS.
1937 SS-100 Roadster	12700.	23100.	38500.	55000.	(94)
1938 SS-1 Roadster	12000.	21850.	36400.	52000.	(94)
1938 SS-1 Saloon	8100.	14700.	24500.	35000.	(94)
1938 SS Cabriolet	10400.	18900.	31500.	45000.	(94)
1938 SS-100 S.C. Roadster	12700.	23100.	38500.	55000.	(94)
1939 SS-3½ Litre Cabriolet	10400.	18900.	31500.	45000.	(94)
1939 SS-100 Tourer	11550.	21000.	35000.	50000.	(94)

1931 Hudson Boat-Tail Speedster

MAKE YEAR MODEL	UNRES. FAIR-4	UNRES. GOOD-3	RES. FAIR-2	RES. EXCEL.-1	PTS.
1947 Convertible MK IV	9450.	17200.	28700.	41000.	(94)
1948 Drop Head Coupe MK IV	10400.	18900.	31500.	45000.	(94)
1948 MK IV Saloon	4400.	8000.	13300.	19000.	(94)

JENSEN

MAKE YEAR MODEL	UNRES. FAIR-4	UNRES. GOOD-3	RES. FAIR-2	RES. EXCEL.-1	PTS.
1938 4-Dr. Saloon	3250.	5900.	9800.	14000.	(90)
1938 D.C. Phaeton	9000.	16400.	27300.	39000.	(94)

JORDAN

MAKE YEAR MODEL	UNRES. FAIR-4	UNRES. GOOD-3	RES. FAIR-2	RES. EXCEL.-1	PTS.
1930 Series Z 8-Cyl. Roadster	9250.	16800.	28000.	40000.	(94)
1930 8-Cyl. Speed Way Touring	9000.	16400.	27300.	39000.	(94)
1930 Series Z Club Sedan	4150.	7550.	12600.	18000.	(90)
1931 D.C. Phaeton	12700.	23100.	38500.	55000.	(94)

1929 Kissel Speedster, Courtesy Harrah's, Reno, NV

KISSEL

MAKE YEAR MODEL	UNRES. FAIR-4	UNRES. GOOD-3	RES. FAIR-2	RES. EXCEL.-1	PTS.
1925 8-Cyl. Sport Roadster	4150.	15100.	25200.	36000.	(94)
1925 8-Cyl. Speedster	9250.	16800.	28000.	40000.	(94)
1925 6-Cyl. Deluxe Phaeton	6700.	12200.	20300.	29000.	(94)
1926 Model 8-75 Cabriolet	8100.	14700.	24500.	35000.	(94)
1926 6-Cyl. Open Speedster	9250.	16800.	28000.	40000.	(94)
1926 8-Cyl. Deluxe Speedster	9450.	17200.	28700.	41000.	(94)
1927 8-75 8-Cyl. Touring	8100.	14700.	24500.	35000.	(94)
1927 8-Cyl. Speedster	10400.	18900.	31500.	45000.	(94)
1928 Model 8-90 Cabriolet	4400.	8000.	13300.	19000.	(94)
1928 Model 8-90 Club Sedan	3800.	6300.	10500.	15000.	(90)
1929 8-Cyl. White Eagle Speedster S.M.	15000.	27300.	45500.	65000.	(94)
1929 Coupe R.S.	6000.	10900.	18200.	26000.	(94)
1929 5-Pass. Sedan	4250.	7750.	12950.	18500.	(94)
1930 Model 8-95 Cabriolet	8800.	15950.	26600.	38000.	(94)
1931 Model 8-95 Cabriolet	9000.	16400.	27300.	39000.	(94)

LAGONDA

MAKE YEAR MODEL	UNRES. FAIR-4	UNRES. GOOD-3	RES. FAIR-2	RES. EXCEL.-1	PTS.
1930 Cabriolet	7400.	13450.	22400.	32000.	(94)
1930 Boattail Speedster	8100.	14700.	24500.	35000.	(94)
1931 Sport Tourer	8100.	14700.	24500.	35000.	(94)
1932 Sport Touring	4150.	15100.	25200.	36000.	(94)
1933 M-45 6-Cyl. Tourer	8800.	15950.	26600.	38000.	(94)
1934 L-G45 6-Cyl. Tourer	9000.	16400.	27300.	39000.	(94)
1935 Saloon	3250.	5900.	9800.	14000.	(90)
1936 Tourer	8100.	14700.	24500.	35000.	(94)
1937 V-12 Convertible Sedan	11100.	20150.	33600.	48000.	(90)
1937 V-12 Tourer	10400.	18900.	31500.	45000.	(94)
1938 V-12 Saloon	5200.	9450.	15750.	22500.	(94)
1939 V-12 Convertible Victoria	10400.	18900.	31500.	45000.	(94)
1939 6-Cyl. Convertible Coupe	9100.	16600.	27650.	39500.	(94)
1939 V-12 D.H. Coupe	9800.	17850.	29750.	42500.	(94)
1939 Conv. Sedan	9250.	16800.	28000.	40000.	(94)
1940 V-12 Sedan DeVille	7150.	13000.	21700.	31000.	(94)
1940 V-12 Convertible Coupe	10400.	18900.	31500.	45000.	(94)

1939 LagondaLG6 Drophead Coupe
Courtesy William Adamson, Princeton, NJ

LANCIA France

MAKE YEAR MODEL	UNRES. FAIR-4	UNRES. GOOD-3	RES. FAIR-2	RES. EXCEL.-1	PTS.
1930 V-8 Dilambda Tourer	9450.	17200.	28700.	41000.	(94)
1930 Saloon	3950.	7150.	11900.	17000.	(90)
1931 Saloon	3950.	7150.	11900.	17000.	(90)
1931 8-Cyl. Dilambda Victoria Conv.	11100.	20150.	33600.	48000.	(94)
1934 Austra, Conv.	5550.	10100.	16800.	24000.	(94)
1936 V-8 4-Dr. Saloon	4150.	7550.	12600.	18000.	(94)
1939 V-8 Sport Saloon (Farina)	5800.	10500.	17500.	25000.	(94)
1939 Conv. Sedan	14100.	25600.	42700.	61000.	(94)
1940 V-8 Convertible Coupe	10400.	18900.	31500.	45000.	(94)

1927 LaSalle Phaeton

LA SALLE 1927-1940 Detroit, MICH.

MAKE YEAR MODEL	UNRES. FAIR-4	UNRES. GOOD-3	RES. FAIR-2	RES. EXCEL.-1	PTS.
1927 Touring Car	12700.	23100.	38500.	55000.	(94)
1927 D.C. Phaeton S.M.	17300.	31500.	52500.	75000.	(94)
1927 Cabriolet S.M.	10850.	19750.	32900.	47000.	(94)
1927 Coupe R.S.	7400.	13450.	22400.	32000.	(94)

MAKE YEAR MODEL	UNRES. FAIR-4	UNRES. GOOD-3	RES. FAIR-2	RES. EXCEL.-1	PTS.
1927 5-Pass. Sedan S.M.	4600.	8400.	14000.	20000.	(94)
1927 Limousine	4500.	8200.	13650.	19500.	(94)
1927 Town Car S.M.	6950.	12600.	21000.	30000.	(94)
1927 Sport Roadster S.M.	15700.	28550.	47600.	68000.	(94)
1927 Sport Phaeton	15950.	29000.	48300.	69000.	(94)
1928 4-Dr. Sedan	4500.	8200.	13650.	19500.	(94)
1928 Sport R.D.S. R.S.S.M.	14450.	26250.	43750.	62500.	(94)
1928 D.C. Phaeton S.M.	16650.	30250.	50400.	72000.	(94)
1928 Cabriolet S.M.	9800.	17850.	29750.	42500.	(94)
1929 Cabriolet S.M.	9800.	17850.	29750.	42500.	(94)
1929 Sport Roadster S.M.	12950.	23500.	39200.	56000.	(94)
1929 Club Sedan	4600.	8400.	14000.	20000.	(94)
1929 Coupe R.S.	6000.	10900.	18200.	26000.	(94)
1929 Coupe Victoria	5550.	10100.	16800.	24000.	(94)
1930 R.S. Coupe	6000.	10900.	18200.	26000.	(94)
1930 7-Pass. Touring (Fleetwood)	11550.	21000.	35000.	50000.	(94)
1930 Convertible Sedan	11200.	20350.	33950.	48500.	(94)
1930 Cabriolet S.M.	12700.	23100.	38500.	55000.	(94)
1930 Roadster S.M. (Fleetwood)	12950.	23500.	39200.	56000.	(94)
1930 Club Sedan S.M.	4500.	8200.	13650.	19500.	(94)
1931 Cabriolet S.M.	11100.	20150.	33600.	48000.	(94)
1931 R.S. Coupe	6700.	12200.	20300.	29000.	(94)
1931 Sedan S.M.	4400.	8000.	13300.	19000.	(94)
1931 Club Sedan S.M.	4600.	8400.	14000.	20000.	(94)
1932 Cabriolet S.M.	13650.	24800.	41300.	59000.	(94)
1932 Victoria Coupe Brougham	7500.	13650.	22750.	32500.	(94)
1932 Club Sedan	4850.	8800.	14700.	21000.	(94)
1932 Sedan Touring	4850.	8800.	14700.	21000.	(94)
1933 Club Sedan S.M.	4950.	9050.	15050.	21500.	(94)

1933 La Salle Rumble Seat Coupe

MAKE YEAR MODEL	UNRES. FAIR-4	UNRES. GOOD-3	RES. FAIR-2	RES. EXCEL.-1	PTS.
1933 Cabriolet	4850.	8800.	14700.	61000.	(94)
1933 5-Pass. Touring Sedan	4950.	9050.	15050.	21500.	(94)
1933 Coupe R.S.S.M.	6700.	12200.	20300.	29000.	(94)

NOT CLASSIC. SEE LASALLE ANTIQUE CARS 1934-1940

LINCOLN 1922-to Date Detroit, MICH.

MAKE YEAR MODEL	UNRES. FAIR-4	UNRES. GOOD-3	RES. FAIR-2	RES. EXCEL.-1	PTS.
1925 Doctor's Coupe	6450.	11750.	19600.	28000.	(94)
1925 4-Pass. Brougham Coupe	6450.	11750.	19600.	28000.	(94)
1925 Judkins Berline	6700.	12200.	20300.	29000.	(94)
1925 Roadster (Locke)	9800.	17850.	29750.	42500.	(94)
1925 7-Pass. Sedan	4850.	8800.	14700.	21000.	(94)
1925 7-Pass. Touring Car	9450.	17200.	28700.	41000.	(94)
1925 D.C Phaeton (LeBaron)	15700.	28550.	47600.	68000.	(94)
1925 7-Pass. Sedan (Brunn)	5550.	10100.	16800.	24000.	(94)
1926 7-Pass. Touring	9700.	17650.	29400.	42000.	(94)
1926 5-Pass. Sedan (LeBaron)	5550.	10100.	16800.	24000.	(94)
1926 D.C. Phaeton DTH	13400.	24350.	40600.	58000.	(94)
1927 Cabriolet S.M. (Brunn)	10950.	19950.	33250.	47500.	(94)
1927 5-Pass. Sedan S.M.	4600.	8400.	14000.	20000.	(94)
1927 D.C. Phaeton (Locke)	13400.	24350.	40600.	58000.	(94)
1927 Victoria Town Car	9800.	17850.	29750.	42500.	(94)

1929 Lincoln Model "L" 5-Pass. Sedan
Photo Courtesy of R.L. Eggleston, Ridgecrest, CA

MAKE YEAR MODEL	UNRES. FAIR-4	UNRES. GOOD-3	RES. FAIR-2	RES. EXCEL.-1	PTS.
1928 7-Pass. Sedan Limousine S.M.	4950.	9050.	15050.	21500.	(94)
1928 Sedan (Judkins)	5800.	10500.	17500.	25000.	(94)
1928 Roadster S.M. (Locke)	12700.	23100.	38500.	55000.	(94)
1928 5-Pass. Sedan S.M.	5100.	9250.	15400.	22000.	(94)
1928 Coupe (Judkins)	6950.	12600.	21000.	30000.	(94)
1928 7-Pass. Touring	10400.	18900.	31500.	45000.	(94)
1928 D.C. Phaeton	15000.	27300.	45500.	65000.	(94)
1929 Coupe (Judkins)	6950.	12600.	21000.	30000.	(94)
1929 7-Pass. Phaeton S.M. D.W.	11800.	21400.	35700.	51000.	(94)
1929 D.W. Phaeton S.M. (LeBaron)	13850.	25200.	42000.	60000.	(94)
1929 7-Pass. Sedan S.M.	5200.	9450.	13750.	22500.	(94)
1929 Town Car S.M.	8300.	15100.	25200.	36000.	(94)
1929 Cabriolet S.M. DTH	12950.	23500.	39200.	56000.	(94)
1929 Cabriolet (Locke)	10850.	19750.	32900.	47000.	(94)
1929 5-Pass. Sedan S.M.	4850.	8800.	14700.	21000.	(94)
1929 Club Roadster (Locke)	13650.	24800.	41300.	59000.	(94)
1929 7-Pass. Custom Limo. (Willoughby)	7500.	13650.	22750.	32500.	(94)
1930 Sport Sedan S.M. (LeBaron)	6450.	11750.	19600.	28000.	(94)
1930 5-Pass. Victoria Coupe	5800.	10500.	17500.	25000.	(94)
1930 7-Pass. Touring S.M.	12000.	21850.	36400.	52000.	(94)
1930 D.C. Phaeton S.M.	16150.	29400.	49000.	70000.	(94)
1930 2-Pass. Coupe (Judkins)	6950.	12600.	21000.	30000.	(94)
1930 Sport Roadster S.M.	13650.	24800.	41300.	59000.	(94)
1930 Cabriolet DTH	13150.	23950.	39900.	57000.	(94)
1930 Convertible Sedan (Derham)	15600.	28350.	47250.	67500.	(94)
1931 4-Pass. Sport Phaeton (Derham)	19650.	35700.	59500.	85000.	(94)
1931 Cabriolet (LeBaron)	20800.	37800.	63000.	90000.	(94)
1931 Judkins 2-Wind. Berline	9250.	16800.	28000.	40000.	(94)
1931 7-Pass. Sedan	5650.	10300.	17150.	24500.	(94)
1931 Model K Town Sedan	5800.	10500.	17500.	25000.	(94)
1931 Convertible Sedan (Diet.)	14100.	25600.	42700.	61000.	(94)
1932 Model KA V-8 Sedan	5800.	10500.	17500.	25000.	(94)
1932 V-8 D.C. Phaeton (LeBaron)	19650.	35700.	59500.	85000.	(94)
1932 KA V-8 2-Dr. Victoria (Mur.)	7150.	13000.	21700.	31000.	(94)
1932 Roadster (LeBaron)	19650.	35700.	59500.	85000.	(94)
1932 Convertible Victoria (Wat.)	15000.	27300.	45500.	65000.	(94)
1932 7-Pass. Sedan	6700.	12200.	20300.	29000.	(94)
1932 5-Pass. Town Sedan	6350.	11550.	19250.	27500.	(94)
1932 KB V-12 4-Pass. Phaeton (Brunn)	19850.	36100.	60200.	86000.	(94)
1932 LeBaron Conv. Roadster	19050.	34650.	57750.	82500.	(94)
1932 (Murray) Roadster Conv.	16400.	29800.	49700.	71000.	(94)
1932 Judkins Coupe	8100.	14700.	24500.	35000.	(94)
1932 5-Pass. Sedan	6450.	11750.	19600.	28000.	(94)
1933 V-12 Conv. Roadster R.S.S.M.	21950.	39900.	66500.	95000.	(94)
1933 V-12 4-Pass. Phaeton	20800.	37800.	63000.	90000.	(94)
1933 V-12 Roadster (LeBaron)	25400.	46200.	77000.	110000.	(94)
1933 7-Pass. Sedan	6250.	11350.	18900.	27000.	(94)
1933 Convertible Victoria	16150.	29400.	49000.	70000.	(94)
1933 Club Sedan	6450.	11750.	19600.	28000.	(94)
1933 Coupe S.M. (LeBaron)	9000.	16400.	27300.	39000.	(94)
1933 KB Town Car (Wby.)	13850.	25200.	42000.	60000.	(94)

MAKE YEAR MODEL	UNRES. FAIR-4	UNRES. GOOD-3	RES. FAIR-2	RES. EXCEL.-1	PTS.

1930 Lincoln Phaeton

MAKE YEAR MODEL	UNRES. FAIR-4	UNRES. GOOD-3	RES. FAIR-2	RES. EXCEL.-1	PTS.
1934 KB Conv. Sedan DTH	15950.	29000.	48300.	69000.	(94)
1934 Cabriolet (LeBaron)	16150.	29400.	49000.	70000.	(94)
1934 Convertible Coupe (Dietrich)	15000.	27300.	45500.	65000.	(94)

1929 Lincoln LeBaron Cabriolet

MAKE YEAR MODEL	UNRES. FAIR-4	UNRES. GOOD-3	RES. FAIR-2	RES. EXCEL.-1	PTS.
1934 KB 144'' W.B. Conv. Victoria (Brunn)	19650.	35700.	59500.	85000.	(94)
1934 2-Pass. Coupe (LeBaron)	9450.	17200.	28700.	41000.	(94)
1934 Victoria Coupe	7400.	13450.	22400.	32000.	(94)
1934 7-Pass. Limousine (Murry)	6000.	10900.	18200.	26000.	(94)
1934 7-Pass. Touring Car (Brunn)	15000.	27300.	45500.	65000.	(94)
1935 Model K 5-Pass. Berline (Judkins)	9000.	16400.	27300.	39000.	(94)
1935 5-Pass. Convertible Coupe (Brunn)	16150.	29400.	49000.	70000.	(94)
1935 Convertible Sedan (LeBaron)	13850.	25200.	42000.	60000.	(94)
1935 Town Sedan	6350.	11550.	19250.	27500.	(94)
1935 2-Pass. Coupe (LeBaron)	8800.	15950.	26600.	38000.	(94)
1936 7-Pass. Brougham (Brunn)	6950.	12600.	21000.	30000.	(94)
1936 Town Sedan (Brunn)	7400.	13450.	22400.	32000.	(94)
1936 V-12 Sedan (Willoughby)	6950.	12600.	21000.	30000.	(94)
1936 Convertible Sedan (LeBaron)	12700.	23100.	38500.	55000.	(94)
1936 2-Pass. Coupe S.M. (LeBaron)	9250.	16800.	28000.	40000.	(94)
1936 Model K 7-Pass. Limo. (Judkins)	6950.	12600.	21000.	30000.	(94)

1932 Lincoln Sport Phaeton

MAKE YEAR MODEL	UNRES. FAIR-4	UNRES. GOOD-3	RES. FAIR-2	RES. EXCEL.-1	PTS.
1936 Roadster Convertible (LeBaron)	13300.	24150.	40250.	57500.	(94)
1937 Convertible Sedan (LeBaron)	12700.	23100.	38500.	55000.	(94)
1937 Town Car	10400.	18900.	31500.	45000.	(94)

MAKE YEAR MODEL	UNRES. FAIR-4	UNRES. GOOD-3	RES. FAIR-2	RES. EXCEL.-1	PTS.

MAKE YEAR MODEL	UNRES. FAIR-4	UNRES. GOOD-3	RES. FAIR-2	RES. EXCEL.-1	PTS.
1937 7-Pass. 145'' W.B. Phaeton	13850.	25200.	42000.	60000.	(94)
1937 2-Pass. Coupe (LeBaron)	10400.	18900.	31500.	45000.	(94)
1937 K Convertible Victoria (Brunn)	18000.	32750.	54600.	78000.	(94)
1937 Club Sedan	5200.	9450.	15750.	22500.	(94)
1937 7-Pass. Limousine (Judkins)	5800.	10500.	17500.	25000.	(94)
1938 7-Pass. Limousine (Willoughby)	6450.	11750.	19600.	28000.	(94)
1938 Convertible Victoria (Brunn)	15000.	27300.	45500.	65000.	(94)
1938 Sport Sedan	5800.	10500.	17500.	22500.	(94)
1938 Conv. Sedan	12000.	21850.	36400.	52000.	(94)
1939 Convertible Sedan (LeBaron)	12950.	23500.	39200.	56000.	(94)
1939 Touring Cab. (Brunn)	13650.	24800.	41300.	59000.	(94)
1939 Town Sedan	4850.	8800.	14700.	21000.	(94)
1940 Town Car (Brunn)	5800.	10500.	17500.	25000.	(94)
1940 Limousine (Judkins)	4850.	8800.	14700.	21000.	(94)
1941 Formal Limousine (Brunn)	4850.	8800.	14700.	21000.	(94)
1941 Model 168-H Sedan	3950.	7150.	11900.	17000.	(94)
1942 Model 268-H Sedan	3950.	7150.	11900.	17000.	(94)

LOCOMOBILE

MAKE YEAR MODEL	UNRES. FAIR-4	UNRES. GOOD-3	RES. FAIR-2	RES. EXCEL.-1	PTS.
1925 Model 48 Sportif	9000.	16400.	27300.	39000.	(94)
1925 7-Pass. Touring	8100.	14700.	24500.	35000.	(94)
1925 7-Pass. Sedan	4150.	7550.	12600.	18000.	(90)
1926 Model 90 5-Pass. Touring	8900.	16150.	26950.	38500.	(94)
1926 Model 90 Roadster	10400.	18900.	31500.	45000.	(94)
1926 Model 48 4-Pass. Sportif	10400.	18900.	31500.	45000.	(94)
1926 5-Pass. Sedan	4150.	7550.	12600.	18000.	(90)
1927 Model 90 Sportif	10400.	18900.	31500.	45000.	(94)
1927 Model 45 7-Pass. Sedan	4250.	7750.	12950.	18500.	(90)
1928 M-48 4-Pass. Sportif	10650.	19300.	32200.	46000.	(94)
1928 M-48 Victoria Coupe	5800.	10500.	17500.	22500.	(94)
1928 Model 8-80 Sportif	10950.	19950.	33250.	47500.	(94)
1929 6-90 Roadster R.S.	10650.	19300.	32200.	46000.	(94)

1926 Locomobile Roadster

MAKE YEAR MODEL	UNRES. FAIR-4	UNRES. GOOD-3	RES. FAIR-2	RES. EXCEL.-1	PTS.
1929 Model 6-90 Sportif Phaeton	10650.	19300.	32200.	46000.	(94)
1929 Model 80 Sedan	4400.	8000.	13300.	19000.	(94)
1929 Model 8-80 5-Pass. Phaeton D.C.	14100.	25600.	42700.	61000.	(94)

MARMON

MAKE YEAR MODEL	UNRES. FAIR-4	UNRES. GOOD-3	RES. FAIR-2	RES. EXCEL.-1	PTS.
1925 Model 74 Speedster	9450.	17200.	28700.	41000.	(94)
1925 Sport Coupe	4600.	8400.	14000.	20000.	(94)
1926 Model E-74 Roadster S.M.	9800.	17850.	29750.	42500.	(94)
1926 Model 74 Sedan	4050.	7350.	12250.	17500.	(94)
1927 Model 75 Victoria Coupe	4500.	8200.	13650.	19500.	(94)
1927 Model 75 Phaeton (Locke)	10850.	19750.	32900.	47000.	(94)
1927 Model 75 Coupe R.S.S.M.	4600.	8400.	14000.	20000.	(94)
1927 Model 75 Speedster	10400.	18900.	31500.	45000.	(94)
1928 Model E-75 6-Cyl. Roadster S.M.	11300.	20600.	34300.	49000.	(94)
1928 Model E-75 Sedan S.M.	5550.	10100.	16800.	24000.	(94)
1928 Model E-75 Coupe R.S.S.M.	5300.	9650.	16100.	23000.	(94)
NO AUTHENTIC CLASSIC 1929					
1930 Big 8 Club Sedan S.M.	6450.	11750.	19600.	28000.	(94)

1932 Marmon 16 Cyl. Convertible Coupe Photo Courtesy of Harrah's, Reno, NV
16 cyl., 200 hp

MAKE YEAR MODEL	UNRES. FAIR-4	UNRES. GOOD-3	RES. FAIR-2	RES. EXCEL.-1	PTS.
1930 Big 8 Coupe R.S.S.M.	6950.	12600.	21000.	30000.	(94)
1931 88 Cabriolet S.M.	11200.	20350.	33950.	48500.	(94)
1931 Big 8 8-Cyl. Phaeton	17300.	31500.	52500.	75000.	(94)
1931 88 Club Sedan S.M.	5800.	10500.	17500.	22500.	(94)
1931 V-16 Sedan	12000.	21850.	36400.	52000.	(94)
1931 V-16 Sedan (LeBaron) S.M.	12700.	23100.	38500.	55000.	(94)
1931 V-16 Convertible Sedan S.M.	28900.	52500.	87500.	125000.	(94)
1932 V-16 Convertible Sedan LeB.	32350.	58800.	98000.	140000.	(94)
1932 V-16 Coupe	15000.	27300.	45500.	65000.	(94)
1933 V-16 Convertible Coupe	33500.	60900.	101500.	145000.	(94)

1938 Maybach Limousine, V-12, Body by Spohn, Model Zeppelin, 200 hp
Photo Courtesy of Harrah's, Reno, NV

MAKE YEAR MODEL	UNRES. FAIR-4	UNRES. GOOD-3	RES. FAIR-2	RES. EXCEL.-1	PTS.
1933 V-16 4-Dr. Sedan S.M. (LeBaron)	12700.	23100.	38500.	55000.	(94)
1933 V-16 Convertible Sedan	32350.	58800.	98000.	140000.	(94)
1934 V-16 Club Sedan	12150.	22050.	36750.	52500.	(94)

MAYBACH Germany

MAKE YEAR MODEL	UNRES. FAIR-4	UNRES. GOOD-3	RES. FAIR-2	RES. EXCEL.-1	PTS.
1931 V-12 Convertible Sedan	27700.	50400.	84000.	120000.	(94)
1938 V-12 Town Car	15000.	27300.	45500.	65000.	(94)
1938 Roadster	18500.	33600.	56000.	80000.	(94)
1938 7-Pass. Sedan	13400.	24350.	40600.	58000.	(94)
1938 V-12 Convertible Sedan S.M.	28900.	52500.	87500.	125000.	(94)
1938 6-Cyl. Convertible Phaeton	12700.	23100.	38500.	55000.	(94)

McFARLAN

MAKE YEAR MODEL	UNRES. FAIR-4	UNRES. GOOD-3	RES. FAIR-2	RES. EXCEL.-1	PTS.
1925 6-Cyl. Sport Phaeton	16750.	30450.	50750.	72500.	(94)
1925 Roadster	17300.	31500.	52500.	75000.	(94)
1926 TV-6 Roadster	18000.	32750.	54600.	78000.	(94)
1926 Deluxe 8 Roadster	16150.	29400.	49000.	70000.	(94)
1927 8-80 BT Roadster	17300.	31500.	52500.	75000.	(94)

MERCEDES-BENZ Germany

MAKE YEAR MODEL	UNRES. FAIR-4	UNRES. GOOD-3	RES. FAIR-2	RES. EXCEL.-1	PTS.
1925 SS Tourer	34650.	63000.	105000.	150000.	(94)
1926 SS Roadster	34650.	63000.	105000.	150000.	(94)
1927 Model K Tourer 600 K	20800.	37800.	63000.	90000.	(94)
1927 Model K 5-Pass. Custom Sedan S.C.	12700.	23100.	38500.	55000.	(94)
1927 SS Touring	25400.	46200.	77000.	110000.	(94)
1927 Model SSK Tourer S.C.	43900.	79800.	133000.	190000.	(94)
1928 Type S Speedster	32350.	58800.	98000.	140000.	(94)
1928 4-Dr. Sedan	9250.	16800.	28000.	40000.	(94)
1928 SSK Roadster S.C.	43900.	79800.	133000.	190000.	(94)
1928 Model S 4-Pass. Tourer	34650.	63000.	105000.	150000.	(94)
1928 4-Dr. Convertible	33500.	60900.	101500.	145000.	(94)
1929 SSK 2-Pass. Speedster S.C.	45050.	81900.	136500.	195000.	(94)
1929 Model 230 Roadster	11550.	21000.	35000.	50000.	(94)

1932 Mercedes-Benz Cabriolet

MAKE YEAR MODEL	UNRES. FAIR-4	UNRES. GOOD-3	RES. FAIR-2	RES. EXCEL.-1	PTS.
1929 Model K Conv. Cabriolet	28900.	52500.	87500.	125000.	(94)
1929 Model 290 Conv. Sedan S.C. S.M.	17300.	31500.	52500.	75000.	(94)
1931 770 7.7 Litre Conv. Sedan	57750.	105000.	175000.	250000.	(94)
1931 Model 290 Cabriolet S.C. S.M.	19650.	35700.	59500.	85000.	(94)
1933 Model 290 Cabriolet	12700.	23100.	38500.	55000.	(94)

MAKE YEAR MODEL	UNRES. FAIR-4	UNRES. GOOD-3	RES. FAIR-2	RES. EXCEL.-1	PTS.
1933 Model 380K Conv. Coupe	25400.	46200.	77000.	110000.	(94)
1933 Model 230 Cabriolet	9450.	17200.	28700.	41000.	(94)
1933 Model 290 Convertible Sedan	18500.	33600.	56000.	80000.	(94)
1934 500K 2-Dr. Phaeton	36950.	67200.	112000.	160000.	(94)
1934 Model 290 4-Pass. Cabriolet	10400.	18900.	31500.	45000.	(94)
1935 Model 500K Cabriolet	34650.	63000.	105000.	150000.	(94)
1935 Model 500K 2-Pass. Roadster	46200.	84000.	140000.	200000.	(94)
1935 Model 290 4-Dr. Convertible	11300.	20600.	34300.	49000.	(94)
1935 4-Pass. Tourer (290)	11550.	21000.	35000.	50000.	(94)
1935 Model 770K Limousine S.C.	32350.	58800.	98000.	140000.	(94)
1935 Model 540K 8-Cyl Conv. S.C.	64700.	117600.	196000.	280000.	(94)
1936 Model 540K Convertible S.C.	69300.	126000.	210000.	300000.	(94)
1936 Model 540K Cabriolet A	73900.	134400.	224000.	320000.	(94)
1936 500K Cabriolet B	42750.	77700.	129500.	185000.	(94)
1936 500K Roadster	41600.	75600.	126000.	180000.	(94)
1936 Model 230 Cabriolet	8100.	14700.	24500.	35000.	(94)
1937 Model 320 Cabriolet	11800.	21400.	35700.	51000.	(94)
1937 Model 540K Convertible B	60050.	109200.	182000.	260000.	(94)
1937 Model 540K Convertible S.C.	75100.	136500.	227500.	325000.	(94)

1936 Mercedes-Benz, 540K Cabriolet A
Courtesy William Adamson, Princeton, NJ

MAKE YEAR MODEL	UNRES. FAIR-4	UNRES. GOOD-3	RES. FAIR-2	RES. EXCEL.-1	PTS.
1937 Model 540K 8-Cyl. Cabriolet A	90100.	163800.	273000.	390000.	(94)
1938 Model 540K Coupe	20800.	37800.	63000.	90000.	(94)
1938 230 Cabriolet B	6450.	11750.	19600.	28000.	(94)
1938 Model 540K 8-Cyl Cabriolet S.C.	87800.	159600.	266000.	380000.	(94)
1939 320S Cabriolet	16150.	29400.	49000.	70000.	(94)
1939 Model 290 Cabriolet	9250.	16800.	28000.	40000.	(94)
1939 500K Sport Saloon	11550.	21000.	35000.	50000.	(94)
1939 230B Cabriolet	6450.	11750.	19600.	28000.	(94)
1940 540K Conv.	34650.	63000.	105000.	150000.	(94)

MERCER

MAKE YEAR MODEL	UNRES. FAIR-4	UNRES. GOOD-3	RES. FAIR-2	RES. EXCEL.-1	PTS.
1925 Phaeton S.M.	9000.	16400.	27300.	39000.	(94)

MINERVA

MAKE YEAR MODEL	UNRES. FAIR-4	UNRES. GOOD-3	RES. FAIR-2	RES. EXCEL.-1	PTS.
1925 6-Cyl. Phaeton	10400.	18900.	31500.	45000.	(94)
1925 4-Dr. Saloon	6450.	11750.	19600.	28000.	(94)
1925 7-Pass. Touring	11300.	20600.	34300.	49000.	(94)
1925 Town Car	11550.	21000.	35000.	50000.	(94)
1925 D.C. Phaeton	13850.	25200.	42000.	60000.	(94)
1926 Limousine	10400.	18900.	31500.	45000.	(94)
1928 7-Pass. Touring	12700.	23100.	38500.	55000.	(94)
1928 Town Car	12000.	21850.	36400.	52000.	(94)
1929 Boattail Speedster	13850.	25200.	42000.	60000.	(94)

MOON

MAKE YEAR MODEL	UNRES. FAIR-4	UNRES. GOOD-3	RES. FAIR-2	RES. EXCEL.-1	PTS.
1925 6-Cyl. Custom Roadster	5200.	9450.	15750.	22500.	(94)
1927 6-Cyl. Sedan (Custom)	3350.	6100.	10150.	14500.	(90)

PACKARD

MAKE YEAR MODEL	UNRES. FAIR-4	UNRES. GOOD-3	RES. FAIR-2	RES. EXCEL.-1	PTS.
1925 Model 2-43 8-Cyl. 7-Pass. Phaeton	7800.	14300.	23800.	34000.	(94)
1925 Model 326 6-Cyl. Opera Coupe	4150.	7550.	12600.	18000.	(94)

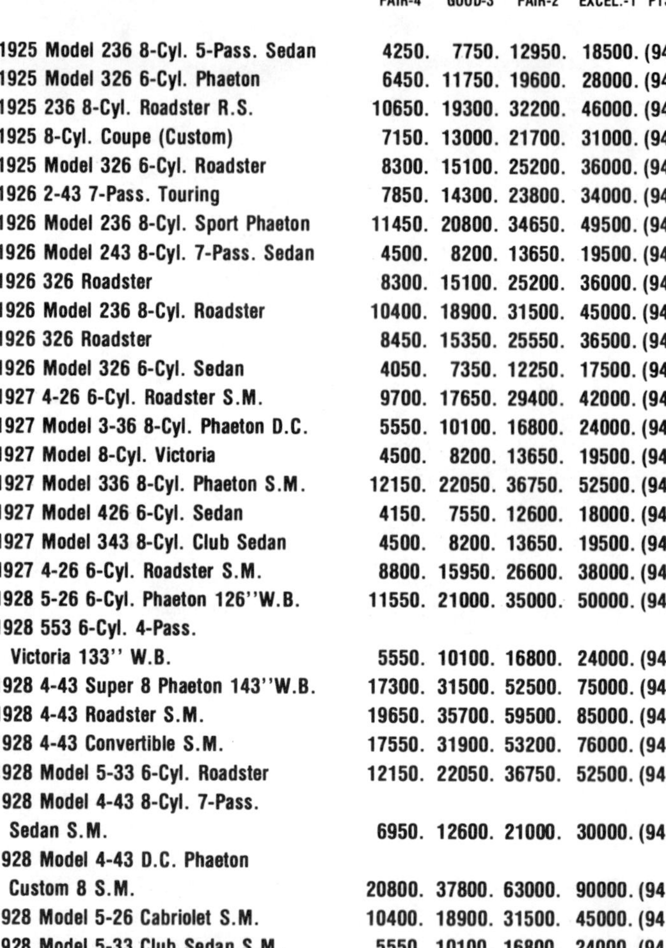

MAKE YEAR MODEL	UNRES. FAIR-4	UNRES. GOOD-3	RES. FAIR-2	RES. EXCEL.-1	PTS.
1925 Model 236 8-Cyl. 5-Pass. Sedan	4250.	7750.	12950.	18500.	(94)
1925 Model 326 6-Cyl. Phaeton	6450.	11750.	19600.	28000.	(94)
1925 236 8-Cyl. Roadster R.S.	10650.	19300.	32200.	46000.	(94)
1925 8-Cyl. Coupe (Custom)	7150.	13000.	21700.	31000.	(94)
1925 Model 326 6-Cyl. Roadster	8300.	15100.	25200.	36000.	(94)
1926 2-43 7-Pass. Touring	7850.	14300.	23800.	34000.	(94)
1926 Model 236 8-Cyl. Sport Phaeton	11450.	20800.	34650.	49500.	(94)
1926 Model 243 8-Cyl. 7-Pass. Sedan	4500.	8200.	13650.	19500.	(94)
1926 326 Roadster	8300.	15100.	25200.	36000.	(94)
1926 Model 236 8-Cyl. Roadster	10400.	18900.	31500.	45000.	(94)
1926 326 Roadster	8450.	15350.	25550.	36500.	(94)
1926 Model 326 6-Cyl. Sedan	4050.	7350.	12250.	17500.	(94)
1927 4-26 6-Cyl. Roadster S.M.	9700.	17650.	29400.	42000.	(94)
1927 Model 3-36 8-Cyl. Phaeton D.C.	5550.	10100.	16800.	24000.	(94)
1927 Model 8-Cyl. Victoria	4500.	8200.	13650.	19500.	(94)
1927 Model 336 8-Cyl. Phaeton S.M.	12150.	22050.	36750.	52500.	(94)
1927 Model 426 6-Cyl. Sedan	4150.	7550.	12600.	18000.	(94)
1927 Model 343 8-Cyl. Club Sedan	4500.	8200.	13650.	19500.	(94)
1927 4-26 6-Cyl. Roadster S.M.	8800.	15950.	26600.	38000.	(94)
1928 5-26 6-Cyl. Phaeton 126''W.B.	11550.	21000.	35000.	50000.	(94)
1928 553 6-Cyl. 4-Pass. Victoria 133'' W.B.	5550.	10100.	16800.	24000.	(94)
1928 4-43 Super 8 Phaeton 143''W.B.	17300.	31500.	52500.	75000.	(94)
1928 4-43 Roadster S.M.	19650.	35700.	59500.	85000.	(94)
1928 4-43 Convertible S.M.	17550.	31900.	53200.	76000.	(94)
1928 Model 5-33 6-Cyl. Roadster	12150.	22050.	36750.	52500.	(94)
1928 Model 4-43 8-Cyl. 7-Pass. Sedan S.M.	6950.	12600.	21000.	30000.	(94)
1928 Model 4-43 D.C. Phaeton Custom 8 S.M.	20800.	37800.	63000.	90000.	(94)
1928 Model 5-26 Cabriolet S.M.	10400.	18900.	31500.	45000.	(94)
1928 Model 5-33 Club Sedan S.M.	5550.	10100.	16800.	24000.	(94)

1927 Packard

MAKE YEAR MODEL	UNRES. FAIR-4	UNRES. GOOD-3	RES. FAIR-2	RES. EXCEL.-1	PTS.
1928 Model 5-33 6-Cyl. Roadster S.M. 133'' W.B.	11800.	21400.	35700.	51000.	(94)
1928 Model 5-26 Coupe R.S.	6700.	12200.	20300.	29000.	(94)
1928 443 Super 8 Custom S.M.	18500.	33600.	56000.	80000.	(94)
1928 443 Super 8 Phaeton 7-Pass. Touring	15700.	28550.	47600.	68000.	(94)
1928 6-40 Conv. Coupe	9800.	17850.	29750.	42500.	(94)
1928 5-33 6-Cyl. Phaeton	11200.	20350.	33950.	48500.	(94)
1928 640 7-Pass. Touring	15000.	27300.	45500.	65000.	(94)
1928 443 8-Cyl. Roadster S.M.	17600.	29400.	49000.	70000.	(94)
1929 Model 645 8-Cyl. Opera Coupe	8100.	15100.	25200.	36000.	(94)
1929 633 7-Pass. Touring	13850.	25200.	42000.	60000.	(94)
1929 645 Phaeton (Durham) S.M.	27700.	50400.	84000.	120000.	(94)
1929 645 D.W. Phaeton	18950.	34450.	57400.	82000.	(94)
1929 Model 640 8-Cyl. Roadster S.M.	16650.	30250.	50400.	72000.	(94)
1929 Model 645 D.C. Phaeton S.M.	28900.	52500.	87500.	125000.	(94)
1929 Model 640 D.C. Phaeton S.M.	26550.	48300.	80500.	115000.	(94)
1929 Model 6-33 Sport Phaeton S.M.	16150.	29400.	49000.	7000.	(94)

1928 Packard Runabout Photo Courtesy of Harrah's, Reno, NV
Model 4-43 Custom, 8 cyl., 106 hp. Classic.

MAKE YEAR MODEL	UNRES. FAIR-4	UNRES. GOOD-3	RES. FAIR-2	RES. EXCEL.-1	PTS.
1929 Model 640 5-Pass. Sedan S.M.	5800.	10500.	17500.	25000.	(94)
1929 Model 640 Cabriolet S.M.	13850.	25200.	42000.	60000.	(94)
1930 Model 733 8-Cyl. Sport Roadster S.M.	16750.	30450.	50750.	72500.	(94)
1930 745 Sport Phaeton S.M.	27700.	50400.	84000.	120000.	(94)
1930 Model 733 Victoria Conv.	15600.	28350.	47250.	67500.	(94)
1930 7-45 8-Cyl. Speedster Roadster S.M. (LeBaron)	33500.	60900.	101500.	145000.	(94)

1931 Packard Straight 8 Phaeton

MAKE YEAR MODEL	UNRES. FAIR-4	UNRES. GOOD-3	RES. FAIR-2	RES. EXCEL.-1	PTS.
1930 740 8-Cyl.Custom Phaeton S.M.	28900.	52500.	87500.	125000.	(94)
1930 8-745 5-Pass. Sedan	11100.	20150.	33600.	48000.	(94)
1930 Model 740 7-Pass. Sedan	6700.	12200.	20300.	29000.	(94)
1930 Model 750 Super 8 Cabriolet S.M.	17550.	31900.	53200.	76000.	(94)
1930 7-45 Custom 8 D.C. Phaeton S.M.	34400.	62600.	104300.	149000.	(94)
1930 Model 733 Cabriolet R.S.S.M.	17300.	31500.	52500.	75000.	(94)
1930 7-26 Sedan	5550.	10100.	16800.	24000.	(94)
1930 Custom Conv. Victoria (Waterhouse)	27700.	50400.	84000.	120000.	(94)
1930 Model 733 Coupe R.S.S.M.	9000.	16400.	27300.	39000.	(94)
1930 Model 733 Club Sedan S.M.	6450.	11750.	19600.	28000.	(94)
1930 Model 733 7-Pass. Limousine	6950.	12600.	21000.	30000.	(94)
1930 734 Roadster	20200.	36750.	61250.	87500.	(94)
1930 Model 740 Club Sedan (Brewster)	10400.	18900.	31500.	45000.	(94)
1930 734 Speedster 4-Pass. Phaeton	24250.	44100.	73500.	105000.	(94)

MAKE YEAR MODEL	UNRES. FAIR-4	UNRES. GOOD-3	RES. FAIR-2	RES. EXCEL.-1	PTS.
1931 833 4-Dr. Sedan	8300.	15100.	25200.	36000.	(94)
1931 Model 833 Standard 8 Phaeton S.M.	20800.	37800.	63000.	90000.	(94)

Packard Town Car, Photo presented to your editor by John B. Judkins

MAKE YEAR MODEL	UNRES. FAIR-4	UNRES. GOOD-3	RES. FAIR-2	RES. EXCEL.-1	PTS.
1931 Model 840 Sport Phaeton S.M.	30050.	54600.	91000.	130000.	(94)
1931 833 Coupe R.S.	9450.	17200.	28700.	41000.	(94)
1931 840 Super 8 Conv. Victoria Custom	34650.	63000.	105000.	150000.	(94)
1931 840 5-Pass. Sedan S.M.	9450.	17200.	28700.	41000.	(94)
1931 840 7-Pass. Phaeton S.M.	21350.	38850.	64750.	92500.	(94)
1931 Model 833 Cabriolet S.M.	16400.	29800.	49700.	71000.	(94)
1931 Model 833 Conv. Sedan S.M.	19650.	35700.	59500.	85000.	(94)
1931 Model 833 Sedan	9000.	16400.	27300.	39000.	(94)
1931 Model 8-40 D.C. Phaeton S.M.	33500.	60900.	101500.	145000.	(94)
1931 8-33 4-Pass. Phaeton S.M.	25400.	46200.	77000.	110000.	(94)
1932 8-900 Coupe Roadster R.S.	9000.	16400.	27300.	39000.	(94)
1932 8-900 Coupe R.S.	6700.	12200.	20300.	29000.	(94)
1932 8-900 5-Pass. Sedan	6000.	10900.	18200.	28000.	(94)
1932 8-900 5-Pass. 2-Dr. Coupe Sedan	5800.	10500.	17500.	25000.	(94)
1932 902 Coupe R.S.S.M.	8800.	15950.	26600.	38000.	(94)
1932 902 5-Pass. Sedan	6950.	12600.	21000.	30000.	(94)
1932 903 Convertible Victoria	22650.	41150.	68600.	98000.	(94)
1932 903 Sport Phaeton	30050.	54600.	91000.	130000.	(94)
1932 8-903 5-Pass. Conv. Sedan	24250.	44100.	73500.	105000.	(94)
1932 905 V-12 Sedan	11550.	21000.	35000.	50000.	(94)

MAKE YEAR MODEL	UNRES. FAIR-4	UNRES. GOOD-3	RES. FAIR-2	RES. EXCEL.-1	PTS.
1932 905 V-12 R.S. Coupe S.M.	18700.	34000.	56700.	81000.	(94)
1932 905 V-12 Convertible Victoria	32350.	58800.	98000.	140000.	(94)
1932 905 V-12 D.C. Phaeton	40400.	73500.	122500.	175000.	(94)
1932 V-12 906 7-Pass Limo.	11800.	21400.	35700.	51000.	(94)
1932 906 Custom Sport Phaeton V-12	39250.	71400.	119000.	170000.	(94)
1932 905 R.S. Roadster	33500.	60900.	101500.	145000.	(94)
1932 905 V-12 Conv. Sedan	34650.	63000.	105000.	150000.	(94)
1932 903 Conv. Roadster	21950.	39900.	66500.	95000.	(94)
1932 901 4-Dr. Sedan S.M.	8100.	14700.	24500.	35000.	(94)
1932 903 Sedan	8800.	15950.	26600.	38000.	(94)
1933 1004 Cabriolet R.S.S.M.	24250.	44100.	73500.	105000.	(94)
1933 1005 V-12 Conv. Victoria Custom	34650.	63000.	105000.	150000.	(94)
1933 1005 Coupe Roadster	29550.	53750.	89600.	128000.	(94)
1933 1003 8-Cyl. Sedan	7400.	13450.	22400.	32000.	(94)
1933 1004 Sport Phaeton	27700.	50400.	84000.	120000.	(94)
1933 1004 Club Sedan	11300.	20600.	34300.	49000.	(94)
1933 1004 Convertible Sedan	21950.	39900.	66500.	95000.	(94)
1933 1006 V-12 7-Pass. Limousine	12000.	21850.	36400.	52000.	(94)
1933 1005 V-12 Club Sedan	12700.	23100.	38500.	55000.	(94)
1933 1005 V-12 Sport Phaeton	39250.	71400.	11900.	170000.	(94)
1933 1002 Standard 8 Club Sedan	9250.	16800.	28000.	40000.	(94)
1934 1104 Custom Conv. Sedan 142" W.B.	25400.	46200.	77000.	110000.	(94)
1934 1101 8-Cyl. 4-Pass. Phaeton S.M.	21250.	38650.	64400.	92000.	(94)
1934 1101 4-Dr. Sedan	7400.	13450.	22400.	32000.	(94)
1934 1105 8-Cyl. 7-Pass. Conv. Phaeton S.M. (LeBaron)	35800.	65100.	108500.	155000.	(94)
1934 Model 1104 Super 8 Conv. Coupe R.S.	24250.	44100.	73500.	105000.	(94)
1934 1101 8-Cyl. Coupe Roadster S.M.	20200.	36750.	87500.	65000.	(94)
1934 1104 8-Cyl. 4-Pass. Phaeton S.M.	25400.	46200.	77000.	110000.	(94)
1934 V-12 Opera Coupe	12700.	23100.	38500.	55000.	(94)
1934 Model 1108 V-12 D.C. Phaeton (LeBaron)	40400.	73500.	122500.	175000.	(94)
1934 1101 8-Cyl. Club Sedan S.M.	9250.	16800.	28000.	40000.	(94)
1934 1108 V-12 Conv. Sedan S.M. (LeBaron)	34650.	63000.	105000.	150000.	(94)
1934 1107 V-12 Club Sedan	11550.	21000.	35000.	50000.	(94)
1934 V-12 Convertible Victoria 1107	33950.	61750.	102900.	147000.	(94)
1934 1104 D.C. Phaeton S.M.	30050.	54600.	91000.	130000.	(94)
1934 1104 Coupe R.S.S.M.	9800.	17850.	29750.	42500.	(94)
1934 1105 8-Cyl. Sport Sedan	9450.	17200.	28700.	41000.	(94)
1934 1105 8-Cyl. Cabriolet S.M.	24250.	44100.	73500.	105000.	(94)
1934 1101 8-Cyl. Opera Coupe	9000.	16400.	27300.	39000.	(94)
1934 Model 1101 8-Cyl. Coupe R.S.S.M.	10400.	18900.	31500.	45000.	(94)
1935 1201 Coupe Roadster	11800.	21400.	35700.	51000.	(94)
1935 1201 Club Sedan	6700.	12200.	20300.	29000.	(94)
1935 1201 Convertible Sedan LeBaron	18000.	32750.	78000.	45500.	(94)
1935 1204 8-Cyl. Sport 8 Cpe. R.S.S.M.	8100.	14700.	24500.	35000.	(94)
1935 1204 Super 8 Conv. Victoria	15000.	27300.	45500.	65000.	(94)
1935 1205 Super 8 Conv. Sedan S.M.	18250.	33200.	55300.	79000.	(94)
1935 1207 V-12 D.C. Phaeton	35800.	65100.	108500.	15500.	(94)
1935 1204 Super 8 Conv. Coupe	15600.	28350.	47250.	67500.	(94)
1935 1204 Super 8 Club Sedan	6950.	12600.	21000.	30000.	(94)
1935 1207 V-12 Conv. Sedan S.M. (LeBaron)	24950.	45350.	75600.	108000.	(94)
1935 V-12 Convertible Victoria	21950.	39900.	66500.	95000.	(94)
1935 1207 V-12 Cabriolet R.S.S.M.	24250.	44100.	73500.	105000.	(94)
1935 1204 8-Cyl. Phaeton S.M.	16650.	30250.	50400.	72000.	(94)
1936 1408 V-12 Conv. Sedan S.M. (LeBaron)	25400.	46200.	77000.	110000.	(94)
1936 1404 8-Cyl. Phaeton S.M.	15700.	28550.	47600.	68000.	(94)
1936 Model 1407 V-12 Conv. Coupe S.M.	24250.	44100.	73500.	105000.	(94)
1936 1407 V-12 Convertible Sedan	20100.	36550.	60900.	87000.	(94)
1936 1405 8-Cyl. Phaeton	15000.	27300.	45500.	65000.	(94)

1934 Packard Super 8, Phaeton

MAKE YEAR MODEL	UNRES. FAIR-4	UNRES. GOOD-3	RES. FAIR-2	RES. EXCEL.-1	PTS.
1936 1407 V-12 Club Sedan S.M.	11550.	21000.	35000.	50000.	(94)
1936 1407 V-12 D.C. Phaeton	29100.	52900.	88200.	126000.	(94)

1933 Packard Super 8 Club Sedan
Photo Courtesy of Terry Labatt, Minnetonka, MN

MAKE YEAR MODEL	UNRES. FAIR-4	UNRES. GOOD-3	RES. FAIR-2	RES. EXCEL.-1	PTS.
1936 Model 1405 7-Pass. Super 8 Phaeton S.M.	14450.	26250.	43750.	62500.	(94)
1936 Model 1404 Super 8 Conv. Victoria S.M.	17550.	31900.	53200.	76000.	(94)
1936 1407 V-12 Formal Sedan S.M.	12700.	23100.	38500.	55000.	(94)
1936 Model 1404 Super 8 Club Sedan S.M.	8800.	15950.	26600.	38000.	(94)
1936 1404 Super 8 Cabriolet S.M.	16750.	30450.	50750.	72500.	(94)
1937 1508 V-12 Convertible Sedan	20800.	37800.	63000.	90000.	(94)
1937 1508 V-12 LeBaron All Weather Town Car	15000.	27300.	45500.	65000.	(94)
1937 1508 V-12 7-Pass. Sedan	9450.	17200.	28700.	41000.	(94)
1937 1502 5-Pass. Super 8 Sedan	7500.	13650.	22750.	32500.	(94)
1937 1502 7-Pass. Super 8 Sedan	7150.	13000.	21700.	31000.	(94)
1937 1501 Super 8 Formal Sedan	8800.	15950.	26600.	38000.	(94)
1937 V-12 Formal Sedan	12150.	22050.	36750.	52500.	(94)
1937 1507 V-12 Touring Sedan (3900M) S.M.	11100.	20150.	33600.	48000.	(94)
1937 1501 Convertible Victoria S.M.	13150.	23950.	57000.	55000.	(94)
1937 1501 Super 8 Club Sedan S.M.	7500.	13650.	22750.	32500.	(94)
1937 1507 V-12 R.S. Coupe	10650.	19300.	32200.	46000.	(94)
1937 1507 V-12 Conv. Coupe S.M.	19050.	34650.	57750.	82500.	(94)
1937 1502 Super 8 Limousine S.M.	7850.	14300.	23800.	34000.	(94)
1937 1507 V-12 LeBaron Cabriolet	19850.	36100.	60200.	86000.	(94)
1937 1501 8-Cyl. 5-Pass. Sedan	7500.	13650.	22750.	32500.	(94)
1937 1501 8-Cyl. Formal Sedan	8800.	15950.	26600.	38000.	(94)
1938 1604 Super 8 Formal Sedan (Derham)	8800.	15950.	26600.	38000.	(94)
1938 1607 V-12 Club Sedan S.M.	9700.	17650.	29400.	42000.	(94)
1936 1608 V-12 7-Pass. Sedan S.M.	9000.	16400.	27300.	39000.	(94)
1938 1603 8-Cyl. Sedan	6250.	11350.	18900.	27000.	(90)
1938 1604 8-Cyl. R.S. Coupe	8300.	15100.	25200.	36000.	(90)
1938 1607 V-12 Conv. Sedan S.M.	15950.	29000.	48300.	69000.	(94)
1938 V-12 Convertible Victoria	17300.	31500.	52500.	75000.	(94)
1938 1605 8-Cyl. Conv. Sedan	12700.	23100.	38500.	55000.	(94)

1933 Packard Dual Cowl Phaeton

MAKE YEAR MODEL	UNRES. FAIR-4	UNRES. GOOD-3	RES. FAIR-2	RES. EXCEL.-1	PTS.
1938 1604 Super 8 Conv. Coupe S.M.	12950.	23500.	39200.	56000.	(94)
1938 1604 Super 8 Club Sedan	7150.	13000.	21700.	31000.	(94)

1941 Packard Series 160 Convertible Sedan

MAKE YEAR MODEL	UNRES. FAIR-4	UNRES. GOOD-3	RES. FAIR-2	RES. EXCEL.-1	PTS.
1938 1605 7-Pass. Limo.	7400.	13450.	22400.	32000.	(94)
1938 1607 12-Cyl. Club Sedan S.M.	9000.	16400.	27300.	39000.	(94)
1939 1708 V-12 Conv. Phaeton S.M.	17300.	31500.	52500.	75000.	(94)
1939 1707 V-12 Club Sedan	9450.	17200.	28700.	41000.	(94)
1939 V-12 Opera Coupe	8800.	15950.	26600.	38000.	(94)
1939 1707 V-12 Coupe R.S.S.M.	8300.	15100.	25200.	36000.	(94)
1939 1707 V-12 Formal Sedan S.M.	9000.	16400.	27300.	39000.	(94)
1939 1705 7-Pass. Super 8 Sedan S.M.	7850.	14300.	23800.	34000.	(94)
1939 1707 V-12 Conv. Coupe S.M.	17100.	31100.	51800.	74000.	(94)
1939 1703 Conv. Sedan	12250.	22250.	37100.	53000.	(95)
1939 1708 7-Pass. V-12 Conv. Phaeton S.M. (Rollston)	17550.	31900.	53200.	76000.	(94)
1939 1703 Super 8 Sedan	5550.	10100.	16800.	24000.	(94)
1940 1806 Darring Conv. Victor. 180 Series	22200.	40300.	67200.	96000.	(94)
1940 1806 Darrin Conv. Sedan 180 Series	18250.	33200.	55300.	79000.	(94)
1940 160 Conv. Sedan	11300.	20600.	34300.	49000.	(94)
1940 1807 Formal Sedan S.M.	6000.	10900.	18200.	26000.	(94)
1940 160 Conv. Coupe	10400.	18900.	31500.	45000.	(94)
1940 180 Limo. S.M. 1808	5550.	10100.	16800.	24000.	(94)
1940 160 4-Dr. Sedan S.M.	4400.	8000.	13300.	19000.	(94)
1940 1806 LeBaron Club Sedan	6450.	11750.	19600.	28000.	(94)

1942 Packard 160 Super 8 Convertible Coupe
Photo Courtesy of Harrah's, Reno, NV

MAKE YEAR MODEL	UNRES. FAIR-4	UNRES. GOOD-3	RES. FAIR-2	RES. EXCEL.-1	PTS.
1940 1808 Custom Super 8 Limo. S.M.	6000.	10900.	18200.	26000.	(94)
1940 1807 5-Pass. Sedan	5650.	10300.	17150.	24500.	(94)
1941 160 4-Dr. Sedan S.M.	4400.	8000.	13300.	19000.	(94)
1941 180 (Brewster) Town Car Model 1908	6700.	12200.	20300.	29000.	(94)
1941 1907 Brougham	6000.	10900.	18200.	26000.	(94)
1941 160 Conv. Coupe S.M.	10400.	18900.	31500.	45000.	(94)
1941 1907 Formal Sedan LeBaron S.M.	6450.	11750.	19600.	28000.	(94)
1941 Model 1906 Darrin Conv. Victoria	20800.	37800.	63000.	90000.	(94)
1942 180 LeBaron Sedan Model 2008 S.M.	4250.	7750.	12950.	18500.	(94)
1942 Super 8 Clipper Sedan	3350.	6100.	10150.	14500.	(94)

1940 Packard Darrin Convertible Victoria
Photo Courtesy of Harrah's, Reno, NV

MAKE YEAR MODEL	UNRES. FAIR-4	UNRES. GOOD-3	RES. FAIR-2	RES. EXCEL.-1	PTS.
1942 180 Town Car Model 2008 S.M.	5550.	10100.	16800.	24000.	(94)
1942 160 Conv. Coupe Model 2023	9000.	16400.	27300.	39000.	(94)
1946 2106 Touring Sedan	2750.	5050.	8400.	12000.	(90)
1947 2126 7-Pass. Sedan	3000.	5450.	9100.	13000.	(90)
1947 2106 Sedan	2750.	5050.	8400.	12000.	(90)

1928 Pierce-Arrow Roadster
Photo Courtesy of Harrah's, Reno, NV

PIERCE ARROW CLASSIC 1925-1938

MAKE YEAR MODEL	UNRES. FAIR-4	UNRES. GOOD-3	RES. FAIR-2	RES. EXCEL.-1	PTS.
1925 Model 80 4-Dr. Sedan	4150.	7550.	12600.	18500.	(94)
1925 Touring Series 33	8100.	14700.	24500.	36000.	(94)
1925 Model 80 Sport Roadster Series 33	9000.	16400.	27300.	39000.	(94).
1925 Model 80 2-Pass. 6-Cyl. Coupe	4850.	8800.	17700.	26000.	(94)
1926 7-Pass. Sedan Series 33	4500.	8200.	13650.	19500.	(94)
1926 7-Pass. Touring Series 33	9000.	16400.	27300.	39000.	(94)
1926 Model 80 Roadster R.S.	10400.	18900.	31500.	45000.	(94)
1927 Model 80 2-Dr. Brougham	5800.	10500.	17500.	25000.	(94)
1927 Model 36 Roadster R.S.	10400.	18900.	31500.	45000.	(94)
1927 Model 80 7-Pass. Sedan	4500.	8200.	13650.	19500.	(94)
1927 Model 80 Roadster	10400.	18900.	31500.	45000.	(94)
1928 Model 81 7-Pass. Sedan	4600.	8400.	14000.	20000.	(94)
1928 Model 81 Cabriolet	7600.	13800.	22950.	32800.	(94)
1928 Landau Coupe S.M.	6250.	11350.	18900.	27000.	(94)
1928 Model 81 Club Sedan	5800.	10500.	17500.	25000.	(94)
1928 Model 81 Roadster	10850.	19750.	32900.	47000.	(94)
1928 Model 36 Roadster R.S.S.M.	11800.	21400.	35700.	51000.	(94)
1928 Model 36 4-Pass. Phaeton	12700.	23100.	38500.	55000.	(94)
1928 8-Cyl. Club Brougham	7150.	13000.	21700.	31000.	(94)
1929 133 7-Pass. Sedan S.M.	6950.	12600.	21000.	30000.	(94)
1929 143 7-Pass. All Weather Phaeton	13400.	24350.	40600.	58000.	(90)
1929 Model 8-133 D.C. Phaeton S.M.	19650.	35700.	59500.	85000.	(94)
1929 Model 8-133 Sport Roadster S.M.	14200.	25850.	43050.	61500.	(94)
1929 Model 8-133 Phaeton S.M.	18500.	33600.	56000.	80000.	(94)
1929 Model 133 5-Pass. Sedan	7400.	13450.	22400.	32000.	(94)
1929 Model 8-143 Cabriolet S.M.	12000.	21850.	36400.	52000.	(94)
1929 143 7-Pass. Touring	16750.	30450.	50750.	72500.	(90)
1930 Model 8-133 8-Cyl. Cpe. R.S.S.M.	9100.	16600.	27650.	39500.	(94)
1930 8-143 7-Pass. Touring	17100.	31100.	51800.	74000.	(94)

1930 Pierce-Arrow Coupe
Photo Courtesy of Harrah's, Reno, NV

MAKE YEAR MODEL	UNRES. FAIR-4	UNRES. GOOD-3	RES. FAIR-2	RES. EXCEL.-1	PTS.
1930 Model 8-143 4-Dr. 7-Pass. Sedan	7150.	13000.	21700.	31000.	(94)
1930 Model B Club Sedan	8100.	14700.	24500.	35000.	(94)
1930 Model 8-143 Club Brougham	8300.	15100.	25200.	36000.	(94)
1930 Model 133 D.C. Phaeton S.M.	20550.	37400.	62300.	89000.	(94)
1930 Model 8-A 144 Conv. Sedan S.M. (Dietrich)	18000.	32750.	54600.	78000.	(94)
1930 Model 8-133 8-Cyl. Convertible Coupe R.S.S.M.	12700.	23100.	38500.	55000.	(94)
1930 Model 144 8-Cyl. Custom Roadster LeBaron R.S.S.M.	19650.	35700.	59500.	85000.	(94)
1930 Model B Club Berline (LeBaron)	11800.	21400.	35700.	51000.	(94)
1931 Model 43 Club Sedan S.M.	7500.	13650.	22750.	32500.	(94)
1931 Model 42 4-Dr. Sedan	7400.	13450.	22400.	32000.	(94)
1931 Model 42 D.C. Phaeton S.M.	22850.	41600.	69300.	99000.	(94)
1931 Model 41 8-Cyl. 7-Pass. Phaeton S.M.	17900.	32550.	54250.	77500.	(94)
1931 8-42 Sedan S.M.	8100.	14700.	24500.	35000.	(94)
1931 Custom LeBaron Club Sedan N.F.S.M.	12150.	22050.	36750.	52500.	(100)
1931 8-41 7-Pass. Sedan S.M.	8100.	14700.	24500.	35000.	(94)
1931 Model 41 7-Pass. Dual Windshield Phaeton	18000.	32750.	54600.	78000.	(94)
1931 8-42 Sport Roadster S.M. (LeBaron)	19650.	35700.	59500.	85000.	(94)
1931 8-42 Cabriolet S.M.	13650.	24800.	41300.	59000.	(94)
1931 Model 41 Coupe R.S.S.M. (LeBaron)	10650.	19300.	32200.	46000.	(94)
1931 Model 41 Convertible Sedan S.M. LeBaron	19650.	35700.	59500.	85000.	(94)
1932 Model 54 8-Cyl. 4-Dr. Sedan S.M.	8100.	14700.	24500.	35000.	(94)

1930 Pierce-Arrow Dual Windshield Touring

MAKE YEAR MODEL	UNRES. FAIR-4	UNRES. GOOD-3	RES. FAIR-2	RES. EXCEL.-1	PTS.
1932 8-54 8-Cyl. Conv. Sedan S.M.	15000.	27300.	45500.	65000.	(94)
1932 12-53 V-12 D.C. Phaeton	25400.	46200.	77000.	110000.	(94)
1932 8-54 Coupe R.S.S.M.	10400.	18900.	31500.	45000.	(94)
1932 Model 54 2-Dr. Brougham S.M.	10050.	18300.	30450.	43500.	(94)
1932 12-53 V-12 Coupe R.S.	12150.	22050.	36750.	52500.	(94)
1932 12-53 V-12 Club Sedan S.M.	11100.	20150.	33600.	48000.	(94)
1932 12-53 V-12 7-Pass. Touring Car S.M.	19050.	34650.	57750.	82500.	(94)
1932 12-53 V-12 Conv. Sedan S.M.	20100.	36550.	60900.	87000.	(94)
1933 896 Conv. R.S. S.M.	15700.	285500.	47600.	68000.	(94)
1933 836 8-Cyl. Sport Sedan S.M.	8300.	15100.	25200.	36000.	(94)
1933 8-36 Conv. Sedan	19400.	35300.	58800.	84000.	(94)
1933 836 8-Cyl. 2-Dr. Club Sedan S.M.	9250.	16800.	28000.	40000.	(94)
1933 8-36 R.S. Coupe	10650.	19300.	32200.	46000.	(94)
1933 1247 V-12 Sedan (LeBaron)	13150.	23950.	59500.	85000.	(94)
1933 1247 V-12 Conv. Sedan	19650.	35700.	59500.	85000.	(94)
1933 1242 V-12 Cabriolet	17300.	31500.	52500.	75000.	(94)
1933 1247 LeBaron Club Brougham	13150.	23950.	39900.	57000.	(94)
1933 1242 V-12 Club Brougham	11550.	21000.	35000.	50000.	(94)
1933 1247 Town Brougham (Brunn) 840A	12150.	22050.	36750.	52500.	(94)

MAKE YEAR MODEL	UNRES. FAIR-4	UNRES. GOOD-3	RES. FAIR-2	RES. EXCEL.-1	PTS.
1934 8-Cyl. Conv. Coupe S.M.	13300.	24150.	40250.	57500.	(94)
1934 1240A V-12 Silver Arrow Sedan	16150.	29400.	49000.	70000.	(94)

1929 Pierce-Arrow Eight Cylinder Sport Roadster

MAKE YEAR MODEL	UNRES. FAIR-4	UNRES. GOOD-3	RES. FAIR-2	RES. EXCEL.-1	PTS.
1934 836A 8-Cyl. Sedan S.M.	6350.	11550.	19250.	27500.	(94)
1934 8-40A Sedan	6350.	11550.	19250.	27500.	(94)
1934 840-A 2-D. Silver Arrow	14300.	26050.	43400.	62000.	(95)
1934 836A 8-Cyl. 2-Dr. Club Brougham S.M.	6700.	12200.	20300.	29000.	(94)
1934 1240A V-12 Sedan	8550.	15550.	25900.	37000.	(94)
1934 1240A V-12 7-Pass. Limo.	8550.	15550.	25900.	37000.	(94)
1934 1248A Town Cabriolet 7-Pass. 147" W.B.	9500.	17200.	28700.	41000.	(94)
1934 V-12 Coupe Roadster	14450.	26250.	43750.	62500.	(94)
1934 1240A 4-Pass. Coupe	9100.	16600.	27650.	39500.	(95)
1934 840A 8-Cyl. Coupe R.S.	8100.	14700.	24500.	35000.	(94)
1934 1240A Silver Arrow V-12 144" W.B.	16150.	29400.	49000.	70000.	(95)
1935 845 8-Cyl. Sedan S.M.	6450.	11750.	19600.	28000.	(94)
1935 845 8-Cyl. Cabriolet	13300.	24150.	40250.	57500.	(94)
1935 845 8-Cyl. Club Brougham	6950.	12500.	21000.	30000.	(94)
1935 845 8-Cyl. Limo.	7150.	13000.	21700.	31000.	(94)
1935 1245 12-Cyl. Coupe R.S.	9250.	16800.	28000.	40000.	(94)
1935 1245 V-12 Cabriolet	13850.	25200.	42000.	60000.	(94)
1935 1245 V-12 Sedan	8550.	15550.	25900.	37000.	(94)
1935 1245 V-12 Silver Arrow	16400.	29800.	49700.	71000.	(94)
1936 1601 8-Cyl. Convertible Coupe	12700.	23100.	38500.	55000.	(94)
1936 1601 7-Pass. Sedan	8100.	14700.	24500.	35000.	(94)

1935 Pierce-Arrow Club Sedan
Photo Courtesy Harrah's, Reno, NV

MAKE YEAR MODEL	UNRES. FAIR-4	UNRES. GOOD-3	RES. FAIR-2	RES. EXCEL.-1	PTS.
1936 1601 8-Cyl. 5-Pass. Club Sedan	6950.	12500.	21000.	30000.	(94)
1936 1601 8-Cyl. Coupe	8450.	15350.	25550.	36500.	(94)
1936 1601 12-Cyl. Convertible Roadster	13850.	25200.	42000.	60000.	(94)
1936 1602 V-12 Sedan S.M.	8550.	15550.	25900.	37000.	(94)
1936 1601 8-Cyl. Sedan	6450.	11750.	19600.	28000.	(94)
1936 845 8-Cyl. Coupe R.S.	8100.	14700.	24500.	35000.	(94)
1936 1602 V-12 Club Sedan	8550.	15550.	25900.	37000.	(94)
1936 1603 V-12 7-Pass. Limo. S.M.	8650.	15750.	26250.	37500.	(94)
1937 1702 V-12 Formal Sedan	8550.	15550.	25900.	37000.	(94)

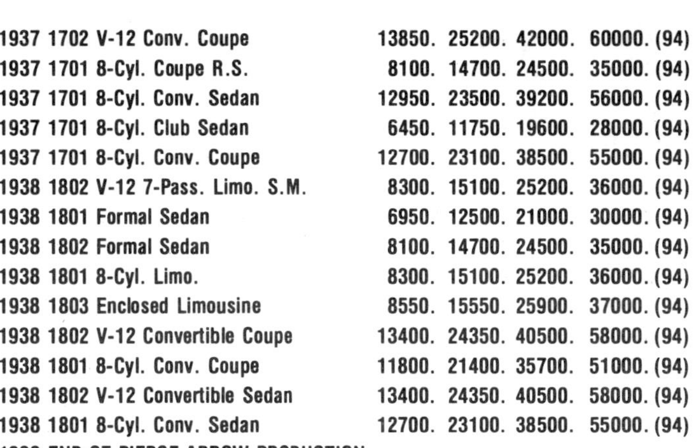

MAKE YEAR MODEL	UNRES. FAIR-4	UNRES. GOOD-3	RES. FAIR-2	RES. EXCEL.-1	PTS.
1937 1702 V-12 Conv. Coupe	13850.	25200.	42000.	60000.	(94)
1937 1701 8-Cyl. Coupe R.S.	8100.	14700.	24500.	35000.	(94)
1937 1701 8-Cyl. Conv. Sedan	12950.	23500.	39200.	56000.	(94)
1937 1701 8-Cyl. Club Sedan	6450.	11750.	19600.	28000.	(94)
1937 1701 8-Cyl. Conv. Coupe	12700.	23100.	38500.	55000.	(94)
1938 1802 V-12 7-Pass. Limo. S.M.	8300.	15100.	25200.	36000.	(94)
1938 1801 Formal Sedan	6950.	12500.	21000.	30000.	(94)
1938 1802 Formal Sedan	8100.	14700.	24500.	35000.	(94)
1938 1801 8-Cyl. Limo.	8300.	15100.	25200.	36000.	(94)
1938 1803 Enclosed Limousine	8550.	15550.	25900.	37000.	(94)
1938 1802 V-12 Convertible Coupe	13400.	24350.	40500.	58000.	(94)
1938 1801 8-Cyl. Conv. Coupe	11800.	21400.	35700.	51000.	(94)
1938 1802 V-12 Convertible Sedan	13400.	24350.	40500.	58000.	(94)
1938 1801 8-Cyl. Conv. Sedan	12700.	23100.	38500.	55000.	(94)

1938 END OF PIERCE ARROW PRODUCTION

Pierce-Arrow 12 Cylinder, 7 Passenger Limousine

PEERLESS

MAKE YEAR MODEL	UNRES. FAIR-4	UNRES. GOOD-3	RES. FAIR-2	RES. EXCEL.-1	PTS.
1926 8-69 V-8 Boattail Coupe	5200.	9450.	15750.	22500.	(94)
1926 8-69 Custom 8 Sedan	4400.	8000.	13300.	19000.	(94)
1927 8-69 Custom 8 Club Sedan	4600.	8400.	14000.	20000.	(94)
1928 8-69 Custom 8 Victoria S.M.	4850.	8800.	14700.	21000.	(94)
1929 125 8-Cyl. Roadster S.M.	10400.	18900.	31500.	45000.	(94)
1929 8-125 7-Pass. Sedan S.M.	4600.	8400.	14000.	20000.	(94)
1930 Model C Custom 8 Town Car S.M.	6800.	12400.	20650.	29500.	(94)
1930 Model C Custom 8 Sedan S.M.	5550.	10100.	16800.	24000.	(94)
1930 Custom 8 Club Sedan S.M.	5800.	10500.	17500.	25000.	(94)
1930 Custom 8 Victoria	5550.	10100.	16800.	24000.	(94)
1931 7001 Custom 8 Sedan S.M.	6350.	11550.	19250.	27500.	(94)
1931 Custom 8 Coupe R.S.S.M.	7500.	13650.	22750.	32500.	(94)
1932 Deluxe Custom 8 Sedan S.M.	6350.	11550.	19250.	27500.	(94)

1937 Pierce-Arrow 7 Passenger Sedan

MAKE YEAR MODEL	UNRES. FAIR-4	UNRES. GOOD-3	RES. FAIR-2	RES. EXCEL.-1	PTS.
RAILTON, ENGLISH					
HUDSON 8, RUNNING GEAR					
1935 7-Pass. Sedan	3450.	6300.	10500.	15000.	(90)
1936 Custom 8 Saloon	4150.	7550.	12600.	18000.	(90)
1936 8-Cyl. D.H. Coupe	5800.	10500.	17500.	25000.	(94)
1937 8-Cyl. D.H. Coupe (Coach Craft)	6000.	10900.	18200.	26000.	(94)
RENAULT					
1925 45 H.P. Phaeton	5550.	10100.	16800.	24000.	(94)
1927 D.C. Phaeton	9250.	16800.	28000.	40000.	(94)
1927 Town Car	5800.	10500.	17500.	25000.	(94)
REO					
1931 Custom 8 Cabriolet S.M.	10400.	18900.	31500.	45000.	(94)
1931 Royale 8 Coupe R.S.S.M.	7850.	14300.	23800.	34000.	(94)
1931 8-25 Royale 8 Sedan S.M.	4850.	8800.	14700.	21000.	(94)
1931 8-31 Elite 8 Coupe R.S.S.M.	8300.	15100.	25200.	36000.	(94)
1931 Elite 8 Sedan S.M.	5200.	9450.	15750.	22500.	(94)
1932 8-52 Royale Elite 8 Victoria	8100.	14700.	24500.	35000.	(94)
1933 8-52 Royale 8 Sedan	5200.	9450.	15750.	22500.	(94)
1933 8-131 Royale Elite 8 Victoria Coupe	6250.	11350.	18900.	27000.	(94)

1937 Railton Fairmile Series 111. Body by Coachcraft
Photo Courtesy of Harry Peverill, Saratosa, FL

MAKE YEAR MODEL	UNRES. FAIR-4	UNRES. GOOD-3	RES. FAIR-2	RES. EXCEL.-1	PTS.
REVERE 1917-1926					
1925 4-M 5-Pass. Touring Car	6000.	10900.	18200.	26000.	(94)
1926 6-25 6-Cyl. 5-Pass. Touring	6450.	11750.	19600.	28000.	(94)
RILEY					
1935 Sport Roadster Custom	4400.	8000.	13300.	19000.	(90)
ROAMER					
1925 8-88 5-Pass. Touring	5450.	9850.	16450.	23500.	(94)
1925 8-88 5-Pass. Sedan	4150.	7550.	12600.	18000.	(94)
1926 8-88 Sport Roadster	5550.	10100.	16800.	24000.	(94)
1927 8-88 5-Pass. Sedan	4250.	7750.	12950.	18500.	(94)
1928 8-88 7-Pass. Sedan	4400.	8000.	13300.	19000.	(94)
1928 8-88 Roadster R.S.S.M.	8100.	14700.	24500.	35000.	(94)
ROHR — No Current Information Available					
ROLLS-ROYCE					
1925 Silver Ghost (Springfield) Limo. S.M.	12950.	23500.	39200.	56000.	(94)
1925 P11 Henely Roadster	23100.	42000.	70000.	100000.	(94)
1925 Silver Ghost Roadster	18500.	33600.	56000.	80000.	(94)
1925 Silver Ghost Landaulet	16150.	29400.	49000.	70000.	(94)
1925 7-Pass. Saloon	10400.	18900.	31500.	45000.	(94)
1925 P-1 Tourer	18700.	34000.	56700.	81000.	(94)
1926 Picadilly Roadster	25400.	46200.	77000.	110000.	(94)
1926 P-1 Touring Car	18500.	33600.	56000.	80000.	(94)
1926 P-1 Sedanca-Deville	21950.	40000.	66500.	95000.	(94)
1926 P-1 Cabriolet (Brewster)	21250.	38650.	64400.	92000.	(94)
1926 P-1 Town Car (Brewster)	16150.	29400.	49000.	70000.	(94)
1926 P-1 Saloon	15000.	27300.	45500.	65000.	(94)
1926 P-1 Henely Roadster	27700.	50400.	84000.	120000.	(94)
1926 P-1 Roadster	20100.	36540.	60900.	87000.	(94)
1926 P-1 Limousine S.M.	16150.	29400.	49000.	70000.	(94)
1927 P-1 Town Car (Brewster)	16650.	30250.	50400.	70000.	(94)
1927 P-1 Ascot Phaeton	19650.	35700.	59500.	85000.	(94)
1927 Hunnington Limousine	19650.	35700.	59500.	85000.	(94)
1927 Pall Mall Touring	21250.	38650.	64400.	92000.	(94)

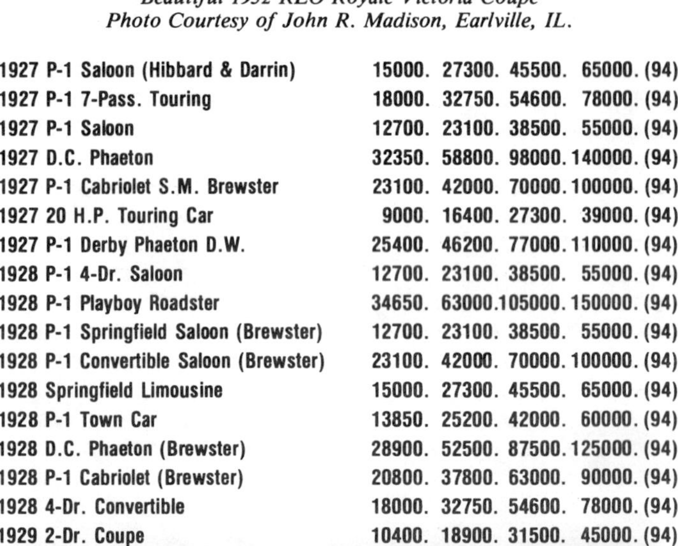

Beautiful 1932 REO Royale Victoria Coupe
Photo Courtesy of John R. Madison, Earlville, IL.

MAKE YEAR MODEL	UNRES. FAIR-4	UNRES. GOOD-3	RES. FAIR-2	RES. EXCEL.-1	PTS.
1927 P-1 Saloon (Hibbard & Darrin)	15000.	27300.	45500.	65000.	(94)
1927 P-1 7-Pass. Touring	18000.	32750.	54600.	78000.	(94)
1927 P-1 Saloon	12700.	23100.	38500.	55000.	(94)
1927 D.C. Phaeton	32350.	58800.	98000.	140000.	(94)
1927 P-1 Cabriolet S.M. Brewster	23100.	42000.	70000.	100000.	(94)
1927 20 H.P. Touring Car	9000.	16400.	27300.	39000.	(94)
1927 P-1 Derby Phaeton D.W.	25400.	46200.	77000.	110000.	(94)
1928 P-1 4-Dr. Saloon	12700.	23100.	38500.	55000.	(94)
1928 P-1 Playboy Roadster	34650.	63000.	105000.	150000.	(94)
1928 P-1 Springfield Saloon (Brewster)	12700.	23100.	38500.	55000.	(94)
1928 P-1 Convertible Saloon (Brewster)	23100.	42000.	70000.	100000.	(94)
1928 Springfield Limousine	15000.	27300.	45500.	65000.	(94)
1928 P-1 Town Car	13850.	25200.	42000.	60000.	(94)
1928 D.C. Phaeton (Brewster)	28900.	52500.	87500.	125000.	(94)
1928 P-1 Cabriolet (Brewster)	20800.	37800.	63000.	90000.	(94)
1928 4-Dr. Convertible	18000.	32750.	54600.	78000.	(94)
1929 2-Dr. Coupe	10400.	18900.	31500.	45000.	(94)

1934 Rolls Royce Drophead Coupe

MAKE YEAR MODEL	UNRES. FAIR-4	UNRES. GOOD-3	RES. FAIR-2	RES. EXCEL.-1	PTS.
1929 P-1 D.C. Phaeton (Replica Body)	10950.	19950.	33250.	47500.	(94)
1929 P-1 Tourer (Park Ward)	25400.	46200.	77000.	110000.	(94)
1929 P-1 Drop Head Coupe Body by Park Ward	21950.	40000.	66500.	95000.	(94)
1929 P-1 Limousine (Hooper) S.M.	16150.	29400.	49000.	70000.	(94)
1929 Pall Mall Touring	27700.	50400.	84000.	120000.	(94)
1929 P-1 Roadster (Brewster) S.M.	27700.	50400.	84000.	120000.	(94).
1929 Convertible Sedan	20800.	37800.	63000.	90000.	(94)

1938 Rolls-Royce Sedanca De Ville Photo Courtesy of Harrah's, Reno, NV
Phantom III, 12 cyl., bore: 3¼", stroke: 4½", 448.0 cu. in. displacement,
165 hp, body by Franay. Price when new — $22,750.

MAKE YEAR MODEL	UNRES. FAIR-4	UNRES. GOOD-3	RES. FAIR-2	RES. EXCEL.-1	PTS.
1929 P-1 Conv. Coupe (Brewster)	20800.	37800.	63000.	90000.	(94)
1929 P-1 Saloon (Brewster)	13850.	25200.	42000.	60000.	(94)
1929 Town Car (Brewster)	15000.	27300.	45500.	65000.	(94)
1929 Boattail Touring	12700.	23100.	38500.	55000.	(94)
1930 P-1 Boattail Roadster	25400.	46200.	77000.	110000.	(94)
1930 P-11 Limousine	12150.	22050.	36750.	52500.	(90)
1930 P-1 Conv. Sedan (Brewster)	20800.	37800.	63000.	90000.	(94)
1930 P-1 Conv. Sedan (Hibbard-Darrin)	25400.	46200.	77000.	110000.	(94)
1930 Open Touring Limousine	13850.	25200.	42000.	60000.	(94)
1930 P-11 Sedanca DeVille	15700.	28550.	47600.	68000.	(94)
1930 P-1 Town Landaulette	16150.	29400.	49000.	70000.	(94)

1934 Rolls Royce Special Touring Saloon
Photo Courtesy of David C. Campbell, No. Weymouth, MA.

MAKE YEAR MODEL	UNRES. FAIR-4	UNRES. GOOD-3	RES. FAIR-2	RES. EXCEL.-1	PTS.
1930 P-11 4-Dr. Conv. Boattail	19650.	35700.	59500.	85000.	(94)
1930 P-11 Roadster S.M.	32350.	58800.	98000.	140000.	(94)
1930 P-11 Sport Phaeton	32350.	58800.	98000.	140000.	(94)
1930 20-25 Convertible Sedan	17300.	31500.	52500.	75000.	(94)
1930 20-25 4-Dr. Saloon	9250.	16800.	28000.	40000.	(94)
1930 P-1 Sedan (Brewster)	10400.	18900.	31500.	45000.	(94)
1931 P-11 Saloon	12000.	21850.	36400.	52000.	(94)
1931 P-1 Town Car (Brewster)	13850.	25200.	42000.	60000.	(94)
1931 Newmarket 4-Dr. Convertible	28900.	52500.	87500.	125000.	(94)
1931 P-1 Ascot Tourer	24250.	44100.	73500.	105000.	(94)
1931 P-11 Sport Phaeton S.M.	25400.	46200.	77000.	110000.	(94)
1931 P-11 Landaulette Town Car	22650.	41150.	68600.	98000.	(94)

MAKE YEAR MODEL	UNRES. FAIR-4	UNRES. GOOD-3	RES. FAIR-2	RES. EXCEL.-1	PTS.
1931 P-11 Sport Saloon	15500.	28150.	46900.	67000.	(94)
1931 20-25 5-Pass. Saloon R.H.D.	9700.	17650.	29400.	42000.	(94)
1931 20-25 Touring Car	17300.	31500.	52500.	75000.	(90)
1931 P-11 Limousine	15700.	28550.	47600.	68000.	(90)
1931 P-1 Cabriolet DeVille L.H.D. Town Car	19650.	35700.	59500.	85000.	(94)
1931 P-11 5-Pass. Saloon	12700.	23100.	38500.	55000.	(90)
1931 P-11 Drop Head Coupe	20800.	37800.	63000.	90000.	(94)
1931 20-25 Cabriolet R.S.	13850.	25200.	42000.	60000.	(90)
1932 20-25 4-Pass. Tourer	16150.	29400.	49000.	70000.	(94)
1932 P-11 Town Car	14100.	25600.	42700.	61000.	(94)
1932 20-25 Sport Saloon	11100.	20150.	33600.	48000.	(94)
1932 P-11 Salamanca Conv. Town Car	33500.	60900.	101500.	145000.	(94)
1932 20-25 5-Pass. Convertible Coupe	16150.	29400.	49000.	70000.	(94)
1932 Limousine (Brewster)	14450.	26250.	43750.	62500.	(94)
1932 P-11 Convertible Coupe	21950.	40000.	66500.	95000.	(94)
1932 P-11 Roadster (Henely)	33500.	60900.	101500.	145000.	(94)
1933 P-11 Convertible Sedan	21950.	40000.	66500.	95000.	(94)
1933 P-11 Drop Head Coupe	17300.	31500.	52500.	75000.	(94)
1933 20-25 Drop Head Coupe	16150.	29400.	49000.	70000.	(94)
1933 20-25 Town Sedan S.M.	10400.	18900.	31500.	45000.	(94)

1932 Rolls-Royce Phantom II Continental by Hooper

MAKE YEAR MODEL	UNRES. FAIR-4	UNRES. GOOD-3	RES. FAIR-2	RES. EXCEL.-1	PTS.
1933 20-25 4-Dr. Convertible Sedan	16150.	29400.	49000.	70000.	(94)
1933 P-11 5-Pass. Saloon	12700.	23100.	38500.	55000.	(94)

MAKE YEAR MODEL	UNRES. FAIR-4	UNRES. GOOD-3	RES. FAIR-2	RES. EXCEL.-1	PTS.
1933 P-11 Landau Convertible R.S.S.M.	17300.	31500.	52500.	75000.	(94)
1933 P-11 Limousine S.M.	12700.	23100.	38500.	55000.	(94)
1933 Convertible Sedan	17300.	31500.	52500.	75000.	(94)
1933 Boattail D.C. Phaeton	18500.	33600.	56000.	80000.	(94)
1934 Coupe DeVille (Barker)	16150.	29400.	49000.	70000.	(94)
1934 P-11 Convertible Coupe	18500.	33600.	56000.	80000.	(94)
1934 P-11 4-Pass. Coupe	12150.	22050.	36750.	52500.	(94)
1934 P-11 Sport Saloon	12700.	23100.	38500.	55000.	(94)
1934 P-11 Boattail Convertible	18700.	34000.	56700.	81000.	(94)
1934 P-11 Victoria Coupe	11100.	20150.	33600.	48000.	(94)
1934 Roadster (Brewster)	27700.	50400.	84000.	120000.	(94
1934 20-25 Coupe	9450.	17200.	28700.	41000.	(94)
1934 20-25 Saloon	9800.	17850.	29750.	42500.	(90)
1934 P-11 5-Pass. Saloon	9180.	21400.	35700.	51000.	(90)
1934 20-25 2-Dr. Conv. R.S.	15000.	27300.	45500.	65000.	(94)
1934 P-11 Sedan DeVille	13850.	25200.	42000.	60000.	(94)
1934 P-11 Convertible Sedan	19850.	36100.	60200.	86000.	(94)
1936 P-11 D.C. Phaeton	26350.	47900.	79800.	114000.	(94)
1935 25-30 Sport Phaeton	12700.	23100.	38500.	55000.	(90)

1939 Rolls Royce Wraith 5 Passenger Limousine
Photo Courtesy of Quentin Craft, El Paso, TX

MAKE YEAR MODEL	UNRES. FAIR-4	UNRES. GOOD-3	RES. FAIR-2	RES. EXCEL.-1	PTS.
1935 P-11 7-Pass. Limo. (Mulliner)	14450.	26250.	43750.	62500.	(94)
1935 20-25 Sport Saloon	9800.	17850.	29750.	42500.	(90)
1935 P-11 Hooper Limousine	13850.	25200.	42000.	60000.	(94)
1935 P-11 Convertible Victoria	19650.	35700.	59500.	85000.	(94)
1935 20-25 Convertible Sedan	16150.	29400.	49000.	70000.	(94)
1935 20-25 2-Dr. Coupe	9450.	17200.	28700.	41000.	(90)
1935 20-25 7-Pass. Limousine	9250.	16800.	28000.	40000.	(90)
1936 20-25 4-Dr. Saloon S.M.	9000.	16400.	27300.	39000.	(90)
1936 25-30 Landaulette	15000.	27300.	45500.	65000.	(94)
1936 20-25 Town Car	11800.	21400.	35700.	51000.	(90)
1936 P-111 Convertible Sedan	20800.	37800.	63000.	90000.	(94)
1936 P-111 D.C. Phaeton (Cooper)	25400.	46200.	77000.	110000.	(94)

1930 Ruxton Front Wheel Drive

MAKE YEAR MODEL	UNRES. FAIR-4	UNRES. GOOD-3	RES. FAIR-2	RES. EXCEL.-1	PTS.
1936 25-30 Sport Saloon	9000.	16400.	27300.	39000.	(94)
1936 25-30 7-Pass. Limousine	9450.	17200.	28700.	41000.	(90)
1936 P-111 5-Pass. Saloon	15700.	28550.	47600.	68000.	(94)
1936 P-111 7-Pass. Limousine	16150.	29400.	49000.	70000.	(94)
1936 20-25 Saloon	9000.	16400.	27300.	39000.	(90)
1936 25-30 Opera Coupe	8100.	14700.	24500.	35000.	(90)
1937 25-30 Limousine	9450.	17200.	28700.	41000.	(90)
1937 P-11 Victoria Coupe	9250.	16800.	28000.	40000.	(90)
1937 P-11 Conv. Vic. (Gur. Nutt.)	18700.	34000.	56700.	81000.	(94)
1937 P-111 5-Pass. Saloon	15700.	28550.	47600.	68000.	(94)
1937 P-111 7-Pass. Limousine	16150.	29400.	49000.	70000.	(94)
1937 P-111 Town Car R.H.D.	17300.	31500.	52500.	75000.	(94)
1937 P-111 Sedanca DeVille	18000.	32750.	54600.	78000.	(94)
1937 P-111 7-Pass. Saloon	15700.	28550.	47600.	68000.	(94)
1937 P-111 Tourer	27700.	50400.	84000.	120000.	(94)
1937 P-111 Convertible Sedan	25400.	46200.	77000.	110000.	(94)
1938 P-111 5-Pass. Saloon (Barker)	13850.	25200.	42000.	60000.	(94)
1938 P-111 Phaeton	28900.	52500.	87500.	125000.	(94)
1938 P-111 Convertible Sedan	25400.	46200.	77000.	110000.	(94)
1938 P-111 Town Car	17300.	31500.	52500.	75000.	(94)
1938 P-111 7-Pass. Saloon Limousine	13150.	23950.	39900.	57000.	(94)
1938 P-111 5-Pass. Coupe	16400.	29800.	49700.	71000.	(94)
1938 25-30 5-Pass. Saloon	9250.	16800.	28000.	40000.	(90)
1939 Wraith Open Touring Car	16150.	29400.	49000.	70000.	(94)
1939 P-111 Phaeton	25400.	46200.	77000.	110000.	(94)
1939 Sedanca DeVille P-111	20800.	37800.	63000.	90000.	(94)
1939 P-111 Open Front Town Car	17300.	31500.	52500.	75000.	(94)
1939 Wraith P.W. Limousine	9250.	16800.	28000.	40000.	(90)
1939 P-111 Convertible Victoria	21950.	40000.	66500.	95000.	(94)
1939 Wraith 5-Pass. Sport Limousine S.M. (Janes Young)	9250.	16800.	28000.	40000.	(90)
1939 P-111 Custom Limousine	16650.	30250.	50400.	72000.	(94)
1939 P-111 Boattail Roadster (LaBurdette) One Off Owned By Your Editor In 1951 (2nd Owner)	33500.	60900.	101500.	145000.	(94)
1940 Wraith 5-Pass. Saloon	9000.	16400.	27300.	39000.	(90)
1940 Wraith Convertible Sedan	18000.	32750.	54600.	78000.	(94)
1940 P-111 Conv. Coupe L.H.D.	28900.	52500.	87500.	125000.	(94)
1940 P-111 7-Pass. Saloon	17550.	31900.	53200.	76000.	(94)
1948 Silver Wraith Saloon (Hooper)	8100.	14700.	22450.	35000.	(90)
1948 Silver Wraith Limousine (Hooper)	9000.	16400.	27300.	39000.	(90)

RUXTON (Front Wheel Drive 1929-1931 St. Louis MO.

MAKE YEAR MODEL	UNRES. FAIR-4	UNRES. GOOD-3	RES. FAIR-2	RES. EXCEL.-1	PTS.
1929 Roadster Front Wheel Drive	20800.	37800.	63000.	90000.	(94)
1930 Roadster	21950.	40000.	66500.	95000.	(94)
1930 5-Pass. Sedan	11550.	21000.	35000.	50000.	(94)
1931 Sport Phaeton	24250.	44100.	73500.	105000.	(94)

STEARNS-KNIGHT

MAKE YEAR MODEL	UNRES. FAIR-4	UNRES. GOOD-3	RES. FAIR-2	RES. EXCEL.-1	PTS.
1925 Model S 4-Dr. 6-Cyl. Brougham	4050.	7350.	12250.	17500.	(94)
1926 S95 Roadster R.S.	10650.	19300.	32200.	46000.	(94)
1926 Model 95 5-Pass. Touring	11300.	20600.	34300.	49000.	(94)
1927 G8-85 4-Pass. Touring	12000.	21850.	36400.	52000.	(94)
1928 G8-85 Cabriolet	11100.	20150.	33600.	48000.	(94)
1927 F6-85 Roadster R.S.	10650.	19300.	32200.	46000.	(94)
1928 Model H 8-Cyl. Conv. Coupe	12700.	23100.	38500.	55000.	(94)
1928 5-Pass. 8-Cyl. Sedan S.M.	4850.	8800.	14700.	21000.	(94)
1929 H-8 Sport Roadster S.M.	13850.	25200.	42000.	60000.	(94)
1929 J-8-90 7-Pass. Sedan S.M.	4950.	9050.	15050.	21500.	(94)
1929 F-6-85 6-Cyl. Coupe R.S.	5550.	10500.	17500.	25000.	(94)

STEYR-AUSTRIA

MAKE YEAR MODEL	UNRES. FAIR-4	UNRES. GOOD-3	RES. FAIR-2	RES. EXCEL.-1	PTS.
1939 Cabriolet	5800.	10500.	17500.	25000.	(94)

1932 Stutz Super Bearcat   Photo Courtesy of Leisure Attractions, Silver Springs, Florida

MAKE YEAR MODEL	UNRES. FAIR-4	UNRES. GOOD-3	RES. FAIR-2	RES. EXCEL.-1	PTS.
1933 Convertible Sedan	11300.	20600.	34300.	49000.	(92)

1928 Stearns- Knight Touring Car

1928 Stutz Black Hawk Lemans Boatail Roadster

STUDEBAKER (Now Classic)
1929-1933 President Series (on application)

MAKE YEAR MODEL	UNRES. FAIR-4	UNRES. GOOD-3	RES. FAIR-2	RES. EXCEL.-1	PTS.
1929 4-Dr. Sedan S.M.	4500.	8200.	13650.	19500.	(92)
1929 Roadster	9250.	16800.	28000.	40000.	(92)
1929 7-Pass. Limo.	5200.	9450.	15750.	22500.	(92)
1930 5-Pass. Sedan	4400.	8000.	13300.	19000.	(92)
1930 Roadster S.M.	11550.	21000.	35000.	50000.	(92)
1930 Sport Phaeton	10650.	19300.	32200.	46000.	(92)
1931 Roadster	11550.	21000.	35000.	50000.	(92)
1931 Sedan	4850.	8800.	14700.	21000.	(92)
1931 90 Series 7-Pass. Phaeton	11100.	20150.	33600.	48000.	(92)
1932 91 Sedan	5200.	9450.	15750.	22500.	(92)
1932 Roadster	11550.	21000.	35000.	50000.	(92)
1932 Convertible Sedan	11300.	20600.	34300.	49000.	(92)
1933 Speedway Roadster	11550.	21000.	35000.	50000.	(92)
1933 St. Regis Brougham	7500.	13650.	22750.	32500.	(92)

STUTZ

MAKE YEAR MODEL	UNRES. FAIR-4	UNRES. GOOD-3	RES. FAIR-2	RES. EXCEL.-1	PTS.
1925 6-694 HB 5-Pass. Sedan	5800.	10500.	17500.	25000.	(94)
1925 6-694 HB Sport Touring	10400.	18900.	31500.	45000.	(94)
1925 6-694 HB Sport Roadster	11800.	21400.	35700.	51000.	(94)
1926 AAA-2 8-Cyl. Speedster	17300.	31500.	52500.	75000.	(94)
1926 8-AA-4 Sport Roadster	16150.	29400.	49000.	70000.	(94)
1926 8-AA 7-Pass. Limousine	6000.	10900.	18200.	26000.	(94)
1926 8-AA Phaeton S.M.	16150.	29400.	49000.	70000.	(94)
1927 AA 8-Cyl. Speedster	17300.	31500.	52500.	75000.	(94)
1927 8-AA 7-Pass. Sedan S.M.	5800.	10500.	17500.	25000.	(94)
1927 8-AA 5-Pass. Sedan S.M.	6000.	10900.	18200.	26000.	(94)
1927 8-AA 8-Cyl. Coupe R.S.	9000.	16400.	27300.	39000.	(94)
1927 8-Cyl. Blackhawk Sedan	4950.	9050.	15050.	21500.	(94)
1928 8-BB Boattail Speedster	20800.	37800.	63000.	90000.	(94)
1928 8-BB 8-Cyl. Cabriolet S.M.	13850.	25200.	42000.	60000.	(94)
1928 8-BB D.C. Phaeton S.M.	27700.	50400.	84000.	120000.	(94)
1928 8-BB Victoria Coupe	7500.	13650.	22750.	32500.	(94)
1928 8-BB 8-Cyl. 4-Dr. Sedan S.M.	6950.	12600.	21000.	30000.	(94)
1929 8-M 4-Pass. Speedster (LeBaron)	27700.	50400.	84000.	120000.	(94)
1929 8-M 5-Pass. Sedan	9800.	17850.	29750.	42500.	(94)
1929 8-M 4-Pass. D.C. Phaeton (LeBaron)	34650.	63000.	105000.	150000.	(94)

MAKE YEAR MODEL	UNRES. FAIR-4	UNRES. GOOD-3	RES. FAIR-2	RES. EXCEL.-1	PTS.
1929 Model M 8-Cyl. Speedster	24250.	44100.	73500.	105000.	(94)
1929 Model M Roadster R.S.S.M.	22500.	40950.	68250.	97500.	(94)
1929 Black Hawk Roadster	15000.	27300.	45500.	65000.	(94)
1930 Black Hawk Phaeton	16150.	29400.	49000.	70000.	(94)
1930 D.C. Phaeton S.M. B.H.	25400.	46200.	77000.	110000.	(94)
1930 8-DV-32 8-M Boattail Speedster	25400.	46200.	77000.	110000.	(94)
1930 Model M Weymann 4-Dr. Custom Sedan	13850.	25200.	42000.	60000.	(94)
1931 LA-6 6-Cyl. Cabriolet	16150.	29400.	49000.	70000.	(94)
1931 Model S V-16 Cabriolet	19650.	35700.	59500.	85000.	(94)
1931 DV-32 4-Dr. Custom Sedan S.M.	11800.	21400.	35700.	51000.	(94)
1932 DV-32 Super Bearcat Roadster	31200.	56700.	94500.	135000.	(94)
1932 DV-32 5-Pass. Sedan S.M.	11800.	21400.	35700.	51000.	(94)
1932 LAA 6-Cyl. Coupe R.S.	10650.	19300.	32200.	46000.	(94)
1932 DV-32 Convertible Victoria	25400.	46200.	77000.	110000.	(94)
1932 DV-32 Rollston Convertible Victoria R.S.S.M.	25400.	46200.	77000.	110000.	(94)
1933 DV-32 5-Pass. Sedan S.M.	12000.	21850.	36400.	52000.	(94)
1933 DV-32 Convertible Victoria S.M.	25400.	46200.	77000.	110000.	(94)
1933 Monte Carlo Sedan (Weymann)	13650.	24800.	41300.	59000.	(94)
1933 DV-32 Club Sedan	11800.	21400.	35700.	51000.	(94)
1933 DV-32 4-Pass. Speedster (LeBaron)	31200.	56700.	94500.	135000.	(94)
TALBOT-LAGO					
1934 LeMans Tourer	8800.	15950.	26600.	38000.	(94)
1938 4-Litre Coupe	6950.	12600.	21000.	30000.	(94)
1938 5-Pass. Saloon	4050.	7350.	12250.	17500.	(94)
1939 Cabriolet S.M.	10650.	19300.	32200.	46000.	(94)
1939 Sport Saloon (Figoni/Falaschi)	6450.	11750.	19600.	28000.	(94)
1940 6-Cyl. 4-Dr. Saloon	3950.	7150.	11900.	17000.	(94)
TRIUMPH DOLOMITE England					
1938 8-Cyl. 4-Dr. Sedan	4400.	8000.	13300.	19000.	(94)
VAUXHALL England					
1927 Speedster	7400.	13450.	22400.	32000.	(94)
1930 Roadster	6000.	10900.	18200.	26000.	(94)
VOISIN					
1931 V-12 Coupe	11550.	21000.	35000.	50000.	(94)
WILLS ST. CLAIRE 1921-1926 Maryville, MICH.					
1925 B-68 8-Cyl. 7-Pass. Touring	8800.	15950.	26600.	38000.	(94)
1925 Model 68 8-Cyl. Sport Roadster	8550.	15550.	25900.	37000.	(94)
1926 W-6 Sedan	5550.	10100.	16800.	24000.	(94)
1926 W-6 Roadster	8550.	15550.	25900.	37000.	(94)
1926 D-68 8-Cyl. Roadster	9000.	16400.	27300.	39000.	(94)
1926 D-68 8-Cyl. 5-Pass. Sedan	6700.	12200.	20300.	29000.	(94)

1930 Vauxhall Hurlingham Speedster

1926 Wills St. Claire
Photo Courtesy of Harrah's, Reno, NV

1958 Ford Retractable Coupe-Convertible   Photo Courtesy of Jean Dickison

Modern Classic and Special Interest Cars

1946 Through 1969

*** Denotes acceptable as Authentic Classic by CCCA**

(MS) Denotes Milestone Cars 1946-1970

MAKE YEAR MODEL	UNRES. FAIR-4	UNRES. GOOD-3	RES. FAIR-2	RES. EXCEL.-1	PTS.
A.C.					
1950 A.C. 6-Cyl. Tourer	4850.	8800.	14700.	21000.	(90)
1951 Sport Saloon	1750.	3150.	5250.	7500.	(90)
1951 6-Cyl. Roadster	4500.	8200.	13650.	19500.	(94)
1952 Ace	3700.	6700.	11200.	16000.	(90)
1956 Roadster	3700.	6700.	11200.	16000.	(90)
1957 2-Litre 6-Cyl. Conv. (M.S.)	4150.	7550.	12600.	18000.	(90)
1957 6-Cyl. A.C. Bristol Roadster (M.S.)	4400.	8000.	13300.	19000.	(90)
1958 Roadster Ace 6-Cyl.	4150.	7550.	12600.	18000.	(90)
1959 Aceca Coupe (M.S.)	3600.	6500.	10850.	15500.	(90)
1960 Ace Bristol Roadster (M.S.)	3800.	6950.	11550.	16500.	(90)
1961 8-Cyl. G.T. Coupe (M.S.)	3700.	6700.	11200.	16000.	(90)
1961 6-Cyl. Ace Bristol Roadster (M.S.)	4500.	8200.	13650.	19500.	(90)
AC COBRA					
1963 AC Cobra S.C. Roadster	16400.	29800.	49700.	71000.	(94)
1964 Cobra Roadster	15000.	27300.	45500.	65000.	(94)
1965 AC Cobra 289 Roadster	15700.	28550.	47600.	68000.	(94)
1966 289 Convertible Roadster	15000.	27300.	45500.	65000.	(94)
1966 AC Cobra 427 Roadster	16150.	29400.	49000.	70000.	(94)
ALFA ROMEO					
1947 6-Cyl. Convertible Coupe	8100.	14700.	24500.	35000.	(94)
1948 6C 2500 Super Sport	8100.	14700.	24500.	35000.	(90)
1950 2500 Convertible	5550.	10100.	16800.	24000.	(94)
1953 1900 Sprint Coupe	2300.	4200.	7000.	10000.	(90)
1954 Convertible Coupe	3000.	5450.	9100.	13000.	(90)
1956 Veloce Spyder	3000.	5450.	9100.	13000.	(90)
1956 Sprint Coupe	2300.	4200.	7000.	10000.	(90)
1957 Veloce Roadster	2300.	4200.	7000.	10000.	(90)
1959 Super Sport	2400.	4400.	7350.	10500.	(90)
1959 Sprint Zagato Coupe	4400.	8000.	13300.	19000.	(90)
1959 1900 Coupe	1750.	3150.	5250.	7500.	(90)
1959 Coupe Touring (M.S.)	2400.	4400.	7350.	10500.	(90)
1959 Roadster (M.S.)	1950.	3550.	5950.	8500.	(90)
1960 2000 Hardtop Coupe (M.S.)	2900.	5250.	8750.	12500.	(90)
1960 2000 Roadster (M.S.)	3450.	6300.	10500.	15000.	(90)
1961 Spyder Coupe	2900.	5250.	8750.	12500.	(90)
1962 2000 4-Cyl. Convertible (M.S.)	2750.	5050.	8400.	12000.	(90)
1963 4-Cyl. Spyder Conv. 2600 (M.S.)	3700.	6700.	11200.	16000.	(90)
1964 2000 Spyder	2550.	4600.	7700.	11000.	(90)
1964 1600 (M.S.)	4150.	7550.	12600.	18000.	(90)
1964 2600 Bertone Coupe	2300.	4200.	7000.	10000.	(90)
1965 Sprint Special	2300.	4200.	7000.	10000.	(90)
1967 1750 CC Roadster	2750.	5050.	8400.	12000.	(90)
ASTON-MARTIN					
1952 D.B. 2 6-Cyl. Coupe (M.S.)	4500.	8200.	13650.	19500.	(90)
1953 D.B. 2 Conv. Coupe (M.S.)	4950.	9050.	15050.	21500.	(90)
1955 D.B. 11 MK-1 Coupe (M.S.)	4050.	7350.	12250.	17500.	(90)
1956 MK-1 Saloon	1500.	2750.	4550.	6500.	(90)
1956 D.B. 2 Coupe (M.S.)	3450.	6300.	10500.	15000.	(90)
1957 D.B. 2 Convertible (M.S.)	5200.	9450.	15750.	22500.	(90)
1958 MKIII Tickford Convertible	5550.	10100.	16800.	24000.	(90)
1958 D.B. Coupe (M.S.)	4400.	8000.	13300.	19000.	(90)
1958 MKIII (M.S.)	4050.	7350.	12250.	17500.	(90)
1960 D.B. 4 6-Cyl. Coupe (M.S.)	4400.	8000.	13300.	19000.	(90)
1962 D.B. 4 Coupe (M.S.)	3950.	7150.	11900.	17000.	(90)
1964 D.B. 5 Convertible Caribbean	8100.	14700.	24500.	35000.	(90)
1965 D.B. 5 Coupe	4500.	8200.	13650.	19500.	(90)
1966 D.B. 6 Coupe	4500.	8200.	13650.	19500.	(90)

MAKE YEAR MODEL	UNRES. FAIR-4	UNRES. GOOD-3	RES. FAIR-2	RES. EXCEL.-1	PTS.
1967 D.B. 6 Super Leggra Coupe	4950.	9050.	15050.	21500.	(90)
1968 D.B. 6 Coupe	4950.	9050.	15050.	21500.	(90)
1969 D.B. 6 Coupe	5800.	10500.	17500.	25000.	(90)

ALLARD

MAKE YEAR MODEL	UNRES. FAIR-4	UNRES. GOOD-3	RES. FAIR-2	RES. EXCEL.-1	PTS.
1948 8-Cyl. Tourer (M.S.)	6700.	12200.	20300.	29000.	(90)
1950 J-2 Roadster (M.S.)	9450.	17200.	28700.	41000.	(90)
1951 J-2 Roadster	9450.	17200.	28700.	41000.	(90)
1952 K-2 Roadster (M.S.)	9700.	17650.	29400.	42000.	(90)
1952 J-2X Roadster (M.S.)	9550.	17300.	31500.	45000.	(90)
1953 J-2X Roadster	9550.	17300.	31500.	45000.	(90)
1954 K-3 8-Cyl. Roadster (M.S.)	9800.	17850.	29750.	42500.	(90)

ALVIS

MAKE YEAR MODEL	UNRES. FAIR-4	UNRES. GOOD-3	RES. FAIR-2	RES. EXCEL.-1	PTS.
1947 TA Series Convertible Coupe	3450.	6300.	10500.	15000.	(90)
1948 TA Series Convertible Coupe	3450.	6300.	10500.	15000.	(90)
1949 Convertible Coupe	3250.	5900.	9800.	14000.	(90)
1952 Convertible Coupe	3250.	5900.	9800.	14000.	(90)
1952 Saloon	1800.	3300.	5450.	7800.	(90)
1954 TC Drophead Coupe	3000.	5450.	9100.	13000.	(90)
1960 4-Dr. Saloon	1500.	2750.	4550.	6500.	(90)
1954 TN 21 Speedster	3100.	5650.	9450.	13500.	(90)

1951 Allard J-2

ARMSTRONG-SIDDELEY

MAKE YEAR MODEL	UNRES. FAIR-4	UNRES. GOOD-3	RES. FAIR-2	RES. EXCEL.-1	PTS.
1948 Drophead Coupe (Classic)	5200.	9450.	15750.	22500.	(90)
1951 Convertible Coupe	2900.	5250.	8750.	12500.	(90)
1955 Limousine	1750.	3150.	5250.	7500.	(90)
1955 7-Pass. Sedan	1750.	3150.	5250.	7500.	(90)
1956 Limousine	1950.	3550.	5950.	8500.	(90)
1957 Limousine	2200.	4000.	6650.	9500.	(90)
1959 Star Sapphire	2300.	4200.	7000.	10000.	(90)
1960 Star Sapphire	2300.	4200.	7000.	10000.	(90)

AUSTIN

MAKE YEAR MODEL	UNRES. FAIR-4	UNRES. GOOD-3	RES. FAIR-2	RES. EXCEL.-1	PTS.
1950 A-90 Cabriolet	2750.	5050.	8400.	12000.	(90)
1950 A-25 4-Litre Sedan	1950.	3550.	5950.	8500.	(90)
1952 D4 Coupe	1750.	3150.	5250.	7500.	(90)
1955 Princess Limousine	2300.	4200.	7000.	10000.	(90)
1956 7-Pass. Limousine	2300.	4200.	7000.	10000.	(90)
1960 Princess Limousine	3250.	5900.	9800.	14000.	(90)
1961 Princess Limousine	3250.	5900.	9800.	14000.	(90)
1964 Princess Sedan	2100.	3800.	6300.	9000.	(90)
1966 Princess Limo.	2100.	3800.	6300.	9000.	(90)
1968 Princess Limousine	2900.	5250.	8750.	12500.	(90)

AVANTI

MAKE YEAR MODEL	UNRES. FAIR-4	UNRES. GOOD-3	RES. FAIR-2	RES. EXCEL.-1	PTS.
1963 Avanti R-2 S.C.	3250.	5900.	9800.	14000.	(90)
1963 R-1 Coupe	3350.	6100.	10150.	14500.	(90)
1963 Avanti R-3 S.C.	3450.	6300.	10500.	15000.	(90)
1964 Avanti R-1	3600.	6500.	10850.	15500.	(90)
1964 Avanti R-4	3600.	6500.	10850.	15500.	(90)

AUSTIN-HEALEY

MAKE YEAR MODEL	UNRES. FAIR-4	UNRES. GOOD-3	RES. FAIR-2	RES. EXCEL.-1	PTS.
1949 100 Series Roadster (M.S.)	2250.	4100.	6850.	9800.	(90)
1950 100 Series Roadster (M.S.)	2300.	4200.	7000.	10000.	(90)
1952 Roadster (M.S.)	2300.	4200.	7000.	10000.	(90)
1955 100-4 Roadster (M.S.)	2200.	4000.	6650.	9500.	(90)
1955 4-Cyl. Roadster LeMans (M.S.)	2200.	6650.	6650.	9500.	(90)
1956 100-M Roadster (M.S.)	2150.	3900.	6500.	9300.	(90)
1957 Roadster	2200.	4050.	6700.	9600.	(90)
1958 100-6 6-Cyl. Roadster	2250.	4100.	6800.	9700.	(90)
1959 3000 Roadster	2200.	4000.	6650.	9500.	(90)
1960 3000 Roadster	2250.	4100.	6850.	9750.	(90)
1962 3000 Roadster	2100.	3800.	6300.	9000.	(90)
1963 3000 Roadster	2200.	4000.	6650.	9500.	(90)
1965 M-K3 Roadster	1150.	2050.	3450.	4900.	(90)
1967 3000 Convertible Coupe	3600.	6500.	10850.	15500.	(90)

BENTLEY All Milestone Through 1964
All Classic Through 1948

MAKE YEAR MODEL	UNRES. FAIR-4	UNRES. GOOD-3	RES. FAIR-2	RES. EXCEL.-1	PTS.
1946 MK-VI Coupe R.H.D.	4400.	8000.	13300.	19000.	(90)
1947 MK-VI Roadster R.H.D.	6950.	12600.	21000.	30000.	(90)
1947 4-Door Saloon	4600.	8400.	14000.	20000.	(90)
1947 MK-VI Conv. Coupe R.H.D.	6450.	11750.	19600.	28000.	(90)
1948 MK-VI D.H. Coupe R.H.D. (Custom Mulliner)	6450.	11750.	19600.	28000.	(90)
1948 MK-VI D.H. Conv. Coupe R.H.D.	6700.	12200.	20300.	29000.	(90)
1948 MK-VI Sport Saloon R.H.D.	4600.	8400.	14000.	20000.	(90)
1949 MK-VI Saloon L.H.D. (Mulliner)	6350.	11550.	19250.	27500.	(90)
1949 Conv. L.H.D. (Park Ward)	8800.	15950.	26600.	38000.	(90)
1950 ML-VI Saloon R.H.D. (Mulliner)	4950.	9050.	15050.	21500.	(90)
1950 Sedanca DeVille L.H.D. (James Young)	7400.	13450.	22400.	32000.	(90)
1950 Station Wagon R.H.D. (Abbott)	3950.	7150.	11900.	17000.	(90)

Austin Healey 1962 3000 MK II

1954 Bentley 'R' Type Continental

MAKE YEAR MODEL	UNRES. FAIR-4	UNRES. GOOD-3	RES. FAIR-2	RES. EXCEL.-1	PTS.
1951 2-Dr. Coupe L.H.D.	6450.	11750.	19600.	28000.	(90)
1951 Conv. Coupe L.H.D. (James Young)	9450.	17200.	28700.	41000.	(90)
1951 MK-VI Saloon R.H.D.	4850.	8800.	14700.	21000.	(90)
1951 MK-VI 5-Pass. Saloon L.H.D. A.C.	5550.	10100.	16800.	24000.	(90)
1951 MK-VI D.H. Coupe R.H.D.	8300.	15100.	25200.	36000.	(90)
1951 MK-VI Conv. Coupe L.H.D.	6700.	12200.	20300.	29000.	(90)
1952 Coupe L.H.D. (James Young)	6450.	11750.	19600.	28000.	(90)
1952 Drophead Coupe L.H.D. (Abbott)	9250.	16800.	28000.	40000.	(90)
1952 ML-VI Saloon R.H.D. (James Young)	5300.	9650.	16100.	23000.	(90)
1952 Park W Convertible R.H.D.	7850.	14300.	23800.	34000.	(90)
1952 Park W Convertible L.H.D.	9450.	17200.	28700.	41000.	(90)
1952 R Type Coupe L.H.D. (Mulliner)	6450.	11750.	19600.	28000.	(90)
1953 Sun Roof Saloon R.H.D.	4150.	7550.	12600.	18000.	(90)
1953 R Type 5-Pass. Saloon R.H.D.	3700.	6700.	11200.	16000.	(90)
1953 Park W Convertible L.H.D.	9250.	16800.	28000.	40000.	(90)
1953 R Type Station Wagon R.H.D.	4250.	7750.	12950.	18500.	(90)
1953 Empress 4-Dr. Limo. L.H.D. (Hooper)	6000.	10900.	18200.	26000.	(90)
1954 Continental Fastback Coupe L.H.D.	6950.	12600.	21000.	30000.	(90)
1954 R Type 4-Dr. R.H.D.	4350.	7900.	13150.	18750.	(90)
1954 Convertible L.H.D. (Mulliner)	9000.	16400.	27300.	39000.	(90)
1954 R Type Sun Roof Saloon R.H.D.	4400.	8000.	13300.	19000.	(90)
1955 Sport Saloon L.H.D. (Hooper)	4850.	8800.	14700.	21000.	(90)
1955 S-1 Cont. Fastback Coupe L.H.D.	6250.	11350.	18900.	27000.	(90)
1955 R Type 2-Dr. Special L.H.D.	5800.	10500.	17500.	25000.	(90)
1955 R Type Saloon R.H.D.	4850.	8800.	14700.	21000.	(90)
1956 S-1 Fastback Coupe L.H.D.	7500.	13650.	22750.	32500.	(90)
1956 S-1 Free Stone Webb Saloon R.H.D.	5800.	10500.	17500.	25000.	(90)
1956 S-1 4-Dr. Saloon L.H.D. (James Young)	6000.	10900.	18200.	26000.	(90)
1956 5-Pass. Saloon R.H.D. (Hooper)	4850.	8800.	14700.	21000.	(90)
1957 S-1 Continental Coupe L.H.D.	7500.	13650.	22750.	32500.	(90)
1957 S-1 Saloon L.H.D. (Mulliner)	5550.	10100.	16800.	24000.	(90)

1948 Bentley MK-VI Convertible Coupe

MAKE YEAR MODEL	UNRES. FAIR-4	UNRES. GOOD-3	RES. FAIR-2	RES. EXCEL.-1	PTS.
1958 S-1 Conv. L.H.D. (Mulliner)	12950.	23500.	39200.	56000.	(90)
1958 S-1 Saloon R.H.D.	5550.	10100.	16800.	24000.	(90)
1958 S-1 Cont. Cpe. L.H.D. (Park Ward)	6950.	12600.	21000.	30000.	(90)
1959 S-1 Limousine R.H.D.	8100.	14700.	24500.	35000.	(90)
1959 S-1 Saloon L.H.D.	6000.	10900.	18200.	26000.	(90)
1960 S-11 V-8 Cont. Conv. L.H.D.	9450.	17200.	28700.	41000.	(90)
1960 S-2 4-Dr. 8-Cyl. Saloon R.H.D.	5200.	9450.	15750.	22500.	(90)
1961 V-8 Continental Coupe L.H.D.	6800.	12400.	20650.	29500.	(90)
1961 S-11 V-8 Saloon L.H.D. (Mulliner) P.W.	5550.	10100.	16800.	24000.	(90)
1961 S-2 Convertible Coupe L.H.D.	10650.	19300.	32200.	46000.	(90)
1962 S-2 4-Dr. Saloon R.H.D.	4850.	8800.	14700.	21000.	(90)
1962 V-8 Drophead Coupe R.H.D.	10650.	19300.	32200.	46000.	(90)
1962 S-2 Limousine L.H.D. A.C.	6700.	12200.	20300.	29000.	(90)
1962 S-111 V-8 Saloon L.H.D.	5550.	10100.	16800.	24000.	(90)
1963 S-111 D.H. Coupe P. L.H.D. (Park Ward)	10400.	18900.	31500.	45000.	(90)

MAKE YEAR MODEL	UNRES. FAIR-4	UNRES. GOOD-3	RES. FAIR-2	RES. EXCEL.-1	PTS.
1963 S-111 V-8 Saloon R.H.D.	5550.	10100.	16800.	24000.	(90)
1963 S-111 V-8 Convertible L.H.D.	10650.	19300.	32200.	46000.	(90)
1963 Continental Coupe L.H.D. (Park Ward)	8100.	14700.	24500.	35000.	(90)
1963 S-111 Coupe L.H.D. (Mulliner)	8550.	15550.	25900.	37000.	(90)
1964 Saloon L.H.D.	5800.	10500.	17500.	25000.	(90)
1965 S-111 4-Dr. Saloon R.H.D.	5450.	9850.	16450.	23500.	(90)
1966 V-8 4-Dr. Saloon L.H.D. A.C.	6100.	11150.	18550.	26500.	(90)
1967 V-8 4-Dr. Saloon L.H.D. A.C.	6350.	11550.	19250.	27500.	(94)
1968 5-Pass. Saloon L.H.D.	6450.	11750.	19600.	28000.	(94)
1968 Conv. L.H.D. (Park Ward)	11300.	20600.	34300.	49000.	(94)
1969 Saloon L.H.D. A.C. (James Young)	6700.	12200.	20300.	29000.	(94)

B.M.W.

MAKE YEAR MODEL	UNRES. FAIR-4	UNRES. GOOD-3	RES. FAIR-2	RES. EXCEL.-1	PTS.
1956 V-8 4-Dr.	1600.	2950.	4900.	7000.	(90)
1957 507 V-8 Convertible (M.S.)	9000.	16400.	27300.	39000.	(94)
1959 507 V-8 Coupe Roadster (M.S.)	9800.	17850.	29750.	42500.	(94)
1960 503 V-8 Coupe	5800.	10500.	17500.	25000.	(90)
1960 507 V-8 Convertible	8100.	14700.	24500.	35000.	(94)
1962 3200 Coupe (Bertone)	2650.	4850.	8050.	11500.	(90)
1962 2600 Sedan	1050.	1900.	3150.	4500.	(90)
1967 4-Cyl. Coupe 2002 CS	3450.	6300.	10500.	15000.	(90)
1967 4-Cyl. 2002 Conv.	2750.	5050.	8400.	12000.	(90)
1968 4-Cyl. 300 GLS Coupe	2300.	4200.	7000.	10000.	(90)

BUICK 1946

MAKE YEAR MODEL	UNRES. FAIR-4	UNRES. GOOD-3	RES. FAIR-2	RES. EXCEL.-1	PTS.
1946 8-40 T.S. 16 x 6.50 W.B. 121'' Eng. 3-3/32 x 4-1/8 30.63 HP					
46S Sedanet	1600.	2950.	4900.	7000.	(90)
46-4D Sedan	1400.	2550.	4250.	6100.	(90)
8-50 T.S. 16 x 6.50 W.B. 124'' ENG. 3-3/32 x 4-1/8 30.63 HP					
56S Sedanet	1500.	2750.	4550.	6500.	(90)
56C Convertible Coupe	3250.	5900.	9800.	14000.	(90)
51 4D Sedan	1400.	2500.	4200.	6000.	(90)
59 Station Wagon	2400.	4400.	7350.	10500.	(90)
8-70 T.S. 15 x 7.00 W.B. 129'' ENG. 3-7/16 x 4-5/16 37.81 HP					
76S Sedanet	1600.	2950.	4900.	7000.	(90)
76C Convertible Coupe	3700.	6700.	11200.	16000.	(90)
71 4D Sedan	1400.	2500.	4200.	6000.	(90)

1951 Buick Special Convertible Coupe

BUICK 1947

MAKE YEAR MODEL	UNRES. FAIR-4	UNRES. GOOD-3	RES. FAIR-2	RES. EXCEL.-1	PTS.
8-40 T.S. 16 x 6.50 W.B. 121'' ENG. 3-3/32 x 4-1/8 30.63 HP					
46S Sedanet	1600.	2950.	4900.	7000.	(90)
41 4D Sedan	1400.	2500.	4200.	6000.	(90)
8-50 T.S. 16 x 6.50 W.B. 124'' ENG. 3-3/32 x 4-1/8 30.63 HP					
56S Sedanet	1650.	3000.	5050.	7200.	(90)
56C Convertible Coupe	3700.	6700.	11200.	16000.	(90)
51 4D Sedan	1150.	2100.	3500.	5000.	(90)
59 Station Wagon	2750.	5050.	8400.	12000.	(90)
8-70 T.S. 15 x 7.00 W.B. 129'' ENG. 3-7/16 x 4-5/16 37.81 HP					
76S Sedanet	1600.	2950.	4900.	7000.	(90)
76C Convertible Coupe	3950.	7150.	11900.	17000.	(90)

MAKE YEAR MODEL	UNRES. FAIR-4	UNRES. GOOD-3	RES. FAIR-2	RES. EXCEL.-1	PTS.
71 4D Sedan	1500.	2750.	4550.	6500.	(90)
79 Station Wagon	3600.	6500.	10850.	15500.	(90)

BUICK 1948

8-40 T.S. 16 x 6.50 W.B. 121'' ENG.3-3/32 x 4-1/8 30.63 HP

MAKE YEAR MODEL	UNRES. FAIR-4	UNRES. GOOD-3	RES. FAIR-2	RES. EXCEL.-1	PTS.
46S Sedanet	1650.	3000.	5050.	7200.	(90)
41 4D Sedan	1250.	2300.	3850.	5500.	(90)
8-50 T.S. 16 x 6.50 W.B. 121'' ENG. 3-3/32 x 4-1/8 30.63 HP					
56S Sedanet	1550.	2800.	4700.	6700.	(90)
56C Convertible Coupe	3450.	6300.	10500.	15000.	(90)
51 4D Sedan	1500.	2750.	4550.	6500.	(90)
59 Station Wagon	2900.	5250.	8750.	12500.	(90)
8-70 T.S. 15 x 7.00 W.B. 129'' ENG. 3-7/16 x 4-5/16 37.81 HP					
76S Sedanet	1750.	3200.	5300.	7600.	(90)
76C Convertible Coupe	4050.	7350.	12250.	17500.	(90)
71 4D Sedan	1600.	2950.	4900.	7000.	(90)
79 Station Wagon	2900.	5250.	8750.	12500.	(90)

BUICK 1949

8-40 T.S. 16 x 6.50 W.B. 121'' ENG. 3-3/32 x 4-1/8 30.63 HP

MAKE YEAR MODEL	UNRES. FAIR-4	UNRES. GOOD-3	RES. FAIR-2	RES. EXCEL.-1	PTS.
46S Sedanet	1500.	2750.	4550.	6500.	(90)
41 4D Sedan	1400.	2500.	4200.	6000.	(90)
8.50 T.S. 16 x 6.50 W.B. 121'' ENG. 3-3/32 x 4-1/8 30.63 HP					
56S Sedanet	1750.	3150.	5250.	7500.	(90)
56C Convertible Coupe	3100.	5650.	9450.	13500.	(90)
51 4D Sedan	1550.	2850.	4750.	6800.	(90)
79 Station Wagon	2750.	5050.	8400.	12000.	(90)
76R 2D H.T. Riviera (First GM 2-Dr. H.T.)	2200.	4000.	6650.	9500.	(90)

1955 Buick Roadmaster 4-Dr. Sedan

BUICK 1950

8-40 T.S. 15 x 7.60 W.B. 121½'' ENG. 3-5/32 x 4 1/8 115 HP

MAKE YEAR MODEL	UNRES. FAIR-4	UNRES. GOOD-3	RES. FAIR-2	RES. EXCEL.-1	PTS.
46 Business Coupe	1050.	1950.	3200.	4600.	(90)
43 4D Sedan	1050.	1950.	3200.	4500.	(90)
41 4D Touring Sedan	1050.	1900.	3150.	4500.	(90)
46S 2D Sedan	1200.	2200.	3650.	5200.	(90)
8-40 DELUXE					
46D Sedan	1050.	1950.	3200.	4600.	(90)
43D 4D Sedan	1100.	1950.	3300.	4700.	(90)
41D 4D Touring Sedan	1100.	1950.	3300.	4700.	(90)
8-50 T.S. 15 x 7.60 W.B. 121-1/2'' ENG. 3-5/32 x 4-1/8 128 HP					
51 4D Sedan	1150.	2100.	3500.	5000.	(90)
56S Sedanet	1400.	2500.	4200.	6000.	(90)
52 W.B. 125-1/2'' 4S Sedan	1150.	2100.	3500.	5000.	(90)
56C Convertible Coupe	3100.	5650.	9450.	13500.	(90)
56R Riviera Coupe Hardtop	2100.	3800.	6300.	9000.	(90)
59 Station Wagon	2400.	4400.	7350.	10500.	(90)
8-70 T.S. 15 x 8.00 W.B. 126-1/2'' ENG. 3-7/16 x 4-5/16 152 HP					
71 4D Sedan	1150.	2100.	3500.	5000.	(90)
76S Sedanet	1400.	2500.	4200.	6000.	(90)
72 W.B. 130-1/4'' 4D Sedan Riviera	1200.	2150.	3550.	5100.	(90)
72R 4D Sedan Riviera Deluxe	1250.	2300.	3850.	5500.	(90)
76C Convertible Coupe	3200.	5800.	9650.	13800.	(90)
75R Riviera Coupe Hardtop	2100.	3800.	6300.	9000.	(90)
76R Riviera Coupe Deluxe	2200.	4000.	6650.	9500.	(90)
79 Station Wagon	2650.	4850.	8050.	11500.	(90)
Station Wagon Deluxe	2900.	5250.	8750.	12500.	(90)

BUICK 1951

8-40 T.S. 7.60 x 15 W.B. 121-1/2'' ENG. 3-3/16 x 4-1/8 128 HP

MAKE YEAR MODEL	UNRES. FAIR-4	UNRES. GOOD-3	RES. FAIR-2	RES. EXCEL.-1	PTS.
46 Business Coupe	950.	1750.	2950.	4200.	(90)
41 4D Sedan	1150.	2050.	3450.	4900.	(90)
48 2D Sedan	1150.	2100.	3500.	5000.	(90)
46S Sport Coupe Hardtop	1400.	2500.	4200.	6000.	(90)
8-40 DELUXE					
41D 4D Sedan	1200.	2200.	3650.	5200.	(90)
48D 2D Sedan	1050.	1950.	3200.	4600.	(90)
46C Convertible Coupe	2750.	5050.	8400.	12000.	(90)
45R Riviera 2D Sedan Hardtop	1750.	3150.	5250.	7500.	(90)
8-50 T.S. 7.60 x 15 W.B. 121-1/2'' ENG. 3-3/16 x 4-1/8 128 HP					
51 Sedan Deluxe	1150.	2100.	3500.	5000.	(90)
56S 2D Sedan Deluxe Hardtop	1500.	2750.	4550.	6500.	(90)
52 Riviera 4D Sedan	1200.	2200.	3650.	5200.	(90)
56C Convertible Coupe	2750.	5050.	8400.	12000.	(90)
56R Riviera 2D Coupe Hardtop	2100.	3800.	6300.	9000.	(90)
59 Station Wagon	2400.	4400.	7350.	10500.	(90)
8-70 T.S. 8.00 x 15 W.B. 126-1/2'' ENG. 3-7/16 x 4-5/16 152 HP					
72R W.B. 130-1/4 Riviera 4D Sedan	1150.	2100.	3500.	5000.	(90)
76C Convertible Coupe	3100.	5650.	9450.	13500.	(90)
76R Riviera Coupe Hardtop	2000.	3600.	6000.	8600.	(90)
76MR Riviera Coupe Hardtop	2200.	4000.	6650.	9500.	(90)
79R Station Wagon	2750.	5050.	8400.	12000.	(90)

BUICK 1952

8-40 T.S 15 x 7.60 W.B. 121-1/2'' ENG. 3-1/16 x 4-1/8 120 HP

MAKE YEAR MODEL	UNRES. FAIR-4	UNRES. GOOD-3	RES. FAIR-2	RES. EXCEL.-1	PTS.
48D 2D Sedan	1100.	2000.	3350.	4800.	(90)
41 4D Sedan	1100.	1950.	3300.	4700.	(90)
41D 4D Sedan	1100.	2000.	3350.	4800.	(90)
46S Club Coupe	1150.	2100.	3500.	5000.	(90)
46C Convertible Coupe	2650.	4850.	8050.	11500.	(90)
45R Riviera Coupe Hardtop	1400.	2500.	4200.	6000.	(90)
8-50 T.S. 15 x 7.60 W.B. 121-1/2'' ENG. 3-3/16 x 4-1/8 128 HP					
52 W.B. 125-1/2'' Riviera 4D Sedan	1200.	2200.	3650.	5200.	(90)
56C Convertible Coupe	2750.	5050.	8400.	12000.	(90)
56R Riviera Coupe Hardtop	2050.	3750.	6250.	8900.	(90)
59 Station Wagon	2550.	4600.	7700.	11000.	(90)
8-70 T.S. 15 x 8.00 W.B. 126-1/2'' ENG. 3-7/16 x 4-5/16 170 HP					
72R W.B. 130-1/4'' Riviera Sedan	1150.	2100.	3500.	5000.	(90)
76C Convertible Coupe	3100.	5650.	9400.	13400.	(90)
76R Riviera Coupe Hardtop	2100.	3800.	6300.	9000.	(90)
79R Station Wagon	2650.	4850.	8050.	11500.	(90)

BUICK 1953

8-40 T.S. 7.60 x 15 W.B. 121.5'' ENG. 3-3/16 x 4-1/8 125 HP

(LAST YEAR FOR STRAIGHT 8)

MAKE YEAR MODEL	UNRES. FAIR-4	UNRES. GOOD-3	RES. FAIR-2	RES. EXCEL.-1	PTS.
48D 2D Sedan	1000.	1900.	3000.	4250.	(90)
41D 4D Sedan	1000.	1900.	3000.	4250.	(90)
46C 2D Convertible Coupe	1950.	3550.	5950.	8500.	(90)
45R Riviera Coupe Hardtop	1200.	2150.	3550.	5100.	(90)
V-8 50 T.S. 7.60 x 15 W.B. 121.5'' ENG. 4 x 3.2 170 HP First Buick V-8					
52 W.B. 125.5'' Riviera 4D Sedan	1050.	1900.	3150.	4500.	(90)
56C Convertible Coupe	2200.	4000.	6650.	9500.	(90)
56R Riviera Coupe Hardtop	1800.	3300.	5450.	7800.	(90)
59 Station Wagon	2900.	5250.	8750.	12500.	(90)

V-8 70 T.S. 8.00 x 15 W.B. 125.5'' ENG. 4 x 3.2 188 HP

MAKE YEAR MODEL	UNRES. FAIR-4	UNRES. GOOD-3	RES. FAIR-2	RES. EXCEL.-1	PTS.
72R Riviera 4D Sedan	1100.	2000.	3350.	4800.	(90)
76C Convertible Coupe	2400.	4400.	7350.	10500.	(90)
76R Riviera Coupe	1850.	3350.	5600.	8000.	(90)
76X Skylark 2D Spts.	4600.	8400.	14000.	20000.	(90)
76R 4D Station Wagon	3350.	6100.	10150.	14500.	(90)

BUICK 1954

8-40 T.S. 7.60 x 15 W.B. 122'' ENG. 3.625 x 3.2

MAKE YEAR MODEL	UNRES. FAIR-4	UNRES. GOOD-3	RES. FAIR-2	RES. EXCEL.-1	PTS.
48D 2D Sedan	900.	1700.	2800.	4000.	(90)
41D 4D Sedan	900.	1700.	2800.	4000.	(90)
46R Riviera 2D Coupe Hardtop	1600.	2950.	4900.	7000.	(90)
46C Convertible Coupe	2200.	4000.	6650.	9500.	(90)
49 Station Wagon	900.	1600.	2650.	3800.	(85)

8-60 T.S. 7.60 x 15 W.B. 122'' ENG. 4 x 3.2 195 HP

MAKE YEAR MODEL	UNRES. FAIR-4	UNRES. GOOD-3	RES. FAIR-2	RES. EXCEL.-1	PTS.
61 4D Sedan	1050.	1900.	3150.	4500.	(85)
66C Convertible Coupe	2200.	4000.	6650.	9500.	(85)
66R Riviera 2D Coupe Hardtop	1600.	2950.	4900.	7000.	(85)
69 4D Station Wagon	900.	1700.	2800.	4000.	(85)

8-50 T.S. 7.60 x 15 W.B. 122'' ENG. 4 x 3.2 177 HP

MAKE YEAR MODEL	UNRES. FAIR-4	UNRES. GOOD-3	RES. FAIR-2	RES. EXCEL.-1	PTS.
52 Riviera 4D Sedan	1050.	1950.	3200.	4600.	(85)
56C Convertible Coupe	2300.	4200.	7000.	10000.	(85)
56R Riviera 2D Coupe Hardtop	1550.	2850.	4750.	6800.	(85)

8-70 T.S. 8.00 x 15 W.B. 127'' ENG. 4 x 3.2 200 HP

MAKE YEAR MODEL	UNRES. FAIR-4	UNRES. GOOD-3	RES. FAIR-2	RES. EXCEL.-1	PTS.
72R Riviera 4D Sedan	1100.	2000.	3350.	4800.	(85)
76C Convertible Coupe	2400.	4400.	7350.	10500.	(90)
76R Riviera 2D Coupe Hardtop	1750.	3150.	5250.	7500.	(85)
100 Skylark Spt. Convertible	4400.	8000.	13300.	19000.	(90)

BUICK 1955

8-40 T.S. 7.10 x 15 W.B. 122'' ENG. 4 x 3.2 188 HP

MAKE YEAR MODEL	UNRES. FAIR-4	UNRES. GOOD-3	RES. FAIR-2	RES. EXCEL.-1	PTS.
48 2D Sedan	850.	1500.	2500.	3600.	(85)
41 4D Sedan	900.	1600.	2650.	3800.	(85)
46C Convertible Coupe	2650.	4850.	8050.	11500.	(90)
Riviera 4D Sedan	1100.	2000.	3350.	4800.	(85)
46R Riviera Hardtop	1600.	2950.	4900.	7000.	(85)
49 4D Station Wagon	800.	1450.	2450.	3500.	(85)

8-60 T.S. 7.60 x 15 W.B. 122'' ENG. 4 x 3.2

MAKE YEAR MODEL	UNRES. FAIR-4	UNRES. GOOD-3	RES. FAIR-2	RES. EXCEL.-1	PTS.
61 4D Sedan	1050.	1950.	3200.	4600.	(85)
Riviera 4D Sedan Hardtop	1150.	2100.	3500.	5000.	(85)
66C Convertible	2650.	4850.	8050.	11500.	(90)
66R Riviera Hardtop	1650.	3000.	5050.	7200.	(85)
69 4D Station Wagon	850.	1500.	2500.	3600.	(85)

8-50 T.S. 7.60 x 15 W.B. 127'' ENG. 4 x 3.2

MAKE YEAR MODEL	UNRES. FAIR-4	UNRES. GOOD-3	RES. FAIR-2	RES. EXCEL.-1	PTS.
52 4D Sedan	900.	1650.	2750.	3900.	(85)
56C Convertible Coupe	2650.	4850.	8050.	11500.	(90)
56R Riviera Hardtop	1750.	3150.	5250.	7500.	(85)

8-70 T.S. 8.00 x 15 W.B. 127'' ENG.

MAKE YEAR MODEL	UNRES. FAIR-4	UNRES. GOOD-3	RES. FAIR-2	RES. EXCEL.-1	PTS.
72 4D Sedan	900.	1700.	2800.	4000.	(85)
76C Convertible Coupe	2650.	4850.	8050.	11500.	(85)
76R 2D Riviera Hardtop	1800.	3300.	5450.	7800.	(85)

BUICK 1956

40 T.S. 7.10 x 15 W.B. 122'' ENG. 4.125 x 3.4 188 HP

MAKE YEAR MODEL	UNRES. FAIR-4	UNRES. GOOD-3	RES. FAIR-2	RES. EXCEL.-1	PTS.
48 2D Sedan	800.	1450.	2450.	3500.	(90)
41 4D Sedan	850.	1550.	2600.	3700.	(90)
43 4D Riviera Sedan Hardtop	1050.	1950.	3200.	4600.	(90)
46R 2D Riviera Hardtop	1500.	2750.	4550.	6500.	(90)
46C Convertible Coupe	2650.	4850.	8050.	11500.	(90)
49 4D Station Wagon	800.	1450.	2450.	3500.	(90)

60 T.S. 7.60 x 15 W.B. 122'' ENG. 4.125 x 3.4 300 HP

MAKE YEAR MODEL	UNRES. FAIR-4	UNRES. GOOD-3	RES. FAIR-2	RES. EXCEL.-1	PTS.
66R 2D Riviera Hardtop	1550.	2800.	4700.	6700.	(90)
63 4D Riviera Sedan	950.	1700.	2850.	4100.	(90)
66C Convertible Coupe	2650.	4850.	8050.	11500.	(90)
69 4D Station Wagon	850.	1500.	2500.	3600.	(90)

50 T.S. 7.60 x 15 W.B. 127'' ENG. 4.125 x 3.4 300 HP

MAKE YEAR MODEL	UNRES. FAIR-4	UNRES. GOOD-3	RES. FAIR-2	RES. EXCEL.-1	PTS.
56R 2D Riviera Hardtop	1500.	2750.	4550.	6500.	(90)
52 4D Sedan	950.	1700.	2850.	4100.	(90)
53 4D Riviera Sedan Hardtop	1150.	2100.	3500.	5000.	(90)
56C Convertible Coupe	2550.	4600.	7700.	11000.	(90)

70 T.S. 8.00 x 15 W.B. 127'' ENG. 4.125 x 3.4 300 HP

MAKE YEAR MODEL	UNRES. FAIR-4	UNRES. GOOD-3	RES. FAIR-2	RES. EXCEL.-1	PTS.
76R 2D Riviera Hardtop	1600.	2950.	4900.	7000.	(90)
72 4D Sedan	950.	1750.	2950.	4200.	(90)
73 4D Riviera Hardtop	1050.	1900.	3150.	4500.	(90)
76C Convertible Coupe	2650.	4850.	8050.	11500.	(90)

BUICK 1957

40 T.S. 7.10 x 15 W.B. 120'' ENG. 4.125 x 3.4 250 HP

MAKE YEAR MODEL	UNRES. FAIR-4	UNRES. GOOD-3	RES. FAIR-2	RES. EXCEL.-1	PTS.
41 4D Sedan	850.	1550.	2600.	3700.	(90)
46R 2D Riviera Hardtop Coupe	1550.	2850.	4750.	6800.	(90)
43 4D Hardtop Sedan	1050.	1900.	3150.	4500.	(90)
46C 2D Convertible Coupe	2400.	4400.	7350.	10500.	(90)
49 4D Station Wagon	700.	1300.	2150.	3100.	(90)
49D 4D Riviera Station Wagon	850.	1500.	2500.	3600.	(90)

60 CENTURY T.S. 7.60 x 15 W.B. 122'' ENG. 4.125 x 3.4 300 H.P.

MAKE YEAR MODEL	UNRES. FAIR-4	UNRES. GOOD-3	RES. FAIR-2	RES. EXCEL.-1	PTS.
61 4D. Sedan	1050.	1900.	3150.	4500.	(90)
66R 2D Riviera Hardtop Coupe	1250.	2300.	3850.	5500.	(90)
63 4D Riviera Hardtop Sedan	1100.	2000.	3350.	4800.	(90)
66C 2D Convertible Coupe	2550.	4600.	7700.	11000.	(90)
69 4D Station Wagon	800.	1450.	2450.	3500.	(90)

50 SUPER T.S. 7.60 x 15 W.B. 127.5'' ENG. 4.125 x 3.4 300 HP

MAKE YEAR MODEL	UNRES. FAIR-4	UNRES. GOOD-3	RES. FAIR-2	RES. EXCEL.-1	PTS.
56 2D Riviera Hardtop Coupe	1500.	2750.	4550.	6500.	(85)
53 4D Riviera Hardtop Sedan	900.	1700.	2800.	4000.	(85)
56C 2D Convertible Coupe	2400.	4400.	7350.	10500.	(85)

70 ROADMASTER R.S. 8.00 x 15 W.B. 127.5'' ENG. 4.125 x 3.4 300 HP

MAKE YEAR MODEL	UNRES. FAIR-4	UNRES. GOOD-3	RES. FAIR-2	RES. EXCEL.-1	PTS.
76A 2D Riviera Hardtop Coupe	1550.	2850.	4750.	6800.	(85)
76R 2D Riviera Hardtop Coupe	1600.	2950.	4900.	7000.	(85)
73 4D Riviera Hardtop Sedan	950.	1700.	2850.	4100.	(85)
73A 4D Riviera Hardtop Sedan	950.	1750.	2950.	4200.	(85)
76C 2D Convertible Coupe	2550.	4600.	7700.	11000.	(85)

75 ROADMASTER T.S. 8.00 x 15 W.B. 127.5'' ENG. 4.125 x 3.4 300 HP

MAKE YEAR MODEL	UNRES. FAIR-4	UNRES. GOOD-3	RES. FAIR-2	RES. EXCEL.-1	PTS.
75 4D Riviera Sedan	1100.	1950.	3300.	4700.	(85)
75R Riviera Hardtop Coupe	1750.	3150.	5250.	7500.	(85)

BUICK 1958

SPECIAL T.S. 7.60 x 15 W.B. 120'' ENG. 4.125 x 3.4 250 HP

MAKE YEAR MODEL	UNRES. FAIR-4	UNRES. GOOD-3	RES. FAIR-2	RES. EXCEL.-1	PTS.
48 2D Sedan	700.	1300.	2150.	3100.	(85)
41 4D Sedan	750.	1350.	2250.	3200.	(85)
43 4D Riviera Sedan	850.	1500.	2500.	3600.	(85)
46C 2D Convertible Coupe	2400.	4400.	7350.	10500.	(85)
46R 2D Riviera Coupe	1200.	2200.	3650.	5200.	(85)
49 4D Station Wagon	650.	1200.	2050.	2900.	(85)
49D 4D Riviera Station Wagon	750.	1350.	2250.	3200.	(85)

CENTURY T.S 7.60 x 15 W.B. 122'' ENG. 4.125 x 3.4 300 HP

MAKE YEAR MODEL	UNRES. FAIR-4	UNRES. GOOD-3	RES. FAIR-2	RES. EXCEL.-1	PTS.
61 4D Sedan	750.	1350.	2250.	3200.	(85)
63 4D Riviera Sedan	800.	1450.	2400.	3400.	(85)
66C 2D Convertible Coupe	2400.	4400.	7350.	10500.	(85)
66R 2D Riviera Coupe	1350.	2450.	4050.	5800.	(85)
69 4D Riviera Station Wagon	750.	1350.	2250.	3200.	(85)

SUPER T.S. 8.00 x 15 W.B. 127-1/2'' ENG. 4.125 x 3.4 325 HP

MAKE YEAR MODEL	UNRES. FAIR-4	UNRES. GOOD-3	RES. FAIR-2	RES. EXCEL.-1	PTS.
53 4D Riviera Sedan	900.	1650.	2750.	3900.	(85)
56R 2D Riviera Coupe	1350.	2450.	4050.	5800.	(85)

ROADMASTER T.S. 8.00 x 15 W.B. 127-1/2'' ENG. 4.125 x 3.4 325 HP

MAKE YEAR MODEL	UNRES. FAIR-4	UNRES. GOOD-3	RES. FAIR-2	RES. EXCEL.-1	PTS.
75 4D Riviera Sedan	900.	1700.	2800.	4000.	(85)
75C 2D Convertible Coupe	2500.	4550.	7550.	10800.	(85)
75R 2D Riviera Coupe	1800.	3300.	5450.	7800.	(85)

MAKE YEAR MODEL	UNRES. FAIR-4	UNRES. GOOD-3	RES. FAIR-2	RES. EXCEL.-1	PTS.
LIMITED T.S 8.20 x 15 W.B. 127-1/2'' ENG. 4.125 x 3.4 325 HP					
750 4D Riviera Sedan	1150.	2100.	3500.	5000.	(85)
756 2D Convertible	2750.	5050.	8400.	12000.	(85)
755 2D Riviera Coupe	1750.	3150.	5250.	7500.	(85)

1954 Buick Skylark Convertible

BUICK 1959

MAKE YEAR MODEL	UNRES. FAIR-4	UNRES. GOOD-3	RES. FAIR-2	RES. EXCEL.-1	PTS.
LE SABRE SERIES 4400 T.S. 15 x 7.60 W.B. 123'' ENG. 4.125 x 3.4 250 HP					
4411 2D Sedan	600.	1100.	1800.	2600.	(85)
4419 4D Hardtop Sedan	700.	1250.	2100.	3000.	(85)
4437 2D Hardtop	850.	1500.	2500.	3600.	(85)
4439 4D Hardtop	800.	1450.	2450.	3500.	(85)
4467 Convertible Coupe	1500.	2750.	4550.	6500.	(85)
4435 4D Station Wagon	450.	850.	1400.	2000.	(85)
INVICTA SERIES 4600 T.S. 15 x 7.60 W.B. 123'' ENG. 4.1875 x 3.64 325 HP					
4619 4D Sedan	650.	1200.	1950.	2800.	(85)
4637 Hardtop Coupe	850.	1500.	2500.	3600.	(85)
4639 4D Hardtop	700.	1250.	2100.	3000.	(85)
4667 Convertible Coupe	1550.	2850.	4750.	6800.	(85)
4635 4D Station Wagon	450.	850.	1400.	2000.	(85)
ELECTRA SERIES 4700 T.S. 8.00 x 15 W.B. 126.3'' ENG. 4.1875 x 3.64 325 HP					
4719 4D Sedan	700.	1250.	2100.	3000.	(85)
4737 Hardtop Coupe	850.	1500.	2500.	3600.	(85)
4739 4D Hardtop	700.	1300.	2150.	3100.	(85)
ELECTRA 225 SERIES 4800 T.S. 800 x 15 W.B. 126.3'' ENG. 4.1875 x 3.64 325 H.P.					
4829 4D Riviera Sedan	800.	1450.	2450.	3500.	(85)
4839 4D Hardtop	850.	1500.	2500.	3600.	(85)
4867 Convertible Coupe	1600.	2950.	4900.	7000.	(85)

BUICK 1960

MAKE YEAR MODEL	UNRES. FAIR-4	UNRES. GOOD-3	RES. FAIR-2	RES. EXCEL.-1	PTS.
LE SABRE SERIES 4400 T.S. 7.60 x 15 W.B. 123'' ENG. 4.125 x 3.4 250 HP					
4411 2D Sedan	600.	1150.	1900.	2700.	(85)
4419 4D Sedan	700.	1300.	2150.	3100.	(85)
4437 Hardtop Coupe	900.	1600.	2650.	3800.	(85)
4439 4D Hardtop	750.	1350.	2250.	3200.	(85)
4467 2D Convertible	1550.	2800.	4700.	6700.	(85)
4435 4D Station Wagon	450.	850.	1400.	2000.	(85)
4445 4D Station Wagon	500.	900.	1450.	2100.	(85)
INVICTA SERIES 4600 T.S. 8.00 x 15 W.B. 123'' ENG. 4.1875 x 3.640 325 HP					
4619 4D Sedan	650.	1200.	2050.	2900.	(85)
4637 Hardtop Coupe	900.	1700.	2800.	4000.	(85)
4639 4D Hardtop	700.	1300.	2150.	3100.	(85)
4667 2D Convertible	1750.	3200.	5300.	7600.	(85)
4635 4D Station Wagon	450.	850.	1400.	2000.	(85)
4645 4D Station Wagon	500.	900.	1450.	2100.	(85)
ELECTRA SERIES 4700 T.S. 8.00 x 15 W.B. 126.3'' ENG. 4.187 x 3.640 325 HP					
4719 4D Sedan	750.	1350.	2250.	3200.	(85)
4737 Hardtop Coupe	900.	1650.	2750.	3900.	(85)
4739 4D Hardtop	750.	1350.	2250.	3200.	(85)
ELECTRA SERIES 4800 T.S. 8.00 x 15 W.B. 126.3'' ENG. 4.187 x 3.640 325 HP					
4829 4D Riviera Sedan	800.	1450.	2450.	3500.	(85)
4839 4D Hardtop	800.	1500.	2500.	3600.	(85)

MAKE YEAR MODEL	UNRES. FAIR-4	UNRES. GOOD-3	RES. FAIR-2	RES. EXCEL.-1	PTS.
4867 2D Convertible	2200.	4000.	6650.	9500.	(85)

PLEASE NOTE "CHANGE" IN FORMAT

All Models 1961-1970. Condition 4, has been deleted. Due to the general lower values, and fewer collector cars in this area, condition 4 would be meaningless in most values under $4,000. Collector cars are indicated with a star or asterisk.

BUICK 1961

MAKE YEAR MODEL	UNRES-3	UNRES. GOOD-2	RES.-1
SPECIAL STD. T.S. 6.50x13 W.B. 112'' ENG. 3.5x2.8 155 H.P.			
4017 CPE.	650.	1290.	1900.
4019 4D. SEDAN	570.	1150.	1700.
4045 4D. S. WAG.	400.	800.	1200.
SPECIAL DELX T.S. 6.50x13 W.B. 112'' ENG. 3.5x2.8 155 H.P.			
4119 4D. SEDAN	650.	1360.	2000.
4135 4D. S. WAG.	460.	950.	1400.
SPECIAL SKYLARK T.S. 6.50x13 W.B. 112'' ENG. 3.5x2.8 185 H.P.			
4317 SPT. CPE.	810.	1630.	2400.*
LE SABRE T.S. 7.60x15 W.B. 123'' ENG. 4.125x3.4 250 H.P.			
4469 4D. SEDAN	600.	1220.	1800.
4437 HARDTOP CPE.	850.	1700.	2500.
4437 4D. HARDTOP	650.	1290.	1900.
4467 2D. CONV.	1600.	3050.	4500. ★
4445 4D. S. WAG.	420.	850.	1250.
INVICTA T.S. 7.60x15 W.B. 126'' ENG. 4.185x3.64 325 H.P.			
4637 HARDTOP CPE.	1020.	2040.	3000.
4639 4D. HARDTOP	650.	1360.	2000.
4667 2D. CONV.	1620.	3260.	4800. ★
ELECTRA T.S. 8.00x15 W.B. 126'' ENG. 4.1875x3.64 325 H.P.			
4737 HARDTOP CPE.	1775.	2470.	3290.
ELECTRA 225 T.S. 8.00x15 W.B. 125'' ENG. 4.1875x3.64 325 H.P.			
4829 RIVIERA 4D. SEDAN	1420.	1975.	2630.
4867 2D. CONV.	2250.	3750.	5900.

BUICK 1962

MAKE YEAR MODEL	UNRES-3	UNRES. GOOD-2	RES.-1
SPECIAL STD. T.S. 6.50x13 W.B. 112.1'' ENG. 3.40x2.80 185 H.P.			
4027 CPE	1140.	1585.	2115.
4019 4D. SEDAN	915.	1270.	1690.
4067 2D. CONV	1500.	2500.	3800.
4045 4D. S. WAG.	940.	1305.	1740.
SPECIAL DELX T.S. 6.50x13 W.B. 112.1'' ENG. 3.50x2.80 H.P. 185			
4119 4D. SEDAN	940.	1305.	1740.
4167 2D. CONV	1600.	2800.	4500. ★
4135 4D. S. WAG	940.	1305.	1740.
SPECIAL SKYLARK T.S. 6.50x13 W.B. 112.1'' ENG. 3.50x2.80 190 H.P.			
4347 HARDTOP SPTS. CPE	1775.	2470.	3290.*
4367 CONV	1700.	2900.	4600. ★
LE SABRE T.S. 7.60x15 W.B. 123'' ENG. 4.1875x3.64 265 H.P.			
4447 HARDTOP 2D.	1220.	1690.	2255.
4439 4D. HARDTOP	1015.	1410.	1880.
INVICTA T.S. 7.60x15 W.B. 123'' ENG. 4.1875x3.64 280 H.P.			
4647 HARDTOP SPT. CPE	1625.	2255.	3010.
4639 4D. HARDTOP	1165.	1620.	2160.
4647 WILDCAT H.P. 325 2D H.T.	1930.	2580.	3570.
4667 2D. CONV	2100.	3500.	5500. ★
4645 4D. S. WAG	865.	1200.	1600.
ELECTRA 225 T.S. 8.00x15 W.B. 126'' ENG. 4.1875x3.64 325 H.P.			
4847 HARDTOP SPT. CPE	1980.	2750.	3665.
4839 4D. HARDTOP	1270.	1760.	2350.

MAKE YEAR MODEL	UNRES-3	UNRES. GOOD-2	RES.-1
4829 RIVIERA 4D. HARDTOP	1270.	1760.	2350.
4867 2D. CONV.	2250.	3800.	6000. ★

BUICK 1963

MAKE YEAR MODEL	UNRES-3	UNRES. GOOD-2	RES.-1
SPECIAL STD. T.S. 6.50x13 W.B. 112'' ENG. 3.60x2.80 185 H.P.			
4027 CPE.	1015.	1410.	1880.
4019 4D. SEDAN	915.	1270.	1690.
4067 2D. CONV.	1600.	2600.	3900.
4045 4D. S. WAG.	865.	1200.	1600.
SPECIAL DELX. T.S. 6.50x13 W.B. 112'' ENG. 3.50x2.80 185 H.P.			
4119 4D. SEDAN	965.	1340.	1785.
4135 4D. S. WAG.	865.	1200.	1600.
SPECIAL SKYLARK T.S. 6.50x13 W.B. 112'' ENG. 3.50x2.80 200 H.P.			
4347 HARDTOP SPTS. CPE.	2160.	2995.	3995.
4367 2D. CONV.	1750.	3000.	4700.
LE SABRE T.S. 7.60x15 W.B. 123'' ENG. 4.1875x3.64 280 H.P.			
4447 HARDTOP CPE.	1270.	1760.	2350.
4439 4D. HARDTOP	1140.	1585.	2115.
4467 2D. CONV.	1900.	3250.	5000. ★
4445 4D. S. WAG.	890.	1235.	1645.
INVICTA T.S. 7.60x15 W.B. 123'' ENG. 4.1875x3.64 325 H.P.			
4635 4D. S. WAG.	915.	1270.	1690.
WILDCAT T.S. 7.60x15 W.B. 123'' ENG. 4.1875x3.64 325 H.P.			
4647 SPT. CPE.	2285.	3170.	4230.
4639 HARDTOP 4D. SEDAN	1320.	1835.	2445.
4667 2D. CONV.	2100.	3500.	5200. ★
ELECTRA 225 T.S. 8.00x15 W.B. 117'' ENG. 4.1875x3.64 325 H.P.			
4847 HARDTOP SPT. CPE.	2285.	3170.	4230.
4829 RIVIERA 4D. HARDTOP	3860.	5360.	7145.
4867 2D. CONV.	2300.	3750.	5800. *
RIVIERA T.S. 7.60x15 W.B. 117'' ENG. 4.1875x3.64 325 H.P.			
4747 2D. HARDTOP	2250.	4000.	5800. ★
P.S., P.B., A.C. INCLUDED			

BUICK 1964

V8

C.I.D. 300, 6 CYL. C.I.D. 225, 155 H.P.

MAKE YEAR MODEL	UNRES-3	UNRES. GOOD-2	RES.-1
SPECIAL STD. T.S. 6.50x14 W.B. 115'' ENG. 3.75x3.4 210 H.P.			
4027 CPE.	865.	1200.	1600.
4069 4D. SEDAN	?65.	1200.	1600.
4067 2D. CONV.	1600.	2600.	4600. ★
4035 4D. S. WAG.	810.	1130.	1505.
SPECIAL DELX. T.S. 6.50x14 W.B. 115'' ENG. 3.75x3.4 210 H.P.			
4127 CPE.	1270.	1760.	2350.
4169 4D. SEDAN	1270.	1760.	2350.
4135 4D. S. WAG.	915.	1270.	1690.
SKYLARK T.S. 6.50x14 W.B. 115'' ENG. 3.75x3.4 210 H.P.			
4369 4D. SEDAN	1320.	1835.	2445.
4337 SPT. CPE.	1650.	2290.	3055.
4367 2D. CONV.	1900.	3250.	4500. ★
SKYLARK S. WAG. T.S. 7.50x14 W.B. 120'' ENG. 3.75x3.4 210 H.P.			
4265 4D. SPT.	1165.	1620.	2160.
4365 4D. CUS. SPT.	1270.	1760.	2350.
LE SABRE T.S. 7.10x15 W.B. 123'' ENG. 3.75x3.4 210 H.P.			
4469 4D SEDAN	965.	1340.	1785.
4447 HARDTOP CPE.	1370.	1905.	2540.
4467 2D. CONV.	2100.	3850.	5500. ★
4645 4D. S. WAG.	1015.	1410.	1880.
WILDCAT T.S. 7.60x15 W.B. 123'' ENG. 4.1875x3.64 325 H.P.			
4647 HARDTOP CPE.	1625.	2255.	3010.
4639 4D. HARDTOP	1220.	1690.	2255.
4667 2D. CONV.	2400.	4200.	6000. *
ELECTRA 225 T.S. 8.00x15 W.B. 126'' ENG. 4.1875x3.64 325 H.P.			
4847 HARDTOP CPE.	1650.	2290.	3055.
4839 4D. HARDTOP	1270.	1760.	2350.
4867 2D. CONV.	2150.	3700.	5800. *
RIVIERA T.S. 7.10x15 W.B. 117'' ENG. 4.3125x3.64 340 H.P.			
4747 SPT. CPE.	2790.	3880.	5170. *
SKYLARK DEDUCT FOR 6 CYL. 200 NO AC DEDUCT 200 PS AC INCLUDED			

BUICK 1965

V8

MAKE YEAR MODEL	UNRES-3	UNRES. GOOD-2	RES.-1
SPECIAL T.S. 7.35x14 W.B. 115'' ENG. 3.75x3.40 C.I.D. 300 210 H.P.			
43427 2D. CPE.	890.	1235.	1645.
43469 4D. SEDAN	890.	1235.	1645.
43467 2D. CONV.	1600.	2500.	4200. *
43435 4D. S. WAG.	865.	1200.	1600.
SPECIAL DELX. T.S. 7.35x14 W.B. 115'' ENG. 3.75x3.40 C.I.D. 300 210 H.P.			
43669 4D. SEDAN	1065.	1480.	1975.
43635 4D. S. WAG.	915.	1270.	1690.
SKYLARK T.S. 7.35x14 W.B. 115'' ENG. 3.75x3.40 C.I.D. 210 H.P.			
44427 2D. CPE.	1725.	2400.	3195.
44469 4D. SEDAN	1575.	2185.	2915.
44437 2D. HARDTOP	1775.	2470.	3290.
44467 2D. CONV.	2000.	3250.	5000. *
SPORTSWAGON T.S. 7.75x14 W.B. 120'' ENG. 3.75x3.40 C.I.D. 300 210 H.P.			
44265 4D. SKYROOF	1220.	1690.	2255.
44465 4D. CUS. SKYROOF	1320.	1835.	2445.
LE SABRE T.S. 8.15x15 W.B. 123'' ENG. 3.75x3.40 C.I.D. 300 210 H.P.			
45237 2D. HARDTOP	1220.	1690.	2255.
45239 4D. HARDTOP	1015.	1410.	1880.
LE SABRE CUS. T.S. 8.15x15 W.B. 123'' ENG. 3.75x3.40 C.I.D. 300 210 H.P.			
45437 2D. HARDTOP	1525.	2115.	2820.
45439 4D. HARDTOP	1165.	1620.	2160.
45467 2D. CONV.	2000.	3250.	5000. *
WILDCAT T.S. 8.45x15 W.B. 126'' ENG. 4.1875x3.64 C.I.D. 401 325 H.P.			
46237 2D. HARDTOP	1775.	2470.	3290.
46239 4D. HARDTOP	1015.	1410.	1880.
WILDCAT DELX. T.S. 8.56x15 W.B. 126'' ENG. 4.1875x3.64 C.I.D. 401 325 H.P.			
46437 2D. HARDTOP	1775.	2470.	3290.
46439 4D. HARDTOP	1195.	1655.	2210.
46467 2D. CONV.	2100.	3400.	5250. ★
WILDCAT CUS. T.S. 8.45x15 W.B. 126'' ENG. 4.1875x3.64 C.I.D. 401 325 H.P.			
46637 2D. HARDTOP	1830.	2540.	3385.
46639 4D. HARDTOP	1220.	1690.	2555.
46667 2D. CONV.	2150.	3600.	5500. ★
ELECTRA 225 T.S. 8.85x15 W.B. 126'' ENG. 4.1875x3.64 C.I.D. 401 325 H.P.			
48237 2D. HARDTOP	1625.	2255.	3010.
48239 4D. HARDTOP	1220.	1690.	2555.
ELECTRA 225 CUS. T.S. 8.85x15 W.B. 126'' ENG. 4.1875x3.64 C.I.D. 401 325 H.P.			
48437 2D. HARDTOP	1830.	2540.	3385.
48439 4D. HARDTOP	1270.	1760.	2350.
48467 2D. CONV.	2450.	3800.	6100. ★
RIVIERA T.S. 8.45x15 W.B. 117'' ENG. 4.1875x3.64 C.I.D. 401 325 H.P.			
49447 2D. HARDTOP	2000.	3500.	5250. ★

MAKE YEAR MODEL	UNRES-3	UNRES. GOOD-2	RES.-1

BUICK 1966

MAKE YEAR MODEL	UNRES-3	UNRES. GOOD-2	RES.-1
V8 AND V6			
DEDUCT 200 V6. PS AC INCLUDED			
SPECIAL T.S. 6.95/7.35x14 W.B. 115'' ENG. V8 C.I.D. 300 210 H.P. 6 CYL. C.I.D. 225 155 HP			
43407 2D. CPE.	915.	1270.	1690.
43469 4D. SEDAN	915.	1270.	1690.
43467 2D. CONV.	1400.	2100.	3250. ★
43435 4D. S. WAG.	915.	1270.	1690.
SPECIAL DELX. T.S. 6.95/7.35x14 W.B. 115'' ENG. V8 C.I.D. 300 210 H.P.			
43607 2D. CPE.	1140.	1585.	2115.
43669 4D. SEDAN	1140.	1585.	2115.
43617 2D. SPT. CPE.	1270.	1760.	2350.
43635 4D. S. WAGON	965.	1340.	1785.
SKYLARK T.S. 6.95/7.35x14 W.B. 115'' ENG. V8 C.I.D. 300 210 H.P.			
44407 2D. CPE.	1525.	2115.	2820.
44417 2D. SPT. CPE.	1625.	2255.	3010.
44439 4D. HARDTOP SEDAN	1395.	1940.	2585.
44467 2D. CONV.	2000.	3100.	5200. ★
GRAN SPORT T.S. 7.75x14 W.B. 115'' ENG. V8 C.I.D. 401 325 H.P.			
44607 2D. CPE.	2160.	2995.	3995.
44617 2D. SPT. CPE.	2640.	3665.	4890.
44667 2D. CONV.	2400.	3500.	5500. ★
SPORT WAGON T.S. 8.25x14 W.B. 120'' ENG. V8 C.I.D. 340 220 H.P.			
44265 4D. SPT. WAG.	1015.	1410.	1880.
44465 4D. C. SPT. WAG.	1115.	1550.	2070.
LE SABRE T.S. 8.15x15 W.B. 123'' ENG. V8 C.I.D. 340 220 H.P.			
45327 2D. SPT. CPE.	1065.	1480.	1975.
45239 HARDTOP 4D. SEDAN	760.	1060.	1410.
LE SABRE CUS. T.S. 8.15x15 W.B. 123'' ENG. V8 C.I.D. 340 220 H.P.			
45437 2D. SPT. CPE.	1240.	1730.	2300.
45439 HARDTOP 4D. SEDAN	890.	1235.	1645.
45467 2D. CONV.	1825.	3100.	4750. *
WILDCAT T.S. 8.45x15 W.B. 126'' ENG. V8 C.I.D. 401 325 H.P.			
46437 2D. SPT. CPE.	1370.	1905.	2540.
46439 HARDTOP 4D. SEDAN	915.	1270.	1690.
46467 CONV.	2100.	3250.	5100. *
WILDCAT CUS. T.S. 8.45x15 W.B. 126'' ENG. V8 C.I.D. 401 325 H.P.			
46637 2D. SPT. CPE.	1420.	1975.	2630.
46639 HARDTOP 4D. SEDAN	1065.	1480.	1975.
46667 2D. CONV.	2150.	3300.	5200. *
ELECTRA 225 T.S. 8.85x15 W.B. 126'' ENG. V8 C.I.D. 401 325 H.P.			
48237 2D. STP. CPE.	1420.	1975.	2630.
48239 HARDTOP 4D. SEDAN	965.	1340.	1785.
ELECTRA 225 CUS. T.S. 8.85x15 W.B. 126'' ENG. V8 C.I.D. 401 325 H.P.			
48437 2D. STP. CPE.	1775.	2470.	3290.
48439 HARDTOP 4D. SEDAN	1090.	1515.	2020.
48467 D. CONV.	1950.	3150.	4850. *
RIVIERA T.S. 8.45x15 W.B. 119'' ENG. V8 C.I.D. 425 340 H.P.			
49487 SPT. CPE.	2030.	2820.	3760.
RIVIERA GS	2285.	3170.	4230.

BUICK 1967

MAKE YEAR MODEL	UNRES-3	UNRES. GOOD-2	RES.-1
V8 AND V6			
SPECIAL T.S. 6.95/7.75x14 W.B. 115'' ENG. V8 C.I.D. 300 210 H.P. 6 CYL. C.I.D. 225 DEDUCT $200.			
43307 2D. CPE.	915.	1270.	1690.
43307 CALIF. G.S. CPE.	1270.	1760.	2350. *
43369 4D. SEDAN	915.	1270.	1690.
43417 HARDTOP 2D. GS340	1930.	2580.	3570. *
43335 4D. S. WAG.	915.	1270.	1690.
SPECIAL DELX. T.S. 6.95/7.75x14 W.B. 115'' ENG. V8 C.I.D. 300 210 H.P.			
43569 4D. SEDAN	915.	1270.	1690.
43517 2D. HARDTOP	1140.	1585.	2115.
43635 4D. S. WAG.	915.	1270.	1690.
SKYLARK T.S. 6.96/7.75x14 W.B. 115'' ENG. V8 C.I.D. 300 210 H.P.			
44307 2D. CPE.	1065.	1480.	1975.
44417 2D. HARDTOP	1195.	1655.	2210. *
44439 4D. HARDTOP	1015.	1410.	1880.
44467 2D. CONV.	2000.	3250.	5000. *
GS 400 T.S. 7.75x14 W.B. 115'' ENG. V8 C.I.D. 400 340 H.P.			
44607 2D. HARDTOP	2030.	2820.	3760. *
44617 2D. HARDTOP (401 C.I.D.)	2285.	3170.	4230. *
44667 2D. CONV. (401 C.I.D.)	2400.	4275.	6100. *
SPORTS WAGON T.S. 8.25x14 W.B. 120'' ENG. V8 C.I.D. 340 220 H.P.			
44455 4D. CUS.	1065.	1480.	1975.
LE SABRE T.S. 8.45x15 W.B. 123'' ENG. V8 C.I.D. 340 220H.P.			
45287 2D. HARDTOP	1065.	1480.	1975.
45239 4D. HARDTOP	865.	1200.	1600.
LE SABRE CUSTOM			
45487 2D. HARDTOP	1115.	1550.	2070.
45439 4D. HARDTOP	865.	1200.	1600.
45467 2D. CONV.	2250.	3750.	4500. *
WILDCAT T.S. 8.45x15 W.B. 126'' ENG. V8 C.I.D. 430 360 H.P.			
46487 2D. HARDTOP	1420.	1975.	2630. *
46439 4D. HARDTOP	810.	1130.	1505.
46467 2D. CONV.	2150.	3300.	5000. *
WILDCAT CUS. T.S. 8.45x14 W.B. 126'' ENG. V8 C.I.D. 430 360 H.P.			
46687 2D. HARDTOP	1575.	2185.	2915. *
46638 4D. HARDTOP	865.	1200.	1600.
46667 2D. CONV.	2250.	3500.	5400. *
ELECTRA 225 T.S. 8.85x15 W.B. 115'' ENG. V8 C.I.D. 430 360 H.P.			
48257 2D. HARDTOP	1140.	1585.	2115.
48239 4D. HARDTOP	865.	1200.	1600.
ELECTRA 225 CUS. T.S. 8.85x15 W.B. 1326'' ENG. V8 C.I.D. 430 360 H.P.			
48457 2D. HARDTOP	1140.	1585.	2115.
48439 4D. HARDTOP	890.	1235.	1645.
48467 2D. CONV.	2100.	3350.	5100. *
RIVIERA T.S. 8.45x15 W.B. 119'' ENG. V8 C.I.D. 430 360 H.P.			
49487 2D. HARDTOP	1650.	2290.	3055.

BUICK 1968

MAKE YEAR MODEL	UNRES-3	UNRES. GOOD-2	RES.-1
SPECIAL DELX. T.S. 7.75x14 W.B. 112'' ENG. V8 C.I.D. 430 360 H.P.			
43327 2D. CPE.	915.	1270.	1690.
43327 CALIF. GS CPE.	2030.	2820.	3760. *
43369 4D. SEDAN	915.	1270.	1690.
43345 4D. S. WAG.	915.	1270.	1690.
SKYLARK T.S. 7.75x14 W.B. 112'' ENG. V8 C.I.D. 350 230 H.P.			
43569 4D. SEDAN	915.	1270.	1690.
43537 2D. HARDTOP	1220.	1690.	2255. *
SKYLARK CUS. T.S. 7.75x14 W.B. 112'' ENG. V8 C.I.D. 350 230 H.P.			
44469 4D. SEDAN	945.	1310.	1750.
44437 2D. HARDTOP	1420.	1975.	2630. *
44439 4D. HARDTOP	915.	1270.	1690.
44467 2D. CONV.	1850.	2800.	4500. *
GS 350 T.S. 7.75x14 W.B. 112'' ENG. V8 C.I.D. 350 280 H.P.			
43337 2D. HARDTOP	1650.	2290.	3055. *
GS 400 T.S. 7.75x14 W.B. 112'' ENG. V8 C.I.D. 430 360 H.P.			
44637 2D. HARDTOP	2200.	3800.	5600. ★
44667 2D. CONV.	2500.	4000.	6100. ★
SPORT WAGON T.S. 8.25/8.55x14 W.B. 116'' ENG. V8 C.I.D. 350 230 H.P.			
44465 4D. CUS.	890.	1235.	1645.
LE SABRE T.S. 8.45x15 W.B. 123'' ENG. V8 C.I.D. 350 230 H.P.			
45287 2D. HARDTOP	1140.	1585.	2115.

MAKE YEAR MODEL	UNRES-3	UNRES. GOOD-2	RES.-1
45239 4D. HARDTOP	760.	1060.	1410.
LE SABRE CUS. T.S. 8.45x15 W.B. 123" ENG. V8 C.I.D. 350 230 H.P.			
45487 2D. HARDTOP	1220.	1690.	2255.
45439 4D. HARDTOP	810.	1130.	1505.
45467 2D. CONV.	1800.	2700.	4200.*
WILDCAT T.S. 8.45x15 W.B. 126"ENG. V8 C.I.D. 430 360 H.P.			
46487 2D. HARDTOP	1775.	2470.	3290.*
46439 4D. HARDTOP	965.	1340.	1785.
WILDCAT CUS. T.S. 8.45x15 W.B. 126" ENG. V8 C.I.D. 430 360 H.P.			
46687 2D. HARDTOP	1775.	2470.	3290.
46639 4D. HARDTOP	965.	1340.	1785.
46667 2D. CONV.	1900.	3100.	4900.*
ELECTRA 225 T.S. 8.85x15 W.B. 126" ENG. V8 C.I.D. 430 360 H.P.			
48257 2D. HARDTOP	1115.	1550.	2070.
48239 4D. HARDTOP	865.	1200.	1600.
ELECTRA 225 CUS. T.S. 8.85x15 W.B. 126" ENG. V8 C.I.D. 430 360 H.P.			
48457 2D. HARDTOP	1520.	2115.	2820.
48439 4D. HARDTOP	890.	1235.	1645.
48467 2D. CONV.	1900.	3100.	4750.*
RIVIERA T.S. 8.45x15 W.B. 119" ENG. V8 C.I.D. 430 360 H.P.			
49487 2D. HARDTOP	1650.	2290.	3055.

BUICK 1969

V8 AND V6

MAKE YEAR MODEL	UNRES-3	UNRES. GOOD-2	RES.-1
SPECIAL DELX. T.S. 7.75/8.25x14 W.B. 112"(2D.) 116" (4D.) ENG. V8 C.I.D. 350 230 H.P. 6 CYL. C.I.D. 250 155 H.P.			
43327 2D. CPE.	1065.	1480.	1975.
43337 CALIF. GS CPE.(350)	1650.	2290.	3055.*
43369 4D. SEDAN	865.	1200.	1600.
43436 4D. S. WAG.	865.	1200.	1600.
SKYLARK T.S. 7.75/85x14 W.B. 112" (2D.) 116" (4D.) ENG. V8 C.I.D. 350 230 H.P.			
43569 4D. SEDAN	890.	1235.	1645.
43537 2D. HARDTOP	1320.	1830.	2445.
SKYLARK CUS T.S. 7.75/8.25x14 W.B. 112" (2D.) 116" (4D.) ENG. V8 C.I.D. 350 230 H.P.			
44437 2D. HARDTOP	1470.	2045.	2725.
44439 4D. HARDTOP	915.	1270.	1690.
44467 2D. CONV.	1750.	3000.	4600.*
GS 350 T.S. 7.75x14 W.B. 112" (2D.) 116" (4D.) ENG. V8 C.I.D. 350 280 H.P.			
43437 2D. HARDTOP	1575.	2185.	2915.
GS 400 T.S. 7.75x14 W.B. 112" (2D.) 116" (4D.) ENG. V8 C.I.D. 400 340 H.P.			
44637 2D. HARDTOP	1930.	2680.	3570.*
44667 2D. CONV.	2200.	3575.	5500.*
SPORT WAGON T.S. 8.55x14 W.B. 121" ENG. V8 C.I.D. 350 230 H.P.			
44466 4D. CUS.	865.	1200.	1600.
LE SABRE T.S. 8.55x15 W.B. 123.2" ENG. V8 C.I.D. 350 230 H.P.			
45237 2D. HARDTOP	1015.	1410.	1880.
45239 4D. HARDTOP	710.	990.	1315.
LE SABRE CUS. T.S. 8.55x15 W.B. 123.2" ENG. V8 C.I.D. 350 230 H.P.			
45437 2D. HARDTOP	1015.	1410.	1880.
45439 4D. HARDTOP	710.	990.	1315.
45467 2D. CONV.	1700.	3150.	4500.*
WILDCAT T.S. 8.55x15 W.B. 123.2" ENG. V8 C.I.D. 430 360 H.P.			
46437 2D. HARDTOP	1520.	2115.	2820.
46439 4D. HARDTOP	810.	1130.	1505.
WILDCAT CUS. T.S. 8.55x15 W.B. 123.2" ENG. V8 C.I.D. 430 360 H.P.			
46637 2D. HARDTOP	1625.	2255.	3010.
46639 4D. HARDTOP	810.	1130.	1505.
46667 2D. CONV.	2100.	3300.	5100.*
ELECTRA 225 T.S. 8.85x15 W.B. 126.2" ENG. V8 C.I.D. 430 360 H.P.			
48257 2D. HARDTOP	1395.	1940.	2585.
48239 4D. HARDTOP	915.	1270.	1690.

MAKE YEAR MODEL	UNRES-3	UNRES. GOOD-2	RES.-1
ELECTRA 225 CUS. T.S. 8.85x15 W.B. 126.2" ENG. V8 C.I.D. 430 360 H.P.			
48457 2D. HARDTOP	1625.	2255.	3010.*
48439 4D. HARDTOP	1065.	1480.	1975.
48457 2D. CONV.	2400.	4200.	6100.★
RIVIERA T.S. 8.55x15 W.B. 110" ENG. V8 C.I.D. 430 360 H.P.			
49487 2D. HARDTOP	1700.	2360.	3150.

CADILLAC 1946

ALL 75 SERIES FULL CLASSIC THROUGH 1948

MAKE YEAR MODEL	UNRES. FAIR-4	UNRES. GOOD-3	RES. FAIR-2	RES. EXCEL.-1	PTS.
1946 V-8 61 T.S. 15 x 7.00 W.B. 126" ENG. 3-1/2 x 4-1/2 39.2 HP					
6107 Sedanet	2200.	4000.	6650.	9500.	(90)
6109 4D Sedan Fastback	2000.	3650.	6100.	8700.	(85)
V8 62 T.S. 15 x 7.00 W.B. 129" ENG. 3-1/2 x 4-1/2 39.2 HP					
6207 Club Coupe	1950.	3550.	5950.	8500.	(85)
6267 Convertible Coupe	5800.	10500.	17500.	25000.	(90)
6269 4D Sedan	1600.	2950.	4900.	7000.	(85)
V8 60 SPECIAL T.S. 15 x 7.00 W.B. 133" ENG. 3-1/2 x 4-1/2 39.2 HP					
6019 Sedan	1950.	3550.	5950.	8500.	(90)
V8 75 T.S. 16 x 7.50 W.B. 136" ENG. 3-1/2 x 4-1/2 39.2 HP					
(ALL CLASSIC)					
7519 4D 6-Pass. Sedan	3250.	5900.	9800.	14000.	(90)
7523 4D 7-Pass. Imperial Sedan	3250.	5900.	9800.	14000.	(90)
7523L 9-Pass. Business Sedan	2750.	5050.	8400.	12000.	(90)
7533 9-Pass. Imperial Business Sedan	2900.	5250.	8750.	12500.	(90)

1959 Cadillac Fleetwood

CADILLAC 1947

MAKE YEAR MODEL	UNRES. FAIR-4	UNRES. GOOD-3	RES. FAIR-2	RES. EXCEL.-1	PTS.
1947 V8 61 T.S. 15 x 7.00 W.B. 126" ENG. 3-1/2 x 4-1/2 39.2 HP					
6107 Coupe Sedanet	2200.	4000.	6650.	9500.	(90)
6109 4D Sedan	2000.	3650.	6100.	8700.	(85)
V8 62 T.S. 15 x 7.00 W.B. 129" ENG. 3-1/2 x 4-1/2 39.2 HP					
6207 Club Coupe	1950.	3550.	5950.	8500.	(85)
6267 Convertible Coupe	6000.	10900.	18200.	26000.	(90)
6269 4D Sedan	1600.	2950.	4900.	7000.	(85)
V8 SPECIAL T.S. 15 x 7.00 W.B. 133" ENG. 3-1/2 x 4-1/2 39.2 HP					
6019 Sedan	1950.	3550.	5950.	8500.	(90)
V8 75 16 x 7.50 W.B. 136" ENG. 3-1/2 x 4-1/2 39.2 HP					
7519 4D Sedan	3250.	5900.	9800.	14000.	(90)
7523 4D Sedan	3250.	5900.	9800.	14000.	(90)
7533 Imperial Sedan	3350.	6100.	10150.	14500.	(90)
7523L Business Sedan	2750.	5050.	8400.	12000.	(90)
7533L Imperial Business Sedan	2900.	5250.	8750.	12500.	(90)

CADILLAC 1948

MAKE YEAR MODEL	UNRES. FAIR-4	UNRES. GOOD-3	RES. FAIR-2	RES. EXCEL.-1	PTS.
1948 V8 61 T.S. 15 x 8.20 W.B. 126" ENG. 3-1/2 x 4-1/2 39.2 HP					
6107 Coupe Sedanet	2200.	4000.	6650.	9500.	(85)

MAKE YEAR MODEL	UNRES. FAIR-4	UNRES. GOOD-3	RES. FAIR-2	RES. EXCEL.-1	PTS.
6109 4D Sedan	2050.	3700.	6150.	8800.	(85)
V8 62 T.S. 15 x 8.20 W.B. 126'' ENG. 3-1/2 x 4-1/2 39.2 HP					
6207 Coupe Sedanet	2250.	4100.	6850.	9800.	(85)
6267 Convertible Coupe	4600.	8400.	14000.	20000.	(90)
6269 4D Sedan	2100.	3800.	6300.	9000.	(85)
V8 SPECIAL T.S. 15 x 8.20 W.B. 133'' ENG. 3-1/2 x 4-1/2 39.2 HP					
6019 Sedan	2100.	3800.	6300.	9000.	(90)
V8 75 T.S. 16 x 7.50 W.B. 136'' ENG. 3-1/2 x 4-1/2 39.2 HP					
7519 4D Sedan	2300.	4200.	7000.	10000.	(90)
7523 4D Sedan	2300.	4200.	7000.	10000.	(90)
7533 Imperial Sedan	2400.	4400.	7350.	10500.	(90)
7523L Business Sedan	2300.	4200.	7000.	10000.	(90)
7533L Imperial Business Sedan	2300.	4200.	7000.	10000.	(90)

CADILLAC 1949

MAKE YEAR MODEL	UNRES. FAIR-4	UNRES. GOOD-3	RES. FAIR-2	RES. EXCEL.-1	PTS.
1949 V8 61 T.S. 15 x 8.20 W.B. 126'' ENG. 3-13/16 x 3-5/8 46.5 HP					
6107 Club Coupe	1950.	3550.	5950.	8500.	(90)
6169 4D Sedan	1900.	3450.	5750.	8200.	(90)
V8 62 T.S. 15 x 8.20 W.B. 126'' ENG. 3-13/16 x 3-5/8 46.5 HP					
6207 Club Coupe	2100.	3800.	6300.	9000.	(90)
6267 Convertible Coupe	4500.	8200.	13650.	19500.	(90)
6269 4D Sedan	2100.	3800.	6300.	9000.	(90)
6207 HT Coupe Deville	4250.	7750.	12950.	18500.	(90)
V8 SPECIAL T.S. 15 x 8.20 W.B. 126'' ENG. 3-13/16 x 3-5/8 46.5 HP					
6019 Sedan	2100.	3850.	6450.	9200.	(90)
V8 75 T.S. 16 x 7.50 W.B. 136'' ENG. 3-13/16 x 3-5/8 46.5 HP					
7519 4D Sedan	2100.	3800.	6350.	9100.	(90)
7523 4D Sedan	2200.	4000.	6650.	9500.	(90)
7533 Imperial Sedan	2250.	4050.	6800.	9700.	(90)
7533L Imperial Business Sedan	1950.	3550.	5950.	8500.	(90)
7523L Business Sedan	1850.	3350.	5600.	8000.	(90)

CADILLAC 1950

MAKE YEAR MODEL	UNRES. FAIR-4	UNRES. GOOD-3	RES. FAIR-2	RES. EXCEL.-1	PTS.
1950 V8 61 T.S. 8.00 x 15 W.B. 122'' ENG. 3-13/16 x 3-5/8 160 HP					
6169 4D Sedan	1750.	3150.	5250.	7500.	(90)
6107 Club Coupe	1850.	3350.	5600.	8000.	(90)
V8 62 T.S. 8.00 x 15 W.B. 126'' ENG. 3-13/16 x 3-5/8 46.5 HP					
6219 4D Sedan	1850.	3350.	5600.	8000.	(90)
6237 Club Coupe	1850.	3350.	5600.	8000.	(90)
6267 Convertible Coupe	4400.	8000.	13300.	19000.	(90)
6237D Club Coupe DeVille	2100.	3800.	6300.	9000.	(90)
V8 SPECIAL T.S. 8.00 x 15 W.B. 130'' ENG. 3-3/16 x 3-5/8 160 HP					
6019 4D Sedan	2050.	3700.	6150.	8800.	(90)
V8 75 T.S. 20 x 15 W.B. 146-3/4'' ENG. 3-3/16 x 3-5/8 160 HP					
7523 Sedan	2100.	3850.	6450.	9200.	(90)
7533 Imperial	2100.	3850.	6450.	9200.	(90)

CADILLAC 1951

MAKE YEAR MODEL	UNRES. FAIR-4	UNRES. GOOD-3	RES. FAIR-2	RES. EXCEL.-1	PTS.
V8 61 T.S. 8.00 x 15 W.B. 122'' ENG. 3-3/16 x 3-5/8 160 HP					
6169 4D Sedan	1750.	3200.	5300.	7600.	(90)
6137 Club Coupe	1850.	3350.	5600.	8000.	(90)
V8 62 T.S. 8.00 x 15 W.B. 126'' ENG. 3-3/16 x 3-5/8 160 HP					
6219 4D Sedan	1850.	3350.	5600.	8000.	(90)
6237 Club Coupe	1900.	3450.	5750.	8200.	(90)
6267 Convertible Coupe	4400.	8000.	13300.	19000.	(90)
6237D Club Coupe DeVille	2200.	4000.	6650.	9500.	(90)
V8 SPECIAL T.S. 8.00 x 15 W.B. 130'' ENG. 3-3/16 x 3-5/8 160 HP					
6019 4D Sedan	1850.	3350.	5600.	8000.	(90)
V8 75 T.S. 8.00 x 15 W.B. 146-3/4'' ENG. 3-3/16 x 3-5/8 160 HP					
7523 Sedan	2100.	3800.	6300.	9000.	(90)
7533 Imperial	2100.	3800.	6300.	9000.	(90)

CADILLAC 1952

MAKE YEAR MODEL	UNRES. FAIR-4	UNRES. GOOD-3	RES. FAIR-2	RES. EXCEL.-1	PTS.
1952 V8 62 T.S. 8.00 x 15 W.B. 126'' ENG. 3-3/16 x 3-5/8 190 HP					
6219 4D Sedan	1750.	3150.	5250.	7500.	(90)
6237 Club Coupe	1850.	3350.	5600.	8000.	(90)
6267 Convertible Coupe	4250.	7750.	12950.	18500.	(90)
6237D Club Coupe DeVille	2150.	3900.	6500.	9250.	(90)
V8 SPECIAL T.S 8.00 x 15 W.B. 130'' ENG. 3-3/16 x 3-5/8 190 HP					
6019 4D Sedan	1850.	3400.	5650.	8100.	(90)
V8 75 T.S. 8.20 x 15 W.B. 147'' ENG. 3-3/16 x 3-5/8 190 HP					
7523 4D Sedan	2100.	3800.	6350.	9100.	(90)
7533 Imperial Sedan	2100.	3800.	6350.	9100.	(90)

CADILLAC 1953

MAKE YEAR MODEL	UNRES. FAIR-4	UNRES. GOOD-3	RES. FAIR-2	RES. EXCEL.-1	PTS.
1953 V8 62 T.S. 8.20 x 15 W.B. 126'' ENG. 3-3/16 x 3-5/8 190 HP					
6219 4D Sedan	1750.	3150.	5250.	7500.	(90)
6237 Club Coupe	1850.	3400.	5650.	8100.	(90)
6267 Convertible Coupe	4200.	7650.	12750.	18200.	(90)
6237D Coupe DeVille	2150.	3900.	6500.	9250.	(90)
6267S Convertible Eldorado	7050.	12800.	21350.	30500.	(90)
V8 60 SPECIAL T.S. 8.20 x 15 W.B. 130'' ENG. 3-3/16 x 3-5/8 190 HP					
6019 4D Sedan	1850.	3350.	5600.	8000.	(90)
V8 75 FLEETWOOD T.S. 8.20 x 15 W.B. 146.75'' ENG. 3-3/16 x 3-5/8 190 HP					
7523 4D Sedan	2100.	3800.	6300.	9000.	(90)
7533 Imperial Sedan	2100.	3800.	6300.	9000.	(90)

CADILLAC 1954

MAKE YEAR MODEL	UNRES. FAIR-4	UNRES. GOOD-3	RES. FAIR-2	RES. EXCEL.-1	PTS.
1954 V8 54-62 T.S. 8.00 x 15 W.B. 129'' ENG. 3.8125 x 3.625 230 HP					
6219 4D Sedan	1550.	2850.	4750.	6800.	(90)
6237 2D Coupe	1850.	3350.	5600.	8000.	(90)
6237D Coupe DeVille	2100.	3800.	6300.	9000.	(90)
5257 Convertible Coupe	4150.	7550.	12600.	18000.	(90)
V8 54-60 T.S. 8.00 x 15 W.B. 133'' ENG. 3.8125 x 3.625 230 HP					
6019 4D Sedan	1850.	3400.	5650.	8100.	(90)
V8 54-75 T.S. 8.20 x 15 W.B. 149.75'' ENG. 3.8125 x 3.625 230 HP					
7523 4D Sedan	2050.	3700.	6150.	8800.	(90)
7533 Imperial Sedan	2100.	3800.	6300.	9000.	(90)
6267S Eldorado Convertible	6000.	10900.	18200.	26000.	(90)

CADILLAC 1955

MAKE YEAR MODEL	UNRES. FAIR-4	UNRES. GOOD-3	RES. FAIR-2	RES. EXCEL.-1	PTS.
V8 62 T.S. 8.00 x 15 W.B. 129'' ENG. 3.8125 x 3.625 250 HP					
6219 4D Sedan	1500.	2750.	4550.	6500.	(90)
6237 Hardtop	1750.	3150.	5250.	7500.	(90)
6267 Convertible	3700.	6700.	11200.	16000.	(90)
6237D Hardtop DeVille	1950.	3550.	5950.	8500.	(90)
V8 60 SPECIAL T.S. 8.00 x 15 W.B. 133'' ENG. 3.8125 x 3.625 250 HP					
6019 4D Sedan	1850.	3350.	5600.	8000.	(90)
V8 75 T.S. 8.20 x 15 W.B. 149-3/4'' ENG. 3.8125 x 3.625 250 HP					
7523 4D Sedan	2000.	3600.	6000.	8600.	(90)
7533 4D Limousine	2050.	3700.	6150.	8800.	(90)
ELDORADO T.S. 8.20 x 14 W.B. 129'' ENG. 3.8125 x 3.625 250 HP					
6367S Sport Convertible	4150.	7550.	12600.	18000.	(90)

CADILLAC 1956

MAKE YEAR MODEL	UNRES. FAIR-4	UNRES. GOOD-3	RES. FAIR-2	RES. EXCEL.-1	PTS.
V8 62 T.S. 8.00 x 15 W.B. 129'' ENG. 3-3/16 x 3-5/8 250 HP					
6219 4D Sedan	1450.	2600.	4350.	6200.	(90)
6239 4D Sedan DeVille	1600.	2950.	4900.	7000.	(90)
6237 Hardtop Coupe	1750.	3150.	5250.	7500.	(90)
6237D Coupe DeVille	1950.	3550.	5950.	8500.	(90)
6267 Convertible Coupe	3450.	6300.	10500.	15000.	(90)
ELDORADO T.S. 8.20 x 15 W.B. 129'' ENG. 3-3/16 x 3-5/8 270 HP					
6237S 2D Coupe DeVille	2750.	5050.	8400.	12000.	(90)
6267S Convertible Coupe	3950.	7150.	11900.	17000.	(90)
FLEETWOOD 60 SPECIAL 8.20 x 15 W.B. 133'' ENG. 3-3/16 x 3-5/8 250 HP					
6019 4D Sedan	1850.	3400.	5650.	8100.	(90)

MAKE YEAR MODEL	UNRES. FAIR-4	UNRES. GOOD-3	RES. FAIR-2	RES. EXCEL.-1	PTS.
FLEETWOOD 75 T.S. 8.20 x 15 W.B. 149.75" ENG. 3-3/16 x 3-5/8 250 HP					
7523 4D Sedan	1850.	3350.	5600.	8000.	(90)
7533 Imperial Sedan	1900.	3450.	5750.	8200.	(90)

CADILLAC 1957

MAKE YEAR MODEL	UNRES. FAIR-4	UNRES. GOOD-3	RES. FAIR-2	RES. EXCEL.-1	PTS.
1957 V8 62 T.S. 8.20 x 15 W.B. 129.5" ENG. 4 x 3.625 300 HP					
6267 Convertible	3600.	6500.	10850.	15500.	(90)
6237 2D Hardtop Coupe	1600.	2950.	4900.	7000.	(90)
6239 4D Hardtop Sedan	1400.	2500.	4200.	6000.	(90)
6237D 2D Hardtop DeVille	2100.	3800.	6300.	9000.	(90)
6239D 4D Hardtop DeVille	2100.	3800.	6300.	9000.	(90)
ELDORADO T.S. 8.20 x 15 W.B. 129.5" ENG. 4 x 3.625 300 HP					
6237S Hardtop Coupe DeVille	3250.	5900.	9800.	14000.	(90)
6267S Biarritz Convertible	4050.	7350.	12250.	17500.	(90)
FLEETWOOD 60 SPECIAL T.S. 8.20 x 15 W.B. 133" ENG. 4 x 3.625 300 HP					
6039 4D Hardtop	1600.	2950.	4900.	7000.	(90)
V8 75 T.S. 8.20 x 15 W.B. 149.75" ENG. 4 x 3.625 300 HP					
7523 4D Hardtop	1550.	2850.	4750.	6800.	(90)
7523 4D Limousine	1600.	2950.	4900.	7000.	(90)
ELDORADO BROUGHAM T.S. 8.20 x 15 W.B. 129.5" ENG. 4 x 3.625 325 HP					
7059X Hardtop	3650.	6650.	11050.	15800.	(90)

CADILLAC 1958

MAKE YEAR MODEL	UNRES. FAIR-4	UNRES. GOOD-3	RES. FAIR-2	RES. EXCEL.-1	PTS.
V8 62 T.S. 8.00 x 15 W.B. 129.5" ENG. 4 x 3.625 310 HP					
6237G Hardtop Coupe	1500.	2750.	4550.	6500.	(90)
6239K 4D Sedan	1300.	2400.	4000.	5700.	(90)
6239N 4D Sedan Hardtop	1350.	2500.	4150.	5900.	(90)
6267F 2D Convertible	2200.	4000.	6650.	9500.	(90)
6237J Hardtop Coupe DeVille	1750.	3150.	5250.	7500.	(90)
6239L 4D Hardtop	1600.	2950.	4900.	7000.	(90)
ELDORADO T.S. 8.20 x 15 W.B. 129.5" ENG. 4 x 3.625 335 HP					
6237H Hardtop Coupe Seville	3450.	6300.	10500.	15000.	(90)
6267E Biarritz Convertible	3800.	6950.	11550.	16500.	(90)
FLEETWOOD 60 SPECIAL T.S. 8.00 x 15 W.B. 133" ENG. 4 x 3.625 310 HP					
6039M 4D Hardtop	1500.	2750.	4550.	6500.	(90)
V8 75 T.S. 8.20 x 15 W.B. 149.75" ENG. 4 x 3.625 310 HP					
7523R 4D Sedan	1350.	2450.	4050.	5800.	(90)
7533 4D Limousine	1450.	2600.	4350.	6200.	(90)
ELDORADO BROUGHAM T.S. 8.40 x 15 W.B. 126" ENG. 4 x 3.625 335 HP					
7059 4D Hardtop	2900.	5250.	8750.	12500.	(90)

CADILLAC 1959

MAKE YEAR MODEL	UNRES. FAIR-4	UNRES. GOOD-3	RES. FAIR-2	RES. EXCEL.-1	PTS.
V8 62 T.S. 8.00 x 15 W.B. 130" ENG. 4 x 3.875 325 HP					
6237G Hardtop Coupe	1350.	2450.	4050.	5800.	(90)
6229K 4D Hardtop	1200.	2200.	3650.	5200.	(90)
6239A 4D Hardtop	1400.	2500.	4200.	6000.	(90)
6267F 2D Convertible	4050.	7350.	12250.	17500.	(90)
6337J Hardtop Coupe DeVille	1600.	2950.	4900.	7000.	(90)
6239L 4D Hardtop	1500.	2750.	4550.	6500.	(90)
6339 4D Hardtop	1400.	2500.	4200.	6000.	(90)
ELDORADO T.S. 8.20 x 15 W.B. 130" ENG. 4 x 3.875 345 HP					
6437 Hardtop Coupe Seville	2750.	5050.	8400.	12000.	(90)
6467E Biarritz Convertible	4250.	7750.	12950.	18500.	(90)
FLEETWOOD 60 SPECIAL T.S. 8.00 x 15 W.B. 130" ENG. 4 x 3.875 325 HP					
6029M 4D Sedan	1600.	2950.	4900.	7000.	(90)
V8 75 T.S. 8.20 x 15 W.B. 149.87" ENG. 4 x 3.875 325 HP					
6723R 4D Sedan	1550.	2850.	4750.	6800.	(90)
6733S 4D Limousine	1650.	3000.	5050.	7200.	(90)
ELDORADO BROUGHAM T.S. 8.40 x 15 W.B. 130" ENG. 4 x 3.875 345 HP					
6929P 4D Hardtop	3100.	5650.	9450.	13500.	(90)

CADILLAC 1960

MAKE YEAR MODEL	UNRES. FAIR-4	UNRES. GOOD-3	RES. FAIR-2	RES. EXCEL.-1	PTS.
V8 62 T.S. 8.00 x 15 W.B. 130" ENG. 4 x 3.875 325 HP					
6237G Hardtop Coupe	950.	1700.	2850.	4100.	(90)
6229K 4D Hardtop	900.	1700.	2800.	4000.	(90)
6239A 4D Hardtop	950.	1750.	2950.	4200.	(90)
6267F 2D Convertible	2500.	4550.	9550.	10800.	(90)
6337J Hardtop Coupe DeVille	1400.	2550.	4250.	6100.	(90)
6239L 4D Hardtop	1150.	2100.	3500.	5000.	(90)
6339 4D Hardtop	1050.	1900.	3150.	4500.	(90)
ELDORADO T.S. 8.20 x 15 W.B. 130" ENG. 4 x 3.875 345 HP					
6437H Hardtop Coupe Seville	2750.	5050.	8400.	12000.	(90)
6467E Biarritz Convertible	5550.	10100.	16800.	24000.	(90)
FLEETWOOD 60 SPECIAL T.S. 8.00 x 15 W.B. 130" ENG. 4 x 3.875 325 HP					
6029M 4D Sedan	1400.	2500.	4200.	6000.	(90)
FLEETWOOD 75 T.S. 8.20 x 15 W.B. 130" ENG. 4 x 3.875 345 HP					
6723R 4D Sedan	1250.	2300.	3850.	5500.	(90)
6733S 4D Limousine	1400.	2500.	4200.	6000.	(90)
ELDORADO BROUGHAM T.S. 8.20 x 15 W.B. 130" ENG. 4 x 3.875 345 HP					
6929P 4D Hardtop	2300.	4200.	7000.	10000.	(90)

CADILLAC 1961

MAKE YEAR MODEL	UNRES-3	UNRES. GOOD-2	RES.-1
V8 62 T.S. 800x15 W.B. 129.5" ENG. 4x3.875 325 H.P.			
6237G HARDTOP CPE.	1775.	2470.	3290.
6239A 4D. SEDAN	1625.	2255.	3010.
6267F 2D. CONV.	3110.	4440.	6000. ★
6337J HARDTOP CPE. DEVILLE	2540.	3525.	4700.
6329L 4D. HARDTOP	1880.	2610.	3480.
6399D 4D. HARDTOP	1980.	2750.	3665.
ELDORADO BIARRITZ T.S. 8.20x15 W.B. 129" ENG. 4x3.875 345 H.P.			
6467E D. CONV.	4800.	6850.	9250. ★
FLEETWOOD 60 SPECIAL T.S. 8.00x15 W.B. 129.5" ENG. 4x3.875 H.P.			
6039M 4D. SEDAN	2160.	2995.	3995.
V8 75 T.D. 8.20x15 W.B. 149.75" ENG. 4x3.875 H.P.			
6723E 4D. SEDAN	2030.	2820.	3760.
6733S 4D. LIMO	2160.	2995.	3995.

CADILLAC 1962

MAKE YEAR MODEL	UNRES-3	UNRES. GOOD-2	RES.-1
V8 62 T.S. 8.00x15 W.B. 129.5" ENG. 4x3.875 325 H.P.			
6247G CPE.	1775.	2470.	3290.
6229K 4D. SEDAN	1625.	2255.	3010.
6289A 4D. SEDAN	1625.	2255.	3010.
6267F 2D. CONV.	2600.	4250.	5500. ★
6347J CPE. DEVILLE	1880.	2610.	3480.
6329L 4D. SEDAN	1640.	2290.	3055.
6389D 4D. SEDAN	1775.	2470.	3290.
ELDORADO BIARRITZ T.S. 8.00x15 W.B. 129.5" ENG. 4x3.1875 325 H.P.			
6267E 2D. CONV.	3900.	6300.	8500. ★
FLEETWOOD 60 SPECIAL T.S. 8.00x15 W.B. 129.5" ENG. 4x3.875 325 H.P.			
6039M 4D. SEDAN	2030.	2820.	3760.
FLEETWOOD 75 T.S. 8.20x15 W.B. 149.8" ENG. 4x3.875 325 H.P.			
6723R 4D. SEDAN	1830.	2540.	3385.
6733S 4D. LIMO	2080.	2890.	3855.

CADILLAC 1963

MAKE YEAR MODEL	UNRES-3	UNRES. GOOD-2	RES.-1
V8 62 T.S. 8.00x15 W.B. 129.5" ENG. 4x3.875 H.P.			
6257G CPE.	1830.	2540.	3385.
6239N 4D. SEDAN	1520.	2115.	2820.
6267F 2D. CONV.	3625.	5180.	7000. ★
6357J CPE. DEVILLE	2160.	2995.	3995.
6339B 4D. SEDAN	1775.	2470.	3290.
6389D. SEDAN	1830.	2540.	3385.
ELDORADO BIARRITZ T.S. 8.00x15 W.B. 129.5" ENG. 4x3.875 325 H.P.			
6367E 2D. CONV.	3800.	5600.	7500. ★

MAKE YEAR MODEL	UNRES-3	UNRES. GOOD-2	RES.-1
FLEETWOOD 60 SPECIAL T.S. 8.00x15 W.B. 129.5'' ENG. 4x3.875 325 H.P.			
6039M 4D. SEDAN	2130.	2960.	3950.
FLEETWOOD 75 T.S. 8.20x15 W.B. 149.8'' ENG. 4x3.875 325 H.P.			
6723R 4D. SEDAN	1830.	2540.	3385.
6733S LIMO	2080.	2890.	3855.

CADILLAC 1964

MAKE YEAR MODEL	UNRES-3	UNRES. GOOD-2	RES.-1
V8 62 T.S. 8.00x15 W.B. 129.5'' ENG. 4.13x4 340 H.P.			
6257G CPE.	1625.	2255.	3010.
6239N 4D. SEDAN	1520.	2115.	2820.
6357J CPE. DEVILLE	2160.	2995.	3995.
6339B 4D. SEDAN	1830.	2540.	3385.
6267F 2D. CONV.	3150.	5250.	7000. ★
ELDORADO BIARRITZ T.S. 8.20x15 W.B. 129.5'' ENG. 4.13x4 340 H.P.			
6367E 2D. CONV.	3700.	6150.	8200. ★
FLEETWOOD 60 SPECIAL T.S. 8.00x15 W.B. 129.5'' ENG. 4.13x4 340 H.P.			
6039M 4D. SEDAN	1930.	2680.	3570.
FLEETWOOD 75 T.S. 8.20x15 W.B. 149.75'' ENG. 4.13x4 340 H.P.			
6723R 4D. SEDAN	1930.	2680.	3570.
6733S LIMO	2180.	3030.	4040.

CADILLAC 1965

MAKE YEAR MODEL	UNRES-3	UNRES. GOOD-2	RES.-1
CALAIS T.S. 8.00x15 W.B. 129.5'' ENG. 4.13x4 C.I.D. 429 340 H.P.			
68257 2D. HARDTOP	1625.	2255.	3010.
68239 4D. HARDTOP	1520.	2115.	2820.
DEVILLE T.S. 8.00x15 W.B. 129.5'' ENG. 4.13x4 C.I.D. 429 340 H.P.			
68357 2D. HARDTOP	2790.	3880.	5170.
68339 4D. HARDTOP	2030.	2820.	3760.
68367 2D. CONV.	3150.	5250.	7000. *
FLEETWOOD ELDORADO T.S. 9.00x15 W.B. 133''			
68467 2D. CONV.	3700.	6150.	8250. *
FLEETWOOD 60 SPECIAL T.S. 8.00x15 W.B. 133'' ENG. 4. 13x4 C.I.D. 429 340 H.P.			
68069 4D. SEDAN	1840.	2550.	3400.
68069 BROUGHAM	1980.	2750.	3665.
FLEETWOOD 75 T.S. 8.20x15 W.B. 149.8'' ENG. 4.13x4 C.I.D. 429 340 H.P.			
69723 4D. SEDAN	2335.	3240.	4325.
69733 4D. SEDAN	2540.	3525.	4700.

CADILLAC 1966

MAKE YEAR MODEL	UNRES-3	UNRES. GOOD-2	RES.-1
CALAIS T.S. 9.00x15 W.B. 129.5'' ENG. V8 C.I.D. 429 340 H.P.			
68257G 2D. CPE.	1520.	2115.	2820.
68239N 4D. HARDTOP	1520.	2115.	2820.
DEVILLE T.S. 9.00x15 W.B. 129.5'' ENG. V8 C.I.D. 429 340 H.P.			
68369L SEDAN	1575.	2185.	2915.
68357J CPE	2285.	3170.	4230.
68339B HARDTOP SEDAN	1575.	2185.	2915.
68367F CONV.	3200.	5300.	6900. *
FLEETWOOD ELDORADO T.S. 9,00x15 W.B. 129.55'' ENG. V8 C.I.D. 529 340 H.P.			
68467E CONV.	3500.	6100.	8000. *
FLEETWOOD 60 SPECIAL T.S.9.00x15 W.B.133''ENG.V8 C.I.D. 429 340 H.P.			
68069M 4D. SEDAN	1640.	2290.	3055.
68169F BROUGHAM	1775.	2470.	3290.
FLEETWOOD 75 T.S. 8.20x15 W.B. 149.75'' ENG. V8 C.I.D. 429 340 H.P.			
69723R 4D. SEDAN	1775.	2470.	3290.
69733S 4D. LIMO	2030.	2820.	3760.

CADILLAC 1967

MAKE YEAR MODEL	UNRES-3	UNRES. GOOD-2	RES.-1
CALAIS T.S. 9.00x15 W.B. 129.5'' ENG. V8 C.I.D. 429 340 H.P.			
68269K 4D. SEDAN	1220.	1690.	2255.
68247G 2D. HARDTOP	1320.	1830.	2445.
68249N 4D. HARDTOP	1220.	1690.	2255.
DEVILLE T.S. 9.00x15 W.B. 129.5'' ENG. V8 C.I.D. 429 340 H.P.			
68369L 4D. SEDAN	1320.	1830.	2445.
68347J 2D. HARDTOP	1520.	2115.	2820.
68349B 4D. HARDTOP	1320.	1830.	2445.
68367F 2D. CONV.	2650.	4400.	5500. *
FLEETWOOD ELDORADO T.S. 9.00x15 W.B.120'' ENG. V8 C.I.D. 429 340 H.P.			
69347H 2D. HARDTOP FWD	2540.	3525.	4700. *
FLEETWOOD 60 SPECIAL T.S. 9.00x15 W.B. 133'' ENG.V8 C.I.D. 429 340 H.P.			
68069M 4D. SEDAN	1520.	2115.	2820.
68169P BROUGHAM	1725.	2400.	3195.
FLEETWOOD 75 T.S. 8.20x15 W.B. 149.8'' ENG. V8 C.I.D. 429 340 H.P.			
69723R 4D. SEDAN	1775.	2470.	3290.
69733S 4D. LIMO	1930.	2680.	3570.

CADILLAC 1968

MAKE YEAR MODEL	UNRES-3	UNRES. GOOD-2	RES.-1
CALAIS T.S. 9.00x15 W.B. 129.5'' ENG. V8 C.I.D. 472 375 H.P.			
68247G 2D. HARDTOP	1115.	1550.	2070.
69249N HARDTOP	1115.	1550.	2070.
DEVILLE T.S. 9.00x15 W.B. 129.5'' ENG. V8 C.I.D. 472 375 H.P.			
68347J 2D. HARDTOP	1520.	2115.	2820.
68349B 4D. HARDTOP	1420.	1975.	2630.
68367F 2D. CONV.	2000.	3500.	5250. *
ELDORADO T.S. 9.00x15 W.B. 120'' ENG. V8 C.I.D. 472 375 H.P.			
69347H 2D. HARDTOP FWD	2335.	3240.	4325. *
SIXTY SPECIAL T.S. 9.00x15 W.B. 133'' ENG. V8 C.I.D. 472 375 H.P.			
68069 4D. SEDAN	1520.	2115.	2820.
BROUGHAM T.S. 9.00x15 W.B. 120'' ENG. V8 C.I.D. 472 375 H.P.			
68169P 4D. SEDAN	1775.	2470.	3290.
V8 75 T.S. 8.20x15 W.B. 149.8'' ENG. V8 C.I.D. 472 375 H.P.			
69723R 4D. SEDAN	1775.	2470.	3290.
69733S 4D. LIMO	1930.	2680.	3570.

CADILLAC 1969

MAKE YEAR MODEL	UNRES-3	UNRES. GOOD-2	RES.-1
CALAIS T.S. 9.00x15 W.B. 129.5'' ENG. V8 C.I.D. 472 375 H.P.			
68247G 2D. HARDTOP	1140.	1585.	2115.
68249N 4D. HARDTOP	1140.	1585.	2115.
DEVILLE T.S. 9.00x15 W.B. 129.5'' ENG. V8 C.I.D. 472 375 H.P.			
68369L 4D. SEDAN	1320.	1830.	2445.
68347J 2D. HARDTOP	1775.	3100.	4000.
68349B 4D. HARDTOP	1320.	1830.	2445.
68367F 2D. CONV.	2150.	3600.	5600. *
ELDORADO T.S. 9.00x15 W.B. 129.5'' ENG. V8 C.I.D. 472 375 H.P.			
69347H 2D. HARDTOP FWD	2435.	3385.	4510. *
SIXTY SPECIAL T.S. 9.00x15 W.B. 133'' ENG. V8 C.I.D. 472 375 H.P.			
68069M 4D. SEDAN	1520.	2115.	2820.
68169P BROUGHAM	1725.	2400.	3195.
V8 75 T.S. 8.20x15 W.B. 149.8'' ENG. V8 C.I.D. 472 375 H.P.			
69723B 4D. SEDAN	1725.	2400.	3195.
69733S 4D. LIMO	1880.	2610.	3480.

CHEVROLET 1946

MAKE YEAR MODEL	UNRES. FAIR-4	UNRES. GOOD-3	RES. FAIR-2	RES. EXCEL.-1	PTS.
1946 DJ6 STYLEMASTER T.S. 16 x 6.00 W.B. 116'' ENG. 3-1/2 x 3- /4 29.4 HP					
DJ Coupe	1250.	2250.	3800.	5400.	(90)
DJ Sport Coupe	1400.	2500.	4200.	6000.	(90)
DJ 2D Town Coupe	1250.	2300.	3850.	5500.	(90)
DJ 4D Sport Sedan	1050.	1900.	3150.	4500.	(90)
FLEETMASTER T.S. 16 x 6.00 W.B. 116'' ENG. 3-1/2 x 3-3/4 29.4 HP					
DK Sport Coupe	1500.	2750.	4550.	6500.	(90)
DK Convertible Coupe	2750.	5050.	8400.	12000.	(90)
DK 2D Town Sedan	1350.	2450.	4050.	5800.	(90)
DK 4D Sport Sedan	1300.	2350.	3900.	5600.	(90)

MAKE YEAR MODEL	UNRES. FAIR-4	UNRES. GOOD-3	RES. FAIR-2	RES. EXCEL.-1	PTS.
DK Station Wagon	2100.	3800.	6300.	9000.	(90)
FLEETLINE T.S. 16 x 6.00 W.B. 116'' ENG. 3-1/2 x 3-3/4 29.4 HP					
DK 2D Sedan Aero	1600.	2950.	4900.	7000.	(90)
DK Sport Sedan	1400.	2500.	4200.	6000.	(90)

CHEVROLET 1947

MAKE YEAR MODEL	UNRES. FAIR-4	UNRES. GOOD-3	RES. FAIR-2	RES. EXCEL.-1	PTS.
STYLEMASTER T.S. 16 x 6.00 W.B. 116'' ENG. 3-1/2 x 3-3/4 29.4 HP					
EJ Coupe	1250.	2250.	3800.	5400.	(90)
EJ Sport Coupe	1400.	2500.	4200.	6000.	(90)
EJ 2D Town Sedan	1250.	2300.	3850.	5500.	(90)
EJ 4D Sport Sedan	1150.	2050.	3450.	4900.	(90)
FLEETMASTER T.S. 16 x 6.00 W.B. 116'' ENG. 3-1/2 x 3-3/4 29.4 HP					
EK Sport Coupe	1400.	2500.	4200.	6000.	(90)
EK Convertible Coupe	3250.	5900.	9800.	14000.	(90)
EK 2D Town Sedan	1400.	2500.	4200.	6000.	(90)
EK 4D Sport Sedan	1300.	2400.	4000.	5700.	(90)
EK 4D Station Wagon	2200.	4000.	6650.	9500.	(90)
FLEETLINE T.S. 16 x 6.00 W.B. 116'' ENG. 3-1/2 x 3-3/4 29.4 HP					
EK 2D Sedan Aero	1550.	2850.	4750.	6800.	(90)
EK Sport Sedan	1350.	2450.	4050.	5800.	(90)

CHEVROLET 1948

MAKE YEAR MODEL	UNRES. FAIR-4	UNRES. GOOD-3	RES. FAIR-2	RES. EXCEL.-1	PTS.
STYLEMASTER T.S. 16 x 6.00 W.B. 116'' ENG. 3-1/2 x 3-3/4 29.4 HP					
1504 Coupe	1250.	2300.	3850.	5500.	(90)
1524 Sport Coupe	1350.	2500.	4150.	5900.	(90)
1502 2D Town Sedan	1250.	2300.	3850.	5500.	(90)
1503 4D Sport Sedan	1100.	2000.	3350.	4800.	(90)
FLEETMASTER T.S. 16 x 6.00 W.B. 116'' ENG. 3-1/2 x 3-3/4 29.4 HP					
2124 Sport Coupe	1250.	2300.	3850.	5500.	(90)
2134 Convertible Coupe	3300.	5950.	9950.	14200.	(90)
2102 2D Town Sedan	1400.	2500.	4200.	6000.	(90)
2103 4D Sport Sedan	1300.	2350.	3900.	5600.	(90)
2109 Station Wagon	2450.	4500.	7500.	10700.	(90)
FLEETLINE T.S. 16 x 6.00 W.B. 116'' ENG. 3-1/2 x 3-3/4 29.4 HP					
2144 2D Sedan Aero	1650.	3000.	4950.	7100.	(90)
2113 Sport Sedan	1400.	2500.	4200.	6000.	(90)

CHEVROLET 1949

MAKE YEAR MODEL	UNRES. FAIR-4	UNRES. GOOD-3	RES. FAIR-2	RES. EXCEL.-1	PTS.
STYLELINE SPECIAL T.S. 16 x 6.00 W.B. 115'' ENG. 3-1/2 x 3-3/4 29.4 HP					
1503 4D Sedan	900.	1650.	2750.	3900.	(90)
1502 2D Sedan	900.	1650.	2750.	3900.	(90)
1524 Sport Coupe	1050.	1950.	3200.	4600.	(90)
1504 Business Coupe	900.	1650.	2750.	3900.	(90)
FLEETLINE SPECIAL T.S. 16 x 6.00 W.B. 115'' ENG. 3-1/2 x 3-3/4 29.4 HP					
1553 4D Sedan	1200.	2150.	3550.	5100.	(90)
1552 2D Sedan	1200.	2150.	3550.	5100.	(90)
STYLELINE DELUXE T.S. 16 x 6.00 W.B. 115'' ENG. 3-1/2 x 3-3/4 29.4 HP					
2103 4D Sedan	1250.	2250.	3800.	5400.	(90)
2102 2D Sedan	1250.	2250.	3800.	5400.	(90)
2124 Sport Coupe	1300.	2400.	4000.	5700.	(90)
2134 Convertible Coupe	3000.	5450.	9100.	13000.	(90)
2109 Station Wagon (Wood)	2100.	3800.	6300.	9000.	(90)
FLEETLINE DELUXE T.S. 16 x 6.00 W.B. 115'' ENG. 3-1/2 x 3-3/4 29.4 HP					
2153 4D Sedan	1250.	2300.	3850.	5500.	(90)
2152 2D Sedan	1250.	2300.	3850.	5500.	(90)

CHEVROLET 1950

MAKE YEAR MODEL	UNRES. FAIR-4	UNRES. GOOD-3	RES. FAIR-2	RES. EXCEL.-1	PTS.
STYLELINE SPECIAL T.S. 15 x 6.70 W.B. 115'' ENG. 3-1/2 x 3-3/4 29.4 HP					
1504 Coupe	900.	1650.	2750.	3900.	(90)
1524 Sport Coupe	1050.	1950.	3200.	4600.	(90)
1502 2D Sedan	900.	1650.	2750.	3900.	(90)
1503 4D Sedan	900.	1700.	2800.	4000.	(90)
STYLELINE DELUXE T.S. 15 x 6.70 W.B. 115'' ENG. 3-1/2 x 3-3/4 90 HP					
2124 Sport Coupe	1150.	2100.	3500.	5000.	(90)
2102 2D Sedan	1150.	2100.	3500.	5000.	(90)
2103 4D Sport Sedan	1200.	2150.	3550.	5100.	(90)
2134 Convertible Coupe	3100.	5650.	9450.	13500.	(90)
2154 2D Bel Aire Hardtop	1800.	3300.	5550.	7900.	(90)
2119 Station Wagon	1350.	2500.	4150.	5900.	(90)
FLEETLINE SPECIAL T.S. 15 x 6.70 W.B. 115'' ENG. 3-1/2 x 3-3/4 29.4 HP					
2152 2D Sedan	1200.	2200.	3650.	5250.	(90)
2153 4D Sedan	1200.	2200.	3650.	5250.	(90)

CHEVROLET 1951

MAKE YEAR MODEL	UNRES. FAIR-4	UNRES. GOOD-3	RES. FAIR-2	RES. EXCEL.-1	PTS.
STYLELINE SPECIAL T.S. 15 x 6.70 W.B. 115'' ENG. 3-1/2 x 3-3/4 90 HP					
1504 Coupe	900.	1650.	2750.	3900.	(90)
1524 Sport Coupe	1050.	1900.	3150.	4500.	(90)
1502 2D Sedan	900.	1650	2750.	3900.	(90)
1503 4D Sedan	900.	1700.	2800.	4000.	(90)
STYLELINE DELUXE T.S. 15 x 6.70 W.B. 115'' ENG. 3-9/16 x 3-15/16 90 HP					
2124 Sport Coupe	1250.	2300.	3850.	5500.	(90)
2102 2D Sedan	1150.	2100.	3500.	5000.	(90)
2103 4D Sedan	1200.	2150.	3550.	5100.	(90)
2134 Convertible Coupe	3100.	5650.	9450.	13500.	(90)
2154 2D Bel Aire Hardtop	1750.	3200.	5300.	7600.	(90)
2119 Station Wagon	1350.	2500.	4150.	5900.	(90)
FLEETLINE SPECIAL T.S. 15 x 6.70 W.B. 115'' ENG. 3-1/2 x 3-3/4 90 HP					
1552 2D Sedan	1200.	2150.	3550.	5100.	(90)
1553 4D Sedan	1200.	2150.	3550.	5100.	(90)
FLEETLINE DELUXE T.S. 15 x 6.70 W.B. 115'' ENG. 3-1/2 x 3-3/4 90 HP					
2152 2D Sedan	1250.	2300.	3850.	5500.	(90)
2153 4D Sedan	1200.	2200.	3650.	5200.	(90)

CHEVROLET 1952

MAKE YEAR MODEL	UNRES. FAIR-4	UNRES. GOOD-3	RES. FAIR-2	RES. EXCEL.-1	PTS.
STYLELINE T.S. 6.70x15 W.B. 115'' ENG. 3-½ x 3-¾ 90 HP					
1504 Business Coupe	900.	1700.	2800.	4000.	(90)
1502 2D Sedan	950.	1700.	2850.	4100.	(90)
1503 4D Sedan	950.	1700.	2850.	4100.	(90)
1524 Club Coupe	1050.	1950.	3200.	4600.	(90)
STYLELINE DELUXE T.S. 6.70 x 15 W.B. 115'' ENG. 3-9/16 x 3-15/16 90 HP					
2102 2D Sedan	1150.	2100.	3500.	5000.	(90)
2103 4D Sedan	1200.	2150.	3550.	5100.	(90)
2124 Sport Coupe	1350.	2450.	4050.	5800.	(90)
2134 Convertible Coupe	2900.	5250.	8750.	12500.	(90)
2154 2D Bel Aire Hardtop	1800.	3300.	5450.	7800.	(90)
2119 Station Wagon	1300.	2350.	3900.	5600.	(90)

CHEVROLET 1953

MAKE YEAR MODEL	UNRES. FAIR-4	UNRES. GOOD-3	RES. FAIR-2	RES. EXCEL.-1	PTS.
150 SERIES T.S. 6.70 x 15 W.B. 115'' ENG. 3-1/2 x 3-3/4 90 HP					
1504 Business Coupe	1000.	1800.	3000.	4250.	(90)
1502 2D Sedan	900.	1700.	2800.	4000.	(90)
1503 4D Sedan	900.	1700.	2800.	4000.	(90)
1524 Club Coupe	1050.	1900.	3150.	4500.	(90)
1509 Handyman	950.	1700.	2850.	4100.	(90)
210 SERIES T.S. 6.70 x 15 W.B. 115'' ENG. 3-½ x 3-¾ 90 HP					
2102 2D Sedan	1150.	2050.	3450.	4900.	(90)
2103 4D Sedan	1150.	2050.	3450.	4900.	(90)
2124 Club Coupe	1300.	2400.	4000.	5700.	(90)
2134 Convertible Coupe	3000.	5450.	9100.	13000.	(90)
2109 Handyman	1050.	1900.	3150.	4500.	(90)
2119 Townsman	1250.	2300.	3850.	5500.	(90)
BEL AIRE SERIES T.S. 6.70 x 15 W.B. 115'' ENG. 3-½ x 3-¾ 90 HP					
2402 2D Sedan	1250.	2300.	3850.	5500.	(90)
2403 4D Sedan	1300.	2350.	3900.	5600.	(90)
2434 Convertible Coupe	3250.	5900.	9800.	14000.	(90)
2454 2D Hardtop	1900.	3450.	5750.	8200.	(90)
CORVETTE T.S. 6.70 x 15 W.B. 115'' ENG. 3-½ x 3-¾ 90 HP					
2934 Sport Coupe	7300.	13250.	22050.	31500.	(95)

MAKE YEAR MODEL	UNRES. FAIR-4	UNRES. GOOD-3	RES. FAIR-2	RES. EXCEL.-1	PTS.
CHEVROLET 1954					
150 SERIES T.S. 6.70 x 15 W.B. 115'' ENG. 3-½ x 3¾ 90 HP					
1512 2D Sedan	1000.	1800.	3000.	4250.	(90)
1502 2D Sedan	900.	1700.	2800.	4000.	(90)
1503 4D Sedan	900.	1700.	2800.	4000.	(90)
1529 4D Station Wagon	950.	1750.	2950.	4200.	(90)
210 SERIES T.S. 6.70 x 15 W.B. 115'' ENG. 3½ x 3¾ 90 HP					
2103 4D Sedan	1150.	2100.	3500.	5000.	(90)
2102 2D Sedan	1150.	2100.	3500.	5000.	(90)
2124 DelRay Coupe	1500.	2700.	4500.	6400.	(90)
2109 4D Station Wagon	1150.	2100.	3500.	5000.	(90)
BEL AIRE SERIES T.S. 6.70x15 W.B. 115'' ENG. 3½x3¾ 90 HP					
2402 2D Sedan	1350.	2450.	4050.	5800.	(90)
2403 4D Sedan	1350.	2450.	4050.	5800.	(90)
2434 Convertible Coupe	3300.	5950.	9950.	14200.	(90)
2454 Hardtop Coupe	1900.	3450.	5750.	8200.	(90)
2419 4D Station Wagon	1150.	2100.	3500.	5000.	(90)
CORVETTE SERIES T.S. 7.10 x 15 W.B. 102'' ENG. 3-9/16 x 3-15/16 150 HP at 4200 RPM					
2934 Sport Coupe	6800.	12400.	20650.	29500.	(95)
CHEVROLET 1955 SIX CYLINDER CARS					
150 SERIES T.S. 6.70 x 15 W.B. 115'' ENG. 3-½x3¾ 123 HP					
1512 Sedan Delivery	1050.	1950.	3200.	4600.	(90)
1503 4D Sedan	850.	1550.	2600.	3700.	(90)
210 SERIES T.S. 6.70x15 W.B. 115'' ENG. 3½x3¾ 123 HP					
2103 4D Sedan	950.	1750.	2950.	4200.	(90)
2102 2D Sedan	1050.	1950.	3200.	4600.	(90)
2124 Delray Coupe	1600.	2950.	4900.	7000.	(90)
2109 4D Station Wagon	900.	1700.	2800.	4000.	(90)
Hardtop Coupe	1750.	3200.	5300.	7600.	(90)
2129 2D Station Wagon	900.	1700.	2800.	4000.	(90)
BEL AIRE SERIES T.S. 6.70 x 15 W.B. 115'' ENG. 3-1/2 x 3-3/4 123 HP					
2403 4D Sedan	1150.	2100.	3500.	5000.	(90)
2402 2D Sedan	1150.	2100.	3500.	5000.	(90)
2434 Convertible Coupe	3700.	6700.	11200.	16000.	(90)
2454 Hardtop Coupe	2900.	5250.	8750.	12500.	(90)
2409 Beauville Station Wagon	1200.	2200.	3650.	5200.	(90)
2429 Nomad Station Wagon	2750.	5050.	8400.	12000.	(90)
CORVETTE SERIES T.S. 6.70 x 15 W.B. 102'' ENG. 3-9/16 x 3-15/16 HP at 4200 RPM					
2934 Sport Conv. 6-Cyl.	6600.	11950.	19950.	28500.	(95)
CHEVROLET 1955 EIGHT CYLINDER CARS					
150 SERIES T.S. 6.70 x 15 W.B. 115'' ENG. 3-¾ x 3 162 HP					
1512 Sedan Delivery	1150.	2050.	3450.	4900.	(90)
1503 4D Sedan	900.	1700.	2800.	4000.	(90)
1502 2D Sedan	900.	1700.	2800.	4000.	(90)
1529 2D Station Wagon	950.	1700.	2850.	4100.	(90)
210 SERIES T.S. 6.70 x 15 W.B. 115'' ENG. 3-3/4 x 3 162 HP					
2103 4D Sedan	1150.	2100.	3500.	5000.	(90)
2102 2D Sedan	1150.	2100.	3500.	5000.	(90)
2124 Delray Coupe	1850.	3350.	5600.	8000.	(90)
2154 Hardtop Coupe	2750.	5050.	8400.	12000.	(90)
2129 2D Station Wagon	1150.	2100.	3500.	5000.	(90)
2109 4D Station Wagon	1450.	2600.	4350.	6200.	(90)
BEL AIRE SERIES T.S. 6.70 x 15 W.B. 115'' ENG. 3-3/4 x 3 162 HP					
2403 4D Sedan	1300.	2400.	4000.	5700.	(90)
2402 2D Sedan	1300.	2350.	3900.	5600.	(90)
2434 Convertible Coupe	4550.	8300.	13850.	19800.	(90)
2454 Hardtop Coupe	3150.	5700.	9500.	13600.	(90)
2429 Nomad Station Wagon	3800.	6950.	11550.	16500.	(90)
2409 Beauville Station Wagon	1400.	2500.	4200.	6000.	(90)
CORVETTE TUBELESS 4-PLY T.S. 15 x 6.70 W.B. 102'' ENG. 3-3/4 x 3 4-BARREL CARB. DUAL EXHAUST 180 HP at 4600 RPM					
2934 Sport Convertible	6950.	12600.	21000.	30000.	(95)

MAKE YEAR MODEL	UNRES. FAIR-4	UNRES. GOOD-3	RES. FAIR-2	RES. EXCEL.-1	PTS.
CHEVROLET 1956 SIX CYLINDER CARS (DEDUCT 10% FROM 8 CYL. VALUES)					
CHEVROLET 1956 EIGHT CYLINDER CARS					
150 SERIES T.S. 6.70 x 15 W.B. 115'' ENG. 3-3/4 x 3 162 HP					
1502 2D Sedan	900.	1650.	2750.	3900.	(90)
1512 Utility Sedan	900.	1650.	2750.	3900.	(90)
1503 4D Sedan	900.	1700.	2800.	4000.	(90)
1529 2D Station Wagon	950.	1700.	2850.	4100.	(90)
210 SERIES T.S. 6.70 x 15 W.B. 115'' ENG. 3-3/4 x 3 162 HP					
2102 2D Sedan	1150.	2100.	3500.	5000.	(90)
2103 4D Sedan	1150.	2100.	3500.	5000.	(90)
2113 4D Hardtop Sedan	1350.	2450.	4050.	5800.	(90)
2124 Coupe DelRay	1850.	3350.	5600.	8000.	(90)
2154 Hardtop Coupe	2750.	5050.	8400.	12000.	(90)
BEL AIRE SERIES T.S. 6.70 x 15 W.B. 115'' ENG. 3-3/4 x 3 162 HP					
2402 2D Sedan	1300.	2400.	4000.	5700.	(90)
2403 4D Sedan	1300.	2350.	3900.	5600.	(90)
2413 4D Hardtop Sedan	1400.	2500.	4200.	6000.	(90)
2454 Hardtop Coupe	3350.	6100.	10150.	14500.	(90)
2434 Convertible Coupe	4400.	8000.	13300.	19000.	(95)
2419 4D Station Wagon	1250.	2300.	3850.	5500.	(90)
2429 Nomad Station Wagon	3600.	6550.	10900.	15600.	(95)
CORVETTE T.S. 15 x 6.70 W.B. 102'' ENG. 3-3/4 x 3 180 HP					
2934 Sport Convertible	5550.	10100.	16800.	24000.	(95)

1952 Chevrolet Styleline Deluxe Club Coupe
Photo Courtesy of Bob Wingate, San Dimas, CA

MAKE YEAR MODEL	UNRES. FAIR-4	UNRES. GOOD-3	RES. FAIR-2	RES. EXCEL.-1	PTS.
CHEVROLET 1957 EIGHT CYLINDER CARS					
150 SERIES T.S. 6.70 x 15 W.B. 115'' ENG. 3-3/4 x 3 162 HP OPT. ENG. 3-7/8 x 3 220 HP					
1512 Utility Sedan	900.	1700.	2800.	4000.	(90)
1502 2D Sedan	1000.	1800.	3000.	4250.	(90)
1503 4D Sedan	1000.	1800.	3000.	4250.	(90)
1529 2D Station Wagon	1050.	1900.	3150.	4500.	(90)
210 SERIES T.S. 6.70 x 15 W.B. 115'' ENG. 3-3/4 x 3 162 HP OPT. ENG. 3-7/8 x 3 220 HP					
2102 2D Sedan	1150.	2100.	3500.	5000.	(90)
2103 4D Sedan	1150.	2100.	3500.	5000.	(90)
2124 DelRay Coupe	1850.	3400.	5650.	8100.	(90)
2154 Hardtop Coupe	2000.	3600.	6000.	8600.	(90)
2113 Hardtop Sedan	1350.	2500.	4150.	5900.	(90)
2129 2D Station Wagon	1400.	2500.	4200.	6000.	(90)
2109 4D Station Wagon	1200.	2200.	3650.	5200.	(90)
2119 4D 9-Pass. Station Wagon	1250.	2250.	3800.	5400.	(90)
BEL AIRE SERIES T.S. 6.70 x 15 W.B. 115'' ENG. 3-3/4 x 3 162 HP OPT. ENG. 3-7/8 x 3 220 HP					
2402 2D Sedan	1350.	2450.	4050.	5800.	(90)
2403 4D Sedan	1400.	2500.	4200.	6000.	(90)
2454 Hardtop Coupe	4200.	7650.	12750.	18200.	(90)
2413 Hardtop Sedan	1750.	3200.	5300.	7600.	(90)
2434 Convertible	6000.	10900.	18200.	26000.	(90)
2409 4D Station Wagon	1400.	2500.	4200.	6000.	(90)
2429 2D Nomad Station Wagon	3350.	6100.	10150.	14500.	(90)

1956 Chevrolet Convertible Photo Courtesy of Jerry Merritt, San Rafael, California

MAKE YEAR MODEL	UNRES. FAIR-4	UNRES. GOOD-3	RES. FAIR-2	RES. EXCEL.-1	PTS.
CORVETTE T.S. 6.70 x 15 W.B. 102'' ENG. 3.99 x 3 220 HP					
2934 Sport Convertible	5550.	10100.	16800.	24000.	(90)

MAKE YEAR MODEL	UNRES-3	UNRES. GOOD-2	RES.-1

CHEVROLET 1958

SIX CYLINDER CARS

DEDUCT 10% FROM 8 CYL. CARS

CHEVROLET 1958

EIGHT CYL. CARS

MAKE YEAR MODEL	UNRES-3	UNRES. GOOD-2	RES.-1
DEL RAY SERIES 6.70 15 W.B. 115'' 3.75x3 162 H.P.			
1201 UTIL. SEDAN	1775.	2470.	3290.
1241 2D. SEDAN	1725.	2400.	3195.
1249 4D. SEDAN	1725.	2400.	3195.
1293 Y'MAN 4D. S. WAG.	1215.	1690.	2250.
1291 Y'MAN 2D. S. WAG.	1215.	1690.	2250.
BEL AIR SERIES T.S. 6.70x15 W.B. 115'' ENG. 3.75x3 162 H.P.			
ADD $600. FOR FUEL INJECTION			
1841 2D. SEDAN	1830.	2540.	3385.
1839 4D. HARDTOP	2030.	2820.	3760.
1831 2D. HARDTOP	3340.	4645.	6110. *
IMPALA HARDTOP CPE. SS	4570.	6345.	8460. *
IMPALA CONV	4800.	7800.	10000. *
1893 NOMAD S. WAG.	2030.	2820.	3760.
CORVETTE T.S. 6.70x15 W.B. 102'' ENG. 3.88x3 220 H.P.			
867 CORVETTE	7000.	11600.	15000. ★

CHEVROLET 1959

SIX CYL. CARS

DEDUCT 10% FROM 8 CYL. CARS

CHEVROLET 1959

EIGHT CYL. CARS

ADD $300 FOR FACTORY AIR

MAKE YEAR MODEL	UNRES-3	UNRES. GOOD-2	RES.-1
EL CAMINO T.S. 7.50x14 W.B. 119'' ENG. 3.875x3 185 H.P.			
1280 PICKUP	2640.	3665.	4890. *
BISCAYNE T.S. 7.50x14 W.B. 119'' ENG. 3.875x13 H.P.			
1211 UTIL. SEDAN	1215.	1690.	2250.
LARGE CARS DEDUCT $150. FOR NO AIR CONDITIONING			
1219 4D. SEDAN	1370.	1905.	2540.
BEL AIR T.S. 7.50x14 W.B. 119'' ENG. 3.875x3 185 H.P.			
1619 4D. SEDAN	1625.	2255.	3010.
1639 4D. HARDTOP	1880.	2610.	3480.
IMPALA T.S. 7.50x14 W.B. 119'' ENG. 3.875 185 H.P.			
1837 HARDTOP CPE	3085.	4285.	5640. *
1839 4D. HARDTOP	2335.	3240.	4325. *
1867 CONV. CPE	5500.	8600.	11200. *
STATION WAGONS T.S. 8.00x14 W.B. 119'' ENG. 3.875x3 185 H.P.			
1215 2D. BROOKWOOD	1015.	1410.	1880.
1235 4D. BROOKWOOD	1015.	1410.	1880.
1635 4D. PARKWOOD	1115.	1550.	2070.
1645 4D. KINGSWOOD	1115.	1550.	2070.
1835 4D. NOMAD	1220.	1690.	2255.
CORVETTE T.S. 6.70x15 W.B. 102'' ENG. 3,875x3 230 H.P.			
867 HARDTOP SPT. CPE F1	8750.	13500.	18000. *
867 2D. CONV.	7600.	12400.	16500. *

CHEVROLET 1960

SIX CYL. CARS

CORVAIR SERIES

MAKE YEAR MODEL	UNRES-3	UNRES. GOOD-2	RES.-1
CORVAIR STD. T.S. 6.50x13 W.B. 108'' ENG. 3.375x2.60 80 H.P.			
527 CLB. CPE	1115.	1550.	2070.
569 4D. SEDAN	1115.	1550.	2070.
CORVAIR DELX. T.S. 6.50x13 W.B. 108'' ENG. 3.375x2.60 80 H.P.			
727 CLB. CPE	1220.	1690.	2255.
769 4D. SEDAN	1220.	1690.	2255.
CORVAIR MONZA T.S. 6.50x13 W.B. 108'' ENG. 3.375x2.60 80 H.P.			
927 CLB. CPE	1775.	2470.	3290. *

CHEVROLET 1960

EIGHT CYL. CARS

DEDUCT 10% FOR 6 CYL. MODELS

ADD $300. FOR FACTORY A.C.

MAKE YEAR MODEL	UNRES-3	UNRES. GOOD-2	RES.-1
EL CAMINO T.S. 7.50x14 W.B. 119'' ENG. 3.875x3 170 H.P.			
1280 PICKUP	2790.	3880.	5170. *

MAKE YEAR MODEL	UNRES-3	UNRES. GOOD-2	RES.-1
BISCAYNE T.S. 7.50x14 W.B. 119'' ENG. 3.875x3 170 H.P.			
1221 UTIL. SEDAN	1320.	1830.	2445.
1211 2D. SEDAN	1170.	1620.	2160.
1219 4D. SEDAN	1170.	1620.	2160.
BEL AIR T.S. 7.50x14 W.B. 119'' ENG. 3.875x3 170 H.P.			
1611 2D. SEDAN	1270.	1760.	2350.
1619 4D. SEDAN	1270.	1760.	2350.
1637 HARDTOP CPE	1775.	2470.	3290.
1639 4D. HARDTOP	1775.	2470.	3290.
IMPALA T.S. 7.50x14 W.B. 119'' ENG. 3.875x3 170 H.P.			
1837 HARDTOP CPE	2540.	3525.	4700.*
1838 4D. HARDTOP	1830.	2540.	3385.*
1867 CONV. CPE	3800.	5800.	7800.*
STATION WAGONS T.S. 8.00x14 W.B. 119'' ENG. 3.875x3 170 H.P.			
1235 4D. BROOKWOOD	1015.	1410.	1880.
1645 4D. KINGSWOOD	1065.	1480.	1975.
1845 4D. NOMAD	1170.	1620.	2160.
CORVETTE T.S. 6.70x15 W.B. 102'' ENG. 3.875x3 230 H.P.			
867 HARDTOP CPE. (ADD FOR FUEL I.)	6800.	11100.	14800.*
867 2D. CONV.	6500.	10500.	14000.*

CHEVROLET 1961

SIX CYL. CARS

CORVAIR SERIES

MAKE YEAR MODEL	UNRES-3	UNRES. GOOD-2	RES.-1
CORVAIR STD. T.S. 6.50x13 W.B. 108'' ENG. 3.4375x2.60 80 H.P.			
527 CLB. CPE	1115.	1550.	2070.
569 4D. SEDAN	1115.	1550.	2070.
535 4D. S. WAG.	965.	1340.	1785.
CORVAIR DELX. T.S. 6.50x13 W.B. 108'' ENG. 3.4375x2.60 80 H.P.			
727 CLB. CPE	1775.	2470.	3290.
769 4D. SEDAN	1270.	1760.	2350.
735 4D. S. WAG.	1115.	1550.	2070.
CORVAIR MONZA T.S. 6.50x13 W.B. 108'' ENG. 3.4375x2.60 80 H.P.			
927 CLB. CPE	1830.	2540.	3385.*
969 4D. SEDAN	1420.	1975.	2630.
CORVAIR 95 GREENBRIER T.S. 7.00x14 W.B. 95'' ENG. 3.4375x2.60 80 H.P.			
R 1206 6D. S. WAG.	2030.	2820.	3760.

CHEVROLET 1961

EIGHT CYL. CARS

DEDUCT $300. FOR 6 CYL. MODELS

MAKE YEAR MODEL	UNRES-3	UNRES. GOOD-2	RES.-1
BISCAY T.S. 7.50x14 W.B. 119'' ENG. 3.875x3 170 H.P.			
1221 UTIL. SEDAN	915.	1270.	1690.
1211 2D. SEDAN	915.	1270.	1690.
1269 4D. SEDAN	915.	1270.	1690.
BEL AIR T.S. 7.50x14 W.B. 119'' ENG. 3.875x3 170 H.P.			
1611 2D. SEDAN	915.	1270.	1690.
1637 HARDTOP CPE.	1775.	2470.	3290.
1639 HARDTOP	1115.	1550.	2070.
IMPALA T.S. 7.50x14 W.B. 119'' ENG. 3.875x3 170 H.P.			
ADD $600. FOR S.S. PACKAGE			
1811 2D. SEDAN	1015.	1410.	1880.
1837 HARDTOP CPE.	2790.	3880.	5170.*
1839 4D. HARDTOP	1520.	2115.	2820.
1867 2D. CONV.	3200.	5200.	7000.*
STATION WAGONS T.S. 8.00x14 W.B. 119'' ENG. 3.875x3 170 H.P.			
1245 4D. BROOKWOOD	1015.	1410.	1880.
1645 4D. PARKWOOD	1015.	1410.	1880.
1845 4D. NOMAD	1270.	1760.	2350.
CORVETTE T.S. 6.70x15 W.B. 102'' ENG. 3.875x3 230 H.P.			
867 HARDTOP CPE.	7500.	10250.	13700.*
867 CONV. CPE.	7800.	10900.	14500.*

CHEVROLET 1962

FOUR CYL. CARS

MAKE YEAR MODEL	UNRES-3	UNRES. GOOD-2	RES.-1
CHEVY TWO 100 SERIES T.S. 6.00x13 W.B. 110'' ENG. 3.88x3.25 90 H.P.			
111 2D. SEDAN	610.	845.	1130.
169 4D. SEDAN	610.	845.	1130.
135 4D. S. WAG.	610.	845.	1130.
CHEVY TWO 300 SERIES T.S. 6.50x13 W.B. 110'' ENG. 3.88x3.25 90 H.P.			
369 4D. SEDAN	710.	985.	1315.
345 4D. S. WAG.	710.	985.	1315.

CHEVROLET 1962

SIX CYL. CARS

MAKE YEAR MODEL	UNRES-3	UNRES. GOOD-2	RES.-1
CHEVY TWO 100 SERIES T.S. 6.00x13 W.B. 110'' ENG. 3.56x3.25 120 H.P.			
269 4D. SEDAN	660.	915.	1220.
235 4D. S. WAG.	660.	915.	1220.
CHEVY TWO 300 SERIES T.S. 6.00x13 W.B. 110'' ENG. 3.56x3.25 120 H.P.			
469 4D. SEDAN	860.	1200.	1600.
445 4D. S. WAG.	860.	1200.	1600.
CHEVY TWO NOVA 400 T.S. 6.50x13 W.B. 110'' ENG. 3.56x325 120 H.P.			
441 2D. SEDAN	1015.	1410.	1880.
449 4D. SEDAN	1015.	1410.	1880.
437 HARDTOP CPE.	1775.	2470.	3290.*
467 2D. CONV. SS	2400.	3750.	5200.*
435 4D. S. WAG.	1015.	1410.	1880.
CORVAIR DELX. T.S. 6.50x13 W.B. 108'' ENG. 3.4375x2.680 H.P.			
727 CLB. CPE.	1270.	1760.	2350.
769 4D. SEDAN	1270.	1760.	2350.
735 4D. S. WAG.	1115.	1550.	2070.
CORVAIR MONZA T.S. 6.50x13 W.B. 108'' ENG. 3.4375x2.6 80 H.P.			
927 CLB. COUPE	1625.	2255.	3010.*
969 4D. SEDAN	1015.	1410.	1880.
967 2D. CONV.	2100.	3000.	4500.*
935 4D. S. WAG.	1220.	1690.	2255.
CORVAIR MONZA SPYDER T.S.			
927 CLB. CPE.	2130.	2960.	3950.*
967 2D. CONV.	2500.	3750.	5200.*
CORVAIR 95 GREENBRIER T.S. 7.00x14 W.B. 95'' ENG. 3.4375x2.6 80 H.P.			
R1206 6D. S. WAG.	2030.	2820.	3760.

CHEVROLET 1962

EIGHT CYL. CARS

DEDUCT 10% FOR 6 CYL.

ADD $600. FOR S.S. PACKAGE—ADD $300. FOR A.C.

MAKE YEAR MODEL	UNRES-3	UNRES. GOOD-2	RES.-1
BEL AIR T.S. 7.50x14 W.B. 119'' ENG. 3.88x3 170 H.P.			
1611 2D. SEDAN	1115.	1550.	2070.
1669 4D. SEDAN	1115.	1550.	2070.
1637 HARDTOP CPE.	2285.	3170.	4230.
IMPALA T.S. 7.50x14 W.B. 119'' ENG. 3.56x3.94 170 H.P.			
1869 4D. SEDAN	1395.	1940.	2585.
1847 HARDTOP CPE. SS.	2790.	3880.	5170.*
1839 4D. HARDTOP	1320.	1830.	2445.
1867 2D. CONV.	3500.	5800.	7900.*
STATION WAGON T.S. 7.00x14 W.B. 119'' ENG. 3.56x3.94 170 H.P.			
1645 4D. BEL AIR	1015.	1410.	1880.
1845 4D. IMPLA	1015.	1410.	1880.
CORVETTE T.S. 7.50x14 W.B. 102'' ENG. 4x3.25 250 H.P.			
ADD $800. FOR FUEL INJECTION			
867 HARDTOP CPE. FI.	9200.	15200.	20500.*
867 CONV. CPE.	8000.	13350.	18000.*

CHEVROLET 1963

FOUR CYL. CARS

MAKE YEAR MODEL	UNRES-3	UNRES. GOOD-2	RES.-1
CHEVY TWO 100 SERIES T.S. 6.00x13 W.B. 110'' ENG. 3.88x3.25 90 H.P.			
111 2D. SEDAN	610.	845.	1130.

MAKE YEAR MODEL	UNRES-3	UNRES. GOOD-2	RES.-1
169 4D. SEDAN	610.	845.	1130.
135 4D. S. WAG.	610.	845.	1130.
CHEVY TWO 300 SERIES T.S. 6.00x13 W.B. 110'' ENG. 3.88x3.25 90 H.P.			
311 2D. SEDAN	710.	985.	1315.
369 4D. SEDAN	710.	985.	1315.
345 4D. S.WAG.	710.	985.	1315.

CHEVROLET 1963

SIX CYL. CARS

MAKE YEAR MODEL	UNRES-3	UNRES. GOOD-2	RES.-1
CHEVY TWO 100 SERIES T.S. 6.00x13 W.B. 110'' ENG. 3.56x3.25 120 H.P.			
269 4D. SEDAN	610.	845.	1130.
235 4D. S. WAG.	610.	845.	1130.
CHEVY TWO 300 SERIES T.S. 6.00x13 W.B. 110'' ENG. 3.56x3.25 120 H.P.			
469 4D. SEDAN	710.	985.	1315.
445 4D. S. WAG.	710.	985.	1315.
CHEVY TWO NOVA 400 T.S. 6.50x13 W.B. 110'' ENG. 3.56x3.25 120 H.P.			
449 4D. SEDAN	810.	1130.	1505.
437 HARDTOP CPE.	1775.	2470.	3290.
467 2D. CONV. SS.	2600.	4300.	5800.
435 4D. S. WAG.	810.	1130.	1505.
CORVAIR 500 SERIES T.S. 6.50x13 W.B. 108'' ENG. 3.43x2.60 80 H.P.			
527 CLB. CPE.	1015.	1410.	1880.
CORVAIR 700 SERIES T.S. 6.50x13 W.B. 108'' ENG. 3.43x2.60 80 H.P.			
727 CLB. CPE.	1420.	1975.	2630.
769 4D. SEDAN	1420.	1975.	2630.
CORVAIR MONZA T.S. 6.50x13 W.B. 108'' ENG. 3.42x2.60 80 H.P.			
927 CLB. CPE.	1775.	2470.	3290.
969 4D. SEDAN	1520.	2115.	2820.
967 2D. CONV.	2100.	3400.	4600.
CORVAIR MONZA SPYDER T.S. 6.50x13 W.B. 108'' ENG. 3.43x2.60 80 H.P.			
ADD $500. FOR MONZA TURBO			
927 CLB. CPE.	2285.	3170.	4230.
967 2D. CONV.	2600.	3800.	5400.
CONVAIR 95 GREENBRIER T.S. 7.00x14 W.B. 95'' ENG. 3.43x2.60 80 H.P.			
R1206 6D. S. WAG.	1775.	2470.	3290.
CORVAIR LAKEWOOD 9 WAG.	1420.	1975.	2630.

CHEVROLET 1963

EIGHT CYL. CARS

P.S. AND A.C. INCLUDED

DEDUCT 15% FOR 6 CYL.

MAKE YEAR MODEL	UNRES-3	UNRES. GOOD-2	RES.-1
BISCAYNE T.S. 7.00x14 W.B. 119'' ENG. 3.87x3.00 195 H.P.			
1211 2D. SEDAN	810.	1130.	1505.
1269 4D. SEDAN	810.	1130.	1505.
BEL AIR T.S. 7.00x14 W.B. 119'' ENG. 3.87x3.00 195 H.P.			
1611 2D. SEDAN	915.	1270.	1690.
1669 4D. SEDAN	915.	1270.	1690.
IMPALA T.S. 7.00x14 W.B. 119'' ENG. 3.87x3.00 195 H.P.			
ADD $300. FOR S.S. EQUIPMENT			
1869 4D. SEDAN	1220.	1690.	2255.
1847 HARDTOP CPE. SS.	3150.	4370.	5830.
1839 4D. HARDTOP SEDAN	1320.	1835.	2445.
1867 2D. CONV.	3200.	5200.	7000.
STATION WAGON T.S. 8.00x14			
1235 4D. BISCAYNE	710.	985.	1315.
1635 4D. BEL AIR	810.	1130.	1505.
1645 4D. BEL AIR	810.	1130.	1505.
1835 4D. IMPALA	1015.	1410.	1880.
1845 4D. IMPALA	1015.	1410.	1880.
CORVETTE T.S. 6.70x15 W.B. 98'' ENG. 4.00x3.25 250 H.P.			
ADD $900. FOR FUEL INJECTION			
837 FB APT. COUPE	10100.	16800.	22500. ★
867 HARDTOP COUPE	7600.	12700.	17000. *
867 CONV.	8900.	14000.	18500. *

CHEVROLET 1964

FOUR CYL. CARS

MAKE YEAR MODEL	UNRES-3	UNRES. GOOD-2	RES.-1
CHEVY TWO 100 SERIES T.S. 6.00x13 W.B. 110'' ENG. 3.88x3.25 90 H.P.			
111 2D. SEDAN	610.	845.	1130.
169 4D. SEDAN	610.	845.	1130.

CHEVROLET 1964

SIX CYL. CARS

MAKE YEAR MODEL	UNRES-3	UNRES. GOOD-2	RES.-1
CHEVY TWO 100 SERIES T.S. 6.00x13 W.B. 110'' ENG. 3.56x3.25 120 H.P.			
211 2D. SEDAN	710.	985.	1315.
269 4D. SEDAN	710.	985.	1315.
235 4D. S. WAG.	710.	985.	1315.
CHEVY TWO NOVA 400 T.S. 6.50x13 W.B. 110'' ENG. 3.56x3.25 120 H.P.			
411 2D. SEDAN	760.	1060.	1410.
469 4D. SEDAN	760.	1060.	1410.
437 HARDTOP CPE.	1775.	2470.	3290.
435 4D. S. WAG.	760.	1060.	1410.
CHEVY TWO NOVA SUPER SPORT T.S. 6.50x14			
W.B. 110'' ENG. 3.56x3.25 120 H.P.			
447 HARDTOP CPE.	2030.	2820.	3760. *
CORVAIR ST. T.S. 6.50x13 W.B. 108'' ENG. 3.44x2.94 H.P.			
527 CLB. CPE.	1015.	1410.	1880.
CORVAIR MONZA T.S. 6.50x13 W.B. 108'' ENG. 3.44x2.94 95 H.P.			
927 CLB. CPE.	1775.	2470.	3290.
969 4D. SEDAN	1270.	1760.	2350.
967 2D. CONV.	2150.	2800.	4100. *
CORVAIR DELX. T.S. 6.50x13 W.B. 108'' ENG. 3.44x2.94 95 H.P.			
769 4D. SEDAN	1520.	2115.	2820.
CORVAIR MONZA SPYDER T.S. 6.50x13 W.B. 108'' ENG. 3.44x2.94 150 H.P.			
627 CLB. CPE.	2030.	2820.	3760. *
667 CONV.	2400.	3800.	5200. *
CORVAIR 95 GREENBRIER T.S. 7.00x14 W.B. 95''ENG. 3.44x2.94 95 H.P.			
R1206 6D. S. WAG.	1775.	2470.	3290.
CHEVELLE EL CAMINO T.S. 7.00x14 W.B. 115'' ENG. 3.56x3.25 120 H.P.			
5380 300 P.U. SEDAN	2030.	2820.	3760. *

OTHER 6 CYL. MODELS DEDUCT $250. FROM 8 CYL. CARS

CHEVROLET 1964

EIGHT CYL. CARS

MAKE YEAR MODEL	UNRES-3	UNRES. GOOD-2	RES.-1
CHEVY TWO 100 SERIES T.S. 600x13 W.B. 110'' ENG. 3.88x3.00 195 H.P.			
269 4D. SEDAN	760.	1060.	1410.
235 4D. S. WAG.	760.	1060.	1410.
CHEVY TWO NOVA SERIES T.S. 6.50x13 W.B. 110'' ENG. 3.88x3.00 195 H.P.			
411 2D. SEDAN	760.	1060.	1410.
469 4D. SEDAN	760.	1060.	1410.
437 HARDTOP CPE.	1775.	2470.	3290.
435 4D. S. WAG.	760.	1060.	1410.
CHEVY TWO NOVA SUPER SPORT T.S. 6.50x14			
W.B. 110'' ENG. 3.56x3.25 195 H.P.			
447 HARDTOP CPE.	1930.	2680.	3570. *
CHEVELLE EL CAMINO T.S. 7.00x14 W.B. 115'' ENG. 3.88x3.00 196 H.P.			
5480 300 P.U. SEDAN	1930.	2680.	3570. *
5680 PU MAL. SEDAN	2285.	3170.	4230. *
CHEVELLE MALIBU SERIES T.S. 6.50x14 W.B. 115'' ENG. 3.88x3.00 195 H.P.			
5669 4D. SEDAN	890.	1235.	1645.
5637 HARDTOP CPE.	2030.	2820.	3760. *
5667 CONV.	2250.	3250.	4600. *
CHEVELLE 300 SERIES T.S. 6.50x14 W.B. 115'' ENG. 3.88x3.00 195 H.P.			
5469 4D. SEDAN	2435.	3385.	4510.
CHEVELLE MALIBU SUPER SPORT T.S. 6.50x14			
W.B. 115'' ENG. 3.88x3.00 195 H.P.			
5837 HARDTOP CPE.	2540.	3525.	4700. *

MAKE YEAR MODEL	UNRES-3	UNRES. GOOD-2	RES.-1
5867 2D. CONV.	3000.	4900.	6500. *
CHEVELLE STATION WAGONS T.S. 7.00x14			
W.B. 115'' ENG. 3.88x3.00 195 H.P.			
5415 2D. 300	710.	985.	1315.
5435 4D. 300	710.	985.	1315.
5635 4D. MAL.	810.	1130.	1505.
5645 4D. MAL.	810.	1130.	1505.
BEL AIR T.S. 7.00x14 W.B. 119'' ENG. 3.88x3.00 H.P.			
1611 2D. SEDAN	860.	1200.	1600.
1669 4D. SEDAN	860.	1200.	1600.
IMPALA T.S. 7.00x14 W.B. 119'' 3.88x3.00 195 H.P.			
ADD $200. FOR 250 H.P. ENGINE			
1847 HARDTOP CPE.	2130.	2960.	3950. *
1839 4D. HARDTOP	1170.	1620.	2160.
1867 2D. CONV.	3700.	4950.	6600. ★
IMPALA SUPER SPT. T.S. 7.00x14 W.B. 119'' ENG. 3.88x3.00 195 H.P.			
1447 HARDTOP CPE. 454	3500.	5425.	7250. ★
1467 2D. CONV. 454	3900.	6400.	8500. ★
STATION WAGONS T.S. 8.00x14 W.B. 119'' ENG. 3.88x3.00 195 H.P.			
1635 4D. BEL AIR	710.	985.	1315.
1645 4D. BEL AIR	710.	985.	1315.
1835 4D. IMPALA	810.	1130.	1505.
1845 4D. IMPALA	810.	1130.	1505.
CORVETTE T.S. 6.70x15 W.B. 98'' ENG. 4.00x3.25 250 H.P.			
837 2D. SPT. CPE.	8750.	13400.	17800. *
867 HARDTOP CPE.	7800.	11250.	15000. *
867 2D. CONV.	8000.	12000.	16000. *

CHEVROLET 1965

MAKE YEAR MODEL	UNRES-3	UNRES. GOOD-2	RES.-1
SIX CYL. CARS			
CHEVY TWO 100 SERIES T.S. 6.50x13 W.B. 110'' ENG. 3.563x3.25			
C.I.D. 194 T.S. (WAGONS) 7.00x13 (S.S.) 6.95x14 120 H.P.			
11311 2D. SEDAN	710.	985.	1315.
11369 4D. SEDAN	710.	985.	1315.
11335 4D. S. WAG.	710.	985.	1315.
CHEVY TWO NOVA T.S. 6.50x13 W.B. 110'' ENG.			
3.563x3.25 C.I.D. 194 120 H.P.			
11569 4D. SEDAN	760.	1060.	1410.
11535 2D. HARDTOP	1520.	2115.	2820.
11537 4D. S. WAG.	760.	1060.	1410.
CHEVY TWO NOVA SUPER SPT. T.S. 6.95x14			
W.B. 110'' ENG. 3.563x3.25 C.I.D. 194 120 H.P.			
11737 2D. HARDTOP	1880.	2610.	3480. *
CORVAIR 500 T.S. 6.50x13 W.B. 108'' ENG.			
3.438x2.94 C.I.D. 164 95 H.P.			
10137 2D. HARDTOP	1420.	1975.	2630.
10139 4D. HARDTOP	1270.	1760.	2350.
CORVAIR MONZA T.S. 6.50x13 W.B. 108'' ENG.			
3.438x2.94 C.I.D. 164 95 H.P.			
10537 2D. HARDTOP	1830.	2540.	3385. *
10539 4D. HARDTOP	1370.	1905.	2540.
105677 2D. CONV.	2250.	3200.	4500. *
CORVAIR CORSA T.S. 6.50x13 W.B. 108'' ENG.			
3.438x2.94 C.I.D. 164 140 H.P.			
10737 2D. HARDTOP	1980.	2750.	3665.
10767 2D. CONV.	2500.	3700.	5000.
GREENBRIER T.S. 7.00x14 W.B. 95'' ENG.			
3.438x2.94 C.I.D. 164 95 H.P.			
R1206 6D. SPT. WAG.	1520.	2115.	2820.
R1206 6D. SPT. WAG.	1520.	2115.	2820.

CHEVROLET 1965

MAKE YEAR MODEL	UNRES-3	UNRES. GOOD-2	RES.-1
EIGHT CYL. CARS			
DEDUCT $250. FOR 6 CYL. MODELS			
CHEV. 8 CYL. MODELS 1965 UP INCLUDE AUTOMATIC P.S., A.C.			
CHEVY TWO 100 T.S. 6.95x14 W.B. 110'' ENG. 3.875x3.00 C.I.D. 283 195 H.P.			
11411 2D. SEDAN	810.	1130.	1505.
11469 4D. SEDAN	810.	1130.	1505.
11435 4D. S. WAG.	810.	1130.	1505.
CHEVY TWO NOVA T.S. 6.95x14 W.B. 110'' ENG.			
3.875x3.00 C.I.D. 283 195 H.P. T.S. (WAG.) 7.00x13			
11669 4D. SEDAN	915.	1270.	1690.
11637 2D. HARDTOP	1420.	1975.	2630.
11635 4D. S. WAG.	915.	1270.	1690.
CHEVY TWO NOVA SUPER SPORT T.S. 6.95x14			
W.B. 110'' ENG. 3.875x3.00 C.I.D. 195 H.P.			
11837 2D. HARDTOP	1930.	2680.	3570. *
CHEVELLE EL CAMINO T.S. 7.35x14 W.B. 115''			
ENG. 3.875x3.00 C.I.D. 283 195 H.P.			
13480 2D. PU	2130.	2960.	3950. *
13680 CUS. 2D. PU	2285.	3170.	4230. *
CHEVELLE 300 DELX. T.S. 6.95x14 W.B. 115''			
ENG. 3.875x3.00 C.I.D. 283 195 H.P.			
13411 2D. SEDAN	760.	1060.	1410.
13469 4D. SEDAN	760.	1060.	1410.
CHEVELLE MALIBU T.S. 6.95x14 W.B. 115'' ENG.			
3.875x3.00 C.I.D. 283 195 H.P.			
13669 4D. SEDAN	915.	1270.	1690.
13637 2D. HARDTOP	1775.	2470.	3290. *
13667 2D. CONV.	2400.	3600.	4800. *
CHEVELLE MALIBU SUPER T.S. 6.95 14 W.B.			
115'' ENG. 3.875x3.0 C.I.D. 283			
13837 2D. HARDTOP	2130.	2960.	3950. *
13867 2D. CONV.	2950.	4250.	5800.
CHEVELLE STATION WAGONS T.S. 7.35x14 W.B.			
115'' ENG. 3.875x3.0 C.I.D. 283 195 H.P.			
13435 4D. 300 DELX.	610.	845.	1130.
13635 4D. MAL.	610.	845.	1130.
BEL AIR T.S. 7.35x14 W.B. 119'' ENG. 3.875x3.0			
C.I.D. 283 195 H.P.			
15611 2D. SEDAN	710.	990.	1315.
15669 4D. SEDAN	710.	990.	1315.
IMPALA T.S. 7.35x14 W.B. 119'' ENG. 3.875x3.0			
C.I.D. 283 195 H.P. T.S. (CONV.(7.75x14)			
16437 2D. HARDTOP	1830.	2540.	3385.
16439 4D. HARDTOP	965.	1340.	1785.
16467 2D. CONV.	2600.	3950.	5250. *
IMPALA SUPER SPORT 7.35x14 (CONV.) 7.75x14			
W.B. 119'' ENG. 3.875x3.0 C.I.D. 283			
16637 2D. HARDTOP 327 C.I.D.	2945.	4090.	5450. *
16667 2D. CONV. 327 C.I.D.	3500.	4900.	6500. *
STATION WAGONS T.S. 8.25x14 W.B. 119'' ENG.			
3.875x3.0 C.I.D. 283 195 H.P.			
15635 4D. BEL AIR	660.	915.	1220.
15645 4D. BEL AIR (9)	660.	915.	1220.
16435 4D. IMPALA	810.	1130.	1505.
16445 4D. IMPALA (9)	840.	1160.	1550.
CORVETTE T.S. 7.75x15 W.B. 98'' ENG. 4.00x3.25			
C.I.D. 327 250 H.P.			
ADD $600 FOR FUEL INJECTION, $400. FOR ENGINE OPTION			
19437 2D. CPE. FB 327—375 H.P.	9500.	14600.	19500. *
19467 HARDTOP CPE	7800.	11400.	15000. *
19467 2D. CONV.	8200.	11850.	16000. *
PS PB AC INCLUDED			

MAKE YEAR MODEL	UNRES-3	UNRES. GOOD-2	RES.-1
CHEVROLET 1966			
CORVAIR T.S. 7.00x13 W.B. 108'' ENG. 6 CYL. C.I.D. 164.95 H.P.			
10137 2D. HARDTOP	1520.	2115.	2820.
10139 4D. HARDTOP	1320.	1830.	2445.
MONZA T.S. 7.00x13 W.B. 108'' ENG. 6 CYL. C.I.D. 164 95 H.P.			
10537 2D. HARDTOP	1930.	2680.	3570.*
10539 4D. HARDTOP	1625.	2255.	3010.
10567 2D. CONV.	2400.	3400.	4600.*
CORSA T.S. 7.00x13 W.B. 108'' ENG. 6 CYL. C.I.D. 164 140 H.P.			
10737 2D. HARDTOP	2130.	2960.	3950.*
10767 2D. CONV.	2700.	3900.	5250.*
CHEVY TWO 100 6 CYL. T.S. 6.50x13 W.B. 110'' ENG. 6 CYL. C.I.D. 194 120 H.P. — ADD $200. FOR 283 V8			
11311 2D. SEDAN	610.	845.	1130.
NOVA T.S. 6.50x13 W.B. 110'' ENG. 6 CYL. C.I.D. 194 120 H.P.			
11569 4D. SEDAN	660.	915.	1220.
11537 2D. HARDTOP	1420.	1975.	2630.
11535 4D. S. WAG.	610.	845.	1130.
NOVA SUPER SPT. T.S. 6.50x13 W.B. 110'' ENG. 6 CYL. C.I.D. 194 120 H.P. V8 C.I.D. 283 195 H.P.			
11737 2D. HARDTOP V8	2640.	3665.	4890.*
SPORTVAN T.S. 6.50x13 W.B. 90'' ENG. 6 CYL. C.I.D 194 120 H.P. (DELX.) 140			
G1206 STANDARD	810.	1130.	1505.
G1226 CUSTOM	860.	1200.	1600.
G1236 DELX	940.	1305.	1740.
CHEVELLE EL CAMINO T.S. 6.95/7.35x14 W.B. 115'' ENG. V8 C.I.D. 283 195 H.P. DEDUCT $250. FOR 6 CYL. MODELS			
13480 PICKUP	2030.	2820.	3760.
13680 CUS. PICKUP	2285.	3170.	4230.
CHEVELLE 300 V8 T.S. 6.95/7.35x14 W.B. 115'' ENG. V8 C.I.D. 283 195 H.P.			
13211 2D.	710.	990.	1315.
13269 4D	710.	990.	1315.
13411 DELX. 2D.	760.	1060.	1410.
13469 DELX. 4D.	760.	1060.	1410.
MALIBU V8 T.S. 6.95/7.35x14 W.B. 115'' ENG. V8 C.I.D. 283 195 H.P.			
13617 2D. SPT. CPE	1520.	2115.	2820.*
13639 4D. SPT. SEDAN	760.	1060.	1410.
13667 2D. CONV.	2000.	3100.	4100.*
SUPER SPT. T.S. 6.95/7.35x14 W.B. 115'' ENG. V8 C.I.D. 396 325 H.P.			
13817 2D. SPT. CPE	3000.	4600.	6100.*
13867 2D. CONV.	3500.	5250.	7000.*
STATION WAGONS			
13435 4D. DELX. 300	610.	845.	1130.
13635 4D. MAL.	610.	845.	1130.
BISCAYNE T.S. 7.75/8.25x14 W.B. 119'' ENG. V8 283 195 H.P.			
BEL AIR T.S. 7.75/8.25x14 W.B. 119'' ENG. V8 C.I.D. 283 195 H.P.			
15611 2D.	660.	915.	1220.
15669 4D.	660.	915.	1220.
IMPALA T.S. 7.7x8.25x14 W.B. 119'' ENG. V8 C.I.D. 283 195 H.P.			
16469 4D.	915.	1270.	1690.
16437 2D. SPT. CPE	1520.	2115.	2820.
16439 4D. SEDAN SPORT	1015.	1410.	1880.
16467 2D. CONV.	2800.	4250.	5750.*
IMPALA S.S. T.S. 7.75x8.25x14 W.B. 119'' ENG. V8 C.I.D. 283 195 H.P.			
16837 2D. SPT. CPE 327 C.I.D.	2945.	4090.	5700.*
16867 2D. CONV. 327 C.I.D.	3400.	5100.	6800.*
CAPRICE T.S. 7.75/8.25x14 W.B. 119'' ENG. V8 C.I.D. 283 195 H.P.			
16647 CUS. CPE	1420.	1975.	2630.

MAKE YEAR MODEL	UNRES-3	UNRES. GOOD-2	RES.-1
16639 4D. SEDAN	860.	1200.	1600.
STATION WAGONS T.S. 7.75/8.25x14 W.B. 119'' ENG. V8 C.I.D. 283 195 H.P.			
15645 4D. BEL AIR (9)	710.	990.	1315.
16435 4D. IMPALA	710.	990.	1315.
16445 4D. IMPALA (9)	760.	1060.	1410.
CORVETTE T.S. 7.75/8.25x14 W.B. 98'' ENG. V8 C.I.D. 327 300 H.P.			
19437 2D. FASTBACK (427) 435 H.P.	9400.	13400.	17800.★
19467 2D. HARDTOP	7500.	10900.	14500.*
19467 CONV. (427)	8400.	12000.	16000.*
CHEVROLET 1967			
CORVAIR T.S. 7.00x13 W.B. 108'' ENG. 6 CYL. C.I.D. 164 95 H.P.			
10137 2D. HARDTOP	1370.	1900.	2540.
10139 4D. HARDTOP	1220.	1690.	2255.
CORVAIR MONZA T.S. 7.00x13 W.B. 108'' ENG. 6 CYL. C.I.D. 164 95 H.P.			
10537 2D. HARDTOP	1830.	2540.	3385.
10539 4D. HARDTOP	1625.	2255.	3010.
10567 2D. CONV	2600.	3750.	5200.
CHEVY TWO 100 T.S. 6.95x14 W.B. 110'' ENG. 6 CYL. C.I.D. 230 140 H.P. ADD $600 FOR 283 V8			
11311 2D. SEDAN	760.	1060.	1410.
11369 4D. SEDAN	760.	1060.	1410.
11335 4D. S. WAG.	760.	1060.	1410.
NOVA T.S. 6.95x14 W.B. 110'' ENG. 6 CYL. C.I.D. 230 140 H.P.			
11569 4D. SEDAN	860.	1200.	1600.
11537 2D. HARDTOP	1850.	2850.	3800.★
11535 4D. S. WAG.	810.	1130.	1505.
11737 S.S. HARDTOP 327 — 350 H.P.	2900.	4360.	5800.★
SPORTVAN T.S. (G10) 6.95x14 (G20) 7.75x15 W.B. (11000) 90'' (11300) 108'' (21000) 108'' ENG. 6 CYL. C.I.D. 230 140 H.P. ADD $150. FOR 283 V8 ENGINE			
GS11006 SPORTVAN	760.	1060.	1410.
GS11026 CUS. 2S.	760.	1060.	1410.
GS11036 DELX. 2S	810.	1130.	1505.
GS11306 2S. SPORTVAN	810.	1130.	1505.
GS11326 CUS. 2S	810.	1130.	1505.
GS11336 DELX. 2S	860.	1200.	1600.
GS21306 2S. SPORTVAN	860.	1200.	1600.
GS21326 CUS. 2S	860.	1200.	1600.
GS21336 DELX. 2S	890.	1235.	1645.
CAMARO V8 ADD $1000. RALLY PKG. OR SS OPTION			
CAMARO T.S. 7.35x14 W.B. 108'' ENG. 6 CYL. C.I.D. 230 140 H.P.			
12337 2D. HARDTOP	2950.	4200.	5600.★
12367 2D. CONV.	3700.	5250.	7000.★
CAMARO ENG. V8 C.I.D. 327 210 H.P			
12437 2D. HARDTOP SS 396	3950.	5700.	7600.★
CAMARO Z-28 2D. HARDTOP	4600.	6550.	8750.★
1967 CAMARO PACE CAR 100 BUILT	6200.	9000.	12000.★
12467 2D. CONV. TOTAL ALL CAMARO 25,100	4100.	5800.	7800.★
CHEVELLE T.S. 7.35x14 W.B. 115'' ENG. V8 C.I.D. 283 195 H.P. 6 CYL. C.I.D. 230 140 H.P.			
13480 EL CAMINO PU	1775.	2470.	3290.
13680 EL CAMINO PU	1930.	2680.	3570.
13269 4D. SEDAN	610.	845.	1130.
13411 DELX. 2D. SEDAN	610.	845.	1130.

MAKE YEAR MODEL	UNRES-3	UNRES. GOOD-2	RES.-1
13469 DELX. 4D. SEDAN	610.	845.	1130.
MALIBU T.S. 7.35x14 W.B. 115'' ENG. V8 C.I.D. 283 195 H.P.			
13669 4D. SEDAN	710.	990.	1315.
13617 2D. HARDTOP	1880.	2610.	3480. *
13639 4D. HARDTOP	760.	1060.	1410.
13667 2D. CONV.	2940.	4200.	5600. *
SS396 T.S. F70x14 W.B. 115'' ENG. V8 C.I.D. 396 325 H.P.			
13817 2D. HARDTOP	3300.	4580.	6110. *
13867 2D. CONV.	4000.	5700.	7600. *
WAGONS T.S. F70x14 W.B. 115'' ENG. V8 C.I.D. 396 325 H.P.			
13435 DELX. 4D. 300	610.	845.	1130.
13635 4D. MALIBU	635.	880.	1175.
13835 4D. CONCOURS	660.	915.	1220.
BISCAYNE T.S. 8.25/8.55x14 W.B. 119'' ENG. V8 C.I.D. 283 195 H.P.			
6 CYL. C.I.D. 250 155 H.P.			
BEL AIR T.S. 8.25/8.55x14 W.B. 119'' ENG. V8 C.I.D. 283 195 H.P.			
15611 2D. SEDAN	560.	775.	1035.
15669 4D. SEDAN	560.	775.	1035.
IMPALA T.S. 8.25/8.55x14 W.B. 119'' ENG. V8 C.I.D. 283 195 H.P.			
16469 4D. SEDAN	810.	1130.	1505.
16487 2D. HARDTOP	1370.	1900.	2540.
15439 4D. HARDTOP	915.	1270.	1690.
16467 2D. CONV.	2650.	3750.	5000. *
16887 S.S. 2D. HARDTOP 396	3045.	4230.	5640.
16867 S.S. 2D. CONV. 396	3500.	5100.	6800. *
CAPRICE T.S. 8.25/8.55x14 W.B. 119'' ENG. V8 C.I.D. 283 195 H.P.			
16647 CUS. 2D. HARDTOP	1370.	1900.	2540.
16639 4D. HARDTOP	915.	1270.	1690.
WAGONS T.S. 8.25/8.55x14 W.B. 119'' ENG. V8 C.I.D. 283 195 H.P.			
16435 4D. IMPALA	560.	775.	1035.
16445 4D. IMPALA	560.	775.	1035.
16635 4D. CAPRICE	610.	845.	1130.
16645 4D. CAPRICE	610.	845.	1130.
CORVETTE T.S. 7.75x14 W.B. 98'' ENG. V8 C.I.D. 327 300 H.P.			
19437 2D. FASTBACK (427) 435 H.P.	9500.	13900.	18500. *
19467 2D. HARDTOP CPE	7400.	10600.	14200. *
19467 2D. CONV.(427) 435 H.P.	9400.	13500.	18000. *
19467 BOTH TOPS	8100.	11600.	15500. *

CHEVROLET 1968

MAKE YEAR MODEL	UNRES-3	UNRES. GOOD-2	RES.-1
CORVAIR T.S. 7.00x13 W.B. 108'' ENG. 6 CYL. C.I.D. 164 95 H.P.			
10137 2D. HARDTOP 500	1775.	2470.	3290.
10537 MONZA 2D. HARDTOP	2285.	3175.	4230.
10567 MONZA 2D. CONV.	2750.	3900.	5200. *
NOVA T.S. 7.35x14 W.B. 111'' ENG. 4 CYL. C.I.D. 153 90 H.P.			
NOVA T.S. 7.35x14 W.B. 111'' ENG. 6 CYL. C.I.D. 230 140 H.P.			
11327 2D. CPE 6 CYL.	915.	1270.	1690.
11369 4D. SEDAN	915.	1270.	1690.
NOVA V8 T.S. 7.35x14 W.B. 111'' ENG. V8 C.I.D. 307 200 H.P.			
11427 2D. CPE	1520.	2115.	2820.
11469 4D. SEDAN	965.	1340.	1785.
SPORTVAN T.S. 6.95x14 W.B. 90'' 6 CYL C.I.D. 230 140 H.P.			
ADD $150 FOR V8 ENGINE			
GS11006 2S. SPORTVAN	810.	1130.	1505.
GS11026 2S. CUS.	810.	1130.	1505.
GS11036 2S. DELX.	810.	1130.	1505.
G10 108'' W.B			
GS11306 2S. SPORTVAN	840.	1160.	1550.
GS11326 2S. CUS.	840.	1160.	1550.
GS11336 2S. DELX.	840.	1160.	1550.
G20 108'' W.B.			
GS21306 2S.SPORTVAN	860.	1200.	1600.
GS21326 2S. CUS.	890.	1235.	1645.
GS21336 2S. DELX.	890.	1235.	1645.
CAMARO T.S. 7.35x14 W.B. 108'' ENG. 6 CYL. C.I.D. 230 140 H.P.			
12337 2D. HARDTOP ALL 68,(20, 400)	1850.	2600.	3500. *
12367 2D. CONV.	2350.	3350.	4500. *
ADD $1800 FOR Z-28			
CAMARO V8 T.S. 7.35x14 W.B. 108'' ENG. V8 C.I.D. 327 210 H.P.			
12437 2D. HARDTOP ADD $1800 FOR Z-28	3300.	4580.	6110. *
12467 2D. CONV. (396)	3600.	5400.	7250. *
CHEVELLE EL CAMINO T.S. 7.35/7.75x14 W.B. 116'' ENG. V8 C.I.D. 307 200 H.P. (CPE. CONV.) 112'' W.B.			
13480 2D. PU	1520.	2115.	2820.
13680 2D. CUS.	1625.	2255.	3010.
13880 2D. SS396	2285.	3170.	4230.
300 SERIES T.S. 7.35/7.75x14 W.B. 112'' ENG. V8 C.I.D. 307 200 H.P.			
300 DELX. T.S. 7.35/7.75x14 W.B. 112'' (SEDAN) 116'' C.I.D. 307 200 H.P.			
13469 4D. SEDAN	530.	740.	990.
13437 2D. HARDTOP	810.	1130.	1505.
MALIBU T.S. 7.35/7.75x14 W.B. 116'' (CONV.) 112'' ENG. V8 C.I.D. 307 200 H.P.			
13669 4D. SEDAN	560.	775.	1035.
13637 2D. HARDTOP	1270.	1760.	2350. *
13539 4D. HARDTOP	560.	775.	1035.
13667 2D. CONV.	2300.	3400.	4500. *
SUP. SPT. SS396 T.S. F70x14 W.B. 112'' ENG. V8 C.I.D. 396 325 H.P.			
13837 2D. HARDTOP	2990.	4100.	5670. *
13867 2D. CONV.	3600.	5300.	7000. *
WAGONS T.S. F70x14 W.B. 116'' ENG. V8 C.I.D. 307 200 H.P.			
13235 4D. NOMAD	455.	635.	845.
13435 CUS. 4D. NOMAD	455.	635.	845.
13445 CUS. 4D. NOMAD	480.	670.	890.
13635 4D. MALIBU	430.	600.	800.
13645 4D. MALIBU	455.	635.	845.
13835 4D. CONCOURS	530.	740.	990.
13845 4D. CONCOURS	560.	775.	1035.
BISCAYNE T.S. 8.25x14 W.B. 119'' ENG. V8 C.I.D. 307 200 H.P.			
BEL AIR T.S. 8.25x14 W.B. 119'' ENG. V8 C.I.D. 307 200 H.P.			
15669 4D. SEDAN	495.	690.	915.
IMPALA T.S. 8.25x14 W.B. 119'' ENG. V8 C.I.D. 307 200 H.P.			
16469 4D. SEDAN	495.	690.	915.
16487 2D. HARDTOP	1270.	1760.	2350.
16447 2D. HARDTOP S.S. 396	2540.	3525.	4700.
16439 4D. HARDTOP	560.	775.	1035.
16467 2D. CONV. S.S. 396	2800.	4100.	5600. *
CAPRICE T.S. 8.25x14 W.B. 119'' ENG. V8 C.I.D. 307 200 H.P.			
16647 2D. HARDTOP	1270.	1760.	2350.
16639 4D. HARDTOP	560.	775.	1035.
WAGONS T.S. 8.55x14 W.B. 119'' ENG. V8 C.I.D. 307 200 H.P.			
16435 4D. IMPALA (6)	510.	705.	940.
16445 4D. IMPALA (9)	510.	705.	940.
16635 4D. CAPRICE (6)	530.	740.	990.
16645 4D. CAPRICE (9)	530.	740.	990.
CORVETTE T.S. F70x15 W.B. 98'' ENG. V8 C.I.D. 327 300 H.P.			
19437 2D. FASTBACK (427) 435 H.P.	7400.	10700.	14250. *
19467 2D. HARDTOP CPE	5650.	8100.	10800. *
19467 2D. CONV.(427) 435 H.P.	7600.	10800.	14500. *
19467 BOTH TOPS (327)	6600.	9500.	12700. *

CHRYSLER 1946

MAKE YEAR MODEL	UNRES. FAIR-4	UNRES. GOOD-3	RES. FAIR-2	RES. EXCEL.-1	PTS.
SIX CYLINDER CARS					
C38 ROYAL T.S. 15 x 6.50 W.B. 121-1/2'' (SEDAN, LIMO.) 139-1/2'' ENG. 3-7/16 x 4-1/2 28.26 HP					
C38 Coupe	1400.	2500.	4200.	6000.	(85)

MAKE YEAR MODEL	UNRES. FAIR-4	UNRES. GOOD-3	RES. FAIR-2	RES. EXCEL.-1	PTS.
C38 Club Coupe	1200.	2200.	3650.	5200.	(85)
C38 2D Sedan	1100.	2000.	3350.	4800.	(85)
C38 4D Sedan	1200.	2150.	3550.	5100.	(85)
C38 Limousine Sedan	1300.	2350.	3900.	5600.	(85)
WINDSOR T.S. 15 x 6.50 W.B. 121-1/2'' (SEDAN) 136-1/2'' ENG. 3-7/16 x 4-1/2 28.26 HP					
C38 Coupe	1500.	2750.	4550.	6500.	(85)
C38 Club Coupe	1150.	2100.	3500.	5000.	(85)
C38 Convertible Coupe	2750.	5050.	8400.	12000.	(90)
C38 2D Sedan	1150.	2050.	3450.	4900.	(85)
C38 4D Sedan	1200.	2200.	3650.	5200.	(85)
C38 Limousine Sedan	1350.	2450.	4050.	5800.	(85)

CHRYSLER 1946

EIGHT CYLINDER CARS

MAKE YEAR MODEL	UNRES. FAIR-4	UNRES. GOOD-3	RES. FAIR-2	RES. EXCEL.-1	PTS.
C39 SARATOGA T.S. 15 x 7.00 W.B 127-1/2'' ENG. 3-1/4 x 4-7/8 33.80 HP					
C39 Coupe	1750.	3150.	5250.	7500.	(85)
C39 Club Coupe	1400.	2500.	4200.	6000.	(85)
C39 2D Sedan	1200.	2150.	3550.	5100.	(85)
C39 4D Sedan	1200.	2150.	3550.	5100.	(85)
NEW YORKER T.S. 15 x 7.00 W.B. 127-1/2'' ENG. 3-1/4 x 4-7/8 33.80 HP					
C39 Coupe	1800.	3300.	5450.	7800.	(85)
C39 Club Coupe	1450.	2600.	4350.	6200.	(85)
C39 Convertible Coupe	3600.	6500.	10850.	15500.	(90)
C39 2D Sedan	1250.	2300.	3850.	5500.	(85)
C39 4D Sedan	1250.	2300.	3850.	5500.	(85)
TOWN AND COUNTRY T.S. 15 x 7.00 W.B. 127-1/2'' ENG. 3-1/4 x 4-7/8 33.80 HP					
C39 Convertible Coupe	6000.	10900.	18200.	26000.	(90)
C39 4D Sedan	4850.	8800.	14700.	21000.	(90)

CHRYSLER 1947

SIX CYLINDER CARS

MAKE YEAR MODEL	UNRES. FAIR-4	UNRES. GOOD-3	RES. FAIR-2	RES. EXCEL.-1	PTS.
ROYAL T.S. 15 x 6.50 W.B. 121-1/2'' (SEDAN, LIMO.) 139-1/2'' ENG. 3-7/16 x 4-1/2 28.26 HP					
C38 Coupe	1500.	2750.	4550.	6500.	(85)
C38 Club Coupe	1200.	2200.	3700.	5250.	(85)
C38 2D Sedan	1150.	2050.	3450.	4900.	(85)
C38 4D Sedan	1200.	2200.	3650.	5200.	(85)
C38 Limousine Sedan	1250.	2300.	3850.	5500.	(85)
WINDSOR T.S. 15 x 6.50 W.B. 121-1/2'' (SEDAN, LIMO.) 139-1/2'' ENG. 3-7/16 x 4-1/2 28.26 HP					
C38 Coupe	1550.	2850.	4750.	6800.	(85)
C38 Club Coupe	1200.	2200.	3700.	5250.	(85)
C38 Convertible Coupe	3000.	5450.	9100.	13000.	(85)
C38 2D Sedan	1150.	2100.	3500.	5000.	(85)
C38 4D Sedan	1150.	2100.	3500.	5000.	(85)
C38 Limousine Sedan	1350.	2450.	4050.	5800.	(85)
TOWN AND COUNTRY T.S. 15 x 6.50 W.B. 121-1/2 '' ENG. 3-7/16 x 4-1/2 28.26 HP					
C38 4D Sedan	4950.	9050.	15050.	21500.	(90)

CHRYSLER 1947

EIGHT CYLINDER CARS

MAKE YEAR MODEL	UNRES. FAIR-4	UNRES. GOOD-3	RES. FAIR-2	RES. EXCEL.-1	PTS.
SARATOGA T.S. 15 x 7.00 W.B. 127-1/2'' ENG. 3-1/4 x 4-7/8 33.8 HP					
C39 Coupe	1750.	3150.	5250.	7500.	(90)
C39 Club Coupe	1400.	2500.	4200.	6000.	(90)
C39 2D Sedan	1200.	2150.	3550.	5100.	(90)
C39 4D Sedan	1200.	2150.	3550.	5100.	(90)
NEW YORKER T.S. 15 x 7.00 W.B. 127-1/2'' ENG. 3-1/4 x 4-7/8 33.8 HP					
C39 Coupe	1800.	3300.	5450.	7800.	(90)
C39 Club Coupe	1450.	2600.	4400.	6250.	(90)
C39 Convertible Coupe	3600.	6500.	10850.	15500.	(90)
C39 2D Sedan	1200.	2200.	3650.	5200.	(90)
C39 4D Sedan	1200.	2200.	3650.	5200.	(90)
TOWN AND COUNTRY T.S. 15 x 7.00 W.B. 127-1/2'' ENG. 3-1/4 x 4-7/8 33.8 HP					
C39 Convertible Coupe	6250.	11350.	18900.	27000.	(90)
C39 4D Sedan	4950.	9050.	15050.	21500.	(90)

CHRYSLER 1948

SIX CYLINDER CARS

MAKE YEAR MODEL	UNRES. FAIR-4	UNRES. GOOD-3	RES. FAIR-2	RES. EXCEL.-1	PTS.
ROYAL T.S. 15 x 7.60 W.B. 121-1/2'' (LIMO.) 139-1/2'' ENG. 3-7/16 x 4-1/2 28.26 HP					
C38 Coupe	1550.	2800.	4700.	6700.	(85)
C38 Club Coupe	1200.	2250.	3700.	5300.	(85)
C38 2D Sedan	1150.	2100.	3500.	5000.	(85)
C38 4D Sedan	1200.	2200.	3650.	5200.	(85)
C38 Limousine Sedan	1300.	2350.	3900.	5600.	(85)
WINDSOR T.S. 15 x 7.60 W.B. 121-1/2'' ENG. 3-7/16 x 4-1/2 28.26 HP					
C38 Coupe	1600.	2950.	4900.	7000.	(85)
C38 Club Coupe	1250.	2300.	3850.	5500.	(85)
C38 Convertible Coupe	3100.	5650.	9450.	13500.	(90)
C38 Luxury Brougham	1400.	2500.	4200.	6000.	(85)
C38 4D Sedan	1250.	2300.	3850.	5500.	(85)
C38 Traveler Saloon	1300.	2350.	3900.	5600.	(85)
TOWN AND COUNTRY T.S. 15 x 7.60 W.B. 121-1/2'' ENG. 3-7/16 x 4-1/2 28.26 HP					
C38 4D Sedan	4950.	9050.	15050.	21500.	(90)

1949 Chrysler Town and Country Convertible

CHRYSLER 1948

EIGHT CYLINDER CARS

MAKE YEAR MODEL	UNRES. FAIR-4	UNRES. GOOD-3	RES. FAIR-2	RES. EXCEL.-1	PTS.
SARATOGA T.S. 8.20 x 15 W.B. 127 1/2'' ENG. 3-1/4 x 4-7/8 33.8 HP					
C39 Coupe	1750.	3200.	5300.	7600.	(90)
C39 Club Coupe	1400.	2550.	4250.	6100.	(90)
C39 2D Sedan	1200.	2200.	3650.	5200.	(90)
C39 4D Sedan	1200.	2200.	3650.	5200.	(90)
NEW YORKER T.S. 8.20 x 15 W.B. 127-1/2'' ENG. 3-1/4 x 4-7/8 33.8 HP					
C39 Coupe	1800.	3300.	5550.	7900.	(90)
C39 Club Coupe	1500.	2750.	4550.	6500.	(90)
C39 Convertible Coupe	3650.	6650.	11050.	15800.	(90)
C39 2D Sedan	1250.	2300.	3850.	5500.	(90)
C39 4D Sedan	1250.	2300.	3850.	5500.	(90)
TOWN AND COUNTRY T.S. 8.20 x 15 W.B. 127-1/2'' ENG. 3-1/4 x 4-7/8 33.8 HP					
C39 Convertible Coupe	6350.	11550.	19250.	27500.	(90)
CROWN IMPERIAL T.S. 8.90 x 15 W.B. 127-1/2'' ENG. 3-1/4 x 4-7/8 33.8 HP					
C39 4D Sedan	1400.	2500.	4200.	6000.	(90)
C39 Limousine	1750.	3150.	5250.	7500.	(90)

CHRYSLER 1949

SIX CYLINDER SECOND SERIES

MAKE YEAR MODEL	UNRES. FAIR-4	UNRES. GOOD-3	RES. FAIR-2	RES. EXCEL.-1	PTS.
ROYAL T.S. 7.60 x 15 W.B. 125-1/2'' ENG. 3-7/16 x 4-1/2 115 HP (S. WAG.) 8.20 x 15					
C45 4D Sedan	900.	1700.	2800.	4000.	(85)
C45 Club Coupe	900.	1700.	2800.	4000.	(85)
C45 Station Wagon (Woody)	2700.	4850.	8100.	11600.	(90)
WINDSOR T.S. 7.60 x 15 W.B. 125-1/2'' ENG. 3-7/16 x 4-1/2 115 HP					
C45 4D Sedan	950.	1750.	2950.	4200.	(85)
C45 Club Coupe	950.	1750.	2950.	4200.	(85)
C45 Convertible Coupe	2700.	4950.	8250.	11800.	(90)
C45 Limousine	1050.	1900.	3150.	4500.	(85)

MAKE YEAR MODEL — UNRES. FAIR-4 / UNRES. GOOD-3 / RES. FAIR-2 / RES. EXCEL.-1 / PTS.

CHRYSLER 1949

EIGHT CYLINDER CARS SECOND SERIES

SARATOGA T.S. 8.20 x 15 W.B. 131-1/2'' ENG. 3-1/4 x 4-7/8 115 HP

MAKE YEAR MODEL	UNRES. FAIR-4	UNRES. GOOD-3	RES. FAIR-2	RES. EXCEL.-1	PTS.
C46 4D Sedan	1050.	1950.	3200.	4600.	(85)
C46 Club Coupe	1050.	1950.	3200.	4600.	(85)

NEW YORKER T.S. 8.20 x 15 W.B. 131-1/2'' ENG. 3-1/4 x 4-7/8 115 HP

MAKE YEAR MODEL	UNRES. FAIR-4	UNRES. GOOD-3	RES. FAIR-2	RES. EXCEL.-1	PTS.
C46 4D Sedan	1100.	2000.	3350.	4800.	(85)
C46 Club Coupe	1100.	2000.	3350.	4800.	(85)
C46 Convertible Coupe	2750.	5050.	8400.	12000.	(90)

TOWN AND COUNTRY T.S. 8.20 x 15 W.B. 131-1/2'' ENG. 3-1/4 x 4-7/8 115 HP

MAKE YEAR MODEL	UNRES. FAIR-4	UNRES. GOOD-3	RES. FAIR-2	RES. EXCEL.-1	PTS.
C46 Convertible Coupe 15 K.M.	10400.	18900.	31500.	45000.	(100)

IMPERIAL T.S. 8.20 x 15 W.B. 131-1/2'' ENG. 3-1/4 x 4-7/8 115 HP

MAKE YEAR MODEL	UNRES. FAIR-4	UNRES. GOOD-3	RES. FAIR-2	RES. EXCEL.-1	PTS.
C46 4D Sedan	1200.	2200.	3650.	5200.	(85)

CROWN IMPERIAL T.S. 8.90 x 15 W.B. 145-1/2'' ENG. 3-1/4 x 4-7/8 115 HP

MAKE YEAR MODEL	UNRES. FAIR-4	UNRES. GOOD-3	RES. FAIR-2	RES. EXCEL.-1	PTS.
C46 4D Sedan	1250.	2300.	3850.	5500.	(85)
C46 Limousine	1250.	2300.	3800.	5500.	(85)

CHRYSLER 1950

SIX CYLINDER CARS

ROYAL T.S. 7.60 x 15 (WAGON) 8.20 x 15 W.B. 125-1/2'' ENG. 3-7/8 x 4-1/2 115 HP

MAKE YEAR MODEL	UNRES. FAIR-4	UNRES. GOOD-3	RES. FAIR-2	RES. EXCEL.-1	PTS.
C48 4D Sedan (8)	850.	1500.	2500.	3600.	(85)
C48 4D Sedan (6)	950.	1700.	2850.	4100.	(85)
C48 Club Coupe	950.	1700.	2850.	4100.	(85)
C48 Station Wagon Town & Country	3100.	5650.	9450.	13500.	(85)

WINDSOR T.S. 15 x 7.60 (8 PASS. SEDAN & LIMO.) 8.20 x 15 W.B. 125-1/2'' ENG. 3-7/8 x 4-1/2 115 HP

MAKE YEAR MODEL	UNRES. FAIR-4	UNRES. GOOD-3	RES. FAIR-2	RES. EXCEL.-1	PTS.
C48 Limousine	900.	1650.	2750.	3900.	(85)
C48 4D Sedan (8)	850.	1500.	2500.	3600.	(85)
C48 4D Traveler	850.	1500.	2500.	3600.	(85)
C48 4D Sedan	850.	1550.	2600.	3700.	(85)
C48 Club Coupe	900.	1600.	2650.	3800.	(85)
C48 Convertible Coupe	2250.	4100.	6850.	9800.	(90)
C48 Newport Coupe	1500.	2750.	4550.	6500.	(90)

CHRYSLER 1950

EIGHT CYLINDER CARS

SARATOGA T.S. 8.20 x 15 W.B. 131-1/2'' ENG. 3-1/4 x 4-7/8 115 HP

MAKE YEAR MODEL	UNRES. FAIR-4	UNRES. GOOD-3	RES. FAIR-2	RES. EXCEL.-1	PTS.
C49 Club Coupe	900.	1700.	2800.	4000.	(85)
C49 4D Sedan	850.	1550.	2600.	3700.	(85)

NEW YORKER T.S. 8.20 x 15 W.B. 131-1/2'' ENG. 3-1/4 x 4-7/8 115 HP

MAKE YEAR MODEL	UNRES. FAIR-4	UNRES. GOOD-3	RES. FAIR-2	RES. EXCEL.-1	PTS.
C49 Club Coupe	600.	1050.	1750.	4800.	(85)
C49 4D Sedan	600.	1050.	1750.	4800.	(85)
C49 Convertible Coupe	3100.	5650.	9450.	13500.	(90)
C49 Newport	1500.	2750.	4550.	6500.	(90)

TOWN AND COUNTRY T.S. 8.20 x 15 W.B. 131-1/2'' ENG. 3-1/4 x 4-7/8 115 HP

MAKE YEAR MODEL	UNRES. FAIR-4	UNRES. GOOD-3	RES. FAIR-2	RES. EXCEL.-1	PTS.
C49 Newport Coupe	3700.	6700.	11200.	16000.	(94)

IMPERIAL T.S. 8.20 x 15 W.B. 131-1/2'' ENG. 3-1/4 x 4-7/8 115 HP

MAKE YEAR MODEL	UNRES. FAIR-4	UNRES. GOOD-3	RES. FAIR-2	RES. EXCEL.-1	PTS.
C49 4D Sedan	1150.	2100.	3500.	5000.	(85)
C49 D.L. 4D Sedan	1150.	2100.	3500.	5000.	(85)

CROWN IMPERIAL T.S. 8.90 x 15 W.B. 145-1/2'' ENG. 3-1/4 x 4-7/8 115 HP

MAKE YEAR MODEL	UNRES. FAIR-4	UNRES. GOOD-3	RES. FAIR-2	RES. EXCEL.-1	PTS.
C49 4D Sedan	1200.	2200.	3650.	5200.	(85)
C49 Limousine	1200.	2200.	3650.	5200.	(85)

CHRYSLER 1951

SIX CYLINDER CARS

WINDSOR DELUXE T.S. 15 x 7.00 (8 PASS. & LIMO.) 8.20 x 15 W.B. 125-1/2'' ENG. 3-7/8x4-1/2 115 HP

MAKE YEAR MODEL	UNRES. FAIR-4	UNRES. GOOD-3	RES. FAIR-2	RES. EXCEL.-1	PTS.
C51-2 4D Sedan	750.	1350.	2250.	3200.	(85)
C51-2 4D Traveler	750.	1350.	2250.	3200.	(85)
C51-2 Club Coupe	810.	1450.	2450.	3500.	(85)
C51-2 4D Sedan (8)	750.	1400.	2300.	3300.	(85)
C51-2 Limousine	750.	1400.	2300.	3300.	(85)
C51-2 Convertible Coupe	2100.	3800.	6300.	9000.	(90)
C51-2 2D Newport Hardtop	2300.	4200.	4900.	7000.	(90)

CHRYSLER 1951

EIGHT CYLINDER CARS

SARATOGA T.S. 8.20 x 15 W.B. 125-1/2'' (8 PASS. & LIMO.) 39-1/2'' ENG. 3-13/16 x 3-5/8 180 HP

MAKE YEAR MODEL	UNRES. FAIR-4	UNRES. GOOD-3	RES. FAIR-2	RES. EXCEL.-1	PTS.
C51 Limousine	1050.	1950.	3200.	4600.	(85)
C51 4D Sedan	950.	1750.	2950.	4200.	(85)
C51 Club Coupe	950.	1750.	2950.	4200.	(85)
C51 Station Wagon	1050.	1900.	3150.	4500.	(85)

NEW YORKER T.S. 8.20 x 15 W.B. 131-1/2'' ENG. 3-13/16 x 3-5/8 180 HP

MAKE YEAR MODEL	UNRES. FAIR-4	UNRES. GOOD-3	RES. FAIR-2	RES. EXCEL.-1	PTS.
C51 Club Coupe	1150.	2050.	3450.	4900.	(85)
C51 4D Sedan	1150.	2050.	3450.	4900.	(85)
C51 Convertible Coupe	2900.	5250.	8750.	12500.	(90)
C51 Newport	1750.	3150.	5250.	7500.	(90)
C51 Station Wagon	1350.	2450.	4050.	5800.	(85)

IMPERIAL T.S. 8.20 x 15 W.B. 131-1/2'' ENG. 3-13/16 x 3-5/8 180 HP

MAKE YEAR MODEL	UNRES. FAIR-4	UNRES. GOOD-3	RES. FAIR-2	RES. EXCEL.-1	PTS.
C51 4D Sedan	1200.	2200.	3650.	5200.	(85)
C51 Club Coupe	1200.	2200.	3650.	5200.	(85)
C51 Convertible Coupe	2300.	4200.	7000.	10000.	(90)
C51 Newport	1800.	3300.	5450.	7800.	(90)

CROWN IMPERIAL T.S. 8.90 x 15 145-1/2''ENG. 3-13/16 x 3-5/8 180 HP

MAKE YEAR MODEL	UNRES. FAIR-4	UNRES. GOOD-3	RES. FAIR-2	RES. EXCEL.-1	PTS.
C51 4D Sedan	1200.	2200.	3650.	5200.	(85)
C51 Limousine	1250.	2250.	3800.	5400.	(85)

CHRYSLER 1952

SIX CYLINDER CARS

WINDSOR DELUXE T.S. 7.60 x 15 W.B. 125-1/2'' ENG. 3-7/16 x 4-3/4 115 HP

MAKE YEAR MODEL	UNRES. FAIR-4	UNRES. GOOD-3	RES. FAIR-2	RES. EXCEL.-1	PTS.
C52 4D Sedan	700.	1250.	2100.	3000.	(85)
C52 Convertible Coupe	2100.	3850.	6450.	9200.	(90)
C52 Newport	2300.	4200.	4900.	7000.	(90)

CHRYSLER 1952

EIGHT CYLINDER CARS

SARATOGA T.S. 8.00 x 15 W.B. 125-1/2'' ENG. 3-3/16 x 3-5/8 180 HP (8 PASS. SEDAN) 8.20 x 15 139-1/2'' W.B.

MAKE YEAR MODEL	UNRES. FAIR-4	UNRES. GOOD-3	RES. FAIR-2	RES. EXCEL.-1	PTS.
C52 Club Coupe	1050.	1950.	3200.	4600.	(85)
C52 4D Sedan	1050.	1950.	3200.	4600.	(85)
C52 Country Station Wagon	1250.	2300.	3850.	5500.	(85)

NEW YORKER T.S. 8.20 x 15 W.B. 131-1/2'' ENG. 3-3/16 x 3-5/8 180 HP

MAKE YEAR MODEL	UNRES. FAIR-4	UNRES. GOOD-3	RES. FAIR-2	RES. EXCEL.-1	PTS.
C52 4D Sedan	1150.	2050.	3450.	4900.	(85)
C52 Convertible Coupe	2300.	4200.	7000.	10000.	(90)
C52 Newport	1650.	3000.	5050.	7200.	(90)

IMPERIAL T.S. 8.20 x 15 W.B. 131-1/2'' ENG. 3-13/16 x 3-5/8 180 HP

MAKE YEAR MODEL	UNRES. FAIR-4	UNRES. GOOD-3	RES. FAIR-2	RES. EXCEL.-1	PTS.
C52 Club Coupe	1150.	2100.	3500.	5000.	(85)
C52 4D Sedan	1150.	2100.	3500.	5000.	(85)
C52 Newport	1800.	3300.	5450.	7800.	(90)

CROWN IMPERIAL T.S. 8.90 x 15 W.B. 145'' ENG. 3-13/16 x 3-5/8 180 HP

MAKE YEAR MODEL	UNRES. FAIR-4	UNRES. GOOD-3	RES. FAIR-2	RES. EXCEL.-1	PTS.
C52 4D Sedan	1200.	2200.	3650.	5200.	(85)
C52 Limousine	1250.	2250.	3800.	5400.	(85)

CHRYSLER 1953

EIGHT CYLINDER CARS

NEW YORKER T.S. 8.00 x 15 W.B. 125-1/2'' ENG. 3-13/16 x 3-5/8 180 HP (8 PASS. SEDAN) 8.20 x 15 139-1/2'' W.B.

MAKE YEAR MODEL	UNRES. FAIR-4	UNRES. GOOD-3	RES. FAIR-2	RES. EXCEL.-1	PTS.
C53-8 Club Coupe	900.	1650.	2750.	3900.	(85)
C53-8 4D Sedan	900.	1650.	2750.	3900.	(85)
C53-8 Newport	1500.	2750.	4550.	6500.	(85)
C53-8 Station Wagon	1250.	2300.	3850.	5500.	(85)

NEW YORKER DELUXE T.S. 8.00 x 15 W.B 125-1/2'' ENG. 3-13/16 x 3-5/8 180 HP

MAKE YEAR MODEL	UNRES. FAIR-4	UNRES. GOOD-3	RES. FAIR-2	RES. EXCEL.-1	PTS.
C53-8 4D Sedan	950.	1700.	2850.	4100.	(85)
C53-8 Club Coupe	950.	1700.	2850.	4100.	(85)
C53-8 Convertible Coupe	2100.	3800.	6300.	9000.	(90)
C53-8 Newport	1400.	2500.	4200.	6000.	(90)

CUSTOM IMPERIAL T.S. 8.20 x 15 W.B. 133-1/2'' ENG. 3-13/16 x 3-5/8 180 HP

MAKE YEAR MODEL	UNRES. FAIR-4	UNRES. GOOD-3	RES. FAIR-2	RES. EXCEL.-1	PTS.
C53-8 4D Sedan	900.	1700.	2800.	4000.	(85)

MAKE YEAR MODEL	UNRES. FAIR-4	UNRES. GOOD-3	RES. FAIR-2	RES. EXCEL.-1	PTS.
C53-8 Newport	1550.	2800.	4700.	6700.	(90)
C53-8 Limousine	900.	1700.	2800.	4000.	(85)
CROWN IMPERIAL T.S. 8.90 x 15 W.B. 145-1/2'' ENG. 3-13/16 x 3-5/8 180 HP					
C53-8 Limousine	1000.	1800.	3000.	4300.	(85)
C53-8 4D Sedan	950.	1700.	2850.	4100.	(85)

CHRYSLER 1954

SIX CYLINDER CARS

WINDSOR DELUXE T.S. 8.20 x 15 W.B. 139-1/2'' ENG. 3-7/16 x 4-1/2 115 HP					
C62 4D Sedan	900.	1650.	2750.	3900.	(85)
C62 Club Coupe	900.	1650.	2750.	3900.	(85)
C62 Convertible Coupe	2100.	3800.	6300.	9000.	(90)
C62 Newport	1600.	2950.	4900.	7000.	(85)
C62 Station Wagon	1050.	1900.	3150.	4500.	(85)

CHRYSLER 1954

EIGHT CYLINDER CARS

NEW YORKER T.S. 8.00 x 15 W.B. 125-1/2'' ENG. 3-13/16 x 3-5/8 180 HP (8 PASS. SEDAN) 8.20 x 15 139-1/2'' W.B.					
C63-1 4D Sedan	950.	1700.	2850.	4100.	(85)
C63-1 Club Coupe	950.	1700.	2850.	4100.	(85)
C63-1 Newport	1400.	2500.	4200.	6000.	(85)
C63-1 Station Wagon	1100.	1950.	3300.	4700.	(85)
NEW YORKER DELUXE T.S. 8.00 x 15 W.B. 125-1/2'' ENG. 3-13/16 x 3-5/8 235 HP					
C63-2 4D Sedan	950.	1700.	2850.	4100.	(85)
C63-2 Club Coupe	950.	1700.	2850.	4100.	(85)
C63-2 Convertible	2100.	3800.	6300.	9000.	(85)
C63-2 Newport	1500.	2750.	4550.	6500.	(90)
CUSTOM IMPERIAL T.S. 8.20 x 15 W.B. 133-1/2'' ENG. 3-13/16 x 3-5/8 235 HP					
C64 4D Sedan	900.	1700.	2800.	4000.	(85)
C64 Limousine	900.	1700.	2800.	4000.	(85)
C64 Hardtop Newport	1550.	2850.	4750.	6800.	(85)
CROWN IMPERIAL T.S. 8.90 x 15 W.B. 145-1/2'' ENG. 3-13/16 x 3-5/8 235 HP					
C66 4D Sedan	950.	1750.	2950.	4200.	(85)
C66 Limousine	1000.	1850.	3100.	4400.	(85)

CHRYSLER 1955

V8

WINDSOR DELUXE T.S. 7.60 x 15 W.B. 126'' ENG. 3.63 x 3.63 188 HP					
C67 Nassau	900.	1650.	2750.	3900.	(85)
C67 Convertible Coupe	1850.	3350.	5600.	8000.	(90)
C67 Newport	1250.	2300.	3850.	5500.	(85)
NEW YORKER DELUXE T.S. 8.00 x 15 W.B. 126'' ENG. 3.81 x 3.63 250 HP					
C68 Newport	1350.	2450.	4050.	5800.	(85)
C68 Convertible Coupe	2100.	3800.	6300.	9000.	(90)
C68 St. Regis Hardtop	1600.	2950.	4900.	7000.	(85)
C68 "300"	2300.	4200.	7000.	10000.	(90)

CHRYSLER 1956

WINDSOR T.S. 7.60 x 15 W.B. 126'' ENG. 3.81 x 3.63 225 HP					
C71 2D Nassau	1000.	1850.	3100.	4400.	(85)
C71 2D Newport	1200.	2150.	3550.	5100.	(85)
C71 4D Newport	900.	1700.	2800.	4000.	(85)
C71 Convertible Coupe	1850.	3350.	5600.	8000.	(90)
NEW YORKER 8.00 x 15 W.B. 126'' ENG. 3.81 x 3.63 250 HP					
C72 2D Newport	1350.	2450.	4050.	5800.	(85)
C72 2D St. Regis	1600.	2950.	4900.	7000.	(85)
C72 4D Newport	900.	1650.	2750.	3900.	(85)
C72 Convertible Coupe	1950.	3550.	5950.	8500.	(90)
CHRYSLER 300 T.S. 8.00 x 15 W.B. 126'' ENG. 3.81 x 3.63. 280 HP					
C72 Sport Coupe	2550.	4600.	7700.	11000.	(90)

CHRYSLER 1957

WINDSOR T.S. 7.60 x 15 W.B. 126'' ENG. 3.93 x 3.63 285 HP					
146 2D Hardtop	900.	1650.	2750.	3900.	(85)
149 4D Hardtop	800.	1450.	2400.	3400.	(85)
C75-2 SARATOGA T.S. 7.60 x 15 W.B. 126'' ENG. 3.93 x 3.63 295 HP					
256 2D Hardtop	900.	1700.	2800.	4000.	(85)
259 4D Hardtop	800.	1450.	2450.	3500.	(85)
C76 NEW YORKER T.S. 8.00 x 15 W.B. 126'' ENG. 4 x 3.9 325 HP					
166 2D Hardtop	1150.	2100.	3500.	5000.	(85)
169 4D Hardtop	850.	1550.	2600.	3700.	(85)
163 2D Convertible	1950.	3550.	5950.	8500.	(90)
C76 300 T.S. 8.00 x 15 W.B. 126'' ENG. 4 x 3.9 325 HP					
566 2D Hardtop	2300.	4200.	7000.	10000.	(90)
563 2D Convertible	3000.	5450.	9100.	13000.	(90)

CHRYSLER 1958

WINDSOR T.S. 7.60 x 15 W.B. 122'' ENG. 3.93 x 3.63 285 HP					
512 2D Hardtop	700.	1250.	2100.	3000.	(85)
514 4D Hardtop	700.	1250.	2100.	3000.	(85)
571 Station Wagon Town & Country	600.	1110.	1800.	2600.	(85)
572 Station Wagon Town & Country	700.	1250.	2100.	3000.	(85)
SARATOGA T.S. 7.60 x 15 W.B. 126'' ENG. 3.93 x 3.63 285 HP					
532 2D Hardtop	900.	1700.	2800.	4000.	(85)
534 4D Hardtop	700.	1250.	2100.	3000.	(85)
NEW YORKER T.S. 8.00 x 15 W.B. 126'' ENG. 4 x 3.9 325 HP					
552 2D Hardtop	1050.	1950.	3200.	4600.	(85)
544 4D Hardtop	850.	1550.	2600.	3700.	(85)
555 Convertible Coupe	1850.	3350.	5600.	8000.	(85)
576 Station Wagon	650.	1200.	1950.	2800.	(85)
C76 300 SERIES T.S. 8.00 x 15 W.B. 126'' ENG. 4 x 3.9 325 HP					
592 2D Hardtop	2100.	3800.	6350.	9100.	(90)
595 2D Convertible	2800.	5100.	8550.	12200.	(90)

CHRYSLER 1959

WINDSOR T.S. 8.00 14 W.B. 122'' ENG. 4.03 x 3.75 305 HP					
512 2D Hardtop	700.	1250.	2100.	3000.	(85)
514 4D Hardtop	600.	1050.	1750.	2500.	(85)
515 2D Convertible	1300.	2400.	4000.	5700.	(85)
SARATOGA T.S. 8.50 x 14 W.B. 126'' ENG. 4.03 x 3.75 325 HP					
532 2D Hardtop	700.	1250.	2100.	3000.	(85)
534 4D Hardtop	550.	1000.	1700.	2400.	(85)
NEW YORKER T.S. 9.00 x 14 W.B. 126'' ENG. 4.18 x 3.75 350 HP					
552 2D Hardtop	750.	1350.	2250.	3200.	(85)
554 4D Hardtop	600.	1050.	1750.	2500.	(85)
555 2D Convertible	1400.	2550.	4250.	6100.	(85)
579 4D Station Wagon	500.	900.	1450.	2100.	(85)
300 E SERIES T.S. 9.00 x 14 W.B. 126'' ENG. 4.18 x 3.75 380 HP					
592 2D Hardtop	1800.	3300.	5450.	7800.	(90)
595 2D Convertible	2400.	4400.	7350.	10500.	(90)

CHRYSLER 1960

WINDSOR T.S. 8.00 x 14 W.B. 122'' ENG. 4.03 x 3.75 305 HP					
812 2D Hardtop	600.	1050.	1750.	2500.	(85)
815 2D Convertible	1200.	2200.	3650.	5200.	(85)
SARATOGA T.S. 8.50 x 14 W.B. 126'' ENG. 4.03 x 3.75 325 HP					
823 4D Sedan	550.	1000.	1700.	2400.	(85)
824 2D Hardtop	600.	1100.	1800.	2600.	(85)
NEW YORKER T.S. 9.00 x 14 W.B. 126'' ENG. 4.18 x 3.75 350 HP					
832 2D Hardtop	700.	1250.	2100.	3000.	(85)
834 4D Hardtop	550.	950.	1600.	2300.	(85)
835 2D Convertible	1200.	2200.	3650.	5200.	(85)
300 F. SERIES T.S. 9.00 x 14 W.B. 126'' ENG. 4.18 x 3.75 380 HP					
842 2D Hardtop	2000.	3600.	6000.	8600.	(90)
845 2D Convertible	2700.	4900.	8200.	11700.	(90)

CHRYSLER 1961

MAKE YEAR MODEL	UNRES. FAIR-4	UNRES. GOOD-3	RES. FAIR-2	RES. EXCEL.-1	PTS.
NEWPORT T.S. 8.00 x 14 W.B. 12 '' ENG. 4.12 x 3.38 265 HP					
812 2D Hardtop	600.	1050.	1750.	2500.	(85)
815 2D Convertible	1400.	2500.	4200.	6000.	(85)
WINDSOR T.S. 8.00 x 14 W.B. 122'' ENG. 4.25 x 3.38 305 HP					
822 2D Hardtop	600.	1050.	1750.	2500.	(85)
NEW YORKER T.S. 8.650 x 14 W.B. 126'' ENG. 4.18 x 3.75 350 HP					
832 2D Hardtop	600.	1150.	1900.	2700.	(85)
835 2D Convertible	1050.	1900.	3150.	4500.	(85)
300 G. SERIES T.S. 8.00 x 15 W.B. 126'' ENG. 4.18 x 3.75 350 HP					
842 2D Hardtop	1800.	3300.	5450.	7800.	(90)
845 2D Convertible	2300.	4200.	7000.	10000.	(90)

CHRYSLER 1962

MAKE YEAR MODEL	UNRES. FAIR-4	UNRES. GOOD-3	RES. FAIR-2	RES. EXCEL.-1	PTS.
NEWPORT T.S. 8.00 x 14 W.B. 122'' ENG. 4.12 x 3.38 265 HP					
812 2D Hardtop	600.	1100.	1800.	2600.	(85)
815 2D Convertible	1100.	2000.	3350.	4800.	(85)
300 SERIES T.S. 8.00 x 14 W.B. 122'' ENG. 4.25 x 3.38 305 HP					
822 2D Hardtop	600.	1050.	1750.	2500.	(85)
824 4D Hardtop	500.	900.	1550.	2200.	(85)
825 2D Convertible	600.	1050.	1750.	4800.	(85)
NEW YORKER T.S. 8.50 x 14 W.B. 126'' ENG. 4.18 x 3.75 340 HP					
833 4D Sedan	550.	950.	1600.	2300.	(85)
834 2D Hardtop	600.	1050.	1750.	2500.	(85)
300 H. SERIES T.S. 7.60 x 15 W.B. 122'' ENG. 4.18 x 3.75 380 HP					
842 2D Hardtop	1300.	2400.	4000.	5700.	(90)
845 2D Convertible	1900.	3450.	5750.	8200.	(90)

CHRYSLER 1963

MAKE YEAR MODEL	UNRES. FAIR-4	UNRES. GOOD-3	RES. FAIR-2	RES. EXCEL.-1	PTS.
NEWPORT T.S. 8.00 x 14 W.B. 122'' ENG. 4.12 x 3.38 265 HP					
812 2D Hardtop	500.	900.	1450.	2100.	(85)
815 2D Convertible	800.	1450.	2650.	3800.	(85)
300 SERIES T.S. 8.00 x 14 W.B. 122'' ENG. 4.25 x 3.38 305 HP					
822 2D Hardtop	550.	950.	1600.	2300.	(85)
824 4D Hardtop	450.	850.	1400.	2000.	(85)
825 2D Convertible	1050.	1950.	3200.	4600.	(85)
300 PACE SETTER T.S. 8.00 x 14 W.B. 122'' ENG. 4.25 x 3.38 305 HP					
802 2D Hardtop	850.	1500.	2500.	3600.	(85)
805 2D Convertible	1150.	2050.	3450.	4900.	(85)
300 J. SERIES T.S. 7.60 x 15 W.B. 122'' ENG. 4.19 x 3.75 390 HP					
842 2D Hardtop	1300.	2350.	3900.	5600.	(85)

CHRYSLER 1964

MAKE YEAR MODEL	UNRES. FAIR-4	UNRES. GOOD-3	RES. FAIR-2	RES. EXCEL.-1	PTS.
NEWPORT T.S. 8.00 x 14 W.B. 122'' ENG. 4.12 x 3.38 265 HP					
812 2D Hardtop	550.	1000.	1700.	2400.	(85)
814 4D Hardtop	450.	850.	1400.	2000.	(85)
815 2D Convertible	900.	1700.	2800.	4000.	(85)
STATION WAGONS T.S. 8.00 x 14 W.B. 122'' ENG. 4.12 x 3.38 265 HP					
859 4D Town & Country	550.	950.	1600.	2300.	(85)
300 SERIES T.S. 8.00 x 14 W.B. 122'' ENG. 4.25 x 3.38 305 HP					
822 2D Hardtop	600.	1050.	1750.	2500.	(85)
824 4D Hardtop	450.	850.	1400.	2000.	(85)
825 Convertible	950.	1700.	2850.	4100.	(85)
NEW YORKER T.S. 8.50 x 14 W.B. 122'' ENG. 4.19 x 3.75 340 HP					
833 4D Sedan	450.	800.	1350.	1950.	(85)
834 4D Hardtop Sedan	450.	800.	1350.	1950.	(85)
STATION WAGONS T.S. 8.50 x 14 W.B. 122'' ENG. 4.19 x 3.75 340 HP					
879 4D Town & Country	500.	900.	1550.	2200.	(85)
300 K. SERIES T.S. 8.00 x 14 W.B. 122'' ENG. 4.19 x 3.75 360 HP					
842 2D Hardtop	1150.	2100.	3500.	5000.	(85)
845 Convertible	1600.	2950.	4900.	7000.	(85)
1964 Chrysler Ghia	3250.	5900.	9800.	14000.	(90)

CHRYSLER 1965

MAKE YEAR MODEL	UNRES-3	UNRES. GOOD-2	RES.-1
NEWPORT T.S. 8.25x14 W.B. 124'' ENG. 4.25x3.38 270 H.P.			
C13 4D. SEDAN	810.	1130.	1505.
C18 4D. TOWN SEDAN	810.	1130.	1505.
C12 2D. HARDTOP	965.	1340.	1785.
C15 2D. CONV.	1900.	2650.	3600. *
STATION WAGONS T.S. 8.55x14 W.B. 121'' ENG. 4.25x3.38 270 H.P.			
C57 4D. T&C	810.	1130.	1505.
300 SERIES T.S. 8.55x14 W.B. 124'' ENG. 4.25x3.38 315 H.P.			
C22 2D. HARDTOP	1065.	1480.	1975.
C24 4D. HARDTOP	965.	1340.	1785.
C25 2D. CONV.	1850.	2800.	3750. *
300 L SERIES T.S. 8.55x14 W.B. 124'' ENG. 4.19x3.75 760 H.P.			
C42 2D. HARDTOP	2350.	3600.	4800.
C42 2D. CONV.	2900.	4100.	5600. *
NEW YORKER T.S. 8.55x14 W.B. 124'' ENG. 4.19x3.75 340 H.P.			
C32 2D. HARDTOP	1065.	1480.	1975.
C34 4D. HARDTOP	1065.	1480.	1975.
STATION WAGONS T.S. 9.00x14 W.B. 121'' ENG. 4.19x3.75 340 H.P.			
C76 4D. T&C	1220.	1690.	2255.
C77 4D. T&C	1220.	1690.	2255.

CHRYSLER 1966

MAKE YEAR MODEL	UNRES-3	UNRES. GOOD-2	RES.-1
NEWPORT T.S. 8.25x14 W.B. 124'' ENG. V8 C.I.D. 383 270 H.P.			
CL41 4D. SEDAN	810.	1130.	1505.
CL42 4D. TOWN SEDAN	810.	1130.	1505.
CL23 2D. HARDTOP	965.	1340.	1785.
CL27 2D. CONV.	1900.	2650.	3550. *
300 SERIES T.S. 8.55x14 W.B. 124'' ENG. V8 C.I.D. 383 325 H.P.			
CM32 2D. HARDTOP	860.	1200.	1600.
CM43 4D. HARDTOP	860.	1200.	1600.
CM27 CONV.	1940.	2700.	3650. *
NEW YORKER T.S. 8.55x14 W.B. 124'' ENG. V8 C.I.D. 440 350 H.P.			
CH42 4D. TOWN SEDAN	1015.	1410.	1880.
CH23 2D. HARDTOP	1165.	1620.	2160.
TOWN & COUNTRY T.S. 8.55x14 W.B. 121'' ENG. V8 C.I.D. 383 270 H.P.			
CL46 4D. S. WAG.	1015.	1410.	1880.

CHRYSLER 1967

MAKE YEAR MODEL	UNRES-3	UNRES. GOOD-2	RES.-1
NEWPORT T.S. 8.55x14 W.B. 124'' ENG. V8 C.I.D. 383 270 H.P.			
CE41 4D. SEDAN	810.	1130.	1505.
CE23 2D. HARDTOP	965.	1340.	1785.
CE27 2D. CONV.	1900.	2700.	3650. *
NEWPORT CUS. T.S. 8.55x14 W.B. 124'' ENG. V8 C.I.D. 383 270 H.P.			
CL41 4D. SEDAN	810.	1130.	1505.
CL23 2D. HARDTOP	965.	1340.	1785.
300 SERIES T.S. 8.55x14 W.B. 124'' ENG. V8 C.I.D. 383 325 H.P.			
CM23 2D. HARDTOP	1065.	1480.	1975.
CM43 4D. HARDTOP	1065.	1480.	1975.
CM27 2D. CONV.	1950.	2760.	3750. *
NEW YORKER T.S. 8.55x14 W.B. 124'' ENG. V8 C.I.D. 440 350 H.P.			
CH23 2D. HARDTOP	1140.	1585.	2115.
CH43 4D. HARDTOP	1140.	1585.	2115.
TOWN & COUNTRY T.S. 8.85x14 W.B. 121'' ENG. V8 C.I.D. 383 270 H.P.			
CE46 4D. S. WAG.	1220.	1690.	2255.

CHRYSLER 1968

MAKE YEAR MODEL	UNRES-3	UNRES. GOOD-2	RES.-1
NEWPORT T.S. 8.55x14 W.B. 124'' ENG. V8 C.I.D. 383 290 H.P.			
CE41 4D. SEDAN	760.	1060.	1410.
CE23 2D. HARDTOP	1220.	1690.	2255.
CE27 2D. CONV.	1940.	2750.	3800. *
NEWPORT CUS T.S. 8.55x14 W.B. 124'' ENG. V8 C.I.D. 383 290 H.P.			
CL41 4D. SEDAN	890.	1235.	1645.
CL23 2D. HARDTOP	1270.	1760.	2350.

MAKE YEAR MODEL	UNRES-3	UNRES. GOOD-2	RES.-1
300 SERIES T.S. 8.55x14 W.B. 124'' ENG. V8 C.I.D. 440 350 H.P.			
CM23 2D. HARDTOP	1220.	1690.	2255.
CM43 4D. SEDAN	915.	1270.	1690.
CM27 2D. CONV.	2100.	3000.	3900. *
NEW YORKER T.S. 8.55x14 W.B. 124'' ENG. V8 C.I.D. 440 350 H.P.			
CH23 2D. HARDTOP	1220.	1690.	2255.
CH43 4D. HARDTOP	1065.	1480.	1975.
TOWN & COUNTRY T.S. 8.85x14 W.B. 122'' ENG. V8 C.I.D. 383 290 H.P.			
CE46 4D. S. WAG.	1140.	1585.	2115.

CHRYSLER 1969

MAKE YEAR MODEL	UNRES-3	UNRES. GOOD-2	RES.-1
NEWPORT T.S. 8.55x15 W.B. 124'' ENG. V8 C.I.D. 383 290 H.P.			
CE23 2D. HARDTOP	610.	845.	1130.
CE43 4D. HARDTOP	610.	845.	1130.
CE27 2D. CONV.	1800.	2600.	3475. *
NEWPORT CUS. T.S. 8.55x15 W.B. 124'' ENG. V8 C.I.D. 383 290 H.P.			
CL23 2D. HARDTOP	635.	880.	1175.
CL43 4D. HARDTOP	635.	880.	1175.
300 SERIES T.S. 8.55x14 W.B. 124'' ENG. V8 C.I.D. 440 350 H.P.			
CM23 2D. HARDTOP	710.	990.	1315.
CM43 4D. HARDTOP	710.	990.	1315.
CM27 2D. CONV.	1800.	2600.	3475. *
NEW YORKER T.S 8.55x14 W.B. 124'' ENG. V8 C.I.D. 440 350 H.P.			
CH23 2D. HARDTOP	710.	990.	1315.
CH43 4D. HARDTOP	710.	990.	1315.
TOWN & COUNTRY T.S 8.85x15 W.B. 122'' ENG. V8 C.I.D. 383 290 H.P.			
CP46 4D. S. WAG.	760.	1060.	1410.

CISITALIA

MAKE YEAR MODEL	UNRES. FAIR-4	UNRES. GOOD-3	RES. FAIR-2	RES. EXCEL.-1	PTS.
1947 Coupe (M.S.)	2550.	4600.	7700.	11000.	(90)
1949 Coupe (M.S.)	2550.	4600.	7700.	11000.	(90)
1955 8-Cyl. Convertible	4250.	7750.	12950.	18500.	(90)

CITROEN

MAKE YEAR MODEL	UNRES. FAIR-4	UNRES. GOOD-3	RES. FAIR-2	RES. EXCEL.-1	PTS.
1951 Limousine	2500.	4550.	7550.	10800.	(90)
1955 11CV Sedan	1750.	3150.	5250.	7500.	(90)
1956 DS 19 4-Dr.	1750.	3150.	5250.	7500.	(90)
1960 4-Dr.	1850.	3350.	5600.	8000.	(90)

CROSLEY

MAKE YEAR MODEL	UNRES. FAIR-4	UNRES. GOOD-3	RES. FAIR-2	RES. EXCEL.-1	PTS.
1948 Station Wagon	750.	1350.	2250.	3200.	(85)
1949 Roadster	1050.	1900.	3150.	4500.	(85)
1950 Special Racer	1200.	2200.	3650.	5200.	(85)

CONTINENTAL

MAKE YEAR MODEL	UNRES. FAIR-4	UNRES. GOOD-3	RES. FAIR-2	RES. EXCEL.-1	PTS.
1956 MK II Coupe (M.S.)	3250.	5900.	9800.	14000.	(90)
1957 MK II Coupe (M.S.)	3350.	6100.	10150.	14500.	(90)

CUNNINGHAM

MAKE YEAR MODEL	UNRES. FAIR-4	UNRES. GOOD-3	RES. FAIR-2	RES. EXCEL.-1	PTS.
1951 Roadster	6000.	10900.	18200.	26000.	(90)
1952 Coupe	4850.	8800.	14700.	21000.	(90)
1953 Coupe	5100.	9250.	15400.	22000.	(90)
1954 Coupe	5200.	9450.	15750.	22500.	(90)

DAIMLER

MAKE YEAR MODEL	UNRES. FAIR-4	UNRES. GOOD-3	RES. FAIR-2	RES. EXCEL.-1	PTS.
1948 8-Cyl. DH Coupe	12000.	21850.	36400.	52000.	(90)
1948 6-Cyl. Limousine	2750.	5050.	8400.	12000.	(90)
1949 Limousine	2200.	4000.	6650.	9500.	(90)
1950 Limousine	2100.	3800.	6300.	9000.	(90)
1951 Sport Roadster	3800.	6950.	11550.	16500.	(90)
1951 Convertible Coupe	3600.	6500.	10850.	15500.	(90)
1951 Custom Hooper Convertible	17300.	31500.	52500.	75000.	(90)
1951 7-Pass. Hooper Limo. 5½ Liter	5200.	9450.	15750.	22500.	(90)
1952 7-Pass. Limousine	8100.	14700.	24500.	35000.	(90)
1952 Cabriolet DE Str. 8	2200.	4000.	6650.	9500.	(90)
1954 5-Pass. Empress Saloon	2200.	4000.	6650.	9500.	(90)
1955 7-Pass. Limousine	2100.	3800.	6300.	9000.	(90)
1955 Roadster SP 250	1400.	2500.	4200.	6000.	(90)
1956 Drop Head Coupe	2300.	4200.	7000.	10000.	(90)
1957 Roadster SP 250	1550.	2850.	4750.	6800.	(85)
1959 Roadster	1600.	2950.	4900.	7000.	(85)
1962 V-8 Sedan 4000	2300.	4200.	7000.	10000.	(85)
1964 V-8 5-Pass. Saloon	2100.	3800.	6300.	9000.	(85)

DELAHAYE

MAKE YEAR MODEL	UNRES. FAIR-4	UNRES. GOOD-3	RES. FAIR-2	RES. EXCEL.-1	PTS.
1947 135 Convertible Coupe 135 (Classic)	8100.	14700.	24500.	35000.	(90)
1948 135 Convertible Coupe 135 LM (Classic)	8800.	15950.	26600.	38000.	(90)

DE SOTO 1946

MAKE YEAR MODEL	UNRES. FAIR-4	UNRES. GOOD-3	RES. FAIR-2	RES. EXCEL.-1	PTS.
S11 DELUXE T.S. 15 x 6.50 W.B. 121-1/2'' ENG. 6-CYL. 3-7/16 x 4-1/4 28.36 HP					
S11 Coupe	1100.	2000.	3350.	4800.	(85)
S11 Club Coupe	900.	1700.	2800.	4000.	(85)
S11 2D Sedan	810.	1450.	2450.	3500.	(85)
S11 4D Sedan	810.	1450.	2450.	3500.	(85)
CUSTOM T.S. 15 x 6.50 (8 PASS. SEDAN & LIMO.) 16 x 6.50 W.B. 121'' ENG. 3-7/16 x 4-1/4 28.36 HP					
S11 Club Coupe	950.	1750.	2950.	4200.	(85)
S11 Convertible Coupe	1950.	3550.	5950.	8500.	(90)
S11 2D Sedan	850.	1500.	2500.	3600.	(85)
S11 4D Sedan	850.	1500.	2500.	3600.	(85)
S11 Suburban Station Wagon	1100.	2000.	3350.	4800.	(85)

DE SOTO 1947

MAKE YEAR MODEL	UNRES. FAIR-4	UNRES. GOOD-3	RES. FAIR-2	RES. EXCEL.-1	PTS.
S11 DELUXE T.S. 15 x 6.50 W.B. 121-1/2'' ENG. 3-7/16 x 4-1/4 28.36 HP (8 PASS. & LIMO.)					
S11 Coupe	1100.	2000.	3350.	4800.	(85)
S11 Club Coupe	950.	1750.	2950.	4200.	(85)
S11 2D Sedan	900.	1700.	2800.	4000.	(85)
S11 4D Sedan	900.	1700.	2800.	4000.	(85)
CUSTOM T.S. 15 x 6.50 W.B. 121-1/2'' ENG. 3-7/16 x 4-1/4 28.36 HP (8 PASS. & LIMO.) 16 x 6.50 139-1/2'' W.B.					
S11 Club Coupe	1000.	1800.	2950.	4250.	(85)
S11 Convertible Coupe	2100.	3800.	6300.	9000.	(90)
S11 2D Sedan	950.	1750.	2950.	4200.	(85)
S11 4D Sedan	950.	1750.	2950.	4200.	(85)
S11 Suburban Station Wagon	1150.	2100.	3500.	5000.	(85)

DE SOTO 1948

MAKE YEAR MODEL	UNRES. FAIR-4	UNRES. GOOD-3	RES. FAIR-2	RES. EXCEL.-1	PTS.
DELUXE T.S. 7.50 x 15 W.B. 121-1/2'' ENG. 3-7/16 x 4-1/4 28.36 HP					
S11 Coupe	1150.	2050.	3450.	4900.	(85)
S11 Club Coupe	950.	1750.	2950.	4200.	(85)
S11 2D Sedan	950.	1700.	2850.	4100.	(85)
S11 4D Sedan	950.	1700.	2850.	4100.	(85)
CUSTOM T.S. 7.50 x 15 W.B. 121-1/2'' ENG. 3-7/16 x 4-1/4 28.36 HP (8 PASS. & LIMO.) 7.00 x 15 139-1/2'' W.B.					
S11 Club Coupe	1100.	2000.	3350.	4800.	(85)
S11 Convertible Coupe	2100.	3850.	6450.	9200.	(90)
S11 2D Sedan	1050.	1950.	3200.	4600.	(85)
S11 4D Sedan	1050.	1950.	3200.	4600.	(85)
S11 Suburban Station Wagon	1150.	2100.	3500.	5000.	(85)

DE SOTO 1949

SECOND SERIES

MAKE YEAR MODEL	UNRES. FAIR-4	UNRES. GOOD-3	RES. FAIR-2	RES. EXCEL.-1	PTS.
DELUXE T.S. 15 x 7.60 W.B. 125-1/2'' ENG. 3-7/16 x 4-1/4 28.36 HP					
S13 4D Sedan	850.	1550.	2600.	3700.	(85)
S13 Club Coupe	850.	1550.	2600.	3700.	(85)
S13 Station Wagon (Wood)	2200.	4000.	6650.	9500.	(90)

CUSTOM T.S. 15 x 7.60 W.B. 125-1/2'' ENG. 3-7/16 x 4-1/4 28.36 HP (8 PASS. SEDAN & SUB.)
15 x 8.20 139-1/2'' W.B.

MAKE YEAR MODEL	UNRES. FAIR-4	UNRES. GOOD-3	RES. FAIR-2	RES. EXCEL.-1	PTS.
S13 4D Sedan	950.	1750.	2950.	4200.	(85)
S13 Club Coupe	950.	1750.	2950.	4200.	(85)
S13 Convertible	2100.	3800.	6300.	9000.	(90)
S13 Suburban	1150.	2100.	3500.	5000.	(85)

DE SOTO 1950

DELUXE T.S. 15 x 7.60 W.B. 125'' ENG. 3-7/16 x 4-1/4 28.36 HP (SEDAN 8)
15 x 8.20 139-1/2'' W.B.

MAKE YEAR MODEL	UNRES. FAIR-4	UNRES. GOOD-3	RES. FAIR-2	RES. EXCEL.-1	PTS.
S14 Club Coupe	900.	1600.	2650.	3800.	(85)
S14 4D Sedan	900.	1600.	2650.	3800.	(85)
S14 Carry-All Sedan	1050.	1900.	3150.	4500.	(85)

CUSTOM T.S. 15 x 7.60 W.B. 125'' ENG. 3-7/16 x 4-1/4 28.36 HP (SEDAN 8)
15 x 8.20 139-1/2'' W.B.

MAKE YEAR MODEL	UNRES. FAIR-4	UNRES. GOOD-3	RES. FAIR-2	RES. EXCEL.-1	PTS.
S14 4D Sedan	1000.	1800.	3000.	4300.	(85)
S14 Club Coupe	1000.	1800.	3000.	4300.	(85)
S14 Sportsman	1550.	2800.	4700.	6700.	(90)
S14 Convertible Coupe	2200.	4000.	6650.	9500.	(90)
S14 Station Wagon (WD)	2400.	4400.	7350.	10500.	(85)
S14 Station Wagon (STL.)	1050.	1900.	3150.	4500.	(85)
S14 Suburban	900.	1700.	2800.	4000.	(85)

DE SOTO 1951

DELUXE T.S. 7.65 x 15 W.B. 121-1/2'' ENG. 3-7/8 x 4-1/4 110 HP (8 PASS. SEDAN)
7.00 x 15 139-1/2'' W.B.

MAKE YEAR MODEL	UNRES. FAIR-4	UNRES. GOOD-3	RES. FAIR-2	RES. EXCEL.-1	PTS.
S15 4D Sedan	650.	1200.	1950.	2800.	(85)
S15 Club Coupe	700.	1250.	2100.	3000.	(85)
S15 Carry-All Sedan	750.	1350.	2250.	3200.	(85)

CUSTOM T.S. 7.65 x 15 W.B. 121-1/2'' ENG. 3-7/8 x 4-1/4 110 HP (SUB.) 7.00 x 15 139-1/2'' W.B.

MAKE YEAR MODEL	UNRES. FAIR-4	UNRES. GOOD-3	RES. FAIR-2	RES. EXCEL.-1	PTS.
S15 4D Sedan	700.	1250.	2100.	3000.	(85)
S15 Club Coupe	700.	1250.	2100.	3000.	(85)
S15 Convertible Coupe	1750.	3200.	5300.	7600.	(90)
S15 Sportsman	1200.	2200.	3650.	5200.	(85)
S15 Station Wagon	1000.	1800.	2950.	4250.	(85)

DE SOTO 1952

SIX CYLINDER
CUSTOM T.S. 7.60 x 15 W.B. 121-1/2'' ENG. 3-7/16 x 4-1/4 110 HP (8 PASS. SEDAN)
8.20 x 15 139-1/2'' W.B.

MAKE YEAR MODEL	UNRES. FAIR-4	UNRES. GOOD-3	RES. FAIR-2	RES. EXCEL.-1	PTS.
S15 4D Sedan	700.	1300.	2150.	3100.	(85)
S15 Club Coupe	700.	1300.	2150.	3100.	(85)
S15 Sportsman	1250.	2300.	3850.	5500.	(85)
S15 Convertible	1800.	3300.	5450.	7800.	(90)
S15 Station Wagon	1000.	1800.	2950.	4250.	(85)
S15 Suburban	750.	1350.	2250.	3200.	(85)

DE SOTO 1952

EIGHT CYLINDER
EIGHT SERIES T.S. 7.60 x 15 W.B. 125'' ENG. 3-5/8 x 3-11/16 160 HP

MAKE YEAR MODEL	UNRES. FAIR-4	UNRES. GOOD-3	RES. FAIR-2	RES. EXCEL.-1	PTS.
S17 4D Sedan	750.	1350.	2250.	3200.	(85)
S17 Convertible Coupe	1850.	3350.	5600.	8000.	(90)
S17 Club Coupe	750.	1350.	2300.	3250.	(85)
S17 Sportsman	1350.	2450.	4050.	5800.	(85)
S17 Station Wagon	1050.	1900.	3150.	4500.	(85)

DE SOTO 1953

SIX CYLINDER
POWERMASTER T.S. 7.60 x 15 W.B. 125'/2'' ENG. 3-7/16 x 4-1/4 110 HP
DEDUCT $250. FROM 8-CYLINDER CARS

DE SOTO 1953

EIGHT CYLINDER
FIREDOME 8 T.S. 7.60 x 15 W.B. 125-1/2'' ENG. 3-5/8 x 3-11/32 160 HP

MAKE YEAR MODEL	UNRES. FAIR-4	UNRES. GOOD-3	RES. FAIR-2	RES. EXCEL.-1	PTS.
S16 4D Sedan	750.	1350.	2250.	3200.	(85)
S16 Convertible Coupe	1850.	3350.	5600.	8000.	(90)
S16 Club Coupe	750.	1350.	2300.	3250.	(85)
S16 Sportsman	1350.	2450.	4050.	5800.	(85)
S16 Station Wagon	1050.	1900.	3150.	4500.	(85)

DE SOTO 1954

SIX CYLINDER
POWERMASTER T.S. 7.60x15 W.B. 125'' ENG. 3-7/8x4-1/2 116 HP (SEDAN 8)
8.20x15 139-1/2'' W.B.
DEDUCT $250 FROM 8-CYLINDER VALUES

DE SOTO 1954

EIGHT CYLINDER
FIREDOME T.S. 7.60 x 15 W.B. 125'' ENG. 3-5/8 x 3-11/32 170 HP (8 PASS. SEDAN)
8.20x15 W.B. 139''

MAKE YEAR MODEL	UNRES. FAIR-4	UNRES. GOOD-3	RES. FAIR-2	RES. EXCEL.-1	PTS.
S19 4D Sedan	800.	1450.	2450.	3500.	(85)
S19 Club Coupe Hardtop	900.	1700.	2800.	4000.	(85)
S19 Convertible	1950.	3550.	5950.	8500.	(90)
S19 4D Coronado	1050.	1950.	3200.	4600.	(85)
S19 Hardtop Sportsman	1400.	2500.	4200.	6000.	(85)
S19 Station Wagon	1050.	1950.	3200.	4600.	(85)

DE SOTO 1955

V8
FIREDOME T.S. 7.60 x 15 W.B. 126'' ENG. V8 3.720 x 3.344 185 HP

MAKE YEAR MODEL	UNRES. FAIR-4	UNRES. GOOD-3	RES. FAIR-2	RES. EXCEL.-1	PTS.
S22 4D Sedan	800.	1450.	2450.	3500.	(85)
S22 Convertible Coupe	2000.	3600.	6000.	8600.	(90)
S22 Hardtop Special	1150.	2100.	3500.	3500.	(85)
S22 Hardtop Sportsman	1300.	2350.	3900.	5600.	(85)
S22 Station Wagon	900.	1600.	2650.	3800.	(85)

FIREFLITE T.S. 7.60 x 15 W.B. 126'' ENG. 3.720 x 3.344 200 HP

MAKE YEAR MODEL	UNRES. FAIR-4	UNRES. GOOD-3	RES. FAIR-2	RES. EXCEL.-1	PTS.
S-21 Sedan AC	850.	1550.	2600.	3700.	(85)
S-21 4D Coronado AC	1100.	2000.	3350.	4800.	(85)
S-21 Convertible Coupe AC	2250.	4100.	6850.	9800.	(90)
S-21 Hardtop Sportsman AC	1400.	2500.	4200.	6000.	(85)

DE SOTO 1956

FIREDOME T.S. 7.60 x 15 W.B. 126'' ENG. 3.78 x 3.80 230 HP

MAKE YEAR MODEL	UNRES. FAIR-4	UNRES. GOOD-3	RES. FAIR-2	RES. EXCEL.-1	PTS.
S-23 2D Seville	1200.	2200.	3650.	5200.	(85)
S-23 2D Sportsman	1300.	2400.	4000.	5700.	(85)
S-23 4D Sedan	850.	1500.	2500.	3600.	(85)
S-23 4D Seville Hardtop	900.	1700.	2800.	4000.	(85)
S-23 4D Sportsman	1050.	1900.	3150.	4500.	(85)
S-23 Convertible Coupe	2000.	3700.	6100.	8750.	(90)
S-23 Station Wagon	900.	1700.	2800.	4000.	(85)

FIREFLITE T.S. 7.60 x 15 W.B. 126'' ENG. 3.78 x 3.80 230 HP

MAKE YEAR MODEL	UNRES. FAIR-4	UNRES. GOOD-3	RES. FAIR-2	RES. EXCEL.-1	PTS.
S-24 2D Sportsman	1450.	2600.	4350.	6200.	(85)
S-24 4D Sedan	900.	1650.	2750.	3900.	(85)
S-24 4D Sportsman	1050.	1950.	3200.	4600.	(85)
S-24 Convertible Coupe	2400.	4400.	7350.	10500.	(90)
S-24 Convertible Pace	2900.	5250.	8750.	12500.	(90)
S-24 2D Adventurer Hardtop	1500.	2750.	4550.	6500.	(90)

DE SOTO 1957

FIRESWEEP T.S. 7.60 x 15 W.B. 126'' ENG. 3.69 x 3.8 245 HP

MAKE YEAR MODEL	UNRES. FAIR-4	UNRES. GOOD-3	RES. FAIR-2	RES. EXCEL.-1	PTS.
145 4D Sedan	550.	1000.	1700.	2400.	(85)
146 2D Sportsman Hardtop	850.	1500.	2500.	3600.	(85)
149 4D Sportsman Hardtop	600.	1150.	1900.	2700.	(85)
148 Shopr. Station Wagon	600.	1050.	1750.	2500.	(85)
348 Explorer Station Wagon	700.	1250.	2100.	3000.	(85)

FIREDOME T.S. 7.60 x 15 W.B. 126'' ENG. 3.78 x 3.8 270 HP

MAKE YEAR MODEL	UNRES. FAIR-4	UNRES. GOOD-3	RES. FAIR-2	RES. EXCEL.-1	PTS.
155 4D Sedan	600.	1050.	1750.	2500.	(85)
156 Hardtop Coupe	850.	1550.	2600.	3700.	(85)
159 Hardtop Sedan	650.	1200.	1950.	2800.	(85)
153 Convertible	1750.	3200.	5300.	7600.	(90)

MAKE YEAR MODEL	UNRES. FAIR-4	UNRES. GOOD-3	RES. FAIR-2	RES. EXCEL.-1	PTS.
FIREFLITE T.S. 7.60 x 15 W.B. 126'' ENG. 3.78 x 3.8 270 HP					
165 4D Sedan	800.	1450.	2450.	3500.	(85)
166 Hardtop Coupe	1100.	2000.	3350.	4800.	(85)
169 Hardtop Sedan	850.	1550.	2600.	3700.	(85)
163 2D Convertible	1800.	3300.	5450.	7800.	(90)
168 Shopr. Station Wagon	700.	1250.	2100.	3000.	(85)
168 Explorer Station Wagon	800.	1450.	2450.	3500.	(85)

DE SOTO 1958

MAKE YEAR MODEL	UNRES. FAIR-4	UNRES. GOOD-3	RES. FAIR-2	RES. EXCEL.-1	PTS.
FIRESWEEP T.S. 7.60 x 15 W.B. 126'' ENG. 3.69 x 3.8 245 HP					
L350 4D Sedan	600.	1050.	1750.	2500.	(85)
L350 2D Sportsman	850.	1500.	2500.	3600.	(85)
L350 4D Sportsman	650.	1200.	1950.	2800.	(85)
L350 Convertible Coupe	1750.	3150.	5250.	7500.	(90)
L350 Shopr. Station Wagon	550.	950.	1600.	2300.	(85)
L350 Explorer Station Wagon	600.	1100.	1800.	2600.	(85)
FIREDOME T.S. 7.60 x 15 W.B. 126'' ENG. 3.78 x 3.8 270 HP					
L360 4D Sedan	600.	1100.	1800.	2600.	(85)
L360 2D Sportsman	1150.	1250.	3450.	4900.	(85)
L360 4D Sportsman	900.	1600.	2650.	3800.	(85)
L360 Convertible Coupe	1800.	3300.	5450.	7800.	(90)
FIREFLITE T.S. 7.60 x 15 W.B. 126'' ENG. 3.78 x 3.8 270 HP					
L360 4D Sedan	800.	1450.	2450.	3500.	(85)
L360 2D Sportsman	1100.	2000.	3300.	4750.	(85)
L360 4D Sportsman	900.	1600.	2650.	3800.	(85)
L360 Convertible Coupe	1750.	3150.	5250.	7500.	(90)
L360 Shopr. Station Wagon	700.	1250.	2100.	3000.	(85)
L360 Adv. 2D Hardtop	1300.	2350.	3900.	5600.	(85)
L360 Explorer Station Wagon	700.	1250.	2100.	3000.	(85)
L360 Adv. Convertible	1800.	3300.	5450.	7800.	(90)

DE SOTO 1959

MAKE YEAR MODEL	UNRES. FAIR-4	UNRES. GOOD-3	RES. FAIR-2	RES. EXCEL.-1	PTS.
FIRESWEEP T.S. 8.00 x 14 W.B. 122'' ENG. 4.12 x 3.38 295 HP					
413 4D Sedan	500.	900.	1550.	2200.	(85)
412 2D Sportsman Hardtop	800.	1450.	2450.	3500.	(85)
414 4D Sportsman Hardtop	600.	1150.	1900.	2700.	(85)
415 2D Convertible	1600.	2900.	4850.	6900.	(90)
476 Shopr. Station Wagon	500.	900.	1550.	2200.	(85)
477 Explorer Station Wagon	600.	1100.	1800.	2600.	(85)
FIREDOME T.S. 8.50 x 14 W.B. 126'' ENG. 4.25 x 3.38 305 HP					
433 4D Sedan	550.	1000.	1700.	2400.	(85)
432 2D Sportsman Hardtop	950.	1750.	2950.	4200.	(85)
434 4D Sportsman Hardtop	850.	1500.	2500.	3600.	(85)
435 2D Convertible	1700.	3100.	5200.	7400.	(90)
FIREFLITE T.S. 8.50 x 14 W.B. 126'' ENG. 4.25 x 3.38 325 HP					
453 4D Sedan	750.	1350.	2250.	3200.	(85)
452 2D Sportsman Hardtop	900.	1700.	2800.	4000.	(85)
454 4D Sportsman Hardtop	800.	1450.	2450.	3500.	(85)
455 2D Convertible	1600.	2950.	4900.	7000.	(90)
478 Shopr. Station Wagon	650.	1200.	1950.	2800.	(85)
479 Explorer Station Wagon	700.	1200.	2050.	2900.	(85)
ADVENTURER T.S. 8.50 x 14 W.B. 126'' ENG. 4.25 x 3.38 350 HP					
492 2D Hardtop	1150.	2050.	3450.	4900.	(85)
495 2D Convertible	1700.	3100.	5200.	7400.	(90)

DE SOTO 1960

MAKE YEAR MODEL	UNRES. FAIR-4	UNRES. GOOD-3	RES. FAIR-2	RES. EXCEL.-1	PTS.
FIREFLITE T.S. 8.00 x 14 W.B. 122'' ENG. 4.12 x 3.38 295 HP					
713 4D Sedan	600.	1150.	1900.	2700.	(85)
712 2D Hardtop	900.	1650.	2750.	3900.	(85)
714 4D Hardtop	700.	1250.	2100.	3000.	(85)
ADVENTURER T.S. 8.00 x 14 W.B. 122'' ENG. 4.25 x 3.38 305 HP					
723 4D Sedan	700.	1250.	2100.	3000.	(85)
722 2D Hardtop	900.	1700.	2800.	4000.	(85)
724 4D Hardtop	750.	1350.	2300.	3250.	(85)

DE SOTO 1961

MAKE YEAR MODEL	UNRES. FAIR-4	UNRES. GOOD-3	RES. FAIR-2	RES. EXCEL.-1	PTS.
FIREFLITE T.S. 8.00 x 14 W.B. 122'' ENG. 4.12 x 3.38 265 HP					
612 2D Hardtop	900.	1700.	2800.	4000.	(85)
514 4D Hardtop	850.	1550.	2500.	3600.	(85)

DODGE 1946

MAKE YEAR MODEL	UNRES. FAIR-4	UNRES. GOOD-3	RES. FAIR-2	RES. EXCEL.-1	PTS.
DELUXE T.S. 16 x 6.00 W.B. 119-1/2'' ENG. 3-1/4 x 4-5/8 25.35 HP (8 PASS. SEDAN & LIMO.) T.S. 16 x 6.50 W.B. 137-1/2''					
D24 Coupe	1000.	1850.	3100.	4400.	(85)
D24 2D Sedan	750.	1350.	2250.	3200.	(85)
D24 4D Sedan	750.	1350.	2250.	3200.	(85)
CUSTOM T.S. 16 x 6.00 W.B. 119-1/2'' ENG. 3-1/4 x 4-5/8 25.35 HP (8 PASS. SEDAN & LIMO.) T.S. 16 x 6.50 W.B. 137-1/2''					
D24 Club Coupe	900.	1650.	2750.	3900.	(85)
D24 Convertible	1900.	3450.	5750.	8200.	(90)
D24 4D Sedan	800.	1450.	2400.	3400.	(85)
D24 4D Town Sedan	900.	1650.	2750.	3900.	(85)

DODGE 1947

MAKE YEAR MODEL	UNRES. FAIR-4	UNRES. GOOD-3	RES. FAIR-2	RES. EXCEL.-1	PTS.
CUSTOM T.S. 16 x 6.00 W.B. 119-1/2'' ENG. 3-1/4 x 4-5/8 25.35 HP (8 PASS. SEDAN & LIMO.) T.S. 16 x 6.50 W.B. 137-1/2''					
D24 Club Coupe	900.	1700.	2800.	4000.	(85)
D24 Convertible Coupe	1900.	3450.	5750.	8200.	(90)
D24 4D Sedan	900.	1650.	2750.	3900.	(85)
D24 4D Town Sedan	900.	1700.	2800.	4000.	(85)

DODGE 1948

MAKE YEAR MODEL	UNRES. FAIR-4	UNRES. GOOD-3	RES. FAIR-2	RES. EXCEL.-1	PTS.
CUSTOM T.S. 10 x 15 W.B. 119-1/2'' ENG. 3-1/4 x 4-5/8 25.35 HP (7 PASS. SEDAN) T.S. 7 x 15 W.B. 137-1/2''					
D24 Club Coupe	950.	1750.	2950.	4200.	(85)
D24 Convertible Coupe	2000.	3650.	6100.	8700.	(85)
D24 4D Sedan	900.	1700.	2800.	4000.	(85)
D24 4D Town Sedan	950.	1750.	2950.	4200.	(85)

DODGE 1949 FIRST SERIES: SPECIFICATIONS AND VALUES SAME AS 1948

DODGE 1949

SECOND SERIES

MAKE YEAR MODEL	UNRES. FAIR-4	UNRES. GOOD-3	RES. FAIR-2	RES. EXCEL.-1	PTS.
WAYFARER T.S. 15 x 6.70 W.B. 115'' ENG. 3-1/4 x 4-5/8 25.35 HP					
D29 2D Sedan	800.	1450.	2450.	3500.	(85)
D29 Coupe	900.	1600.	2650.	3800.	(85)
D29 Roadster	1500.	2750.	4550.	6500.	(90)
MEADOWBROOK T.S. 15 x 7.10 W.B. 123-1/2'' ENG. 3-1/4 x 4-5/8 25.35 HP					
D30 4D Sedan	650.	1200.	1950.	2800.	(85)
CORONET T.S. 15 x 7.10 W.B. 123-1/2'' ENG. 3-1/4 x 4-5/8 25.35 HP (S. WAG.) T.S. 15 x 7.60 (8 PASS. SEDAN) T.S. 15 x 8.20 137-1/2'' W.B.					
D30 4D Town Sedan	900.	1700.	2800.	4000.	(85)
D30 Club Coupe	900.	1700.	2800.	4000.	(85)
D30 Convertible Coupe	2000.	3600.	6000.	8600.	(90)
D30 Station Wagon (Wood)	1900.	3450.	5750.	8200.	(85)

DODGE 1950

MAKE YEAR MODEL	UNRES. FAIR-4	UNRES. GOOD-3	RES. FAIR-2	RES. EXCEL.-1	PTS.
WAYFARER T.S. 6.70 x 15 W.B. 115'' ENG. 3-1/4 x 4-5/8 102 HP					
D33 Coupe	800.	1450.	2450.	3500.	(85)
D33 Sport Roadster	1500.	2750.	4550.	6500.	(90)
D33 2D Sedan	800.	1450.	2450.	3500.	(85)
CORONET T.S. 7.10 x 15 W.B. 123-1/2'' ENG. 3-1/4 x 4-5/8 102 HP					
D34 Town Sedan	950.	1750.	2950.	4200.	(85)
D34 Sedan	900.	1700.	2800.	4000.	(85)
D34 Club Coupe	900.	1700.	2800.	4000.	(85)
D34 Diplomat	1100.	2000.	3350.	4800.	(85)
D34 Convertible Coupe	1750.	3150.	5250.	7500.	(90)
D34 Station Wagon	1400.	2500.	4200.	6000.	(85)

MAKE YEAR MODEL	UNRES. FAIR-4	UNRES. GOOD-3	RES. FAIR-2	RES. EXCEL.-1	PTS.
D34 Sierra S.W.	1600.	2950.	4900.	7000.	(85)

DODGE 1951

WAYFARER T.S. 6.70 x 15 W.B. 115'' ENG. 3-1/4 x 4-5/8 102 HP

MAKE YEAR MODEL	UNRES. FAIR-4	UNRES. GOOD-3	RES. FAIR-2	RES. EXCEL.-1	PTS.
D41 Coupe	850.	1500.	2500.	3600.	(85)
D41 Sport Roadster	1750.	3150.	5250.	7500.	(90)
D41 2D Sedan	900.	1600.	2650.	3800.	(85)

CORONET T.S. 7.10 x 15 W.B. 123-1/2'' ENG. 3-1/4 x 4-5/8 102 HP

MAKE YEAR MODEL	UNRES. FAIR-4	UNRES. GOOD-3	RES. FAIR-2	RES. EXCEL.-1	PTS.
D42 4D Sedan	900.	1700.	2800.	4000.	(85)
D42 Convertible Coupe	1750.	3200.	5300.	7600.	(90)
D42 Club Coupe	900.	1700.	2800.	4000.	(85)
D42 Diplomat	1150.	2100.	3500.	5000.	(85)
D42 Sierra S.W.	1150.	2100.	3500.	5000.	(85)

DODGE 1952

WAYFARER T.S. 7.10 x 15 W.B. ENG. 3-1/4 x 4-5/8 102 HP

MAKE YEAR MODEL	UNRES. FAIR-4	UNRES. GOOD-3	RES. FAIR-2	RES. EXCEL.-1	PTS.
D41 Coupe	900.	1650.	2750.	3900.	(85)
D41 2D Sedan	850.	1550.	2600.	3700.	(85)

CORONET T.S. 7.60 x 15 W.B. 123-1/2'' ENG. 3-1/4 x 4-5/8 105 HP (S. WAG.) T.S. 7.60 x 15

MAKE YEAR MODEL	UNRES. FAIR-4	UNRES. GOOD-3	RES. FAIR-2	RES. EXCEL.-1	PTS.
D42 4D Sedan	900.	1600.	2650.	3800.	(85)
D42 Club Coupe	900.	1600.	2650.	3800.	(85)
D42 Convertible Coupe	1800.	3300.	5450.	7800.	(90)
D42 Station Wagon	850.	1500.	2500.	3600.	(85)
D42 Diplomat	1200.	2200.	3650.	5200.	(85)
D42 Sierra S.W.	1150.	2100.	3500.	5000.	(85)

DODGE 1953

EIGHT CYLINDER

CORONET T.S. 7.10 x 15 W.B. 119'' ENG. 3-7/16 x 3-1/4 103 HP

MAKE YEAR MODEL	UNRES. FAIR-4	UNRES. GOOD-3	RES. FAIR-2	RES. EXCEL.-1	PTS.
D44 4D Sedan	650.	1200.	1950.	2800.	(85)
D44 Club Coupe	650.	1200.	1950.	2800.	(85)
D48 Diplomat	900.	1700.	2800.	4000.	(85)
D48 Convertible Coupe	1650.	3000.	5050.	7200.	(90)
D48 Sierra S.W.	900.	1700.	2800.	4000.	(85)

DODGE 1954

EIGHT CYLINDER

CORONET T.S. 7.10 x 15 W.B. 119'' ENG. 3-7/16 x 3-1/4 150 HP

MAKE YEAR MODEL	UNRES. FAIR-4	UNRES. GOOD-3	RES. FAIR-2	RES. EXCEL.-1	PTS.
D50-2 Club Coupe	850.	1500.	2500.	3600.	(85)

CORONET T.S. 7.10 x 15 W.B. 119'' ENG. 3-7/16 x 3-1/4 150 HP

MAKE YEAR MODEL	UNRES. FAIR-4	UNRES. GOOD-3	RES. FAIR-2	RES. EXCEL.-1	PTS.
D53-2 Hardtop Sport Coupe	1050.	1900.	3150.	4500.	(85)
D53-2 Convertible	1750.	3150.	5250.	7500.	(90)

ROYAL D50-3 SERIES T.S. 7.10 x 15 W.B. 119'' ENG. 3-7/16 x 3-1/2 150 HP

MAKE YEAR MODEL	UNRES. FAIR-4	UNRES. GOOD-3	RES. FAIR-2	RES. EXCEL.-1	PTS.
D50-3 4D Sedan	900.	1600.	2650.	3800.	(85)
D50-3 Club Coupe	900.	1600.	2650.	3800.	(85)

ROYAL D53-3 T.S. 7.10 x 15 W.B. 114'' ENG. 3-7/16 x 3-1/4 150 HP

MAKE YEAR MODEL	UNRES. FAIR-4	UNRES. GOOD-3	RES. FAIR-2	RES. EXCEL.-1	PTS.
D53-3 Convertible	2100.	3800.	6300.	9000.	(90)
D53-3 Hardtop Sport Coupe	1150.	2100.	3500.	5000.	(85)

DODGE 1955

V8

CORONET T.S. 7.10 x 15 W.B. 120'' ENG. 3.63 x 3.256 175 HP

MAKE YEAR MODEL	UNRES. FAIR-4	UNRES. GOOD-3	RES. FAIR-2	RES. EXCEL.-1	PTS.
D55-1 4D Sedan	600.	1050.	1750.	2500.	(85)
D55-1 Lancer Hardtop	950.	1750.	2950.	4200.	(85)
D55-1 2D Suburban	600.	1050.	1750.	2500.	(85)

ROYAL T.S. 7.10 x 15 W.B. 120'' ENG. 3.63 x 3.256 175 HP

MAKE YEAR MODEL	UNRES. FAIR-4	UNRES. GOOD-3	RES. FAIR-2	RES. EXCEL.-1	PTS.
D55-2 4D Sedan	700.	1250.	2100.	3000.	(85)
D55-2 Lancer Hardtop	1000.	1800.	3000.	4250.	(85)

CUSTOM ROYAL T.S. 7.10 x 15 W.B. 120'' ENG. 3.63 x 3.256 183 HP

MAKE YEAR MODEL	UNRES. FAIR-4	UNRES. GOOD-3	RES. FAIR-2	RES. EXCEL.-1	PTS.
D55-3 4D Sedan	950.	1700.	2850.	4100.	(85)
D55-3 Convertible Coupe	1750.	3200.	5300.	7600.	(90)
D55-3 Lancer Hardtop	1050.	1900.	3150.	4500.	(85)
D55-3 Sierra S.W.	850.	1600.	2600.	3750.	(85)

DODGE 1956

V8

CORONET T.S. 7.10 x 15 W.B. 120'' ENG. 3.63 x 3.256 189 HP

MAKE YEAR MODEL	UNRES. FAIR-4	UNRES. GOOD-3	RES. FAIR-2	RES. EXCEL.-1	PTS.
D63-1 2D Lancer	600.	1100.	1800.	2600.	(85)
D63-1 4D Lancer	600.	1100.	1800.	2000.	(85)
D63-1 Convertible Coupe	1550.	2850.	4750.	6800.	(85)

ROYAL T.S. 7.10 x 15 W.B. 120'' ENG. 3.63 x 3.256 218 HP

MAKE YEAR MODEL	UNRES. FAIR-4	UNRES. GOOD-3	RES. FAIR-2	RES. EXCEL.-1	PTS.
D63-2 2D Lancer	900.	1600.	2650.	3800.	(85)
D63-2 2D Custom Suburban	700.	1250.	2100.	3000.	(85)
D63-2 4D Lancer	700.	1300.	2150.	3100.	(85)
D63-2 4D Custom Sierra	700.	1250.	2100.	3000.	(85)

CUSTOM ROYAL T.S. 7.10 x 15 W.B. 120'' ENG. 3.63 x 3.256 218 HP

MAKE YEAR MODEL	UNRES. FAIR-4	UNRES. GOOD-3	RES. FAIR-2	RES. EXCEL.-1	PTS.
D63-2 2D Lancer	900.	1700.	2800.	4000.	(85)
D63-2 4D Lancer	900.	1600.	2650.	3800.	(85)
D63-2 Convertible Coupe	1650.	3000.	5050.	7200.	(90)
D63-2 2D 500 Hardtop	1050.	1900.	3150.	4500.	(85)
D63-2 4D 500 Sedan	900.	1600.	2650.	3800.	(85)

DODGE 1957

V8

ROYAL T.S. 7.10 x 15 W.B. 122'' ENG. 3.69 x 3.80 245 HP

MAKE YEAR MODEL	UNRES. FAIR-4	UNRES. GOOD-3	RES. FAIR-2	RES. EXCEL.-1	PTS.
D67 4D Sedan	550.	1000.	1700.	2400.	(85)
D67 2D Hardtop Sedan	700.	1300.	2150.	3100.	(85)
D67 4D Hardtop Sedan	600.	1100.	1800.	2600.	(85)

CUSTOM T.S. 7.10 x 14 W.B. 122'' ENG. 3.69 x 3.80 245 HP

MAKE YEAR MODEL	UNRES. FAIR-4	UNRES. GOOD-3	RES. FAIR-2	RES. EXCEL.-1	PTS.
D67-2 4D Sedan	500.	900.	1450.	2100.	(85)
D67-2 2D Hardtop Sedan	700.	1250.	2100.	3000.	(85)
D67-2 4D Hardtop Sedan	650.	1200.	1950.	2800.	(85)
D67-2 2D Convertible	1400.	2500.	4200.	6000.	(90)

DODGE 1958

V8

CORONET T.S. 7.50 x 14 W.B. 122'' ENG. 3.69 x 3.8 245 HP

MAKE YEAR MODEL	UNRES. FAIR-4	UNRES. GOOD-3	RES. FAIR-2	RES. EXCEL.-1	PTS.
LD2 Club Sedan	450.	850.	1400.	2000.	(85)
LD2 4D Sedan	450.	850.	1400.	2000.	(85)
LD2 2D Lancer	600.	1100.	1800.	2600.	(85)
LD2 4D Lancer Sedan	550.	1000.	1700.	2400.	(85)
LD2 Convertible	1500.	2750.	4550.	6500.	(90)

ROYAL T.S. 7.50 x 14 W.B. 122'' ENG. 3.69 x 3.8 245 HP

MAKE YEAR MODEL	UNRES. FAIR-4	UNRES. GOOD-3	RES. FAIR-2	RES. EXCEL.-1	PTS.
LD2 4D Sedan	600.	1050.	1750.	2500.	(85)
LD2 2D Lancer	700.	1250.	2100.	3000.	(85)
LD2 4D Lancer Sedan	650.	1200.	1950.	2800.	(85)

CUSTOM ROYAL T.S. 7.50 x 14 W.B. 122'' ENG. 3.69 x 3.8 245 HP

MAKE YEAR MODEL	UNRES. FAIR-4	UNRES. GOOD-3	RES. FAIR-2	RES. EXCEL.-1	PTS.
LD3 4D Sedan	650.	1200.	1950.	2800.	(85)
LD3 2D Lancer	700.	1300.	2150.	3100.	(85)
LD3 4D Lancer Sedan	650.	1200.	2050.	2900.	(85)
LD3 Convertible	1400.	2500.	4200.	6000.	(85)

DODGE 1959

V8

ROYAL T.S. 8.00 x 14 W.B. 122'' ENG. 4.12 x 3.38 295 HP

MAKE YEAR MODEL	UNRES. FAIR-4	UNRES. GOOD-3	RES. FAIR-2	RES. EXCEL.-1	PTS.
333 4D Sedan	600.	1050.	1750.	2500.	(85)
332 2D Hardtop	750.	1350.	2250.	3200.	(85)
334 4D Hardtop	600.	1100.	1800.	2600.	(85)

CUSTOM ROYAL T.S. 8.00 x 14 W.B. 122'' ENG. 4.12 x 3.38 305 HP

MAKE YEAR MODEL	UNRES. FAIR-4	UNRES. GOOD-3	RES. FAIR-2	RES. EXCEL.-1	PTS.
353 4D Sedan	600.	1150.	1900.	2700.	(85)
352 2D Hardtop	800.	1450.	2400.	3400.	(85)
354 4D Hardtop	650.	1200.	1950.	2800.	(85)
355 2D Convertible	1400.	2500.	4200.	6000.	(85)

DODGE 1960

V8

DART SENECA T.S. 7.50 x 14 W.B. 118'' ENG. 3.91 x 3.31 230 HP (WAG.) 8.00 x 14 W.B. 122''

MAKE YEAR MODEL	UNRES. FAIR-4	UNRES. GOOD-3	RES. FAIR-2	RES. EXCEL.-1	PTS.
513 4D Sedan	300.	600.	1000.	1400.	(85)

MAKE YEAR MODEL	UNRES. FAIR-4	UNRES. GOOD-3	RES. FAIR-2	RES. EXCEL.-1	PTS.
DART PIONEER T.S. 7.50 x 14 W.B. 118'' ENG. 3.91 x 3.31 230 HP (WAG.) 8.00 x 14 W.B. 122''					
521 2D Club Sedan	350.	650.	1050.	1500.	(85)
523 2D Sedan	350.	650.	1050.	1500.	(85)
522 2D Hardtop	400.	750.	1250.	1800.	(85)
DART PHOENIX T.S. 7.50 x 14 W.B. 118'' ENG. 3.91 x 3.31 225 HP					
533 4D Sedan	350.	650.	1100.	1600.	(85)
532 2D Hardtop	450.	800.	1350.	1900.	(85)
534 4D Hardtop	400.	700.	1200.	1700.	(85)
535 2D Convertible	800.	1450.	2450.	3500.	(85)
DODGE MATADOR T.S. 8.00 x 14 W.B. 122'' ENG. 4.12 x 3.38 296 HP					
612 2D Hardtop	450.	800.	1350.	1900.	(85)
614 4D Hardtop	350.	650.	1100.	1600.	(85)
DODGE POLARA T.S. 8.00 x 14 W.B. 122'' ENG. 4.25 x 3.38 325 HP					
632 2D Hardtop	450.	800.	1350.	1950.	(85)
634 4D Hardtop	400.	750.	1200.	1750.	(85)
635 2D Convertible	900.	1700.	2800.	4000.	(85)

DODGE 1961

V8

MAKE YEAR MODEL	UNRES. FAIR-4	UNRES. GOOD-3	RES. FAIR-2	RES. EXCEL.-1	PTS.
DART PIONEER T.S. 7.50 x 14 W.B. 118'' ENG. 3.91 x 3.31 231 HP (WAG.) 8.00 x 14 W.B. 122''					
521 2D Sedan	350.	650.	1100.	1600.	(85)
523 4D Sedan	350.	650.	1100.	1600.	(85)
522 2D Hardtop	450.	800.	1350.	1900.	(85)
DART PHOENIX T.S. 7.50 x 14 W.B. 118'' ENG. 3.91 x 3.31 230 HP					
532 2D Hardtop	450.	800.	1350.	1900.	(85)
534 4D Hardtop	400.	700.	1200.	1700.	(85)
535 2D Convertible	850.	1500.	2500.	3600.	(85)
DODGE POLARA T.S. 8.00 x 14 W.B. 122'' ENG. 4.12 x 3.38 265 HP					
542 2D Hardtop	400.	700.	1200.	1700.	(85)
544 4D Hardtop	350.	650.	1100.	1600.	(85)
545 2D Convertible	850.	1500.	2500.	3600.	(85)

DODGE 1962

V8

MAKE YEAR MODEL	UNRES. FAIR-4	UNRES. GOOD-3	RES. FAIR-2	RES. EXCEL.-1	PTS.
DART 330 T.S. 7.00 x 14 W.B. 116'' ENG. 3.91 x 3.31 230 HP					
523 4D Sedan	300.	550.	900.	1280.	(85)
522 2D Hardtop	300.	550.	900.	1280.	(85)
567 4D Station Wagon	250.	500	800..	1150.	(85)
DART 440 T.S. 7.00 x 14 W.B. 116'' ENG. 3.91 x 3.31 230 HP					
532 2D Hardtop	500.	900.	1500.	2150.	(85)
534 4D Hardtop	350.	650.	1050.	1500.	(85)
535 2D Convertible	800.	1450.	2450.	3500.	(85)
POLARA 500 T.S. 7.00 x 14 W.B. 116'' ENG. 4.12 x 3.38 305 HP					
542 2D Hardtop	350.	650.	1100.	1600.	(84)
544 4D Hardtop	300.	550.	900.	1300.	(85)
545 2D Convertible	850.	1500.	2500.	3600.	(85)
CUSTOM 880 T.S. 8.00 x 14 W.B. 122'' ENG. 4.125 x 3.38 265 HP (WAG.) 8.50 x 14					
612 2D Hardtop	400.	700.	1200.	1700.	(85)
614 4D Hardtop	300.	550.	900.	1300.	(85)
615 2D Convertible	900.	1700.	2800.	4000.	(85)
659 4D Station Wagon	350.	650.	1050.	1500.	(85)

DODGE 1963

V8 & 6 CYL.

P.S., P.B., A.C. INCLUDED

MAKE YEAR MODEL	UNRES-3	UNRES. GOOD-2	RES.-1
330 SERIES T.S. 7.00x14 W.B. 119'' 3.91x3.31 230 H.P.			
611 2D. SEDAN	560.	775.	1035.
613 4D. SEDAN	560.	775.	1035.
440 SERIES T.S. 7.00x14 W.B. 119'' ENG. 3.91x3.31 230 H.P.			
621 2D. SEDAN	610.	845.	1135.
623 4D. SEDAN	610.	845.	1135.
622 2D. HARDTOP	710.	990.	1315.
POLARA SERIES T.S. 7.00x14 W.B. 119'' ENG. 3.91x3.31 230 H.P.			
633 4D. SEDAN	560.	775.	1035.
632 2D. HARDTOP	710.	990.	1315.
634 4D. HARDTOP	560.	775.	1035.
635 2D. CONV.	1800.	2600.	3500. *
POLARA 500 SERIES T.S. 7.00x14 W.B. 119'' ENG. 4.25x3.38 305 H.P.			
642 2D. HARDTOP	710.	990.	1315.
645 CONV.	1900.	2750.	3600. *
STATION WAGONS T.S. 7.00x14 W.B. 116'' ENG. 3.91x3.31 230 H.P.			
657 4D. 330S S. WAGON	560.	775.	1035.
667 4D. 440S S. WAGON	560.	775.	1035.
880 SERIES T.S. 8.00x14 W.B. 122'' ENG. 4.125x3.38 265 H.P.			
503 4D. SEDAN	530.	740.	990.
880 CUSTOM SERIES T.S. 8.00x14 W.B. 122'' ENG. 4.125x3.38 265 H.P.			
512 2D. HARDTOP	710.	990.	1315.
514 4D. HARDTOP	710.	990.	1315.
515 CONV.	2150.	3100.	4200. *
880 SERIES S. WAGONS T.S. 8.00x14 W.B. 122'' ENG. 4.15x3.38 265 H.P.			
557 4D. S. WAGON	610.	845.	1135.
559 CUS. S. WAGON	610.	845.	1135.

DODGE 1964

SIX CYL.

DART 170 SERIES T.S. 6.50x13 W.B. 111'' ENG. 3.40x3.125 101 H.P.

DEDUCT $50. FROM 8 CYL. MODELS

330 SERIES T.S. 7.00x14 W.B. 119'' ENG. 3.40x3.125 145 H.P.

DEDUCT $50. FROM 8 CYL. MODELS

DODGE 1964

V8

MAKE YEAR MODEL	UNRES-3	UNRES. GOOD-2	RES.-1
DART 170 T.S. 7.00x13 W.B. 111'' 3.62x3.312 180 H.P.			
L11 2D. SEDAN	595.	825.	1100.
L13 4D. SEDAN	595.	825.	1100.
DART 270 T.S. 7.00x13 W.B. 111'' ENG. 3.62x3.312 180 H.P.			
L31 2D. SEDAN	610.	845.	1135.
L33 4D. SEDAN	610.	845.	1135.
L35 2D. CONV.	1800.	2600.	3500. *
DART GT T.S. 7.00x13 W.B. 111'' ENG. 3.62x3.312 180 H.P.			
L42 2D. HARDTOP	1065.	1480.	1975.
L45 2D. CONV.	2000.	2800.	3750.
DART STATION WAGONS T.S. 7.00x13 W.B. 106'' ENG. 3.62x3.312 180 H.P.			
L56 4D. 170.	610.	845.	1135.
L76 4D. 270.	610.	845.	1135.
330 SERIES T.S. 7.00x14 W.B. 119'' ENG. 3.91x3.31 230 H.P.			
611 2D. SEDAN	560.	775.	1035.
613 4D. SEDAN	560.	775.	1035.
440 SERIES T.S. 7.00x14 W.B. 119'' ENG. 3.91x3.31 230 H.P.			
621 2D. SEDAN	560.	775.	1035.
623 4D. SEDAN	560.	775.	1035.
622 2D. HARDTOP	635.	880.	1175.
POLARA SERIES T.S. 7.00x14 W.B. 119'' ENG. 3.91x3.31 230 H.P.			
632 2D. HARDTOP	710.	990.	1315.
634 4D. HARDTOP	610.	845.	1135.
635 2D. CONV.	1900.	2700.	3600. *
STATION WAGONS T.S. 7.50x14 W.B. 116'' ENG. 3.91x3.21 230 H.P.			
657 4D. 330 S. WAGON	530.	740.	990.
667 4D. 440 S. WAGON	530.	740.	990.
880 SERIES T.S. 8.00x14 W.B. ENG. 4.125x3.38 265 H.P.			
522 2D. HARDTOP	710.	990.	1315.
524 4D. HARDTOP	710.	990.	1315.
525 2D. CONV..	2000.	2960.	4000.
880 SERIES S. WAGONS T.S. 8.00x14 W.B. 122'' ENG. 4.125x3.38 265 H.P.			
557 4D. S. WAGON.	610.	845.	1135.
569 4D. CUS. S. WAGON	610.	845.	1135.

MAKE YEAR MODEL	UNRES-3	UNRES. GOOD-2	RES.-1

DODGE 1965

SIX CYL.

DART T.S. 6.50x13 W.B. 111" ENG. 3.40 3.125 C.I.D. 170 101 H.P

L11 2D. SEDAN	595.	825.	1100.
L13 4D. SEDAN	595.	825.	1100.
DART 270 T.S. 6.50x13 W.B. 111" ENG. 3.40x3.125 C.I.D. 170 101 H.P.			
L31 2D. SEDAN	610.	845.	1135.
L33 4D. SEDAN	610.	845.	1135.
L32 2D. HARDTOP	1015.	1410.	1880.
L35 2D. CONV.	1700.	2400.	3250.
DART GT T.S. 6.50x13 W.B. 111" ENG. 3.40x3.125 C.I.D. 170 101 H.P.			
L42 2D. HARDTOP	1115.	1550.	2070.
L45 2D. CONV.	1850.	2700.	3600.
STATION WAGONS T.S. 6.50x13 W.B. 106" ENG. 3.40x3.125 C.I.D. 170 101 H.P.			
L56 4D. DART	560.	775.	1035.
L76 4D. 270 DART	610.	845.	1135.
A100 COMPACT T.S. 6.50x13 W.B. 111" ENG. 3.40x3.125 C.I.D. 170 101 H.P.			
A60 SPORTSMAN	560.	775.	1035.
A60 CUS. SPORTSMAN	530.	740.	990.
A60 CUS. SPORTSMAN	560.	775.	1035.
A60 CUS. SPORTSMAN	585.	810.	1080.

DODGE 1965

V8

CORONET 440 T.S. 7.35x14 W.B. 117" ENG. 3.63x3.312 C.I.D. 274 180 H.P.			
W33 4D. SEDAN	455.	635.	845.
W32 2D. HARDTOP	510.	705.	940.
W35 2D. CONV.	1700.	2300.	3250.
CORONET 500 T.S. 7.35x14 W.B. 117" ENG. 3.63x3.312 C.I.D. 274 180 H.P.			
W42 2D. HARDTOP	530.	740.	990.
W45 2D. CONV.	1750.	2500.	3300.
STATION WAGONS T.S. 7.75x14 W.B. 117" ENG. 3.63x3.312 C.I.D. 274 180 H.P.			
W56 4D. CORONET	530.	740.	990.
W77 4D. 440 CORONET	530.	740.	990.
POLARA T.S. 8.25x14 W.B. 121" ENG. 4.25x3.38 C.I.D. 383 270 H.P.			
D12 2D. HARDTOP	560.	775.	1035.
D14 4D. HARDTOP	510.	705.	940.
D15 2D. CONV.	1600.	2300.	3100. *
CUSTOM 880 T.S. 8.25x14 W.B. 121" ENG. 4.25x3.38 C.I.D. 383 270 H.P.			
D32 2D. HARDTOP	635.	880.	1175.
D34 4D. HARDTOP	760.	1060.	1410.
D35 2D. CONV.	2100.	3100.	4000. *
MONACO T.S. 8.25x14 W.B. 121" ENG. 4.25x3.38 C.I.D. 383 315 H.P.			
D42 2D. HARDTOP	915.	1270.	1690.
STATION WAGONS T.S. 8.55x14 W.B. 121" *ENG. C.I.D. 270 H.P.			
D57 4D. POLARA	760.	1060.	1410.
D77 4D. 880 CUS. (9)	800.	1110.	1480.

DODGE 1966

SIX CYL.

DART T.S. 6.50x13 W.B. 111" ENG. 6 CYL C.I.D. 170 101 H.P.			
LL21 2D. SEDAN	710.	990.	1315.
LL41 4D. SEDAN	710.	990.	1315.
270 SERIES T.S. 6.50x13 W.B. 111" ENG. 6 CYL. C.I.D. 170 101 H.P.			
LH21 2D. SEDAN	760.	1060.	1410.
LH41 4D. SEDAN	760.	1060.	1410.
LH23 2D. HARDTOP	915.	1270.	1690.
LH27 CONV.	1950.	2560.	3400. *
GT SERIES T.S. 6.50x13 W.B. 111" ENG. 6 CYL. C.I.D. 170 101H.P.			
LP23 2D. HARDTOP	1140.	1585.	2115.
LP27 CONV.	2100.	3000.	3600. *

MAKE YEAR MODEL	UNRES-3	UNRES. GOOD-2	RES.-1
STATION WAGONS T.S. 7.00x13 W.B. 106" ENG. 6 CYL. C.I.D. 170 101 H.P.			
LL45 4D. DART	710.	990.	1315.
LH45 4D. 270	745.	1035.	1380.
SPORTSMAN T.S. 7.00x13 W.B. 90" ENG. 6 CYL. C.I.D. 170 101 H.P.			
A60 S. WAGON	660.	915.	1220.
A60 CUS. S. WAGON	685.	950.	1270.

DODGE 1966

V8

CORONET T.S. 6.95/7x34x14 W.B. 117" ENG. V8 C.I.D. 180 H.P.			
WL21 DELX. 2D. SEDAN	545.	760.	1010.
WI41 DELX. 4D. SEDAN	545.	760.	1010.
440 SERIES T.S. 6.95/7.34x14 W.B. ENG. V8 C.I.D. 273 180 H.P.			
WH41 4D. SEDAN	545.	760.	1010.
WH23 2D. HARDTOP	635.	880.	1175.
WH27 CONV.	1900.	2700.	3500. *
500 SERIES T.S. 6.95/7.34x14 W.B. 117" ENG. V8 C.I.D. 273 180 H.P.			
WP41 4D. SEDAN	540.	750.	995.
WP23 2D. HARDTOP	635.	880.	1175.
WP27 2D. CONV.	1940.	2750.	3750. *
CHARGER T.S. 6.95/7.34x14 W.B. 117" ENG.V8 C.I.D. 318 230 H.P.			
XP29 2D. SPT. HARDTOP (440)	3800.	5850.	7800. ★
STATION WAGONS T.S. 7.75/8.25x14 W.B. 117"ENG. V8 C.I.D. 318 230 H.P.			
WL45 4D. DELX.	530.	730.	980.
WH46 4D. 440	660.	915.	1220.
POLARA T.S. 6.95/7.34x14 W.B. 121" ENG. V8 C.I.D. 383 270 H.P.			
DL23 2D. HARDTOP	660.	915.	1220.
DL43 4D. HARDTOP	530.	740.	990.
DL27 CONV.	1800.	2600.	3400. *
MONACO T.S. 6.95/7.34x14 W.B. 121" ENG. V8 C.I.D. 383 270 H.P.			
DH23 2D. HARDTOP	710.	990.	1315.
DH43 4D. HARDTOP	560.	775.	1035.
MONACO 500 T.S. 6.95/7.34x14 W.B. 121" ENG. V8 C.I.D. 383 315 H.P.			
DP23 2D. HARDTOP	735.	1020.	1360.
STATION WAGONS T.S. 8.55x14 W.B. 121" ENG. V8 C.I.D. 383 270 H.P.			
DL46 4D. POLARA	530.	740.	990.
DH46 4D. MONACO	570.	790.	1050.

DODGE 1967 SIX CYL.

DART T.S. 6.50x13 W.B. 111" 6 CYL. C.I.D. 179 101 H.P.			
LL21 2D. SEDAN	720.	1000.	1335.
LL41 2D. SEDAN	720.	1000.	1335.
270 SERIES T.S. 6.50x13 W.B. 111" ENG. 6 CYL. 170 101 H.P.			
LH41 4D. SEDAN	770.	1070.	1430.
LH23 2D. HARDTOP	770.	1070.	1430.
GT SERIES T.S. 6.50x13 (CONV.) 7.00x13 W.B. 111" ENG. 6 CYL. C.I.D. 170			
LP23 2D. HARDTOP	1155.	1605.	2140.
LP27 2D. CONV.	1900.	2750.	3600.
SPORTSMAN A100 T.S. 6.95x14 W.B. 90" ENG. 6 CYL. C.I.D. 170 101 H.P.			
A60 S. WAGON	680.	945.	1260.
A60 CUS. WAGON	705.	980.	1305.

DODGE 1967 V8

CORONET DELX. T.S. 7.35x14 W.B. 117" ENG. V8 C.I.D. 270 180 H.P.			
WL21 2D. SEDAN	530.	730.	980.
WL41 4D. SEDAN	530.	730.	980.
440 SERIES T.S. 7.35x14 W.B. 117" ENG. V8 C.I.D. 273 180 H.P.			
WH41 4D. SEDAN	530.	730.	980.
WH23 2D. HARDTOP	650.	900.	1200.
WH27 2D. CONV.	1925.	2725.	3750. *
500 SERIES T.S. 7.35x14 W.B. 117" ENG. V8 C.I.D. 273 180 H.P.			
WP41 4D.SEDAN	560.	775.	1035.
WP23 2D. HARDTOP	760.	1060.	1410.
2D. CONV.	1900.	2800.	3700.

MAKE YEAR MODEL	UNRES-3	UNRES. GOOD-2	RES.-1
CORONET R/T T.S. 7.75x14 W.B. 117'' ENG. V8 C.I.D. 440 375 H.P.			
WS34 2D. HARDTOP (426)	4000.	5500.	7200. ★
WS27 2D. CONV. (426)	3900.	6100.	8000. ★
CHARGER T.S. 7.35x14 W.B. 117'' ENG. V8 C.I.D. 318 230 H.P.			
XP29 2D. HARDTOP (440)	4100.	5900.	7800. ★
XS29 CHARGER RT-440 HEMI	4250.	6400.	8200. ★
CORONET S. WAGONS T.S. 8.25x14 W.B. 117'' ENG. V8 C.I.D. 273 180 H.P.			
WL45 4D.DELX.	510.	705.	940.
WH46 4D. 440	585.	810.	1080.
POLARA 318 T.S. 8.25x14 W.B. 122'' ENG. V8 C.I.D. 318 230 H.P.			
DE23 2D. HARDTOP	560.	775.	1035.
DE43 4D. HARDTOP	710.	990.	1315.
POLARA T.S. 8x25x14 W.B. 122'' ENG. V8 C.I.D. 3893 270 H.P.			
DL23 2D. HARDTOP	915.	1270.	1690.
DL43 4D. HARDTOP	560.	775.	1035.
DL27 2D. CONV.	1940.	2760.	3750.
POLARA 500 T.S. 8.25x14 W.B. 122'' ENG. V8 C.I.D. 383 270 H.P.			
DM23 2D. HARDTOP	1015.	1410.	1880.
DM27 2D. CONV.	1750.	2650.	3600. *
MONACO T.S. 8.25x14 W.B. 122'' ENG. V8 C.I.D. 383 270 H.P.			
DH23 2D. HARDTOP	760.	1060.	1410.
DH43 4D. HARDTOP	610.	845.	1135.
MONACO 500 T.S. 8.25x14 W.B. 122'' ENG. V8 C.I.D. 383 325 H.P.			
DP23 2D. HARDTOP	810.	1130.	1505.
STATION WAGONS T.S. 8.55x14 W.B. 121'' ENG. V8 C.I.D. 383 270 H.P.			
DL46 4D. POLARA	530.	740.	990.
DH46 4D. MONACO	570.	790.	1060.

DODGE 1968

MAKE YEAR MODEL	UNRES-3	UNRES. GOOD-2	RES.-1
DART T.S. 6.50/7.00x13 W.B. 111'' ENG. 6 CYL. C.I.D. 170 115 H.P.			
LL21 2D. SEDAN	510.	705.	940.
LL41 4D. SEDAN	510.	705.	940.
270 SERIES T.S. 6.50/7.00x13 W.B. 111'' ENG. 6 CYL. C.I.D. 170 115 H.P.			
LH41 4D. SEDAN	530.	740.	990.
LH23 2D. HARDTOP	530.	740.	990.
GT SERIES T.S. 6.50/7.00x13 W.B. 111'' ENG. 6 CYL. C.I.D. 170 115 H.P.			
LP23 2D. HARDTOP	1270.	1760.	2350.
LP27 2D. CONV.	1685.	2595.	3700. *
V8 GT SERIES T.S. E70x14 W.B. 111'' ENG. V8 C.I.D. 340 275 H.P.			
LS23 2D. HARDTOP	1470.	2045.	2725.
LS27 2D. CONV.	1750.	2670.	3800. *
SPORTSMAN A100 T.S. 6.95/7.75x14 W.B. 90'' ENG. 6 CYL. C.I.D. 170 101 H.P.			
A100 S. WAGON	680.	945.	1260.
A100 CUS. S. WAGON	705.	980.	1305.
SPORTSMAN A100 T.S. 6.95/7.75x14 W.B. 108'' ENG. 6 CYL. C.I.D. 170 101 H.P.			
A100 S. WAGON	710.	990.	1315.
A100 CUS. S. WAGON	735.	1020.	1360.
V8 CORONET DELX. T.S. 7.35x14 W.B. 117'' ENG. V8 C.I.D. 273 190 H.P.			
WL21 2D. COUPE	610.	845.	1135.
WL41 4D. SEDAN	610.	845.	1135.
CORONET 440 T.S. 7.35x14 W.B. 117'' C.I.D. 318 230 H.P.			
WH21 2D. COUPE	610.	845.	1135.
WH41 4D. SEDAN	610.	845.	1135.
WH23 2D. HARDTOP	660.	915.	1220.
CORONET 500 T.S. 7.35x14 W.B. 117'' ENG. V8 C.I.D. 318 230 H.P.			
WP41 4D. SEDAN	610.	845.	1135.
WP23 2D. HARDTOP	645.	895.	1195.
WP27 CONV.	1550.	2400.	3400. *
SUPER BEE T.S F70x14 W.B. 117'' ENG. V8 C.I.D. 383 330 H.P.			
WM21 2D. COUPE	1830.	2540.	3385.
CORONET R/T T.S. F70x14 W.B. 117'' ENG. V8 C.I.D. 440 375 H.P.			
WS23 2D. HARDTOP	2540.	3525.	4700.
WS27 2D. CONV.	2800.	4100.	5500. *

MAKE YEAR MODEL	UNRES-3	UNRES. GOOD-2	RES.-1
STATION WAGONS T.S 8.25x14 W.B. 117'' ENG. V8 C.I.D. 318 230 H.P.			
WH46 4D. 400	510.	705.	940.
WP46 4D. 500	530.	740.	990.
CHARGER T.S. 7.35x14 W.B.117'' ENG. 6 CYL. 225 145 H.P.			
XP29 2D. HARDTOP	1015.	1410.	1880.
CHARGER V8 T.S. 7.35x14 W.B. 117'' ENG. V8 C.I.D. 318 230 H.P.			
XP29 2D. HARDTOP	1625.	2255.	3010. *
CHARGER R/T T.S F70x14 W.B. 117'' ENG. V8 C.I.D. 440 375 H.P.			
XS29 2D. HARDTOP	2925.	4500.	6000. ★
POLARA T.S. 8.25x14 W.B. 122'' ENG. V8 C.I.D. 318 230 H.P.			
DL41 4D. SEDAN	510.	705.	940.
DL23 2D. HARDTOP	610.	845.	1135.
DL43 4D. HARDTOP	510.	705.	940.
DL27 2D. CONV.	1815.	2590.	3500. *
POLARA 500 T.S. 8.25x14 W.B. 122'' ENG. V8 C.I.D. 318 230 H.P.			
DM23 2D. HARDTOP	760.	1060.	1410.
DM27 2D. CONV.	1600.	2450.	3500. *
MONACO T.S. 8.25x14 W.B. 122'' ENG. V8 C.I.D. 383 290 H.P.			
DH23 2D. HARDTOP	760.	1060.	1410.
DH43 4D. HARDTOP	610.	845.	1135.
MONACO 500 T.S. 8.25 W.B. 122'' ENG. V8 C.I.D. 383 290 H.P.			
DP23 2D. HARDTOP	810.	1130.	1505.
STATION WAGONS T.S 8.25x14 W.B. 122'' ENG. V8 C.I.D. 383 290 H.P.			
DL46 4D. POLARA (9)	480.	670.	890.
DH46 4D. MONACO (9)	455.	635.	845.

DODGE 1969

MAKE YEAR MODEL	UNRES-3	UNRES. GOOD-2	RES.-1
DART T.S. 6.50/7.00x13 W.B. 111'' ENG. 6 CYL. C.I.D. 1170 115 H.P.			
LL41 4D. SEDAN	560.	775.	1035.
LL23 SWINGER 2D. HARDTOP	635.	880.	1175.
CUSTOM T.S. 6.50/7.00x13 W.B. 111'' ENG. 6 CYL. C.I.D. 170 115 H.P.			
LH41 4D. SEDAN	585.	810.	1080.
LH23 2D. HARDTOP	585.	810.	1080.
GT SERIES T.S. 6.50/7.00x13 W.B. 111'' ENG. 6 CYL. C.I.D. 170 115 H.P.			
LP23 2D. HARDTOP	1015.	1410.	1880.
LP27 2D. CONV.	1650.	2500.	3500. *
SWINGER 340 T.S. D70x14 W.B. 111'' V8 C.I.D. 340 275 H.P.			
LM23 V8 2D. HARDTOP	810.	1130.	1505.
GTS SERIES T.S. E70x14 W.B. 111'' ENG. V8 C.I.D. 340 275 H.P.			
LS23 2D. HARDTOP	890.	1235.	1645.
LS27 2D. CONV.	1700.	2640.	3750. *
SPORTSMAN A100 T.S. 6.95x14 W.B.90'' ENG. 6 CYL. C.I.D. 170 101 H.P.			
A100 S. WAGON	610.	845.	1135.
A100 CUS. S. WAGON	650.	900.	1200.
SPORTSMAN A100 T.S. 6.95x14 W.B. 108'' C.I.D. 170.101 H.P.			
A100 S. WAGON	660.	915.	1220.
A100 CUS. S. WAGON	710.	990.	1315.
CORONET DELX. T.S. 7.35x14 W.B. 108'' ENG. V8 C.I.D. 318 230 H.P.			
WL21 2D. COUPE	490.	685.	910.
WL41 4D. SEDAN	490.	685.	910.
CORONET 440 T.S. 7.35x14 W.B. 117'' ENG. V8 C.I.D. 230 H.P.			
WH41 4D. SEDAN	515.	720.	960.
WH23 2D. HARDTOP	515.	720.	960.
CORONET 500 T.S. 7.35x14 W.B. 117'' ENG. V8 C.I.D. 318 230 H.P.			
WP41 4D. SEDAN	455.	630.	840.
WP23 2D. HARDTOP	545.	760.	1010.
WP27 2D. CONV.	1550.	2390.	3250. *
SUPER BEE T.S. F70x14 W.B. 117'' ENG. V8 C.I.D. 383 335 H.P.			
WM21 2D. COUPE	1640.	2620.	3750. ★
WM23 2D. HARDTOP	2200.	3200.	4250. ★
CORONET R/T T.S. F70x14 W.B. 117'' ENG. V8 C.I.D. 440 375 H.P.			
WS23 2D. HARDTOP	2750.	4000.	5250. ★
WS27 2D. CONV.	2900.	4250.	5500. *
STATION WAGONS T.S. 8.25x14 W.B. 117'' ENG. V8 C.I.D. 318 230 H.P.			
WH46 4D. 440 (9)	455.	635.	845.
WP46 4D. 500 (9)	455.	635.	845.

MAKE YEAR MODEL	UNRES-3	UNRES. GOOD-2	RES.-1
CHARGER 6 T.S. 7.35/7.75x14 W.B. 117'' ENG. 6 CYL. C.I.D. 225 145 H.P.			
XP29 2D. HARDTOP	1065.	1480.	1975.
CHARGER V8 T.S. 7.35/7.75x14 W.B. 117'' ENG. V8 C.I.D. 318 230 H.P.			
XP29 2D. HARDTOP	1520.	2115	.2820. *
CHARGER R/T T.S. F70x14 W.B. 117'' ENG. V8 C.I.D. 440 375 H.P.			
XS29 2D. HARDTOP	3500.	5425.	7250. ★
CHARGER 500 T.S. F70x14 W.B. 117'' ENG. V8 C.I.D. 440 375 H.P.			
XX29 2D. HARDTOP	4000.	5800.	8000. ★
POLARA T.S. 8.28/8.85x15 W.B. 122'' ENG. V8 C.I.D. 318 230 H.P.			
DL23 2D. HARDTOP	480.	670.	890.
DL43 4D. HARDTOP	480.	670.	890.
DL27 2D. CONV.	1500.	2250.	3200.
POLARA 500 T.S. 8.25/8.85x15 W.B. 122'' ENG. V8 C.I.D. 318 230 H.P.			
DM23 2D. HARDTOP	455.	635.	845.
DM27 2D. CONV.	1600.	2440.	3400. *
MONACO T.S. 8.25x15 W.B. 122'' ENG. V8 C.I.D. 383 290 H.P.			
DH23 2D. HARDTOP	495.	690.	915.
DH43 4D. HARDTOP	455.	635.	845.
STATION WAGONS T.S. 8.85x15 W.B. 122'' ENG. 318 230 H.P.			
DL46 4D. POLARA (9)	455.	635.	845.
DH46 4D. MONACO (9)	455.	635.	845.

DODGE 1970

MAKE YEAR MODEL	UNRES-3	UNRES. GOOD-2	RES.-1
DART T.S. D78x14 W.B. 111'' ENG. 6 CYL. C.I.D. 198 125 H.P.			
LL41 4D. SEDAN	480.	650.	855.
LL23 SWINGER 2D. HARDTOP	650.	875.	1150.
CUSTOM T.S. D78x14 W.B. 111'' ENG. 6 CYL. C.I.D. 198 125 H.P.			
LH41 4D. SEDAN	615.	830.	1095.
LH23 2D. HARDTOP	615.	830.	1095.
SWINGER T.S. E70x14 W.B. 111'' ENG. V8 C.I.D. 340 275 H.P.			
LM23 V8 2D. HARDTOP	1025.	1385.	1825.
SPORTSMAN A100 T.S. E78x14 W.B. 90'' ENG. 6 CYL. C.I.D. 198 120 H.P.			
A1-3 S. WAGON	865.	1165.	1535.
A1-5 CUS. S. WAGON	890.	1205.	1585.
SPORTSMAN A100 T.S. E78x14/BW.B. 108'' ENG. 6 CYL. C.I.D. 198 120 H.P.			
A1-3 S. WAGON	865.	1165.	1535.
A1-5 CUS. S. WAGON	865.	1165.	1535.
CHALLENGER T.S. D78/E78x14 W.B. 110'' ENG. V8 C.I.D. 318 230 H.P.			
JH23 V8 2D. HARDTOP	1105.	1495.	1970.
JH29 2D. HARDTOP	1190.	1605.	2110.
JH27 2D. CONV.	1800.	2600.	3500. *
CHALLENGER R/T T.S. F70x14 W.B. 110'' ENG. V8 C.I.D. 383 335 H.P.			
ADD $800 FOR C.I.D. 440 ENG.			
JS23 2D. HARDTOP	2540.	3430.	4510.
JS29 2D. HARDTOP (FORMAL)	2050.	2770.	3650.
JS27 2D. CONV.	2300.	3250.	4500. *
CORONET DELX. T.S. G78x14 W.B. 117'' ENG. V8 C.I.D. 318 230 H.P.			
WL21 2D. COUPE	485.	655.	865.
WL41 4D. SEDAN	485.	655.	865.
CORONET 440 T.S. G78x14 W.B. 117'' ENG. V8 C.I.D. 318 230 H.P.			
WH21 2D. COUPE	675.	910.	1200.
WH41 4D. SEDAN	540.	730.	960.
WH23 2D. HARDTOP	755.	1020.	1345.
CORONET 500 T.S. G78x14 W.B. 117'' ENG. V8 C.I.D. 318 230 H.P.			
WP41 4D. SEDAN	675.	910.	1200.
WP23 2D. HARDTOP	700.	950.	1250.
WP27 2D. CONV.	1800.	2600.	3500. *
SUPER BEE T.S. F70x14 W.B. 117'' ENG. V8 C.I.D. 383 335 H.P.			
WM21 2D. COUPE	1215.	1640.	2160.
WM23 2D. HARDTOP (426)	2700.	3900.	5200. ★
CORONET R/T T.S. F70x14 W.B. 117'' ENG. V8 C.I.D. 440 375 H.P.			
WS23 2D. HARDTOP	2700.	3900.	5200. ★
WS27 2D. CONV.	2890.	4125.	5500. ★
WAGONS T.S. G78x14 W.B. 117'' ENG. V8 C.I.D. 318 230 H.P.			
WH45 4D. 440	540.	730.	960.
WP46 4D. 500	540.	730.	960.

MAKE YEAR MODEL	UNRES-3	UNRES. GOOD-2	RES.-1
CHARGER 6 T.S. G78x24 W.B. 117'' ENG. 6 CYL. C.I.D. 225 145 H.P.			
XH29 2D. HARDTOP	650.	875.	1150.
XP29 500 2D. HARDTOP	810.	1095.	1440.
CHARGER V8 T.S. G78x14 W.B. 117'' ENG. V8 C.I.D. 318 230 H.P.			
XH29 2D. HARDTOP	970.	1310.	1730.
XP29 500 2D. HARDTOP	1135.	1530.	2015. *
CHARGER R/T T.S. F70x14 W.B. 117'' ENG. V8 C.I.D. 440 375 H.P.			
XS29 2D. HARDTOP	3675.	5250.	7000. ★
XX29 DAYTONA 2D. HARDTOP	5250.	7600.	10000. ★
POLARA T.S. G78/H78x15 W.B. 122'' ENG. V8 C.I.D. 318 230 H.P.			
DL23 2D. HARDTOP	430.	585.	770.
DL43 4D. HARDTOP	430.	585.	770.
DL27 2D. CONV.	1850.	2625.	3500.
POLARA CUSTOM T.S. H78x15 W.B. 122'' ENG. V8 C.I.D. 383 290 H.P.			
DM23 2D. HARDTOP	565.	765.	1010.
DM43 4D. HARDTOP	430.	585.	770.
MONACO T.S. G78x15 W.B. 122'' ENG. V8 C.I.D. 318 230 H.P.			
DH23 2D. HARDTOP	565.	765.	1010.
DH43 4D. HARDTOP	430.	585.	770.
STATION WAGONS T.S. J78x15 W.B. 122'' ENG. V8 C.I.D. 318 230 H.P.			
DE46 4D. SPEC. (9)	430.	585.	770.
DL46 4D. POLARA (9)	465.	630.	825.

EDSEL 1958

MAKE YEAR MODEL	UNRES-3	UNRES. GOOD-2	RES.-1
V8			
DEDUCT 10% FOR 6 CYL., RANGER T.S. 7.50x14 W.B. 120'' ENG. 3.75x3.30 200 H.P.			
21 2D. SEDAN	1775.	2470.	3290. *
22 4D. SEDAN	1775.	2470.	3290. *
23 2D. HARDTOP	1930.	2680.	3570. *
24 4D. HARDTOP	1775.	2470.	3290. *
26 ROUND UP 2D. S. WAGON	1520.	2115.	2820. *
27 4D. VILLAGER	1520.	2115.	2820. *
28 4D. VILLAGER (3)	1520.	2115.	2820. *
PACER T.S. 7.50x14 W.B. 120'' ENG. 3.75x3.30 200 H.P.			
42 4D. SEDAN	1775.	2470.	3290. *
43 2D. HARDTOP	2000.	2850.	3800. ★
44 4D. HARDTOP	1880.	2610.	3480. *
45 CONV.	3500.	5100.	6800. ★
47 4D. BERMUDA	1520.	2115.	2820. *
48 4D. BERMUDA (3)	1625.	2255.	3010. *
CORSAIR T.S. 8.00x14 W.B. 120'' ENG. 4.00x3.30 225 H.P.			
63 2D. HARDTOP	2520.	3600.	4800. ★
64 4D. HARDTOP	1840.	2625.	3500. ★
CITATION T.S. 9.00x14 W.B. 128'' ENG. 4.30x3.70 345 H.P.			
83 2D. HARDTOP	4000.	5850.	7800. ★
84 4D. HARDTOP	2900.	4125.	5500. ★
85 CONV.	5150.	7350.	9800. ★

EDSEL 1959

MAKE YEAR MODEL	UNRES-3	UNRES. GOOD-2	RES.-1
RANGER T.S. 7.50x14 W.B. 120'' ENG. 3.75x3.30 200 H.P.			
64C 2D. SEDAN	1825.	2540.	3385. *
58D 4D. SEDAN	1825.	2540.	3385. *
63F 2D. HARDTOP	1980.	2750.	3665. *
57F 4D. HARDTOP	1825.	2540.	3385. *
CORSAIR T.S. 8.00x14 W.B. 120'' ENG. 4.00x3.30 225 H.P.			
58B 4D. SEDAN	2000.	2750.	3800. ★
63B 2D. HARDTOP	2900.	4125.	5500. ★
57B 4D. HARDTOP	1880.	2610.	3480. *
76E 2D. CONV.	4200.	6000.	8100. ★
STATION WAGONS T.S. 8.00x14 W.B. 120'' ENG. 3.75x3.30 200 H.P.			
71F 4D. VILLAGER	1825.	2540.	3385. *
71E 4D. VILLAGER (9)	1825.	2540.	3385. *

Ferrari SuperAmerica

MAKE YEAR MODEL	UNRES-3	UNRES. GOOD-2	RES.-1
EDSEL 1960			
V8			
RANGER T.S. 7.50x13 W.B. 120'' ENG. 3.75x3.30 185 H.P.			
(CONV.) T.S. 8.00x14			
11 2D. SEDAN	1775.	2470.	3290. *
12 4D. SEDAN	1775.	2470.	3290. *
13 2D. HARDTOP	2350.	3300.	4500. ★
14 4D. HARDTOP	1880.	2610.	3480. *
15 2D. CONV.	4500.	6450.	8600. ★
STATION WAGONS T.S. 8.00x14 W.B. 120'' ENG. 3.75x3.30 200 H.P.			
17 4D. VILLAGER	1520.	2115.	2820. *
18 4D. VILLAGER (9)	1520.	2115.	2820. *

MAKE YEAR MODEL	UNRES. FAIR-4	UNRES. GOOD-3	RES. FAIR-2	RES. EXCEL.-1	PTS.
FACEL-VEGA					
1953 Coupe	2200.	3600.	6000.	8000.	(90)
1955 Coupe (M.S.)	2500.	4100.	6800.	9100.	(90)
1957 4D Hardtop Sedan (M.S.)	1000.	3200.	5300.	7100.	(90)
1958 8-Cyl. 500 Coupe (M.S.)	2600.	4300.	7100.	9500.	(90)
1959 4D V8 Hardtop (M.S.)	2200.	3600.	6000.	8000.	(90)
1960 HK 500 Coupe (M.S.)	2600.	4300.	7100.	9500.	(90)
1961 4D Hardtop (M.S.)	2300.	3800.	6400.	8500.	(90)
1961 V8 2 + 2 Coupe (M.S.)	2600.	4300.	7100.	9500.	(90)
1961 V8 Roadster Convertible (M.S.)	3350.	6100.	10150.	14500.	(90)
1961 V8 Hardtop Sedan (M.S.)	2300.	4200.	7000.	10000.	(90)
1961 V8 Coupe (M.S.)	2300.	4200.	7000.	10000.	(90)
1962 V8 HK 500 Coupe (M.S.)	3250.	5900.	9800.	14000.	(90)
1962 250 GT Coupe (M.S.)	3350.	6100.	10150.	14500.	(90)
1962 2D V8 Hardtop (M.S.)	3350.	6100.	10150.	14500.	(90)
FERRARI					
1949 V12 Type 166 Milla Mialia	27700.	50400.	84000.	120000.	(100)
1950 Coupe	11550.	21000.	35000.	50000.	(94)
1951 V12 Type 212 Roadster	16650.	30250.	50400.	72000.	(94)
1953 V12 Convertible Coupe	15000.	27300.	45500.	65000.	(94)
1953 Model 212 (Farina) Coupe	11000.	20150.	33600.	48000.	(94)
1954 V12 Roadster (M.S.)	12700.	23100.	38500.	55000.	(94)
1954 V12 250 GT Coupe (M.S.)	8100.	14700.	24500.	35000.	(94)
1955 V12 Coupe (M.S.)	8300.	15100.	25200.	36000.	(94)
1956 Testa Rosa	19650.	35700.	59500.	85000.	(94)
1957 3.5 Roadster (M.S.)	8800.	15950.	26600.	38000.	(94)
1957 Coupe (M.S.)	7500.	13650.	22750.	32500.	(94)
1957 2-Litre Tasta Rosa Coupe (M.S.)	18000.	32750.	54600.	78000.	(94)
1957 275 GT	11550.	21000.	35000.	50000.	(94)
1957 V12 2-Pass. 250 GT Buano Coupe (M.S.)	8100.	14700.	24500.	35000.	(94)
1958 Berlinette Coupe (M.S.)	9450.	17200.	28700.	41000.	(94)
1958 California Roadster (M.S.)	9700.	17650.	29400.	42000.	(94)
1959 Convertible Coupe (M.S.)	8300.	15100.	25200.	36000.	(94)
1959 250 GT Coupe (M.S.)	8100.	14700.	24500.	35000.	(94)
1959 LeMans Coupe	9250.	16800.	28000.	40000.	(94)
1960 Super America Coupe (M.S.)	8100.	14700.	24500.	35000.	(94)
1960 250 GT Coupe (M.S.)	9250.	16800.	28000.	40000.	(94)
1961 GT Coupe (M.S.)	6950.	12600.	21000.	30000.	(94)
1961 GTE (M.S.)	5800.	10500.	17500.	25000.	(94)
1962 250 Convertible Coupe (M.S.)	9250.	16800.	28000.	40000.	(94)
1962 250 GT 2 + 2 Coupe (M.S.)	6950.	12600.	21000.	30000.	(94)
1963 250 GT Coupe (M.S.)	6950.	12600.	21000.	30000.	(94)
1963 V12 Berlinetta	10650.	19400.	32200.	46000.	(94)
1964 12-Cyl. Coupe (M.S.)	9450.	17200.	28700.	41000.	(94)
1964 Lusso Berlinetta (M.S.)	10400.	18900.	31500.	45000.	(94)
1965 V12 275 GTB	11550.	21000.	35000.	50000.	(94)
1965 500 GT Coupe	16150.	29400.	49000.	70000.	(94)
1965 V12 Berlinetta GTB	15000.	27300.	45500.	65000.	(94)
1966 GTB Coupe 275	12450.	22700.	37800.	54000.	(94)
1966 330 GTC Convertible	11300.	20600.	34300.	49000.	(94)
1967 V12 GTC Coupe 2 + 2 330 GT	7150.	13000.	21700.	31000.	(94)
1967 GTB Berlinetta Coupe	8300.	15100.	25200.	36000.	(94)
1968 V12 330 GTC Coupe	X	17300.	28800.	40000.	(94)
1969 365 GT Coupe	6950.	12600.	21000.	30000.	(94)
1970 Daytona Coupe	16150.	29400.	49000.	70000.	(94)
1970 365 GTB Conv.	25400.	46200.	77000.	110000.	(94)

MAKE YEAR MODEL	UNRES. FAIR-4	UNRES. GOOD-3	RES. FAIR-2	RES. EXCEL.-1	PTS.
1971 Daytona Coupe V-12	15700.	28550.	47600.	68000.	(94)
1972 Daytona Coupe	12950.	23500.	39200.	56000.	(94)
1972 Daytona Spyder Convertible	16750.	30450.	50750.	72500.	(94)
1973 365 GTS Coupe GTB/ 4 Daytona	12700.	23100.	38500.	55000.	(94)
1973 Daytona Spyder Convertible	18950.	34450.	57400.	82000.	(94)
1974 Boxer Berlinetta Coupe	11000.	20150.	33600.	48000.	(94)
1975 V-12 GT Coupe	11800.	21400.	35700.	51000.	(94)
1976 308 GTS	8100.	14700.	24500.	35000.	(94)

FORD 1946 V8
DEDUCT 10% FOR 6 CYLINDER

69 DELUXE SERIES T.S. 16 x 6.00 W.B. 114'' ENG. V8 3.187 x 3.75 32.51 HP

Coupe	1500.	2750.	4550.	6500.	(90)
Tudor	1400.	2500.	4200.	6000.	(90)
Fordor	1450.	2600.	4350.	6200.	(90)

69A SUPER DELUXE T.S. 16 x 6.00 W.B. 114'' ENG. 3.187 x 3.75 32.51 HP

Coupe	2100.	3800.	6300.	9000.	(90)
Convertible Coupe	3700.	6700.	11200.	16000.	(90)
Convertible Sports Coupe (Woody)	6800.	12400.	20650.	29500.	(94)
Sedan Coupe	2300.	4200.	7000.	10000.	(90)
Tudor	1850.	3350.	5600.	8000.	(90)
Fordor	1900.	3450.	5750.	8200.	(90)
Station Wagon	3350.	6100.	10150.	14500.	(90)

FORD 1947

V8

79A DELUXE SERIES T.S. 16 x 6.00 W.B. 114'' ENG. 3.187 x 3.75 32.51 HP

Coupe	1550.	2800.	4700.	6700.	(90)
Tudor	1400.	2550.	4250.	6100.	(90)
Fordor	1450.	2600.	4400.	6250.	(90)

SUPER DELUXE T.S. 16 x 6.00 W.B. 114'' ENG. 3.187 x 3.75 32.51 HP

Coupe	2200.	4000.	6650.	9500.	(90)
Convertible Coupe	4100.	7450.	12400.	17750.	(94)
Convertible Sports Coupe (Woody)	7600.	13850.	23100.	33000.	(94)
Sedan Coupe	2400.	4400.	7350.	10500.	(90)
Tudor	1950.	3550.	5950.	8500.	(90)
Fordor	2000.	3600.	6000.	8600.	(90)
Station Wagon	3700.	6700.	11200.	16000.	(90)

FORD 1948

V8

89A DELUXE SERIES T.S. 16 x 6.00 W.B. 114'' ENG. 3.187 x 3.75 32.51 HP

77A Coupe	1550.	2850.	4750.	6800.	(90)
70A Tudor	1450.	2600.	4350.	6200.	(90)
73A Fordor	1500.	2750.	4550.	6500.	(90)

SUPER DELUXE T.S. 16 x 6.00 W.B. 114'' ENG. 3.187 x 3.75 32.51 HP

77B Coupe	2300.	4200.	7000.	10000.	(90)
76 Convertible Coupe	4150.	7550.	12600.	18000.	(94)
89A Convertible Sports Coupe (Woody)	8800.	15950.	26600.	38000.	(94)
72B Sedan Coupe	2400.	4400.	7350.	10500.	(90)
70B Tudor	1950.	3550.	5950.	8500.	(90)
73B Fordor	2000.	3600.	6000.	8600.	(90)
79B Station Wagon	3700.	6700.	11200.	16000.	(94)

FORD 1949

V8

98A SERIES T.S. 16 x 6.00 W.B. 114'' ENG. 3-3/16 x 4-3/4 32.5 HP

72C Coupe	1100.	1950.	3300.	4700.	(90)
72A Club Coupe	1100.	2000.	3350.	4800.	(90)
70A Tudor Sedan	900.	1700.	2800.	4000.	(90)
73A Fordor Sedan	950.	1750.	2950.	4200.	(90)

CUSTOM T.S. 16 x 6.00 (S.WAG.) 7.10 x 15 W.B. 114'' ENG. 3-3/16 x 4-3/4 32.5 HP

70B Tudor Sedan	1050.	1950.	3200.	4600.	(90)
73B Fordor Sedan	1100.	1950.	3300.	4700.	(90)
72B Club Coupe	1400.	2500.	4200.	6000.	(90)
76 Convertible Coupe	2400.	4400.	7350.	10500.	(90)
79 Station Wagon	2350.	4300.	7150.	10200.	(90)

FORD 1950

V8

ORA SERIES T.S. 16 x 6.00 W.B. 114'' ENG. 3-3/16 x 3-3/4 100 HP

D72C Coupe	1250.	2300.	3850.	5500.	(90)
D70 Tudor Sedan	1100.	2000.	3350.	4800.	(90)
D73 Fordor Sedan	1200.	2150.	3550.	5100.	(90)
C70 Tudor Sedan	1150.	2100.	3500.	5000.	(90)
C73 Fordor Sedan	1400.	2550.	4250.	6100.	(90)
C72 Club Coupe	1550.	2850.	4750.	6800.	(90)
C76 Convertible Coupe	2750.	5050.	8400.	12000.	(94)
C70C Crestline	1950.	3550.	5950.	8500.	(90)
C79 Country Squire	2650.	4850.	8050.	11500.	(90)

FORD 1951

V8

1BA CUSTOM SERIES T.S. 16 x 6.00 W.B. 114'' ENG. 3-3/16 x 3-3/4 100 HP

70B Tudor	1500.	2750.	4550.	6500.	(90)
73B Fordor	1550.	2850.	4750.	6800.	(90)
72C Club Coupe	1600.	2950.	4900.	7000.	(90)
70C Crestline	2100.	3800.	6300.	9000.	(90)
76 Convertible Coupe	3450.	6300.	10500.	15000.	(90)
79 Country Squire	2900.	5250.	8750.	12500.	(90)
60 Victoria Coupe Hardtop	2200.	4000.	6650.	9500.	(90)

FORD 1952

V8

CUSTOM SERIES T.S. 6.70 x 16 W.B. 115'' ENG. 3.19 x 3.75 110 HP

73B 4D Sedan	900.	1600.	2650.	3800.	(90)
72B Club Coupe	900.	1650.	2750.	3900.	(90)

CRESTLINE SERIES T.S. 6.70 x 16 W.B. 115'' ENG. 3.19 x 3.75 110 HP

76B Sunliner Convertible	2550.	4600.	7700.	11000.	(90)
60B Victoria	1800.	3300.	5450.	7800.	(90)
79B Country Squire	1600.	2950.	4900.	7000.	(90)

FORD 1953

V8

CUSTOMLINE T.S. 6.70 x 15 W.B. (CTRY. SEDAN) 7.10 x 15 W.B. 115'' ENG. 3.19 x 3.75 110 HP

73B Fordor	900.	1600.	2650.	3800.	(90)
72B Club Coupe	900.	1700.	2800.	4000.	(90)

CRESTLINE T.S. 6.70 x 15 (CTRY. SQUIRE) 7.10 x 15 W.B. 115'' ENG. 3.19 x 3.75 110 HP

76B Sunliner Convertible	2650.	4850.	8050.	11500.	(90)
60B Victoria	1800.	3300.	5550.	7900.	(90)
79C Country Squire	1600.	2950.	4900.	7000.	(90)

FORD 1954

V8

CUSTOMLINE T.S. 6.70 x 15 W.B. 115'' ENG. 3.50 x 3.10 130 HP

73B 4D Sedan	900.	1600.	2650.	3800.	(90)
72B Club Coupe	900.	1650.	2750.	3900.	(90)
59B Ranch Wagon	900.	1600.	2650.	3800.	(90)

CRESTLINE T.S. 6.70 x 15 W.B. 115'' ENG. 3.50 x 3.10 130 HP

73C 4D Sedan	950.	1750.	2950.	4200.	(90)
76B Sunliner Convertible	2900.	5250.	8750.	12500.	(90)
60F Skyliner Hardtop Coupe	2100.	3850.	6450.	9200.	(90)
60B Victoria	1250.	2300.	3850.	5500.	(90)
79C Country Squire	1600.	2950.	4900.	7000.	(90)

FORD 1955

V8

MAINLINE T.S. 6.70 x 15 W.B. 115.5'' ENG. 3.50 x 3.10 175 HP

70D Business Coupe	600.	1200.	1950.	2800.	(90)

1956 Ford Thunderbird Photo Courtesy of Farrell C. Gay Springfield, Illinois

MAKE YEAR MODEL	UNRES. FAIR-4	UNRES. GOOD-3	RES. FAIR-2	RES. EXCEL.-1	PTS.
70A 2D Sedan	600.	1200.	1950.	2800.	(90)
73A 4D Sedan	700.	1200.	2050.	2900.	(90)
59A 2D Ranch Wagon	800.	1450.	2450.	3500.	(90)
CUSTOMLINE T.S. 6.70 x 15 W.B. 115.5'' ENG. 3.50 x 3.10 175 HP					
70B 2D Sedan	750.	1400.	2300.	3300.	(90)
73B 4D Sedan	750.	1400.	2300.	3300.	(90)
59B Custom Ranch Wagon	900.	1700.	2800.	4000.	(90)
FAIRLANE T.S. 6.70 x 15 W.B. 115.5'' ENG. 3.50 x 3.10 175 HP					
70C 2D Club Sedan	900.	1650.	2750.	3900.	(90)
73C 4D Town Sedan	950.	1700.	2850.	4100.	(90)
76B Sunliner Convertible	3600.	6500.	10850.	15500.	(90)
60B Victoria Hardtop	1750.	3150.	5250.	7500.	(90)
64A Crown Victoria Hardtop	3100.	5650.	9450.	13500.	(90)
64B Victoria Tran. Hardtop	3350.	6100.	10150.	14500.	(90)
79D 4D Country Sedan 9	900.	1700.	2800.	4000.	(90)
79B Country Sedan 6	900.	1700.	2800.	4000.	(90)
79C Country Squire	1650.	3000.	4950.	7100.	(90)
THUNDERBIRD T.S. 70 x 15 W.B. 102'' ENG. 3.50 x 3.10 193 HP					
40A Convertible Coupe	5700.	10500.	17500.	25000.	(95)

FORD 1956

V8

MAKE YEAR MODEL	UNRES. FAIR-4	UNRES. GOOD-3	RES. FAIR-2	RES. EXCEL.-1	PTS.
MAINLINE T.S. 6.70 x 15 W.B. 155.5''					
70A 2D Sedan	600.	1100.	1850.	2650.	(90)
70D 2D Business Sedan	600.	1100.	1850.	2650.	(90)
73A 4D Sedan	600.	1150.	1900.	2700.	(90)
59A Ranch Wagon	700.	1300.	2150.	3100.	(90)
CUSTOMLINE T.S. 6.70 x 15 W.B. 115.5''					
70B 2D Sedan	800.	1450.	2400.	3400.	(90)
73B 4D Sedan	800.	1450.	2400.	3400.	(90)
60B 2D Victoria	1750.	3150.	5250.	7500.	(90)
59B Ranch Wagon	900.	1700.	2800.	4000.	(90)
FAIRLANE T.S. 6.70 x 15 W.B. 115.5'' 200 HP					
70C 2D Club Sedan	1500.	2750.	4550.	6500.	(90)
64C 2D Victoria	2100.	3800.	6300.	9000.	(90)
73C 4D Town Sedan	1200.	2150.	3550.	5100.	(90)
4D Victoria	1200.	2200.	3650.	5200.	(90)
64A Crown Victoria	3250.	5900.	9800.	14000.	(90)
64B Crown Victoria	3350.	6100.	10150.	14500.	(90)
76B Sunliner Convertible	3100.	5650.	9450.	13500.	(94)
59C 2D Parklane Station Wagon	1650.	3000.	4950.	7100.	(90)
79D 4D Country Sedan 6	850.	1500.	2500.	3600.	(90)
79B 4D Country Sedan 9	900.	1600.	2650.	3800.	(90)
79C Country Squire	2300.	4200.	7000.	10000.	(90)
THUNDERBIRD T.S. 6.70 x 15 W.B. 102''					
40A Convertible	5700.	10500.	17500.	25000.	(94)
40B Hardtop	5200.	9450.	15750.	22500.	(94)

FORD 1957

V8

MAKE YEAR MODEL	UNRES. FAIR-4	UNRES. GOOD-3	RES. FAIR-2	RES. EXCEL.-1	PTS.
RANCHERO T.S. 6.70 x 15 W.B. 116'' ENG. 3.62 x 3.30 190 HP					
66A Ranchero	1200.	2150.	3550.	5100.	(90)
CUSTOM T.S. 6.70 x 15 W.B. 116'' ENG. 3.62 x 3.30 190 HP					
70D 2D Business Sedan	650.	1200.	1950.	2800.	(90)
70A 2D Sedan	800.	1450.	2400.	3400.	(90)
73A 4D Sedan	800.	1450.	2400.	3400.	(90)
CUSTOM T.S. 300 6.70 x 15 W.B. 116'' ENG. 3.62 x 3.30 190 HP					
70B 2D Sedan	850.	1500.	2500.	3600.	(90)
73B 4D Sedan	850.	1500.	2500.	3600.	(90)
FAIRLANE T.S. 6.70 x 15 W.B. 116'' ENG. 3.62 x 3.30 190 HP					
64A 2D Club Sedan	1050.	1900.	3150.	4500.	(90)
58A 4D Town Sedan	1050.	1900.	3150.	4500.	(90)
63B Victoria Hardtop Coupe	1200.	2150.	3550.	5100.	(90)
57B 4D Hardtop Sedan	750.	1350.	2300.	3250.	(90)
FAIRLANE 500 T.S. 6.70 x 15 W.B. 118'' ENG. 3.75 x 3.3 212 HP					
63A Victoria Hardtop Coupe	1400.	2500.	4200.	6000.	(90)
57A 4D Victoria Hardtop	900.	1700.	2800.	4000.	(90)
76B Sunliner Convertible	3100.	5650.	9450.	13500.	(90)
51A Retractable Hardtop	2550.	4600.	7700.	11000.	(90)
STATION WAGONS T.S. 6.70 x 15 W.B. 116'' ENG. 3.75 x 3.3 212 HP					
59B DL Rio Ranch Wagon	1100.	2000.	3350.	4800.	(90)
79D 4D Country Sedan	800.	1450.	2450.	3500.	(90)
79E 4D Country Squire	1750.	3150.	5250.	7500.	(90)

MAKE YEAR MODEL	UNRES. FAIR-4	UNRES. GOOD-3	RES. FAIR-2	RES. EXCEL.-1	PTS.
THUNDERBIRD V8 W.B. 102'' ENG. 3.75 x 3.3 212 HP					
40 Hardtop Convertible (2 Tops)	5550.	10100.	16800.	24000.	(95)
Convertible	5450.	9850.	16450.	23500.	(95)
Supercharged Hardtop	6350.	11550.	19250.	27500.	(95)

FORD 1958

V8

RANCHERO					
66B Ranchero	1050.	1950.	3200.	4600.	(90)
FAIRLANE 500					
64B 2D Sedan	650.	1200.	2000.	2850.	(90)
58B 4D Sedan	650.	1200.	2050.	2900.	(90)
63A 2D Hardtop	1300.	2350.	3900.	5600.	(90)
57A 4D Hardtop	800.	1450.	2450.	3500.	(90)
76B Convertible	2750.	5050.	8400.	12000.	(90)
2D Retractable Convertible	2900.	5250.	8750.	12500.	(90)
THUNDERBIRD					
63A Thunderbird Convertible	2250.	4050.	6800.	9700.	(90)

FORD 1959

V8

RANCHERO T.S. 7.50 x 14 W.B. 118'' ENG. 3.75 x 3.30 200 HP					
66B 2D Pickup	1050.	1900.	3150.	4500.	(90)
FAIRLANE 500 T.S. 7.50 x 14 W.B. 118'' ENG. 3.75 x 3.30 200 HP					
63A 2D Hardtop	1050.	1950.	3200.	4600.	(90)
57A 4D Hardtop	700.	1200.	2050.	2900.	(90)
GALAXIE T.S. 7.50 x 14 W.B. 118'' ENG. 3.75 x 3.30 200 HP					
64H 2D Club Sedan	750.	1400.	2350.	3350.	(90)
54A 4D Town Sedan	800.	1450.	2400.	3400.	(90)
65A 2D Hardtop	1250.	2300.	3850.	5500.	(90)
76B 2D Sunliner Convertible	2500.	4550.	7550.	10800.	(90)
51A Retractable Hardtop	2900.	5250.	8750.	12500.	(90)
THUNDERBIRD T.S. 8.00 x 14 W.B. 113'' ENG. 4.00 x 3.50 300 HP					
63A 2D Hardtop	1550.	2850.	4700.	6750.	(90)
76A 2D Convertible	2400.	4400.	7350.	10500.	(90)

FORD 1960

V8

GALAXIE T.S. 7.50 x 14 W.B. 119'' ENG. 3.75 x 3.30 HP					
62A 2D Club Sedan	500.	900.	1450.	2100.	(85)
54A 4D Town Sedan	500.	900.	1450.	2100.	(85)
63A 2D Str. Hardtop	900.	1700.	2800.	4000.	(85)
75A 4D Victoria Hardtop	700.	1250.	2100.	3000.	(85)
762A Sunliner Convertible	1750.	3150.	5250.	7500.	(90)
THUNDERBIRD T.S. 8.00 x 14 W.B. 113'' ENG. 4.00 x 3.50 300 HP					
63A 2D Hardtop	1750.	3150.	5250.	7500.	(90)
76A 2D Convertible	2400.	4400.	7350.	10500.	(90)

FORD 1961

V8

GALAXIE T.S. 7.50 x 14 W.B. 119'' ENG. 3.75 x 3.30 175 HP					
62A 2D Sedan	450.	800.	1350.	1960.	(85)
54A 4D Sedan	450.	800.	1350.	1960.	(85)
65A Victoria Hardtop Coupe	800.	1450.	2450.	3500.	(85)
63A Str. Hardtop Coupe	900.	1700.	2800.	4000.	(85)
75A 4D Hardtop	550.	1000.	1700.	2400.	(85)
76B 2D Sunliner Convertible	1400.	2500.	4200.	6000.	(90)
1961 Thunderbird Coupe	1650.	3000.	5050.	7200.	(90)
1961 Thunderbird Convertible	2800.	5100.	8550.	12200.	(90)

MAKE YEAR MODEL	UNRES-3	UNRES. GOOD-2	RES.-1

FORD SIX CYL. CARS

DEDUCT $200. FROM 8 CYL. VALUES

FORD 1962

V8

FAIRLANE 500 T.S. 7.0x13 W.B. 115.5.'' ENG. 3.50 x2.87 145 H.P.			
41 2D. CLB. SEDAN	915.	1270.	1690.
42 TOWN SEDAN	915.	1270.	1690.
47 COUPE	1065.	1480.	1975.
GALAXIE 500 X/L T.S. 7.50x14 W.B. 119'' ENG. 3.75x3.30 170 H.P.			
62 TOWN SEDAN	735.	1020.	1360.
63 2D. VICTORIA HARDTOP	1270.	1760.	2350.
64 4D. HARDTOP	810.	1130.	1505.
65 2D. SUNLINER CONV.	2790.	3880.	5170. *
GALAXIE 500 X/L T.S. 7.50x14 W.B. 119'' ENG. 3.75x3.30 170 H.P.			
67 2D. HARDTOP	1520.	2115.	2820.
69 2D. CONV.	2700.	4150.	5500. ★
WAGON T.S. 7.50x14 W.B. 119'' ENG. 3.75x3.30 170 H.P.			
74 COUNTRY SEDAN (9)	915.	1270.	1690.
78 COUNTRY SQUIRE (9)	1140.	1585.	2115.
THUNDERBIRD T.S. 8.00x14 W.B. 113'' ENG. 4.05x3.788 300 H.P.			
83 2D. HARDTOP	3500.	5400.	7200. ★
83 2D. LANDAU HARDTOP	3900.	5550.	7400. ★
85 2D. CONV	6200.	8850.	11800. ★
85 2D. ROADSTER	6800.	9750.	13000. ★

FALCON 1963

V8

DEDUCT $100. FOR FALCON 85 H.P. SIX CYL. CARS

FALCON FUTURA T.S. 6.00x13 W.B. 109.5'' ENG. 3.80x2.87 164 H.P.			
16 4D. SEDAN	1420.	1975.	2630.
17 2D. HARDTOP	1775.	2470.	3290. *
15 2D. CONV	2330.	3330.	4500. ★
FALCON WAGONS T.S. 6.00x13 W.B. 109.5'' ENG. 3.80x2.87 164 H.P.			
22 4D. S. WAGON	965.	1340.	1785.
24 4D. DELX. S. WAGON	990.	1375.	1830.
26 4D. SQUIRE	1320.	1830.	2445.
27 FALCON RANCHERO	1470.	2045.	2725. *
27 FALCON DELX. RANCHERO	1625.	2255.	3010. *
6 CYL. ECONOLINE BUS	860.	1200.	1600.

FORD EIGHT CYL. CARS

DEDUCT $200. FOR 6 CYL. MODELS

FAIRLANE 500 T.S. 7.00x14 W.B. 115.5'' ENG. 3.50x2.87 145 H.P.			
42 4D. SEDAN	760.	1060.	1410.
43 2D. HARDTOP	1650.	2290.	3055.
47 HARDTOP SPT. COUPE	1880.	2610.	3480.
FAIRLANE STATION WAGONS T.S. 7.00x14 W.B. 115.5'' ENG. 3.50x2.87 145 H.P.			
48 4D. CUSTOM RANCH WAGON	860.	1200.	1600.
49 4D. SQUIRE	1115.	1550.	2070.
300 SERIES T.S. 7.50x14 W.B. 119'' ENG. 4.00x2.87 195 H.P.			
54 4D. SEDAN	610.	845.	1130.
GALAXIE 500 T.S. 7.50x14 W.B. 119'' ENG. 4.00x2.87 195 H.P.			
62 4D. SEDAN	710.	985.	1315.
63 2D. HARDTOP	1115.	1550.	2070.
66 2D. HARDTOP FASTBACK	1420.	1975.	2630.
64 4D. HARDTOP	860.	1200.	1600.
65 2D. CONV.	2250.	3200.	4250. *
GALAXIE 500 XL T.S. 7.50x14 W.B. 119'' ENG. 4.00x2.87 195 H.P.			
67 2D. HARDTOP	1520.	2115.	2820.
68 SPORT FASTBACK HARDTOP	1420.	1975.	2630.
60 4D. HARDTOP	1520.	2115.	2820.

MAKE YEAR MODEL	UNRES-3	UNRES. GOOD-2	RES.-1
69 2D. CONV.	2700.	3900.	5250. ★
GALAXIE STATION WAGONS T.S. 8.00x14 W.B.119"ENG. 4.00x2.87 195H.P.			
74 4D. COUNTRY SEDAN	710.	985.	1315.
78 4D. COUNTRY SQUIRE	1140.	1585.	2115.
THUNDERBIRD T.S. 8.00x14 W.B. 113" ENG. 4.05x3.78 300 H.P.			
83 HARDTOP COUPE	3550.	5000.	6880. *
87 LANDAU HARDTOP	3750.	5360.	7250. ★
85 2D. CONV.	5500.	8250.	11000. ★
89 ROADSTER	7200.	10300.	13750. ★

FALCON 1964

WAGONS

6 CYL. AND V8 164 H.P.

MAKE YEAR MODEL	UNRES-3	UNRES. GOOD-2	RES.-1
T.S. 6.50x13 W.B. 109.5" ENG. 3.50x2.94 101 H.P.			
24 4D. DELX. S. WAGON	660.	915.	1220.
26 4D. SQUIRE	1065.	1480.	1975.
6 CYL. FALCON RANCHERO	1420.	1975.	2630. *
6 CYL. FALCON DELX. RANCHERO	1575.	2185.	2915. *
FALCON ECONOLINE BUS. T.S. 6.50x13 W.B. 90" ENG. 3.50x2.50 85 H.P.			
E11 S. BUS.	860.	1200.	1600.
E12 S. WAGON	860.	1200.	1600.
E13 DELX. S. WAGON 103 H.P.	1015.	1410.	1880.

FORD 1964 FALCON

6 CYL. AND V8

DEDUCT $150. FOR FALCON SIX CYL. CARS

MAKE YEAR MODEL	UNRES-3	UNRES. GOOD-2	RES.-1
FALCON FUTURA T.S. 6.50x13 W.B. 109.5" ENG. 3.80x2.87 164 H.P. (CONV.) T.S. 7.00x13			
16 4D. SEDAN	760.	1060.	1410.
17 2D. HARDTOP V8	1575.	2185.	2915. *
11 HARDTOP SPT. COUPE V8	1930.	2680.	3570. *
13 2D. SPRINT HARDTOP V8	2030.	2820.	3760. *
15 2D. CONV. V8	2360.	3375.	4500. *
12 CONV. SPT. COUPE V8	2450.	3500.	4700. ★
14 SPRINT CONV	2640.	3775.	5100. ★

FORD 1964

V8

MAKE YEAR MODEL	UNRES-3	UNRES. GOOD-2	RES.-1
FAIRLANE 500 T.S. 7.00x14 W.B. 115.5" ENG. 3.80x2.87 164 H.P.			
42 4D. SEDAN	660.	915.	1220.
43 2D. HARDTOP	965.	1340.	1785.
47 HARDTOP SPT. COUPE	1065.	1480.	1975.
FAIRLANE S. WAGON T.S. 7.00x14 W.B. 115.5" ENG. 3.80x2.87 164 H.P.			
38 4D. RANCH WAGON	510.	705.	940.
48 4D. CUSTOM RANCH WAGON	610.	845.	1130.
CUSTOM 500 T.S. 7.50x14 119" ENG. 4.00x2.87 195 H.P.			
51 2D. SEDAN	560.	775.	1035.
52 4D. SEDAN	560.	775.	1035.
GALAXIE 500 T.S. 7.50x14 W.B. 119" ENG. 4.00x2.87 195 H.P.			
62 4D. SEDAN	560.	775.	1035.
66 2D. HARDTOP	860.	1200.	1600.
64 4D. HARDTOP	635.	880.	1175.
65 2D. CONV	2250.	3325.	4500. *
GALAXIE 500 XL T.S. 7.50x14 W.B. 119" ENG. 4.00x2.87 195 H.P.			
68 2D. HARDTOP	1140.	1585.	2115. *
60 4D. HARDTOP	735.	1020.	1360.
69 2D. CONV	2400.	3750.	5000. *
GALAXIE S. WAGONS T.S. 8.00x14 W.B.119" ENG. 4.00x2.87 195 H.P.			
74 4D. COUNTRY SEDAN (9)	710.	985.	1315.
78 4D. COUNTRY SQUIRE (9)	1015.	1410.	1880.
THUNDERBIRD T.S. 8.00x15 W.B. 113.2" ENG. 4.50x3.78 300 H.P.			
83 2D. HARDTOP	2730.	3900.	5200. ★
87 LANDAU HARDTOP	2700.	3875.	5250. ★
85 2D. CONV	4750.	6750.	9000. ★

FORD 1965

V8

DEDUCT $150. FOR SIX CYL. FORD

MAKE YEAR MODEL	UNRES-3	UNRES. GOOD-2	RES.-1
FALCON RANCHERO T.S. 6.95x14 W.B. 109.5" ENG. 4.00x2.87 C.I.D. 289 200 H.P.			
27 2D. PICKUP	1320.	1830.	2445. *
27 DELX. PICKUP	1420.	1975.	2630. *
27 FUTURA PICKUP	1775.	2470.	3290. *
FALCON FUTURA T.S. 6.45x14 W.B. 109.5" ENG. 4.00x2.87 C.I.D. 289 200 H.P.			
19 2D. SEDAN	890.	1235.	1645.
16 4D. SEDAN	890.	1235.	1645.
17 2D. HARDTOP	1320.	1830.	2445.
15 2D. CONV	2100.	3000.	4000. *
FALCON SPRINT T.S. 6.45x14 W.B.109.5"ENG.4.00x2.87 C.I.D. 289 200 H.P.			
17 2D. HARDTOP	1880.	2610.	3480.
15 2D. CONV	2360.	3375.	4500.
FALCON S. WAGONS T.S. 6.95x14 W.B. 109.5" ENG. 4.0x2.87 C.I.D. 289 200 H.P.			
24 4D. FUTURA	710.	985.	1315.
26 4D. SQUIRE	1015.	1410.	1880.
E11 6 CYL. ECON. BUS	840.	1160.	1550.
E13 6 CYL. DELX. CLB. WAGON	890.	1235.	1645.
MUSTANG T.S. 6.50x13 W.B. 108" ENG. 3.80x2.87 164 H.P. 6 CYL.			
07 2D. HARDTOP	2240.	3200.	4250. ★
08 2D. CONV.	4600.	6575.	8750. ★
MUSTANG T.S. 6.95x14 W.B. 108" ENG. 4.00x2.87 H.P.			
SHELBY G.T. CONV. 350	7200.	10300.	13750. ★
07 2D. HARDTOP	2750.	3950.	5250. ★
09 FASTBACK K. SERIES	3570.	5100.	6800. ★
08 2D. CONV.	5500.	8000.	10500. ★
FAIRLANE 500 T.S. 6.95x14 W.B. 116" ENG. 4.00x2.87 C.I.D. 289 200 H.P.			
42 4D. SEDAN	635.	880.	1175.
43 2D. HARDTOP	915.	1270.	1690.
47 2D. HARDTOP SPORT GT	1420.	1975.	2630.
S. WAGONS T.S. 7.35x14 W.B. 116" ENG. 4.00x2.87 C.I.D. 289 200 H.P.			
48 4D. FAIRLANE 500	610.	845.	1130.
CUSTOM 500 T.S. 7.35x15 W.B. 119" ENG. 4.00x2.87 C.I.D. 289 200 H.P.			
52 4D. SEDAN	610.	845.	1130.
GALAXIE 500 T.S. 7.35x15 W.B. 119" ENG. 4.00x2.87 C.I.D. 289 200 H.P.			
66 2D. HARDTOP	810.	1130.	1505.
64 4D. HARDTOP	635.	880.	1175.
65 2D. CONV.	2150.	3050.	4100. *
GALAXIE 500 XL T.S. 7.35x15 W.B. 119" ENG. 4.00x2.87 C.I.D. 289 200 H.P.			
68 2D. HARDTOP	1270.	1760.	2350.
69 2D. CONV.	2300.	3300.	4400. *
GALAXIE 500 LTD T.S. 7.35x15 W.B. 119" ENG. 4.00x2.87 C.I.D. 289 200 H.P.			
67 2D. HARDTOP	915.	1270.	1690.
60 4D. HARDTOP	760.	1060.	1410.
S. WAGONS T.S. 8.15x15 W.B. 119" ENG. 4.00x2.87 C.I.D. 289 200 H.P.			
74 4D. COUNTRY SEDAN (9)	610.	845.	1130.
78 COUNTRY SQUIRE (9)	840.	1160.	1550.
THUNDERBIRD T.S. 8.15x15 W.B. 113.2" ENG. 4.05x3.78 C.I.D. 390 300 H.P.			
82 2D. HARDTOP	2435.	3385.	4510. *
87 2D. LANDAU HARDTOP	2540.	3525.	4700. *
85 2D. CONV.	4400.	6375.	8500. ★

FORD 1966

MAKE YEAR MODEL	UNRES-3	UNRES. GOOD-2	RES.-1
FALCON SIX T.S. 6.50x13/6.95/7.75x14 W.B. 113" ENG. C.I.D. 200 120 H.P.			
27 RANCHERO PICKUP	1370.	1905.	2540.
29 RANCHERO CUS. PICKUP	1520.	2115.	2820.
FALCON SIX T.S. 6.50x13/6.95/7.75x14 W.B. 113" ENG. C.I.D. 200 120 H.P.			
01 2D. CLB. COUPE	735.	1020.	1360.
02 4D. SEDAN	735.	1020.	1360.
FUTURA SIX T.S. 6.50x13/7.75x14 W.B. 113" ENG. C.I.D. 200 120 H.P.			
11 CLB. COUPE	915.	1270.	1690.

MAKE YEAR MODEL	UNRES-3	UNRES. GOOD-2	RES.-1
12 4D. SEDAN	915.	1270.	1690.
13 2D. COUPE HARDTOP	1320.	1830.	2445.
STATION WAGONS T.S. 7.75x14 W.B. 113'' ENG. C.I.D. 200 120 H.P.			
16 4D. FUTURA	860.	1200.	1600.
CLUB WAGON SIX T.S. 7.75x14 W.B. 90'' ENG. C.I.D. 170 105 H.P.			
12 4D. SEDAN	915.	1270.	1690.
13 2D. COUPE HARDTOP	1320.	1830.	2445.
STATION WAGONS T.S. 7.75x14 W.B. 113'' ENG. C.I.D. 200 120 H.P.			
16 4D. FUTURA	860.	1200.	1600.
CLUB WAGON SIX T.S. 7.75x14 W.B. 90'' ENG. C.I.D. 170 105 H.P.			
E11 CLB. WAGON	610.	845.	1130.
E12 CUS. CLB. WAGON	660.	915.	1220.
E13 DELX. CLB. WAGON	710.	985.	1315.
MUSTANG SIX T.S. 6.95x14 W.B. 108'' ENG. CI.D. 200 120 H.P.			
07 2D. HARDTOP	2250.	3225.	4300. ★
09 FASTBACK	2350.	3375.	4500. ★
08 2D. CONV.	4500.	6450.	8600. ★
MUSTANG V8 T.S. 6.95x14 W.B. 108'' ENG. C.I.D. 289 200 H.P.			
07 2D. HARDTOP	3250.	4700.	6250. ★
09 FASTBACK (SHELBY 350 13,500)	6000.	9400.	12500. ★
08 2D. CONV.	5100.	7350.	9800. ★
500 SERIES T.S. 6.95/7.35x14 W.B. 116'' ENG. STD. V8 C.I.D. 289 200 H.P.			
41 2D. CLB. COUPE	710.	985.	1315.
42 4D. SEDAN	710.	985.	1315.
43 4D. HARDTOP	760.	1060.	1410.
45 CONV.	1800.	2700.	3600. ★
FAIRLANE 500 T.S. 6.95/7.35x14 W.B. 116'' ENG. STD. V8 C.I.D. 289 200 H.P.			
47 HARDTOP 2D.	915.	1270.	1690.
46 CONV.	2050.	2950.	3900. *
GT SERIES T.S. 6.95/7.35x14 W.B. 116'' ENG. STD. V8 C.I.D. 290 335 H.P.			
40 2D. HARDTOP	1930.	2680.	3570. *
44 CONV.	2350.	3375.	4500. *
STATION WAGONS T.S. 6.95/7.35x14 W.B. 113'' ENG. V8 C.I.D. 289 200 H.P.			
48 4D. FAIRLANE 500	610.	845.	1130.
49 4D. SQUIRE FAIRLANE	890.	1235.	1645.
CUSTOM 500 T.S. 7.35/7.75x15 W.B. 119'' ENG. STD. V8 C.I.D. 289 200 H.P.			
52 4D. SEDAN	520.	705.	940.
GALAXIE 500 T.S. 7.35/7.75x15 W.B. 119'' ENG. STD. V8 C.I.D. 289 200 H.P.			
66 2D. HARDTOP	915.	1270.	1690.
64 4D. HARDTOP	560.	775.	1035.
65 CONV.	2200.	3140.	4250. *
GALAXIE 500 XL T.S. 7.35/7.75x15 W.B. 119'' ENG. STD. V8 C.I.D. 289 200 H.P.			
68 2D. HARDTOP	1220.	1890.	2500.
69 CONV.	2500.	3600.	4800.
GALAXIE 500 8 LITRE T.S. 7.35/7.75x15 W.B. 119'' ENG. STD. V8 C.I.D. 289 200 H.P.			
61 2D. HARDTOP (8 LITRE 320 H.P.)	2540.	3925.	5250.
63 CONV.	3400.	4875.	6500. *
GALAXIE 500 LTD T.S. 7.35/7.75x15 W.B. 119'' ENG. STD. V8 C.I.D. 289 200 H.P.			
67 2D. HARDTOP	860.	1200.	1600.
60 4D. HARDTOP	560.	775.	1035.
STATION WAGONS T.S. 7.35/7.75x15 W.B. 119'' ENG. STD. V8 C.I.D. 289 200 H.P.			
72 4D. S. WAGON	585.	810.	1080.
76 4D. SQUIRE	810.	1130.	1505.
THUNDERBIRD T.S. 7.35/7.75x15 W.B. 113'' ENG. V8 C.I.D. 390 315 H.P.			
83 2D. HARDTOP	2030.	2820.	3760.
81 2D. TOWN HARDTOP	2485.	3455.	4605.
87 LANDAU HARDTOP	2840.	3950.	5265. *
85 2D. CONV.	5250.	7500.	10000. *

FORD 1967

MAKE YEAR MODEL	UNRES-3	UNRES. GOOD-2	RES.-1
FALCON T.S. 6.95/7.35x14 W.B. 111'' ENG. STD. 6 CYL. C.I.D. 170 105 H.P.			
10 2D. CLB. COUPE	660.	915.	1220.
11 4D. SEDAN	660.	915.	1220.
FUTURA T.S. 6.95/7.35x14 W.B. 111'' ENG. STD. 6 CYL. C.I.D. 200 120 H.P.			
20 2D. CLB. COUPE	810.	1130.	1505.
21 4D. SEDAN	810.	1130.	1505.
22 2D. COUPE HARDTOP	1420.	1975.	2630.
STATION WAGONS T.S. 7.75x14 W.B. 113'' ENG. STD. CYL. C.I.D. 200 120 H.P.			
838 4D. FUTURA	710.	985.	1315.
CLUB WAGON T.S. 6.95x14 W.B. 90'' ENG. CYL. C.I.D. 170 105 H.P.			
E11 2S. STANDARD	710.	985.	1315.
E12 2D. CUSTOM	760.	1060.	1410.
E13 2S. DELUXE	760.	1060.	1410.
MUSTANG SIX T.S. 6.95x14 W.B. 108'' ENG. C.I.D. 200 120 H.P.			
01 2D. HARDTOP	2310.	3300.	4400. ★
02 FASTBACK	2450.	3520.	4700. ★
03 2D. CONV.	4600.	6560.	8750. ★
MUSTANG V8 T.S. 6.95x14 W.B. 108'' ENG. C.I.D. 289 200 H.P. ADD $900. FOR MUSTANG GT EQUIPMENT			
01 2D. HARDTOP	3570.	5100.	6800. ★
02 FASTBACK (GT 500)	4590.	6570.	8750. ★
03 2D. CONV.	5250.	7500.	10000. ★
FAIRLANE RANCHERO T.S. 7.35/7.75x14 W.B. 113'' ENG. V8 C.I.D. 289 200 H.P.			
47 PICKUP	965.	1340.	1785.
48 PICKUP	1115.	1550.	2070.
49 PICKUP 500 XL	1270.	1760.	2350.
FAIRLANE T.S. 7.35/7.75x14 W.B. 116'' ENG. V8 C.I.D. 289 200 H.P.			
30 2D. CLB. COUPE	610.	845.	1130.
31 4D. SEDAN	610.	845.	1130.
500 SERIES T.S. 7.35/7.75x14 W.B. 116'' ENG. V8 C.I.D. 289 200 H.P.			
33 2D. CLB. COUPE	710.	985.	1315.
34 4D. SEDAN	710.	985.	1315.
35 2D. HARDTOP	1065.	1480.	1975.
36 2D. CONV.	2100.	3050.	4000. *
500 XL SERIES T.S. 7.35/7.75x14 W.B. 116'' ENG. V8 C.I.D. 289 200H.P.			
40 2D. HARDTOP	1220.	1690.	2255.
41 2D. CONV.	2250.	3200.	4250. ★
GT SERIES T.S 7.35/7.75x14 W.B. 116'' ENG. V8 C.I.D. 289 200 H.P. ADD FOR 8 LITRE.			
42 2D. HARDTOP	2540.	3525.	4700.
43 2D. CONV.	3150.	4500.	6000. ★
STATION WAGONS T.S. 7.35/7.75x14 W.B. 113'' ENG. V8 C.I.D. 289 200 H.P.			
37 4D. FL. 500	610.	845.	1130.
38 4D. FL. SQUIRE	810.	1130.	1505.
CUSTOM 500 T.S. 7.75/8.15x15 W.B. 119'' ENG. STD. V8 C.I.D. 289 200 H.P.			
53 4D. SEDAN	520.	705.	940.
GALAXIE 500 T.S. 8.15x15 W.B. 119'' ENG. STD. V8 C.I.D. 289 200 H.P.			
55 2D. HARDTOP	560.	775.	1035.
56 4D. HARDTOP	445.	615.	820.
57 2D. CONV.	1700.	2475.	3300. ★
FORD XL T.S. 7.75/8.15x15 W.B. 119'' ENG. STD. V8 C.I.D. 289 200 H.P. ADD $1000. FOR 427 C.I.D.			
58 2D. HARDTOP	1270.	1760.	2350.
59 2D. CONV.	2100.	3000.	4000. ★
FORD LTD T.S. 7.75/8.15x15 W.B. 119'' ENG. STD. V8 C.I.D. 289 200 H.P.			
62 2D. HARDTOP	520.	705.	940.
66 4D. HARDTOP	405.	565.	750.
STATION WAGONS T.S. 8.45x15 W.B. 119'' ENG. V8 C.I.D. 289 200 H.P.			
72 4D. S. WAGON (9)	520.	705.	940.
73 4D. COUNTRY SQUIRE	635.	880.	1175.

MAKE YEAR MODEL	UNRES-3	UNRES. GOOD-2	RES.-1
THUNDERBIRD T.S. 8.45x15 W.B. 111'' (4D.) 117'' ENG. V8 C.I.D. 390 315 H.P.			
81 2D. HARDTOP	1650.	2290.	3055. *
82 2D. LANDAU HARDTOP	1775.	2470.	3290. *
84 4D. LANDAU HARDTOP	1880.	2610.	3480. *

FORD 1968

MAKE YEAR MODEL	UNRES-3	UNRES. GOOD-2	RES.-1
FALCON SIX T.S. 6.95x14 W.B. 111'' ENG. STD. 6 CYL. C.I.D. 170 100 H.P.			
ADD $100. FOR 302 V8			
10 2D. SEDAN	520.	720.	960.
11 4D. SEDAN	520.	720.	960.
FUTURA			
20 2D. SEDAN	560.	775.	1035.
21 4D. SEDAN	560.	775.	1035.
22 2D. HARDTOP	1015.	1410.	1880.
STATION WAGONS T.S. 7.75x14 W.B. 113''			
12 4D. STANDARD	455.	635.	845.
23 4D. FUTURA	455.	635.	845.
MUSTANG SIX T.S. 6.95x14 W.B. 113''			
ADD $1000. FOR MUSTANG 325 H.P. V8			
01 2D. HARDTOP	1520.	2115.	2820. *
02 FASTBACK 2+2	1575.	2185.	2915. *
03 2D. CONV.	3400.	4875.	6500. *
MUSTANG V8 T.S. 6.95x14 W.B. 108'' ENG. V8 C.I.D. 289 195 H.P.			
01 2D. H.T. ADD $1000. FOR 427 C.I.D.	1930.	2680.	3570. *
02 FASTBACK 2+2	1930.	2680.	3570. *
03 2D. CONV.	2950.	4200.	5600. *
GT SHELBY 500 428 C.I.D.	7250.	10350.	13800. ★
FAIRLANE RANCHERO T.S. 7.35/7.75x14 W.B.			
113'' ENG. STD. V8 C.I.D. 289 195 H.P.			
47 PICKUP	760.	1060.	1410.
48 PICKUP 500	810.	1130.	1505.
49 PICKUP GT	1015.	1410.	1880.
500 SERIES T.S. 7.35/7.75x14 W.B. 116'' ENG. STD. V8 C.I.D. 289 195 H.P.			
34 4D. SEDAN	480.	670.	890.
33 2D. FORMAL HARDTOP	520.	705.	940.
35 2D. FASTBACK HARDTOP	560.	775.	1035.
36 2D. CONV.	1700.	2550.	3400. *
TORINO T.S. 7.35/7.75x14 W.B. 116'' ENG. V8 STD. C.I.D. 289 195 H.P.			
41 4D. SEDAN	405.	565.	750.
40 2D. FORMAL HARDTOP	710.	985.	1315.
TORINO GT CONV	1900.	2720.	3600. *
2D. FORMAL HARDTOP	760.	1060.	1410.
2D. FASTBACK HARDTOP	760.	1060.	1410.
STATION WAGONS T.S. 7.357.75x14 W.B. 113'' ENG. V8 C.I.D. 289 195 H.P.			
37 4D. FAIRLANE 500	455.	635.	845.
38 4D. TORINO SQUIRE	520.	705.	940.
CUSTOM 500			
51 4D. SEDAN	405.	565.	750.
GALAXIE 500 T.S. 7.75/8.15x15 W.B. 119'' ENG. V8 C.I.D. 302 210 H.P.			
54 4D. SEDAN	405.	565.	750.
55 2D. FASTBACK HARDTOP	610.	845.	1130.
58 4D. HARDTOP	530.	740.	985.
56 4D. HARDTOP	520.	705.	940.
57 2D. CONV.	1800.	2625.	3500. *
FORD XL T.S. 7.75/8.15x15 W.B. 119'' ENG. V8 C.I.D. 302 210 H.P.			
60 2D. FASTBACK HARDTOP	760.	1060.	1410.
61 2D. CONV. (ADD FOR ENGINE OPTIONS)	1925.	2800.	3750. *
FORD LTD T.S. 7.75/8.15x15 W.B. 119'' ENG. V8 C.I.D. 302 210 H.P.			
64 4D. HARDTOP	430.	600.	800.
62 2D. FORMAL HARDTOP	455.	635.	845.
66 4D. HARDTOP	455.	635.	845.
STATION WAGONS T.S. 8.45x15 W.B. 119'' ENG. V8 C.I.D. 302 210 H.P.			
71 4D. CUS. 500 RANCH WAGON	405.	565.	750.
74 4D. COUNTRY SEDAN	430.	600.	800.
76 4D. COUNTRY SQUIRE	585.	810.	1080.
THUNDERBIRD T.S. 8.15/8.45x15 W.B. 115'' ENG. V8 C.I.D. 429 360 H.P.			
82 2D. HARDTOP	1775.	2470.	3290.
84 2D. LANDAU HARDTOP	1980.	2750.	3665.

FORD 1969

MAKE YEAR MODEL	UNRES-3	UNRES. GOOD-2	RES.-1
FALCON SIX T.S. 6.95/7.75x14 W.B. 111'' ENG. 6 CYL. C.I.D. 170 100 H.P.			
ADD $150. FOR 302 V8			
10 2D. SEDAN	455.	635.	845.
11 4D. SEDAN	455.	635.	845.
FUTURA T.S. 6.95/7.75x14 W.B. 111'' ENG. STD. 6 CYL. C.I.D. 200 115 H.P.			
20 2D. SEDAN	520.	705.	940.
21 4D. SEDAN	520.	705.	940.
.22 2D. HARDTOP CPE	710.	985.	1315.
STATION WAGONS T.S 6.957.75x14 W.B. 113''			
ENG. 6 CYL. 200 115 H.P.			
12 4D. FALCON	455.	635.	845.
23 4D. FUTURA	455.	635.	845.
CLUB WAGON 6 CYL. C.I.D. 240 150 H.P.			
ADD $200. FOR 302 V8			
E110 2S. CLB. WAG.	710.	985.	1315.
E120 2S. CUSTOM	710.	985.	1315.
E130 CHATEAU	760.	1060.	1410.
E210 CLB. WAGON	735.	1020.	1360.
E220 CUSTOM	710.	985.	1315.
E230 CHATEAU	735.	1020.	1360.
E310 CLB. WAG.	685.	950.	1270.
E311 CLB. WAG.	775.	1075.	1435.
E320 CUSTOM	785.	1090.	1455.
E321 CUSTOM	785.	1090.	1455.
E330 CHATEAU	785.	1090.	1455.
E331 CHATEAU	800.	1110.	1480.
MUSTANG T.S. 7.35x14 W.B. 108'' ENG. STD. 6 CYL. C.I.D. 200 115 H.P.			
01 2D. HARDTOP	1395.	1940.	2585. *
02 2D. SPORTSROOF	1420.	1975.	2630. *
03 2D. CONV.	4000.	5650.	7500. *
MUSTANG GRAND T.S. 7.35x14 W.B. 108''			
ENG. STD. 6 CYL. C.I.D. 200 115 H.P.			
01 2D. HARDTOP	1650.	2290.	3055. *
MUSTANG T.S. 7.35x14 W.B. 108'' ENG. STD. 6 CYL. C.I.D. 250 155 H.P.			
02 2D. SPORTSROOF	1520.	2115.	2820. *
MUSTANG V8 T.S. 7.35x14 W.B. 108'' ENG. V8 C.I.D. 302 220 H.P.			
01 2D. HARDTOP	1930.	2680.	3570. *
02 SPORTSROOF	1980.	2750.	3665. *
03 2D. CONV.	4100.	5860.	7800. *
MUSTANG GRAND T.S. 7.35x14 W.B. 108'' ENG. V8 C.I.D. 302 220 H.P.			
01 2D. HARDTOP	2155.	2995.	3995. *
MACH 1 T.S. E70x14 W.B. 108'' ENG. V8 C.I.D. 351 250 H.P.			
02 2D. SPORTSROOF	3450.	4795.	6390. *
SHELBY 500 GT CONV.	7350.	10500.	14000. ★
FAIRLINE RANCHERO T.S. 7.35/7.75x14 W.B.			
113'' ENG. STD. V8 C.I.D. 302 220 H.P.			
47 PICKUP	760.	1060.	1410.
48 PICKUP 500	860.	1200.	1600.
49 PICKUP GT	915.	1270.	1690.
FAIRLANE 500 T.S. 7.35/7.75x14 W.B. 116'' ENG. V8 C.I.D. 302 220 H.P.			
34 4D. SEDAN	405.	565.	750.
33 FORMAL 2D. HARDTOP	560.	775.	1035.
35 SPORTSROOF 2D. HARDTOP	635.	880.	1175.
36 2D. CONV.	1650.	2400.	3200. *
TORINO T.S. 7.35/7.75x14 W.B. 116'' ENG. V8 C.I.D. 302 220 H.P.			
41 4D. SEDAN	430.	600.	800.

MAKE YEAR MODEL	UNRES-3	UNRES. GOOD-2	RES.-1
40 FORMAL HARDTOP	480.	670.	890.
TORINO GT T.S. 7.35/7.75x14 W.B. 116'' ENG. V8 C.I.D. 302 220 H.P.			
44 FORMAL 2D. HARDTOP	635.	880.	1175.
42 SPORTSROOF 2D. HARDTOP	635.	880.	1175.
43 2D. CONV.	1800.	2760.	3600. *
COBRA T.S. F70x14 W.B. 116'' ENG. V8 C.I.D. 428 335 H.P.			
45 FORMAL 2D. HARDTOP	3650.	5500.	7500. ★
46 SPORTSROOF 2D. HARDTOP	3650.	5500.	7500. ★
STATION WAGONS T.S. 7.35/7.75x14 W.B. 113'' ENG. V8 C.I.D. 302 220 H.P.			
37 4D. FAIRLINE 500	530.	740.	985.
38 4D. TORINO SQUIRE	660.	915.	1220.
CUSTOM 500 T.S. 7.75/8.25x15 W.B. 121'' ENG. V8 C.I.D. 302 220 H.P.			
52 2D. SEDAN	380.	530.	705.
53 4D. SEDAN	380.	530.	705.
GALAXIE 500 T.S. 7.75/8.25x15 W.B. 121'' ENG. V8 C.I.D. 302 220 H.P.			
54 4D. SEDAN	405.	565.	750.
55 SPORTSROOF 2D. HARDTOP	520.	705.	940.
58 FORMAL 2D. HARDTOP	520.	705.	940.
56 4D. HARDTOP	390.	540.	725.
57 2D. CONV	1820.	2625.	3500. *
FORD XL T.S. 7.75/8.25x15 W.B. 121'' ENG. V8 C.I.D. 302 220 H.P.			
60 SPORTSROOF 2D. HARDTOP	945.	1350.	1800.
61 2D. CONV	2000.	2850.	3800. *
FORD LTD T.S. 7.75/8.25x15 W.B. 121'' ENG. V8 C.I.D. 302 220 H.P.			
64 4D. SEDAN	480.	670.	890.
62 2D. HARDTOP	520.	705.	940.
66 4D. HARDTOP	480.	670.	890.
STATION WAGONS T.S. 8.55x15 W.B. 121'' ENG. V8 C.I.D. 302 220 H.P.			
71 500 4D. CUS. RANCH WAGON	380.	530.	705.
74 4D. COUNTRY SEDAN (9)	405.	565.	750.
76 4D. COUNTRY SQUIRE (9)	530.	740.	985.
THUNDERBIRD T.S. 8.55x15 W.B. 115'' (2D.) 117'' (4D.) ENG. V8 C.I.D. 429 360 H.P.			
83 2D. HARDTOP	1650.	2290.	3055.
84 LANDAU 2D. HARDTOP	1775.	2470.	3290.
87 LANDAU 4D. HARDTOP	1775.	2470.	3290.

FORD 1970

MAKE YEAR MODEL	UNRES-3	UNRES. GOOD-2	RES.-1
MAVERICK T.S. 6.00x13/4PR W.B. 103'' ENG.STD. 6CYL. C.I.D. 170 105 H.P.			
91 2D. SEDAN	650.	875.	1150.
FALCON T.S. 6.95/7.75x14 W.B. 111'' ENG. STD. 6 CYL. 200 120 H.P.			
10 2D. HARDTOP	755.	1020.	1345.
11 4D. SEDAN	680.	925.	1250.
FUTURA T.S. 6.95/7.75x14 W.B. 111'' ENG. STD. 6 CYL. C.I.D. 200 120 H.P.			
20 2D. HARDTOP	810.	1095.	1440.
21 4D. SEDAN	620.	840.	1105.
STATION WAGONS T.S. 6.95/7.75x14 W.B. 113'' ENG. 6 CYL. 200 120 H.P.			
23 4D. FUTURA	540.	730.	960.
MUSTANG V8 T.S. E78x14 W.B. 108'' ENG. V8 C.I.D. 302 220 H.P.			
01 2D. HARDTOP	1620.	2190.	2880. *
02 2D. FASTBACK	2160.	2920.	3840. *
03 2D. CONV	3460.	4950.	6600. *
MUSTANG GRAND T.S. E78x14 W.B. 108'' ENG. V8 C.I.D. 302 220 H.P.			
04 2D. HARDTOP	1755.	2370.	3120. *
MUSTANG MACH 1 T.S. E78x14 W.B. 108'' ENG. V8 C.I.D. 351 250 H.P.			
05 2D. FASTBACK	3510.	4740.	6240. *
MUSTANG BOSS 302 T.S. F60x15 W.B. 108'' ENG. V8 C.I.D. 302 290 H.P. ADD $1000. FOR C.I.D. 429			
04 2D. FASTBACK	3780.	5105.	6720. *
SHELBY GT 500 CONV	7850.	11500.	15000. *

MAKE YEAR MODEL	UNRES-3	UNRES. GOOD-2	RES.-1
RANCHERO T.S. E78//G78x14 W.B. 114'' ENG. STD. V8 C.I.D. 302 220 H.P.			
46 PICKUP TORINO	810.	1095.	1440.
47 PICKUP 500	865.	1165.	1535.
48 PICKUP GT	920.	1240.	1630.
49 PICKUP SQUIRE	945.	1275.	1680.
FAIRLANE 500 T.S. E78/G78x14 W.B. 117'' ENG. V8 C.I.D. 302 220 H.P.			
28 4D. SEDAN	405.	545.	720.
29 FORMAL 2D. HARDTOP	485.	655.	865.
TORINO T.S. E78/G78x14 W.B. 114'' ENG. STD. V8 C.I.D. 302 220 H.P.			
31 4D. SEDAN	405.	545.	720.
30 FORMAL 2D. HARDTOP	510.	690.	910.
34 FASTBACK 2D. HARDTOP	510.	690.	910.
31 4D. HARDTOP	430.	585.	770.
TORINO BROUGHAM T.S. E78/G78x14 W.B. 114'' ENG. V8 C.I.D. 302 220 H.P.			
33 FORMAL 2D. HARDTOP	565.	765.	1010.
36 4D. HARDTOP	460.	620.	815.
TORINO GT T.S. E78x14 W.B. 114'' ENG. V8 C.I.D. 302 220 H.P.			
35 FASTBACK 2D. HARDTOP	1135.	1530.	2015.
37 2D. CONV.	1970.	2800.	3750. *
COBRA T.S. F70x14 W.B. 114'' ENG. V8 C.I.D. 429 360 H.P.			
38 FASTBACK 2D. HARDTOP	3500.	5100.	6800. ★
STATION WAGONS T.S. E78/G78x14 W.B. 117'' ENG. V8 C.I.D. 302 220 H.P.			
41 4D. F.L. 500	430.	585.	770.
42 4D. TORINO	430.	585.	770.
43 4D. TORINO SQUIRE	510.	690.	910.
CUSTOM T.S. F78/G78x15 W.B. 121'' ENG. STD. V8 C.I.D. 302 220 H.P.			
51 4D. SEDAN	325.	440.	575.
CUSTOM 500 T.S. E78/G78x15 W.B. 121'' ENG. V8 C.I.D. 302 220 H.P.			
53 4D. SEDAN	325.	440.	575.
GALAXIE 500 T.S. F78x15 W.B. 121'' ENG. V8 C.I.D. 351 250 H.P.			
54 4D. SEDAN	350.	475.	625.
55 SPORTSROOF 2D. HARDTOP	430.	585.	770.
58 FORMAL 2D. HARDTOP	430.	585.	770.
56 4D. HARDTOP	380.	510.	670.
FORD XL T.S. F78/G78x15 W.B. 121'' ENG. V8 C.I.D. 302 220 H.P.			
60 SPORTSROOF 2D. HARDTOP	565.	765.	1010.
61 2D. CONV.	1650.	2600.	3500. *
FORD LTD T.S. F78/G78x15 W.B. 121'' ENG. V8 C.I.D. 302 220 H.P.			
64 4D. SEDAN	405.	545.	720.
62 FORMAL 2D. HARDTOP	430.	585.	770.
66 4D. HARDTOP	405.	545.	720.
LTD BROUGHAM T.S. F78/G78x15 W.B. 121'' ENG. V8 C.I.D. 302 220 H.P.			
64 4D. SEDAN	430.	585.	770.
64 FORMAL 2D. HARDTOP	430.	585.	770.
66 4D. HARDTOP	430.	585.	770.
STATION WAGONS T.S. H78x15 W.B. 121'' ENG. V8 C.I.D. 302 220 H.P.			
70 4D. RANCH WAGON	325.	440.	575.
71 4D. CUSTOM RANCH WAGON	325.	440.	575.
72 4D. 500 RANCH WAGON	350.	475.	625.
73 4D. S. WAGON	360.	490.	640.
74 4D. S. WAGON	360.	490.	640.
75 4D. SQUIRE	510.	690.	910.
76 4D. SQUIRE	510.	690.	910.
THUNDERBIRD T.S. 215R15 W.B. 115'' (2D.) 117'' (4D.) ENG. V8 C.I.D. 429 360 H.P.			
83 2D. HARDTOP	780.	1060.	1390.
84 LANDAU 2D. HARDTOP	810.	1095.	1440.
87 LANDAU 4D. HARDTOP	1190.	1605.	2110.

FRAZER 1947

F47 FRAZER T.S. 15 x 6.50 W.B. 123-1/2'' ENG. 3-3/16 x 4-3/8 26.3 HP

MAKE YEAR MODEL	UNRES. FAIR-4	UNRES. GOOD-3	RES. FAIR-2	RES. EXCEL.-1	PTS.
F47 4D Sedan	700.	1300.	2150.	3100.	(90)

MANHATTAN SERIES T.S. 15 x 6.50 W.B. 123-1/2'' ENG. 3-3/16 x 4-3/8 26.3 HP

MAKE YEAR MODEL	UNRES. FAIR-4	UNRES. GOOD-3	RES. FAIR-2	RES. EXCEL.-1	PTS.
F47C 4D Sedan	800.	1450.	2450.	3500.	(90)

FRAZER 1948

FRAZER "6" T.S. 15 x 7.10 W.B. 123-1/2'' ENG. 3-5/16 x 4-3/8 26.3 HP

MAKE YEAR MODEL	UNRES. FAIR-4	UNRES. GOOD-3	RES. FAIR-2	RES. EXCEL.-1	PTS.
F485 4D Sedan	800.	1450.	2450.	3500.	(90)

MANHATTAN SERIES T.S. 15 x 7.10 W.B. 123-1/2'' ENG. 3-5/16 x 4-3/8 26.3 HP

MAKE YEAR MODEL	UNRES. FAIR-4	UNRES. GOOD-3	RES. FAIR-2	RES. EXCEL.-1	PTS.
F486 4D Sedan	900.	1600.	2650.	3800.	(90)

FRAZER 1949

FRAZER 6 T.S. 15 x 7.10 W.B. 123-1/2'' ENG. 3-5/16 x 4-3/8 26.3 HP

MAKE YEAR MODEL	UNRES. FAIR-4	UNRES. GOOD-3	RES. FAIR-2	RES. EXCEL.-1	PTS.
F495 4D Sedan	900.	1650.	2750.	3900.	(90)

MANHATTAN SERIES T.S. 15 ENG. 3 x 4-1/2 28.8 HP

MAKE YEAR MODEL	UNRES. FAIR-4	UNRES. GOOD-3	RES. FAIR-2	RES. EXCEL.-1	PTS.
F496 4D Sedan	950.	1750.	2950.	4200.	(90)
F496 Convertible	3250.	5900.	9800.	14000.	(90)

FRAZER 1950

FRAZER 6 T.S. 15 x 7.10 W.B. 123-1/2'' ENG. 3-5/16 x 4-3/8 26.3 HP

MAKE YEAR MODEL	UNRES. FAIR-4	UNRES. GOOD-3	RES. FAIR-2	RES. EXCEL.-1	PTS.
F505 4D Sedan	900.	1700.	2800.	4000.	(90)

MANHATTAN SERIES T.S. 15 x 7.10 W.B. 123-1/2'' ENG. 3-5/16 x 4-3/8 26.3 HP

MAKE YEAR MODEL	UNRES. FAIR-4	UNRES. GOOD-3	RES. FAIR-2	RES. EXCEL.-1	PTS.
F506 4D Sedan	1050.	1900.	3150.	4500.	(90)
F506 Convertible	3250.	5900.	9800.	14000.	(90)

FRAZER 1951

FRAZER 6 T.S. 15 x 7.10 W.B. 123-1/2'' ENG. 3-5/16 x 4-3/8 26.3 HP

MAKE YEAR MODEL	UNRES. FAIR-4	UNRES. GOOD-3	RES. FAIR-2	RES. EXCEL.-1	PTS.
F515 4D Sedan	950.	1750.	2950.	4200.	(90)
F515 Vagabond-2300 Miles	1750.	3150.	5250.	7500.	(100)

MANHATTAN SERIES T.S. 15 x 7.10 W.B. 123-1/2'' ENG. 3-5/16 x 4-3/8 26.3 HP

MAKE YEAR MODEL	UNRES. FAIR-4	UNRES. GOOD-3	RES. FAIR-2	RES. EXCEL.-1	PTS.
F516 4D Sedan	1050.	1950.	3200.	4600.	(90)
F516 4D Convertible	3700.	6700.	11200.	16000.	(94)

HUDSON 1946

SIX CYLINDERS

6-51 SUPER T.S. 16 x 6.00 W.B. 121'' ENG. 3 x 5 21.6 HP

MAKE YEAR MODEL	UNRES. FAIR-4	UNRES. GOOD-3	RES. FAIR-2	RES. EXCEL.-1	PTS.
6-51 Club Coupe	1400.	2550.	4250.	6100.	(90)
6-51 4D Sedan	1350.	2450.	4050.	5800.	(90)
6-51 Convertible Coupe	2750.	5050.	8400.	12000.	(90)

6-52 COMMODORE T.S. 15 x 6.50 W.B. 121'' ENG. 3 x 5 21.6 HP

MAKE YEAR MODEL	UNRES. FAIR-4	UNRES. GOOD-3	RES. FAIR-2	RES. EXCEL.-1	PTS.
6-52 Club Coupe	1500.	2750.	4550.	6500.	(90)
6-52 4D Sedan	1500.	2750.	4550.	6500.	(90)

HUDSON 1946

EIGHT CYLINDERS

53 SUPER T.S 16 x 6.00 121'' ENG. 3 x 4-1/2 28.8 HP

MAKE YEAR MODEL	UNRES. FAIR-4	UNRES. GOOD-3	RES. FAIR-2	RES. EXCEL.-1	PTS.
53 Club Coupe	1600.	2950.	4900.	7000.	(90)
53 4D Sedan	1600.	2950.	4900.	7000.	(90)

COMMODORE T.S. 15 x 6.50 W.B. 121'' ENG. 3 x 4-1/2 28.8 HP

MAKE YEAR MODEL	UNRES. FAIR-4	UNRES. GOOD-3	RES. FAIR-2	RES. EXCEL.-1	PTS.
54 Club Coupe	1750.	3150.	5250.	7500.	(90)
54 4D Sedan	1750.	3150.	5250.	7500.	(90)
54 Convertible Coupe	3250.	5900.	9800.	14000.	(90)

HUDSON 1947

SIX CYLINDERS

SUPER T.S. 16 x 6.00 W.B. 121'' ENG. 3 x 5 21.6 HP

MAKE YEAR MODEL	UNRES. FAIR-4	UNRES. GOOD-3	RES. FAIR-2	RES. EXCEL.-1	PTS.
171 Club Coupe	1400.	2550.	4250.	6100.	(90)
171 4D Sedan	1350.	2450.	4050.	5800.	(90)
171 Convertible Coupe	2900.	5250.	8750.	12500.	(90)

COMMODORE T.S. 15 x 6.50 W.B. 121'' ENG. 3 x 5 21.6 HP

MAKE YEAR MODEL	UNRES. FAIR-4	UNRES. GOOD-3	RES. FAIR-2	RES. EXCEL.-1	PTS.
172 Club Coupe	1650.	3000.	5050.	7200.	(90)
172 4D Sedan	1650.	3000.	5050.	7200.	(90)

HUDSON 1947

EIGHT CYLINDERS

173 SERIES T.S. 16 x 6.00 W.B. 121'' ENG. 3 x 4-1/2 28.8 HP

MAKE YEAR MODEL	UNRES. FAIR-4	UNRES. GOOD-3	RES. FAIR-2	RES. EXCEL.-1	PTS.
173 Club Coupe	1650.	3000.	5050.	7200.	(90)
173 4D Sedan	1650.	3000.	5050.	7200.	(90)

COMMODORE T.S. 15 x 6.50 W.B. 121'' ENG. 3 x 4-1/2 28.8 HP

MAKE YEAR MODEL	UNRES. FAIR-4	UNRES. GOOD-3	RES. FAIR-2	RES. EXCEL.-1	PTS.
174 Club Coupe	1800.	3300.	5550.	7900.	(90)
174 4D Sedan	1750.	3200.	5300.	7600.	(90)
174 Convertible Coupe	3350.	6100.	10150.	14500.	(90)

HUDSON 1948

SIX CYLINDERS

SUPER T.S. 15 x 7.10 W.B. 124'' ENG. 3-9/16 x 4-3/8 30.4 HP

MAKE YEAR MODEL	UNRES. FAIR-4	UNRES. GOOD-3	RES. FAIR-2	RES. EXCEL.-1	PTS.
481 Brougham Sedan	1400.	2500.	4200.	6000.	(90)
481 Club Coupe	1500.	2750.	4550.	6500.	(90)
481 Brougham Convertible	3100.	5650.	9450.	13500.	(90)

COMMODORE T.S. 15 x 7.10 W.B. 124'' ENG. 3-9/16 x 4-3/8 30.4 HP

MAKE YEAR MODEL	UNRES. FAIR-4	UNRES. GOOD-3	RES. FAIR-2	RES. EXCEL.-1	PTS.
482 Sedan	1550.	2850.	4750.	6800.	(90)
482 Brougham Convertible	3350.	6100.	10150.	14500.	(90)

HUDSON 1948

EIGHT CYLINDERS

SUPER T.S. 15 x 7.10 W.B. 124'' ENG. 3 x 4-1/2 28.8 HP

MAKE YEAR MODEL	UNRES. FAIR-4	UNRES. GOOD-3	RES. FAIR-2	RES. EXCEL.-1	PTS.
483 Sedan	1450.	2600.	4350.	6200.	(90)
483 Brougham Coupe	1500.	2750.	4600.	6600.	(90)

COMMODORE T.S. 15 x 7.10 W.B. 124'' ENG. 3 x 4-1/2 28.8 HP

MAKE YEAR MODEL	UNRES. FAIR-4	UNRES. GOOD-3	RES. FAIR-2	RES. EXCEL.-1	PTS.
484 Sedan	1450.	2600.	4350.	6200.	(90)
484 Club Coupe	1500.	2750.	4550.	6500.	(90)
484 Brougham Convertible	3950.	7150.	11900.	17000.	(90)

HUDSON 1949

SIX CYLINDERS

SUPER T.S. 15 x 7.10 W.B. 124'' ENG. 3-9/16 x 4-3/8 30 HP

MAKE YEAR MODEL	UNRES. FAIR-4	UNRES. GOOD-3	RES. FAIR-2	RES. EXCEL.-1	PTS.
491 Brougham Sedan	1350.	2450.	4050.	5800.	(90)
491 Coupe	1400.	2500.	4200.	6000.	(90)
491 Club Coupe	1400.	2500.	4200.	6000.	(90)

COMMODORE T.S. 15 x 7.10 W.B. 124'' ENG. 3-9/16 x 4-3/8 30 HP

MAKE YEAR MODEL	UNRES. FAIR-4	UNRES. GOOD-3	RES. FAIR-2	RES. EXCEL.-1	PTS.
492 Sedan	1400.	2500.	4200.	6000.	(90)
492 Club Coupe	1500.	2750.	4550.	6500.	(90)
492 Brougham Convertible	3400.	6200.	10350.	14800.	(90)

HUDSON 1949

EIGHT CYLINDERS

SUPER T.S. 15 x 7.10 W.B. 124'' ENG. 3 x 4-1/2 28.8 HP

MAKE YEAR MODEL	UNRES. FAIR-4	UNRES. GOOD-3	RES. FAIR-2	RES. EXCEL.-1	PTS.
493 Sedan	1350.	2450.	4050.	5800.	(90)
493 Club Coupe	1400.	2500.	4200.	6000.	(90)

COMMODORE T.S. 15 x 7.10 W.B. 124'' ENG. 3 x 4-1/2 28.8 HP

MAKE YEAR MODEL	UNRES. FAIR-4	UNRES. GOOD-3	RES. FAIR-2	RES. EXCEL.-1	PTS.
494 Sedan	1400.	2550.	4250.	6100.	(90)
494 Club Coupe	1500.	2750.	4550.	6500.	(90)
494 Brougham Convertible	3950.	7150.	11900.	17000.	(90)

HUDSON 1950

SIX CYLINDERS

SUPER SIX T.S. 7.10 x 15 W.B. 124'' ENG. 3-9/16 x 4-3/8 112 HP

MAKE YEAR MODEL	UNRES. FAIR-4	UNRES. GOOD-3	RES. FAIR-2	RES. EXCEL.-1	PTS.
501 Club Coupe	1350.	2450.	4050.	5800.	(90)
501 4D Sedan	1400.	2500.	4200.	6000.	(90)
501 Brougham	1400.	2500.	4200.	6000.	(90)
501 Brougham Convertible	3400.	6200.	10350.	14800.	(90)

COMMODORE CUSTOM T.S. 7.10 x 15 W.B. 124'' ENG. 3-9/16 x 4-3/8 112 HP

MAKE YEAR MODEL	UNRES. FAIR-4	UNRES. GOOD-3	RES. FAIR-2	RES. EXCEL.-1	PTS.
502 Club Coupe	1500.	2750.	4550.	6500.	(90)
502 4D Sedan	1400.	2550.	4250.	6100.	(90)
502 Brougham Convertible	3450.	6300.	10500.	15000.	(94)

MAKE YEAR MODEL	UNRES. FAIR-4	UNRES. GOOD-3	RES. FAIR-2	RES. EXCEL.-1	PTS.

HUDSON 1950

EIGHT CYLINDERS

SUPER EIGHT SERIES T.S. 15 x 7.10 W.B. 124" ENG. 3 x 4-1/2 128 HP

Model	Unres. Fair-4	Unres. Good-3	Res. Fair-2	Res. Excel.-1	Pts.
503 Club Coupe	1400.	2550.	4250.	6100.	(90)
503 4D Sedan	1400.	2500.	4200.	6000.	(90)
503 Brougham	1400.	2550.	4250.	6100.	(90)

COMMODORE T.S. 15 x 7.10 W.B. 124" ENG. 3 x 4-1/2 128 HP

Model	Unres. Fair-4	Unres. Good-3	Res. Fair-2	Res. Excel.-1	Pts.
504 Club Coupe	1500.	2750.	4550.	6500.	(90)
504 4D Sedan	1400.	2600.	4350.	6200.	(90)
504 Brougham Convertible	3400.	6300.	10500.	15000.	(94)

HUDSON 1951

SIX CYLINDERS

COMMODORE CUSTOM T.S. 7.10 x 15 W.B. 123-1/2" ENG. 3-9/16 x 3-7/8 112 HP

Model	Unres. Fair-4	Unres. Good-3	Res. Fair-2	Res. Excel.-1	Pts.
6A Club Coupe	1500.	2750.	4550.	6500.	(90)
6A Sedan	1400.	2550.	4250.	6100.	(90)
6A Brougham Convertible	3400.	6200.	10300.	14750.	(94)
6A Hollywood	1750.	3200.	5300.	7600.	(90)

HORNET T.S. 15 x 7.10 W.B. 123-7/8" ENG. 3-13/16 x 4-1/2 145 HP (CONV.) 15 x 7.60

Model	Unres. Fair-4	Unres. Good-3	Res. Fair-2	Res. Excel.-1	Pts.
7A Club Coupe	1250.	2300.	3850.	5500.	(90)
7A 4D Sedan	1250.	2300.	3850.	5500.	(90)
7A Brougham Convertible	3350.	6100.	10150.	14500.	(94)
7A Hollywood	1600.	2950.	4900.	7000.	(90)

HUDSON 1951

EIGHT CYLINDERS

COMMODORE CUSTOM T.S. 15 x 7.10 W.B. 124" ENG. 3 x 4-1/2 128 HP

Model	Unres. Fair-4	Unres. Good-3	Res. Fair-2	Res. Excel.-1	Pts.
8A Club Coupe	1550.	2850.	4750.	6800.	(90)
8A 4D Sedan	1400.	2600.	4350.	6200.	(90)
8A Convertible Coupe	3950.	7150.	11900.	17000.	(94)
8A Hollywood	1800.	3300.	5450.	7800.	(90)

HUDSON 1952

SIX CYLINDERS

WASP SERIES T.S. 7.10 x 15 W.B. 119" ENG. 3-9/16 x 4-3/8 127 HP

Model	Unres. Fair-4	Unres. Good-3	Res. Fair-2	Res. Excel.-1	Pts.
5B Brougham	1050.	1900.	3150.	4500.	(90)
5B 4D Sedan	1050.	1900.	3150.	4500.	(90)
5B Club Coupe	1050.	1950.	3200.	4600.	(90)
5B Brougham Convertible	2250.	4100.	6850.	9800.	(90)
5B Hollywood	1250.	2300.	3850.	5500.	(90)

COMMODORE SERIES T.S. 7.00 x 15 W.B. 119" ENG. 3-9/16 x 4-3/8 127 HP

Model	Unres. Fair-4	Unres. Good-3	Res. Fair-2	Res. Excel.-1	Pts.
6B 4D Sedan	1050.	1900.	3150.	4500.	(90)
6B Club Coupe	1050.	1900.	3150.	4500.	(90)
6B Brougham Convertible	3650.	6600.	11000.	15750.	(90)
6B Hollywood	1200.	2200.	4900.	7000.	(90)

HORNET CUSTOM T.S. 7.10 x 15 W.B. 124" ENG. 3-13/16 x 4-1/2 145 HP

Model	Unres. Fair-4	Unres. Good-3	Res. Fair-2	Res. Excel.-1	Pts.
7B 4D Sedan	1050.	1900.	3150.	4500.	(90)
7B Club Coupe	1050.	1900.	3150.	4500.	(90)
7B Brougham Convertible	3100.	5650.	9450.	13500.	(94)
7B Hollywood	1750.	3150.	5250.	7500.	(90)

HUDSON 1952

EIGHT CYLINDERS

COMMODORE CUSTOM T.S. 7.10 x 15 W.B. 124" ENG. 3 x 4-1/2 128 HP

Model	Unres. Fair-4	Unres. Good-3	Res. Fair-2	Res. Excel.-1	Pts.
8B 4D Sedan	1400.	2500.	4200.	6000.	(90)
8B Club Coupe	1400.	2500.	4200.	6000.	(90)
8B Brougham Convertible	3750.	6800.	11350.	16200.	(94)
8B Hollywood	1750.	3200.	5300.	7600.	(90)

HUDSON 1953

SIX CYLINDERS

SUPER WASP T.S. 15 x 7.10 W.B. 119" ENG. 3-9/16 x 4-3/8 127 HP

Model	Unres. Fair-4	Unres. Good-3	Res. Fair-2	Res. Excel.-1	Pts.
5C 4D Sedan	900.	1700.	2800.	4000.	(90)
5C Brougham Convertible	2100.	3800.	6350.	9100.	(90)
5C Hollywood	1400.	2500.	4200.	6000.	(90)

HORNET T.S. 15 x 7.10 W.B. 124" ENG. 3-13/16 x 4-1/2 145 HP

Model	Unres. Fair-4	Unres. Good-3	Res. Fair-2	Res. Excel.-1	Pts.
7C 4D Sedan	1350.	2450.	4050.	5800.	(90)
7C Club Coupe	1350.	2450.	4050.	5800.	(90)
7C Brougham Convertible	3100.	5650.	9450.	13500.	(90)
7C Hollywood	1650.	3000.	5050.	7200.	(90)

SUPER JET T.S. 15 x 5.90 W.B. 105" ENG. 3 x 4-3/4 104 HP

Model	Unres. Fair-4	Unres. Good-3	Res. Fair-2	Res. Excel.-1	Pts.
2C 4D Sedan	700.	1250.	2100.	3000.	(90)
2C 2D Coupe Sedan	700.	1250.	2100.	3000.	(90)

HUDSON 1954

SIX CYLINDERS

JET-LINER SERIES T.S. 6.40 x 15 W.B. 105" ENG. 3 x 3-3/4 104 HP

Model	Unres. Fair-4	Unres. Good-3	Res. Fair-2	Res. Excel.-1	Pts.
3D 4D Sedan	800.	1450.	2450.	3500.	(90)
3D Club Sedan	800.	1450.	2450.	3500.	(90)

SUPER WASP T.S. 7.10 x 15 W.B. 119" ENG. 3-9/16 x 3-7/8 140 HP

Model	Unres. Fair-4	Unres. Good-3	Res. Fair-2	Res. Excel.-1	Pts.
5D 4D Sedan	1050.	1950.	3200.	4600.	(90)
5D Club Sedan	1050.	1950.	3200.	4600.	(90)
5D Club Coupe	1150.	2050.	3450.	4900.	(90)
5D Hollywood Hardtop	1350.	2450.	4050.	5800.	(90)
5D Brougham Convertible	2200.	4000.	6650.	9500.	(90)

HORNET SPECIAL T.S. 15 x 7.10 (CONV.) 15 x 7.60 W.B. 124" ENG. 3-13/16 x 4-1/2 160 HP

Model	Unres. Fair-4	Unres. Good-3	Res. Fair-2	Res. Excel.-1	Pts.
6D 2D Sedan	1100.	2000.	3350.	4800.	(90)
6D 4D Sedan	1100.	2000.	3350.	4800.	(90)

HORNET T.S. 7.10 x 15 W.B. 124" ENG. 3-13/16 x 4 160 HP (CONV.) 7.60 x 15

Model	Unres. Fair-4	Unres. Good-3	Res. Fair-2	Res. Excel.-1	Pts.
7D 4D Sedan	1250.	2300.	3850.	5500.	(90)
7D Club Coupe	1250.	2300.	3850.	5500.	(90)
7D Hollywood Hardtop	1600.	2950.	4900.	7000.	(90)
7D Brougham Convertible	3100.	5650.	9450.	13500.	(90)

HUDSON 1955

SIX CYLINDERS

SUPER SERIES WASP T.S. 15 x 6.70 W.B. 114-1/4" ENG. 3 x 3-3/4 115 HP

Model	Unres. Fair-4	Unres. Good-3	Res. Fair-2	Res. Excel.-1	Pts.
35545-1 4D Sedan	900.	1600.	2650.	3800.	(90)

CUSTOM T.S. 15 x 6.70 W.B. 114-1/2" ENG. 3 x 3-3/4 115 HP

Model	Unres. Fair-4	Unres. Good-3	Res. Fair-2	Res. Excel.-1	Pts.
35545-2 4D Sedan	1050.	1900.	3150.	4500.	(90)
35547-2 2D Hollywood	1300.	2350.	3900.	5600.	(90)

HORNET SUPER SERIES T.S. 15 x 7.10 W.B. 121-1/2" ENG. 3-13/15 x 4-1/2 160 HP

Model	Unres. Fair-4	Unres. Good-3	Res. Fair-2	Res. Excel.-1	Pts.
35565-1 4D Sedan	1050.	1900.	3150.	4500.	(90)

CUSTOM T.S. 15 x 7.10 W.B. 121-1/2" ENG. 3-13/16 x 4-1/2 160 HP

Model	Unres. Fair-4	Unres. Good-3	Res. Fair-2	Res. Excel.-1	Pts.
35565-2 4D Sedan	1200.	2200.	3650.	5200.	(90)
35567-2 2D Hollywood	1400.	2500.	4200.	6000.	(90)

HUDSON-RAMBLER 1955

RAMBLER DELUXE T.S. 15 x 6.40 W.B. 100" ENG. 3-1/8 x 4-1/4 90 HP

Model	Unres. Fair-4	Unres. Good-3	Res. Fair-2	Res. Excel.-1	Pts.
5516 2D Club Sedan	850.	1500.	2500.	3600.	(90)

DELUXE T.S. 15 x 6.40 W.B. 108" ENG. 3-1/8 x 4-1/4 90 HP

Model	Unres. Fair-4	Unres. Good-3	Res. Fair-2	Res. Excel.-1	Pts.
5516-1 2D Club Sedan	1050.	1900.	3150.	4500.	(90)
5514-1 2D Sedan	1050.	1900.	3150.	4500.	(90)

IMPERIAL 1955 (CHRYSLER)

IMPERIAL T.S. 15 x 8.20 W.B. 130" ENG. 3.81 x 3.63 250 HP

Model	Unres. Fair-4	Unres. Good-3	Res. Fair-2	Res. Excel.-1	Pts.
C69 4D Sedan	950.	1700.	2850.	4100.	(90)
C69 Newport Hardtop	1300.	2350.	3900.	5600.	(90)

CROWN IMPERIAL T.S. 15 x 8.90 W.B. 149.5" ENG. 3.81 x 3.63 250 HP

Model	Unres. Fair-4	Unres. Good-3	Res. Fair-2	Res. Excel.-1	Pts.
C70 4D Sedan	950.	1750.	2950.	4200.	(90)
C70 Limousine	1050.	1900.	3150.	4500.	(90)

IMPERIAL 1956

IMPERIAL T.S. 15 x 8.20 W.B. 130" ENG. 3.81 x 3.63 250 HP

Model	Unres. Fair-4	Unres. Good-3	Res. Fair-2	Res. Excel.-1	Pts.
C73 2D Southampton Hardtop	1350.	2450.	4050.	5800.	(90)
C73 4D Southampton Hardtop	1050.	1900.	3150.	4500.	(90)
C73 4D Sedan	950.	1750.	2950.	4200.	(90)

MAKE YEAR MODEL	UNRES. FAIR-4	UNRES. GOOD-3	RES. FAIR-2	RES. EXCEL.-1	PTS.
CROWN IMPERIAL T.S. 15 x 8.90 W.B. 149.5'' ENG. 3.81 x 3.63 250 HP					
C70 Sedan	1050.	1900.	3150.	4500.	(90)
C70 Limousine	1100.	2000.	3350.	4800.	(90)

IMPERIAL 1957 (NEW BODY DESIGN)

MAKE YEAR MODEL	UNRES. FAIR-4	UNRES. GOOD-3	RES. FAIR-2	RES. EXCEL.-1	PTS.
IMPERIAL T.S. 9.50 x 14 W.B. 129'' ENG. 4 x 3.90 345 HP					
176 2D Southampton Hardtop	1350.	2450.	4050.	5800.	(90)
179 4D Southampton Hardtop	900.	1700.	2800.	4000.	(90)
175 4D Sedan	900.	1600.	2650.	3800.	(90)
CROWN IMPERIAL T.S. 9.50 x 14 W.B. 129'' ENG. 4 x 3.90 345 HP					
286 2D Southampton Hardtop	1000.	2500.	4200.	6000.	(90)
289 4D Southampton Hardtop	900.	1700.	2800.	4000.	(90)
285 4D Sedan	900.	1600.	2650.	3800.	(90)
283 Convertible	2900.	5250.	8750.	12500.	(90)
LE BARON IMPERIAL T.S. 9.50 x 14 W.B. 129'' ENG. 4.18 x 3.75 350 HP					
495 4D Sedan	1050.	1900.	3150.	4500.	(90)
Southampton 4D Hardtop	1100.	1950.	3300.	4700.	(90)

IMPERIAL 1958

MAKE YEAR MODEL	UNRES. FAIR-4	UNRES. GOOD-3	RES. FAIR-2	RES. EXCEL.-1	PTS.
CUSTOM IMPERIAL 1958 T.S. 9.50 x 14 W.B. 129'' ENG. 4 x 3.90 345 HP					
613 4D Sedan	900.	1600.	2650.	3800.	(90)
612 2D Southampton	1350.	2450.	4050.	5800.	(90)
614 4D Southampton	900.	1700.	2800.	4000.	(90)
CROWN IMPERIAL T.S. 9.50 x 14 W.B. 129'' ENG. 4 x 3.90 345 HP					
633 4D Sedan	900.	1650.	2750.	3900.	(90)
632 2D Southampton	1400.	2500.	4200.	6000.	(90)
634 4D Southampton	950.	1700.	2850.	4100.	(90)
635 2D Convertible	3000.	5450.	9100.	13000.	(90)
LE BARON IMPERIAL T.S. 9.50 x 14 W.B. 129'' ENG. 4.18 x 3.75 350 HP					
653 4D Sedan	1050.	1900.	3150.	4500.	(90)
654 4D Southampton	1100.	2000.	3350.	4800.	(90)

IMPERIAL 1959

MAKE YEAR MODEL	UNRES. FAIR-4	UNRES. GOOD-3	RES. FAIR-2	RES. EXCEL.-1	PTS.
CUSTOM IMPERIAL T.S. 9.50 x 14 W.B. 129'' ENG. 4.18 x 3.75 350 HP					
613 4D Sedan	900.	1700.	2800.	4000.	(90)
612 2D Southampton	1400.	2550.	4250.	6100.	(90)
614 4D Southampton	950.	1750.	2950.	4200.	(90)
CROWN IMPERIAL T.S. 9.50 x 14 W.B. 129'' ENG. 4.18 x 3.75 350 HP					
633 4D Sedan	950.	1750.	2850.	4100.	(90)
632 2D Southampton	1450.	2600.	4350.	6200.	(90)
634 4D Southampton	1000.	1850.	3100.	4400.	(90)
635 2D Convertible	3000.	5450.	9100.	13000.	(90)
LE BARON IMPERIAL T.S. 9.50 x 14 W.B. 129'' ENG. 4.18 x 3.75 350 HP					
653 4D Sedan	1050.	1950.	3200.	4600.	(90)
654 4D Southampton	1100.	2000.	3300.	4750.	(90)

IMPERIAL 1960

MAKE YEAR MODEL	UNRES. FAIR-4	UNRES. GOOD-3	RES. FAIR-2	RES. EXCEL.-1	PTS.
CUSTOM IMPERIAL T.S. 8.20 x 15 W.B. 129'' ENG. 4.18 x 3.75 350 HP					
913 4D Sedan	950.	1750.	2950.	4200.	(90)
912 2D Southampton	1400.	2550.	4250.	6100.	(90)
914 4D Southampton	1000.	1850.	3100.	4400.	(90)
CROWN IMPERIAL T.S. 8.20 x 15 W.B. 129'' ENG. 4.18 x 3.75 350 HP					
923 4D Sedan	950.	1750.	2950.	4200.	(90)
922 2D Southampton	1450.	2600.	4400.	6250.	(90)
924 4D Southampton	1050.	1900.	3150.	4500.	(90)
925 2D Convertible	3100.	5650.	9500.	13500.	(90)
LE BARON IMPERIAL T.S. 8.20 x 15 W.B. 129'' ENG. 4.18 x 3.75 350 HP					
933 4D Sedan	1050.	1950.	3200.	4600.	(90)
934 4D Southampton	1150.	2100.	3500.	5000.	(90)

IMPERIAL 1961

MAKE YEAR MODEL	UNRES. FAIR-4	UNRES. GOOD-3	RES. FAIR-2	RES. EXCEL.-1	PTS.
CUSTOM IMPERIAL T.S. 8.20 x 15 W.B. 129'' ENG. 4.18 x 3.75 350 HP					
912 2D Southampton	1450.	2600.	4350.	6200.	(90)
914 4D Southampton	1000.	1850.	3100.	4400.	(90)
CROWN IMPERIAL T.S. 8.20 x 15 W.B. 129'' ENG. 4.18 x 3.75 350 HP					
922 2D Southampton	1450.	2600.	4450.	6250.	(90)
924 4D Southampton	1050.	1900.	3150.	4500.	(90)
925 2D Convertible	3100.	5650.	9450.	13500.	(90)
LE BARON IMPERIAL T.S. 8.20 x 15 W.B. 129'' ENG. 4.18 x 3.75 350 HP					
934 4D Southampton	1150.	2100.	3500.	5000.	(90)

IMPERIAL 1962
NEW STYLING 1961-1962 MODELS

MAKE YEAR MODEL	UNRES. FAIR-4	UNRES. GOOD-3	RES. FAIR-2	RES. EXCEL.-1	PTS.
CUSTOM IMPERIAL T.S. 8.20 x 15 W.B. 129'' ENG. 4.18 x 3.75 340 HP					
912 2D Southampton	1050.	1900.	3150.	4500.	(90)
914 4D Southampton	1050.	1900.	3150.	4500.	(90)
CROWN IMPERIAL T.S. 8.20 x 15 W.B. 129'' ENG. 4.18 x 3.75 340 HP					
922 2D Southampton	1500.	2750.	3550.	4700.	(90)
924 4D Southampton	1500.	2750.	3550.	4700.	(90)
925 Convertible	2900.	5250.	8750.	12500.	(90)
LE BARON IMPERIAL T.S. 8.20 x 15 W.B. 129'' ENG. 4.18 x 3.75 240 HP					
934 4D Southampton	1100.	2000.	3350.	4800.	(90)

IMPERIAL 1963

MAKE YEAR MODEL	UNRES. FAIR-4	UNRES. GOOD-3	RES. FAIR-2	RES. EXCEL.-1	PTS.
CUSTOM IMPERIAL T.S. 8.20 x 15 W.B. 129'' ENG. 4.19 x 3.75 340 HP					
912 2D Southampton	950.	1750.	2950.	4200.	(90)
914 4D Southampton	950.	1750.	2950.	4200.	(90)
CROWN IMPERIAL T.S. 8.20 x 15 W.B. 129'' ENG. 4.19 x 3.75 340 HP					
922 2D Southampton	1100.	2000.	3300.	4750.	(90)
924 4D Southampton	1500.	2750.	3550.	4700.	(90)
925 2D Convertible	2900.	5250.	8750.	12500.	(90)
LE BARON IMPERIAL T.S. 8.20 x 15 W.B. 129'' ENG. 4.19 x 3.75 340 HP					
934 4D Southampton	1100.	2000.	3350.	4800.	(90)

IMPERIAL 1964 (STYLE CHANGE)

MAKE YEAR MODEL	UNRES. FAIR-4	UNRES. GOOD-3	RES. FAIR-2	RES. EXCEL.-1	PTS.
CROWN IMPERIAL T.S. 8.20 x 15 W.B. 129'' ENG. 4.19 x 3.75 340 HP					
922 2D Hardtop	500.	1050.	1750.	2500.	(90)
924 4D Hardtop	600.	1050.	1750.	2500.	(90)
925 2D Convertible	1750.	3150.	5260.	7500.	(90)
LE BARON IMPERIAL T.S. 8.20 x 15 W.B. 129'' ENG. 4.19 x 3.75 340 HP					
934 4D Hardtop	600.	1100.	1800.	2600.	(90)

IMPERIAL 1965

MAKE YEAR MODEL	UNRES. FAIR-4	UNRES. GOOD-3	RES. FAIR-2	RES. EXCEL.-1	PTS.
CROWN IMPERIAL T.S. 9.15 x 15 W.B. 129'' ENG. 4.19 x 3.75 340 HP					
YSS 2D Hardtop	650.	1200.	1950.	2800.	(90)
Y24 4D Hardtop	650.	1200.	1950.	2800.	(90)
Y25 2D Convertible	1800.	3250.	5400.	7700.	(90)
LE BARON IMPERIAL T.S. 9.15 x 15 W.B. 129'' ENG. 4.19 x 3.75 340 HP					
Y34 4D Hardtop	700.	1200.	2050.	2900.	(90)

JAGUAR

MAKE YEAR MODEL	UNRES. FAIR-4	UNRES. GOOD-3	RES. FAIR-2	RES. EXCEL.-1	PTS.
1948 Mark IV Cabriolet (Classic)	10400.	18900.	31500.	45000.	(94)
1948 Mark IV Saloon (Classic)	4400.	8000.	13300.	19000.	(94)
1949 4D Mark IV Saloon	2400.	4400.	7350.	10500.	(90)
1949 Mark IV Cabriolet	8800.	15950.	26600.	38000.	(94)
1950 XKE Roadster	6000.	10900.	18200.	26000.	(94)
1950 Mark V Saloon	2400.	4400.	7350.	10500.	(90)
1950 MK V DH Coupe	7500.	13650.	22750.	32500.	(94)
1951 Mark V Saloon	2250.	4100.	6850.	9800.	(90)
1951 XK 120 Roadster (M.S.)	6000.	10900.	18200.	26000.	(94)
1952 XK 120 Coupe (M.S.)	2900.	5250.	8750.	12500.	(90)
1952 XK 120 Roadster (M.S.)	6100.	11500.	18550.	26500.	(94)
1953 MK VIII Saloon	2650.	4850.	8050.	11500.	(90)
1953 XK 120 Roadster (M.S.)	5800.	10500.	17500.	25000.	(94)
1953 XK 120 Coupe (M.S.)	3100.	5650.	9450.	13500.	(90)
1954 4D MK VII Saloon	2300.	4200.	7000.	10000.	(90)

MAKE YEAR MODEL	UNRES. FAIR-4	UNRES. GOOD-3	RES. FAIR-2	RES. EXCEL.-1	PTS.
1954 XK 120 M Roadster (M.S.)	6100.	11150.	18550.	26500.	(94)
1954 XK 120 Coupe (M.S.)	2750.	5050.	8400.	12000.	(90)
1954 XK 120 C Roadster (M.S.)	5550.	10100.	16800.	24000.	(94)

MAKE YEAR MODEL	UNRES-3	UNRES. GOOD-2	RES.-1

JAGUAR 1955

MARK VII M			
4D. VII SALOON	5330.	7400.	9870. *
XK 140			
COUPE	7615.	10575.	14100. *
ROADSTER	12000.	17500.	23500. ★
CONV	10500.	14500.	19500. ★
XK 140 MC			
COUPE	8630.	11985.	15980. *
ROADSTER	12600.	18500.	26000. ★
CONV	10500.	17000.	22500. ★

JAGUAR 1956

SEDAN 2.4 160 H.P.	2335.	3240.	4325. *
MK VII SEDAN 160 H.P.	5585.	7755.	10340. *
XK 140 ROADSTER "M"	17000.	18500.	25000. ★
XK 140 ROADSTER "MC"	14000.	19000.	26500. ★
XK 140 COUPE "M"	7615.	10575.	14100. *
XK 140 COUPE "MC"	8880.	12340.	16450. *
XK 140 CONV. "M"	12500.	18500.	25000. ★
XK 140 CONV. "MC"	17000.	25000.	33000. ★

JAGUAR 1957

3.4 SEDAN 160 H.P.	4175.	5215.	6955. *
XK 140 ROADSTER	10250.	15200.	20500. ★
XK 140M ROADSTER	11500.	16750.	22000. ★
XK 140 COUPE	8100.	10870.	15000. *
XK 140 CONV	11000.	17500.	24000. ★
XK 140M CONV	13000.	19000.	25500. ★

JAGUAR 1958

2.4 SEDAN	2435.	3385.	4510. *
3.4 SEDAN	3860.	5360.	7145. *
MK VIII	4975.	6910.	9210. *
XK 150 CPE	7105.	9870.	13160. *
XK 150 CONV	10200.	14700.	19500. ★

JAGUAR 1959

MARK VIII SERIES T.S. 6.70x16 W.B. 120" 210 H.P.			
4D. SEDAN	4315.	5990.	7990. *
MARK IX SERIES T.S. 6.70x16 W.B. 120" 220 H.P.			
4D. SEDAN	6090.	8460.	11280. *
3.4 LITRE SERIES T.S. 6.40x15 W.B. 107-3/8" ENG. 3.27x4.17 210 H.P.			
4D. SEDAN	3960.	5500.	7330. *
XK SERIES T.S. 6.00x16 W.B. 102" 210 H.P.			
ROADSTER	12435.	17270.	23030. *
COUPE	7005.	9730.	12970. *
CONV	11250.	16200.	21500. *

JAGUAR 1960

3.4 LITRE SERIES T.S. 6.40x15 W.B. 1007-3/8" 210 H.P.			
4D. SEDAN	3960.	5500.	7330. *
MARK III SERIES T.S. 6.40x15 W.B. 1007-3/8" 225 H.P.			
4D. SEDAN	4365.	6060.	8085. *
MARK IX SERIES T.S. 6.70x16 W.B. 120" 225 H.P.			
4D. SEDAN	6345.	8810.	11750. *

MAKE YEAR MODEL	UNRES-3	UNRES. GOOD-2	RES.-1
XK 150 SERIES 3.8 ENG. 265 H.P.			
COUPE	7210.	10010.	13350. *
CONV	11000.	15100.	20000. *

JAGUAR 1961

MARK II T.S. 6.40x15 W.B. 107.4" 225 H.P.			
4D. SEDAN	3805.	5290.	7450. *
MARK IX T.S. 6.70x16 W.B. 120" 225 H.P.			
4D. SEDAN	5585.	7755.	10340. *
XK 150 S/E T.S. 6.00x16 W.B. 102" 225 H.P.			
COUPE	7105.	9870.	13160. *
CONV	11000.	15000.	20000. *

JAGUAR 1962

MARK II T.S. 6.40x15 W.B. 107.4" 225 H.P.			
4D. SEDAN MKII	3805.	5290.	7050. *
MARK X T.S. 6.40x15 W.B. 120" 265 H.P.			
4D. SEDAN	7105.	9870.	13160. *
XKE SERIES T.S. 6.00x16 W.B. 96" 265 H.P.			
ROADSTER	8375.	11630.	15510. *
COUPE	6600.	9165.	12220. *

JAGUAR 1963

MARK II 3.8 T.S. 6.40x15 W.B. 107.4" 225 H.P.			
4D. SEDAN	3860.	5360.	7145. *
MARK X T.S. 7.50x14 W.B. 120" 265 H.P.			
4D. SEDAN	7105.	9870.	13160. *
XKE SERIES T.S. 6.40x15 W.B. 96" 265 H.P.			
ROADSTER	10750.	17200.	21500. *
COUPE	9000.	11500.	15000. *

JAGUAR 1964

MARK II 3.8 T.S. 6.40x15 W.B. 107.4" 225 H.P.			
4D. SEDAN	4160.	5780.	7710. *
MARK X T.S. 7.50x14 W.B. 120" 265 H.P.			
4D. SEDAN	6955.	9660.	12880. *
XKE SERIES T.S. 640x15 W.B. 96" 265 H.P.			
2D. ROADSTER	10500.	17000.	21000. *
2D. COUPE	9000.	11500.	15000. *

JAGUAR 1965

MARK II 3.8 T.S. 6.40x15 W.B. 107.4" 225 H.P.			
4D. SEDAN	3960.	5500.	7330.
MARK X T.S. 7.50x15 W.B. 120" 265 H.P.			
4D. SEDAN	7005.	9730.	12970. *
XKE SERIES T.S. 6.40x15 W.B. 96" 265 H.P.			
2D. ROADSTER	10500.	17200.	21500. *
2D. COUPE	9000.	11500.	15000. *

JAGUAR 1966

MARK II 3.8 T.S. 6.40x15 W.B. 107.4" ENG. SIX-CYL. C.I.D. 231 225 H.P.			
4D. SEDAN	3805.	5290.	7050. *
MARK X 4.2 T.S. 7.50x14 W.B. 120" SIX-CYLINDER 265 H.P.			
4D. SEDAN	6980.	9690.	12925. *
XKE SERIES 4.2 T.S. 6.40x15 W.B. 96" SIX—CYLINDER 265 H.P.			
2D. ROADSTER	10000.	15250.	20000. *
2D. COUPE	10200.	13600.	17000.

JAGUAR 1967

MARK II 3.8 T.S. 6.40x15 W.B. 107.4" ENG. SIX-CYL. C.I.D. 231 255 H.P.			
4D. SEDAN	3860.	5360.	7145. *

MAKE YEAR MODEL	UNRES. FAIR-4	UNRES. GOOD-3	RES. FAIR-2	RES. EXCEL.-1	PTS.
420 SERIES T.S. W.B. 107.4'' SIX-CYLINDER 255 H.P.					
4D. SEDAN		3960.	5500.	7330.	*
420 G SERIES D.T.S. W.B. 120'' SIX-CYLINDER 265 H.P.					
4D. SEDAN		3960.	5500.	7330.	*
XKE 4.2 SERIES T.S. W.B. 96'' ENG. SIX-CYL. C.I.D. 258.4 265 H.P.					
2D. CONV.		9500.	14125.	18500.	*
2D. COUPE		6220.	8635.	12000.	*

JAGUAR 1968

MAKE YEAR MODEL	UNRES. FAIR-4	UNRES. GOOD-3	RES. FAIR-2	RES. EXCEL.-1	PTS.
XKE SERIES T.S. 185x15 W.B. 96'' ENG. SIX-CYL. C.I.D. 258.4 246 H.P.					
2D. CONV		9000.	13000.	17500.	*
2D. COUPE		6345.	8810.	11750.	*

JAGUAR 1969

MAKE YEAR MODEL	UNRES. FAIR-4	UNRES. GOOD-3	RES. FAIR-2	RES. EXCEL.-1	PTS.
XJ 4.2 SERIES T.S. 185x15 W.B. 96'' ENG. SIX-CYL. C.I.D. 258.4 246 H.P.					
SEDAN		3655.	5075.	6770.	*
XKE 4.2 SERIES T.S. 185/195x15 W.B. 96'' ENG. SIX CYL. CID 258.4 246 H.P.					
2D. CONV		8750.	12200.	16750.	*
2D. COUPE 2+2		6090.	8460.	11500.	*

JAGUAR 1970

MAKE YEAR MODEL	UNRES. FAIR-4	UNRES. GOOD-3	RES. FAIR-2	RES. EXCEL.-1	PTS.
XKE 4.2 SERIES T.S. 185x15 W.B. 96'' ENG. SIX-CYL. C.I.D. 258.4 246 H.P.					
2D. CONV		8500.	11500.	16000.	*
2D. COUPE		6480.	8755.	11520.	*

JAGUAR 1971

MAKE YEAR MODEL	UNRES. FAIR-4	UNRES. GOOD-3	RES. FAIR-2	RES. EXCEL.-1	PTS.
4.2 SERIES CONV. SIX-CYLINDER		9200.	12500.	17000.	*
4.2 2+2 COUPE SIX-CYLINDER		6480.	8755.	12500.	*
V 12 CONV. E TYPE		7500.	10200.	14000.	*
V 12 COUPE		6045.	8170.	11000.	*

JAGUAR 1972

MAKE YEAR MODEL	UNRES. FAIR-4	UNRES. GOOD-3	RES. FAIR-2	RES. EXCEL.-1	PTS.
XKE T.S. E70VR155SP W.B. 105'' H.P. 272 C.I.D. 326					
CONV		10000.	16500.	21000.	*
COUPE 2+2		6210.	8390.	11040.	*
XJ T.S. E70VR15SP W.B. 108.9'' H.P. 186 C.I.D. 258					
SEDAN		2810.	3795.	4990.	

JAGUAR 1973

MAKE YEAR MODEL	UNRES. FAIR-4	UNRES. GOOD-3	RES. FAIR-2	RES. EXCEL.-1	PTS.
XKE T.S. E70VR15SP W.B. 105'' H.P. 272 C.I.D. 326					
CONV. V12		10500.	16000.	21500.	*
COUPE 2+2		7560.	10215.	13440.	*
XJ T.S. E70VR15SP W.B. 108.9'' H.P. 186 C.I.D. 258					
SEDAN XJ6		3240.	4380.	5760.	
V12 XJ		3130.	4230.	5570.	

JEEPSTER

MAKE YEAR MODEL	UNRES. FAIR-4	UNRES. GOOD-3	RES. FAIR-2	RES. EXCEL.-1	PTS.
1948 4-Cyl. Phaeton	1150.	2100.	3500.	5000.	(90)
1949 6-Cyl. Phaeton	1400.	2500.	4200.	6000.	(90)
1950 4-Cyl. 5-Pass. Touring	1250.	2300.	3850.	5500.	(90)
1951 6-Cyl. Phaeton	1850.	3350.	5600.	8000.	(90)
1952 4-Cyl. Jeepster	1250.	2300.	3850.	5500.	(90)

KAISER 1947

MAKE YEAR MODEL	UNRES. FAIR-4	UNRES. GOOD-3	RES. FAIR-2	RES. EXCEL.-1	PTS.
KAISER K100 T.S. 15 x 6.50 W.B. 123-1/2'' ENG. 3-5/16 x 4-3/8 26.3 HP					
K100 4D Sedan	850.	1550.	2600.	3700.	(90)
CUSTOM T.S. 15 x 6.50 W.B. 123-1/2'' ENG. 3-5/16 x 4-3/8 26.3 HP					
K101 4D Sedan	1050.	1950.	3200.	4600.	(90)

KAISER 1948

MAKE YEAR MODEL	UNRES. FAIR-4	UNRES. GOOD-3	RES. FAIR-2	RES. EXCEL.-1	PTS.
KAISER K481 T.S. 15 x 7.10 W.B. 123-1/2'' ENG. 3-5/16 x 4-3/8 26.3 HP					
K481 4D Sedan	900.	1700.	2800.	4000.	(90)
CUSTOM T.S. 15 x 7.10 W.B. 123-1/2'' ENG. 3-5/16 x 4-3/8 26.3 HP					
K482 4D Sedan	1100.	1950.	3300.	4700.	(90)

KAISER 1949

MAKE YEAR MODEL	UNRES. FAIR-4	UNRES. GOOD-3	RES. FAIR-2	RES. EXCEL.-1	PTS.
SPECIAL T.S. 15 x 7.10 W.B. 123-1/2'' ENG. 3-5/16 x 4-3/8 26.3 HP					
K491 4D Sedan	900.	1650.	2750.	3900.	(90)
TRAVELER T.S. 15 x 7.10 W.B. 123-1/2'' ENG. 3-5/16 x 4-3/8 26.3 HP					
K491 4D Sedan	1050.	1950.	3200.	4600.	(90)
DELUXE T.S. 15 x 7.10 W.B. 123-1/2'' ENG. 3-5/16 x 4-3/8 26.3 HP					
K492 4D Sedan	1050.	1900.	3150.	4500.	(90)
K492 Convertible	3350.	6100.	10150.	14500.	(90)
VAGABOND T.S. 15 x 7.10 W.B. 123-1/2'' ENG. 3-5/16 x 4-3/8 26.3 HP					
K492 4D Sedan	1250.	2300.	3850.	5500.	(90)
VIRGINIAN T.S. 15 x 7.10 W.B. 123-1/2'' ENG. 3-5/16 x 4-3/8 26.3 HP					
K492 4D Sedan	1400.	2500.	4200.	6000.	(90)

KAISER 1950

MAKE YEAR MODEL	UNRES. FAIR-4	UNRES. GOOD-3	RES. FAIR-2	RES. EXCEL.-1	PTS.
SPECIAL T.S. 15 x 7.10 W.B. 123-1/2'' ENG. 3-5/16 x 4-3/8 26.3 HP					
K501 4D Sedan	900.	1650.	2750.	3900.	(90)
TRAVELER T.S. 15 x 7.10 W.B. 123-1/2'' ENG. 3-5/16 x 4-3/8 26.3 HP					
K501 4D Sedan	1050.	1950.	3200.	4600.	(90)
DELUXE T.S. 16 x 7.10 W.B. 123-1/2'' ENG. 3-5/16 x 4-3/8 26.3 HP					
K502 4D Sedan	1050.	1900.	3150.	4500.	(90)
VAGABOND T.S. 15 x 7.10 W.B. 123-1/2'' ENG. 3-5/16 x 4-3/8 26.3 HP					
K502 4D Sedan	1250.	2300.	3850.	5500.	(90)
VIRGINIAN T.S. 15 x 7.10 W.B. 123-1/2'' ENG. 3-5/16 x 4-3/8 26.3 HP					
K502 4D Sedan	1450.	2600.	4350.	6200.	(90)

KAISER 1951

MAKE YEAR MODEL	UNRES. FAIR-4	UNRES. GOOD-3	RES. FAIR-2	RES. EXCEL.-1	PTS.
SPECIAL T.S. 15 x 6.70 W.B. 118-1/2'' ENG. 3-5/16 x 4-3/8 26.3 HP					
K511 4D Sedan	600.	1100.	1800.	2600.	(90)
K511 4D Traveler Sedan	900.	1600.	2650.	3800.	(90)
K511 2D Sedan	900.	1600.	2650.	3800.	(90)
K511 2D Traveler Sedan	900.	1700.	2800.	4000.	(90)
DELUXE T.S. 15 x 6.70 W.B. 118-1/2'' ENG. 3-5/16 x 4-3/8 26.3 HP					
K512 4D Sedan	050.	1500.	2500.	3600.	(90)
K512 4D Traveler Sedan	900.	1650.	2750.	3900.	(90)
K512 2D Sedan	950.	1750.	2950.	4200.	(90)
K512 2D Traveler Sedan	1050.	1900.	3150.	4500.	(90)
K512 Club Coupe	1050.	1900.	3150.	4500.	(90)

KAISER 1952

MAKE YEAR MODEL	UNRES. FAIR-4	UNRES. GOOD-3	RES. FAIR-2	RES. EXCEL.-1	PTS.
VIRGINIAN SPECIAL T.S. 15 x 6.70 W.B. 118-1/2'' ENG. 3-5/16 x 4-3/8 26.3 HP					
K521 4D Sedan	850.	1500.	2500.	3600.	(90)
K521 4D Traveler Sedan	900.	1700.	2800.	4000.	(90)
K521 2D Sedan	850.	1500.	2500.	3600.	(90)
K521 2D Traveler Sedan	900.	1700.	2800.	4000.	(90)
K521 Coupe	950.	1750.	2950.	4200.	(90)
VIRGINIAN DELUXE T.S. 15 x 6.70 W.B. 118-1/2'' ENG. 3-6/16 x 4-3/8 26.3 HP					
K522 4D Sedan	900.	1700.	2800.	4000.	(90)
K522 4D Traveler Sedan	900.	1700.	2800.	4000.	(90)
K522 2D Sedan	950.	1700.	2850.	4100.	(90)
K522 2D Traveler Sedan	950.	1750.	2950.	4200.	(90)
KAISER MANHATTAN T.S. 15 x 6.70 W.B. 118-1/2'' ENG. 3-5/16 x 4-3/8 26.3 HP					
K522 4D Sedan	1050.	1450.	3150.	4500.	(90)
K522 4D Traveler Sedan	1050.	1450.	3150.	4500.	(90)
K522 2D Sedan	1050.	1950.	3200.	4600.	(90)
K522 2D Traveler Sedan	1100.	1950.	3300.	4700.	(90)
K522 Club Coupe	1050.	1950.	3200.	4600.	(90)

KAISER 1953

MAKE YEAR MODEL	UNRES. FAIR-4	UNRES. GOOD-3	RES. FAIR-2	RES. EXCEL.-1	PTS.
CAROLINA T.S. 15 x 6.70 W.B. 118-1/2'' ENG. 3-5/16 x 4-3/8 26.3 HP					
K538 4D Sedan	850.	1600.	2600.	3750.	(90)

MAKE YEAR MODEL	UNRES. FAIR-4	UNRES. GOOD-3	RES. FAIR-2	RES. EXCEL.-1	PTS.
K538 2D Club Sedan	850.	1600.	2600.	3750.	(90)
HARDTOP DRAGON T.S. 15 x 7.10 W.B. 118-1/2'' ENG. 3-5/16 x 4-3/8 26.3 HP					
K530 4D Sedan	1250.	2300.	3850.	5500.	(90)
KAISER DELUXE T.S. 15 x 6.70 W.B. 118-1/2'' ENG. 3-5/16 x 4-3/8 26.3 HP					
K531 4D Sedan	900.	1700.	2800.	4000.	(90)
K531 4D Traveler Sedan	900.	1700.	2800.	4000.	(90)
K531 2D Club Sedan	950.	1750.	2950.	4200.	(90)
KAISER MANHATTAN T.S. 15 x 6.70 W.B. 118-1/2'' ENG. 3-5/16 x 4-3/8 26.3 HP					
K532 4D Sedan	1050.	1900.	3150.	4500.	(90)
K532 4D Traveler Sedan	1050.	1900.	3150.	4500.	(90)
K532 2D Club Sedan	1100.	2000.	3350.	4800.	(90)

KAISER 1954

MAKE YEAR MODEL	UNRES. FAIR-4	UNRES. GOOD-3	RES. FAIR-2	RES. EXCEL.-1	PTS.
SPECIAL T.S. 15 x 6.70 W.B. 118-1/2'' ENG. 3.313 x 4.375 26.3 HP					
K5451 4D Sedan	900.	1700.	2800.	4000.	(90)
K5454 2D Club Sedan	900.	1700.	2800.	4000.	(90)
MANHATTAN T.S. 15 x 6.70 W.B. 118-1/2'' ENG. 3.313 x 4.375 26.3 HP					
K5421 4D Sedan S.C.	1250.	2300.	3850.	5500.	(90)
K5421 2D Club Sedan	1250.	2300.	3850.	5500.	(90)
KAISER DARRIN T.S. 15 x 5.90 W.B. 100'' ENG. 3-1/8 x 3-1/2 23.4 HP					
161 Sports Car	3100.	5650.	9450.	13500.	(90)

KAISER 1955

MAKE YEAR MODEL	UNRES. FAIR-4	UNRES. GOOD-3	RES. FAIR-2	RES. EXCEL.-1	PTS.
MANHATTAN T.S. 15 x 6.70 W.B. 118-1/2'' ENG. 3-5/16 x 4-3/8 26.3 HP					
4D Sedan S.C.	1400.	2500.	4200.	6000.	(90)
2D Club Sedan S.C.	1400.	2500.	4200.	6000.	(90)

LA GONDA

MAKE YEAR MODEL	UNRES. FAIR-4	UNRES. GOOD-3	RES. FAIR-2	RES. EXCEL.-1	PTS.
1952 D.H. Coupe	4400.	8000.	13300.	19000.	(90)
1955 Tickford D.H. Coupe	4500.	8200.	13650.	19500.	(90)

LAMBORGHINI

MAKE YEAR MODEL	UNRES. FAIR-4	UNRES. GOOD-3	RES. FAIR-2	RES. EXCEL.-1	PTS.
1967 400 2 + 2 GT Coupe	5100.	9250.	15400.	22000.	(90)
1968 V12 Coupe	5550.	10100.	16800.	24000.	(90)
1969 V12 Isleco GT 400 Coupe	6000.	10900.	18200.	26000.	(90)
1970 Espada 2 + 2 Coupe	5100.	9250.	15400.	22000.	(90)
1971 V12 Miura Coupe	9000.	16400.	27300.	39000.	(90)
1971 V12 Espada Coupe	5550.	10100.	16800.	24000.	(90)
1972 V12 Jarama Coupe	5100.	9250.	15400.	22000.	(90)

LANCIA

MAKE YEAR MODEL	UNRES. FAIR-4	UNRES. GOOD-3	RES. FAIR-2	RES. EXCEL.-1	PTS.
1956 Aurilla Spyder Coupe	4150.	7550.	12600.	18000.	(90)
1959 Coupe (M.S.)	4400.	8000.	13300.	19000.	(90)
1960 Convertible F-Z (M.S.)	3350.	6100.	10150.	14500.	(90)
1961 Coupe (M.S.)	2400.	4400.	7350.	10500.	(90)
1962 V6 3C Coupe	2550.	4600.	7700.	11000.	(90)
1963 Coupe (M.S.)	2400.	4400.	7350.	10500.	(90)

LINCOLN 1946 12-CYLINDERS

SEE CLASSIC CAR SECTION (CONTINENTAL)

MAKE YEAR MODEL	UNRES. FAIR-4	UNRES. GOOD-3	RES. FAIR-2	RES. EXCEL.-1	PTS.
SERIES 66H T.S. 15 x 7.00 W.B. 125'' ENG. 2.937 x 3.75 41.42 HP					
77 Club Coupe	1950.	3550.	5950.	8500.	(90)
76 Convertible Coupe	5200.	9450.	15750.	22500.	(90)
73 4D Sedan	1900.	3450.	5800.	8250.	(90)
CUSTOM INTERIOR T.S. 15 x 7.00 W.B. 125'' ENG. 2.937 x 3.75 41.42 HP					
77 Club Coupe	2000.	3650.	6100.	8700.	(90)
73 4D Sedan	2000.	3650.	6100.	8700.	(90)

CONTINENTAL T.S. 15 x 7.00 W.B. 125'' ENG. 2.937 x 3.75 41.42 HP

SEE CLASSIC CAR SECTION

LINCOLN 1947

MAKE YEAR MODEL	UNRES. FAIR-4	UNRES. GOOD-3	RES. FAIR-2	RES. EXCEL.-1	PTS.
66H SERIES T.S. 15 x 7.00 W.B. 125'' ENG. 2.937 x 3.75 41.42 HP					
77 Club Coupe	2100.	3800.	6300.	9000.	(90)
76 Convertible Coupe	5550.	10100.	16800.	24000.	(90)
73 4D Sedan	2050.	3700.	6150.	8800.	(90)
CUSTOM INTERIOR T.S. 15 x 7.00 W.B. 125'' ENG. 2.937 x 3.75 41.42 HP					
77 Club Coupe	2200.	4000.	6650.	9500.	(90)
73 4D Sedan	2200.	4000.	6650.	9500.	(90)

CONTINENTAL T.S. 15 x 7.00 W.B. 125'' ENG. 2.937 x 3.75 41.42 HP

SEE CLASSIC CAR SECTION

LINCOLN 1948 12-CYLINDERS

MAKE YEAR MODEL	UNRES. FAIR-4	UNRES. GOOD-3	RES. FAIR-2	RES. EXCEL.-1	PTS.
8H SERIES T.S. 15 x 7.00 W.B. 125'' ENG. 2.937 x 3.75 41.42 HP					
77 Coupe	2250.	4050.	6800.	9700.	(90)
76 Convertible Coupe	6000.	10900.	18200.	26000.	(90)
73 4D Sedan	2250.	4050.	6800.	9700.	(90)
CUSTOM INTERIOR T.S. 15 x 7.00 W.B. 125'' ENG. 2.937 x 3.75 41.42 HP					
77 Club Coupe	2300.	4200.	7000.	10000.	(90)
73 4D Sedan	2200.	4000.	6650.	9500.	(90)

CONTINENTAL T.S. 15 x 7.00 W.B. 125'' ENG. 2.937 x 3.75 41.42 HP

SEE CLASSIC CAR SECTION

LINCOLN 1949 V8

MAKE YEAR MODEL	UNRES. FAIR-4	UNRES. GOOD-3	RES. FAIR-2	RES. EXCEL.-1	PTS.
9-EL SERIES T.S. 15 x 8.20 W.B. 121'' ENG. 3-1/2 x 4-3/8 152 HP					
72 Coupe	900.	1700.	2800.	4000.	(90)
74 Sport Coupe	1050.	1900.	3150.	4500.	(90)
76 Convertible Coupe	2200.	4000.	6650.	9500.	(90)
SERIES 9-EH T.S. 15 x 8.20 W.B. 125'' ENG. 3-1/2 x 4-3/8 152 HP					
72 Coupe	1200.	2200.	3650.	5200.	(90)
73 Town Sedan Fastback	1350.	2450.	4050.	5800.	(90)
74 Sport Sedan	1250.	2300.	3850.	5500.	(90)
76 Cosmopolitan Convertible	2550.	4600.	7700.	11000.	(90)

LINCOLN 1950 V8

MAKE YEAR MODEL	UNRES. FAIR-4	UNRES. GOOD-3	RES. FAIR-2	RES. EXCEL.-1	PTS.
SERIES DELUXE T.S. 8.00 x 15 W.B. 121'' ENG. 3-1/2 x 4-3/8 39.2 HP					
74 Sport Sedan	1050.	1900.	3150.	4500.	(90)
72 Coupe	1100.	2000.	3350.	4800.	(90)
72C Lido Coupe	1350.	2500.	4150.	5900.	(90)
COSMOPOLITAN 90 EH T.S. 8.20 x 15 W.B. 125'' ENG. 3-1/2 x 4-3/8 39.2 HP					
72 Coupe	1250.	2300.	3850.	5500.	(90)
72C Capri Coupe	1400.	2500.	4200.	6000.	(90)
74 Sport Sedan	1350.	2450.	4050.	5800.	(90)
76 Convertible Coupe	2650.	4850.	8050.	11500.	(90)

LINCOLN 1951

MAKE YEAR MODEL	UNRES. FAIR-4	UNRES. GOOD-3	RES. FAIR-2	RES. EXCEL.-1	PTS.
SERIES 1 EL T.S. 8.00 x 15 W.B. 121'' ENG. 3-1/2 x 4-3/8 39.2 HP					
72 Coupe	1150.	2100.	3500.	5000.	(90)
74 Sport Sedan	1150.	2100.	3500.	5000.	(90)
72C Lido Coupe	1450.	2600.	4400.	6250.	(90)
COSMOPOLITAN 1 EH T.S. 8.20 x 15 W.B. 125'' ENG. 3-1/2 x 4-3/8 39.2 HP					
72 Coupe	1250.	2300.	3850.	5500.	(90)
74 Sport Coupe	1400.	2500.	4200.	6000.	(90)
76 Convertible Coupe	2750.	5050.	8400.	12000.	(90)
72C Capri Coupe	1500.	2750.	4550.	6500.	(90)

LINCOLN 1952

MAKE YEAR MODEL	UNRES. FAIR-4	UNRES. GOOD-3	RES. FAIR-2	RES. EXCEL.-1	PTS.
COSMOPOLITAN SERIES T.S. 8.00 x 15 W.B. 123'' ENG. 3-4/5 x 3-1/2 46.2 HP					
73A 4D Sedan	900.	1600.	2650.	3800.	(90)
60C Hardtop Coupe	900.	1700.	2800.	4000.	(90)
CAPRI SERIES T.S. 8.00 x 15 W.B. 123'' ENG. 3-4/5 x 3-1/2 46.2 HP					
73B 4D Sedan	950.	1750.	2950.	4200.	(90)
76A Convertible Coupe	2400.	4400.	7350.	10500.	(90)

MAKE YEAR MODEL	UNRES. FAIR-4	UNRES. GOOD-3	RES. FAIR-2	RES. EXCEL.-1	PTS.
60A 2D Hardtop	1300.	2350.	3900.	5600.	(90)

LINCOLN 1953

MAKE YEAR MODEL	UNRES. FAIR-4	UNRES. GOOD-3	RES. FAIR-2	RES. EXCEL.-1	PTS.
COSMOPOLITAN SERIES T.S. 8.00 x 15 W.B. 123'' ENG. 3-4/5 x 3-1/2 46.2 HP					
73A 4D Sedan	900.	1600.	2650.	3800.	(90)
60C Hardtop Coupe	900.	1700.	2800.	4000.	(90)
CAPRI SERIES T.S. 8.00 x 15 W.B. 123'' ENG. 3-4/5 x 3-1/2 46.2 HP					
73B 4D Sedan	1000.	1800.	3000.	4300.	(90)
76A Convertible Coupe	2400.	4400.	7350.	10500.	(90)
60A Hardtop Coupe	1300.	2400.	4000.	5700.	(90)

LINCOLN 1954

MAKE YEAR MODEL	UNRES. FAIR-4	UNRES. GOOD-3	RES. FAIR-2	RES. EXCEL.-1	PTS.
COSMOPOLITAN SERIES T.S. 8.00 x 15 W.B. 123'' ENG. 3.8 x 3.5 205 HP					
73A 4D Sedan	900.	1600.	2650.	3800.	(90)
60C Sport Coupe	900.	1700.	2800.	4000.	(90)
CAPRI SERIES T.S. 8.20 x 15 W.B. 123'' ENG. 3.8 x 3.5 205 HP					
73B 4D Sedan	1000.	1800.	3000.	4250.	(90)
60A Hardtop Coupe	1300.	2350.	3900.	5600.	(90)
76A Convertible Coupe	2400.	4400.	7350.	10500.	(90)

LINCOLN 1955

MAKE YEAR MODEL	UNRES. FAIR-4	UNRES. GOOD-3	RES. FAIR-2	RES. EXCEL.-1	PTS.
CUSTOM T.S. 8.00 x 15 W.B. 123'' ENG. 3.94 x 3.5 225 HP					
73A 4D Sedan	850.	1500.	2500.	3600.	(90)
60C Hardtop Sport Coupe	900.	1700.	2800.	4000.	(90)
CAPRI T.S. 8.00 x 15 W.B. 123'' ENG. 3.94 x 3.5 225 HP					
73B 4D Sedan	900.	1600.	2650.	3800.	(90)
60A Hardtop Coupe	1250.	2300.	3850.	5500.	(90)
76A Convertible Coupe	2300.	4200.	7000.	10000.	(90)

LINCOLN 1956

MAKE YEAR MODEL	UNRES. FAIR-4	UNRES. GOOD-3	RES. FAIR-2	RES. EXCEL.-1	PTS.
CAPRI 73B T.S. 8.00 x 15 W.B. 126'' ENG. 4 x 3.66 285 HP					
73A 4D Sedan	800.	1450.	2450.	3500.	(90)
60E Hardtop Coupe	1050.	1900.	3150.	4500.	(90)
PREMIERE 73A T.S. 8.00 x 15 W.B. 126'' ENG. 4 x 3.66 284 HP					
73B 4D Sedan	900.	1700.	2800.	4000.	(90)
60B Hardtop Coupe	1450.	2600.	4350.	6200.	(90)
76B Convertible Coupe	2900.	5250.	8750.	12500.	(90)
60A MKII Coupe	3350.	6100.	10150.	14500.	(90)

LINCOLN 1957

V8

MAKE YEAR MODEL	UNRES. FAIR-4	UNRES. GOOD-3	RES. FAIR-2	RES. EXCEL.-1	PTS.
CAPRI T.S. 8.00 x 15 W.B. 126'' ENG. 4 x 3.66 300 HP					
60A Hardtop Coupe	850.	1500.	2500.	3600.	(90)
58A 4D Sedan	800.	1450.	2450.	3500.	(90)
57A 4D Landau Sedan	900.	1600.	2650.	3800.	(90)
PREMIERE T.S. 8.00 x 15 W.B. 126'' ENG. 4 x 3.66 300 HP					
60B Hardtop Coupe	1400.	2500.	4200.	6000.	(90)
58B 4D Sedan	950.	1750.	2950.	4200.	(90)
57B 4D Landau Sedan	1050.	1900.	3150.	4500.	(90)
76B Convertible	2750.	5050.	8400.	12000.	(90)
60A MKII Coupe	3450.	6300.	10500.	15000.	(90)

LINCOLN 1958

MAKE YEAR MODEL	UNRES. FAIR-4	UNRES. GOOD-3	RES. FAIR-2	RES. EXCEL.-1	PTS.
CAPRI T.S. 9.00 x 14 W.B. 131'' ENG. 4.30 x 3.70 375 HP					
63A Coupe	500.	900.	1550.	2200.	(90)
53A 4D Sedan	500.	900.	1550.	2200.	(90)
57A 4D Hardtop	550.	1000.	1700.	2400.	(90)
PREMIERE T.S. 9.00 x 14 W.B. 131'' ENG. 4.30 x 3.70 375 HP					
63B Coupe	600.	1050.	1750.	2500.	(90)
53B 4D Sedan	650.	1200.	2050.	2900.	(90)
57B 4D Hardtop	650.	1200.	2050.	2900.	(90)
CONTINENTAL T.S. 9.00 x 14 W.B. 131'' ENG. 4.30 x 3.70 375 HP					
65A 2D Hardtop	650.	1200.	1950.	2800.	(90)
54A 4D Sedan	800.	1450.	2450.	3500.	(90)
75A 4D Hardtop	850.	1500.	2500.	3600.	(90)
68A Convertible	2650.	4850.	8050.	11500.	(90)

LINCOLN 1959

MAKE YEAR MODEL	UNRES. FAIR-4	UNRES. GOOD-3	RES. FAIR-2	RES. EXCEL.-1	PTS.
CAPRI T.S. 9.50 x 14 W.B. 131'' ENG. 4.30 x 3.70 350 HP					
53A 4D Sedan	550.	950.	1600.	2300.	(90)
63A 2D Hardtop	550.	950.	1600.	2300.	(90)
57A 4D Hardtop	600.	1050.	1750.	2500.	(90)
PREMIERE T.S. 9.50 x 14 W.B. 131'' ENG. 4.30 x 3.70 350 HP					
53B 4D Sedan	650.	1200.	1950.	2800.	(90)
63B 2D Hardtop	650.	1200.	1950.	2800.	(90)
57B 4D Landau Hardtop	700.	1250.	2100.	3000.	(90)
CONTINENTAL MARK IV T.S. 9.50 x 14 W.B. 131'' ENG. 4.30 x 3.70 350 HP					
54A 4D Sedan	800.	1450.	2450.	3500.	(90)
65A 2D Hardtop	700.	1250.	2100.	3000.	(90)
75A 4D Hardtop	850.	1500.	2500.	3600.	(90)
68A 2D Convertible	2750.	5050.	8400.	12000.	(90)
40 4D Town Car	1100.	2000.	3350.	4800.	(90)
23 4D Limousine	1200.	2200.	3650.	5200.	(90)

LINCOLN 1960

MAKE YEAR MODEL	UNRES. FAIR-4	UNRES. GOOD-3	RES. FAIR-2	RES. EXCEL.-1	PTS.
LINCOLN T.S. 9.50 x 14 W.B. 131'' ENG. 4.30 x 3.70 315 HP					
53A 4D Sedan	600.	1050.	1750.	2500.	(90)
63A 2D Hardtop	600.	1050.	1750.	2500.	(90)
57A 4D Landau Hardtop	600.	1100.	1800.	2600.	(90)
PREMIERE T.S. 9.50 x 14 W.B. 131'' ENG. 4.30 x 3.70 315 HP					
53B 4D Sedan	850.	1500.	2500.	3600.	(90)
63B 2D Hardtop	850.	1500.	2500.	3600.	(90)
57B 4D Landau Hardtop	850.	1550.	2600.	3700.	(90)
CONTINENTAL MARK V T.S. 9.50 x 14 W.B. 131'' ENG. 4.30 x 3.70 315 HP					
54A 4D Sedan	850.	1500.	2500.	3600.	(90)
65A 2D Hardtop	850.	1500.	2500.	3600.	(90)
75A 4D Hardtop	900.	1600.	2650.	3580.	(90)
68A 2D Convertible	2900.	5250.	8750.	12500.	(90)
23B 4D Town Car	1150.	2100.	3500.	5000.	(90)
23A 4D Limousine	1250.	2300.	3850.	5500.	(90)

MAKE YEAR MODEL	UNRES-3	UNRES. GOOD-2	RES.-1

LINCOLN 1961

MAKE YEAR MODEL	UNRES-3	UNRES. GOOD-2	RES.-1
LINCOLN CONTINENTAL T.S. 9.00x14 W.B. 123'' ENG. 4.30x3.7 300 H.P.			
82 4D. SEDAN	2055.	2860.	3760.
86 4D. CONV.	3000.	5100.	7000.*

LINCOLN 1962

MAKE YEAR MODEL	UNRES-3	UNRES. GOOD-2	RES.-1
LINCOLN CONTINENTAL T.S. 9.00x14 W.B. 123'' 300 H.P.			
82 4D. SEDAN	2055.	2860.	3760.*
86 4D. LINCOLN CONV.	3250.	5500.	7800.*

LINCOLN 1963

MAKE YEAR MODEL	UNRES-3	UNRES. GOOD-2	RES.-1
LINCOLN CONTINENTAL T.S. 9.00x14 W.B. 123'' 320 H.P.			
82 4D. SEDAN	2130.	2960.	3950.*
86 4D. CONV.	3500.	5500.	7800.*

LINCOLN 1964

MAKE YEAR MODEL	UNRES-3	UNRES. GOOD-2	RES.-1
LINCOLN CONTINENTAL T.S. 9.15x15 W.B. 126'' 320 H.P.			
82 4D. SEDAN	1220.	1690.	2255.
86 4D. CONV.	3250.	5200.	7000.*

MAKE YEAR MODEL	UNRES-3	UNRES. GOOD-2	RES.-1	
LINCOLN 1965				
SPEC. SAME AS 1964				
CONTINENTAL				
82 4D. SEDAN	1320.	1830.	2445.	
86 4D. CONV.	3600.	5500.	7500.	*
LINCOLN 1966				
CONTINENTAL T.S. 9.15x15 W.B. 126'' ENG. V8 C.I.D. 462 340 H.P.				
82 4D. SEDAN	1520.	2115.	2820.	
89 2D. HARDTOP	1115.	1550.	2070.	
86 4D. CONV.	3900.	6000.	8100.	*
LINCOLN 1967				
67, 68, AND 69 SPEC. SAME AS 1966				
CONTINENTAL				
82 4D. SEDAN	1520.	2115.	2820.	
89 2D. HARDTOP	1115.	1550.	2070.	
86 4D. CONV.	4350.	6700.	9000.	*
LINCOLN 1968				
CONTINENTAL				
82 4D. SEDAN	1115.	1550.	2070.	
81 2D. HARDTOP	965.	1340.	1785.	
LINCOLN 1969				
CONTINENTAL				
82 4D. SEDAN	1115.	1550.	2070.	
81 2D. HARDTOP	965.	1340.	1785.	
MARK III T.S. 225x15 W.B. 117 2'' ENG. C.I.D. 460 365 H.P.				
89 2D. HARDTOP	2130.	2960.	3950.	*
LINCOLN 1970				
CONTINENTAL T.S. 225x15 W.B. 127'' ENG.				
(MARK III) 117 2'' C.I.D. 460 365 H.P.				
81 2D. CPE	595.	800.	1055.	
82 4D. SEDAN	675.	910.	1200.	
MARK III T.S. 225x15 W.B. 117 2'' ENG. V8 C.I.D. 460 365 H.P.				
89 2D. CPE	2485.	3355.	4415.	*

MAKE YEAR MODEL	UNRES. FAIR-4	UNRES. GOOD-3	RES. FAIR-2	RES. EXCEL.-1	PTS.
LOTUS ELITE					
1959 Lotus 17 Sport Racer	6950.	12600.	21000.	30000.	(90)
1959 Coupe (M.S.)	1950.	3550.	5950.	8500.	(90)
1960 Coupe (M.S.)	1850.	3350.	5600.	8000.	(90)
1962 Coupe (M.S.)	1900.	3450.	5750.	8200.	(90)
1966 Lotus Elan	1950.	3550.	5950.	8500.	(90)
1968 Lotus Seven	3700.	6700.	11200.	16000.	(90)
1969 Lotus Elan S-2	1950.	3550.	5950.	8500.	(90)
1970 Lotus Europa	1900.	3450.	5750.	8200.	(90)
1971 Lotus Elan S-4	1850.	3350.	5600.	8000.	(90)
1973 Europa	1950.	3550.	5950.	8500.	(90)
M.G.					
1946 T.C. Roadster	4150.	7550.	12600.	18000.	(90)
1947 T.C. Roadster	3950.	7150.	11900.	17000.	(90)
1948 T.C. Roadster	3950.	7150.	11900.	17000.	(90)
1949 Roadster TC	4050.	7350.	12250.	17500.	(90)
1950 Y.T. 4-Pass. Tourer	3350.	6100.	10150.	14500.	(90)
1950 T.D. Roadster	3950.	7150.	11900.	17000.	(90)
1952 T.D. Roadster	3950.	7150.	11900.	17000.	(90)
1953 T.D. Roadster	3800.	6950.	11550.	16500.	(90)

MAKE YEAR MODEL	UNRES. FAIR-4	UNRES. GOOD-3	RES. FAIR-2	RES. EXCEL.-1	PTS.
1954 T.F. Roadster Wire Wheels	4150.	7550.	12600.	18000.	(90)
1955 T.F. Roadster Wire Wheels	4150.	7550.	12600.	18000.	(90)
1956 MG-A Roadster	1850.	3350.	5600.	8000.	(90)
1959 MG-A Roadster Twin Cam	1900.	3450.	5750.	8200.	(90)
1960 MG-A Roadster	1450.	2600.	4350.	6200.	(90)
1960 4D Magnette	800.	1450.	2450.	3500.	(90)
1961 MG-A Roadster	1600.	2950.	4900.	7000.	(90)
MASERATI					
1961 6-Cyl. 3500 GT Coupe (M.S.)	3450.	6300.	10500.	15000.	(90)
1962 Roadster 5000 GT Spyder	10400.	18900.	31500.	45000.	(90)
1963 3500 GTI Convertible	4150.	7550.	12600.	18000.	(90)
1963 3500 GT Coupe (M.S.)	3350.	6100.	10150.	14500.	(90)
1964 3500 GT Coupe (M.S.)	3350.	6100.	10150.	14500.	(90)
1965 3500 GT Coupe	3700.	6700.	11200.	16000.	(90)
1966 Ghibli Coupe	3700.	6700.	11200.	16000.	(90)
1966 Sebring Convertible Coupe	4400.	8000.	13300.	19000.	(90)
1966 4D Quattroporte	2550.	4600.	7700.	11000.	(90)
1966 3500 GT Coupe	3700.	6700.	11200.	16000.	(90)
1966 V12 Mistral Coupe	4400.	8000.	13300.	19000.	(90)
1967 Mistral Convertible Spyder	6350.	11550.	19250.	27500.	(90)
1967 Mistral Spyder Coupe	5550.	10100.	16800.	24000.	(90)
1968 Quattroporte	3350.	6100.	10150.	14500.	(90)
1968 3500 GTI	4600.	8400.	14000.	20000.	(90)
1968 Mistral Coupe	3950.	7150.	11900.	17000.	(90)
1969 2 + 2 Coupe	4050.	7350.	12250.	17500.	(90)
MERCEDES-BENZ					
1951 170S Cabriolet	5800.	10500.	17500.	25000.	(94)
1951 170S Sedan	2250.	4100.	6850.	9800.	(94)
1952 300S Club Coupe (M.S.)	13850.	25200.	42000.	60000.	(94)
1952 220B Convertible Coupe	7850.	14300.	23800.	34000.	(94)
1952 300S Cabriolet	13850.	25200.	42000.	60000.	(94)
1952 300 Sedan (M.S.)	3350.	6100.	10150.	14500.	(94)
1952 300S Coupe (M.S.)	12700.	23100.	38500.	55000.	(94)
1953 4D 170DS Sedan	2200.	4000.	6650.	9500.	(94)
1953 4D 300 Convertible (M.S.)	8800.	15950.	26600.	38000.	(94)
1953 300S Convertible Coupe (M.S.)	15000.	27300.	45500.	65000.	(94)
1953 300 Coupe (M.S.)	12950.	23500.	39200.	56000.	(94)
1953 220 Cabriolet A	9000.	16400.	27300.	39000.	(94)
1953 4D 220 Sedan	2200.	4000.	6650.	9500.	(94)
1954 220S Convertible Coupe	7500.	13650.	22750.	32500.	(94)
1954 300B Sedan (M.S.)	3100.	5650.	9450.	13500.	(90)
1954 4D 300B Convertible (M.S.)	9000.	16400.	27300.	39000.	(94)
1954 300S Roadster Convertible (M.S.)	15000.	27300.	45500.	65000.	(94)
1954 300B Sunroof Saloon (M.S.)	3250.	5900.	9800.	14000.	(94)
1955 300S Coupe	11550.	21000.	35000.	50000.	(94)
1955 300SL Gullwing Coupe (M.S.)	20800.	37800.	63000.	90000.	(94)
1955 300SL Roadster (M.S.)	14300.	26050.	43400.	62000.	(94)
1955 4D 300C Sedan (M.S.)	3450.	6300.	10500.	15000.	(94)
1955 4D 300D Convertible (M.S.)	9000.	16400.	27300.	39000.	(94)
1956 190SL Roadster	3250.	5900.	9800.	14000.	(94)
1956 4D 300 Hardtop Sedan (M.S.)	3700.	6700.	11200.	16000.	(94)
1956 300S Coupe (M.S.)	11550.	21000.	35000.	50000.	(94)
1956 300SL Gullwing Coupe (M.S.)	21950.	39900.	66500.	95000.	(94)
1956 220 Cabriolet	6950.	12600.	21000.	30000.	(94)
1956 300 Convertible Sedan (M.S.)	9800.	17850.	29750.	42500.	(94)
1956 190SL Convertible Roadster	3350.	6100.	10150.	14500.	(94)
1956 300SL Cabriolet Roadster (M.S.)	12700.	23100.	38500.	55000.	(94)
1957 190SL Roadster	3450.	6300.	10500.	15000.	(94)
1957 4D 300 Sedan	3350.	6100.	10150.	14500.	(90)
1957 220SE Convertible (M.S.)	6700.	12200.	20300.	29000.	(94)
1957 190SL Hardtop Coupe	3000.	5450.	9100.	13000.	(90)

MAKE YEAR MODEL	UNRES. FAIR-4	UNRES. GOOD-3	RES. FAIR-2	RES. EXCEL.-1	PTS.
1957 300SL Gullwing Coupe (M.S.)	23100.	42000.	70000.	100000.	(94)
1957 300SL Roadster (M.S.)	15000.	27300.	45500.	65000.	(94)
1958 220S Coupe	2550.	4600.	7700.	11000.	(90)
1958 4D 220S Sedan	1500.	2750.	4550.	6500.	(90)
1958 190SL Roadster	3700.	6700.	11200.	16000.	(90)
1958 300D Hardtop Sedan	3350.	6150.	10200.	14600.	(90)
1958 300SL Roadster (M.S.)	13850.	25200.	42000.	60000.	(94)
1959 220S Convertible (M.S.)	4850.	8800.	14700.	21000.	(94)
1959 300SL Roadster (M.S.)	13850.	25200.	42000.	60000.	(94)
1959 190SL Roadster	3450.	6300.	10500.	15000.	(94)
1960 220SE Convertible Coupe	5800.	10500.	17500.	25000.	(94)
1960 300SL Roadster (M.S.) 2 Tops	15000.	27300.	45500.	65000.	(94)
1961 190SL Roadster	3950.	7150.	11900.	17000.	(94)
1961 300SL Roadster	13400.	24350.	40600.	58000.	(94)
1962 190SL Roadster	3950.	7150.	11900.	17000.	(94)
1962 300SL Roadster (M.S.)	13850.	25200.	42000.	60000.	(94)
1963 300SE Coupe (M.S.)	2750.	5050.	8400.	12000.	(94)
1964 230SL Both Tops	3700.	6700.	11200.	16000.	(94)
1964 220SE Convertible Coupe (M.S.)	5300.	9650.	16100.	23000.	(94)
1964 300SE Roadster (M.S.)	5550.	10100.	16800.	24000.	(94)
1965 220SE Convertible Coupe	5800.	10500.	17500.	25000.	(94)
1965 230 SL Coupe	3600.	6500.	10850.	15500.	(94)
1965 600 Sedan	6000.	10900.	18200.	26000.	(94)
1965 230SL Roadster	3700.	6700.	11200.	16000.	(94)
1966 4D 230S Sedan	1400.	2500.	4200.	6000.	(90)
1966 230SL Roadster	3950.	7150.	11900.	17000.	(94)
1966 300SE Convertible	5800.	10500.	17500.	25000.	(94)
1967 250SE Convertible Coupe	5550.	10100.	16800.	24000.	(94)
1967 600 Sedan	5550.	10100.	16800.	24000.	(94)
1967 4D 250S Sedan	1450.	2650.	4400.	6300.	(90)
1967 230 SL Roadster	3950.	7150.	11900.	17000.	(94)
1968 280SL Roadster	4250.	7750.	12950.	18500.	(94)
1968 250SE Roadster Coupe	5200.	9450.	15750.	22500.	(94)
1969 280SL Convertible and Hardtop (2 Tops)	4600.	8400.	14000.	20000.	(94)
1970 280SL Convertible	4850.	8800.	14700.	21000.	(94)
1970 280se 3.5 Conv.	8300.	15100.	25200.	36000.	(94)

MERCURY 1946

SERIES 69M T.S. 15 x 6.50 W.B. 118'' ENG. 3.187 x 3.75 32.51 HP

MAKE YEAR MODEL	UNRES. FAIR-4	UNRES. GOOD-3	RES. FAIR-2	RES. EXCEL.-1	PTS.
76 Convertible Coupe	3600.	6500.	10850.	15500.	(90)
72 Coupe Sedan	1950.	3550.	5950.	8500.	(90)
69M Sportsman Convertible (Wood)	7500.	13650.	22750.	32500.	(94)
70 2D Sedan	1650.	3000.	5050.	7200.	(90)
73 4D Town Sedan	1800.	3300.	5550.	7900.	(90)
79 Station Wagon	3250.	5900.	9800.	14000.	(90)

MERCURY 1947

SERIES 79M T.S. 15 x 6.50 W.B. 118'' ENG. 3.187 x 3.75 32.51 HP

MAKE YEAR MODEL	UNRES. FAIR-4	UNRES. GOOD-3	RES. FAIR-2	RES. EXCEL.-1	PTS.
76 Convertible Coupe	3800.	6950.	11500.	16500.	(90)
72 Coupe Sedan	2100.	3800.	6300.	9000.	(90)
79M Sportsman Convertible Coupe	7850.	14300.	23800.	34000.	(90)
70 2D Sedan	1650.	3000.	5050.	7200.	(90)
73 4D Town Sedan	1800.	3300.	5550.	7900.	(90)
79 Station Wagon	3350.	6100.	10150.	14500.	(90)

MERCURY 1948

SERIES 89M T.S. 15 x 6.50 W.B. 118'' ENG. 3.187 x 3.75 32.51 HP

MAKE YEAR MODEL	UNRES. FAIR-4	UNRES. GOOD-3	RES. FAIR-2	RES. EXCEL.-1	PTS.
76 Convertible Coupe	3950.	7150.	11900.	17000.	(90)
72 Coupe Sedan	2100.	3800.	6300.	9000.	(90)
70 2D Sedan	1650.	3000.	5050.	7200.	(90)
73 4D Town Sedan	1800.	3300.	5550.	7900.	(90)
79 Station Wagon	3450.	6300.	10500.	15000.	(90)

MERCURY 1949

MODEL CM T.S. 15 x 7.10 W.B. 118'' ENG. 3-3/16 x 4 110 HP

MAKE YEAR MODEL	UNRES. FAIR-4	UNRES. GOOD-3	RES. FAIR-2	RES. EXCEL.-1	PTS.
72 Coupe	1300.	2400.	4000.	5700.	(90)
74 Sport Sedan	1350.	2450.	4050.	5800.	(90)
76 Convertible Coupe	3250.	5900.	9800.	14000.	(90)
79 2D Station Wagon	2400.	4400.	7350.	10500.	(90)

MERCURY 1950

MODEL CM T.S. 7.10 x 15 W.B. 118'' ENG. 3-3/16 x 4 32.5 HP

MAKE YEAR MODEL	UNRES. FAIR-4	UNRES. GOOD-3	RES. FAIR-2	RES. EXCEL.-1	PTS.
72A Coupe	1350.	2500.	4150.	5900.	(90)
74 Sport Sedan	1400.	2500.	4200.	6000.	(90)
72B Club Coupe	1400.	2550.	4250.	6100.	(90)
72C Monterey Coupe	2000.	3600.	6000.	8600.	(90)
76 Convertible Coupe	3350.	6100.	10150.	14500.	(90)
79 2D Station Wagon	2400.	4400.	7350.	10500.	(90)

MERCURY 1951

MODEL ICM T.S. 7.10 x 15 W.B. 118'' ENG. 3-3/16 x 4 32.5 HP

MAKE YEAR MODEL	UNRES. FAIR-4	UNRES. GOOD-3	RES. FAIR-2	RES. EXCEL.-1	PTS.
72B Sport Coupe	1500.	2750.	4550.	6500.	(90)
74 Sport Sedan	1500.	2750.	4550.	6500.	(90)
72C Monterey Coupe	2200.	4000.	6650.	9500.	(90)
76 Convertible Coupe	3350.	6100.	10150.	14500.	(90)
79 2D Station Wagon	2450.	4500.	7500.	10700.	(90)

MERCURY 1952

MODEL 2M CUSTOM T.S. 7.10 x 15 W.B. 115'' ENG. 3-3/16 x 4 32.5 HP

MAKE YEAR MODEL	UNRES. FAIR-4	UNRES. GOOD-3	RES. FAIR-2	RES. EXCEL.-1	PTS.
70B 2D Sedan	750.	1350.	2250.	3200.	(90)
73B 4D Sedan	700.	1350.	2250.	3200.	(90)
60E Sport Coupe	1300.	2400.	4000.	5700.	(90)
79D 4D Station Wagon	1150.	2100.	3500.	5000.	(90)
79B 4D Station Wagon	1200.	2150.	3550.	5100.	(90)
MONTEREY SERIES T.S. 7.10 x 15 W.B. 115'' ENG. 3-3/16 x 4 125 HP					
73C 4D Sedan	950.	1750.	2950.	4200.	(90)
60B Sport Coupe	1600.	2950.	4900.	7000.	(90)
76B Convertible	2450.	4450.	7400.	10600.	(90)

MERCURY 1953

CUSTOM SERIES T.S. 7.10 x 15 W.B. 118'' ENG. 3-3/16 x 4 125 HP

MAKE YEAR MODEL	UNRES. FAIR-4	UNRES. GOOD-3	RES. FAIR-2	RES. EXCEL.-1	PTS.
73B 4D Sedan	750.	1350.	2300.	3250.	(90)
70B 2D Sedan	750.	1350.	2300.	3250.	(90)
60E Sport Hardtop Coupe	1400.	2500.	4200.	6000.	(90)
MONTEREY SERIES T.S. 7.60 x 15 W.B. 118'' ENG. 3-3/16 x 4 125 HP					
73C 4D Sedan	950.	1750.	2950.	4200.	(90)
76B Convertible Coupe	2450.	4450.	7400.	10600.	(90)
60B Hardtop Coupe	1850.	3350.	5600.	8000.	(90)
79B Station Wagon	1200.	2150.	3550.	5100.	(90)

MERCURY 1954

CUSTOM SERIES T.S. 7.10 x 15 W.B. 118'' ENG. 3.62 x 3.10 161 HP

MAKE YEAR MODEL	UNRES. FAIR-4	UNRES. GOOD-3	RES. FAIR-2	RES. EXCEL.-1	PTS.
73B 4D Sedan	750.	1350.	2300.	3250.	(90)
70B 2D Sedan	750.	1350.	2300.	3250.	(90)
60E Sport Hardtop Coupe	1200.	2200.	3650.	5250.	(90)
MONTEREY SERIES T.S. 7.60 x 15 W.B. 118'' ENG. 3.62 x 3.10 161 HP					
73C 4D Sedan	950.	1750.	2950.	4200.	(90)
76B Convertible Coupe	3300.	5950.	9950.	14200.	(90)
60F Sun Valley	2400.	4400.	7350.	10500.	(90)
Hardtop Convertible	1750.	3150.	5250.	7500.	(90)
79B Station Wagon	1400.	2550.	4250.	6100.	(90)

MERCURY 1955

CUSTOM T.S. 7.10 x 15 W.B. 119'' ENG. 3.75 x 3.30 188 HP

MAKE YEAR MODEL	UNRES. FAIR-4	UNRES. GOOD-3	RES. FAIR-2	RES. EXCEL.-1	PTS.
70BX 2D Sedan	650.	1200.	2050.	2900.	(85)
70B 2D Sedan	650.	1200.	2050.	2900.	(85)

MAKE YEAR MODEL	UNRES. FAIR-4	UNRES. GOOD-3	RES. FAIR-2	RES. EXCEL.-1	PTS.
73B 4D Sedan	700.	1250.	2100.	3000.	(85)
60E Hardtop Sport Coupe	950.	1750.	2950.	4200.	(85)
79B Station Wagon	700.	1250.	2100.	3000.	(85)
MONTEREY T.S. 7.10 x 15 W.B. 119'' ENG. 3.75 x 3.30 188 HP					
73C 4D Sedan	950.	1700.	2850.	4100.	(85)
60B Sport Coupe	1400.	2500.	4200.	6000.	(85)
79C Station Wagon	800.	1450.	2450.	3500.	(85)
MONTCLAIR T.S. 7.10 x 15 W.B. 119'' ENG. 3.75 x 3.30 188 HP					
58A 4D Montclair	1050.	1900.	3150.	4500.	(85)
64B Sun Valley Hardtop	2450.	4500.	7500.	10700.	(90)
64A 2D Hardtop	1800.	3300.	5450.	7800.	(90)
76B Convertible Coupe	2750.	5050.	8400.	12000.	(90)

MERCURY 1956

MAKE YEAR MODEL	UNRES. FAIR-4	UNRES. GOOD-3	RES. FAIR-2	RES. EXCEL.-1	PTS.
MEDALIST T.S. 7.10 x 15 W.B. 119'' ENG. 3.75 x 3.30 188 HP					
70D 4D Sedan	600.	1150.	1900.	2700.	(85)
Hardtop Sedan	650.	1200.	2050.	2900.	(85)
70C 2D Sedan	600.	1100.	1800.	2600.	(85)
64E Hardtop Coupe	1000.	1800.	3000.	4250.	(85)
CUSTOM T.S. 7.10 x 15 W.B. 119'' ENG. 3.75 x 3.20 210 HP					
70C 2D Sedan	650.	1200.	1950.	2800.	(85)
70B 2D Sedan	650.	1200.	1950.	2800.	(85)
73B 4D Sedan	650.	1200.	1950.	2800.	(85)
57C 4D Hardtop	700.	1300.	2150.	3100.	(85)
64D 2D Hardtop	1100.	1950.	3300.	4700.	(85)
76A Convertible	1950.	3550.	5950.	8500.	(90)
79B 4D Station Wagon	750.	1350.	2250.	3200.	(85)
79D 2D Station Wagon Parklane	1250.	2300.	3850.	5500.	(85)
MONTEREY T.S. 7.10 x 15 W.B. 119'' ENG. 3.75 x 3.30					
73C 4D Sedan	800.	1450.	2450.	3500.	(85)
58B 4D Sport Sedan	850.	1600.	2600.	3750.	(85)
64C 2D Hardtop	1250.	2300.	3850.	5500.	(85)
57B 4D Hardtop Sedan	950.	1750.	2950.	4200.	(85)
79C 4D Station Wagon	800.	1450.	2450.	3500.	(85)
MONTCLAIR T.S. 7.10 x 15 W.B. 119'' ENG. 3.75 x 3.30					
64A 2D Hardtop	1800.	3300.	5450.	7800.	(85)
58A 4D Sport Sedan Hardtop	1150.	2100.	3500.	5000.	(85)
76B Convertible Coupe	2750.	5050.	8400.	12000.	(90)

MERCURY 1957

MAKE YEAR MODEL	UNRES. FAIR-4	UNRES. GOOD-3	RES. FAIR-2	RES. EXCEL.-1	PTS.
MONTEREY T.S. W.B. 122'' ENG. 3.8 x 3.44 255 HP					
64A 2D Sedan	700.	1250.	2100.	3000.	(85)
58A 4D Sedan	700.	1250.	1000.	3000.	(85)
63A Hardtop Coupe	1100.	2000.	3350.	4800.	(85)
57A 4D Hardtop Sedan	800.	1450.	2450.	3500.	(85)
76A Convertible	1600.	2950.	4900.	7000.	(90)
MONTCLAIR T.S. W.B. 122'' ENG. 3.8 x 3.44 255 HP					
58B 4D Sedan	800.	1450.	2450.	3500.	(85)
63B Hardtop Coupe	1150.	2100.	3500.	5000.	(85)
57B 4D Hardtop Sedan	850.	1600.	2600.	3750.	(85)
76B Convertible	1650.	3000.	5050.	7200.	(85)
1957 Turnpike Cruiser Hardtop	1600.	2950.	4900.	7000.	(85)
1957 Turnpike Cruiser Convertible	2200.	4000.	6650.	9500.	(85)

MERCURY 1958

MAKE YEAR MODEL	UNRES-3	UNRES. GOOD-2	RES.-1
MEDALIST T.S. 8.00x14 W.B. 126'' ENG. 3.80x3.44 210 H.P.			
64B 2D. SEDAN	840.	1160.	1550.
58C 4D. SEDAN	840.	1160.	1550.
MONTEREY T.S. 8.00x14 W.B. 126'' ENG. 3.80x3.44 210 H.P.			
64A 2D. SEDAN	890.	1235.	1645.
58A 4D. SEDAN	890.	1235.	1645.
63A 2D. HARDTOP	1650.	2290.	3055.
57A 4D. HARDTOP	915.	1270.	1690.
76A CONV.	2800.	4100.	5500. *
MONTCLAIR T.S. 8.50x14 W.B. 126'' ENG. 4.30x3.30 322 H.P.			
58B 4D. SEDAN	1015.	1410.	1880.
63B 2D. HARDTOP	1650.	2290.	3055.
57B 4D. HARDTOP	1015.	1410.	1880.
76B CONV.	3200.	4800.	6500. *
65A 2D. TURNPIKE CRUISER	2030.	2820.	3760. *
75A 4D. TURNPIKE CRUISER	1775.	2470.	3290. *
PARKLANE T.S. 9.00x14 W.B. 128'' ENG. 4.30x3.70 345 H.P.			
63C 2D. HARDTOP	2000.	3100.	4250. *
57C 4D. HARDTOP	1825.	2540.	3385.
76C CONV.	3500.	5600.	7600. ★
S. WAG. T.S. 8.50x14 W.B. 126'' ENG. 4.30x3.30 322 H.P.			
56A 2D. COMMUTER S. WAG.	860.	1200.	1600.
77C 4D. COMMUTER S. WAG.	860.	1200.	1600.
56B 2D. VOYAGER S. WAG	1520.	2115.	2820.
77D 4D. VOYAGER S. WAG.	1165.	1620.	2160.
77B COL PARK S. WAG.	1165.	1620.	2160.

MERCURY 1959

MAKE YEAR MODEL	UNRES-3	UNRES. GOOD-2	RES.-1
MONTEREY T.S. 8.00x14 W.B. 126'' ENG. 3.80x3.44 210 H.P.			
64A 2D. SEDAN	965.	1340.	1785.
58A 4D. SEDAN	965.	1340.	1785.
63A 2D. HARDTOP	1775.	2470.	3290. *
57A 4D. HARDTOP	1065.	1480.	1975.
76A 2D. CONV.	3000.	4500.	6100. *
STATION WAGONS T.S. 8.00x14 W.B. 126'' ENG. 3.80x3.44 210 H.P.			
77A 4D. COMMUTER (6)	710.	985.	1315.
77A 4D. COMMUTER (9)	735.	1020.	1360.
MONTCLAIR T.S. 8.50x14 W.B. 126'' ENG. 4.30x3.30 322 H.P.			
58B 4D. SEDAN	1015.	1410.	1880.
63B 2D. HARDTOP	1905.	2645.	3525. *
57B 4D. HARDTOP	1220.	1690.	2255.
STATION WAGONS T.S. 8.50x14 W.B. 126'' ENG. 4.30x3.30 322 H.P.			
77D 6 P 4D. VOYAGER	810.	1130.	1505.
77D 9 P 4D. VOYAGER	810.	1130.	1505.
77B 6 P 4D. COL. PARK	1165.	1620.	2160.
77B 9 P 4D. COL. PARK	1165.	1620.	2160.
PARKLANE T.S. 9.00x14 W.B. 128'' ENG. 4.30x3.70 345 H.P.			
63C 2D. HARDTOP	2790.	3875.	5170. *
57C 4D. HARDTOP	2030.	2820.	3760.
76C 2D. CONV.	4100.	6300.	8500. ★

MERCURY 1960

SIX CYL.

MAKE YEAR MODEL	UNRES-3	UNRES. GOOD-2	RES.-1
COMET 6 CYL. T.S. 6.00x13 W.B. 114'' ENG. 3.50x2.50 90 H.P.			
02 4D. SEDAN	760.	1060.	1410.
STATION WAGONS T.S. 6.50x13 W.B. 109.5'' ENG. 3.50x2.50 90 H.P.			
07 4D. S. WAGON	760.	1060.	1410.

MERCURY 1960

V8

MAKE YEAR MODEL	UNRES-3	UNRES. GOOD-2	RES.-1
MONTEREY T.S. 8.50x14 W.B. 126'' ENG. 3.80x3.44 205 H.P.			
33 2D. HARDTOP	890.	1235.	1645.
34 4D. HARDTOP	890.	1235.	1645.
35 2D. CONV.	1850.	2900.	4000. *
STATION WAGONS T.S. 9.00x14 W.B. 126'' ENG. 3.80x3.44 205 H.P.			
37 9P 4D. COMMTUER	610.	845.	1130.

MONTCLAIR T.S. 8.50x14 W.B. 126'' ENG. 4.30x3.70 310 H.P.

MAKE YEAR MODEL	UNRES-3	UNRES. GOOD-2	RES.-1
43 2D. HARDTOP	1420.	1975.	2630.
44 4D. HARDTOP	1165.	1620.	2160.

STATION WAGONS T.S. 9.00x14 W.B. 126'' ENG. 4.30x3.70 310 H.P.

MAKE YEAR MODEL	UNRES-3	UNRES. GOOD-2	RES.-1
57 9P 4D. COL. PARK	1220.	1690.	2255.

PARKLANE T.S. 8.50x14 (CONV.) 9.00x14 W.B. 126'' ENG. 4.30x3.70 310 H.P.

MAKE YEAR MODEL	UNRES-3	UNRES. GOOD-2	RES.-1
53 2D. HARDTOP	1420.	1975.	2630.*
54 4D. HARDTOP	1270.	1760.	2350.
55 2D. CONV.	2500.	3500.	4800.

MERCURY 1961

SIX CYL.

COMET T.S. 6.00x13 W.B. 114'' ENG. 3.50x2.50 85 H.P.

MAKE YEAR MODEL	UNRES-3	UNRES. GOOD-2	RES.-1
124D. SEDAN	890.	1235.	1645.
17 2D. SEDAN S.22	1115.	1550.	2070.

STATION WAGONS T.S. 6.50x13 W.B. 109.5'' ENG. 3.50x2.50 85 H.P.

MAKE YEAR MODEL	UNRES-3	UNRES. GOOD-2	RES.-1
22 4D. S. WAGON	860.	1200.	1600.

METEOR 600 T.S. 7.50x14 W.B. 120'' ENG. 3.62x3.60 135 H.P.

MAKE YEAR MODEL	UNRES-3	UNRES. GOOD-2	RES.-1
42 4D. SEDAN	560.	775.	1035.

METEOR 800 T.S. 7.50x14 W.B. 120'' ENG. 3.62x3.60 135 H.P

MAKE YEAR MODEL	UNRES-3	UNRES. GOOD-2	RES.-1
57 2D. HARDTOP	1065.	1480.	1975.
54 4D. HARDTOP	810.	1130.	1505.

STATION WAGONS T.S. 8.00x14 W.B. 120'' ENG. 3.62x3.60 135 H.P.

MAKE YEAR MODEL	UNRES-3	UNRES. GOOD-2	RES.-1
74 9P 4D COMMUTER	635.	880.	1175.

MERCURY 1961

METEOR V8 SERIES ADD $200 TO METEOR 6 CYL. VALUES

METEOR V8 SPEC. T.S. 7.50x14 W.B. 120''ENG. 3.75x3.30 175 H.P.

MONTEREY V8 T.S. 7.50x14 W.B. 120'' ENG. 3.75x3.30 175 H.P.

MONTEREY 1961

MAKE YEAR MODEL	UNRES-3	UNRES. GOOD-2	RES.-1
62 4D. SEDAN	660.	915.	1220.
67 2D. HARDTOP	1065.	1480.	1975.
64 4D. HARDTOP	810.	1130.	1505.
65 2D. CONV.	2150.	3100.	4500.*

STATION WAGONS T.S. 8.00x14 W.B. 120'' ENG. 3.75x3.30 175 H.P.

MAKE YEAR MODEL	UNRES-3	UNRES. GOOD-2	RES.-1
76 9P. 4D. COL. PARK	915.	1270.	1690.

MERCURY 1962

SIX CYL.

COMET T.S. 6.00x13 W.B. 114'' ENG. 3.5x2.5 85 H.P.

MAKE YEAR MODEL	UNRES-3	UNRES. GOOD-2	RES.-1
01 2D. SEDAN	965.	1340.	1785.
02 4D. SEDAN	965.	1340.	1785.

COMET CUSTOM T.S. 6.00x13 W.B. 114'' ENG. 3.5x2.5 85 H.P.

MAKE YEAR MODEL	UNRES-3	UNRES. GOOD-2	RES.-1
11 2D. SEDAN	1015.	1410.	1880.
12 4D. SEDAN	1015.	1410.	1880.
17 2D. SEDAN S22	1270.	1760.	2350.*

COMET STATION WAGONS T.S. 6.50x13 W.B. 109.5'' ENG. 3.5x2.5 85 H.P.

MAKE YEAR MODEL	UNRES-3	UNRES. GOOD-2	RES.-1
22 4D. COMET	810.	1130.	1505.
24 4D. CUSTOM	810.	1130.	1505.
26 4D. VILLAGER	915.	1270.	1690.

METEOR CUSTOM T.S. 6.50x14 W.B. 116.5'' ENG. 3.5x2.94 101 H.P.

MAKE YEAR MODEL	UNRES-3	UNRES. GOOD-2	RES.-1
41 2D. SEDAN	660.	915.	1220.
42 4D. SEDAN	660.	915.	1220.

METEOR S-33 T.S. 6.50x14 W.B. 116.5'' ENG. 3.5x2.94 101 H.P.

MAKE YEAR MODEL	UNRES-3	UNRES. GOOD-2	RES.-1
47 2D. HARDTOP	1270.	1760.	2350.*

MERCURY MONTEREY 1962

V8

MONTEREY V8 T.S. 7.50x14 W.B. 120'' ENG. 3.75x3.30 170 H.P.

MAKE YEAR MODEL	UNRES-3	UNRES. GOOD-2	RES.-1
52 4D. SEDAN	810.	1130.	1505.
53 2D. HARDTOP	1165.	1620.	2160.
54 4D. HARDTOP	915.	1270.	1690.

MONTEREY CUSTOM T.S. 7.50x14 W.B. 120'' ENG. 3.75x3.30 170 H.P.

MAKE YEAR MODEL	UNRES-3	UNRES. GOOD-2	RES.-1
63 2D. HARDTOP	1320.	1830.	2445.
65 4D. HARDTOP	965.	1340.	1785.
65 2D. CONV.	2900.	4200.	5750.*

MONTEREY S55 T.S. 7.50x14 W.B. 120'' 3.75x3.30 170 H.P.

MAKE YEAR MODEL	UNRES-3	UNRES. GOOD-2	RES.-1
67 2D. HARDTOP	1575.	2185.	2915.*
69 2D. CONV.	3000.	4500.	6000.*

MONTEREY STATION WAGONS T.S. 7.50x14 W.B. 120''

ENG. 3.75x3.30 170 H.P.

MAKE YEAR MODEL	UNRES-3	UNRES. GOOD-2	RES.-1
72 9P. 4D. COMMUTER	810.	1130.	1505.
76 4D. COL. PARK	1065.	1480.	1975.

MERCURY 1963

SIX CYL. COMET

ADD $100. FOR V8

COMET T.S. 600x13 W.B. 114'' ENG. 3.50x2.50 85 H.P.

MAKE YEAR MODEL	UNRES-3	UNRES. GOOD-2	RES.-1
02 4D. SEDAN	1135.	1235.	1645.

COMET CUSTOM T.S. 6.00x13 W.B. 114'' ENG. 3.50x2.50 85 H.P.

MAKE YEAR MODEL	UNRES-3	UNRES. GOOD-2	RES.-1
12 4D. SEDAN	940.	1305.	1740.
13 2D. HARDTOP	1065.	1480.	1975.

CUSTOM CONV. T.S. 6.50x13 W.B. 114'' ENG. 3.50x2.87 101 H.P.

MAKE YEAR MODEL	UNRES-3	UNRES. GOOD-2	RES.-1
15 2D. CONV.	1400.	2150.	3600.*

COMET S22 T.S. 6.50x13 W.B. 114'' ENG. 3.50x2.87 101 H.P.

MAKE YEAR MODEL	UNRES-3	UNRES. GOOD-2	RES.-1
19 2D. SEDAN	1065.	1480.	1975.
17 2D. HARDTOP	1470.	2045.	2725.*
18 2D. CONV.	1900.	2960.	4000.*

COMET STATION WAGONS T.S. 6.50x13 W.B.

109.5'' ENG. 3.50x2.87 101 H.P.

MAKE YEAR MODEL	UNRES-3	UNRES. GOOD-2	RES.-1
22 4D. COMET	710.	985.	1315.
26 4D. VILLAGER	710.	985.	1315.

METEOR T.S. 6.50x14 W.B. 116.5'' ENG. 3.50x2.94 101 H.P.

MAKE YEAR MODEL	UNRES-3	UNRES. GOOD-2	RES.-1
32 4D. SEDAN	660.	915.	1220.

METEOR CUSTOM T.S. 6.50x14 W.B. 116.5'' ENG. 3.50x2.94 101 H.P.

MAKE YEAR MODEL	UNRES-3	UNRES. GOOD-2	RES.-1
42 4D. SEDAN	710.	985.	1315.
43 2D. HARDTOP	720.	1000.	1335.

METEOR S33 T.S. 6.50x14 W.B. 115.5'' ENG. 3.50x2.94 101 H.P.

MAKE YEAR MODEL	UNRES-3	UNRES. GOOD-2	RES.-1
47 2D. HARDTOP	1065.	1480.	1975.*

METEOR STATION WAGONS T.S. 7.00x14 W.B.

115.5'' ENG. 3.50x2.94 101 H.P.

MAKE YEAR MODEL	UNRES-3	UNRES. GOOD-2	RES.-1
48 4D. CUSTOM	660.	915.	1220.
49 4D. COUNTRY CAR	710.	985.	1315.

MONTEREY V8 T.S. 7.50x14 W.B. 120'' ENG. 4.05x3.78 250 H.P.

MAKE YEAR MODEL	UNRES-3	UNRES. GOOD-2	RES.-1
53 2D. HARDTOP	860.	1200.	1600.
54 4D. HARDTOP	610.	845.	1130.

MONTEREY CUSTOM T.S. 7.50x14 W.B. 120'' ENG. 4.05x3.78 250 H.P.

MAKE YEAR MODEL	UNRES-3	UNRES. GOOD-2	RES.-1
63 2D. HARDTOP	915.	1270.	1690.
66 2D. MARAUDER HARDTOP	1065.	1480.	1975.
64 4D. HARDTOP	710.	985.	1315.
65 2D. CONV.	1500.	2400.	3500.*
76 (9) 4D. COL. PARK	760.	1060.	1410.

MONTEREY S55 T.S. 7.50x14 W.B. 120'' ENG.

4.05x3.78 300 H.P. (CONV.) T.S. 8.00x14

MAKE YEAR MODEL	UNRES-3	UNRES. GOOD-2	RES.-1
67 2D. HARDTOP	1165.	1620.	2160.*
68 2D. MARAUDER HARDTOP	1165.	1620.	2160.*
60 4D. HARDTOP	860.	1200.	1600.
69 2D. CONV.	2050.	3140.	4250.

MERCURY 1964

SIX CYL.

COMET 202 T.S. 6.50x14 W.B. 114'' ENG. 3.50x2.94 101 H.P.

MAKE YEAR MODEL	UNRES-3	UNRES. GOOD-2	RES.-1
02 4D. SEDAN	635.	880.	1175.

MAKE YEAR MODEL	UNRES-3	UNRES. GOOD-2	RES.-1
COMET 404 T.S. 6.50x14 W.B. 114'' ENG. 3.50x2.94 101 H.P.			
12 4D. SEDAN	685.	950.	1270.
COMET CALIENTE T.S. 6.50x14 W.B. 114'' ENG. 3.50x2.94 101 H.P. (CONV.) T.S. 7.00x14			
22 4D. SEDAN	735.	1020.	1360.
23 2D. HARDTOP	1320.	1830.	2445.*
25 2D. CONV.	1600.	2550.	3600.*
COMET STATION WAGONS T.S. 7.00x14 W.B. 109.5'' ENG. 3.50x2.94 101 H.P.			
34 4D. 404	600.	810.	1080.
36 4D. VILLAGER	620.	860.	1145.
COMET V8 ADD $100. TO 6 CYL. VALUES			

MERCURY 1964

V8

MAKE YEAR MODEL	UNRES-3	UNRES. GOOD-2	RES.-1
MONTEREY T.S. 8.00x14 W.B. 120'' ENG. 4.05x3.78 250 H.P.			
42 4D. SEDAN	635.	880.	1175.
43 2D. HARDTOP	840.	1160.	1550.
47 2D. MARAUDER HARDTOP	1065.	1480.	1975.
48 4D. MARAUDER HARDTOP	710.	985.	1315.
45 2D. CONV	1600.	2550.	3600.*
MONTCLAIR T.S. 8.00x14 W.B. 120'' ENG. 4.05x3.78 250 H.P.			
53 2D. HARDTOP	1015.	1410.	1880.
57 2D. MARAUDER HARDTOP	1115.	1550.	2065.
56 4D. MARAUDER HARDTOP	785.	1090.	1455.
PARKLANE T.S. 8.00x14 W.B. 120'' ENG. 4.05x3.78 300 H.P.			
63 2D. HARDTOP	1135.	1235.	1645.
64 4D. HARDTOP	760.	1060.	1410.
67 MARAUDER 2D. HARDTOP	1220.	1690.	2255.
68 MARAUDER 4D. HARDTOP	810.	1130.	1505.
65 2D. CONV	1900.	2700.	3700.*
STATION WAGONS T.S. 8.00x14 W.B. 120'' ENG. 4.05x3.78 250 H.P. (COL. PARK 300 H.P.)			
72 (9) 4D. COMMUTER	610.	845.	1130.
76 (9) 4D. COL. PARK	710.	985.	1315.

MERCURY 1965

SIX CYL.

COMET 202 T.S. 6.95x14 W.B. 114'' ENG. 3.68x3.13 120 H.P.

MERCURY 1965

V8

DEDUCT $100. FOR 6 CYL. MODELS

MAKE YEAR MODEL	UNRES-3	UNRES. GOOD-2	RES.-1
COMET 202 T.S. 6.95x14 W.B. 114'' ENG. 4.00x2.87 200 H.P.			
02 4D. SEDAN	635.	880.	1175.
COMET 404 T.S. 6.95x14 W.B. 114'' ENG. 4.00x2.87 202 H.P.			
12 4D. SEDAN	685.	950.	1270.
COMET CALIENTE T.S. 6.95x14 W.B. 114'' ENG. 4.00x2.87 H.P. (CONV.) T.S. 7.35x14			
22 4D. SEDAN	760.	1060.	1410.
23 2D. HARDTOP	1270.	1760.	2350.*
25 2D. CONV.	1600.	2450.	3500.*
COMET CYCLONE T.S. 6.95x14 W.B. 114'' ENG. 4.00x2.87 225 H.P.			
27 2D. HARDTOP	1420.	1975.	3000.*
STATION WAGONS T.S. 6.95x14 W.B. 109.5'' ENG. 4.00x2.87 200 H.P.			
34 4D. 404	610.	845.	1130.
36 4D. VILLAGER 404	635.	880.	1175.
MONTEREY T.S. 8.15x15 W.B. 119'' ENG. 4.00x3.78 250 H.P.			
42 4D. SEDAN	635.	880.	1175.
47 2D. HARDTOP	735.	1020.	1360.
48 4D. HARDTOP	660.	915.	1220.
45 2D. CONV	1750.	2600.	3700.*
MONTCLAIR T.S. 8.15x15 W.B. 119'' ENG. 4.00x3.78 250 H.P.			
57 2D. HARDTOP	965.	1340.	1785.
58 4D. HARDTOP	760.	1060.	1410.
PARKLANE T.S. 8.15x15 W.B. 123'' ENG. 4.05x3.78 300 H.P.			
67 2D. HARDTOP	965.	1340.	1785.
68 4D. HARDTOP	760.	1060.	1410.
65 2D. CONV	1975.	2875.	3900.*
STATION WAGONS T.S. 8.15x15 W.B. 119'' ENG. 4.05x3.78 250 H.P.			
72 (9) 4D. COMMUTER	510.	705.	940.
76 (9) 4D. COL. PARK	610.	845.	1130.

MERCURY 1966

V8

DEDUCT $100. FOR COMET SIX CYLINDER MODELS

MAKE YEAR MODEL	UNRES-3	UNRES. GOOD-2	RES.-1
COMET T.S. 6.95/7.35x14 W.B. 116'' ENG. STD. V8 C.I.D. 289 200 H.P.			
02 4D. SEDAN	510.	705.	940.
CAPRI T.S. 6.95/7.35x14 W.B. 116'' ENG. STD. V8 C.I.D. 289 200 H.P.			
12 4D. SEDAN	660.	915.	1220.
13 2D. HARDTOP	760.	1060.	1410.
CALIENTE T.S. 6.95/7.35x14 W.B. 116'' ENG. STD. V8 C.I.D. 289 200 H.P.			
22 4D. SEDAN	635.	880.	1175.
23 2D. HARDTOP	1165.	1620.	2160.
25 CONV	1900.	2850.	3900.
CYCLONE T.S. 6.95/7.35x14 W.B. 116'' ENG. STD. V8 C.I.D. 289 200 H.P.			
27 2D. HARDTOP	1420.	1975.	2630.*
29 CONV	1850.	2900.	3900.*
STATION WAGONS T.S. 6.95/7.35x14 W.B. 113'' ENG. STD. V8 C.I.D. 289 200 H.P.			
16 VILLAGER	610.	845.	1130.
MONTEREY T.S. 6.95/7.35x14 W.B. 123'' ENG. V8 C.I.D. 390 265 H.P.			
47 2D. HARDTOP	635.	880.	1175.
48 4D. HARDTOP	560.	775.	1035.
45 CONV	1700.	2400.	3250.*
MONTCLAIR T.S. 6.95/7.35x14 W.B. 123'' ENG. V8 C.I.D. 390 265 H.P.			
57 2D. HARDTOP	810.	1130.	1505.
58 4D. HARDTOP	635.	880.	1175.
PARKLANE T.S. 6.95/7.35x14 W.B. 123'' ENG. V8 C.I.D. 410 330 H.P.			
67 2D. HARDTOP	860.	1200.	1600.
68 4D. HARDTOP	660.	915.	1220.
65 CONV	1900.	2860.	3900.*
S55 T.S. 6.95/7.35x14 W.B. 123'' ENG. V8 C.I.D. 428 345 H.P.			
49 2D. HARDTOP	1200.	1785.	2400.
46 CONV	1800.	2810.	4000.*

MERCURY 1967

V8

MAKE YEAR MODEL	UNRES-3	UNRES. GOOD-2	RES.-1
COMET 202 T.S. 7.35/7.75x14 W.B. 116'' ENG. STD. V8 C.I.D. 289 200 H.P.			
02 4D. SEDAN	510.	705.	940.
CAPRI T.S. 7.35/7.75x14 W.B. 116'' ENG. STD. V8 C.I.D. 289 200 H.P.			
06 4D. SEDAN	560.	775.	1035.
07 2D. HARDTOP	635.	880.	1175.
CALIENTE T.S. 7.35/7.75x14 W.B. 116'' ENG. STD. V8 C.I.D. 289 200 H.P.			
10 4D. SEDAN	610.	845.	1130.
11 2D. HARDTOP	1270.	1760.	2350.
12 CONV	1670.	2610.	3700.
CYCLONE T.S. 7.35/7.75x14 W.B. 116'' ENG. STD. V8 C.I.D. 289 200 H.P.			
15 2D. HARDTOP	1675.	2325.	3100.*
16 CONV.	1780.	2800.	3975.*
STATION WAGONS T.S 7.35/7.75x14 W.B. 113'' ENG. STD. V8 C.I.D. 289 200 H.P.			
08 4D. VOYAGER	610.	845.	1130.

MAKE YEAR MODEL	UNRES-3	UNRES. GOOD-2	RES.-1
COUGAR T.S. 7.35x14 W.B. 111'' ENG. V8 C.I.D. 289 200 H.P.			
91 2D. HARDTOP	1115.	1550.	2070.
93 XR-7 HARDTOP CPE	1775.	2470.	3290.
MONTEREY T.S. 8.15x15 W.B. 123'' ENG. V8 C.I.D. 390 270 H.P.			
48 4D. HARDTOP	560.	775.	1035.
45 CONV.	1600.	2325.	3200. *
MONTCLAIR T.S. 8.15x15 W.B. 123'' ENG. V8 C.I.D. 390 270 H.P.			
57 2D. HARDTOP	810.	1130.	1505.
58 4D. HARDTOP	585.	810.	1080.
PARKLANE T.S. 8.45x15 W.B. 123'' ENG. V8 C.I.D. 410 330 H.P.			
67 2D. HARDTOP	860.	1200.	1600.
68 4D. HARDTOP	635.	880.	1175.
65 2D. CONV.	1710.	2790.	3800. *
BROUGHAM T.S. 8.15x15 W.B. 123'' ENG. V8 C.I.D. 410 330 H.P.			
61 4D. SEDAN	635.	880.	1175.
62 4D. HARDTOP	635.	880.	1175.
MARQUIS T.S 8.15x15 W.B 123'' ENG. V8 C.I.D. 390 270 H.P.			
69 2D. HARDTOP	810.	1130.	1505.
STATION WAGONS T.S. 8.45x15 W.B. 119'' ENG. V8 C.I.D. 390 270			
72 4D. COMMUTER	560.	775.	1035.
76 (4 S) 4D. COL. PARK	610.	845.	1130.

MERCURY 1968

V8

MAKE YEAR MODEL	UNRES-3	UNRES. GOOD-2	RES.-1
COMET T.S. 7.35x14 W.B. 116'' ENG. V8 C.I.D. 289 195 H.P.			
01 2D. HARDTOP	660.	915.	1220.
MONTEGO T.S. 7.35x14 W.B. 116'' ENG. V8 C.I.D. 302 210 H.P.			
06 4D. SEDAN	510.	705.	940.
2D. HARDTOP	610.	845.	1130.
MONTEGO MX T.S. 7.35x14 W.B. 116'' ENG. V8 C.I.D. 302 210 H.P.			
10 4D. SEDAN	530.	740.	985.
11 2D. HARDTOP	610.	845.	1130.
12 2D. CONV.	1675.	2560.	3500. *
08 4D. S. WAG.	530.	740.	985.
CYCLONE T.S. 7.35x14 W.B. 116'' ENG. V8 C.I.D. 289 195 H.P.			
15 FASTBACK 2D. HARDTOP	915.	1270.	1690.
17 FORMAL 2D. HARDTOP	965.	1340.	1785.
COUGAR T.S. E70x14 W.B. 111'' ENG. V8 C.I.D. 289 195 H.P.			
91 2D. HARDTOP	915.	1270.	1690.
COUGAR XR-7 T.S. E70x14 W.B. 111'' ENG. V8 C.I.D. 302 210 H.P.			
93 2D. HARDTOP	1650.	2290.	3055.
MONTEREY T.S. 8.15x15 W.B. 123'' ENG. V8 C.I.D. 390 265 H.P.			
47 2D. HARDTOP	585.	810.	1080.
48 4D. HARDTOP	510.	705.	940.
45 2D. CONV.	1400.	2220.	3100.
MONTCLAIR T.S. 8.15x15 W.B. 123'' ENG. V8 C.I.D. 390 265 H.P.			
57 2D. HARDTOP	610.	845.	1130.
58 4D. HARDTOP	510.	705.	940.
PARKLANE T.S. 8.15x15 W.B. 123'' ENG. V8 C.I.D. 390 315 H.P.			
67 2D. HARDTOP	735.	1020.	1360.
68 4D. HARDTOP	560.	775.	1035.
65 2D. CONV.	1850.	2610.	3600. *
MARQUIS T.S. 8.15x15 W.B. 123'' ENG. V8 C.I.D. 390 265 H.P.			
69 2D. HARDTOP	760.	1060.	1410.
STATION WAGONS T.S. 8.45x15 W.B. 119'' ENG. V8 C.I.D. 390 265 H.P.			
72 4D. COMMUTER	480.	670.	890.
76 4D. COL. PARK	530.	740.	985.

MERCURY 1969

V8

MAKE YEAR MODEL	UNRES-3	UNRES. GOOD-2	RES.-1
COMET T.S. 7.35/7.75x14 W.B. 116'' ENG. V8 C.I.D. 302 220 H.P.			
01 2D. HARDTOP	610.	845.	1130.
MONTEGO T.S. 7.35/7.75x14 W.B. 116'' ENG. STD. V8 C.I.D. 302 220 H.P.			
06 4D.SEDAN	610.	845.	1130.
07 2D. HARDTOP	610.	845.	1130.
MONTEGO MX T.S. 7.35/7.75x14 W.B. 116'' ENG. STD. V8 C.I.D. 302 220 H.P.			
10 4D. SEDAN	635.	880.	1175.
11 2D. HARDTOP	635.	880.	1175.
12 2D. CONV.	1560.	2200.	3150.
CYCLONE T.S. 7.35/7.75x14 W.B. 116'' ENG. STD. V8 C.I.D. 302 220 H.P.			
15 FASTBACK 2D. HARDTOP	1270.	1760.	2350.
CYLCONE CJ T.S. F70x14 W.B. 116'' ENG. V8 C.I.D. 428 335 H.P.			
16 FASTBACK 2D. HARDTOP (428)	1930.	2680.	3570.
COUGAR T.S. E78x14 W.B. 111'' ENG. V8 C.I.D. 351 250 H.P.			
91 2D. HARDTOP	1420.	1975.	2630. *
92 2D. CONV	1700.	2400.	3450. *
COUGAR XR T.S. E78x14 W.B. 111'' ENG. V8 C.I.D. 356 250 H.P.			
93 2D. HARDTOP (428)	1880.	2610.	3480. *
94 2D. CONV. (428)	2100.	3000.	4200. *
MONTEREY T.S. 8.25/8.55x15 W.B. 124'' ENG. V8 C.I.D. 390 265/280 H.P.			
46 2D. HARDTOP	520.	720.	960.
48 4D. HARDTOP	520.	720.	960.
45 2D. CONV	1400.	2110.	3150.
MONTEREY CUSTOM T.S. 8.25/8.55x15 W.B. 124'' ENG. V8 C.I.D. 390 265/280 H.P.			
56 2D. HARDTOP	560.	775.	1035.
58 4D. HARDTOP	510.	705.	940.
MARAUDER T.S. 8.25/8.55x15 W.B. 121'' ENG. V8 C.I.D. 390 265/280 H.P.			
60 2D. HARDTOP 3200	965.	1340.	1785.
MARAUDER X-100 T.S. H70x15 W.B. 121'' ENG. C.I.D. 429 360 H.P.			
61 2D. HARDTOP	1625.	2255.	3010.
MARQUIS T.S. 8.25x8.55x15 W.B. 124'' ENG. V8 C.I.D. 390 265/280 H.P.			
66 2D. HARDTOP	560.	775.	1035.
68 4D. HARDTOP	560.	775.	1035.
65 2D. CONV	1570.	2160.	3000.
S. WAGONS T.S. 8.25/8.55x15 W.B. 121'' ENG. V8 C.I.D. 390 265/280 H.P.			
74 4D. CUSTOM MONTEREY	455.	635.	845.
76 4D. MARQUIS	510.	705.	940.

MAKE YEAR MODEL	UNRES. FAIR-4	UNRES. GOOD-3	RES. FAIR-2	RES. EXCEL.-1	PTS.
METROPOLITAN					
1957 Hardtop Coupe	800.	1450.	2450.	3500.	(85)
1960 Convertible Coupe	1050.	1950.	3200.	4600.	(85)
1960 Hardtop Coupe	900.	1700.	2800.	4000.	(85)
MORGAN PLUS 4					
1952 + 4 Drop Head (M.S.)	3350.	6100.	10150.	14500.	(90)
1953 + 4 Roadster	2750.	5050.	8400.	12000.	(90)
1953 4-Pass. Tourer (M.S.)	2900.	5250.	8750.	12500.	(90)
1954 Roadster (M.S.)	3100.	5650.	9450.	13500.	(90)
1954 2 + 2 Roadster (M.S.)	3250.	5900.	9800.	14000.	(90)
1956 + 4 Roadster	3350.	6100.	10150.	14500.	(90)
1958 2 + 2 Roadster	3000.	5450.	9100.	13000.	(90)
1961 2 + 2 Roadster	3700.	6700.	11200.	16000.	(90)
1964 + 4 Roadster	3700.	6700.	11200.	16000.	(90)

MORGAN 1965

MAKE YEAR MODEL	UNRES-3	UNRES. GOOD-2	RES.-1
4/4 SERIES V			
ROADSTER 64 H.P.	4820.	6700.	8930. *
PLUS 4			
ROADSTER (2) 105 H.P.	8375.	11630.	15510. *
ROADSTER 4/4	8120.	11280.	15040. *
D.H. COUPE 105 H.P.	8630.	11985.	15980. *

MAKE YEAR MODEL	UNRES-3	UNRES. GOOD-2	RES.-1
MORGAN 1966			
PLUS 4			
ROADSTER	8630.	11985.	15980. *
MORGAN 1967			
PLUS 4			
ROADSTER	10065.	13980.	16450. *
MORGAN 1968			
4/4 ROADSTER	8120.	11280.	15040. *
MORGAN 1969			
ROADSTER	8630.	11985.	15980. *
MORGAN 1970			
PLUS 8 ROADSTER	9450.	12770.	16800. *
MORGAN 1971-1972-1973-1974			
1971 PLUS 8 ROADSTER	9450.	12770.	16800. *
1972 PLUS 8 ROADSTER	9990.	13500.	17760.
1973 PLUS 8 ROADSTER	9990.	13500.	17760.
1974 PLUS 8 ROADSTER	10260.	13860.	18240.

MAKE YEAR MODEL	UNRES. FAIR-4	UNRES. GOOD-3	RES. FAIR-2	RES. EXCEL.-1	PTS.
MUNTZ-JET					
1951 Roadster Convertible	3250.	5900.	9800.	14000.	(90)
1952 Convertible	3350.	6100.	10150.	14500.	(90)
1953 Roadster Convertible	3950.	7150.	11900.	17000.	(90)
1953 Hardtop Coupe	2300.	4200.	7000.	10000.	(90)
NASH					
1946 4D Ambassador Sedan Trk.	700.	1250.	2100.	3000.	(90)
1947 4D Ambassador Sedan	700.	1250.	2100.	3000.	(90)
1948 Ambassador Convertible	2900.	5250.	8750.	12500.	(90)
1948 600 Brougham Super	800.	1450.	2450.	3500.	(90)
1948 4D Ambassador Sedan Trk. Custom	850.	1500.	2500.	3600.	(90)
1949 Ambass. Brougham Super Special	900.	1600.	2650.	3800.	(90)
1950 2D Rambler Conv. Landau	1150.	2100.	3500.	5000.	(90)
1950 4D Ambassador Sedan Custom	800.	1450.	2450.	3500.	(90)
1951 Rambler Convertible	1250.	2300.	3850.	5500.	(90)
1951 4D Ambassador Sedan Custom	900.	1600.	2650.	3800.	(90)
1952 2D Statesman Country Club Sedan Custom	800.	1450.	2450.	3500.	(90)
1953 2D Ambass. Country Club Sedan Custom	850.	1500.	2500.	3600.	(90)
1953 Rambler Convertible	1150.	2100.	3500.	5000.	(90)
1957 4D V-8 Ambassador Sedan	900.	1700.	2800.	4000.	(90)
NASH HEALEY					
1951 Roadster (M.S.)	4600.	8400.	14000.	20000.	(90)
1952 Roadster (M.S.)	4600.	8400.	14000.	20000.	(90)
1953 Roadster (M.S.)	4850.	8800.	14700.	21000.	(90)
1954 Roadster	5100.	9250.	15400.	22000.	(90)
1955 LeMans Coupe	3950.	7150.	11900.	17000.	(90)
NSU WANKEL SPYDER					
1964 (M.S.)	1050.	1900.	3150.	4500.	(90)
OLDSMOBILE 1946					
SIX CYLINDER CARS					
SERIES 6-66 T.S. 16 x 6.00 W.B. 119'' ENG. 3-1/2 x 4-1/8 29.4 HP					
66 Club Coupe	900.	1700.	2800.	4000.	(90)
66 Convertible Coupe	2500.	4550.	7550.	10800.	(90)
66 2D Club Sedan	900.	1700.	2800.	4000.	(90)
66 4D Sedan	900.	1700.	2800.	4000.	(90)
66 Station Wagon	1550.	2850.	4750.	6800.	(90)
SERIES 6-76 T.S. 15 x 7.00 W.B. 125'' ENG. 3-1/2 x 4-1/8 29.4 HP					
76 2D Sedanet	1050.	1950.	3200.	4600.	(90)
76 4D Sedan	950.	1700.	2850.	4100.	(90)
76D DELUXE T.S. 15 x 7.00 W.B. 125'' ENG. 3-1/2 x 4-1/8 29.4 HP					
76D 2D Club Sedanet	1100.	2000.	3350.	4800.	(90)
76D 4D Sedan	900.	1700.	2800.	4000.	(90)
OLDSMOBILE 1946					
EIGHT CYLINDER CARS					
8-78 SERIES T.S. 15 x 6.50 W.B. 127'' ENG. 3-1/4 x 3-7/8 33.8 HP					
78 2D Club Sedanet	1150.	2100.	3500.	5000.	(90)
78 4D Sedan	1050.	1900.	3150.	4500.	(90)
8-78 DELUXE T.S. 15 x 6.50 W.B. 127'' ENG. 3-1/4 x 3-7/8 33.8 HP					
78D 2D Club Sedanet	1200.	2150.	3550.	5100.	(90)
78D 4D Sedan	1050.	1950.	3200.	4600.	(90)
8-98 SERIES T.S. 15 x 7.00 W.B. 125'' ENG. 3-1/4 x 3-7/8 33.8 HP					
98 Club Coupe	1150.	2100.	3500.	5000.	(90)
98 Club Sedanet	1250.	2300.	3850.	5500.	(90)
98 4D Sedan	1100.	1950.	3300.	4700.	(90)
98 Convertible	2750.	5050.	8400.	12000.	(90)
OLDSMOBILE 1947					
SIX CYLINDER CARS					
6-66 SERIES T.S. 16 x 6.00 W.B. 119'' ENG. 3-1/2 x 4-1/8 29.4 HP					
66 Club Coupe	900.	1700.	2800.	4000.	(90)
66 Convertible Coupe	2350.	4300.	7150.	10200.	(90)
66 2D Club Sedan	900.	1700.	2800.	4000.	(90)
66 4D Sedan	900.	1700.	2800.	4000.	(90)
66 Station Wagon	1550.	2850.	4750.	6800.	(90)
6-76 SERIES T.S. 15 x 7.00 W.B. 125'' ENG. 3-1/2 x 4-1/8 29.4 HP					
76 2D Club Sedanet	1050.	1950.	3200.	4600.	(90)
76 4D Sedan	950.	1700.	2850.	4100.	(90)
6-76D SERIES T.S. 15 x 7.00 W.B. 125'' ENG. 3-1/2 x 4-1/8 29.4 HP					
76D 2D Club Sedanet	1100.	2000.	3350.	4800.	(90)
76D 4D Sedan	950.	1750.	2950.	4200.	(90)
OLDSMOBILE 1947					
EIGHT CYLINDER CARS					
8-68 SERIES T.S. 15 x 6.50 W.B. 127'' ENG. 3-1/4 x 3-7/8 33.8 HP					
68 Club Coupe	1100.	2000.	3350.	4800.	(90)
68 Convertible Coupe	2300.	4200.	7000.	10000.	(90)
68 2D Club Sedan	1050.	1950.	3200.	4600.	(90)
68 4D Sedan	1050.	1950.	3200.	4600.	(90)
68 Station Wagon	1550.	2850.	4750.	6800.	(90)
8-78 SERIES T.S. 15 x 6.50 W.B. 127'' ENG. 3-1/4 x 3-7/8 33.8 HP					
78 2D Club Sedanet	1150.	2100.	3500.	5000.	(90)
78 4D Sedan	1050.	1950.	3200.	4600.	(90)
8-78D DELUXE T.S. 15 x 6.50 W.B. 127'' ENG. 3-1/4 x 3-7/8 33.8 HP					
78D 2D Club Sedanet	1250.	2300.	3850.	5500.	(90)
78D 4D Sedan	1100.	2000.	3350.	4800.	(90)
8-98 SERIES T.S. 15 x 7.00 W.B. 127'' ENG. 3-1/4 x 3-7/8 33.8 HP					
98 Convertible Coupe	2750.	5050.	8400.	12000.	(90)
98 Club Sedanet	1300.	2400.	4000.	5700.	(90)
98 4D Sedan	1150.	2050.	3450.	4900.	(90)
OLDSMOBILE 1948					
SIX CYLINDER CARS					
6-66 SERIES T.S. 16 x 6.00 W.B. 119'' ENG. 3-1/2 x 4-1/8 29.4 HP					
66 Club Coupe	900.	1700.	2800.	4000.	(90)
66 Convertible Coupe	2200.	4000.	6650.	9500.	(90)
66 2D Club Sedanet	1050.	1900.	3150.	4500.	(90)

MAKE YEAR MODEL	UNRES. FAIR-4	UNRES. GOOD-3	RES. FAIR-2	RES. EXCEL.-1	PTS.
66 4D Sedan	900.	1700.	2800.	4000.	(90)
66 Station Wagon	1600.	2950.	4900.	7000.	(90)

6-76 SERIES T.S. 16 x 6.00 W.B. 125'' ENG. 3-1/2 x 4-1/8 29.4 HP

MAKE YEAR MODEL	UNRES. FAIR-4	UNRES. GOOD-3	RES. FAIR-2	RES. EXCEL.-1	PTS.
76 2D Club Sedanet	1100.	1950.	3300.	4700.	(90)
76 4D Sedan	900.	1700.	2800.	4000.	(90)

6-76D DELUXE T.S. 16 x 6.00 W.B. 125'' ENG. 3-1/2 x 4-1/8 29.4 HP

MAKE YEAR MODEL	UNRES. FAIR-4	UNRES. GOOD-3	RES. FAIR-2	RES. EXCEL.-1	PTS.
76D 2D Club Sedanet	1200.	2200.	3650.	5200.	(90)
76D 4D Sedan	1050.	1900.	3150.	4500.	(90)

OLDSMOBILE 1948

EIGHT CYLINDER CARS

8-68 SERIES T.S. 15 x 6.50 W.B. 125'' ENG. 3-1/4 x 3-7/8 33.8 HP

MAKE YEAR MODEL	UNRES. FAIR-4	UNRES. GOOD-3	RES. FAIR-2	RES. EXCEL.-1	PTS.
68 Club Coupe	1050.	1900.	3150.	4500.	(90)
68 Convertible Coupe	2500.	4550.	7550.	10800.	(90)
68 2D Club Sedan	950.	1700.	2850.	4100.	(90)
68 4D Sedan	1050.	1900.	3150.	4500.	(90)
68 Station Wagon	1650.	3050.	5100.	7250.	(90)

8-78 SERIES T.S. 15 x 6.50 W.B. 125'' ENG. 3-1/4 x 3-7/8 33.8 HP

MAKE YEAR MODEL	UNRES. FAIR-4	UNRES. GOOD-3	RES. FAIR-2	RES. EXCEL.-1	PTS.
78 2D Club Sedan	1100.	2000.	3350.	4800.	(90)
78 4D Sedan	1100.	2000.	3350.	4800.	(90)

8-78D DELUXE T.S. 15 x 6.50 W.B. 125'' ENG. 3-1/4 x 3-7/8 33.8 HP

MAKE YEAR MODEL	UNRES. FAIR-4	UNRES. GOOD-3	RES. FAIR-2	RES. EXCEL.-1	PTS.
78D 2D Club Sedanet	1250.	2300.	3850.	5500.	(90)
78D 4D Sedan	1150.	2050.	3450.	4900.	(90)

8-98 FUTURAMIC T.S. 15 x 6.50 W.B. 127'' ENG. 3-1/4 x 3-7/8 33.8 HP

MAKE YEAR MODEL	UNRES. FAIR-4	UNRES. GOOD-3	RES. FAIR-2	RES. EXCEL.-1	PTS.
98 Convertible Coupe	2900.	5250.	8750.	12500.	(90)
98 Club Sedanet	1400.	2500.	4200.	6000.	(90)
98 4D Sedan	1200.	2150.	3550.	5100.	(90)

OLDSMOBILE 1949 SIX CYLINDER CARS

6-76 FUTURAMIC T.S. 15 x 7.10 (CONV.) 15 x 7.60 W.B. 119-1/2'' ENG. 3-17/32 x 4-3/8 29.9 HP

MAKE YEAR MODEL	UNRES. FAIR-4	UNRES. GOOD-3	RES. FAIR-2	RES. EXCEL.-1	PTS.
76 4D Sedan	900.	1700.	2800.	4000.	(90)
76 4D Town Sedan	950.	1750.	2950.	4200.	(90)
76 2D Club Sedan	900.	1700.	2800.	4000.	(90)
76 Club Coupe	950.	1750.	2950.	4200.	(90)
76 Convertible Coupe	2750.	5050.	8400.	12000.	(90)

DELUXE T.S. 15 x 7.10 (WAG.) 15 x 7.60 W.B. 119-1/2 ENG. 3-17/32 x 4-3/8 29.9 HP

MAKE YEAR MODEL	UNRES. FAIR-4	UNRES. GOOD-3	RES. FAIR-2	RES. EXCEL.-1	PTS.
76 4D Sedan	950.	1750.	2950.	4200.	(90)
76 4D Town Sedan	1050.	1900.	3150.	4500.	(90)
76 2D Club Sedan	1100.	2000.	3350.	4800.	(90)
76 Club Coupe	1100.	2000.	3350.	4800.	(90)
76 Station Wagon	1600.	2950.	4900.	7000.	(90)

OLDSMOBILE 1949 EIGHT CYLINDER CARS FIRST MODERN V-8 ENGINE

8-88 FUTURAMIC T.S. 15 x 7.60 W.B. 119-1/2'' ENG. 3-3/4 x 3-7/16 135 HP

MAKE YEAR MODEL	UNRES. FAIR-4	UNRES. GOOD-3	RES. FAIR-2	RES. EXCEL.-1	PTS.
88 4D Sedan	1250.	2300.	3850.	5500.	(90)
88 4D Town Sedan	1350.	2400.	4050.	5800.	(90)
88 2D Club Sedan	1350.	2450.	4050	.5800.	(90)
88 Convertible Coupe	3450.	6300.	10500.	15000.	(90)

DELUXE T.S. 15 x 7.60 W.B. 119-1/2'' ENG. 3-3/4 x 3-7/16 135 HP

MAKE YEAR MODEL	UNRES. FAIR-4	UNRES. GOOD-3	RES. FAIR-2	RES. EXCEL.-1	PTS.
88 4D Sedan	1350.	2450.	4050.	5800.	(90)
88 4D Town Sedan	1350.	2450.	4050.	5800.	(90)
1949 6-Cyl. Convertible 76	2400.	4400.	7350.	10500.	(90)
1949 Deluxe 98 Convertible Coupe	3450.	6300.	15000.	14000.	(90)

OLDSMOBILE 1950

MAKE YEAR MODEL	UNRES. FAIR-4	UNRES. GOOD-3	RES. FAIR-2	RES. EXCEL.-1	PTS.
1950 Futuramic Holiday Hardtop Coupe	1950.	3550.	5950.	8500.	(90)
1950 4D Futuramic 88 Sedan	1250.	2300.	3850.	5500.	(90)
1950 2D Futuramic 88 Sedan	1400.	2500.	4200.	6000.	(90)
1950 Futuramic 88 Holiday Coupe (M.S.)	2200.	4000.	6650.	9500.	(90)
1950 Futuramic 88 Conv. Coupe (M.S.)	4500.	8200.	13650.	19500.	(90)
1950 Deluxe 98 Holiday Coupe	2100.	3800.	6300.	9000.	(90)
1950 Deluxe 98 Convertible Coupe	3450.	6300.	10500.	15000.	(90)
1951 4D Super Deluxe 88 Sedan (All V-8)	1050.	1900.	3150.	4500.	(90)
1951 4D Deluxe 98 Holiday Sedan	1150.	2100.	3500.	5000.	(90)
1951 Deluxe 98 Holiday Coupe	1950.	3550.	5950.	8500.	(90)
1951 Deluxe 98 Convertible Coupe	3250.	5900.	9800.	14000.	(90)
1952 Super 88 Holiday Coupe	2100.	3800.	6300.	9000.	(90)
1952 98 Convertible Coupe	2550.	4600.	7700.	11000.	(90)
1953 4D 98 Sedan	1050.	1900.	3150.	4500.	(90)
1953 2D 98 Holiday Hardtop	1800.	3300.	5450.	7800.	(90)
1953 98 Fiesta Convertible Coupe	6000.	10900.	18200.	26000.	(90)
1954 4D 88 Sedan	900.	1600.	2650.	3800.	(90)
1954 Super 88 Holiday Coupe	1500.	2750.	4550.	6500.	(90)
1954 98 Starfire Convertible Coupe	3700.	6700.	11200.	16000.	(90)
1955 88 Holiday Sedan	900.	1700.	2800.	4000.	(90)
1955 2D 88 Holiday Hardtop	1150.	2100.	3500.	5000.	(90)
1955 Deluxe 98 Holiday Sedan	800.	1450.	2450.	3500.	(90)
1955 98 Convertible Coupe	2400.	4400.	7350.	10500.	(90)
1956 4D 98 Hardtop	850.	1500.	2500.	3600.	(90)
1956 2D 88 Holiday Hardtop	1200.	2200.	3650.	5200.	(90)
1956 98 Starfire Convertible	3000.	5450.	9100.	13000.	(90)
1957 4D 98 Hardtop	850.	1500.	2500.	3600.	(90)
1958 98 Convertible	2200.	4050.	6700.	9600.	(90)
1958 4D 98 Hardtop	1100.	1900.	3150.	4500.	(90)
1959 2D 98 Hardtop	900.	1700.	2800.	4000.	(90)
1960 98 Convertible	1600.	2950.	4900.	7000.	(90)
1960 2D 88 Hardtop	1100.	2000.	3350.	4800.	(90)
1961 2D 88 Hardtop	900.	1700.	2800.	4000.	(90)
1962 88 Starfire Convertible	1800.	3250.	5450.	7800.	(90)
1963 98 Convertible	1450.	2600.	4350.	6200.	(90)
1964 Starfire Convertible	1750.	3150.	5250.	7500.	(90)
1965 2D Starfire Hardtop	1200.	2200.	3700.	5250.	(90)
1966 Deluxe Toronado	650.	1200.	1950.	2800.	(90)
1967 Cutlass Convertible	1250.	2300.	3850.	5500.	(90)
1968 2D 442 Hardtop	900.	1700.	2800.	4000.	(90)
1969 98 Convertible	1200.	2200.	3650.	5200.	(90)
1970 98 Convertible	1250.	2300.	3850.	5500.	(90)

PACKARD 1946 SIX CYLINDER CARS

CLIPPER 6-2100 T.S. 15 x 6.50 W.B. 120'' ENG. 3-1/2 x 4-1/4 29.4 HP

MAKE YEAR MODEL	UNRES. FAIR-4	UNRES. GOOD-3	RES. FAIR-2	RES. EXCEL.-1	PTS.
1685 2D Club Sedan	1500.	2750.	4550.	6500.	(90)
1682 4D Sedan	1400.	2500.	4200.	6000.	(90)

PACKARD 1946 EIGHT CYLINDER CARS

CLIPPER T.S. 15 x 6.50 W.B. 120'' ENG. 3-1/4 x 4-1/4 33.8 HP

MAKE YEAR MODEL	UNRES. FAIR-4	UNRES. GOOD-3	RES. FAIR-2	RES. EXCEL.-1	PTS.
1695 2D Club Sedan	1550.	2850.	4750.	6800.	(90)
1692 4D Tr. Sedan	1450.	2600.	4350.	6200.	(90)

2111 DELUXE T.S. 15 x 6.50 W.B. 120'' ENG. 3-1/4 x 4-1/4 33.8 HP

MAKE YEAR MODEL	UNRES. FAIR-4	UNRES. GOOD-3	RES. FAIR-2	RES. EXCEL.-1	PTS.
1615 2D Club Sedan	1600.	2950.	4900.	7000.	(90)
1612 4D Sedan	1500.	2750.	4550.	6500.	(90)

2103 SUPER T.S. 15 x 7.00 W.B. 127'' ENG. 3-1/2 x 4-5/8 39.2 HP

MAKE YEAR MODEL	UNRES. FAIR-4	UNRES. GOOD-3	RES. FAIR-2	RES. EXCEL.-1	PTS.
1675 2D Club Sedan	1750.	3150.	5250.	7500.	(90)
1672 4D Tr. Sedan	1500.	2750.	4550.	6500.	(90)

2106 CUSTOM T.S. 15 x 7.00 W.B. 127'' ENG. 3-1/2 x 4-5/8 39.2 HP

MAKE YEAR MODEL	UNRES. FAIR-4	UNRES. GOOD-3	RES. FAIR-2	RES. EXCEL.-1	PTS.
1625 2D Club Sedan (Classic)	4150.	7550.	12600.	17000.	(90)
1622 4D Tr. Sedan (Classic)	3700.	6700.	11200.	16000.	(90)

2126 SUPER 8 SERIES T.S. 15 x 7.00 W.B. 148'' ENG. 3-1/2 x 4-5/8 39.2 HP

MAKE YEAR MODEL	UNRES. FAIR-4	UNRES. GOOD-3	RES. FAIR-2	RES. EXCEL.-1	PTS.
1651 Sedan (Classic)	4250.	7750.	12950.	18500.	(90)
1659 Limousine (Classic)	4400.	8000.	13300.	19000.	(90)

PACKARD 1947 SIX CYLINDER CARS

CLIPPER 6-2100 T.S. 15 x 6.50 W.B. 120'' ENG. 3-1/2 x 4-1/4 29.4 HP

MAKE YEAR MODEL	UNRES. FAIR-4	UNRES. GOOD-3	RES. FAIR-2	RES. EXCEL.-1	PTS.
2185 2D Club Sedan	1550.	2850.	4750.	6800.	(90)
2182 4D Sedan	1400.	2500.	4200.	6000.	(90)

PACKARD 1947 EIGHT CYLINDER CARS

CLIPPER 2101 T.S. 15 x 6.50 W.B. 120'' ENG. 3-1/4 x 4-1/4 33.8 HP

MAKE YEAR MODEL	UNRES. FAIR-4	UNRES. GOOD-3	RES. FAIR-2	RES. EXCEL.-1	PTS.
2195 2D Club Sedan	1600.	2950.	4900.	7000.	(90)
2192 4D Tr. Sedan	1500.	2750.	4550.	6500.	(90)

MAKE YEAR MODEL	UNRES. FAIR-4	UNRES. GOOD-3	RES. FAIR-2	RES. EXCEL.-1	PTS.
DELUXE 2111 T.S. 15 x 6.50 W.B. 120'' ENG. 3-1/4 x 4-1/4 33.8 HP					
2115 2D Club Sedan	1650.	3000.	5050.	7200.	(90)
2112 4D Sedan	1550.	2850.	4750.	6800.	(90)
SUPER CLIPPER T.S. 15 x 7.00 W.B. 127'' ENG. 3-1/2 x 4-5/8 39.2 HP					
2175 2D Club Sedan	2100.	3800.	6300.	9000.	(90)
2172 4D Tr. Sedan	1800.	3250.	5450.	7800.	(90)
CUSTOM SUPER T.S. 15 x 7.00 W.B. 127'' ENG. 3-1/2 x 4-5/8 39.2 HP					
2125 2D Club Sedan (Classic)	4250.	7750.	12950.	18500.	(90)
2122 4D Tr. Sedan (Classic)	3800.	6950.	11550.	16500.	(90)
SUPER 8 T.S. 15 x 7.00 W.B. 148'' ENG. 3-1/2 x 4-5/8 39.2 HP					
2151 Sedan (Classic)	4250.	7750.	12950.	18500.	(90)
2150 Limousine (Classic)	4400.	8000.	13300.	19000.	(90)

PACKARD 1948

MAKE YEAR MODEL	UNRES. FAIR-4	UNRES. GOOD-3	RES. FAIR-2	RES. EXCEL.-1	PTS.
STANDARD 8 SERIES T.S. 7.60 x 15 W.B. 120'' ENG. 3-1/2 x 3-3/4 130 HP					
2295 2D Club Sedan	1650.	3000.	4950.	7100.	(90)
2292 4D Sedan	1650.	3000.	4950.	7100.	(90)
2293 Station Sedan	4400.	8000.	13300.	19000.	(90)
DELUXE 8 SERIES T.S. 7.60 x 15 W.B. 120'' ENG. 3-1/2 x 3-3/4 130 HP					
2265 2D Club Sedan	1750.	3150.	5250.	7500.	(90)
2262 4D Sedan	1550.	2850.	4750.	6800.	(90)
SUPER 8 SERIES T.S. 7.00 x 15 W.B. 120'' ENG. 3-1/2 x 4 145 HP					
2275 2D Club Sedan	1900.	3450.	5750.	8200.	(90)
2272 4D Sedan	1650.	3000.	5050.	7200.	(90)
2279 2D Victoria Convertible	3700.	6700.	11200.	16000.	(90)
SUPER 8 2222 SERIES T.S. 7.00 x 15 W.B. 141'' ENG. 3-1/2 x 4-1/4 145 HP					
2277 4D Sedan	1900.	3450.	5750.	8200.	(90)
2271 4D Deluxe Sedan	1950.	3550.	5950.	8500.	(90)
2276 Limousine	3950.	7150.	11900.	17000.	(90)
2270 Deluxe Limousine	4050.	7350.	12250.	17500.	(90)
2206 SERIES T.S. 7.00 x 15 W.B. 127'' ENG. 3-1/2 x 4-1/4 145 HP					
2252 4D Sedan	2250.	4100.	6850.	9800.	(90)
2255 2D Club Sedan	2300.	4200.	7000.	10000.	(90)
2226 SERIES T.S. 7.00 x 16 W.B. 148'' ENG. 3-1/2 x 4-5/8 160 HP					
2251 4D Sedan	2500.	4550.	7550.	10800.	(90)
2250 Limousine	2750.	5050.	8400.	12000.	(90)
2233 SERIES T.S. 8.20 x 15 W.B. 127'' ENG. 3-1/2 x 4-5/8 160 HP					
2259 Victoria Custom Convertible	4850.	8800.	14700.	21000.	(90)

PACKARD 1949

MAKE YEAR MODEL	UNRES. FAIR-4	UNRES. GOOD-3	RES. FAIR-2	RES. EXCEL.-1	PTS.
2301 SERIES T.S. 15 x 7.5 W.B. 120'' ENG. 3-1/2 x 3-3/4 135 HP					
2392 4D Sedan	1400.	2500.	4200.	6000.	(90)
2395 2D Club Sedan	1450.	2600.	4350.	6200.	(90)
2393 Station Sedan	4600.	8400.	14000.	20000.	(90)
CUSTOM 2301 T.S. 15 x 7.5 W.B. 120'' ENG. 3-1/2 x 3-3/4 135 HP					
2362 4D Sedan	1550.	2850.	4750.	6800.	(90)
2365 2D Club Sedan	1600.	2950.	4900.	7000.	(90)
SUPER 2302 SERIES T.S. 15 x 7.60 W.B. 127'' ENG. 3-1/2 x 4-1/4 150 HP					
2382 4D Sedan	1750.	3150.	5250.	7500.	(90)
2385 2D Club Sedan	1800.	3250.	5450.	7800.	(90)
DELUXE 2302 SERIES T.S. 15 x 7.60 W.B. 127'' ENG. 3-1/2 x 4-1/4 150 HP					
2372 4D Sedan	1500.	2750.	4550.	6500.	(90)
2375 2D Club Sedan	1600.	2950.	4900.	7000.	(90)
SERIES 2322 T.S. 15 x 8.20 W.B. 141'' ENG. 3-1/2 x 4-1/4 150 HP					
2371 4D Sedan	2300.	4200.	7000.	10000.	(90)
2370 Limousine	2400.	4400.	7350.	10500.	(90)
SERIES 2332 T.S. 15 x 8.20 W.B. 127'' ENG. 3-1/2 x 4-1/4 150 HP					
2379 Victoria Convertible Coupe	3350.	6100.	10150.	14500.	(90)
SERIES 2306 T.S. 15 x 8.20 W.B. 127'' ENG. 3-1/2 x 4-5/8 160 HP					
2352 4D Sedan	1950.	3550.	5950.	8500.	(90)
SERIES 2333 T.S. 15 x 8.20 W.B. 127'' ENG. 3-1/2 x 4-5/8 160 HP					
2359 Victoria Convertible Coupe	3950.	7150.	11900.	17000.	(90)

PACKARD 1950

MAKE YEAR MODEL	UNRES. FAIR-4	UNRES. GOOD-3	RES. FAIR-2	RES. EXCEL.-1	PTS.
SERIES 2301 T.S. 15 x 7.60 W.B. 120'' ENG. 3-1/2 x 3-3/4 135 HP					
2392-5 4D Sedan	1150.	2100.	3500.	5000.	(90)
2395-5 2D Club Sedan	1150.	2100.	3500.	5000.	(90)
2393-5 Station Sedan	4150.	7550.	12600.	18000.	(90)
DELUXE 2301-5 T.S. 15 x 7.60 W.B. 120'' ENG. 3-1/2 x 3-3/4 135 HP					
2362-5 4D Sedan	1250.	2300.	3850.	5500.	(90)
2365-5 2D Club Sedan	1250.	2300.	3850.	5500.	(90)
SUPER 2302-5 T.S. 15 x 7.60 W.B. 127'' ENG. 3-1/2 x 4-1/4 150 HP					
2383-5 4D Sedan	1500.	2750.	4550.	6500.	(90)
2385-5 2D Club Sedan	1550.	2850.	4750.	6800.	(90)
DELUXE 2302-5 T.S. 15 x 8.00 W.B. 127'' ENG. 3-1/2 x 4-1/4 150 HP					
2372-5 4D Sedan	1600.	2950.	4900.	7000.	(90)
2375-5 2D Club Sedan	1750.	3150.	5250.	7500.	(90)
DELUXE 2322-5 T.S. 15 x 8.20 W.B. 141'' ENG. 3-1/2 x 4-1/4 150 HP					
2371-5 4D Sedan	1800.	3250.	5450.	7800.	(90)
2370-5 Limousine	1950.	3550.	5950.	8500.	(90)
DELUXE 2332-5 T.S. 15 x 8.00 W.B. 127'' ENG. 3-1/2 x 4-1/4 150 HP					
2379-5 Victoria Convertible Coupe	3800.	6950.	11550.	16500.	(90)

PACKARD 1951

MAKE YEAR MODEL	UNRES. FAIR-4	UNRES. GOOD-3	RES. FAIR-2	RES. EXCEL.-1	PTS.
SERIES 2401 200 MODEL T.S. 7.60 x 15 W.B. 122'' ENG. 3-1/2 x 3-3/4 145 HP					
2498 Business Coupe	700.	1250.	2100.	3000.	(90)
2395 Club Sedan	900.	1600.	2650.	3800.	(90)
2492 Tr. Sedan	900.	1600.	2650.	3800.	(90)
DELUXE 2401 T.S. 7.60 x 15 W.B. 122'' ENG. 3-1/2 x 3-3/4 145 HP					
2465 Club Sedan	900.	1600.	2650.	3800.	(90)
2462 Tr. Sedan	900.	1600.	2650.	3800.	(90)
SERIES 250 T.S. 7.60 x 15 W.B. 122'' ENG. 3-1/2 x 3-3/4 145 HP					
2467 2D Mayfair Hardtop	1750.	3150.	5250.	7500.	(90)
2469 Convertible Coupe	2700.	4950.	8250.	11800.	(90)
SERIES 2402 300 MODEL T.S. 8.00 x 15 W.B. 127'' ENG. 3-1/2 x 4-1/4 39.2 HP					
2472 Tr. Sedan	1400.	2500.	4200.	6000.	(90)
SERIES 2406 T.S. 8.00 x 15 W.B. 127'' ENG. 3-1/2 x 4-1/4 39.2 HP					
2452 Tr. Sedan	1750.	3150.	5250.	7500.	(90)

PACKARD 1952

MAKE YEAR MODEL	UNRES. FAIR-4	UNRES. GOOD-3	RES. FAIR-2	RES. EXCEL.-1	PTS.
SERIES 2501 200 MODEL T.S. 7.60 x 15 W.B. 122'' ENG. 3-1/2 x 3-3/4 145 HP					
2595 2D Sedan	800.	1450.	2450.	3500.	(90)
2592 4D Sedan	900.	1600.	2650.	3800.	(90)
200 MODEL DELUXE T.S. 7.60 x 15 W.B. 122'' ENG. 3-1/2 x 3-3/4 145 HP					
2565 2D Sedan	900.	1700.	2800.	4000.	(90)
2562 4D Sedan	900.	1700.	2800.	4000.	(90)
250 MODEL T.S. 8.00 x 15 W.B. 122'' ENG. 3-1/2 x 3-3/4 145 HP					
2577 2D Mayfair Hardtop	1950.	3550.	5950.	8500.	(90)
2579 Convertible Coupe	2600.	4700.	7850.	11200.	(90)
300 MODEL T.S. 8.00 x 15 W.B. 127'' ENG. 3-1/2 x 3-3/4 145 HP					
2572 4D Sedan	1400.	2500.	4200.	6000.	(90)
400 MODEL T.S. 8.00 x 15 W.B. 127'' ENG. 3-1/2 x 3-3/4 145 HP					
2552 4D Sedan	1650.	3000.	4950.	7100.	(90)

PACKARD 1953

MAKE YEAR MODEL	UNRES. FAIR-4	UNRES. GOOD-3	RES. FAIR-2	RES. EXCEL.-1	PTS.
CLIPPER 2601 T.S. 7.60 x 15 W.B. 127'' ENTG. 3-1/2 x 3-3/4 39.2 HP					
2692 4D Sedan	900.	1700.	2800.	4000.	(90)
2695 2D Club Sedan	900.	1700.	2800.	4000.	(90)
2697 Sportster	1600.	2950.	4900.	7000.	(90)
CAVALIER 2602 T.S. 8.00 x 15 W.B. 127'' ENG. 3-1/2 x 4-1/4 145 HP					
2672 4D Sedan	1500.	2750.	4550.	6500.	(90)
SERIES 2606 T.S. 8.00 x 15 W.B. 122'' ENG. 3-1/2 x 4-1/4 145 HP					
2652 4D Sedan	1550.	2850.	4750.	6800.	(90)
4D Sedan Derham	2100.	3800.	6300.	9000.	(90)
SERIES 2611 T.S. 7.60 x 15 W.B. 127'' ENG. 3-1/2 x 4-1/4 145 HP					
2662 4D Sedan	1600.	2950.	4900.	7000.	(90)

1949 Packard Golden Anniversary Custom Super Eight Convertible
Photo Courtesy of Steve Holland, Santa Clara, Ca.

MAKE YEAR MODEL	UNRES. FAIR-4	UNRES. GOOD-3	RES. FAIR-2	RES. EXCEL.-1	PTS.
2665 2D Club Sedan	1500.	2750.	4550.	6500.	(90)
SERIES 2631 T.S. 8.00 x 15 W.B. 122'' ENG. 3-1/2 x 4-1/4 145 HP					
2677 Mayfair Coupe Hardtop	2000.	3650.	6100.	8700.	(90)
2679 Convertible Coupe	2900.	5250.	8750.	12500.	(90)
2678 Caribbean	3950.	7150.	11900.	17000.	(90)
SERIES 2626 W.B. 149''					
8-Pass. Sedan	1800.	3250.	5450.	7800.	(90)
8-Pass. Limousine	1900.	3450.	5750.	8200.	(90)

PACKARD 1954

MAKE YEAR MODEL	UNRES. FAIR-4	UNRES. GOOD-3	RES. FAIR-2	RES. EXCEL.-1	PTS.
CLIPPER SPECIAL T.S. 7.50 x 15 W.B. 122'' ENG. 3-1/2 x 3-3/4 165 HP					
5485 2D Club Sedan	900.	1650.	2750.	3900.	(90)
CLIPPER DELUXE T.S. 7.60 x 15 W.B. 122'' ENG. 3-1/2 x 4-1/4 165 HP					
5492 4D Tr. Sedan	1100.	1950.	3300.	4700.	(90)
5495 2D Club Sedan	1050.	1950.	3300.	4700.	(90)
5497 Sportster Coupe	1750.	3150.	5250.	7500.	(90)
SUPER CLIPPER T.S. 7.60 x 15 W.B. 122'' ENG. 3-1/2 x 4-1/4 165 HP					
5462 4D Tr. Sedan	1300.	2350.	3900.	5600.	(90)
5465 2D Club Sedan	1250.	2300.	3850.	5500.	(90)
5467 Panama Coupe	1850.	3350.	5600.	8000.	(90)
CAVALIER T.S. 8.00 x 15 W.B. 127'' ENG. 3-1/2 x 4-1/4 185 HP					
5472 4D Sedan	1650.	3000.	5050.	7200.	(90)
SERIES 5431 T.S. 8.00 x 15 W.B. 122'' ENG. 3-9/16 x 4-1/2 212 HP					
5479 Convertible Coupe	3250.	5900.	9800.	14000.	(90)
5477 Pacific Coupe	2050.	3700.	6150.	8800.	(90)
5478 Caribbean Convertible Coupe	3950.	7150.	11900.	17000.	(90)
CUSTOM 5406 T.S. 8.20 x 15 W.B. 149'' ENG. 3-9/16 x 4-1/2 212 HP					
4D Sedan	1750.	3150.	5250.	7500.	(90)
SERIES 5426 T.S. 8.20 x 15 W.B. 149'' ENG. 3-9/16 x 4-1/2 212 HP					
5451 4D Sedan	1800.	3250.	5450.	7800.	(90)
5450 4D Limousine	1850.	3350.	5600.	8000.	(90)

PACKARD 1955

MAKE YEAR MODEL	UNRES. FAIR-4	UNRES. GOOD-3	RES. FAIR-2	RES. EXCEL.-1	PTS.
CLIPPER DELUXE T.S. 7.60 x 15 W.B. 122'' ENG. 3-9/16 x 4-1/2 212 HP					
5422 4D Sedan	800.	1450.	2450.	3500.	(90)
SUPER T.S. 7.60 x 15 W.B 122'' ENG. 3-9/16 x 4-1/2 212 HP					
5542 4D Sedan	900.	1600.	2650.	3800.	(90)
5547 Pan. Hardtop Coupe	1400.	2500.	4200.	6000.	(90)
PACKARD LINE T.S. 8.00 x 15 W.B. 127'' ENG. 3-9/16 x 4-1/2 212 HP					
5582 Pat. 4D Sedan	1350.	2450.	4050.	5800.	(90)
5587 Hardtop Coupe 400	1950.	3550.	5950.	8500.	(90)
CARIBBEAN T.S. 8.00 x 15 W.B. 127'' ENG. 3-9/16 x 4-1/2 212 HP					
5588 Convertible	3800.	6950.	11550.	16500.	(90)

PACKARD 1956

MAKE YEAR MODEL	UNRES. FAIR-4	UNRES. GOOD-3	RES. FAIR-2	RES. EXCEL.-1	PTS.
CLIPPER LINE DELUXE T.S. 8.00 x 15 W.B. 122'' ENG. 4-1/9 x 3-1/2 212 HP					
5640 SUPER T.S. 8.00 x 15 W.B. 122'' ENG. 4-1/8 x 3-1/2 212 HP					
5642 4D Sedan	850.	1550.	2600.	3700.	(90)
5647 Hardtop Coupe	1250.	2300.	3850.	5500.	(90)
5660 CUSTOM T.S. 8.00 x 15 W.B. 122'' ENG. 4-1/8 x 3-1/2 212 HP					
5662 4D Sedan	1150.	2050.	3450.	4900.	(90)
5667 Constellation Hardtop	1600.	2950.	4900.	7000.	(90)
CARIBBEAN T.S. 8.00 x 15 W.B. 127'' ENG. 4-1/8 x 3-1/2 212 HP					
5697 Hardtop Coupe	3350.	6100.	10150.	14500.	(90)
5699 Convertible Coupe	3700.	6700.	11200.	16000.	(90)
5680 Pat. 4-Dr. Sedan	1500.	2750.	4550.	6500.	(90)
400 2D Hardtop	2100.	3800.	6300.	9000.	(90)

PLYMOUTH 1946 SIX CYLINDER CARS

MAKE YEAR MODEL	UNRES. FAIR-4	UNRES. GOOD-3	RES. FAIR-2	RES. EXCEL.-1	PTS.
6-P15 DELUXE T.S. 16 x 6.00 W.B. 117'' ENG. 3-1/4 x 4-3/8 25.35 HP					
P15 Coupe	850.	1500.	2500.	3600.	(90)
P15 Club Coupe	850.	1550.	2600.	3700.	(90)
P15 2D Sedan	800.	1450.	2450.	3500.	(90)
P15 4D Sedan	850.	1550.	2600.	3700.	(90)
P15 SPECIAL DELUXE T.S. 16 x 6.00 W.B. 117'' ENG. 3-1/4 x 4-3/8 25.35 HP					
P15 Coupe	900.	1700.	2800.	4000.	(90)
P15 Club Coupe	900.	1700.	2800.	4000.	(90)
P15 Convertible Coupe	2400.	4400.	7350.	10500.	(90)
P15 2D Sedan	900.	1700.	2800.	4000.	(90)
P15 4D Sedan	950.	1750.	2950.	4200.	(90)
P15 Station Wagon	2300.	4200.	7000.	10000.	(90)

PLYMOUTH 1947

MAKE YEAR MODEL	UNRES. FAIR-4	UNRES. GOOD-3	RES. FAIR-2	RES. EXCEL.-1	PTS.
P15 DELUXE T.S. 16 x 6.70 W.B. 117'' ENG. 3-1/4 x 4-3/8 25.35 HP					
P15 Coupe	900.	1600.	2650.	3800.	(90)

MAKE YEAR MODEL	UNRES. FAIR-4	UNRES. GOOD-3	RES. FAIR-2	RES. EXCEL.-1	PTS.
P15 Club Coupe	850.	1550.	2600.	3700.	(90)
P15 2D Sedan	800.	1450.	2450.	3500.	(90)
P15 4D Sedan	900.	1700.	2800.	4000.	(90)

P15 SPECIAL DELUXE T.S. 16 x 6.70 W.B. 117'' ENG. 3-1/4 x 4-3/8 25.35 HP

MAKE YEAR MODEL	UNRES. FAIR-4	UNRES. GOOD-3	RES. FAIR-2	RES. EXCEL.-1	PTS.
P15 Coupe	900.	1700.	2800.	4000.	(90)
P15 Club Coupe	900.	1600.	2650.	3800.	(90)
P15 Convertible Coupe	2650.	4850.	8050.	11500.	(90)
P15 2D Sedan	900.	1600.	2650.	3800.	(90)
P15 4D Sedan	1050.	1900.	3150.	4500.	(90)
P15 Station Wagon	2300.	4200.	7000.	10000.	(90)

PLYMOUTH 1948

P15 DELUXE T.S. 6.70 x 15 W.B. 117'' ENG. 3-1/4 x 4-3/8 25.35 HP

MAKE YEAR MODEL	UNRES. FAIR-4	UNRES. GOOD-3	RES. FAIR-2	RES. EXCEL.-1	PTS.
P15 Coupe	900.	1600.	2650.	3800.	(90)
P15 Club Coupe	850.	1550.	2600.	3700.	(90)
P15 2D Sedan	850.	1500.	2500.	3600.	(90)
P15 4D Sedan	900.	1700.	2800.	4000.	(90)

P15 SPECIAL DELUXE T.S. 6.70 x 15 W.B. 117'' ENG. 3-1/4 x 4-3/8 25.35 HP

MAKE YEAR MODEL	UNRES. FAIR-4	UNRES. GOOD-3	RES. FAIR-2	RES. EXCEL.-1	PTS.
P15 Coupe	1100.	2000.	3350.	4800.	(90)
P15 Club Coupe	1100.	2000.	3350.	4800.	(90)
P15 Convertible Coupe	2750.	5050.	8400.	12000.	(90)
P15 2D Sedan	900.	1700.	2800.	4000.	(90)
P15 4D Sedan	1050.	1900.	3150.	4500.	(90)
P15 Station Wagon	2300.	4200.	7000.	10000.	(90)

PLYMOUTH 1949

PLYMOUTH FIRST SERIES, SPECIFICATIONS AND VALUES SAME AS 1948 MODELS

PLYMOUTH SECOND SERIES

P18 DELUXE T.S. 15 x 6.70 W.B. 118- /2'' ENG. 3-1/4 x 4-3/8 25.35 HP

MAKE YEAR MODEL	UNRES. FAIR-4	UNRES. GOOD-3	RES. FAIR-2	RES. EXCEL.-1	PTS.
P18 4D Sedan	850.	1500.	2500.	3600.	(90)
P18 Club Coupe	850.	1500.	2500.	3600.	(90)

P18 SPECIAL DELUXE T.S. 15 x 6.70 W.B. 118-1/2'' ENG. 3-1/4 x 4-3/8 25.35 HP

MAKE YEAR MODEL	UNRES. FAIR-4	UNRES. GOOD-3	RES. FAIR-2	RES. EXCEL.-1	PTS.
P18 4D Sedan	1050.	1900.	3150.	4500.	(90)
P18 Club Coupe	1050.	1900.	3150.	4500.	(90)
P18 Club Coupe Convertible	2600.	4700.	7850.	11200.	(90)
P18 Station Wagon	2100.	3800.	6300.	9000.	(90)

PLYMOUTH 1950

P19 DELUXE T.S. 6.40 x 15 W.B. 111'' ENG. 3-1/2 x 4-3/8 100 HP

MAKE YEAR MODEL	UNRES. FAIR-4	UNRES. GOOD-3	RES. FAIR-2	RES. EXCEL.-1	PTS.
P19 Coupe	850.	1550.	2600.	3700.	(90)
P19 2D Sedan	850.	1550.	2600.	3700.	(90)
P19 Suburban	800.	1450.	2450.	3500.	(90)
P19 Special Suburban	900.	1650.	2750.	3900.	(90)

P20 DELUXE T.S. 6.70 x 15 W.B. 118-1/2'' ENG. 3-1/2 x 4-3/8 100 HP

MAKE YEAR MODEL	UNRES. FAIR-4	UNRES. GOOD-3	RES. FAIR-2	RES. EXCEL.-1	PTS.
P20 Club Coupe	900.	1650.	2750.	3900.	(90)
P20 4D Sedan	900.	1650.	2750.	3900.	(90)

P20 SPECIAL DELUXE T.S. 6.70 x 15 W.B. 118-1/2'' ENG. 3-1/2 x 4-3/8 100 HP

MAKE YEAR MODEL	UNRES. FAIR-4	UNRES. GOOD-3	RES. FAIR-2	RES. EXCEL.-1	PTS.
P20 Club Coupe	1150.	2100.	3500.	5000.	(90)
P20 4D Sedan	1150.	2100.	3500.	5000.	(90)
P20 Convertible Coupe	2650.	4850.	8050.	11500.	(90)
P20 Station Wagon	2400.	4400.	7350.	10500.	(90)

PLYMOUTH 1951

P22 CONCORD T.S. 6.40 x 15 W.B. 111'' ENG. 3-1/4 x 4-3/8 100 HP

MAKE YEAR MODEL	UNRES. FAIR-4	UNRES. GOOD-3	RES. FAIR-2	RES. EXCEL.-1	PTS.
P22 Coupe	700.	1250.	2100.	3000.	(90)
P22 2D Sedan	700.	1200.	2050.	2900.	(85)
P22 Suburban	750.	1350.	2250.	3200.	(90)
P22 Savoy	600.	1150.	1900.	2700.	(85)

P23 CAMBRIDGE T.S. 6.70 x 15 W.B. 118-1/2'' ENG. 3-1/4 x 4-3/8 100 HP

MAKE YEAR MODEL	UNRES. FAIR-4	UNRES. GOOD-3	RES. FAIR-2	RES. EXCEL.-1	PTS.
P23 Club Coupe	700.	1250.	2100.	3000.	(85)
P23 4D Sedan	700.	1250.	2100.	3000.	(85)

P23 CRANBROOK T.S. 6.70 x 15 W.B. 118-1/2'' ENG. 3-1/4 x 4-3/8 100 HP

MAKE YEAR MODEL	UNRES. FAIR-4	UNRES. GOOD-3	RES. FAIR-2	RES. EXCEL.-1	PTS.
P23 4D Sedan	900.	1700.	2800.	4000.	(85)
P23 Club Coupe	950.	1750.	2950.	4200.	(85)
P23 Convertible Coupe	2300.	4200.	7000.	10000.	(90)
P23 2D Belvedere Hardtop	1500.	2750.	4550.	6500.	(90)

PLYMOUTH 1952

CONCORD P22 T.S. 6.40 x 15 W.B. 111'' ENG. 3 x 4-3/8 25.5 HP

MAKE YEAR MODEL	UNRES. FAIR-4	UNRES. GOOD-3	RES. FAIR-2	RES. EXCEL.-1	PTS.
P22 Coupe	700.	1200.	2050.	2900.	(85)
P22 2D Sedan	700.	1200.	2050.	2900.	(85)
P22 Suburban	700.	1250.	2100.	3000.	(85)
P22 Savoy	650.	1200.	1950.	2800.	(85)

CAMBRIDGE P23 T.S. 6.70 x 15 W.B. 118-1/2'' ENG. 3 x 4-3/8 25.5 HP

MAKE YEAR MODEL	UNRES. FAIR-4	UNRES. GOOD-3	RES. FAIR-2	RES. EXCEL.-1	PTS.
P23 Club Coupe	750.	1400.	2300.	3300.	(85)
P23 4D Sedan	750.	1400.	2300.	3300.	(85)

CRANBROOK P23 T.S. 6.70 x 15 W.B. 118-1/2'' ENG. 3 x 4-3/8 25.5 HP

MAKE YEAR MODEL	UNRES. FAIR-4	UNRES. GOOD-3	RES. FAIR-2	RES. EXCEL.-1	PTS.
P23 4D Sedan	950.	1750.	2950.	4200.	(85)
P23 Club Coupe	950.	1750.	2950.	4200.	(85)
P23 Club Coupe Convertible	2300.	4200.	7000.	10000.	(90)
P23 2D Belvedere Hardtop	1550.	2800.	4700.	6700.	(90)

PLYMOUTH 1953

CAMBRIDGE P24 T.W. 6.70 x 15 W.B. 114'' ENG. 3-1/4 x 4-3/8 100 HP

MAKE YEAR MODEL	UNRES. FAIR-4	UNRES. GOOD-3	RES. FAIR-2	RES. EXCEL.-1	PTS.
P24 2D Coupe	500.	900.	1550.	2200.	(85)
P24 2D Club Sedan	500.	900.	1550.	2200.	(85)
P24 4D Sedan	500.	900.	1550.	2200.	(85)
P24 Suburban	650.	1200.	1950.	2800.	(85)

CRANBROOK P24 T.S. 6.70 x 15 W.B. 114'' ENG. 3-1/4 x 4-3/8 100 HP

MAKE YEAR MODEL	UNRES. FAIR-4	UNRES. GOOD-3	RES. FAIR-2	RES. EXCEL.-1	PTS.
P24 4D Sedan	600.	1100.	1800.	2600.	(85)
P24 2D Club Coupe	600.	1100.	1800.	2600.	(85)
P24 Convertible Coupe	1900.	3450.	5750.	8200.	(90)
P24 2D Belvedere Hardtop	950.	1750.	2950.	4200.	(85)
P24 Savoy	700.	1250.	2100.	3000.	(85)

PLYMOUTH 1954

PLAZA P26 T.S. 6.70 x 15 W.B. 114'' ENG. 3-1/4 x 4-3/8 100 HP

MAKE YEAR MODEL	UNRES. FAIR-4	UNRES. GOOD-3	RES. FAIR-2	RES. EXCEL.-1	PTS.
P26 Business Coupe	550.	1000.	1700.	2400.	(85)
P26 4D Sedan	550.	1000.	1700.	2400.	(85)
P26 Club Sedan	550.	1000.	1700.	2400.	(85)
P26 2D Suburban Station Wagon	650.	1200.	1950.	2800.	(85)

SAVOY P25-2 T.S. 6.70 x 15 W.B. 114'' ENG. 3-1/4 x 4-3/8 100 HP

MAKE YEAR MODEL	UNRES. FAIR-4	UNRES. GOOD-3	RES. FAIR-2	RES. EXCEL.-1	PTS.
P25-2 4D Sedan	600.	1150.	1900.	2700.	(85)
P25-2 Club Sedan	600.	1150.	1900.	2700.	(85)
P25-2 Club Coupe	700.	1200.	2050.	2900.	(85)
P25-2 Convertible Coupe	1650.	3000.	5050.	7200.	(90)

BELVEDERE P25-3 T.S. 6.70 x 15 W.B. 114'' ENG. 3-1/4 x 4-3/8 100 HP

MAKE YEAR MODEL	UNRES. FAIR-4	UNRES. GOOD-3	RES. FAIR-2	RES. EXCEL.-1	PTS.
P25-3 4D Sedan	750.	1350.	2250.	3200.	(85)
P25-3 Convertible Coupe	1850.	3350.	5600.	8000.	(85)
P25-3 Hardtop Sport Coupe	1050.	1950.	3200.	4600.	(85)
P25-3 2D Suburban Station Wagon	800.	1450.	2450.	3500.	(85)

PLYMOUTH 1955

V8 DEDUCT $400. FOR SIX CYLINDER

MAKE YEAR MODEL	UNRES. FAIR-4	UNRES. GOOD-3	RES. FAIR-2	RES. EXCEL.-1	PTS.
1955 4D V-8 Belvedere Sedan	900.	1700.	2800.	4000.	(85)
1955 2D V-8 Hardtop	1300.	2350.	3900.	5600.	(85)
1955 Belvedere 8 Convertible Coupe	1950.	3550.	5950.	8500.	(85)
1956 2D V-8 Fury Hardtop	1350.	2450.	4050.	5800.	(85)
1956 Belvedere Convertible	1850.	3400.	5650.	8100.	(85)
1956 4D V-8 Sedan H.T.	900.	1600.	2650.	3800.	(85)
1957 V-8 Convertible	1750.	3150.	5250.	7500.	(85)
1957 4D V-8 Sedan	700.	1250.	2100.	3000.	(85)
1957 Belvedere 2D. Hardtop	750.	1350.	2250.	3200.	(85)
1957 2D Fury Hardtop 290 HP	900.	1700.	2800.	4000.	(85)

MAKE YEAR MODEL	UNRES. FAIR-4	UNRES. GOOD-3	RES. FAIR-2	RES. EXCEL.-1	PTS.
1958 Belvedere Conv. 215 HP	850.	1500.	2500.	3600.	(85)
1958 4D V-8 Hardtop 215 HP	700.	1200.	2050.	2900.	(85)
1959 SPORT FURY CONV. 260 HP	900.	1600.	2650.	3800.	(85)
1959 2D V-8 Hardtop Sport Fury 260 HP	750.	1350.	2300.	3250.	(85)
1960 Fury Conv.	900.	1600.	2650.	3800.	(85)
1960 2D Fury Hardtop	700.	1250.	2100.	3000.	(85)
1961 Fury 2D. HT	800.	1450.	2450.	3500.	(85)
1961 Fury Convertible	1050.	1900.	3150.	4500.	(90)
1962 Fury 2D. HT	750.	1350.	2250.	3200.	(90)
1962 Fury Convertible	900.	1650.	2750.	3900.	(90)
1962 Valiant Signet 2D. HT. 6 Cyl.	800.	1450.	2450.	3500.	(90)
1963 2D Belvedere Hardtop	700.	1250.	2100.	3000.	(90)
1963 Sport Fury Conv.	900.	1650.	2750.	3900.	(90)
1964 Fury Conv. SIII 426	1050.	1900.	3150.	4500.	(90)
1964 Barracuda V8 Conv.	1350.	2450.	4050.	5800.	(90)
1965 2D Fury III Hardtop	800.	1450.	2450.	3500.	(90)
1965 Satellite Conv. 426 C.I.D.	2100.	3800.	6300.	9000.	(90)
1966 2D V-8 Barracuda H.T.	1250.	2300.	3850.	5500.	(90)
1966 Satellite Conv. 440	2100.	3850.	6450.	9200.	(90)
1966 2D V-8 Satellite Hardtop (440)	2000.	3700.	6100.	8750.	(90)
1967 V-8 G.T.X. 400 Coupe Hardtop	2250.	4100.	6850.	9800.	(90)
1967 V-8 Satellite Conv. G.T.X.	2400.	4400.	7350.	10500.	(90)
1967 Barracuda V8 FB CP. 426	1850.	3350.	5600.	8000.	(90)
1968 G.T.X. Convertible 440 CID	2350.	4300.	7150.	10200.	(90)
1968 Roadrunner H.T.C.P. (426) FB	1750.	3150.	5250.	7500.	(90)
1968 GTX (Record Qtr. Mile)	2200.	4000.	6650.	9500.	(90)
1968 Roadrunner H.T. 2D.	1450.	2600.	4350.	6200.	(90)
1969 GTX 440 Conv.	2650.	4850.	8050.	11500.	(90)
1970 Superbird 440	3450.	6300.	10500.	15000.	(90)
1970 Roadrunner 440 Conv.	2300.	4200.	7000.	10000.	(90)
1970 GTX 440 Conv.	3350.	6100.	10150.	14500.	(90)
1970 Cuda 440 Conv.	3250.	5900.	9800.	14000.	(90)

PONTIAC

MAKE YEAR MODEL	UNRES. FAIR-4	UNRES. GOOD-3	RES. FAIR-2	RES. EXCEL.-1	PTS.
1946 Torpedo 8 Convertible	3100.	5650.	9450.	13800.	(90)
1946 8-Cyl. Torpedo Sedan Coupe	1350.	2450.	4050.	5800.	(90)
1946 4D 6 Cyl. Streamliner Sedan	1200.	2200.	3650.	5200.	(90)
1946 6-Cyl. Torpedo Sedan Coupe	1200.	2200.	3650.	5200.	(90)
1946 4D Torpedo 8 Sedan	1400.	2500.	4200.	6000.	(90)
1946 4D Streamliner 8 Sedan	1400.	2500.	4200.	6000.	(90)
1946 8-Cyl. Station Wagon	2250.	4050.	6800.	9700.	(90)
1947 2D Torpedo 6 Sedan	1150.	2100.	3500.	5000.	(90)
1947 4D Streamliner 6 Sedan	1200.	2200.	3650.	5200.	(90)
1947 Torpedo 8 Convertible	3250.	5900.	9800.	14000.	(90)
1947 8-Cyl. Deluxe Station Wagon	2250.	4100.	6850.	9800.	(90)
1947 Streamliner 8 Sedan Coupe	1350.	2500.	4150.	5900.	(90)
1947 4D Streamliner 8 Sedan	1300.	2350.	3900.	5600.	(90)
1948 Deluxe 8 Convertible Coupe	3350.	6100.	10150.	14500.	(90)
1948 4D Torpedo 8 Sedan	1350.	2450.	4050.	5800.	(90)
1948 Deluxe 8 Station Wagon	2100.	3850.	6450.	9200.	(90)
1948 4D Deluxe Streamliner Sedan	1400.	2500.	4200.	6000.	(90)
1949 Model Cheiftain Deluxe Conv. Coupe	4150.	7550.	12600.	18000.	(90)
1949 2D Streamliner 8 Fastback	1300.	2350.	3900.	5600.	(90)
1949 Streamliner 8 S.W. (Wood)	1500.	2750.	4550.	6500.	(90)
1949 Chieftain 8 Sedan	1150.	2100.	3500.	5000.	(90)
1951 4D Chieftain Deluxe 8 Sedan	1150.	2100.	3500.	5000.	(90)
1951 Chieftain Deluxe 8 Catalina Coupe Hardtop	1950.	3550.	5950.	8500.	(90)
1950 Streamliner Deluxe Fastback 6 Coupe Sedan	1100.	2000.	3350.	4800.	(90)
1950 2D 8-Cyl. Catalina Hardtop	1900.	3450.	5750.	8200.	(90)
1950 8-Cyl. Chieftain Deluxe Conv.	3000.	5450.	9100.	13000.	(90)
1950 4D Chieftain Deluxe Ntbk. 8 Sedan	950.	1750.	2950.	4200.	(90)
1950 Chieftain Deluxe Ntbk 8 Catalina Coupe	1550.	2800.	4700.	6700.	(90)
1951 Cheiftain Deluxe 8 Conv.	3100.	5650.	9450.	13500.	(90)
1952 Super Catalina Convertible	2750.	5050.	8400.	12000.	(90)
1952 2D 8-Cyl. Catalina Hardtop	1250.	2300.	3850.	5500.	(90)
1953 8-Cyl. Chieftain Convertible	2650.	4850.	8050.	11500.	(90)
1953 4D Chieftain Deluxe 8 Sedan	1050.	1900.	3150.	4500.	(90)
1953 Chieftain Catalina Coupe	1800.	3300.	5450.	7800.	(90)
1954 4D Chieftain Special 6 Sedan	850.	1500.	2500.	3600.	(90)
1954 Chieftain Deluxe 8 Catalina Coupe	1400.	2550.	4250.	6100.	(90)
1954 4D Star Chief Deluxe Sedan	950.	1700.	2850.	4100.	(90)
1954 Star Chief Convertible	2300.	4200.	7000.	10000.	(90)
1955 27 Series Chieftain Catalina Coupe	1500.	2750.	4550.	6500.	(90)
1955 2D Custom Safari Station Wagon (M.S.)	2300.	4200.	7000.	10000.	(90)
1955 4D 28 Series Star Chief Custom Sedan	950.	1750.	2950.	4200.	(90)
1955 Star Chief Convertible	2550.	4600.	7700.	11000.	(90)
1955 Series 28 Star Chief Custom Catalina Coupe	1500.	2750.	4550.	6500.	(90)
1956 Star Chief Convertible	2300.	4200.	7000.	10000.	(90)
1956 2D Catalina Hardtop	1350.	2500.	4150.	5900.	(90)
1956 4D 8-Cyl. Hardtop	850.	1500.	2500.	3600.	(90)
1956 2D Star Chief S.W. (M.S.)	2250.	4050.	6800.	9700.	(90)
1957 Star Chief Convertible	2250.	4100.	6850.	9800.	(90)
1957 2D Chieftain Super Hardtop	1100.	2000.	3350.	4800.	(90)
1958 Bonneville Conv. (Fuel Injection)	2500.	4550.	7550.	10800.	(90)
1958 8-Cyl. Bonneville H.T. Cpe.	2100.	3800.	6300.	9000.	(90)
1958 4D 8-Cyl. Catalina Hardtop	750.	1350.	2250.	3200.	(90)
1958 Star Chief Sedan	700.	1300.	2150.	3100.	(90)
1959 2D Catalina Hardtop	1200.	2150.	3550.	5100.	(90)
1959 4D Catalina Hardtop	750.	1350.	2250.	3200.	(90)
1960 Bonneville Convertible	1550.	2850.	4750.	6800.	(90)
1960 Bonneville 2D. HT	1200.	2200.	3650.	5200.	(90)
1960 Catalina Convertible	1250.	2300.	3850.	5500.	(90)

PONTIAC 1961 EIGHT CYLINDER

MAKE YEAR MODEL	UNRES-3	UNRES. GOOD-2	RES.-1
TEMPEST V8 T.S. 6.50x15 W.B. 112" ENG. 4.06x3.75 155 H.P.			
STANDARD COUPE	660.	915.	1220.
CUSTOM COUPE	710.	985.	1315.
4D. SEDAN	610.	845.	1130.
4D. S. WAGON	610.	845.	1130.
CATALINA SERIES 23 T.S. 8.00x14 W.B. 119" ENG. 4.06x3.75 215 H.P.			
2D. SEDAN	710.	985.	1315.
4D. SEDAN	710.	985.	1315.
HARDTOP COUPE	1015.	1410.	1880.
4D. HARDTOP	760.	1060.	1410.
CONV. COUPE	1870.	2640.	3600. *
4D. S. WAGON (6)	635.	880.	1175.
4D. S. WAGON (9)	635.	880.	1175.
VENTURA SERIES AUTOMATIC T. 267 H.P.			
HARDTOP SPORT COUPE 400, TRI POWER	2155.	2995.	3995.
4D. HARDTOP	1015.	1410.	1880.
STAR CHIEF SERIES 26 T.S. 8.00x14 W.B. 123" ENG. 4.06x3.75 215 H.P. AUTOMATIC T. 283 H.P.			
4D. SEDAN	860.	1200.	1600.
4D. HARDTOP	860.	1200.	1600.
BONNEVILLE SERIES 28 T.S. 8.00x14 W.B. 123" ENG. 4.06x3.75 235 H.P. AUTOMATIC T. 303 H.P.			
HARDTOP SPORTS COUPE	1320.	1830.	2445.
4D. HARDTOP	965.	1340.	1785.

MAKE YEAR MODEL	UNRES-3	UNRES. GOOD-2	RES.-1
CONV. COUPE	2270.	3330.	4500. *
BONNEVILLE CUSTOM SERIES 27 T.S. 8.50x14 W.B. 119''			
ENG. 4.06x3.75 235 H.P. AUTOMATIC T. 303 H.P.			
4D. S. WAGON	710.	985.	1315.

PONTIAC 1962 EIGHT CYLINDER

MAKE YEAR MODEL	UNRES-3	UNRES. GOOD-2	RES.-1
TEMPEST 21 V8 T.S. 6.00x15 W.B. 112'' ENG. 3.5x2.8 185 H.P.			
2127 COUPE	735.	1020.	1360.
2119 4D. SEDAN	735.	1020.	1360.
2135 4D. S. WAGON	530.	740.	985.
TEMPEST CUSTOM V8			
SPORT COUPE	810.	1130.	1505.
2D. CONV.	1540.	2175.	2900. *
TEMPEST LEMANS V8			
SPORT COUPE	1115.	1550.	2070.
2D. CONV.	1600.	2360.	3150. *
CATALINA SERIES T.S. 8.00x14 W.B. 120'' ENG.			
4.06x3.75 267 H.P. (WAG.) T.S. 8.50x14 W.B. 119''			
HARDTOP COUPE	860.	1200.	1600.
4D. HARDTOP	760.	1060.	1410.
COUPE CONV.	1700.	2360.	3100.
4D. S. WAGON (9)	530.	740.	985.
STAR CHIEF SERIES 26 T.S. 8.00x14 W.B. 123'' 4.06x3.75 283 H.P.			
4D. HARDTOP	560.	775.	1035.
BONNEVILLE SERIES 28 T.S. 8.00x14 W.B. 123'' ENG.			
4.06x3.75 303 H.P. (WAG.) T.S. 8.50x14 W.B. 119''			
HARDTOP COUPE	1395.	1940.	2585.
4D. HARDTOP	915.	1270.	1690.
CONV. COUPE	2120.	3040.	4150. *
CUSTOM			
4D. S. WAGON	660.	915.	1220.
GRAN PRIX SERIES 29 T.S. 8.00x14 W.B. 120'' ENG. 4.06x3.75 303 H.P.			
HARDTOP SPORT COUPE	2075.	2960.	4000.

PONTIAC 1963 EIGHT CYLINDER

MAKE YEAR MODEL	UNRES-3	UNRES. GOOD-2	RES.-1
TEMPEST V8 T.S. 6.50x15 W.B. 112'' ENG. 3.72x3.75 260 H.P.			
HARDTOP COUPE	810.	1130.	1505.
4D. SEDAN	810.	1130.	1505.
2D. CONV.	1540.	2175.	2900. *
4D. S. WAGON	560.	775.	1035.
TEMPEST LEMANS V8			
HARDTOP COUPE	1270.	1760.	2350.
2D. CONV.	1680.	2400.	3250. *
CATALINA T.S. 8.00x14 W.B. 120'' ENG. 4.6x3.75 215 H.P.			
HARDTOP COUPE	1065.	1480.	1975.
4D. HARDTOP	860.	1200.	1600.
CONV. COUPE	1600.	2360.	3150.
STAR CHIEF			
4D. HARDTOP	810.	1130.	1505.
BONNEVILLE T.S. 8.00x14 W.B. 123'' ENG. 4.06x3.75 235 H.P.			
HARDTOP SPORTS COUPE	1370.	1905.	2540.
4D. HARDTOP	1015.	1410.	1880.
2D. CONV.	2420.	3400.	4600. *
GRAND PRIX T.S. 8.00x14 W.B. 120'' ENG. 4.06x3.75 303 H.P.			
HARDTOP SPORTS COUPE	1880.	2610.	3480.
PONTIAC STATION WAGONS T.S. 8.50x14 W.B. 119''			
ENG. 4.06x3.75 215 H.P. (BONNEVILLE) 235 H.P.			
4D. CATALINA (9)	560.	775.	1035.
4D. BONNEVILLE CUSTOM	635.	880.	1175.

PONTIAC 1964 EIGHT CYLINDER

MAKE YEAR MODEL	UNRES-3	UNRES. GOOD-2	RES.-1
TEMPEST V8 T.S. 7.00x14 W.B. 115'' ENG. 3.72x3.75 250 H.P.			
4D. SEDAN	685.	950.	1270.
D. S. WAGON	610.	845.	1130.
TEMPEST CUSTOM			
COUPE	1015.	1410.	1880.
4D. SEDAN	710.	985.	1315.
CONV.	1660.	2370.	3200. *
4D. S. WAGON	560.	775.	1035.
LEMANS			
COUPE	1220.	1690.	2255.
GTO HARDTOP COUPE	3520.	5050.	6800. ★
GTO CONV.	3675.	5250.	7100. ★
ADD FOR PERFORMANCE OPTIONS			
CATALINA T.S. 8.00x14 W.B. 120'' ENG. 4.06x3.75 235 H.P.			
2D. HARDTOP	965.	1340.	1785.
4D. HARDTOP	915.	1270.	1690.
2D. CONV.	1940.	2775.	3750. *
STAR CHIEF T.S. 8.00x14 W.B. 123'' ENG. 4.06x3.75 235 H.P.			
4D. HARDTOP	860.	1200.	1600.
BONNEVILLE T.S. 8.00x14 W.B. 123'' 4.06x3.75 306 H.P.			
2D. HARDTOP	1140.	1585.	2115.
4D. HARDTOP	915.	1270.	1690.
2D. CONV.	1940.	2775.	3750. *
GRAND PRIX T.S. 8.00x14 W.B. 120'' 4.06x3.75 306 H.P.			
HARDTOP SPORTS COUPE	1575.	2185.	2915.
STATION WAGONS T.S. 8.50x14 W.B. 119'' 235 H.P.(BONNEVILLE) 306 H.P.			
4D. CATALINA (9)	635.	880.	1175.
4D. BONNEVILLE	660.	915.	1220.

PONTIAC 1965 EIGHT CYLINDER

MAKE YEAR MODEL	UNRES-3	UNRES. GOOD-2	RES.-1
TEMPEST T.S. 7.35x14 W.B. 115'' ENG. 3.72x3.75 250 H.P.			
4D. SEDAN	710.	985.	1315.
4D. S. WAGON	610.	845.	1130.
TEMPEST CUSTOM			
4D. SEDAN	810.	1130.	1505.
2D. HARDTOP	1065.	1480.	1975.
2D. CONV.	1875.	2640.	3500. *
4D. S. WAGON	610.	845.	1130.
TEMPEST LEMANS			
2D. COUPE	1115.	1550.	2070.
4D. SEDAN	810.	1130.	1505.
2D. GTO HARDTOP (ADD FOR OPTIONS)	2420.	3500.	4750. ★
2D. GTO CONV.	3100.	4400.	6000. ★
CATALINA T.S. 8.25x14 W.B. 121'' ENG. 4.06x3.75 290 H.P.			
2D. HARDTOP	915.	1270.	1690.
4D. HARDTOP	610.	845.	1130.
2D. CONV.	1980.	2740.	3700. *
4D. S. WAGON (9)	510.	705.	940.
STAR CHIEF T.S. 8.25x14 W.B. 124'' 4.06x3.75 290 H.P.			
4D. HARDTOP	710.	985.	1315.
BONNEVILLE T.S. 8.25x14 W.B. 4.06x3.75 325 H.P.			
2D. HARDTOP	1015.	1410.	1880.
4D. HARDTOP	810.	1130.	1505.
2D. CONV.	2240.	3100.	4200. *
4D. CUSTOM S. WAGON	530.	740.	985.
GRAND PRIX T.S. 8.25x14 W.B. 121'' 4.06x3.75 325 H.P.			
2D. HARDTOP	1420.	1975.	2630.

PONTIAC 1966 EIGHT CYLINDER

MAKE YEAR MODEL	UNRES-3	UNRES. GOOD-2	RES.-1
TEMPEST V8 6.95/7.75x14 W.B. 115'' C.I.D. 326 250 H.P.			
4D. SEDAN	530.	740.	985.
4D. S. WAGON	530.	740.	985.
TEMPEST CUSTOM V8 T.S. 6.95/7.75x14 W.B. 115'' C.I.D. 326 250 H.P.			
4D. SEDAN	585.	810.	1080.
HARDTOP COUPE	585.	810.	1080.
4D. HARDTOP	810.	1130.	1505.

MAKE YEAR MODEL	UNRES-3	UNRES. GOOD-2	RES.-1
CONV.	1700.	2290.	2900.*
4D. S. WAGON	530.	740.	985.
LEMANS T.S. 6.95/7.75x14 W.B. 115'' C.I.D. 326 250 H.P.			
ADD 20% PERFORMANCE OPT.			
HARDTOP COUPE	1270.	1760.	2350.
4D. HARDTOP	610.	845.	1130.
CONV.	2300.	3170.	4050.★
GTO T.S. 6.95/7.75x14 W.B. 115'' C.I.D. 389 335 H.P.			
SPORTS COUPE	1920.	2800.	3750.★
HARDTOP COUPE	2380.	3400.	4600.★
CONV.	3500.	4600.	6100.★
CATALINA T.S. 6.95/7.75x14 W.B. 121'' C.I.D. 389 290 H.P.			
HARDTOP COUPE	810.	1130.	1505.
4D. HARDTOP	610.	845.	1130.
CONV.	1890.	2590.	3500.*
TWO PLUS TWO T.S. 6.95/7.75x14 W.B. 121'' C.I.D. 421 338 H.P.			
HARDTOP COUPE	1600.	2220.	3000.
CONV.	2100.	2890.	3900.★
STAR CHIEF T.S. 6.95/7.75x14 W.B. 124'' C.I.D. 389 290 H.P.			
HARDTOP COUPE	1015.	1410.	1880.
4D. HARDTOP	735.	1020.	1360.
BONNEVILLE T.S. 6.95/7.75x14 W.B. 124'' C.I.D. 389 325 H.P.			
HARDTOP COUPE	1065.	1480.	1975.
4D. HARDTOP	735.	1020.	1360.
CONV.	2170.	3040.	4100.*
GRAND PRIX T.S. 6.95/7.75x14 W.B. 121'' C.I.D. 389 325 H.P.			
HARDTOP COUPE	1270.	1760.	2350.
STATION WAGONS T.S. 8.55x14 W.B. 121'' C.I.D. 389 290 H.P.			
4D. CATALINA (9)	635.	880.	1175.
4D. BONNEVILLE 325 H.P.	735.	1020.	1360.

PONTIAC 1967 EIGHT CYLINDER

MAKE YEAR MODEL	UNRES-3	UNRES. GOOD-2	RES.-1
TEMPEST T.S. 7.35x14 W.B. 115'' C.I.D. 326 250 H.P.			
2D. SPORTS COUPE	530.	740.	985.
4D. SEDAN	530.	740.	985.
4D. S. WAGON	530.	740.	985.
CUSTOM TEMPEST T.S. 7.25x14 W.B. 115'' C.I.D. 326 250 H.P.			
2D. SPORT COUPE	560.	775.	1035.
4D. SEDAN	560.	775.	1035.
2D. HARDTOP	760.	1055.	1410.
4D. HARDTOP	585.	810.	1080.
2D. CONV.	1740.	2220.	3000.*
4D. S. WAGON	585.	810.	1080.
LEMANS T.S. 7.25x14 W.B. 115'' C.I.D. 326 250 H.P.			
2D. SPORTS COUPE	915.	1270.	1690.
2D. HARDTOP	1140.	1585.	2115.
4D. HARDTOP	610.	845.	1130.
2D. CONV.	2190.	3060.	4150.
TEMPEST SAFARI T.S. 7.25x14 W.B. 115'' C.I.D. 326 250 H.P.			
4D. S. WAGON	610.	845.	1130.
GTO T.S. F70x14 W.B. 115'' C.I.D. 400 335 H.P.			
2D. SPORTS COUPE	1930.	2680.	3570.*
2D. HARDTOP	2285.	3170.	4230.*
2D. CONV.	3500.	4600.	6100.★
FIREBIRD T.S. E70x14 W.B. 108'' C.I.D. 325 250 H.P.			
AD $500. FOR 400 ENGINE			
HARDTOP COUPE	2000.	2770.	3750.*
CONV.	2420.	3500.	4750.★
CATALINA T.S. 8.55x14 W.B. 121'' C.I.D. 400 290 H.P.			
2D. HARDTOP	810.	1130.	1505.
4D. HARDTOP	610.	845.	1130.
2D. CONV.	1840.	2550.	3200.*
EXECUTIVE T.S. 8.55x14 W.B. 124'' C.I.D. 400 290 H.P.			
2D. HARDTOP	860.	1200.	1600.

MAKE YEAR MODEL	UNRES-3	UNRES. GOOD-2	RES.-1
4D. HARDTOP	635.	880.	1175.
BONNEVILLE T.S. 8.55x14 W.B. 124'' C.I.D. 400 325 H.P.			
2D. HARDTOP	1015.	1410.	1880.*
4D. HARDTOP	560.	775.	1035.
2D. CONV.	2250.	3100.	4250.*
GRAND PRIX T.S. 8.55x14 W.B. 121'' C.I.D. 400 350 H.P.			
ADD $200. FOR 428 ENGINE			
2D. HARDTOP	1320.	1830.	2445.
2D. CONV. (ONLY YR. FOR CONV.)	1900.	2690.	3700.*
STATION WAGONS T.S. 8.55x14 W.B. 121'' ENG. V8 C.I.D. 400 290/325 H.P.			
4D. CATALINA (9)	560.	775.	1035.
4D. EXEC.(9)	585.	810.	1080.
4D. BONEVILLE (9)	610.	845.	1130.

PONTIAC 1968 EIGHT CYLINDER

MAKE YEAR MODEL	UNRES-3	UNRES. GOOD-2	RES.-1
TEMPEST T.S. 7.75/8.25x14 W.B. (2D.) 112'' C.I.D. 350 265 H.P.			
2D. COUPE	585.	810.	1080.
4D. SEDAN	585.	810.	1080.
TEMPEST CUSTOM T.S. 7.75/8.25x14 W.B. 112'' C.I.D. 350 265 H.P.			
2D. COUPE	610.	845.	1130.
4D. SEDAN	610.	845.	1130.
2D. HARDTOP	710.	985.	1315.
4D. HARDTOP	635.	880.	1175.
2D. CONV.	1800.	2400.	3000.*
LEMANS T.S. 7.75/8.25x14 W.B. 112'' C.I.D. 350 265 H.P.			
2D. COUPE	760.	1060.	1410.
2D. HARDTOP	860.	1200.	1600.
4D. HARDTOP	710.	985.	1315.
2D. CONV.	1940.	2770.	3750.*
GTO T.S. G77x14 W.B. 112'' ENG. V8 C.I.D. 400 265/350 H.P.			
2D. HARDTOP	1520.	2115.	2820.*
2D. CONV.	2470.	3170.	4250.*
STATION WAGONS T.S. 7.75/8.25x14 W.B. 115'' C.I.D. 350 265 H.P.			
4D. CUSTOM	560.	775.	1035.
4D. SAFARI	585.	810.	1080.
FIREBIRD T.S. E70/F70x14 W.B. 108'' C.I.D. 350 265 H.P.			
2D. HARDTOP	1520.	2115.	2820.
2D. CONV.	2470.	3170.	4250.*
CATALINA T.S. 8.25/8.55x14 121'' C.I.D. 400 265/290 H.P.			
2D. SEDAN	510.	705.	940.
4D. SEDAN	510.	705.	940.
2D. HARDTOP	810.	1130.	1505.
4D. HARDTOP	710.	985.	1315.
2D. CONV.	1870.	2590.	3500.*
EXECUTIVE T.S. 8.55x14 W.B. 124'' C.I.D. 400 265/290 H.P.			
4D. SEDAN	530.	740.	985.
2D. HARDTOP	860.	1200.	1600.
4D. HARDTOP	560.	775.	1035.
BONNEVILLE T.S. 8.55x14 W.B. 124'' C.I.D. 400 340 H.P.			
4D. SEDAN	530.	740.	985.
2D. HARDTOP	890.	1235.	1645.
4D. HARDTOP	560.	775.	1035.
2D. CONV.	1980.	2860.	3850.*
GRAND PRIX T.S. 8.55x14 W.B. 121'' C.I.D. 400 350 H.P.			
2D. HARDTOP	860.	1200.	1600.
STATION WAGONS T.S. 8.55x14 W.B. 121'' C.I.D. 400 265/290/340 H.P.			
4D. CATALINA (6)	405.	565.	750.
4D. 3S. CATALINA (9)	455.	635.	845.
4D. EXEC. (6)	455.	635.	845.
4D. EXEC. (9)	455.	635.	845.
4D. BONNEVILLE (9)	500.	695.	925.

MAKE YEAR MODEL	UNRES-3	UNRES. GOOD-2	RES.-1
PONTIAC 1969 EIGHT CYLINDER			
TEMPEST T.S. 8.25x14 W.B. (2D.) 112'' C.I.D. 350 265 H.P.			
2D. COUPE	595.	825.	1100.
4D. SEDAN	530.	740.	985.
CUSTOM T.S. 8.25x14 W.B. 112'' C.I.D. 350 265 H.P.			
2D. HARDTOP	620.	865.	1150.
4D. HARDTOP	585.	810.	1080.
2D. CONV.	1570.	2250.	3100.*
LEMANS T.S. 7.825x14 W.B. (2D.) 112'' 350 265 H.P.			
ADD $400. FOR RALLY E PACKAGE			
2D. HARDTOP	810.	1130.	1505.
4D. HARDTOP	610.	845.	1130.
2D. CONV.	1680.	2390.	3250.*
GTO T.S. G78x14 W.B. 112'' C.I.D. 400 350 H.P.			
2D. HARDTOP	2030.	2820.	3760.*
2D. CONV.	2550.	3400.	4600.*
2D. H.D. HT 390 H.P. (JUDGE)	2485.	3455.	4605.*
STATION WAGONS T.S. 7.75/8.25x14 W.B. 116'' C.I.D. 350 265 H.P.			
4D. SAFARI	560.	775.	1035.
FIREBIRD T.S. E70/F70x14 W.B. 108'' C.I.D. 350 265 H.P.			
ADD $1000. FOR 400 ENGINE RAM-AIR			
2D. HARDTOP	1575.	2185.	2915.
2D. CONV.	2420.	3400.	4700.*
CATALINA T.S. 8.55x15 W.B. 122'' C.I.D. 400 290 H.P.			
2D. HARDTOP	510.	705.	940.
4D. HARDTOP	480.	670.	890.
2D. CONV.	1680.	2160.	3000.*
EXECUTIVE T.S. 8.55x15 W.B. 125'' C.I.D. 400 265/290 H.P.			
ADD $200. FOR 428'' ENGINE			
2D. HARDTOP	585.	810.	1080.
4D. HARDTOP	455.	635.	845.
BONNEVILLE T.S. 8.55x15 W.B. 125'' C.I.D. 428 360 H.P.			
2D. HARDTOP	635.	880.	1175.
4D. HARDTOP	530.	740.	985.
2D. CONV.	1970.	2740.	3700.*
GRAND PRIX T.S. G78x15 W.B. 118'' C.I.D. 400 350 H.P.			
2D. HARDTOP	710.	985.	1315.
STATION WAGONS T.S. 9.15x15 W.B. 122'' C.I.D. 400 265/290 H.P.			
4D. CATALINA (9)	480.	670.	890.
4D. EXEC. (9)	510.	705.	940.
4D. BONNEVILLE (9)	530.	740.	985.

MAKE YEAR MODEL	UNRES. FAIR-4	UNRES. GOOD-3	RES. FAIR-2	RES. EXCEL.-1	PTS.
PORSCHE					
1951 356 Coupe (M.S.)	2800.	5100.	8550.	12200.	(90)
1952 Americar Roadster (M.S.)	2900.	5250.	8750.	12500.	(90)
1952 356 Convertible	3250.	5900.	9800.	14000.	(90)
1953 Super Convertible (M.S.)	3350.	6100.	10150.	14500.	(90)
1954 Speedster (M.S.)	3350.	6100.	10150.	14500.	(90)

MAKE YEAR MODEL	UNRES-3	UNRES. GOOD-2	RES.-1
PORSCHE, ALL SPECIAL INTEREST CARS			
PORSCHE 1955 ''356A''			
1500 SPEEDSTER	13000.	17260.	20210.
1500-S 88 H.P. SPEEDSTER	11775.	16355.	21810.
1500 70 H.P. COUPE	5940.	8250.	11000.
1500-S 88 H.P. COUPE	6345.	8810.	11750.
1500 CONV	8900.	12100.	15200.
PORSCHE 1956 ''365A''			
1600 ROADSTER SPEEDSTER	10660.	14805.	19740.
1600S ROADSTER SPEEDSTER	11930.	16570.	22090.
ROADSTER SPEEDSTER CARRERA	10910.	15160.	20210.
1600 COUPE	6345.	8810.	11750.
1600S COUPE	7105.	9870.	13160.
COUPE CARRERA	7970.	11070.	14760.
1600 CONV.	8500.	11750.	15200.
1600S CONV	9000.	12200.	15400.
CONV. CARRERA	9800.	13500.	16900.
PORSCHE 1957 ''356A''			
1600 ROADSTER SPEEDSTER	10910.	15160.	20210.
1600S ROADSTER SPEEDSTER	11675.	16215.	21620.
ROADSTER SPEEDSTER CARRERA	12080.	16780.	22370.
1600 COUPE	6345.	8810.	11750.
1600S COUPE	6600.	9165.	12220.
COUPE CARRERA	7810.	10690.	15200.
1600 CONV	8500.	11750.	15250.
1600S CONV	9100.	12250.	15750.
CONV. CARRERA	9650.	13800.	17250.
PORSCHE 1958 ''365A'' SUPER 88 H.P.			
1600 SPEEDSTER	10150.	14100.	18800.
1600S SPEEDSTER	10660.	14805.	19740.
SPEEDSTER CARRERA	11165.	15510.	20680.
1600 COUPE	6090.	8460.	11280.
1600S COUPE	6600.	9165.	12220.
COUPE CARRERA	8120.	11280.	15040.
1600 CONV	7900.	10600.	15200.
1600S CONV	9500.	10750.	15800.
CONV. CARRERA	10600.	14500.	18600.
PORSCHE 1959 ''356A'' 70 H.P. SUPER 88 H.P.			
CARRERA 115 H.P.			
1600 MODEL D CONV. 2	7800.	10400.	13500.
1600 COUPE 2	5330.	7400.	9870.
1600 HARDTOP COUPE 2	5940.	8250.	11000.
1600 CABRIOLET	7210.	10010.	13350.
1600S SUPER SERIES 88 H.P.			
1600S MODEL D CONV	8500.	11850.	15000.
1600S COUPE	6850.	9520.	12690.
1600S HARDTOP COUPE	7210.	10010.	13350.
1600S CABRIOLET	7615.	10575.	14100.
CARRERA DELUXE SERIES			
COUPE 115 H.P.	7410.	10290.	13725.
HARDTOP COUPE 115 H.P.	7460.	10365.	13820.
CABRIOLET 115 H.P.	8120.	11280.	15040.
PORSCHE 1960 ''356B'' 70 H.P.			
1600 70 H.P. ROADSTER	7105.	9870.	13160.
1600 COUPE	6090.	8460.	11280.
1600 HARDTOP COUPE	6345.	8810.	11750.
1600 CABRIOLET	8195.	11070.	14570.
1600S SUPER SERIES 88 H.P.			
T.S. 5.60x15 W.B. 83'' ENG. 3.25x2.92 88 H.P.			
1600S 88 H.P. ROADSTER	8375.	11630.	15510.
1600S COUPE	6345.	8810.	11750.
1600S CABRIOLET	8120.	11280.	15040.
1600-S90 SUPER 90 SERIES 102 H.P.			
1600-S90 102 H.P. ROADSTER 102 H.P.	8325.	11560.	15415.
1600-S90 COUPE	7410.	10290.	13725.
1600-S90 CABRIOLET	8120.	11280.	15040.
PORSCHE 1961 ''356B'' 70 H.P.			
1600 ROADSTER	8195.	11070.	14570.

MAKE YEAR MODEL	UNRES-3	UNRES. GOOD-2	RES.-1
1600 COUPE	6600.	9165.	12220.
1600 HARDTOP REMOVABLE	7105.	9870.	13160.
1600 CABRIOLET	7615.	10575.	14100.
1600-S SUPER SERIES 88 H.P.			
1600-S ROADSTER	7920.	11000.	14665.
1600-S COUPE	6955.	9660.	12880.
1600-S HARDTOP REMOVABLE	7105.	9870.	13160.
1600-S CABRIOLET	8630.	11985.	15980.
1600-S90 ROADSTER			
1600-S90 ROADSTER	7615.	10575.	14100.
1600-S90 COUPE	6850.	9520.	12690.
1600-S90 CABRIOLET	8880.	12340.	16450.

PORSCHE 1962 "365B"

MAKE YEAR MODEL	UNRES-3	UNRES. GOOD-2	RES.-1
T.S. 5.60x15 W.B. 83" ENG. 3.25x2.91 70 H.P.			
1600 ROADSTER	8195.	11070.	14570.
1600 HARDTOP	7210.	10010.	13350.
1600 COUPE	7105.	9870.	13160.
1600 CABRIOLET	8195.	11070.	14570.
1600 SUPER 75 SERIES			
1600-S75 ROADSTER	8375.	11630.	15510.
1600-S75 HARDTOP	7105.	9870.	13160.
1600-S75 COUPE	7360.	10220.	13630.
1600-S75 CABRIOLET	8375.	11630.	15510.
1600-S75 SUPER 90 SERIES			
T.S. 165x15 W.B. 83" ENG. 3.25x2.91 102 H.P.			
1600-S90 ROADSTER	8195.	11070.	14570.
1600-S90 HARDTOP	7360.	10220.	13630.
1600-S90 COUPE	7360.	10220.	13630.
1600-S90 CABRIOLET	8120.	11280.	15040.

PORSCHE 1963 "356C"

MAKE YEAR MODEL	UNRES-3	UNRES. GOOD-2	RES.-1
1600 COUPE	7105.	9870.	13160.
1600 CABRIOLET	8120.	11280.	15040.
1600 SUPER 75			
1600-S75 COUPE	7360.	10220.	13630.
1600-S75 CABRIOLET	8375.	11630.	15510.
1600 SUPER 90			
1600-S90 COUPE 102 H.P.	7360.	10220.	13630.
1600-S90 CABRIOLET	9475.	11775.	15700.

PORSCHE 1964 "356C"

MAKE YEAR MODEL	UNRES-3	UNRES. GOOD-2	RES.-1
1600C COUPE 88 H.P.	7105.	9870.	13160.
1600C CABRIOLET	8120.	11280.	15040.
1600SC			
1600SC COUPE 107 H.P.	7815.	10855.	14475.
1600SC CABRIOLET	9135.	12690.	16920.

PORSCHE 1965 "356C"

MAKE YEAR MODEL	UNRES-3	UNRES. GOOD-2	RES.-1
T.S. 5.60x15 W.B. 82.7" ENG. 3.25x2.91 88 H.P.			
1600C COUPE 88 H.P.	7615.	10575.	14100.
1600C CABRIOLET	8630.	11985.	15980.
1600SC			
1600SC 107 H.P. COUPE	7715.	10715.	14290.
1600SC CABRIOLET	8930.	12410.	16545.

PORSCHE 1966

MAKE YEAR MODEL	UNRES-3	UNRES. GOOD-2	RES.-1
912/4 COUPE 102 H.P.	3805.	5290.	7050.
SIX CYLINDER 2000 SERIES			
2000 SERIES 911 COUPE 148 H.P.	5075.	7050.	9400.

PORSCHE 1967

MAKE YEAR MODEL	UNRES-3	UNRES. GOOD-2	RES.-1
FOUR-CYLINDER 1600 SERIES			
SERIES 912/4 COUPE	3805.	5290.	7050.
SERIES 912/4 TARGA	4060.	5640.	7520.
SIX-CYLINDER 2000 SERIES 148 H.P.			
SERIES 911 COUPE	4570.	6345.	8460.
SERIES 911 TARGA	6090.	8460.	11280.
SERIES 911S COUPE	5075.	7050.	9400.
SERIES 911S TARGA	7105.	9870.	13160.

PORSCHE 1968

MAKE YEAR MODEL	UNRES-3	UNRES. GOOD-2	RES.-1
FOUR-CYLINDER			
912/4 COUPE	3805.	5290.	7050.
912/4 CONV. TARGA	4640.	6100.	7840.
SIX-CYLINDER 148 H.P.			
911 COUPE 4-SPD.	4820.	6700.	8930.
911 CONV. TARGA	6100.	8050.	10600.
911L COUPE 5-SPD.	5330.	7400.	9870.
911L CONV. TARGA	6740.	9250.	11600.

PORSCHE 1969

MAKE YEAR MODEL	UNRES-3	UNRES. GOOD-2	RES.-1
FOUR CYLINDER 102 H.P.			
912 COUPE 4-SPD.	3655.	5075.	6770.
912 CONV. TARGA	5200.	6840.	8600.
SIX-CYLINDER			
911T 125 HARDTOP COUPE 4-SPD	5075.	7050.	9400.
911T 125 HARDTOP CONV. TARGA	7000.	9300.	11750.
911E 148 HARDTOP COUPE 4-SPD	5580.	7755.	10340.
911E 148 HARDTOP CONV. TARGA	7600.	10600.	13500.
911S 180 H.T. T.S. 185x15 COUPE 5-SPD.	6600.	9165.	12220.
911S 180 H.T. T.S. 185x15 CONV. TARGA	8500.	11620.	14000.

PORSCHE 1970

MAKE YEAR MODEL	UNRES-3	UNRES. GOOD-2	RES.-1
FOUR CYLINDER 914/4 85 H.P.			
ROADSTER 5-SPD.	4050.	5470.	7200.
SIX-CYLINDER 914/6 125 H.P.			
914 ROADSTER 5-SPD	6585.	8900.	11710.
SIX-CYLINDER 911/6 142 H.P.			
911T COUPE 4-SPD.	5400.	7295.	9600.
911T TARGA 4-SPD.	5670.	7660.	10080.
911E 175 H.P. COUPE 5-SPD.	5180.	7005.	9215.
911E TARGA 5-SPD	5505.	7440.	9790.
911S 200 H.P. COUPE 5-SPD.	5775.	7805.	10270.
911S COUPE SPEC. RATIO	5775.	7805.	10270.
911S TARGA 5-SPD. CONV	5500.	7600.	10200.

PORSCHE 1971

MAKE YEAR MODEL	UNRES-3	UNRES. GOOD-2	RES.-1
914/6 125 H.P. CONV.	7000.	9250.	11400.
911T 142 H.P. TARGA	5505.	7440.	9790.
911E 200 H.P. TARGA	5775.	7805.	10270.
911S 200 H.P. COUPE	6885.	9300.	12240.

PORSCHE 1972

MAKE YEAR MODEL	UNRES-3	UNRES. GOOD-2	RES.-1
FOUR CYLINDER 914/4			
473 ROADSTER 5-SPD	2430.	3280.	4320.
473 ROADSTER W/APP. GRP	2540.	3430.	4510.
SIX-CYLINDER 911/6			
911T COUPE 4-SPD	5670.	7660.	10080.
911T TARGA 4-SPD	6045.	8170.	10750.
911E COUPE 4-SPD	5720.	7730.	10175.
911E TARGA 4-SPD.	6155.	8315.	10945.
911S COUPE 4-SPD	6260.	8460.	11135.
911S TARGA 4-SPD	6480.	8755.	11520.

PORSCHE 1973

MAKE YEAR MODEL	UNRES-3	UNRES. GOOD-2	RES.-1
FOUR CYLINDER 914/4			
473 ROADSTER 1.7 5-SPD	2430.	3280.	4320.

MAKE YEAR MODEL	UNRES-3	UNRES. GOOD-2	RES.-1
473 ROADSTER 1.7 5-SPD	2540.	3430.	4510.
473 ROADSTER 2.0 5-SPD	2700.	3650.	4800.
473 ROADSTER 2.0 W/APP. GRP	2835.	3830.	5040.
SIX-CYLINDER			
911T COUPE 4-SPD	6370.	8610.	11330.
911T TARGA 4-SPD	6695.	9045.	11905.
911E COUPE 4-SPD	6585.	8900.	11710.
911E TARGA 4-SPD	6750.	9120.	12000.
911S COUPE 4-SPD	6750.	9120.	12000.
911S TARGA 4-SPD	7125.	9630.	12670.
PORSCHE 1974 4 CYL. 914/4			
ROADSTER 473 1.8 W-AP	2645.	3575.	4705.
ROADSTER 473 5 SPEED 2.0	2755.	3720.	4895.
PORSCHE 6-CYL. 911			
COUPE 911S	7150.	9665.	12720.
TARGA 911S	7450.	10070.	13250.
COUPE 911 CARRERA	8150.	11015.	14495.
TARGA 911 CARRERA	8500.	11490.	15120.
PORSCHE 1975			
914/4 4-CYLINDER			
ROADSTER 2.0 W/APPR. 473	2970.	4010.	5280.
ROADSTER 2.0 5-SPEED 473	2970.	4010.	5280.
ROADSTER 1.8 W/APPR. 473	2835.	3830.	5040.
ROADSTER 1.8 5-SPEED 473	2835.	3830.	5040.
911/6 6-CYLINDER			
TARGA 5-SPEED CARRERA 911 6-CYL	9180.	12400.	16320.
COUPE 5-SPEED CARRERA 911 6-CYL	8910.	12040.	15840.
TARGA 4-SPEED 911S 6-CYL.	8100.	10945.	14400.
COUPE 4-SPEED 911S 6-CYL.	7830.	10580.	13920.
COUPE 4-SPEED CARRERA TURBO 6-CYL.	9450.	12770.	16800.
PORSCHE 1976			
914/4 4-CYLINDER			
ROADSTER 2.0 W/APPR. 473	3510.	4740.	6240.
ROADSTER 2.0 5-SPEED 473	3455.	4670.	6145.
911/6 6-CYLINDER			
TARGA 5-SPEED 911S 6-CYL.	8910.	12040.	15840.
COUPE 5-SPEED 911S 6-CYL	8640.	11675.	15360.
CPE. 5-SPD. CARRERA TURBO 930 6-CYL.	14040.	18970.	24960.
COUPE 912E 4-CYL	9360.	12650.	14880.
PORSCHE 1977 924/4			
924/4 4-CYLINDER			
HATCHBACK 2D 5-SPD. 477-321	3540.	4785.	6300.
HATCHBACK 2D 4-SPD. 477-331	3780.	5105.	6720.
HATCHBACK 2D AUTO. 477-333	3290.	4450.	5855.
911/6-CYLINDER			
TARGA 5-SPEED 911S	9500.	12840.	16895.
COUPE 5-SPEED 911S	9285.	12550.	16510.
930/6 6-CYLINDER			
CARRERA COUPE 4-SPEED 930 TURBO	14500.	19400.	25250.
PORSCHE 1978			
924/4 4-CYLINDER			
HATCHBACK 2D 4-SPEED 477-331	3590.	5530.	6910.
HATCHBACK 2D AUTO. 477-333	3655.	5225.	6530.

MAKE YEAR MODEL	UNRES. FAIR-4	UNRES. GOOD-3	RES. FAIR-2	RES. EXCEL.-1	PTS.
RILEY					
1948 Roadster (M.S.)	3200.	5400.	9000.	12000.	(90)
1949 Roadster (M.S.)	3200.	5400.	9000.	12000.	(90)

MAKE YEAR MODEL	UNRES. FAIR-4	UNRES. GOOD-3	RES. FAIR-2	RES. EXCEL.-1	PTS.
1949 4D Saloon R.H.D.	2300.	3900.	6500.	8600.	(90)
1950 Convertible (M.S.)	3500.	5800.	9600.	12800.	(90)
1950 Roadster	3400.	5600.	9400.	12500.	(90)
1950 2.6 Club Sedan (M.S.)	2200.	3700.	6200.	8200.	(90)
1951 4D Saloon	2200.	3600.	6000.	8000.	(90)
1951 Drop Head Convertible Coupe (M.S.)	3600.	6100.	10100.	13500.	(90)
1951 2D Brougham Coupe (M.S.)	2700.	4500.	7500.	10000.	(90)
1952 2D Convertible Coupe (M.S.)	3500.	5900.	9800.	13000.	(90)
1954 4D Convertible	3900.	6500.	10900.	14500.	(90)
ROLLS-ROYCE ALL MILESTONE CARS THROUGH 1964 ALL CLASSIC THROUGH 1948					
1947 Silver Wraith DeVille Sedan*	8800.	15950.	26600.	38000.	(90)
1947 Convertible (Hooper)	15500.	28150.	46900.	67000.	(90)
1948 Silver Wraith Saloon (Hooper)*	8100.	14700.	24500.	35000.	(90)
1948 Silver Wraith Saloon R.H.D.	7150.	13000.	21700.	31000.	(90)
1948 Silver Wraith Conv. Coupe	15000.	27300.	45500.	65000.	(90)
1948 Silver Wraith Limo. (Windovers)*	8300.	15100.	25200.	36000.	(90)
1948 Wraith Saloon* L.H.D.	9000.	16400.	27300.	39000.	(90)
1948 Sedanica DeVille	12150.	22050.	36750.	52500.	(90)
1949 Silver Wraith Saloon R.H.D.	7150.	13000.	21700.	31000.	(85)
1949 Silver Wraith Limo. R.H.D.	7400.	13450.	22400.	32000.	(85)
1949 Silver Dawn Saloon	8300.	15100.	25200.	36000.	(85)
1950 Silv. Wrth. Sal. (H.J. Mulliner) L.H.D.	8550.	15550.	25900.	37000.	(90)
1950 Silver Dawn Drop Head Coupe L.H.D.	15700.	28550.	47600.	68000.	(90)
1951 4D Silver Dawn R.H.D.	7500.	13650.	22750.	32500.	(85)
1951 Silver Wraith (Park Ward) L.H.D.	10950.	19950.	33250.	47500.	(90)
1951 Touring Limousine (H.J. Mulliner)	11300.	20600.	34300.	49000.	(90)
1951 Silv. Wraith Spt. Saloon (Hooper)	8800.	15950.	26600.	38000.	(85)
1952 4D Silv. Wraith Saloon (H.J. Mulliner) L.H.D.	10650.	19300.	32200.	46000.	(85)
1953 Silver Dawn Saloon R.H.D.	7150.	13000.	21700.	31000.	(85)
1953 Silver Dawn Convertible	14100.	25600.	42700.	61000.	(90)
1954 Silv. Wraith Saloon Limo. (J.Young) R.H.D.	9450.	17200.	28700.	41000.	(85)
1954 Silver Wraith Limo. (H.J. Mulliner) L.H.D. (M.S.)	10400.	18900.	31500.	45000.	(85)
1954 Silver Dawn Saloon R.H.D.	7150.	13000.	21700.	31000.	(85)
1955 5-Pass. Silver Wraith Saloon (Hooper) L.H.D.	9450.	17200.	28700.	41000.	(85)
1955 Silver Wraith Limo. (Hooper) R.H.D.	8300.	15100.	25200.	36000.	(85)
1955 Silver Wraith Limo. (James Young) L.H.D.	11550.	21000.	35000.	50000.	(90)
1956 Silver Wraith Limo. (H.J. Mulliner) L.H.D.	12700.	23100.	38500.	55000.	(90)
1956 5-Pass. Silver Cloud I Saloon R.H.D.	7400.	13450.	22400.	32000.	(85)
1957 Silver Dawn Limo. (James Young) L.H.D.	8100.	14700.	24500.	35000.	(85)
1957 Silver Wraith Limo. (James Young) L.H.D.	7150.	13000.	21700.	31000.	(85)
1957 Silver Cloud I Saloon R.H.D.	6700.	12200.	20300.	29000.	(85)
1958 Silver Cloud I Conv. (H.J. Mulliner) L.H.D.	19650.	35700.	59500.	85000.	(90)
1958 Silver Cloud I Saloon L.H.D.	7500.	13650.	22750.	32500.	(85)
1959 4D Silver Cloud I L.H.D.	7150.	13000.	21700.	31000.	(85)
1960 Silver Cloud II (Mulliner)	7400.	13450.	22400.	32000.	(85)
1960 Silver Cloud Saloon L.H.D.	7600.	13850.	23100.	33000.	(85)
1960 Phanton V Limo. (J.Young) L.H.D.	10150.	18500.	30800.	44000.	(90)
1961 Silver Cloud II Convertible L.H.D.	18950.	34450.	57400.	82000.	(90)
1961 Long W.B. Silver Cloud II Saloon L.H.D.	9250.	16800.	28000.	40000.	(85)
1961 7-Pass. Phanton V Limo. (P.Ward) L.H.D.	14300.	26050.	43400.	62000.	(90)

Rolls Royce Silver Cloud Convertible, Coachwork by H.J. Mulliner Photo Courtesy Tony Mitchell

MAKE YEAR MODEL	UNRES. FAIR-4	UNRES. GOOD-3	RES. FAIR-2	RES. EXCEL.-1	PTS.
1961 Phanton V Limo. (H.J. Mulliner) L.H.D.	13850.	25200.	42000.	60000.	(90)
1961 Silver Cloud II R.H.D.	6950.	12600.	21000.	30000.	(85)
1962 Silver Cloud II R.H.D.	6950.	12600.	21000.	30000.	(85)
1962 Phanton V Limousine L.H.D.	14450.	26250.	43750.	62500.	(90)
1963 Limousine (J.Young) L.H.D.	10650.	19300.	32200.	46000.	(90)
1963 Phanton V Limo. (Park Ward)	13850.	25200.	42000.	60000.	(90)
1963 Silver Cloud III Conv. (H.J. Mulliner) L.H.D.	19050.	34650.	57750.	82500.	(90)
1964 Silver Cloud III L.H.D.	9000.	16400.	27300.	39000.	(90)
1964 4D Phanton V Saloon (James Young) L.H.D.	12150.	22050.	36750.	52500.	(90)
1964 Silver Cloud II Conv. L.H.D.	13400.	24350.	40600.	58000.	(90)
1964 Phanton V Limo. L.H.D.	12700.	23100.	38500.	55000.	(90)
1965 Silver Cloud III Saloon L.H.D.	9450.	17200.	28700.	41000.	(90)
1965 Phanton V Limo. (James Young)	15700.	28550.	47600.	68000.	(90)
1965 Silver Cloud III R.H.D.	7850.	14300.	23800.	34000.	(90)
1966 2D Silver Shadow	5550.	10100.	16800.	24000.	(85)
1967 2D Cont. (Mulliner-Park Ward)	9450.	17200.	28700.	41000.	(90)
1968 Convertible Coupe (Mulliner)	20800.	37800.	63000.	90000.	(90)
1969 Silver Shadow Convertible	12000.	21850.	36400.	52000.	(90)
1972 Corniche Convertible L.H.D.	12700.	23100.	38500.	55000.	(90)
1973 Corniche Convertible L.H.D.	13400.	24350.	40600.	58000.	(90)

ROVER

MAKE YEAR MODEL	UNRES. FAIR-4	UNRES. GOOD-3	RES. FAIR-2	RES. EXCEL.-1	PTS.
1959 105 4D. Saloon R.H.D.	1200.	2200.	3650.	5200.	(85)
1962 2-Litre 5-Pass. Sedan	900.	1600.	2650.	3800.	(85)
1967 2000TC Saloon	950.	1750.	2950.	4200.	(85)
1970 3500S Saloon	1050.	1900.	3150.	4500.	(85)

STUDEBAKER

MAKE YEAR MODEL	UNRES. FAIR-4	UNRES. GOOD-3	RES. FAIR-2	RES. EXCEL.-1	PTS.
1947 ½ Ton Pickup	1100.	2000.	3350.	4800.	(90)
1947 Commander Convertible	1750.	3150.	5250.	7500.	(90)
1957 Comm. Regal Deluxe Coupe (M.S.)	1100.	2000.	3350.	4800.	(90)
1947 2D Comm. Regal Deluxe Sed.	950.	1750.	2950.	4200.	(90)
1947 4D Land Cruiser Sedan	1050.	1900.	3150.	4500.	(90)
1948 Commander Starlite Coupe (M.S.)	1200.	2200.	3650.	5200.	(90)
1948 Commander Convertible Coupe	1800.	3300.	5450.	7800.	(90)
1948 Commander Land Cruiser	1050.	1900.	3150.	4500.	(90)
1948 Champion Delxe Starlite Cpe.	950.	1700.	2850.	4100.	(90)
1948 Commander Regal Deluxe Conv.	2000.	3600.	6000.	8600.	(90)
1949 4D Champion Regal Deluxe	750.	1350.	2300.	3250.	(90)
1949 4D Commander Sedan	950.	1700.	2850.	4100.	(90)
1949 Champion Regal Deluxe Coupe (M.S.)	900.	1700.	2800.	4000.	(90)
1949 Champion Regal Deluxe Conv.	1850.	3350.	5600.	8000.	(90)
1949 4D Land Cruiser Sedan	1050.	1900.	3150.	4500.	(90)
1950 Champion Starlite Coupe (M.S.)	1150.	2100.	3500.	5000.	(90)
1950 Comm. Regal Deluxe Coupe (M.S.)	1150.	2100.	3500.	5000.	(90)
1950 Commander Regal Deluxe Conv.	1950.	3550.	5950.	8500.	(90)
1950 4D Land Cruiser Sedan	1050.	1950.	3200.	4600.	(90)
1951 Commander Starlight Coupe (M.S.)	900.	1650.	2750.	3900.	(90)
1951 3-Window Champion Coupe	900.	1700.	2800.	4000.	(90)
1951 Commander State Convertible	2100.	3850.	6450.	9200.	(90)
1951 4D Commander Land Cruiser Sedan	950.	1750.	2950.	4200.	(90)
1952 Champion Starliner Regal (M.S.)	1150.	2050.	3450.	4900.	(90)
1952 Champion Regal Convertible	1900.	3450.	5750.	8200.	(90)
1952 Commander Regal Coupe	1050.	1950.	3200.	4600.	(90)
1952 Commander Starliner Coupe	1200.	2200.	3650.	5200.	(90)
1952 Commander State Convertible	2100.	3800.	6350.	9100.	(90)
1952 4D Commander Land Cruiser Sedan	1050.	1900.	3150.	4500.	(90)
1953 2D V-8 Hardtop (M.S.)	1650.	3000.	5050.	7200.	(90)
1953 Champion Regal Coupe	1100.	2000.	3350.	4800.	(90)
1953 Champion Starliner Regal H.T. (M.S.)	1300.	2300.	3850.	5500.	(90)
1953 Comm. Starliner Regal H.T. (M.S.)	1900.	3450.	5750.	8200.	(90)
1953 4D Commander Land Cruiser	950.	1700.	2850.	4100.	(90)
1954 Commander Coupe	1050.	1900.	3150.	4500.	(90)
1954 Champ. 15G Starlt. Reg. Cpe. (M.S.)	1100.	1950.	3300.	4700.	(90)
1954 Comm. 5H Starlight Regal Cpe. (M.S.)	1400.	2500.	4200.	6000.	(90)
1954 4D Comm. 5H Land Cruiser	900.	1700.	2800.	4000.	(90)
1954 Commander 16G8 Deluxe Coupe	950.	1700.	2850.	4100.	(90)
1955 V-8 Comm. 16G8 Regal H.T. Conv.	1350.	2450.	4050.	5800.	(90)
1955 President Speedster	1500.	2750.	4550.	6500.	(90)
1956 Golden Hawk	1600.	2950.	4900.	7000.	(90)
1956 Sky Hawk	1300.	2300.	3850.	5500.	(90)
1956 4D President	1100.	2000.	3350.	4800.	(90)
1957 Golden Hawk	1750.	3150.	5250.	7500.	(90)

MAKE YEAR MODEL	UNRES. FAIR-4	UNRES. GOOD-3	RES. FAIR-2	RES. EXCEL.-1	PTS.
1958 Golden Hawk	1750.	3150.	5250.	7500.	(90)
1960 Lark Regal Convertible	1350.	2450.	4050.	5800.	(90)
1961 Hawk Coupe	1200.	2200.	3650.	5200.	(90)
1962 Gran Turismo Coupe	1350.	2500.	4150.	5900.	(90)
1962 Lark Convertible	1100.	2000.	3350.	4800.	(90)
1963 G.T. Hawk Coupe	1400.	2500.	4200.	6000.	(90)
1963 Lark Convertible	1350.	2450.	4050.	5800.	(90)
1963 Lark Station Wagon	800.	1450.	2450.	3500.	(90)
1964 G.T. Hawk Coupe	1450.	2600.	4350.	6200.	(90)
1964 Daytona Convertible	1300.	2300.	3850.	5500.	(90)
1965 Daytona 2D. H.T.	1150.	2100.	3500.	5000.	(90)
1966 4D Land Cruiser	900.	1650.	2750.	3900.	(90)
1966 Daytona 2D. H.T.	1150.	2050.	3450.	4900.	(90)
AVANTI: SEE A CARS					
SUNBEAM					
1952 Alpine Roadster	2100.	3800.	6300.	9000.	(90)
1953 Sunbeam Talbot Convertible	2500.	4550.	7550.	10800.	(90)
1954 Alpine Roadster	2100.	3850.	6450.	9200.	(90)
1958 Rapier Convertible	1950.	3550.	5950.	8500.	(90)
1965 V-8 Tiger Roadster	2100.	3800.	6300.	9000.	(90)
1967 V-8 Tiger Roadster	2250.	4100.	6850.	9800.	(90)
TALBOT LOGO					
1947 Drop Head Coupe (M.S.)	9800.	17850.	29750.	42500.	(90)
1949 Cabriolet (M.S.)	9450.	17200.	28700.	41000.	(90)
1956 America Coupe	4600.	8400.	14000.	20000.	(90)
TRIUMPH					
1948 Roadster (2000)	2300.	4200.	7000.	10000.	(90)
1949 Sedan	850.	1500.	2500.	3600.	(90)
1949 Roadster (2000)	2350.	4300.	7150.	10200.	(90)
1953 2D Mayflower Sedan	1050.	1900.	3150.	4500.	(90)

MAKE YEAR MODEL	UNRES-3	UNRES. GOOD-2	RES.-1
TRIUMPH 1955 "4" CYL.			
T.R.2 ROADSTER	3045.	4230.	5640.
TRIUMPH 1956 "4"			
T.R.3 ROADSTER	2790.	3880.	5170.
TRIUMPH 1957"4"			
T.R.3 ROADSTER	2540.	3525.	4700.
T.S. HARDTOP	1565.	2300.	3200.
TRIUMPH 1958 "4"			
T.R.3 ROADSTER	2840.	3950.	5265.
T.R.3 COUPE	1725.	2395.	3195.
TRIUMPH 1959			
T.R.3 ROADSTER	2890.	4020.	5360.
TRIUMPH 1960			
T.R.3 ROADSTER	2890.	4020.	5360.
T.R.3 HARDTOP 2P	2030.	2820.	3760.
HERALD SERIES			
CONV	1770.	2575.	3420.
TRIUMPH 1961			
T.R.3 ROADSTER 2	3045.	4230.	5640.
HERALD SERIES			
T.S. 5.20x13 W.B. 91.5'' ENG. 2.48x2.99 250 H.P.			
CONV. H.P. 50	1990.	2900.	3750.

MAKE YEAR MODEL	UNRES-3	UNRES. GOOD-2	RES.-1
TRIUMPH 1962			
T.R.3 ROADSTER	3045.	4230.	5640.
T.R.4 ROADSTER 2	2790.	3880.	5170.
HERALD SERIES			
CONV. 50 H.P.	1990.	2900.	3750.
TRIUMPH 1963			
T.R.3B ROADSTER	2840.	3950.	5265.
1200 SERIES			
2D.-4 CONV	1640.	2360.	3150.
SPORT			
2D.-4 CONV	1990.	2900.	3750.
TRIUMPH 1964			
2D.-2 T.R.4 CONV	2185.	3125.	3900.
SPITFIRE			
2D.-2 CONV	1325.	1900.	2500.
1200 SERIES			
CONV	1325.	1900.	2500.
SPORT SIX			
2D.-4 CONV	1925.	2700.	3750.
TRIUMPH 1965			
2D.-2 T.R.4 CONV	2575.	3600.	4900.
2D.-2 T.R.4 HARDTOP	1775.	2465.	3290.
SPITFIRE			
2D.-2 CONV	1325.	1900.	2500.
2D.-2 HARDTOP	1220.	1690.	2255.
SPORTS SIX			
2D.-4 CONV	2125.	2900.	3950.
TRIUMPH 1966			
T.R.4A CONV	2250.	3225.	4250.
T.R.4A. HARDTOP	1520.	2115.	2820.
FOUR CYLINDER SPITFIRE MK II			
CONV	1275.	1925.	2600.
HARDTOP	1015.	1410.	1880.
FOUR CYLINDER 1200 SERIES			
2D.-4 SEDAN	610.	845.	1130.
2D.-4 CONV	1050.	1620.	2000.
SIX CYLINDER 2000 SERIES			
GT-6 COUPE	1825.	2540.	3385.
SEDAN	560.	775.	1035.
TRIUMPH 1967			
HARDTOP TR4	1320.	1830.	2445.
FOUR CYLINDER SPITFIRE MK III			
CONV	1320.	1830.	2445.
HARDTOP	1270.	1760.	2350.
FOUR CYLINDER 1200 SERIES			
2D.-4 SEDAN	610.	845.	1130.
SIX CYLINDER 2000 SERIES			
SEDAN	610.	845.	1130.
2D.-2 GT-6 COUPE	810.	1130.	1505.
TRIUMPH 1968			
FOUR CYLINDER SPITFIRE MK III			
2D.-2 CONV	1350.	1840.	2450.
2D.-2 HARDTOP	915.	1270.	1690.
T.S. 155x13 W.B. 83'' ENG. SIX CYLINDER C.I.D. 122 95 H.P.			
COUPE T.R. 4	1420.	1975.	2630.
TRIUMPH 1969			
FOUR CYLINDER SPITFIRE MK III			
2D.-2 CONV	1350.	1840.	2450.

MAKE YEAR MODEL	UNRES-3	UNRES. GOOD-2	RES.-1
SIX CYLINDER GT6			
2D.-4 COUPE	1725.	2395.	3195.
SIX CYLINDER T.R.6 CONV	1975.	2750.	3500.
T.R.6 G.T. COUPE	1725.	2395.	3195.
TRIUMPH 1970			
FOUR CYLINDER SPITFIRE MK III			
2D.-2 CONV	1350.	1840.	2450.
2D.-4 SIX CYLINDER GT6 COUPE	1890.	2555.	3360.
2D.-2 SIX CYLINDER T.R.6 CONV	1985.	2800.	3600.
TRIUMPH 1971			
FOUR CYLINDER SPITFIRE MK IV			
2D.-2 CONV	975.	1380.	1900.
SIX CYLINDER GT6 MK III			
2D.-2 COUPE	1270.	1715.	2255.
SIX CYLINDER T.R.6			
2D.-2 CONV	2250.	3160.	4100.

MAKE YEAR MODEL	UNRES. FAIR-4	UNRES. GOOD-3	RES. FAIR-2	RES. EXCEL.-1	PTS.
TUCKER					
1948 4D Sedan (M.S.)	10650.	19300.	32200.	46000.	(90)
WILLYS					
1948 Jeepster Phaeton	1350.	2450.	4050.	5800.	(90)
1949 Jeepster (M.S.)	1300.	2300.	3850.	5500.	(90)
1950 Jeepster Phaeton (M.S.)	1350.	2450.	4050.	5800.	(90)
1951 Jeepster Phaeton (M.S.)	1350.	2450.	4050.	5800.	(90)
1952 4D Ace Sedan	700.	1250.	2100.	3000.	(90)
1955 2D Hardtop	1200.	2200.	3650.	5200.	(90)
WOODHILL WILDFIRE					
1953 Roadster (M.S.)	2450.	4450.	7400.	10600.	(90)
1954 Roadster (M.S.)	2550.	4600.	7700.	11000.	(90)

Special 20th Anniversary Collector's Edition

THE NEW CLASSIC OLD CAR VALUE GUIDE

Quentin Craft
Editor and Publisher

THANK YOU FOR READING THIS SPECIAL 20TH ANNIVERSARY EDITION.

A very special thanks to those who have been with us since Vol. I No. I. It is with pleasure that I recall the many friends and associations established with those in the collector car hobby nationwide and around the world.

I am hoping you will enjoy this new edition as much as I enjoyed doing it. Your comments or criticism are invited.

Thank you,

Quentin Craft

1928 Chevrolet Pickup Photo Courtesy Harrah's Auto Collection, Reno, Nevada

Antique Trucks

MAKE YEAR MODEL	UNRES. FAIR-4	UNRES. GOOD-3	RES. FAIR-2	RES. EXCEL.-1	PTS.
AUTO CAR					
1914 2-Ton Stake	2300.	4200.	7000.	10000.	(85)
ACME					
1916 2-Ton Stake	2550.	4600.	7700.	11000.	(85)
BUICK					
1923 4-Cyl. Special Delivery Truck	1950.	3550.	5950.	8500.	(85)
BROCKWAY					
1938 2-Ton Truck	1850.	3350.	5600.	8000.	(85)
1947 2-Ton Dump Truck	1100.	2000.	3350.	4800.	(85)
CHASE					
1912 3-Cyl. 1-Ton Truck	3250.	5900.	9800.	14000.	(85)
COMMERCE					
1916 Express Canopy	2300.	4200.	7000.	10000.	(85)
1924 ¾-Ton Truck	1950.	3550.	5950.	8500.	(85)
CHEVROLET					
1919 2-Ton Stake Truck	2400.	4400.	7350.	10500.	(85)
1924 1-Ton Superior	2300.	4200.	7000.	10000.	(85)
1925 Utility Express	1400.	2500.	4200.	6000.	(85)
1927 Pickup	1350.	2450.	4050.	5800.	(85)
1928 ½-Ton Stake Truck	1600.	2950.	4900.	7000.	(85)
1928 1-Ton Express	1650.	3000.	5050.	7200.	(85)
1929 6-Cyl. 1-Ton Stake	1250.	2300.	3850.	5500.	(85)
1930 1-Ton Stake	1400.	2500.	4200.	6000.	(85)
1930 ½-Ton Pickup	1550.	2850.	4750.	6800.	(85)
1931 1-Ton Stake	1400.	2500.	4200.	6000.	(85)
1931 ½-Ton Pickup	1400.	2500.	4200.	6000.	(85)
1931 1½-Ton Ice Truck*	1750.	3150.	5250.	7500.	(85)
1932 1½-Ton Stake	2100.	3800.	6300.	9000.	(85)
1932 ½-Ton Pickup	1600.	2950.	4900.	7000.	(90)

MAKE YEAR MODEL	UNRES. FAIR-4	UNRES. GOOD-3	RES. FAIR-2	RES. EXCEL.-1	PTS.
1933 ½-Ton Pickup	1600.	2950.	4900.	7000.	(90)
1934 1½-Ton Stake	1950.	3550.	5950.	8500.	(90)
1935 ½-Ton Pickup	1500.	2750.	4550.	6500.	(90)
1936 Pickup	1500.	2750.	4550.	6500.	(90)
1937 ½-Ton Pickup	1400.	2500.	4200.	6000.	(90)
1939 ½-Ton Pickup	1400.	2500.	4200.	6000.	(90)
1941 1-Ton Pickup	1150.	2100.	3500.	5000.	(90)
1941 ½-Ton Pickup	1750.	3150.	5250.	7500.	(90)
1942 1½-Ton Stake	1950.	3550.	5950.	8500.	(90)
1946 ½-Ton Pickup	1500.	2750.	4550.	6500.	(90)
1947 ½-Ton Pickup	1500.	2750.	4550.	6500.	(90)
1948 1½-Ton Stake	1900.	3450.	5750.	8200.	(90)
1949 ½-Ton Pickup	1150.	2100.	3500.	5000.	(90)
1951 1½-Ton Stake	1600.	2950.	4900.	7000.	(90)
1951 Sedan Delivery	1550.	2850.	4750.	6800.	(90)
1952 ½-Ton Pickup	1150.	2100.	3500.	5000.	(90)
1954 Sedan Delivery	1600.	2950.	4900.	7000.	(90)
1955 V-8 ½-Ton Pickup	1150.	2100.	3500.	5000.	(90)
1956 Cameo Pickup	1800.	3300.	5450.	7800.	(90)
1957 Sedan Delivery	1400.	2500.	4200.	6000.	(90)
1957 Cameo Pickup	1800.	3300.	5450.	7800.	(90)
1958 Cameo Pickup	1750.	3200.	5300.	7600.	(90)
DIAMOND T					
1934 1½-Ton Stake	2300.	4200.	7000.	10000.	(90)
1935 1½-Ton Stake	2400.	4400.	7350.	10500.	(90)
1936 6-Cyl. ¾-Ton Pickup	2300.	4200.	7000.	10000.	(90)
1936 1½-Ton Stake	2550.	4600.	7700.	11000.	(90)
1937 2-Ton Stake	2300.	4200.	7000.	10000.	(90)
1937 ¾-Ton Pickup	2400.	4400.	7350.	10500.	(90)
1939 ¾-Ton Pickup	2100.	3800.	6300.	9000.	(90)
1939 1½-Ton Stake	2100.	3800.	6300.	9000.	(85)
1940 1-Ton Pickup	1900.	3450.	5750.	8200.	(90)
1947 1-Ton Pickup	1550.	2850.	4750.	6800.	(85)

1929 Ford Model A Mail Truck Photo Courtesy Harrah's, Reno, Nevada

MAKE YEAR MODEL	UNRES. FAIR-4	UNRES. GOOD-3	RES. FAIR-2	RES. EXCEL.-1	PTS.
DODGE					
1918 Roadster Pickup	2100.	3800.	6300.	9000.	(85)
1921 1½-Ton Stake	2200.	4000.	6650.	9500.	(85)
1924 Screen Side Truck	1800.	3300.	5450.	7800.	(85)
1924 1½-Ton Stake	2100.	3800.	6300.	9000.	(85)
1926 Pickup	1850.	3350.	5600.	8000.	(85)
1926 Express Pickup	1800.	3300.	5450.	8000.	(85)
1927 Screen Side Pickup	1950.	3550.	5950.	8500.	(85)
1929 6-Cyl. ½-Ton Pickup	1600.	2950.	4900.	7000.	(85)
1930 1½-Ton Stake	2100.	3800.	6300.	9000.	(85)
1931 6-Cyl. Screen Side Delivery	1950.	3550.	5950.	8500.	(85)
1932 Panel Delivery	2300.	4200.	7000.	10000.	(90)
1932 6-Cyl. ½-Ton Pickup	1650.	3000.	5050.	7200.	(85)
1933 ½-Ton Pickup	1500.	2750.	4550.	6500.	(85)
1934 Sedan Delivery	1500.	2750.	4550.	6500.	(85)
1934 1½-Ton Dump Truck	1150.	2100.	3500.	5000.	(85)
1935 ½-Ton Panel	1250.	2300.	3850.	5500.	(85)
1936 Pickup S.M.	2000.	3650.	6100.	8700.	(85)
1937 Pickup	1500.	2750.	4550.	6500.	(85)
1938 ½-Ton Pickup	1600.	2950.	4900.	7000.	(85)
1939 Canopy Express Pickup	1650.	3000.	5050.	7200.	(85)
1940 Panel Truck	1150.	2100.	3500.	5000.	(85)
1941 ½-Ton Pickup	1400.	2500.	4200.	6000.	(85)
1946 ¾-Ton Pickup	1100.	2000.	3350.	4800.	(85)
1948 Power Wagon	1050.	1900.	3150.	4500.	(85)
1948 ½-Ton Pickup	900.	1700.	2800.	4000.	(85)
1949 ½-Ton Pickup	900.	1700.	2800.	4000.	(85)
FARGO					
1927 ½-Ton Pickup Truck	1750.	3150.	5250.	7500.	(85)
1931 Panel Truck	1500.	2750.	4550.	6500.	(85)
FEDERAL					
1931 6-Cyl. 1½-Ton Continental Stake	2900.	5250.	8750.	12500.	(85)
1932 1½-Ton Stake	3950.	7150.	11900.	17000.	(85)
1933 6-Cyl. Hercules 1½-Ton Stake	3250.	5900.	9800.	14000.	(85)
1936 1½-Ton Hercules Stake	3250.	5900.	9800.	14000.	(85)
1937 4-Cyl. ¾-Ton Hercules Pickup	1950.	3550.	5950.	8500.	(85)

MAKE YEAR MODEL	UNRES. FAIR-4	UNRES. GOOD-3	RES. FAIR-2	RES. EXCEL.-1	PTS.
1947 2-Ton Dump Truck	1850.	3350.	5600.	8000.	(85)
1948 1½-Ton Stake	2400.	4400.	7350.	10500.	(85)
FISHER					
1927 6-Cyl. 1-Ton Van	1400.	2500.	4200.	6000.	(85)
FORD					
1915 Panel Delivery	2400.	4400.	7350.	10500.	(85)
1915 T. Brass Open Wood Cab Pickup	2550.	4600.	7700.	11000.	(85)
1917 T. Gravity Dump Truck	2300.	4200.	7000.	10000.	(85)
1918 Model T Panel Truck	2200.	4000.	6650.	9500.	(85)
1921 Model TT Dump Truck	2300.	4200.	7000.	10000.	(85)
1922 Model TT 1½-Ton Truck	2200.	4000.	6650.	9500.	(85)
1922 Panel Delivery	1850.	3350.	5600.	8000.	(85)
1923 Model T 1-Ton Stake	1950.	3550.	5950.	8500.	(85)
1924 Model T 1-Ton Stake Wood Cab	2100.	3800.	6300.	9000.	(85)
1924 C Cab Pickup	2100.	3800.	6300.	9000.	(85)
1924 Model T Roadster Pickup	2550.	4600.	7700.	11000.	(85)
1924 Model T Hand Dump Truck	1600.	2950.	4900.	7000.	(85)
1924 Model TT Stake Truck	1850.	3350.	5600.	8000.	(85)
1925 Model T 1-Ton Truck	1300.	2350.	3900.	5600.	(85)
1925 Model T Screen Side Express	2750.	5050.	8400.	12000.	(85)
1926 Model T 1-Ton Truck	1400.	2500.	4200.	6000.	(85)
1926 Model TT Stake Truck	1950.	3550.	5950.	8500.	(85)
1926 Model T Pickup	1850.	3350.	5600.	8000.	(85)
1926 Roadster Pickup	3100.	5650.	9450.	13500.	(90)
1927 Model TT 1-Ton Stake	2100.	3800.	6300.	9000.	(85)
1927 Popcorn Wagon	6450.	11750.	19600.	28000.	(85)
1928 Pickup	2100.	3800.	6300.	9000.	(85)
1929 AA Long W.B. Stake	2300.	4200.	7000.	10000.	(85)
1929 Canopy Express	2100.	3800.	6300.	9000.	(85)
1929 Model A Pickup	2200.	4000.	6650.	9500.	(90)
1929 Roadster Pickup S.M.	2400.	4400.	7350.	10500.	(90)
1929 Model A 1-Ton Wood Open Cab Stake	2200.	4000.	6650.	9500.	(85)
1930 Model A Pickup	2300.	4200.	7000.	10000.	(90)
1930 Roadster Pickup	2750.	5050.	8400.	12000.	(90)
1930 Model A 1-Ton Stake	1600.	2950.	4900.	7000.	(85)
1931 Model A 1½-Ton Stake	2300.	4200.	7000.	10000.	(85)

1929 REO Speedwagon

MAKE YEAR MODEL	UNRES. FAIR-4	UNRES. GOOD-3	RES. FAIR-2	RES. EXCEL.-1	PTS.
1931 Sedan Delivery	2200.	4000.	6650.	9500.	(85)
1931 ½-Ton Pickup	2400.	4400.	7350.	10500.	(85)
1931 1½-Ton Closed Van	1750.	3150.	5250.	7500.	(85)
1931 Model AA 1½-Ton Long W.B. Stake	2400.	4400.	7350.	10500.	(85)
1932 V-8 ½-Ton Pickup	2550.	4600.	7700.	11000.	(90)
1932 Model B Dump Truck	1250.	2300.	3850.	5500.	(85)
1932 Model B 4-Cyl. ½-Ton Pickup	2200.	4000.	6650.	9500.	(90)
1932 Model B 1-Ton	1750.	3150.	5250.	7500.	(85)
1933 V-8 1½-Ton Stake	2750.	5050.	8400.	12000.	(85)
1933 4-Cyl. Pickup	1750.	3150.	5250.	7500.	(85)
1934 V-8 Pickup	2700.	4900.	8200.	11700.	(90)
1934 V-8 Sedan Delivery	2900.	5250.	8750.	12500.	(85)
1934 1½-Ton Stake	2750.	5050.	8400.	12000.	(85)
1935 V-8 Pickup	1950.	3550.	5950.	8500.	(85)
1935 V-8 1½-Ton Stake	2750.	5050.	8400.	12000.	(85)
1936 V-8 Sedan Delivery	2550.	4600.	7700.	11000.	(85)
1937 1½-Ton Stake	2100.	3800.	6300.	9000.	(85)
1939 V-8 1-Ton Pickup	1500.	2750.	4550.	6500.	(85)
1940 1½-Ton Stake	2300.	4200.	7000.	10000.	(85)
1940 ½-Ton Pickup	1750.	3150.	5250.	7500.	(85)
1940 Panel Truck	1350.	2450.	4050.	5800.	(85)
1946 ½-Ton Pickup	1250.	2300.	3850.	5500.	(85)
1946 1½-Ton Stake	1150.	2100.	3500.	5000.	(85)
1949 V-8 ½-Ton Pickup	1150.	2100.	3500.	5000.	(85)

FULTON

MAKE YEAR MODEL	UNRES. FAIR-4	UNRES. GOOD-3	RES. FAIR-2	RES. EXCEL.-1	PTS.
1918 1½-Ton Open Cab Stake	2750.	5050.	8400.	12000.	(85)

GARFIELD

MAKE YEAR MODEL	UNRES. FAIR-4	UNRES. GOOD-3	RES. FAIR-2	RES. EXCEL.-1	PTS.
1919 Open Cab Stake Truck	2750.	5050.	8400.	12000.	(85)
1929 1-Ton Pickup	2200.	4000.	6650.	9500.	(85)

G.M.C.

MAKE YEAR MODEL	UNRES. FAIR-4	UNRES. GOOD-3	RES. FAIR-2	RES. EXCEL.-1	PTS.
1915 1½-Ton Stake	2300.	4200.	7000.	10000.	(85)
1926 ¾-Ton Pickup	1500.	2750.	4550.	6500.	(85)
1927 Model T20 1-Ton Pickup	1500.	2750.	4550.	6500.	(85)
1929 1½-Ton Stake	2400.	4400.	7350.	10500.	(85)
1936 1½-Ton Stake	2400.	4400.	7350.	10500.	(85)
1937 ½-Ton Pickup	1600.	2950.	4900.	7000.	(85)
1940 ½-Ton Pickup	1600.	2950.	4900.	7000.	(85)

GRAHAM

MAKE YEAR MODEL	UNRES. FAIR-4	UNRES. GOOD-3	RES. FAIR-2	RES. EXCEL.-1	PTS.
1924 1½-Ton Stake	2200.	4000.	6650.	9500.	(85)
1926 Hucksters Hack	1950.	3550.	5950.	8500.	(85)
1927 Screen Side Express	2200.	4000.	6650.	9500.	(85)
1931 Graham Paige Screen Side Delivery	2200.	4000.	6650.	9500.	(85)
1938 Graham 1-Ton Pickup	1850.	3350.	5600.	8000.	(85)

HUDSON

MAKE YEAR MODEL	UNRES. FAIR-4	UNRES. GOOD-3	RES. FAIR-2	RES. EXCEL.-1	PTS.
1929 Hudson Essex Pickup	2300.	4200.	7000.	10000.	(85)
1937 Tereplane Pickup	1600.	2950.	4900.	7000.	(85)
1941 Pickup	1950.	3550.	5950.	8500.	(85)
1946 Pickup	1400.	2500.	4200.	6000.	(85)

INTERNATIONAL

MAKE YEAR MODEL	UNRES. FAIR-4	UNRES. GOOD-3	RES. FAIR-2	RES. EXCEL.-1	PTS.
1909 Auto Wagon	2100.	3800.	6300.	9000.	(85)
1911 Auto Wagon	2100.	3800.	6300.	9000.	(85)
1915 Solid Tire Stake	2200.	4000.	6650.	9500.	(85)
1915 High Wheel Auto Wagon	2100.	3800.	6300.	9000.	(85)
1921 1½-Ton Stake	1950.	3550.	5950.	8500.	(85)
1922 1-Ton Stake	1800.	3300.	5450.	7800.	(85)
1925 ½-Ton Pickup	1950.	3550.	5950.	8500.	(85)
1927 1½-Ton Stake	2400.	4400.	7350.	10500.	(85)
1927 1½-Ton Speed Truck	2200.	4000.	6650.	9500.	(85)
1928 1-Ton Stake Truck	1600.	2950.	4900.	7000.	(85)
1929 1-Ton Stake	1600.	2950.	4900.	7000.	(85)
1930 1½-Ton Stake	2400.	4400.	7350.	10500.	(85)
1931 1½-Ton Stake	2400.	4400.	7350.	10500.	(85)
1933 ¾-Ton Stake	1550.	2850.	4750.	6800.	(85)
1933 ½-Ton Pickup	1750.	3150.	5250.	7500.	(85)
1934 1-Ton Panel Truck	1250.	2300.	3850.	5500.	(85)
1936 1½-Ton Stake	2300.	4200.	7000.	10000.	(85)
1939 Pickup	1650.	3000.	5050.	7200.	(85)
1940 1½-Ton Stake	2400.	4400.	7350.	10500.	(85)
1941 ½-Ton Pickup	1450.	2600.	4350.	6200.	(85)
1948 ½-Ton Pickup	1350.	2450.	4050.	5800.	(85)

1937 Stewart 1½ Ton Stake Truck

MAKE YEAR MODEL	UNRES. FAIR-4	UNRES. GOOD-3	RES. FAIR-2	RES. EXCEL.-1	PTS.
KISSEL					
1915 ¾-Ton Pickup Truck	2200.	4000.	6650.	9500.	(85)
MACK					
1916 Open Cab Chain Drive 3½-Ton Stake	3450.	6300.	10500.	15000.	(85)
1916 Model AC Solid Rubber	3950.	7150.	11900.	17000.	(85)
1922 Model AB Solid Tire 2-Ton Stake	2300.	4200.	7000.	10000.	(85)
1926 Model AB 2-Ton Stake Truck	2550.	4600.	7700.	11000.	(85)
1927 Model AB-4 Dump Truck	1500.	2750.	4550.	6500.	(85)
1928 Model AB 3-Ton Chain Drive Stake	3950.	7150.	11900.	17000.	(85)
1929 Model AB Pickup	2200.	4000.	6650.	9500.	(85)
1933 Model BX Stake Truck	2750.	5050.	8400.	12000.	(85)
1936 Pickup	2400.	4400.	7350.	10500.	(85)
1937 Model BX Diesel Dump Truck	1750.	3150.	5250.	7500.	(85)
1937 ¾-Ton Pickup	2400.	4400.	7350.	10500.	(85)
1939 ½-Ton Pickup	2400.	4400.	7350.	10500.	(85)
1940 Model EQ 2-Ton Truck	2200.	4000.	6650.	9500.	(85)
MAXWELL					
1917 1-Ton Open Cab	1250.	2300.	3850.	5500.	(85)
MORELAND					
1927 2-Ton	1850.	3350.	5600.	8000.	(85)
OLDSMOBILE					
1919 4-Cyl. Stake	2300.	4200.	7000.	10000.	(85)
1919 ¾-Ton Pickup	1750.	3150.	5250.	7500.	(85)
PIERCE ARROW					
1915 1-Ton Stake	2300.	4200.	7000.	10000.	(85)
1917 2-Ton Stake	2750.	5050.	8400.	12000.	(85)
PLYMOUTH					
1936 ½-Ton Pickup	1950.	3550.	5950.	8500.	(85)
1937 ½-Ton Pickup	1850.	3350.	5600.	8000.	(85)
1939 ½-Ton Pickup	1950.	3550.	5950.	8500.	(85)
1941 Pickup	1400.	2500.	4200.	6000.	(85)

MAKE YEAR MODEL	UNRES. FAIR-4	UNRES. GOOD-3	RES. FAIR-2	RES. EXCEL.-1	PTS.
PONTIAC					
1953 8-Cyl. Sedan Delivery	1600.	2950.	4900.	7000.	(85)
RANDALL					
1900 2-Cyl. Truck	1750.	3150.	5250.	7500.	(85)
REO					
1912 Open Depot Bus	2200.	4000.	6650.	9500.	(85)
1916 Express Truck	2300.	4200.	7000.	10000.	(85)
1921 Speed Wagon	2100.	3800.	6300.	9000.	(85)
1926 1-Ton Express Wagon	1850.	3350.	5600.	8000.	(85)
1927 Speed Wagon	1850.	3350.	5600.	8000.	(85)
1930 1-Ton Speed Wagon	1750.	3150.	5250.	7500.	(85)
1931 1½-Ton Stake	2750.	5050.	8400.	12000.	(85)
1934 Pickup	2200.	4000.	6650.	9500.	(85)
1937 6-Cyl. Pickup	2300.	4200.	7000.	10000.	(85)
1948 ½-Ton Stake	1050.	1900.	3150.	4500.	(85)
REPUBLIC					
1916 Buggy Top Cab Stake	3450.	6300.	10500.	15000.	(85)
SAMPSON					
1921 4-Cyl. C.O.E. Truck, using Chev. engine	2400.	4400.	7350.	10500.	(85)
1922 ¾-Ton Pickup	2100.	3800.	6300.	9000.	(85)
SELDEN					
1921 1-Ton Stake	2900.	5250.	8750.	12500.	(85)
1927 Grain Truck Stake	3250.	5900.	9800.	14000.	(85)
STEWART					
1928 1-Ton Pickup	2200.	4000.	6650.	9500.	(85)
1929 8-Cyl. 2-Ton Stake	2900.	5250.	8750.	12500.	(85)
1933 6-Cyl. Pickup	2300.	4200.	7000.	10000.	(85)
1934 1½ Ton Stake	2400.	4400.	7350.	10500.	(85)
1935 1½ Ton Stake	2750.	5050.	8400.	12000.	(85)
1936 1½ Ton Stake	2900.	5250.	8750.	12500.	(85)

1924 Chevrolet Hucksters Wagon Photo Courtesy of Dick Roof

MAKE YEAR MODEL	UNRES. FAIR-4	UNRES. GOOD-3	RES. FAIR-2	RES. EXCEL.-1	PTS.
STUDEBAKER					
1930 2 Ton Studebaker	2550.	4600.	7700.	11000.	(85)
1931 6-Cyl. 1½-Ton Stake	2650.	4850.	8050.	11500.	(85)
1936 2-Ton Stake	2750.	5050.	8400.	12000.	(85)
1936 Pickup	2200.	4000.	6650.	9500.	(85)
1938 2 Ton Stake	2900.	5250.	8750.	12500.	(85)
1938 1½ Ton Coe Stake	2100.	3800.	6300.	9000.	(85)
1937 6-Cyl. 1½-Ton Coe Stake	1850.	3350.	5600.	8000.	(85)
1937 6-Cyl. Pickup	1750.	3150.	5250.	7500.	(85)
1940 1½-Ton Stake	2750.	5050.	8400.	12000.	(85)
1940 ½-Ton Pickup	2200.	4000.	6650.	9500.	(85)
1940 3 Ton Tractor	2750.	5050.	8400.	12000.	(85)
VIM					
1918 Open Express Truck	1950.	3550.	5950.	8500.	(85)
WHIPPET					
1928 ½-Ton Pickup	1600.	2950.	4900.	7000.	(85)
WHITE					
1915 Delivery Truck	1550.	2850.	4750.	6800.	(85)
1915 ¾-Ton Pickup	1750.	3150.	5250.	7500.	(85)
1915 2-Ton Stake	2200.	4000.	6650.	9500.	(85)
1919 ¾-Ton Pickup	1750.	3150.	5250.	7500.	(85)
1924 Express Pickup	1850.	3350.	5600.	8000.	(85)
1939 2 Ton Stake	2750.	5050.	8400.	12000.	(85)
1940 3 Ton Tractor	2900.	5250.	8750.	12500.	(85)
WILLYS					
1931 6 Cyl. ½ Ton Pickup	1600.	2950.	4900.	7000.	(85)
1938 Pickup	1500.	2750.	4550.	6500.	(85)
1941 Model 441 4-Cyl. Pickup	1600.	2950.	4900.	7000.	(85)

1930 American LaFrance Hook and Ladder Truck Photo Courtesy of L.D. Runkle El Paso, Texas

Antique Fire Engines

MAKE YEAR MODEL	UNRES. FAIR-4	UNRES. GOOD-3	RES. FAIR-2	RES. EXCEL.-1	PTS.
AHRENS FOX					
1921 Fire Engine	2300.	4200.	7000.	10000.	(85)
1922 Piston Pumper	3350.	6100.	10150.	14500.	(85)
1923 Fire Engine Pumper	2300.	4200.	7000.	10000.	(85)
1925 Fire Engine & Pumper	2400.	4400.	7350.	10500.	(85)
1927 Aerial Ladder Truck (Restored)	3450.	6300.	10500.	15000.	(90)
1927 Model 74 Aerial Ladder Truck	3000.	5450.	9100.	13000.	(85)
1927 Fire Engine Pumper	2750.	5050.	8400.	12000.	(85)
1928 Combo. Pumper & Ladder Truck	3700.	6700.	11200.	16000.	(85)
1929 6-Cyl. Pumper	2750.	5050.	8400.	12000.	(85)
1936 Fire Truck	2200.	4000.	6650.	9500.	(85)
1936 Model BT Pumper	2200.	4000.	6650.	9500.	(85)
1940 Pumper	2300.	4200.	7000.	10000.	(85)
1942 V-12 Pumper	2750.	5050.	8400.	12000.	(85)
AMERICAN LAFRANCE					
1912 Pumper	2300.	4200.	7000.	10000.	(85)
1915 Hook & Ladder	2550.	4600.	7700.	11000.	(85)
1916 Pumper	2100.	3800.	6300.	9000.	(85)
1918 Pumper	2100.	3800.	6300.	9000.	(85)
1921 Model 75 Fire Engine	2400.	4400.	7350.	10500.	(85)
1921 Model 12 Pumper	2400.	4400.	7350.	10500.	(85)
1922 6-Cyl. Pumper	2300.	4200.	7000.	10000.	(85)
1922 Model 75	2300.	4200.	7000.	10000.	(85)
1924 Combination Pumper	2400.	4400.	7350.	10500.	(85)
1925 Type 12 750 GPM Pumper	2400.	4400.	7350.	10500.	(85)
1925 F-2 Fire Engine	2750.	5050.	8400.	12000.	(85)
1927 Model 91 Pumper	2550.	4600.	7700.	11000.	(85)
1927 Aerial Ladder Truck & Trailer (Restored)	3950.	7150.	11900.	17000.	(90)
1927 Pumper	2300.	4200.	7000.	10000.	(85)
1928 Pumper	2300.	4200.	7000.	10000.	(85)
1929 Fire Engine-Pumper	2750.	5050.	8400.	12000.	(85)
1929 1000 Gallon Pumper	2200.	4000.	6650.	9500.	(85)
1930 Combination Hook & Ladder Pumper (Restored-See Photo)	3700.	6700.	11200.	16000.	(90)
1930 Rescue Truck	1750.	3150.	5250.	7500.	(85)
1932 Pumper 5000 MI	2750.	5050.	8400.	12000.	(85)
1935 Fire Engine	2200.	4000.	6650.	9500.	(85)
1935 Pumper	2200.	4000.	6650.	9500.	(85)
1938 V-12 Motor Pumper & Ladder Fire Engine	3250.	5900.	9800.	14000.	(85)
1941 Pumper	1600.	2950.	4900.	7000.	(85)
1942 V-12 Pumper	2400.	4400.	7350.	10500.	(85)
1948 1000 GPM Pumper	2200.	4000.	6650.	9500.	(85)
1951 Aerial Ladder Truck 700 Series	2750.	5050.	8400.	12000.	(85)
BROCKWAY					
Model 154W Tractor	1500.	2750.	4550.	6500.	(85)
BUFFALO					
1931 Pumper	1400.	2500.	4200.	6000.	(85)
1932 Pumper	1400.	2500.	4200.	6000.	(85)
1936 Fire Engine	1950.	3550.	5950.	8500.	(85)
CHEVROLET					
1926 Fire Truck	1800.	3300.	5450.	7800.	(85)
1928 Fire Truck	1850.	3350.	5600.	8000.	(85)
1931 Pumper	1950.	3550.	5950.	8500.	(85)
1938 Fire Truck Hook & Ladder	2200.	4000.	6650.	9500.	(85)
1956 Ladder Truck	1250.	2300.	3850.	5500.	(85)
DIAMOND T					
1931 Pumper	1850.	3350.	5600.	8000.	(85)
1941 Pumper	1950.	3550.	5950.	8500.	(85)
FORD					
1915 Model T Fire Engine (Restored)	3950.	7150.	11900.	17000.	(95)
1918 Model T Fire Engine	2900.	5250.	8750.	12500.	(85)

1926 Ford Triple Combination Pumper Photo Courtesy Harrah's Auto Collection, Reno, Nevada

MAKE YEAR MODEL	UNRES. FAIR-4	UNRES. GOOD-3	RES. FAIR-2	RES. EXCEL.-1	PTS.
1922 Model T Pumper	2100.	3800.	6300.	9000.	(85)
1926 Model T Fire Truck 8 Pumper	3350.	6100.	10150.	14500.	(90)
1930 Model A Fire Truck	3000.	5450.	9100.	13000.	(85)
1930 Fire Engine	2750.	5050.	8400.	12000.	(85)
1935 Hook & Ladder Fire Truck	3350.	6100.	10150.	14500.	(85)
1937 Fire Engine & Pumper	3000.	5450.	9100.	13000.	(85)
1949 Model F Fire Truck	1400.	2500.	4200.	6000.	(85)
INDIANA					
1931 Sanford 500 Gallon Pumper	1950.	3550.	5950.	8500.	(85)
LAVERNE					
1919 Fire Truck	1600.	2950.	4900.	7000.	(85)
LINCOLN					
1924 Fire Truck	2100.	3800.	6300.	9000.	(85)
MACK					
1921 Pumper	1600.	2950.	4900.	7000.	(85)
1930 Pumper	1850.	3350.	5600.	8000.	(85)
1930 Fire Truck	2300.	4200.	7000.	10000.	(85)
1932 Pumper Fire Truck	2400.	4400.	7350.	10500.	(85)
1938 Pumper Fire Engine	2400.	4400.	7350.	10500.	(85)
1944 Fire Truck & Pumper	2550.	4600.	7700.	11000.	(85)
1945 F-4 Fire Engine	2300.	4200.	7000.	10000.	(85)
1946 Fire Truck	1750.	3150.	5250.	7500.	(85)
MAXIM					
1954 Fire Truck	1750.	3150.	5250.	7500.	(85)
MC CANN					
1930 Fire Truck	1600.	2950.	4900.	7000.	(85)
HISTORIC HORSE-DRAWN FIRE APPARATUS					
1890 Horse Drawn Fire Engine	3450.	6300.	10500.	15000.	(85)
PIRSCH					
1928 Fire Engines	1600.	2950.	4900.	7000.	(85)
1928 Pumper	1600.	2950.	4900.	7000.	(85)
1931 Pumper Fire Truck (Restored)	2300.	4200.	7000.	10000.	(90)
REO					
1921 Fire Truck	1400.	2500.	4200.	6000.	(85)
1928 Fire Truck	1400.	2500.	4200.	6000.	(85)
1929 Pumper	1600.	2950.	4900.	7000.	(85)
SANFORD					
1923 Fire Engine	1750.	3150.	5250.	7500.	(85)
1928 Fire Truck	1750.	3150.	5250.	7500.	(85)
1929 Pumper	1850.	3350.	5600.	8000.	(85)
SEAGRAVES					
1913 Ladder Truck	1850.	3350.	5600.	8000.	(85)
1915 Chain Drive Pumper	2400.	4400.	7350.	10500.	(85)
1926 Hook & Ladder Truck	2550.	4600.	7700.	11000.	(85)
1927 Pumper	1850.	3350.	5600.	8000.	(85)
1928 Hook & Ladder Truck	2300.	4200.	7000.	10000.	(85)
1930 Aerial Ladder Truck (Restored)	2650.	4850.	8050.	11500.	(90)
1935 V-12 1000 GPM Pumper	2900.	5250.	8750.	12500.	(85)
1937 Aerial 100' Ladder Truck	2750.	5050.	8400.	12000.	(85)
1941 Fire Engine	1600.	2950.	4900.	7000.	(85)
1948 Pumper	1500.	2750.	4550.	6500.	(85)
1952 12-Cyl. Fire Engine	1850.	3350.	5600.	8000.	(85)
1954 Pumper	1500.	2750.	4550.	6500.	(85)
SELDEN					
1915 Chain Drive Pumper	2750.	5050.	8400.	12000.	(85)
1925 Fire Engine	2300.	4200.	7000.	10000.	(85)
STUDEBAKER					
1931 Fire Truck & Pumper	2550.	4600.	7700.	11000.	(90)
STUTZ					
1921 Pumper	1400.	2500.	4200.	6000.	(85)
1933 Fire Engine & Pumper	1950.	3550.	5950.	8500.	(85)

MAKE YEAR MODEL	UNRES. FAIR-4	UNRES. GOOD-3	RES. FAIR-2	RES. EXCEL.-1	PTS.
WARD LA FRANCE					
1949 Fire Truck	1850.	3350.	5600.	8000.	(85)
WHIPPET					
1929 Fire Truck	2100.	3500.	6000.	7800.	(85)

MAKE YEAR MODEL	UNRES. FAIR-4	UNRES. GOOD-3	RES. FAIR-2	RES. EXCEL.-1	PTS.
WHITE					
1915 Fire Truck	1750.	3150.	5250.	7500.	(85)
W.S. KNOTT					
1926 Pumper	1600.	2600.	4000.	5800.	(85)

1923 Reo Speedwagon
Photo Courtesy of Rippey's Museum, Denver, CO

NO POSTAGE
NECESSARY
IF MAILED
IN THE
UNITED STATES

BUSINESS REPLY MAIL

FIRST CLASS PERMIT NO. 2645 EL PASO, TEXAS

POSTAGE WILL BE PAID BY

THE OLD CAR VALUE GUIDE & THE GOLD BOOK

USED CAR VALUE GUIDE
1462 VANDERBILT
EL PASO TX 79935-9990

NO POSTAGE
NECESSARY
IF MAILED
IN THE
UNITED STATES

BUSINESS REPLY MAIL

FIRST CLASS PERMIT NO. 2645 EL PASO, TEXAS

POSTAGE WILL BE PAID BY

THE OLD CAR VALUE GUIDE & THE GOLD BOOK

USED CAR VALUE GUIDE
1462 VANDERBILT
EL PASO TX 79935-9990

NO POSTAGE
NECESSARY
IF MAILED
IN THE
UNITED STATES

BUSINESS REPLY MAIL

FIRST CLASS PERMIT NO. 2645 EL PASO, TEXAS

POSTAGE WILL BE PAID BY

THE OLD CAR VALUE GUIDE & THE GOLD BOOK

USED CAR VALUE GUIDE
1462 VANDERBILT
EL PASO TX 79935-9990